Wolfgang Lübke | Ulrike Müller | Saskia Bonenberger

Steuerfahndung

Wolfgang Lübke | Ulrike Müller |
Saskia Bonenberger

Steuerfahndung

Situationen erkennen, vermeiden, richtig beraten

GABLER

Bibliografische Information der Deutschen Nationalbibliothek
Die Deutsche Nationalbibliothek verzeichnet diese Publikation in der Deutschen Nationalbibliografie; detaillierte bibliografische Daten sind im Internet über <http://dnb.d-nb.de> abrufbar.

1. Auflage 2008

Lektorat: RA Andreas Funk

Gabler ist Teil der Fachverlagsgruppe Springer Science+Business Media.
www.gabler.de

Umschlaggestaltung: KünkelLopka Medienentwicklung, Heidelberg
Druck und buchbinderische Verarbeitung: Wilhelm & Adam, Heusenstamm
Gedruckt auf säurefreiem und chlorfrei gebleichtem Papier
Printed in Germany

ISBN 978-3-8349-0638-0

Vorwort

Die Steuerpflichtigen und ihre Steuerberater treffen fast immer völlig überraschend und unvorbereitet mit der Steuerfahndung zusammen. Entweder stehen die Fahndungsprüfer ohne Voranmeldung zu einer Durchsuchung vor der Tür oder sie treffen anders als bei der Betriebsprüfung ohne Vorankündigung im Besteuerungsverfahren zusammen.

Die steigende Anzahl der Ermittlungsverfahren, die Zahl der Steuerfahnder, ihre Vernetzung mit anderen Behörden und der zunehmend immer gläsern werdende Steuerbürger führen zu einem kontinuierlichen Anstieg an Ermittlungsverfahren. Die steuerberatenden Berufe werden damit häufiger als bisher mit der Steuerfahndung konfrontiert und sind im Steuerstrafverfahren häufig die ersten Ansprechpartner. Oftmals sind diese mit dem Verfahren und dessen Besonderheiten überfordert; es sind Kenntnisse über die Steuerdelikte, die Ermittlungsmöglichkeiten und deren Rechtsgrundlagen sowie über die Möglichkeiten der Verteidigung erforderlich. Gleichzeitig sind damit aber nicht nur für den Mandanten, sondern auch für den Steuerberater Risiken verbunden. Ohne zumindest einen Überblick über die wesentlichen Regeln und Grundsätze des Steuerrechts und des Straf- und Strafverfahrensrechts zu besitzen und deren gegenseitige Wechselwirkungen zu kennen, ist deshalb eine erfolgreiche Vertretung von Mandanten nicht möglich.

Unkenntnis hinsichtlich Zuständigkeiten sowie der Aufgabenverteilung der unterschiedlichen Steuer-, Ermittlungs- und Strafverfolgungsbehörden erschwert neben mangelnder Routine auf diesem Gebiet eine effiziente und erfolgversprechende Verfahrensbeendigung, begleitet von der Besonderheit, dass nicht die Tätersuche, sondern der Nachweis der Tat im Vordergrund steht. Der Schwerpunkt der Verteidigung liegt nicht in der Hauptverhandlung, sondern beginnt bereits im Ermittlungsverfahren gegenüber der Steuerfahndung!

Aufgrund der staatlich immer weiter ausgedehnten Aktionsradien der Steuerfahndung- sie wird zunehmend auch im Besteuerungsverfahren tätig, weil von ihr Sachverhalte mit bundesweitem Bezug schneller als durch die Finanzämter aufgeklärt werden können und Ermittlungsmaßnahmen vor Ort ohne jede Voranmeldung zulässig sind- und der inzwischen unübersichtlichen Gesetzesmaterie, die ständigen Änderungen unterworfen ist, birgt dies zwar Beratungsansätze, aber auch Risiken. Gerade erst wieder zum 1.1.2008 sind in verschiedenen Gesetzen Änderungen erfolgt, die nicht sofort überschaubar sind. Sie werden bereits in diesem Handbuch berücksichtigt,

Die erforderlichen Grundkenntnisse werden hier in komprimierter Form vorgestellt. Darüber hinaus werden die in der Praxis gewonnen Erfahrungen von und mit der Steuerfahndung ebenso berücksichtigt wie taktische Vorgehensweisen, die in der Praxis häufig großzügiger verfährt, als es nach den gesetzlichen Vorgaben erforderlich wäre. In einer Vielzahl von Praxishinweisen und Beispielsfällen wird dies veranschaulicht.

Die Arbeit der Autoren ist von ihrem gemeinsamen Interesse geprägt, Steuerberatern in einem kompakten Handbuch trotz des begrenzten Umfangs Umfassendes zum fairen Umgang mit der für viele spröden Materie zu vermitteln. Deshalb haben sich bewusst zwei auf dem Gebiet des Steuerstrafverfahrens erfahrene Beraterinnen und einer der dienstältesten Steuerfahndungsstellenleiter zusammengefunden. Eine derartige Kombination von Fachwissen sucht in der Literatur bislang ihresgleichen und lässt am praktischen Erfahrungsschatz teilhaben. Eine der Grundlage neben den praktischen Erfahrungen aus dem Beratungsalltag waren u.a. viele bereits in Einzelseminaren und zur Schulung der Berliner Steuerfahnder verwendete Unterlagen, die erstmals in dieser Form einer breiteren Öffentlichkeit vorgestellt werden sollen. Da bis auf wenige regionale Unterschiede die Steuerfahndung bundesweit auf derselben Rechtsgrundlage arbeitet, können diese dabei eingeflossenen praktischen Erfahrungen bundesweit angewandt werden.

Gedankt werden soll hierbei auch Frau Rechtsanwältin Christine Varga von Rödl & Partner, für ihre unermüdliche und wertvolle Unterstützung bei Recherchetätigkeiten und dem Korrekturlesen.

April 2008

Inhaltsübersicht

Abkürzungsverzeichnis

a.A.	andere Ansicht
Abs.	Absatz
AG	Amtsgericht
AO	Abgabenordnung
AOAE	Anwendungserlass zur Abgabenordnung
AStBV	Anweisungen für das Straf- und Bußgeldverfahren
BAföG	Bundesausbildungsförderungsgesetz
BayObLG	Bayerisches Oberstes Landesgericht
BayVGH	Bayerischer Verwaltungsgerichtshof
BB	Zeitschrift „Betriebsberater"
BFH	Bundesfinanzhof
BGBl.	Bundesgesetzblatt
BGH	Bundesgerichtshof
BGHSt	Entscheidungen der Strafsenate beim Bundesgerichtshof
BierStG	Biersteuergesetz
BMF	Bundesministerium für Finanzen
BNotO	Bundesnotarordnung
BpO	Betriebsprüfungsordnung
BranntwMonG	Gesetz über das Branntweinmonopol
BRAO	Bundesrechtsanwaltsordnung
BRRG	Beamtenrechtsrahmengesetz
BStBl.	Bundessteuerblatt
BR-Drucks.	Bundesrat- Drucksache
BT-Drucks.	Bundestag- Drucksache
BuStra	Bußgeld- und Strafsachenstelle
BVerfG	Bundesverfassungsgericht
BZRG	Bundeszentralregistergesetz
DB	Zeitschrift „Der Betrieb"
DM	Deutsche Mark
DStR	Zeitschrift „Deutsches Steuerrecht"
DStZ	Deutsche Steuer- Zeitung
EFG	Zeitschrift „Entscheidungen der Finanzgerichte"
EGStGB	Einführungsgesetz zum Strafgesetzbuch
Einl.	Einleitung
EStG	Einkommensteuergesetz
EUR	Euro
f.	folgende
ff.	fortfolgende
FG	Finanzgericht
FKS	Finanzkontrolle Schwarzarbeit
FS	Festschrift
FVG	Finanzverwaltungsgesetz

GbR	Gesellschaft bürgerlichen Rechts
GG	Grundgesetz
GKG	Gerichtskostengesetz
GmbH	Gesellschaft mit beschränkter Haftung
GrS	Großer Senat
GVG	Gerichtsverfassungsgesetz
GwG	Geldwäschegesetz
INF	Information über Steuer und Wirtschaft
kg	Kilogramm
KG	Kammergericht
LG	Landgericht
MDR	Zeitschrift „Monatsrecht für Deutsches Recht“
MRK	Menschenrechtskonvention
mwN	mit weiteren Nennungen
NStZ	Neue Zeitschrift für Strafrecht
NJW	Zeitschrift „Neue Juristische Wochenschrift“
OFD	Oberfinanzdirektion
OLG	Oberlandesgericht
OVG	Oberverwaltungsgericht
OWiG	Ordnungswidrigkeitengesetz
PStR	Zeitschrift „Praxis Steuerstrafrecht“
RiStBV	Richtlinien für das Straf- und Bußgeldverfahren
Rz.	Randziffer
SchwArbG	Gesetz zur Bekämpfung von Schwarzarbeit und illegaler Beschäftigung
StBerG	Steuerberatungsgesetz
SteuFa	Steuerfahndungsstelle
StGB	Strafgesetzbuch
StPO	Strafprozessordnung
StraBEG	Strafbefreiungserklärungsgesetz
TDM	Tausend Deutsche Mark
UStG	Umsatzsteuergesetz
wistra	Zeitschrift für Wirtschafts- und Steuerstrafrecht
ZIS	Zeitschrift für Internationale Strafrechtsdogmatik

Bearbeiterverzeichnis

Es wurden bearbeitet von

Bonenberger, Saskia	§§ 6, 8 B VIII, 10 A
Lübke, Wolfgang	§§ 1 bis 4
Müller, Ulrike	§§ 5, 7 bis 10

Steuerfahndung –
Aufgaben, Befugnisse und Kompetenzen

§ 1 Die Steuerfahndung

A. Die Stellung der Steuerfahndung im Ermittlungsverfahren 1

Die Steuerfahndung steht immer wieder im besonderen Interesse der Medien. Dabei entsteht häufig ein falsches Bild, weil nur selten ihre Rechtsstellung innerhalb der Finanzverwaltung korrekt berücksichtigt wird. Auch über ihre Aufgaben und Befugnisse bestehen weitgehend nicht die richtigen Vorstellungen.

Das Verständnis für die Stellung der Steuerfahndung wird allerdings auch dadurch erschwert, dass neben und mit ihr nicht nur die weitgehend unbekannte Bußgeld- und Strafsachenstelle, sondern noch andere Strafverfolgungsorgane mit unterschiedlichen Befugnissen und Aufgaben zuständig sind. Der Auftritt der Finanzbehörden im Straf- und Ordnungswidrigkeitenverfahren mit all seinen Besonderheiten, die nicht bundeseinheitlich vergleichbaren Organisationsformen und die Begrenzung der Zuständigkeit auf Steuerdelikte führt zusätzlich zu einer großen Unübersichtlichkeit der Rechtssituation.

Die genaue Kenntnis über diese Einzelheiten ist auch deshalb wichtig, weil sich hieraus erhebliche 2
Auswirkungen für die Rechte als Verteidiger und Steuerberater, für Beschuldigte und Zeugen aber auch für das Finanzamt selbst ergeben. Darum ist es auch erforderlich, Übersicht über die verschiedenen Organisationsformen und Kenntnis von den Aufgaben und der Rechtsstellung der Bußgeld- und Strafsachenstelle zu besitzen.

Hinzu kommen spezielle Verwaltungsrichtlinien, wie sie mit den ebenfalls überwiegend unbe- 3
kannten „Anweisungen für das Straf- und Bußgeldverfahren (Steuer)" bestehen. Diese als „AStBV 2008" derzeit gerade neu gefassten Anweisungen sind durch gleich lautende Erlasse der obersten Finanzbehörden der Länder bekannt gegeben und mit diesen im BStBl. 2007 I S. 830 ff. veröffentlicht. Sie werden seit dem Jahr 2004 im Zwei-Jahres-Rhythmus überarbeitet und an die aktuelle Rechtslage angepasst. Die AStBV binden nicht nur die Steuerfahndung und die Bußgeld- und Strafsachenstellen, sondern auch die Finanzämter (vgl. Einführung und Nr. 1 AStBV). Gleichzeitig weisen sie auf Ermittlungsmöglichkeiten und Informationsquellen, aber auch auf Beschränkungen bei der Tätigkeit hin.

Praxishinweis:

Wie alle Verwaltungsanweisungen entfalten auch die AStBV als interne Dienstanweisungen keine Bindungswirkung für Außenstehende und auch nicht für die Justiz. Dennoch zeigen sie für viele Verfahrenssituationen das zu erwartende Verhalten der Finanzbehörden [1].

---

1 Bilsdorfer („Anweisungen für das Straf- und Bußgeldverfahren [Steuer] 2006") in NWB Fach 13 S. 1127 ff. weist darauf hin: „ *...dass auch interne Anweisungen eine gewisse Außenwirkung haben können....*" Nach Franzen/Gast/Joecks: Steuerstrafrecht 6. Auflage 2005 zu § 385 Rz. 16 sind die AStBV „*... in der Lage, eine Verwaltungsübung zu dokumentieren bzw. zu verfestigen, auf die sich im Einzelfall der Beschuldigte berufen kann...*"

1

I. Organisation

4 Da die Aufgaben der Steuerverwaltung den Bundesländern übertragen ist, sind diese auch für den Aufbau ihrer Landesfinanzbehörden zuständig (Art. 84 Abs. 1 GG). Die entsprechenden Bestimmungen im Finanzverwaltungsgesetz (FVG) treffen selbst keine Regelungen über die Steuerfahndung und die Bußgeld- und Strafsachenstellen. Auch die grundlegende Befugnisnorm des § 208 AO entscheidet sich für kein bestimmtes Organisationsmodell.

5 1. Regionale Besonderheiten und Unterschiede

Im Verwaltungssprachgebrauch wird die Steuerfahndung als „Steufa", die Bußgeld- und Strafsachenstelle als „BuStra" abgekürzt. In einigen Bundesländern tragen die BuStra-Stellen auch die Bezeichnung „Strafsachen- und Bußgeldstelle" und werden deshalb dort mit „StraBu" bezeichnet. Die derzeit 71 Bußgeld- und Strafsachenstellen und 70 Steuerfahndungsstellen (Stand: 31.12.2007) sind nach unterschiedlichen Organisationsformen in die Landesfinanzverwaltung eingegliedert.

Praxishinweis:

Der Steuerberater und Verteidiger, der im Kontakt mit der Steuerfahndung diese verwaltungsinternen Abkürzungen nicht einzuordnen weiß, erweckt vor allem für den Fahndungsprüfer den Eindruck, dass er sich in dieser Materie nicht auskennt und als Verhandlungspartner nicht ernst genommen werden muss.

6 a) Spezialfinanzämter

Die Bußgeld- und Strafsachenstelle und die Steuerfahndung werden organisatorisch einem eigenen Finanzamt zugeordnet und bilden neben der allgemeinen Verwaltung die einzigen Abteilungen eines Spezialamtes. Diese Organisationsform ist in Nordrhein-Westfalen mit den Finanzämtern für Steuerstrafsachen und Steuerfahndung [StrafaFA] sowie in Niedersachsen und Berlin mit den Finanzämtern für Fahndung und Strafsachen [FuSt] gewählt worden. In Hamburg ist seit dem 01.07.2005 das Finanzamt für Prüfungsdienste und Steuerstrafsachen [PrüStra] hinzugekommen.

Als Besonderheit findet in Hamburg keine strenge organisatorische Trennung mehr zwischen der Bußgeld- und Strafsachenstelle und der Steuerfahndung statt. Auch deshalb sind in diesem Bundesland die Dienstmarken für die Steuerfahnder abgeschafft worden. Es ist nicht auszuschließen, dass künftig weitere Bundesländer beide Dienststellen in derartigen sog. „Kombi-Sachgebieten" zusammenführen. Bedenken gegen diese neue Konstellation konzentrieren sich bisher überwiegend auf die Rechtsstellung des zuständigen Sachgebietsleiters, bei dem sich Aufgaben aus dem Bereich der polizeilichen (Innen-) Verwaltung mit denen der staatsanwaltschaftlichen (Justiz) Funktionen vermengen (so Tipke/Kruse: AO, FGO § 208 Tz. 8 m.w.N. und schon Hentschel in seinem Aufsatz: „*Staatsanwaltschaft und Polizei in Personalunion ?*" in NJW 2006 S. 2300 f.).

7 b) Abteilungen eines Festsetzungsfinanzamts

In allen anderen Bundesländern ist die Bußgeld- und Strafsachenstelle und die Steuerfahndung als überbezirkliche Dienststelle gemeinsam einem oder jeweils unterschiedlichen Festsetzungsfinanzämtern zugeordnet. So war in Berlin ursprünglich die für das gesamte Bundesland zuständige Steuerfahndung dem ehemaligen Finanzamt Tiergarten zugewiesen, während die Berliner Bußgeld- und Strafsachenstelle beim ebenfalls aufgelösten Finanzamt Charlottenburg-Ost eingegliedert war.

c) Fachaufsicht 8

In vielen Bundesländern sind inzwischen die Oberfinanzdirektionen abgeschafft worden, der damit auch die Dienst- und Fachaufsicht für die Bußgeld- und Strafsachenstellen sowie für die Steuerfahndung übertragen war. § 2a FVG i.d.F. vom 04.04.2006 (BGBl. 2006 I S. 846 ff) hat nunmehr die Übernahme dieser Aufgabe ausdrücklich geregelt: Beim Verzicht auf die Mittelbehörde gehen deren Aufgaben auf die obersten Landesbehörden (also auf das Landesfinanzministerium) über.

2. Besondere Organisationseinheiten 9

Für bestimmte Aufgabengebiete sind in den Steuerfahndungsstellen besondere Organisationseinheiten geschaffen worden. Sie werden zwar oft in den einzelnen Bundesländern unterschiedlich bezeichnet, ihre Aufgabenzuweisung ist jedoch weitgehend identisch. Nachfolgend sind die in dem Berliner Spezialfinanzamt gebräuchlichen Bezeichnungen gewählt worden, wobei sich einzelne Abteilungen trotz der zum Teil identischen Bezeichnung wie in den Festsetzungsfinanzämtern in ihren Aufgaben deutlich unterscheiden:

a) Registratur 10

In der Registratur werden sämtliche Fälle beider Dienststellen verwaltet und die Anschreibungen für die Bundesstatistik und die landesspezifischen Statistiken registriert. Dort sind auch die im amtlichen Gewahrsam befindlichen Beweismittel erfasst und wird deren Aufbewahrung überwacht. Teilweise ist hierfür auch eine gesonderte **Verwahrstelle** zuständig.

b) Datenerfassung 11

Die allen Finanzämtern zugeordnete Datenerfassungs- und Kommunikationsstelle (DEKOMM-Stelle) nimmt hier Aufgaben wahr, die weitgehend nicht mit denen eines Festsetzungsfinanzamts vergleichbar sind. Weil weder in der Steuerfahndung noch in der Bußgeld- und Strafsachenstelle Steuerbescheide gefertigt werden, steht hier der innerbetriebliche Informationsaustausch, die Vernetzung mit den Finanzämtern und den Informationsquellen auch anderer Ermittlungsbehörden im Vordergrund. Mit der Einführung eines neuen bundesweit einheitlichen gemeinsamen Verwaltungsprogrammes [2] werden die DEKOMM-Stellen (wie bereits jetzt in Berlin) abgeschafft werden. Die frei werdenden Dienstkräfte könnten dann die Sonderabteilungen im Bereich der Allgemeinen Datenverarbeitung verstärken.

2 s. dazu später unter EOSS und KONSENS im Kapitel „Neue Ermittlungsmöglichkeiten"

12 ## c) ADV- oder IT-Prüfer und Internetermittlungen

Für die Sicherung, Sichtbarmachung und Aufbereitung von computergestützen Daten stehen in den einzelnen Fahndungsstellen oder zentralisiert in den Bundesländern besonders ausgebildete sog. ADV- oder IT – Prüfer zur Verfügung. Diese Dienstkräfte sind mit ihrer besonderen technischen Ausstattung in der Lage, auch zugriffsgeschützte oder vermeintlich gelöschte Daten bei Durchsuchungen oder an Amtsstelle sicher zustellen. Darüber hinaus bilden sie weitere Fahndungsprüfer insbesondere für Maßnahmen im Außendienst aus und übernehmen ADV-spezifische Serviceleistungen – z.B. mit der Erstellung bestimmter Dateien und Programme für die einzelnen Fahndungsfälle. Die speziellen Ermittlungen und die Informationsgewinnung im Internet werden in Berlin und anderen Steuerfahndungsstellen z.T. konzentriert für ein Bundesland ebenfalls durch eine gesonderte Gruppe geführt.

13 ## d) Sonderermittlungsgruppen, Sondereinsatzgruppen oder Sondereinsatzkommandos

In den Steuerfahndungsstellen sind z.T. diverse Sondermittlungsgruppen (SEG oder SEK) für die unterschiedlichsten Bereiche geschaffen worden. Teilweise werden dort die Ermittlungen auch ohne besondere Organisationsformen – ggf. zeitlich begrenzt – schwerpunktmäßig zu folgenden Bereichen konzentriert geführt :

- Geldwäsche und organisierte Wirtschaftskriminalität
- Scheinrechnungen im Baunebengewerbe
- Illegale Beschäftigung und Schwarzarbeit
- Prüfung beschränkt steuerpflichtiger Künstler und Sportler
- Internetermittlungen
- Umsatzsteuer-Karussell bzw. Umsatzsteuer-Betrugsfälle

In einigen Bundesländern – wie z.B. in Niedersachsen – übernimmt eine sog. **„Task-Force“** Ermittlungsaufgaben für ein Bundesland, erstellt Risikoprofile und koordiniert z.T. auch die Ermittlungen. Schwerpunktmäßig werden dabei Erkenntnisse im Besteuerungsverfahren nach § 208 Abs. 1 S. 1 Nr. 3 AO gewonnen und den zuständigen Finanzämtern zur weiteren steuerlichen Veranlassung zugeleitet.

Praxishinweis:

Die Steuerfahndung reagiert schnell auf neue Risikobereiche. Noch vor kurzem gehörten auch die sog. „Bankenfälle" dazu, bei denen die nicht erklärten der Kapitaleinkünfte vor allem aus Luxemburg, aber auch aus Österreich und der Schweiz mit großem Personaleinsatz und hohem technischen Aufwand ermittelt wurden. Inzwischen sind diese Verfahren überwiegend bundesweit abgeschlossen und die entsprechenden Sonderermittlungsgruppen aufgelöst worden. Verblieben ist allerdings die seiner Zeit hierzu in erheblichem Umfang bereitgestellte verbesserte hochwertige und sehr aktuelle technische Ausstattung. In vielen Bereichen liegt deshalb nicht nur die technische Ausstattung, sondern auch die Fähigkeit zum Umgang mit den modernen ADV-Programmen und –geräten zumindest nicht mehr hinter den Möglichkeiten der Tatverdächtigen.

Nach den z.T. auf Erklärungen des Bundesfinanzministeriums zurück zu führenden Presseveröffentlichungen kurz vor Redaktionsschluss könnte sich ein neuer Schwerpunkt abzeichnen, der im Zusammenhang mit Kapitalanlagen über Liechtensteinische Stiftungen steht.

e) Vorprüfgruppe 14

Die in sehr vielen Steuerfahndungsstelle eingerichtete Vorprüfgruppe ist vor allem zur Bewältigung der eingehenden Massenarbeit bestimmt. Dort werden weitgehend auch die Eingänge bearbeitet, bei denen zunächst innerhalb von Vorermittlungen die Prüfung des Anfangsverdachts vorzunehmen und die Entscheidung über den Einsatz fahndungsmäßiger Mittel zu treffen ist. Auch einfache Vorfeldermittlungen im Besteuerungsverfahren werden hier durchgeführt. Außerdem sind – auch mit dem Ziel der Entlastung der übrigen Fahndungsprüfer – alle mit geringem Zeitaufwand zu erledigenden weiteren Vorgänge, wie Amtshilfeersuchen, Bearbeitung von Kontrollmitteilungen und kleine Ermittlungsaufträge der Staatsanwaltschaft, abschließend zu bearbeiten.

f) Bereitschaftsdienst 15

Der Bereitschaftsdienst („Bereidi") nimmt neben der Anzeigenaufnahme auch die Aufgaben einer sog. „Informations-Zentrale" wahr, in der die Steuerbürger zunächst ihre Anliegen zentral und ohne Terminabsprache für das Finanzamt telefonisch oder persönlich vorbringen können. Er ist auch erster Ansprechpartner für alle anderen Behörden.

g) Eingangsgeschäftsstelle 16

Nicht nur in Berlin übernimmt eine besondere Eingangsgeschäftsstelle neuerdings die Zuteilung der Neueingänge an die Vorprüfgruppe oder die Hauptsachgebiete in der Steuerfahndungsstelle. Ihr ist häufig auch die Registratur zugewiesen.

h) Leitung der Steuerfahndung und der Bußgeld- und Strafsachenstelle 17

Die Leiter der Bußgeld- und Strafsachenstellen und der Steuerfahndungsstellen tragen die Bezeichnung eines „Hauptsachgebietsleiters" (HSL Steufa / HSL BuStra bzw. HSL StraBu). Häufig ist – wie in Berlin – einer der beiden HSL zugleich Ständiger Vertreter des Vorstehers. Der Vorsteher eines Spezialfinanzamtes nimmt auch häufig eine der Aufgaben als HSL wahr.

i) Qualitätssichernde Abteilungen 18

In Berlin ist derzeit die Einführung einer dem Vorsteher zugeordneten Abteilung „*Personalentwicklung, Qualitätsmanagement, Organisation*" vorgesehen, die u.a. innerbetriebliche Abläufe auf qualitätssteigernde Änderungen hin prüfen soll.

II. Zuständigkeit 19

Die anderen mit der Steuerfahndung zusammenarbeitenden Ermittlungsbehörden unterscheiden sich durch ihre unterschiedliche Befugnisse und Aufgaben. Zu diesen Ermittlungsbehörden gehören die Bußgeld- und Strafsachenstellen sowie das Finanzamt, die Staatsanwaltschaft, Gerichte und die Polizei und neuerdings in größerem Umfang auch die Zollverwaltung mit ihrer „Finanzkontrolle Schwarzarbeit (FKS)"

20 1. Abgrenzung zu anderen Ermittlungsbehörden

Die Zuständigkeit der Steuerfahndung wird vor allem durch ihre Aufgabe und die Rechtsstellung, kaum jedoch durch die örtliche Zuständigkeit begrenzt.

21 a) Ahndungsbehörde

Nach Art. 92 GG ist die Ahndung von **Straftaten** ausschließlich den Strafgerichten übertragen. Deshalb dürfen weder die Staatsanwaltschaft oder die Bußgeld- und Strafsachenstellen noch die Finanzbehörden oder die Steuerfahndung Strafen verhängen.

22 Die Verfolgung und Ahndung von **Steuerordnungswidrigkeiten** hingegen ist nicht der Steuerfahndung, sondern der Bußgeld- und Strafsachenstelle – in Ausnahmefällen auch der Staatsanwaltschaft – zugewiesen. Die Bußgeld- und Strafsachenstelle nimmt hier nach §§ 131 Abs. 3, 36 Abs. 1 OWiG i.V.m. §§ 409, 387 AO die Aufgaben der zuständigen Verfolgungsbehörde wahr. Teil 3 der AStBV regelt ab der Nr. 93 umfassend diese Rechtsstellung und Besonderheiten des Verfahrens bis hin zur Vollstreckung der Bußgelder. Im Verfahren wegen Ordnungswidrigkeiten sind dieselben strafprozessualen Maßnahmen – wie Durchsuchung und Beschlagnahme – zulässig, mit deren Vollzug die Steuerfahndung durch die zuständige Verfolgungsbehörde beauftragt werden kann.

23 b) staatsanwaltschaftliche Befugnisse

Im Steuerstrafverfahren stehen der Steuerfahndung keine staatsanwaltschaftlichen Rechte und Pflichten zu, vielmehr ist sie abhängig von deren Anweisungen.

Die Bußgeld- und Strafsachenstellen hingegen sind im Strafverfahren als Finanzbehörde – wenn auch eingeschränkt auf einen bestimmten Teil des Ermittlungsverfahrens – für einen bestimmten Verfahrensabschnitt mit den Rechten und Pflichten der Staatsanwaltschaft ausgestattet (Nrn. 19 Abs. 2; 41 AStBV).

§ 386 Abs. 2 Nr. 1 AO bezeichnet dies als die „selbstständige Ermittlungsbefugnis der Finanzbehörde" und regelt damit auch die begrenzte Bearbeitungskompetenz der Finanzämter und der Steuerfahndung auf steuerliche Delikte. Die Wahrnehmung der staatsanwaltschaftlichen Aufgabe durch die Bußgeld- und Strafsachenstellen ist jedoch für eine Vielzahl von Sachverhalten ausgeschlossen.

Ergibt sich in einem Steuerstrafverfahren der Verdacht, dass innerhalb des einheitlichen Lebensvorgangs, der den Gegenstand der Untersuchung bildet (§ 264 StPO), Straftaten begangen wurden, auf die sich die selbstständige Ermittlungsbefugnis der Finanzbehörden nicht erstreckt, sind die Vorgänge der Staatsanwaltschaft vorzulegen. Mit dieser etwas umständlichen Formulierung stellt Nr. 17 AStBV auch klar, dass die selbstständige Ermittlungskompetenz ausdrücklich nur für Steuerdelikte und nicht auf sog. nichtsteuerliche Delikte übertragen wird. Die gegenüber der Staatsanwaltschaft entsprechend eingeschränkten und nur für das Steuerstrafverfahren geltenden staatsanwaltschaftlichen Befugnisse der Bußgeld- und Strafsachenstelle ergeben sich aus § 399 Abs. 1 AO. § 386 Abs. 2 Nr. 2 AO regelt für Sonderfälle auch dann die Ermittlungskompetenz, wenn bestimmte nichtsteuerliche Delikte mit einer Steuerstraftat zusammentreffen.

In Nr. 18 AStBV sind die Voraussetzungen für den Ausschluss der selbstständigen Ermittlungskompetenz der Bußgeld- und Strafsachenstelle und daraus folgend die Pflicht zur Abgabe des Einzelfalles an die Staatsanwaltschaft aufgelistet. Daraus ergibt sich auch, dass ein Auftreten von Vertretern der Bußgeld- und Strafsachenstelle als Staatsanwalt in der Hauptverhandlung vor den Strafgerichten unzulässig ist. Vor allem die Anklage darf nur der Staatsanwalt erheben (§ 400 AO). Die selbstständige Ermittlungskompetenz der Bußgeld- und Strafsachenstelle endet deshalb ebenfalls, wenn aufgrund eines Einspruchs gegen den von ihr beantragten Strafbefehl die Hauptverhandlung anberaumt wird (§ 406 Abs.1 AO). 24

In Betracht kommt auch eine Abgabe der Verfahren an die Staatsanwaltschaft in den Fällen, die wegen der Größenordnung oder aus anderen Gründen, namentlich wegen der Persönlichkeit oder der Stellung des Beschuldigten oder wegen des Sachzusammenhangs mit anderen strafrechtlichen Ermittlungsverfahren von besonderer Bedeutung sind. Allerdings ist hier nach Nr. 18 Abs. 2 AStBV eine Abgabe an die Staatsanwaltschaft nicht zwingend vorgesehen. 25

Die Staatsanwaltschaft ist aber unverzüglich über derartige Fälle zu informieren. Nr. 72 AStBV sieht ohnehin zur Förderung der Zusammenarbeit regelmäßige Kontaktgespräche vor. Diese Gespräche – die auch die Steuerfahndung mit der Staatsanwaltschaft führen soll – dienen der gegenseitigen Unterrichtung über die an die Staatsanwaltschaft abzugebenden oder von ihr zu übernehmenden Strafsachen. Dabei soll aber auch der Staatsanwaltschaft die Möglichkeit gegeben werden, von ihrem sog. Evokationsrecht nach § 386 Abs. 4 Satz 2 AO Gebrauch zu machen und damit alle sie interessierenden Fälle von der Bußgeld- und Strafsachenstelle ab und selbst an sich zu ziehen. Daneben soll die Staatsanwaltschaft mit der Bußgeld- und Strafsachenstelle allgemeine Fragen der Strafzumessung bei Strafbefehlsanträgen erörtern, um eine einheitliche Rechtsanwendung zu gewährleisten. 26

Die Bußgeld- und Strafsachenstelle hat die Entscheidung über die Abgabe von Ermittlungsverfahren an die Staatsanwaltschaft nach pflichtgemäßem Ermessen zu treffen. Die Steuerfahndung kann die Abgabe nur anregen. 27

Anstelle einer Ermessensentscheidung ist jedoch nach Nr. 18 Abs. 1 AStBV eine sofortige Abgabe erforderlich, wenn besondere Umstände es angezeigt erscheinen lassen, dass das Ermittlungsverfahren unter der Verantwortung der Staatsanwaltschaft fortgeführt wird. Dies ist vor allem bei den in Nr. 18 Abs. 2 AStBV angeführten Beispielen der Fall.

Praxishinweis:

In der Praxis erhält die Staatsanwaltschaft auch über die Steuerfahndung (oft gezielt) Kenntnis von bestimmten Ermittlungsverfahren der Bußgeld- und Strafsachenstelle und zieht dann diese Verfahren im Rahmen ihres Evokationsrechtes an sich.

Für einen Sonderfall verweist § 386 Abs. 3 AO und Nr. 16 AStBV darauf, dass beim Erlass eines Haftbefehls oder eines Unterbringungsbefehls keine Entscheidungsmöglichkeit der Bußgeld- und Strafsachenstelle wegen fehlender Ermittlungskompetenz mehr besteht. Dann verbleiben der Bußgeld- und Strafsachenstelle – wie stets bei dem Übergang ihrer Zuständigkeit auf die Staatsanwaltschaft – nach Nr. 84 Abs. 1 AStBV nur noch die Rechte und Pflichten der Behörden des Polizeidienstes sowie die Notkompetenz nach § 399 Abs. 2 AO. 28

Deshalb ist im selbstständigen Ermittlungsverfahren der Finanzbehörde entgegen der weit verbreiteten Auffassung auch nicht die Steuerfahndung, sondern die Bußgeld- und Strafsachenstelle als „Staatsanwaltschaft der Finanzverwaltung“ die „Herrin des Ermittlungsverfahrens“. Sie kann 29 dann der Steuerfahndung Anweisungen über Art und Umfang der Ermittlungen geben und auch andere Dienststellen und Behörden mit Ermittlungen beauftragen (Nr. 41 AStBV) und damit auch die Finanzämter anweisen.

30 Die Staatsanwaltschaft und damit auch die Bußgeld- und Strafsachenstelle selbst hat keine ausführenden Organe. Deshalb ist sie unmittelbar weisungsbefugt gegenüber den Ermittlungspersonen der Staatsanwaltschaft (§ 152 GVG), zu den auch die Beamten der Steuerfahndung gehören (§ 404 AO). Die Staatsanwaltschaft kann deshalb entweder selbst ermitteln oder die Ermittlungen durch die Polizei und alle anderen Behörden vornehmen lassen (§ 161 StPO). In § 404 AO und § 152 GVG ist wie auch in allen anderen Gesetzen durch das Erste Gesetz zur Modernisierung der Justiz (1. Justizmodernisierungsgesetz – JustizModG) vom 24.08.2004 (BGBl. 2004 I S. 2198 ff.) der Begriff der Ermittlungsperson der Staatsanwaltschaft anstelle des „Hilfsbeamten" eingeführt worden.

31 c) örtliche Zuständigkeit

Fahndungsprüfer können in ganz Deutschland Ermittlungshandlungen vornehmen, weil sich die örtliche Ermittlungskompetenz der Steuerfahndung – wie auch die der Bußgeld- und Strafsachenstelle – grundsätzlich auf die gesamte Bundesrepublik erstreckt (Nr. 145 AStBV). Der Grund liegt darin, dass die AO das gesamte Bundesgebiet als Steuerverwaltungseinheit betrachtet. Deshalb kann das zuständige Finanzamt eines Bundeslandes auch auf dem Gebiet eines anderen Amtshandlungen durchführen (Tipke/Kruse a.a.O. § 208 Tz. 41).

Praxishinweis:

Überwiegend werden die Ermittlungen zwar durch die örtlich zuständige Steuerfahndungsstelle geführt. Im Wege der Amtshilfe kann diese aber auch für eine andere tatsächlich zuständige Steuerfahndung auftreten. Dies ist häufig bei Durchsuchungen in anderen Bundesländern ebenso der Fall wie bei Vernehmungen von Beschuldigten und Zeugen. Bei umfangreichen Sachverhalten ist dennoch meistens ein Vertreter der örtlich zuständigen Steuerfahndung anwesend.

32 Die Ermittlungsmöglichkeiten enden an den Staatsgrenzen des jeweiligen Landes. Deshalb dürfen hoheitliche Handlungen – wie sie Ermittlungen im Besteuerungs- und im Strafverfahren darstellen – nach den Regeln des Völkerrechts grundsätzlich nur auf dem eigenen Staatsgebiet vorgenommen werden. Ausnahmen sind weitgehend nur durch eine Einzelfallgenehmigung oder bei eng umgrenzten Fallgruppen aufgrund zwischenstaatlicher Vereinbarungen zulässig.

Ermittlungen der Steuerfahndung im Ausland sind nur mit Zustimmung des entsprechenden Staates im Wege der Amts- und Rechtshilfe möglich. Die Teilnahme an Ermittlungshandlungen vor Ort ist teilweise jedoch – zumindest innerhalb der Europäischen Union – mit Zustimmung möglich.

Praxishinweis:

Wegen der Vielzahl der Regelungen mit den einzelnen Staaten – selbst innerhalb der Europäischen Union – und auch wegen der ständigen Veränderungen muss hierzu auf die spezielle Literatur verwiesen werden[3].

33 Die zunächst beschränkte örtliche und auch sachliche Zuständigkeit für die Bearbeitung der Vorgänge kann nach § 387 Abs. 2 AO für die Bußgeld- und Strafsachenstelle und über § 17 Abs. 2 Satz

3 Diese Empfehlungen geben auch Rolletschke/Kemper: a.a.O. § 399 AO, die in den Rdnrn. 188 –198 d mit dem Stand vom Mai 2007 einen umfassenden Überblick geben.

3 FVG für die Steuerfahndung durch Rechtsverordnung für den Bereich mehrerer Finanzbehörden übertragen werden. Davon haben alle Bundesländer durch ihre Finanzämterzuständigkeitsverordnungen (FÄZustVO) Gebrauch gemacht.

Die besondere örtliche Zuständigkeit für die Steuerfahndungsstellen und die Bußgeld- und Strafsachenstellen richtet sich ansonsten nach § 388 AO. Danach kann praktisch jede Steuerfahndungsstelle den sie interessierenden Fall bearbeiten, denn die Stelle ist zuständig,

- in deren Bezirk die Steuerstraftat entdeckt oder begangen wurde (Begehungs- / Entdeckungsbehörde),
- die bei der Einleitung des Steuerstrafverfahrens für das Besteuerungsverfahren zuständig ist oder auf die (nach Wohnsitzänderung) die Zuständigkeit übergeht (Besteuerungsbehörde),
- in deren Bezirk der Beschuldigte bei der Einleitung des Steuerstrafverfahrens seinen Wohnsitz hat oder in dem sich der neue Wohnsitz befindet (Wohnsitzbehörde),
- in deren Bezirk der Beschuldigte bei der Einleitung des Steuerstrafverfahrens seinen gewöhnlichen Aufenthalt hat (Aufenthaltsbehörde).
- Sind mehrere Stellen zuständig, hat diejenige den Vorrang, die zuerst ein Strafverfahren eingeleitet hat (Grundsatz der Priorität bzw. des ersten Zugriffs).
- Ein Zuständigkeitswechsel aus sachdienlichen Gründen ist nach § 390 Abs. 2 AO dennoch jederzeit im Einvernehmen möglich (vgl. auch Nr. 23 AStBV).

d) sachliche Zuständigkeit 34

Steuerfahndung und Bußgeld- und Strafsachenstelle sind Ermittlungsbehörden deren Ermittlungskompetenz auf bestimmte Steuerdelikte begrenzt ist (§§ 369, 386 Abs. 2 AO). Unter dem Begriff der „Steuerdelikte" oder auch der „Steuerzuwiderhandlungen" und „Steuerverfehlungen" werden sowohl die Steuerstraftaten als auch die Steuerordnungswidrigkeiten zusammen gefasst. Diesen Delikten werden in Nr. 14 AStBV weitere aufgezählte Straftaten mit der Folge gleichgestellt, dass auch sie die selbstständige Ermittlungskompetenz der Bußgeld- und Strafsachenstellen und die Ermittlungszuständigkeit der Steuerfahndung begründen.

Für alle anderen sog. nichtsteuerlichen Delikte besteht jedoch keine Ermittlungsbefugnis. In diesen Fällen arbeitet die Steuerfahndung dennoch eng mit den anderen zuständigen Ermittlungsbehörden im Auftrag der Staatsanwaltschaft zusammen. Die Bußgeld- und Strafsachenstelle verliert dann aber ihre Rechtsstellung als Staatsanwaltschaft und muss den entsprechenden Fall dort hin abgeben. Sie kann dann jedoch von der Staatsanwaltschaft wie alle anderen Behörden mit weiteren Ermittlungen beauftragt werden (§ 161 Abs. 1 StPO).

Kommt neben dem Steuerdelikt ein Allgemeindelikt (wie z.B. häufig die Urkundenfälschung des § 267 StGB oder der Beitragsvorenthaltung des § 266a StGB) hinzu oder ist die Zuständigkeit der Bußgeld- und Strafsachenstelle aus anderen Gründen nicht mehr gegeben, gilt die ansonsten ohnehin für alle Straftaten bestehende generelle Zuständigkeit der Staatsanwaltschaft. Auch das Gericht kann in das Ermittlungsverfahren eingebunden sein und selbst Ermittlungen durchführen oder veranlassen.

Die genaue Abgrenzung der Zuständigkeiten zwischen dem Finanzamt, der Steuerfahndung, den Bußgeld- und Strafsachenstellen sowie der Staatsanwaltschaft ist in den §§ 386 ff. AO geregelt; weitere sehr detaillierte Abgrenzungskriterien für die begrenzte Zuständigkeit der Finanzbehörde ergeben sich aus den Nrn. 12 ff.; 136 ff. AStBV.

Für bestimmte „Notsituationen" können staatsanwaltschaftliche Aufgabe bei Steuerdelikten auch von den Festsetzungsfinanzämtern übernommen werden (§ 399 Abs. 2 AO), Steuerfahndern stehen entsprechende Rechte auf Grund ihrer Stellung als Ermittlungsperson der Staatsanwaltschaft zu (§ 404 AO).

Praxishinweis:

Als Steuerstaatsanwaltschaft ist die Bußgeld- und Strafsachenstelle beschränkt auf die Bearbeitung von Steuerdelikten. Die Steuerfahndung als Steuerpolizei ermittelt bei gleichzeitigem Verdacht auch nichtsteuerlicher Delikte im Auftrag der Staatsanwaltschaft weiter und arbeitet dann eng mit anderen Ermittlungsbehörden zusammen, denen nicht immer die gleichen Ermittlungsbefugnisse zustehen (vgl. z.B. § 110 StPO und § 404 AO zur „Durchsicht der Papiere").

35

III. Befugnisse

Die Befugnisse der Steuerfahndung sind in § 208 AO i.V.m. § 404 AO geregelt. Daraus ergeben sich sowohl fiskalische Aufgaben und Ermittlungsbefugnisse im Steuerstrafverfahren und im Verfahren wegen Steuerordnungswidrigkeiten. Die Befugnisse der Steuerfahndung bei Steuerstraftaten sind in § 404 AO erfasst, der über § 410 AO auch auf die Steuerordnungswidrigkeiten anwendbar ist.

Die Steuerfahndung trifft jedoch keine abschließenden Entscheidungen und kann weder Strafen noch Bußgelder festsetzen oder eingeleitete Ermittlungsverfahren einstellen. Auch steuerfestsetzende Maßnahmen werden nur vom jeweils zuständigen Finanzamt getroffen. Deshalb arbeitet die Steuerfahndung entweder den Finanzämtern oder den sie beauftragenden Stellen mit staatsanwaltschaftlichen Rechten und Pflichten zu und liefert lediglich die Grundlagen für deren eigene Entscheidungen.

Die Aufgaben der Steuerfahndung für die Bearbeitung im Zusammenhang mit Steuerzuwiderhandlungen sind in §§ 208 Abs. 1 Satz 1 Nr. 1 und 2 AO und für die ausschließlichen Ermittlungen im Besteuerungsverfahren in § 208 Abs. 1 Satz 1 Nr. 3 AO sowie in § 208 Abs. 2 AO geregelt. Bei den Ermittlungen im Straf- und im Bußgeldverfahren erfolgt eine enge Zusammenarbeit im Auftrag der Staatsanwaltschaft oder der Bußgeld- und Strafsachenstelle, die mit ihren staatsanwaltschaftlichen Befugnissen Einfluss auf die Ermittlungen der Steuerfahndung nehmen.

Praxishinweis:

Der Staatsanwaltschaft und der Bußgeld- und Strafsachenstelle stehen im Gegensatz zur Steuerfahndung keine Ermittlungsbefugnisse im Besteuerungsverfahren zu. Steuerfestsetzende Entscheidungen darf aber auch die Steuerfahndung nicht treffen. Sie kann deshalb auch keine Zusagen machen.

36

1. Befugnisse im Besteuerungsverfahren

Die Ermittlungsbefugnisse der Steuerfahndung unterscheiden zwischen ausschließlich im Besteuerungsverfahren durchzuführende Maßnahmen und den Ermittlungen bei Steuerdelikten. Aber auch im Verfahren wegen Steuerdelikten sind immer die Besteuerungsgrundlagen durch die Steuerfahndung für das Besteuerungsverfahren zu ermitteln. Die für das Besteuerungsverfahren zu treffenden Feststellungen können dabei über den Ermittlungszeitraum und den Ermittlungsumfang für die Steuerzuwiderhandlungen hinausgehen.

Praxishinweis:

Wegen der unterschiedlichen Befugnisse und auch der abweichenden Rechtsstellung des Steuerpflichtigen im Besteuerungsverfahren einerseits und im Straf- und Ordnungswidrigkeitenverfahren andererseits ist beim Auftreten der Steuerfahndung genau darauf zu achten, in welchem Verfahren sie tätig wird. Im Zweifel ist eine gezielte Nachfrage angezeigt.

a) Ermittlungen der Besteuerungsgrundlagen nach § 208 Abs. 1 S. 1 Nr. 1 AO 37

Ein Verhalten ist nur dann strafbar, wenn es den Tatbestand eines Strafgesetzes erfüllt. Bei Ermittlungen im Straf- oder Bußgeldverfahren wegen des Verdachts von Steuerdelikten sind bereits für diese Feststellung auch die Besteuerungsgrundlagen festzustellen. Dazu sind im Steuerstrafrecht zusätzlich die Rechtsnormen aus den Einzelsteuergesetzen heranzuziehen (z.B. § 18 UStG), um die sog. „Blankettvorschrift" der Steuerhinterziehung (§ 370 AO) auszufüllen.

Blankettgesetze sind Rechtsvorschriften, die zwar eine Rechtsfolge (z.B. Art und Umfang der Strafe) festlegen, aber die Bestimmung der Voraussetzungen hierfür anderen Rechtsquellen überlassen. So bedroht § 370 AO zwar die Steuerhinterziehung mit Strafe. Der Tatbestand der Steuerhinterziehung ergibt sich jedoch erst aus dem Vergleich mit den einschlägigen Steuergesetzen, die damit „blankettausfüllende Normen" darstellen.

Diese Ermittlungen richten sich nach den Verfahrensregeln des Straf- oder Ordnungswidrigkeitenverfahrens. In dem parallel laufenden Besteuerungsverfahren können nicht mehr uneingeschränkt die Regeln der Abgabenordnung angewendet werden. Da die Steuerfahndung zwar nach § 208 Abs. 1 Satz 2 AO auch die Besteuerungsgrundlagen bei Steuerzuwiderhandlungen zu erforschen hat, kann sie grundsätzlich auch Ermittlungen im Besteuerungsverfahren bei strafrechtlichen Ermittlungen nach der Abgabenordnung führen. Das würde dann während der strafrechtlichen Ermittlungen zu einem „Rollenwechsel" der Steuerfahndung führen, die von einer Ermittlungsgrundlage auf die andere überwechselt. Dieser „Rollenwechsel" führt für den Beschuldigten und die Zeugen zu einer erheblichen Rechtsunsicherheit. Die Klarheit des Verfahrens gebietet es deshalb, dass der Betroffene eindeutig weiß, in welchem Verfahren die Steuerfahndung tätig wird.

Praxishinweis:

Grundsätzlich wird die Steuerfahndung im Strafverfahren als Strafverfolgungsorgan tätig. Deshalb werden auch überwiegend von allen Steuerfahndungsstellen die Ermittlungen nach Verfahrenseinleitung im Steuerstrafverfahren und nicht im Besteuerungsverfahren durchgeführt; das Steuerstrafverfahren „überlagert" das Besteuerungsverfahren. Die Steuerfahndung muss wegen ihrer Doppelfunktion ohnehin nach BFH BStBl. 1977 II S. 318, BFH BStBl. 1981 II S. 349 sowie BFH NJW 1987 S. 1040 deutlich machen, in welcher Funktion und in welchem Verfahren sie nach außen objektiv und eindeutig erkennbar tätig wird oder tätig werden will.

38 b) Ermittlungen der Besteuerungsgrundlagen nach § 208 Abs. 1 S. 1 Nr. 2 AO

Ist die Steuerzuwiderhandlung jedoch strafrechtlich oder im Ordnungswidrigkeitenverfahren nicht mehr verfolgbar, können dennoch die Besteuerungsgrundlagen nach § 208 Abs. 1 Satz 1 Nr. 2 AO ermittelt werden (Nr. 143 Abs. 1 AStBV). Weil diese Ermittlungen wegen der Verfolgungshindernisse nur noch im Besteuerungsverfahren stattfinden können, stehen hier der Steuerfahndung ausschließlich die steuerlichen Befugnisse nach § 208 Abs. 1 Satz 2 und Satz 3 AO zu.

Derartige Verfolgungshindernisse liegen z.B. beim Tod, bei Abwesenheit oder Verhandlungsunfähigkeit des Beschuldigten, bei eingetretener Strafverfolgungsverjährung und beim Strafklageverbrauch sowie bei einer wirksamer Selbstanzeige und bei der Einstellung des Verfahrens durch die Staatsanwaltschaft oder durch die Bußgeld- und Strafsachenstelle vor.

39 c) Ermittlung der Besteuerungsgrundlagen nach § 208 Abs. 1 Satz 1 Nr. 3 AO

Diese Regelung betrifft die sog. Vorfeldermittlungen, die nur durch die Steuerfahndung und ausschließlich im Besteuerungsverfahren erfolgen. Voraussetzung ist, einen bis dahin der Finanzverwaltung unbekannten Steuerfall aufzuklären. Ein unbekannter Steuerfall liegt vor, wenn der Steuerpflichtige (§ 33 AO) als solcher sowie ein Anspruch aus dem Steuerschuldverhältnis (§ 37 AO) nicht bekannt ist. Abgestellt wird dabei darauf, dass das Finanzamt vom steuerlichen Sachverhalt und/oder vom Steuerpflichtigen keine Kenntnis hat.

Damit beziehen sich die Vorfeldermittlungen nur auf die dem Finanzamt unbekannten Sachverhalte, die für die Besteuerung von Bedeutung sein können. Die Steuerpflichtigen selbst können dabei allerdings dem Finanzamt bereits bekannt oder auch unbekannte sein. Zwar kann auch objektiv die Möglichkeit einer Steuerverkürzung bestehen; die Einleitung eines Steuerstraf- oder Steuerordnungswidrigkeitenverfahrens kann deshalb auch nicht fern liegen, die Voraussetzungen dafür sind jedoch noch nicht gegeben. Der BFH BStBl. 1968 II S. 369 hat hierbei ausdrücklich auf die Doppelfunktion dieser Steuerfahndungsaufgabe nach § 208 Abs. 1 S. 1 Nr. 3 AO verwiesen: Sie ist rein steuerrechtlicher Natur, zugleich handelt es sich aber um Ermittlungen im Vorfeld des Steuerstrafverfahrens. Diese Doppelfunktion ist immer wieder ausdrücklich vom BFH, u.a. in seinem Beschluss NJW 2000 S 3157 ff. zur „Rasterfahndung bei Kreditinstituten hinsichtlich von Inhabern von Tafelpapieren", anerkannt worden.

40 Die Steuerfahndung darf allerdings nicht jedem Anlass nachgehen. Als steuerliches Ermittlungsorgan steht es vielmehr in ihrem pflichtgemäßem Ermessen, ob und wann sie ein steuerliches Ermittlungsverfahren nach §§ 85 ff. AO i.V.m. § 208 Abs. 1 Satz 1 Nr. 3 AO durchführt; es kommt hier auf die Umstände des Einzelfalles an (§ 88 Abs. 1 AO). Bei der Erforschung und Ermittlung unbekannter Steuerfälle ist die Schwelle zur Aufnahme der Tätigkeit noch geringer, als bei Beginn einer strafrechtlichen Prüfung, bei der tatsächliche Anhaltspunkte für das Vorliegen einer Steuerstraftat (Anfangsverdacht) vorliegen müssen. Sind allerdings konkrete Verdachtsgründe gegeben, muss die Steuerfahndung ermitteln, weil das Legalitätsprinzip (§ 152 Abs. 2 StPO) hierzu verpflichtet.

Praxishinweis:

Der Übergang von steuerlichen Ermittlungen zu strafrechtlichen Ermittlungen ist häufig nicht auszuschließen. Deshalb ist gerade beim unangekündigten Erscheinen der Steuerfahndung größte Vorsicht geboten und der steuerliche Berater oder ein Rechtsanwalt hinzuziehen. Der Steuerpflichtige sollte also in jedem Fall beim Auftreten der Steuerfahndung sofort zumindest seinen Steuerberater informieren und sich ohne Rücksprache mit diesem nie zur Sache einlassen.

d) Befugnisse nach § 208 Abs. 1 S. 2 AO 41

Der Steuerfahndung stehen dazu folgende Befugnisse im Besteuerungsverfahren nach §§ 88 ff. AO i.V.m. § 208 AO zu:

- Auskunftsersuchen (§§ 92; 93 AO)
- Hinzuziehung von Sachverständigen (§§ 92; 96 AO)
- Inaugenscheinnahme (§§ 92; 96 AO)
- Anordnung zur Vorlage von Urkunden (§ 97 AO)
- Anordnung zur Wertsachenvorlage (§ 100 AO)
- Anordnung der Zwangsmittel des Besteuerungsverfahrens (§§ 328 ff. AO)
- Außenprüfung auf Ersuchen des zuständigen Finanzamtes (§§ 208 Abs. 2 Nr. 1; 193 ff. AO).

Hinzu kommt nach § 208 Abs. 2 Nr. 2 AO die

- Wahrnehmung übertragener Aufgaben.

e) Erweiterung der Befugnisse nach § 208 Abs. 1 S. 3 AO 42

Der Steuerfahndung stehen im Besteuerungsverfahren zwar keine weitergehenden Befugnisse und damit dieselben Rechte und Pflichten wie dem Finanzamt zu. § 208 Abs. 1 S. 4 AO hebt allerdings für die Ermittlungen der Steuerfahndung die für die Fesetzungsfinanzämter geltenden Einschränkungen in den §§ 93; 97 auf.

Praxishinweis:

Die Steuerfahndung kann damit auch im Besteuerungsverfahren ohne jede „Vorwarnung" beim Steuerpflichtigen oder bei Auskunftspflichtigen erscheinen und wie bei einer Durchsuchung die Ermittlungen wie eine „direkte Aktion" durchführen[4].

Daraus ergibt sich im Einzelnen: 43

- Neben dem Steuerpflichtigen darf die Steuerfahndung andere Personen als Auskunftspflichtige gleichberechtigt um Auskunft ersuchen. Dabei kommt es für die Steuerfahndung nicht darauf an, ob die Sachverhaltsaufklärung auch durch den Steuerpflichtigen möglich ist. Der BFH hat im BStBl. I 1987 S. 484 ff. diese Regelung für Ermittlungen der Steuerfahndung im Besteuerungsverfahren bestätigt.
- Die Vorlage von Büchern, Aufzeichnungen und anderen Urkunden kann im Gegensatz zu der Regelung der sog. Urkundenvorlage des § 97 Abs. 2 AO sogleich verlangt werden, ohne dass zuvor die Auskunft beim Vorlagepflichtigen begehrt werden muss. Die Einsicht setzt entgegen § 97 Abs. 3 AO nicht sein Einverständnis voraus. Ähnlich darf die Steuerfahndung bei dem Verlangen nach Wertsachenvorlage (§ 100 AO) verfahren.

4 So ausdrücklich Tipke/Kruse a.a.O. § 208 AO Tz. 115

- Eine Augenscheinnahme (§ 98 AO) darf ohne Ankündigung erfolgen, es besteht das Recht zum Betreten von Grundstücken (§ 99 AO).
- Obwohl die Prüfung im Besteuerungsverfahren Ähnlichkeiten mit einer Außenprüfung hat, sind deren Vorschriften nicht anwendbar. Deshalb ist eine Prüfungsanordnung nicht erforderlich. Dennoch bestehen die in § 200 AO geregelten Mitwirkungsverpflichtungen des Steuerpflichtigen (§ 208 Abs. 1 S. 3 Halbsatz 2 AO). Dazu gehört u.a. das zur Verfügungstellen geeigneter Räume und Hilfsmittel für die Prüfung.
- Schriftliche Auskunftsersuchen sind nicht erforderlich. Die Steuerfahndung kann ihre Auskunftsersuchen im Gegensatz zu § 93 Abs. 2 AO auch mündlich stellen. Dann ist auch keine Begründung erforderlich, weil § 121 Abs. 1 AO dies nur für schriftliche bzw. schriftlich bestätigte Verlangen voraussetzt. Sofern die von der Steuerfahndung begehrten Auskünfte mündlich erteilt werden sollen, besteht im Gegensatz zum Steuerstrafverfahren die Pflicht, dieser Aufforderung nachzukommen und an Amtsstelle zu erscheinen (§ 93 Abs. 5 AO). Allerdings regelt auch hier § 393 AO die Grenzen der Auskunftspflicht, nach dem weder der Steuerpflichtige noch der Auskunftspflichtige sich selbst oder seine Angehörigen belasten muss.

Praxishinweis:

Wird eine schriftliche Bestätigung nach § 119 Abs. 2 AO gefordert, muss dazu auch eine Begründung gegeben werden. Dazu gehört die Angabe der Rechtsgrundlage, des Beweisthemas sowie der Hinweis darauf, welche Anhaltspunkte für die Ermittlungen vorliegen [5].

- Zwangsmittel des Besteuerungsverfahren (§§ 328 ff. AO) zur Durchsetzung der Mitwirkung sind grundsätzlich in den Grenzen des § 393 AO zulässig. Obwohl die Aufgabenzuweisung der Steuerfahndung selbst keine Zwangsmittelbefugnisse vorsieht, stehen ihr nach dem bei Briel/Ehlscheid: Steuerstrafrecht § 3 Formelles Strafrecht Fußnote 257 zur Rdnr. 216 zitierten BFH - Beschluss vom 20.12.1997 die „*Zwangsmittelbefugnisse des 6. Teils der Abgabenordnung (§§ 328 ff. AO)...*" zu. Ähnlich äußern sich Franzen/Gast/Joecks a.a.O. § 404 Rdnr. 45, nach denen zwar „*... der Steuerfahndung .... Zwangsmittel .... zur Verfügung stehen, ... diese .... jedoch nicht eingesetzt werden dürfen, sofern der StPfl. oder sonst Betroffene ... gezwungen würde, sich selbst .... zu belasten...*"

Praxishinweis:

Wenn bei Vorfeldermittlungen – aber auch bei Befragungen des Finanzamts – im Besteuerungsverfahren eine Belehrung erfolgt, ist besondere Aufmerksamkeit geboten, weil ein Anfangsverdacht und die Einleitung eines Steuerstrafverfahrens häufig kurz bevor stehen. Nur noch nach Rücksprache mit oder in der Gegenwart eines Steuerberaters oder Rechtsanwaltes sollte sich der Steuerpflichtige jetzt einlassen.

- Eine Schlussbesprechung ist bei den Vorfeldermittlungen ebenfalls entbehrlich. Etwas anderes gilt nur dann, wenn die Steuerfahndung nach § 208 Abs. 2 Nr. 1 AO vom Finanzamt mit einer Außenprüfung beauftragt wird. Obwohl das Ermittlungsverfahren der Steuerfahndung keine Schlussbesprechung wie bei der Betriebsprüfung kennt, findet häufig eine sog. „*abschließende Besprechung*" statt. Allerdings ist sie nicht erzwingbar [6].
- Die Steuerfahndung teilt den jeweils zuständigen Finanzämtern durch Übersendung eines steuerlichen Berichts oder Vermerks die Grundlage für Steuerfestsetzungen mit. Dies erfolgt auch bei Ermittlungen der Steuerfahndung im Steuerstraf- oder -ordnungswidrigkeitenverfah-

5 So Tipke/Kruse a.a.O. § 208 AO Tz.. 117
6 BFH NV 1990 S. 151 ff.

ren. Die Steuerfestsetzung erfolgt jedoch in eigener Zuständigkeit durch das jeweilige Finanzamt, das dabei entscheidet, ob es die Ermittlungsergebnisse der Steuerfahndung übernimmt oder nicht. Hier besteht auch noch frühzeitig die Möglichkeit, im Rahmen der tatsächlichen Verständigung zur Beendigung des streiteigen Besteuerungsverfahrens beizutragen.

Praxishinweis:

Die Auswertung des steuerlichen Berichtes durch das Finanzamt erfolgt fast immer vor der Auswertung des strafrechtlichen Berichtes duch die Staatsanwaltschaft oder die Bußgeld- und Strafsachenstelle. Deshalb ist bereits vor der Entscheidung über das weitere strafrechtliche Vorgehen mit steuerlichen Änderungsbescheiden zu rechnen. Wer hier durch Nachzahlung der hinterzogenen Steuern frühzeitig zeigt, dass er eine Schadenswiedergutmachung anstrebt, kann entweder für die subjektive Seiter der Tat oder beim Strafrahmen günstigere Voraussetzungen schaffen.

- Ermittelt die Steuerfahndung im Besteuerungsverfahren, kann sich der Betroffene jederzeit durch einen Bevollmächtigten vertreten lassen (§ 80 Abs. 1 AO) und zu Verhandlungen einen Beistand mitbringen (§ 80 Abs. 4 AO). Ansonsten haben Angehörige der steuerberatenden Berufe bei Maßnahmen im Besteuerungsverfahren kein grundsätzliches Anwesenheitsrecht (§ 365 Abs.3 AO). In der Praxis wird dies jedoch grundsätzlich gestattet.

f) Vorfeld- und Vorermittlungen im Einzelnen 44

Die nur im Besteuerungsverfahren und dann ausschließlich durch die Steuerfahndung zulässigen Vorfeldermittlungen werden nur selten eindeutig von den Vorermittlungen getrennt, obwohl in Nr. 146 AStBV eine eindeutige Trennung von den in Nr. 121 AStBV definierten Vorermittlungen erfolgt ist.

§ 208 Abs. 1 S. 1 Nr. 3 AO bezieht sich im Wesentlichen auf die sog. **Vorfeldermittlungen** im Besteuerungsverfahren, bei denen der Steuerfahndung bis auf die in § 208 Abs. 1 Satz 4 AO angeführten Ausnahmen keine weitergehenden Rechte als dem Finanzamt zugewiesen sind. Vorfeldermittlungen werden durchgeführt, wenn *noch keine konkreten Anhaltspunkte* für eine Steuerzuwiderhandlung vorliegen, jedoch die Möglichkeit einer Steuerverkürzung in Betracht kommt (Nr. 146 Abs. 1 AStBV). Die Vorfeldermittlungen können sich ausschließlich auf das Besteuerungsverfahren beschränken und mit einem steuerlichen Bericht für das Finanzamt enden. Sie können aber auch in Vorermittlungen übergehen und dann bis hin zum Strafverfahren fortgeführt werden. 45

Vorermittlungen sind allgemeine und informatorische Maßnahmen zur Gewinnung von Erkenntnissen, ob ein Verdacht gegeben ist (Nr. 121 Abs. 1 AStBV; § 152 StPO). Vorermittlungen werden deshalb auch von der Bußgeld- und Strafsachenstelle, der Staatsanwaltschaft und allen anderen zur Einleitung eines Steuerstrafverfahren i.S.d. § 397 Abs. 1 AO Befugten durchgeführt. Hierunter fällt auch die sog. Prüfung des Anfangsverdachts. 46

Nicht nur bei den Vorermittlungen, sondern auch bei den Vorfeldermittlungen (Nr. 146 AStBV) steht rechtlich außer Zweifel, dass § 208 Abs. 1 Satz 1 Nr. 3 AO keine Handhabe zu einem beliebigem Eingreifen der Steuerfahndung bietet. Nach der ständigen Rechtsprechung des BFH wären dies nämlich unzulässige Ermittlungen „ins Blaue hinein“ [7]. Es muss vielmehr ein hinreichender Anlass für die Aufnahme der steuerlichen Vorfeldermittlungen und auch für die Vorermittlungen im Einzelfall bestehen. Ähnliches gilt auch für die strafrechtlichen Ermittlungen, die sich immer gegen einzelne Beschuldigte richten müssen. 47

7 vgl. BFHE 148 S.108

1

Voraussetzung für Vorfeldermittlungen ist, dass aufgrund konkreter Momente oder allgemeiner Erfahrungen der Steuerfahndung Anordnungen bestimmter Art (z.B. Auskunfts- und Vorlageersuchen, §§ 93, 97 AO) geboten sind. Hierbei reicht aber die bloße Möglichkeit einer Steuerverkürzung aus, weil Vorfeldermittlungen eine Steuerüberwachungsaufgabe darstellen.

Insbesondere steuerliche Auskunftsersuchen werden im Rahmen von Vorfeldermittlungen von der Steuerfahndung genutzt. Darüber entscheidet sie im Rahmen ihrer eigenen Prognoseentscheidung im Wege einer vorweggenommenen Beweiswürdigung nach pflichtgemäßem Ermessen. Ausreichend ist bereits, wenn die Steuerfahndung zum Schluss kommt, dass die begehrte Auskunft zu steuerlich erheblichen Tatsachen führen kann. Die Ausübung des pflichtgemäßen Ermessens ist dann durch die Finanzgerichte überprüfbar.

48 In diesem Zusammenhang sind auch sog. **Sammelauskunftsersuchen** zulässig. Der im Zusammenhang damit immer wieder verwendete Begriff der Rasterfahndung stammt jedoch aus der polizeilichen Arbeit, die nach einem bestimmten Raster aus einer Gruppe von Personen oder Gegenstände diejenigen Merkmale herausfiltert, die letztendlich zu einem konkreten Tatverdacht führen. Eine derartige Rasterfahndung auf der Grundlage einer richterlichen Anordnung nach § 98a StPO ist nur für bestimmte Delikte zugelassen. Dazu gehört wegen der bandenmäßigen Begehungsweise in § 370 Abs. 3 S. 2 Nr. 5 AO dieser besonders schwere Fall der Steuerhinterziehung.

Die ebenfalls plakative Bezeichnung der **„Rasterfahndung“** wird dennoch auch auf die planmäßige und systematische Suche nach steuerlich- und steuerstrafrechtlich relevanten Vorgängen übertragen. Hierfür wird u.a. auch der Begriff der Flächenfahndung verwandt, der insbesondere im Zusammenhang mit den sog. Bankenverfahren neu belebt wurde. Damit war vor allem die gezielte Fertigung und Auswertung von Kontrollmaterial gemeint, die aus Bankunterlagen erstellt werden, die für den eigentlichen Durchsuchungszweck unbedeutend waren.

49 Der BFH hat in seinem o.a. Beschluss zur „Rasterfahndung bei Kreditinstituten hinsichtlich von Inhabern von Tafelpapieren“ ebenfalls unter dieser plakativen Bezeichnung umfassende Ausführungen zu den Anforderungen an die Vorfeldermittlungen gemacht und die bisher einschlägige Rechtsprechung zusammengefasst [8].

Danach müssen besondere Anhaltspunkte oder allgemeine Erfahrungen die Möglichkeit einer Steuerverkürzung wahrscheinlich machen. Besondere Anhaltspunkte können sich dabei aus der Besonderheit des Objekts oder der Höhe des Wertes ergeben.

50 **(Höchst-) Richterlich entschiedene Fälle** solcher rechtlich zulässigen Vorfeldermittlungen im Wege der Sammelauskunftsersuchen sind etwa

- Ermittlungen bei einer Vielzahl von Provisionsempfängern bei einem Kreditinstitut [9],
- bei Zahnärzten wegen Goldgeschäften [10],
- bei einem Verlag nach Chiffre-Anzeigen wegen teurer Grundstücksangebote [11],
- Auskunftsersuchen an Yachtmakler zur Ermittlung der Eigner von Yachten [12]

8 wistra 2002 S. 308 ff.; vgl. auch BFH vom 05.12.2006 (VII R 63/05) – wistra 2007 S. 189 ff.
9 BFH v. 24.3.1987, BStBl. II 1987 S.484
10 FG Hamburg EFG 1987 S.9
11 BFHE 148 S. 108
12 FG Hamburg EFG 1987 S.137

- an Geldinstitute nach Geldanlegern in Luxemburg [13],
- an Lebensversicherer über Versicherungsnehmer, die innerhalb kurzer Zeit hohe Beträge eingezahlt haben, die erst nach Ablauf der Strafverfolgungs- und Festsetzungsverjährung fällig werden [14],
- an Geldinstitute zur Benennung von Bankkunden, die Bonusaktien aus dem 2. Börsengang der Deutschen Telekom erhalten haben [15],
- an Pharmaunternehmen im Hinblick auf Zuzahlungen an niedergelassene Ärzte [16],
- an Verhütungsmittelhersteller über Namen und Adressen belieferter Apotheken, wenn Betriebsprüfungen Steuerverkürzungen bei abnehmenden Ärzten festgestellt haben [17],
- an Hundezuchtverbände über die unbekannte Anzahl der Züchter von Rassehunden [18].

Aus der Aufgabe der sog. Allgemeinen Steueraufsicht des § 85 AO werden der Steuerfahndung 51
sogar allgemeine *Hinweise an die Öffentlichkeit, Belehrungen und vorbeugende Informationen* zugestanden.

g) § 208 Abs. 2 AO 52

Diese Regelung weist der Steuerfahndung s**onstige Aufgaben im Besteuerungsverfahren** zu. Nach § 208 Abs. 2 Satz 1 AO gehören hierzu auch Außenprüfungen, die allerdings ein Ersuchen des zuständigen Finanzamts voraussetzen. Da es sich um eine normale Außenprüfung handelt, ist hier eine Prüfungsanordnung erforderlich. Für dieses Verfahren finden deshalb die §§ 193 ff.; §§ 209 ff. AO Anwendung.

Praxishinweis:

Derartige Außenprüfungen stellen jedoch die absolute Ausnahme dar und werden auch wegen der hohen Arbeitsbelastung der Steuerfahndung lieber den Betriebsprüfungsstellen überlassen.

Der Steuerfahndung können nach § 208 Abs. 2 Nr. 2 AO weitere **Aufgaben übertragen** werden, 53
für die ansonsten die Finanzämter zuständig wären. In Berlin – aber auch bei vielen anderen Steuerfahndungsstellen ist davon wie folgt Gebrauch gemacht worden:

Die Steuerfahndungsstellen sind häufig Ansprechstellen zur Bekämpfung der illegalen Beschäftigung im Bereich der Finanzverwaltung und als sog. „Partnerstelle zur Finanzkontrolle Schwarzarbeit" als Kontaktstelle bestimmt. Ihnen ist weitgehend die eigentlich den Finanzämtern oder den Bußgeld- und Strafsachenstellen in Nr. 141 Abs. 2 AStBV zugedachte Mitteilungsverpflichtung der §§ 31a, 31b AO übertragen. Zum Teil übernimmt die Steuerfahndung die Prüfung bei der Besteuerung der beschränkt steuerpflichtiger Künstler und Sportler nach § 50a EstG.

---

13 Das FG Münster führt in seiner Entscheidung wistra 2000 S. 196 ff. zu einem Sammelauskunftsersuchen der Steuerfahndung an Geldinstitute nach Geldanlegern in Luxemburg aus: *„Erkenntnisse aus allgemeinen Publikationen, aus parallelen Steuerfahndungsprüfungen sowie aus Selbstanzeigen von Kunden einer Sparkasse begründen hinreichende Anhaltspunkte für ein Sammelauskunftsersuchen gem. § 208 I 3 AO".*

14 Tipke/Kruse a.a.O. § 208 Tz. 32 mit einer umfassenden Aufzählung der bisherigen Einzelfallentscheidungen

15 Diese Rechtsprechung ist durch den Beschluss des FG Baden-Württemberg vom 14.07.2005 – 4 V 24/04 – für Sammelauskunftsersuchen zur Benennung von Bankkunden bestätigt worden.

16 Niedersächsisches FG wistra 2006 S. 194 ff.

17 BFH BStBl. I 2007 S. 155 ff.

18 FG Rheinland-Pfalz – bisher nur Hinweis bei Tipke/Kruse a.a.O. § 208 AO Tz. 32

1

54 2. Befugnisse bei Steuerzuwiderhandlungen

Die Steuerfahndung ermittelt nur dann ausschließlich im Besteuerungsverfahren und auf der Grundlage der Abgabenordnung, wenn kein Anfangsverdacht besteht und deshalb kein Steuerstrafverfahren oder Ordnungswidrigkeitenverfahren wegen Steuerdelikten eingeleitet ist. Grundsätzlich beginnen zwar ihre Ermittlungen häufig im Besteuerungsverfahren nach § 208 Abs. 1 S. 1 Nr. 3 AO, weil hier zunächst ein unbekannter Sachverhalt aufzuklären ist. Die dabei getroffenen Feststellungen gehen dann in die Vorermittlungen über: Ergibt sich dabei ein Anfangsverdacht, muss ein Strafverfahren eingeleitet werden. Damit geht ein Verfahrens- und Rollenwechsel einher, der auch zu einem Wechsel der Befugnisnormen führt. Jetzt sind nämlich – trotz des parallel daneben weiter laufenden Besteuerungsverfahrens – die Besteuerungsgrundlagen nach der StPO zu ermitteln. Diese Befugnisse sind im Einzelnen wie folgt geregelt:

55 a) § 208 Abs. 1 Satz 1 Nr. 1 AO

bestimmt hierzu die Ermittlungsbefugnis der Steuerfahndung bei Steuerzuwiderhandlungen. Zwar enthalten die hier anzuwendenden §§ 369 ff. AO einige Angaben zur strafrechtlichen bzw. ordnungswidrigkeitenrechtlichen Konsequenz bestimmter Zuwiderhandlungen. Die Ermittlungen selbst erfolgen jedoch im Straf- bzw. Ordnungswidrigkeitenverfahren nach den dort geltenden Grundsätzen. Für die Ermittlungen im Strafverfahren stehen der Steuerfahndung die Befugnisse nach der StPO zu (§ 393 Abs. 1 AO), bei Steuerordnungswidrigkeiten gelten nun auch die Bestimmungen des Ordnungswidrigkeitengesetzes (§ 377 Abs. 2 AO).

Im Hinblick auf diese Ermittlungsbefugnisse wird die Steuerfahndung auch als *Steuerpolizei* oder *Kriminalpolizei in Steuersachen* bezeichnet. Wie bei der „normalen" Polizei werden die Ermittlungen deshalb stets im Auftrag der Staatsanwaltschaft oder der Bußgeld- und Strafsachenstelle mit ihren staatsanwaltschaftlichen Rechten und Pflichten geführt. Wie die Polizei ist deshalb auch die Steuerfahndung nicht berechtigt, Durchsuchungsbeschlüsse zu beantragen oder verfahrensabschließende Entscheidungen zu treffen. Deshalb kann die Steuerfahndung auch keine entsprechenden Zusagen über die Art des Verfahrensbschlusses machen. Sie kann lediglich zusagen, bei den mit staatsanwaltschaftlichen Rechten und Pflichten versehenen Dienststellen auf einen bestimmten Abschluss hinzuwirken.

Praxishinweis:

Diese Zusage wird allerdings häufig erfolgreich umgesetzt. Auch deshalb bietet sich eine frühe Kontaktaufnahme mit dem für die Bearbeitung des Falles zuständigen Fahndungsprüfer noch vor Fertigung seiner abschließenden Berichte an. Dabei ist allerdings darauf zu achten, dass nicht frühzeitig Einlassungen als ein mögliches Geständnis bewertet wird.

56 Die Besteuerungsgrundlagen bei Ermittlungen wegen Steuerzuwiderhandlungen sind jetzt ausschließlich nach § 208 Abs. 1 S. 1 Nr. 1 AO festzustellen. Nach der herrschenden Rechtsprechung dürfen aufgrund dieser Aufgabenzuweisung auch *Ermittlungen in strafrechtlich verjährten Zeiträumen* geführt werden.

Praxishinweis:

*Briel/Ehlscheid: Steuerstrafrecht weisen darauf hin, dass „..**selbst Ermittlungen außerhalb des steuerlichen Verjährungszeitraums von 10 Jahren ... im Strafverfahren ... nicht von vornherein unzulässig ...**" sind [19]. Der BGH wistra 1994 S. 237 ff. fordert, dass verjährte Taten (zumindest) im Rahmen der Strafzumessung eingeschränkt zu berücksichtigen sind.*

b) Rechte nach § 404 AO 57

Nach § 404 AO haben die Beamten der Steuerfahndung im Steuerstrafverfahren **polizeiliche Rechte und** sind **Ermittlungspersonen** (vormals: Hilfsbeamte) **der Staatsanwaltschaft**. Ihre Befugnisse als Ermittlungsperson leiten sich dabei z.T. von denen der Staatsanwaltschaft ab:

Nach §§ 160, 161 StPO kann die Staatsanwaltschaft bzw. die Bußgeld- und Strafsachenstelle die Ermittlungen selbst durchführen oder damit die Polizei, ihre Ermittlungspersonen oder andere Dienststellen und Behörden beauftragen. In Notfällen stehen sogar dem Finanzamt über §§ 399 Abs. 1; 386 Abs. 1 AO staatsanwaltschaftliche Rechte zu, die im Wesentlichen denen der Ermittlungspersonen der Staatsanwaltschaft entsprechen.

Praxishinweis:

Diese „Notkompetenz" des Finanzamts kommt weitgehend immer dann in Betracht, wenn während einer Prüfung des Finanzamts vor Ort Unterlagen auftauchen, die als Beweismittel für Steuerzuwiderhandlungen zu sichern sind (z.B. die „schwarze Buchführung", Scheinrechnungen, gefälschte Belege). Derartige Funde sind häufiger als vermutet wird.

Ermittlungspersonen der Staatsanwaltschaft sind ein in der Strafpozessordnung aufgeführtes Strafverfolgungsorgan, dem für Eilfälle besondere Befugnisse übertragen sind, die sonst nur dem Richter oder Staatsanwalt zustehen. Dabei muss es sich um *Beamte* handeln, die der fachlichen Weisung der Staatsanwaltschaft bzw. der Bußgeld- und Strafsachenstelle unterstehen. Die Fahndungsprüfer und Sachgebietsleiter sowie der Vorsteher eines Spezialfinanzamtes sind als Beamte der Steuerfahndung nach § 404 AO mit Übertragung des Aufgabengebietes Ermittlungspersonen der Staatsanwaltschaft. 58

Für die Beamten des Polizeidienstes ist in § 152 GVG hingegen eine andere Regelung getroffen. Danach sind dort die Ermittlungspersonen der Staatsanwaltschaft durch Rechtsverordnung zu bestimmen. Ihre Ermittlungspersoneneigenschaft ist u.a. an das Alter, den Dienstgrad und bestimmte Besoldungsgruppen gebunden.

Die besonderen Rechte als Ermittlungsperson sind bei fast allen Steuerfahndungsstellen in deren (gelben) Dienstausweisen in Kurzfassung wiedergegeben; die Dienstmarke weist sehr oft auch auf diese besondere Rechtsstellung auf ihrer Rückseite hin. Sofern in der jeweiligen Steuerfahndungsstelle Dienstausweise und auch Dienstmarken verwendet werden, sind diese i.S.d. Nr. 43 AStBV zu verwenden, nach denen sich die Amtsträger vor Aufnahme von Diensthandlungen auszuweisen haben.

Den Fahndungsprüfern stehen deshalb im Steuerstrafverfahren folgende Rechte zu:

aa) Befugnisse der Polizei nach der StPO i.V.m. § 404 AO 59

- Entgegennahme von Anzeigen (§ 158 Abs. 1 StPO)
- Erster Zugriff (§ 163 Abs. 1 StPO)

19 in der 2. Auflage 2001 § 3 Rdnr. 202 ff. m.w.N.

1

- Identitätsfeststellungen (des Beschuldigten nach §§ 127 Abs. 1 Satz 2; 163 b Abs. 1 StPO und des Unverdächtigen nach § 163b Abs. 2 StPO)
- Auskunftsersuchen im Auftrag der Staatsanwaltschaft oder der Bußgeld- und Strafsachenstelle – bei Gefahr im Verzug aus eigenem Recht – an Behörden, die eine Auskunftspflicht begründen (§§ 161 Abs. 1, 163 Abs. 1 StPO)
- Durchsuchung und Beschlagnahme (§§ 161, 102 ff. StPO) auf der Grundlage eines richterlichen Durchsuchungsbeschlusses
- Festnahme von Störern bei Amtshandlungen (§ 164 StPO)
- Vorläufige Festnahme (§ 127 Abs.2 StPO)
- Ergreifung auf Grund eines Haftbefehls (§ 36 StPO)
- Beschlagnahmen zur Sicherung des Verfalls (§§ 111b ff. StPO)
- Erkennungsdienstliche Maßnahmen (§ 81b StPO)
- Anregung von Suchvermerken sowie Steckbriefen (§ 131 Abs. 2 StPO)

Praxishinweis:

Die Anregung von Suchvermerken und Steckbriefen war in der Praxis der Steuerfahndung bisher von untergeordneter Bedeutung. Im Bereich einzelner Sonderermittlungsgruppen oder Schwerpunktermittlungen werden sie jedoch zur Identifizierung von Steuerpflichtigen, Beschuldigten und Zeugen nicht nur in Berlin zunehmend durchgeführt.

- Beschuldigtenvernehmung (§§ 161, 163a Abs.4 StPO)
- Präventivmaßnahmen
- Zeugenvernehmung (§§ 163, 163a Abs.5 StPO)

Praxishinweis:

Dabei ist die für die Vernehmung durch die Steuerfahndung in der Nrn. 47 Abs. 1 S. 2; 54 AStBV nochmals neben den gesetzlichen Vorgaben gesondert angeführte Regelung für Vernehmungen durch Ermittlungsbehörden mit polizeilichen Begfugnissen zu beachten: Zeugen (und Sachverständige) sind nicht verpflichtet, vor der Polizei (und damit auch vor der Steuerfahndung) zu erscheinen und auszusagen. Diese Pflicht besteht nach § 161a Abs. 1 StPO jedoch gegenüber der Staatsanwaltschaft (und damit auch gegenüber der Bußgeld- und Strafsachenstelle) und kann erzwungen werden. Deshalb ist es wenig sinnvoll, gegenüber der Steuerfahndung von diesem Recht Gebrauch zu machen, die anschließend dann über die Staatsanwaltschaft und die Bußgeld- und Strafsachenstelle versuchen wird, die Zeugenvernehmung durchzusetzen. Selbst der Beschuldigte hat vor der Staatsanwaltschaft und Bußgeld- und Strafsachenstelle zu erscheinen, wenn er auch an der Aufklärung nicht mitwirken muss (§ 136 StPO; Nr. 46, 53 AStBV). Beim unentschuldigten Fernbleiben ist eine Vorführung aufgrund eines Haftbefehls möglich. Der Entwurf des Bundesrates zu einem ***Gesetz zur Effektivierung des Strafverfahrens*** *vom 13.10.2006 (BR-Drucks. 660/06) zu* ***§ 163a Abs. 6 StPO*** *mit der* ***Verpflichtung des Zeugen zum Erscheinen und zur Aussage vor der Polizei*** *hat sich bisher nicht durchsetzen lassen. Diese Verpflichtung sollte bei einer Vernehmung ausdrücklich im Auftrag der Staatsanwaltschaft (oder die Bußgeld- und Strafsachenstelle) eingeführt werden.*

60 **bb) Befugnisse der Ermittlungspersonen (früher: Hilfsbeamten) nach der StPO i.V.m. § 404 Satz 2 AO**

- Anordnung einer Durchsuchung und Beschlagnahme
- wegen Gefahr im Verzug (§§ 105 Abs. 1, 98 Abs. 1 StPO)
- Notveräußerungen (§ 111 StPO)

- Durchsicht von Papieren (§ 110 Abs. 1 StPO)
- Bei Gefahr im Verzug Ausschreibungen zur Festnahme (§ 131 Abs. 1 u. 2 StPO) und Ausschreibung zur Aufenthaltsermittlung von Beschuldigten und Zeugen (§§ 131 a; 131c Abs. 1 StPO)
- Anordnung und Beschlagnahme von Sicherheitsleistungen für erwartete Geldstrafen
- und Bestellung von Zustellungsbevollmächtigten (§ 132 StPO)
- Körperliche Untersuchung (§§ 81a; 81c StPO)

Praxishinweis:

Mit körperlichen Untersuchungen muss zunehmend gerechnet werden, weil die Suche nach minimalisierten Datenspeichern (z.B. USB-Sticks) an Bedeutung gewinnt.

Die Steuerfahndung ermittelt im Steuerstrafverfahren im Auftrag der Staatsanwaltschaft sowie der Bußgeld- und Strafsachenstelle auch die **Umstände, die für die Bemessung der Strafe und für die Nebenfolgen von Bedeutung sind** (Nr. 40 AStBV i.V.m. Nrn. 13ff. RiStBV). Hierzu gehören auch Festellungen zu den in den Nrn. 13 und 14 RiStBV im einzelnen aufgeführten Angaben zu den persönlichen und wirtschaftlichen Verhältnissen des Beschuldigten. Nach Nr. 14 Abs. 3 Satz 3 RiStBV kann über § 160 Abs. 3 StPO sogar die Staatsanwaltschaft bzw. die Bußgeld- und Strafsachenstelle das Finanzamt um Auskunft ersuchen. 61

IV. Das Steuerstrafverfahren 62

Das Steuerstrafverfahren unterscheidet sich fast immer von den Strafverfahren, bei denen nichtsteuerliche Delikte im Vordergrund stehen. Deshalb ist auch die Strategie der Verteidigung völlig anders zu wählen. Sie beginnt in jedem Fall bereits im frühest möglichen Stadium.

1. Besonderheiten: 63

- Verbindung von zwei Rechtsgebieten, nämlich des Steuerrechts mit dem Strafrecht und damit Konflikt zwischen der Mitwirkungsverpflichtung und dem Selbstbelastungsverbot.
- Nicht die Suche nach dem Täter steht im Vordergrund, sondern der Nachweis des Tatvorwurfs. Auch deshalb unterscheidet sich die sächliche Ausstattung der Steuerfahndung von der polizeilichen Ausstattung: Die Steuerfahndung ist nicht bewaffnet und verfügt nicht über Dienstfahrzeuge mit Blaulicht.
- Die Aufgaben der Finanzverwaltung mit straf- und strafverfahrensrechtlichen Befugnissen und die Einbindung der Staatsanwaltschaft und Gerichte sind weitgehend unbekannt.
- Die Verteidigung eines Beschuldigten im Steuerstrafverfahren bedeutet nach h.M. fast immer die Verteidigung eines schuldigen Täters.
- Das zulässige Auftreten des Steuerberaters im frühen Stadium des Verfahrens als Verteidiger stellt eine besondere Situation dar.
- Die unterschiedliche Sachkunde im Steuerrecht bei der Steuerfahndung, Staatsanwaltschaft und beim Gericht erfordert von der Verteidigung, aber auch von der Steuerfahndung besondere Aktivitäten, um weniger Sachkundige mit dieser schwierigen, für die Beurteilung des Lebenssachverhalts heranzuziehenden Materie vertraut zu machen.

- Nur der Steuerfahnder hat die genauen Kenntnisse über die sichergestellten Beweismittel. Er ist deshalb Ansprechpartner für den Verteidiger.

Praxishinweis:

Die Auswertung der Beweismittel und die Darstellung der Ergebnisse im strafrechtlichen Aktenvermerk des Fahndungsprüfers wird häufig von der Staatsanwaltschaft oder der Bußgeld- und Strafsachenstelle sowie auch vom Strafgericht übernommen und als richtig unterstellt. Deshalb ist es sinnvoller, bereits vor der Abfassung Einfluss auf diesen Vermerk zu nehmen. Die Auseinandersetzung erst nach dem Abschluss der Ermittlungen bei der Steuerfahndung oder gar erst in der Hauptverhandlung hingegen ist oft ergebnislos. Daher beginnt die Verteidigung im Steuerstrafverfahren sofort und besonders gezielt gegenüber der Steuerfahndung, solange sie noch ermittelt.

64

2. Zusammentreffen zweier Rechtsgebiete

Das Steuerstrafverfahren setzt zum Verständnis und für eine erfolgreiche Verteidigung zumindest einen Überblick über die *wesentlichen Regeln und Grundsätze des Steuerrechts und des Straf- und Strafverfahrensrechts* voraus. Selbst für den im Strafrecht erfahrenen Juristen erfordert dies meistens eine erhebliche Zeit für die Einarbeitung. Das Steuerstrafverfahren ist nämlich nicht mit einem „normalen" Strafverfahren vergleichbar. Im Steuerstrafverfahren geht es auch nicht alleine darum, die steuerrechtliche Problematik des Falles aufzuklären. Vielmehr ist der steuerrechtliche Sachverhalt auch strafrechtlich, das Verfahren auch strafprozessual zu beurteilen. Wer hier keine detaillierten Kenntnisse hat, kann auch nicht beurteilen, welche materiell und prozessual strafrechtlichen Aspekte für die Behandlung des Falles von Bedeutung sind.

65 Sofern besondere Regelungen in der Abgabenordnung nichts anderes bestimmen, sind auf die Steuerzuwiderhandlungen die allgemeinen Gesetze, insbesondere das Strafgesetzbuch, die Strafprozessordnung, das Gerichtsverfassungsgesetz und das Jugendgerichtsgesetz anzuwenden (§ 369 Abs. 2 AO sowie § 377 Abs. 2 AO für die Steuerordnungswidrigkeiten). Deshalb sind auch die im allgemeinen Strafverfahren geltenden Grundsätze zu berücksichtigen. Daneben sind für die Ermittlungsbehörden die bestehenden Verwaltungsanweisungen zu beachten, auf die sich auch der Beschuldigte berufen kann. Zu den letzteren zählen nicht nur die Anweisungen für das Straf- und Bußgeldverfahren (Steuer), sondern auch die Richtlinien für das Strafverfahren und Bußgeldverfahren – RiStBV – und die Betriebsprüfungsordnung – BpO – soweit sie hinsichtlich der Steuerzuwiderhandlungen Regelungen treffen. Die Rechtsprechung der Straf- und Finanzgerichte sowie hinsichtlich der Steuerordnungswidrigkeiten auch die der Verwaltungsgerichte ist zu beachten.

66 Für **Steuerordnungswidrigkeiten** gelten die Vorschriften des Ordnungswidrigkeitengesetzes, soweit auch hier die Bußgeldvorschriften der Steuergesetze keine besondere Regelung treffen. Neben den Bestimmungen der Abgabenordnung sind in einzelnen Steuergesetzen ebenfalls besondere Bußgeldtatbestände enthalten, vgl. zum Beispiel § 26b UStG; § 18 BierStG, § 126 BranntwMonG u.a.. Die unerlaubte Hilfeleistung in Steuersachen ist als Sonderfall in § 160 StBerG geregelt.

67 Weder die Steuerfahndung, noch die Staatsanwaltschaft und die Bußgeld- und Strafsachenstellen sind befugt, Strafen zu verhängen. Steuerliche Entscheidungen trifft ausschließlich das zuständige Finanzamt.

68 Für die Angehörigen der steuerberatenden Berufe und selbst die Finanzbeamten kommt hinzu, dass im Interesse des Mandanten und Steuerpflichtigen im Steuerstrafverfahren eine andere Haltung erforderlich ist, als im vertrauteren Besteuerungsverfahren. Der Aufklärungs- und Mitwir-

kungsverpflichtung im Besteuerungsverfahren steht hier nämlich der Schutz des Beschuldigten durch mögliche Verweigerung der Mitwirkung gegenüber.

§ 393 AO trifft hier für das **Verhältnis des Strafverfahrens zum Besteuerungsverfahren** grundlegende Entscheidungen. Treffen beide Verfahren zusammen, entstehen aus den unterschiedlichen Verfahrensgrundsätzen Schwierigkeiten. Bei Ermittlungen der Steuerfahndung ist dies stets der Fall, weil nach § 208 Abs. 1 Satz 1 Nr. 1 und 2 AO sowohl die Besteuerungsgrundlagen als auch die Steuerstraftaten zu ermitteln sind und nicht nur dem Staatsanwalt bzw. der Bußgeld- und Strafsachenstelle, sondern auch dem Finanzamt für Zwecke des Besteuerungsverfahrens berichtet wird. 69

Im Besteuerungsverfahren ist der Steuerpflichtige zur *Mitwirkung* verpflichtet, ohne dass ihm ein *Auskunftsverweigerungsrecht* zusteht. Im Steuerstrafverfahren hingegen kann er die Aussage verweigern. § 393 Abs. 1 AO verweist darauf, dass die Befugnisse der Finanzbehörden zwar im Besteuerungsverfahren grundsätzlich unberührt bleiben. Im (Steuer) Strafverfahren ist die Anwendung von Zwangsmitteln jedoch unzulässig (§ 163a StPO). Deshalb dürfen bei gleichzeitigen strafrechtlichen Ermittlungen im parallel laufenden Besteuerungsverfahren keine Zwangsmittel i.S.d. § 328 AO angewendet oder angedroht werden. 70

Praxishinweis:

Bei allgemeinen Straftaten gilt dieses Zwangsmittelverbot gegenüber der Finanzverwaltung nicht, weil sich der Steuerpflichtige ansonsten seiner Mitwirkungspflicht entziehen kann. Grundsätzlich unterliegen seine Angaben dem Steuergeheimnis des § 30 AO. Problematisch wird dies jedoch dann, wenn die mitgeteilten Erkenntnisse wegen § 30 Abs. 4 AO dennoch verwertbar sind.

Ebenso unzulässig ist es, den Steuerpflichtigen dazu zu veranlassen, sich selbst wegen einer Steuerstraftat zu belasten. Über diese Rechtsstellung ist der Beschuldigte möglichst frühzeitig zu belehren.

Praxishinweis:

Steuerlich nachteilige Folgerungen, z.B. im Rahmen einer Schätzung, dürfen dennoch gezogen werden (§ 393 Abs. 1 Satz 2 AO).

§ 393 AO ist mit dem Jahressteuergesetz 2008 um den Abs. 3 erweitert worden. Damit wird ausdrücklich die Verwendung der im Steuerstrafverfahren gewonnenen Erkenntnisse auch für das Besteuerungsverfahren zugelassen. Dies gilt auch für Erkenntnisse, die dem Brief-, Post- und Fernmeldegeheimnis unterliegen, wenn die StPO die Auskunft an Steuerbehörden zulässt oder die Finanzbehörde die Erkenntnisse rechtmäßig im Rahmen ihrer eigenen strafrechtlicher Ermittlungen gewonnen hat. 71

Praxishinweis:

Damit ist das bisher in der Praxis übliche und durch die Rechtsprechung nicht widersprochene Verfahren zur Verwertung der Erkenntnisse für das Besteuerungsverfahren gesetzlich geregelt.

Das bisher durch die Rechtsprechung u.a. des BGH in NJW 2003 S. 156 ff und des BFH in DStZ 2001 S. 395 BGH für alle Fälle der Steuerhinterziehung grundsätzlich ausgesprochene Verwertungsverbot für Erkenntnissen aus der Telefonüberwachung im Besteuerungsverfahren ist nunmehr gesetzlich anders vorgesehen. Dies war auch wegen der Änderung des § 100a StPO geboten, der mit § 370 Abs. 3 Nr. 5 AO den ersten steuerstrafrechtlichen Tatbestand als mögliche Tat erfasst hat, bei dem das Abhören von Telefonen zulässig ist.

72 ## 3. Verfahrensablauf

a) Steuerstrafverfahren

Auch das Steuerstrafverfahren ist – wie jedes Strafverfahren – dazu bestimmt, den staatlichen Strafanspruch festzustellen und durchzusetzen. Mit dem Erkenntnisverfahren und dem Vollstreckungsverfahren ist es in zwei Verfahrensabschnitte unterteilt. Das Vollstreckungsverfahren schließt als weiterer Verfahrensabschnitt an die rechtskräftige Verurteilung. an

73 Das **Erkenntnisverfahren** selbst besteht aus den folgenden drei Abschnitten: dem Vorverfahren, dem Zwischenverfahren und dem Hauptverfahren.

Im **Vorverfahren**[20] (§§ 158 ff. StPO) ermitteln die Strafverfolgungsbehörden, ob der Beschuldigte der Tat hinreichend verdächtigt ist (§ 203 StPO). Sofern dies der Fall ist, stellt die Staatsanwaltschaft beim zuständigen Gericht der Antrag auf Eröffnung des Hauptverfahrens. Die Ermittlungsergebnisse der Steuerfahndung bilden die Grundlage für die weiteren Entscheidúngen der Bußgeld- und Strafsachenstelle oder der Staatsanwaltschaft. Das Vorverfahren stellt das eigentliche **Ermittlungsverfahren** dar, in dem die Staatsanwaltschaft oder die Bußgeld- und Strafsachenstelle von dem Verdacht einer Straftat Kenntnis erlangt und entweder selbst ermittelt oder die Ermittlungen durch die Polizei oder Steuerfahndung durchführen lässt. In der Praxis wird die Ermittlungstätigkeit bei Steuerdelikten überwiegend bei der Steuerfahndung aufgenommen, die dann die Staatsanwaltschaft bzw. Bußgeld- und Strafsachenstelle in Kenntnis setzt. Ggf. ist auch der Ermittlungsrichter einzuschalten. Die Ermittlungen enden nach § 170 StPO häufig mit der Anklageerhebung oder aber mit der Einstellung des Verfahrens. Daneben gibt es noch Vielzahl weiterer Möglichkeiten der Verfahrensbeendigung.

74 ### b) Verfahren wegen Steuerordnungswidrigkeiten

Bei der Bekämpfung der Wirtschaftskriminalität stehen fast immer nur die Steuerstraftaten – insbesondere die Steuerhinterziehung des § 370 Abs. 1 AO – im Vordergrund, obwohl daneben noch eine Vielzahl von Steuerordnungswidrigkeiten zur Ahndung herangezogen werden können. Zwar sind aufgrund des im Bußgeldverfahren geltenden Opportunitätsprinzips in den einzelnen Bundesländern die Bearbeitungskapazitäten von unterschiedlicher Bedeutung. Die zuständigen Bußgeld- und Strafsachenstellen haben teilweise zur schwerpunktmäßigen Bearbeitung eigene Abteilungen (u.a. in Berlin: Arbeitsgebiete) eingerichtet. Deren stellenplanmäßige Besetzung erfolgt dann überwiegend im Gegensatz zu den mit Steuerstraftaten befassten Arbeitsgebieten mit Dienstkräften entweder aus dem mittleren Dienst oder im Angestelltenverhältnis, weil hier staatsanwaltschaftliche Rechte und Pflichten von untergeordneter Bedeutung sind.

Praxishinweis:

Insbesondere in der Praxis der Außenprüfung besteht zunehmend das Interesse, zumindest die Möglichkeit eines Bußgeldverfahrens dann in Betracht zu ziehen, wenn steuerstrafrechtliche Sanktionen nicht möglich sind, aber dennoch ein nicht ordnungsgemäßes Verhalten der Steuerpflichtigen im Hinblick auf die Buchführung oder bei der Erfüllung der Mitwirkungsverpflichtungen festgestellt wird.

20 Die StPO verwendet auch die Bezeichnung als *vorbereitendes Verfahren.*

Unterstützt wird die Kontaktaufnahme der Außenprüfer zu den Bußgeld- und Strafsachenstellen und zur Steuerfahndung hierbei durch die Anweisungen in den Nrn. 113, 114 AStBV und im § 10 BpO.

Praxishinweis:

Durch die Verteidigung sollte in geeigneten Fällen versucht werden, bei unstreitigem objektiven Tatbestand der Steuerhinterziehung wenigstens auf der subjektiven Tatseite den Schuldvorwurf auf fahrlässige Begehung hin zu mildern. Mit der dann nur noch als Steuerordnungswidrigkeit zu ahndenden leichtfertigen Steuerverkürzung (§ 378 AO) ist dem Mandanten eine Vielzahl von erheblich einschneidenden Maßnahmen des Steuerstrafverfahrens, erspart geblieben.

V. Ermittlungsbehörden im Steuerstrafverfahren 75

1. Verschiedene Ermittlungsorgane

Die verschiedenen Ermittlungsbehörden haben zum Teil unterschiedliche Befugnisse und Aufgaben. Zu diesen Ermittlungsbehörden gehören neben der Steuerfahndung die Bußgeld- und Strafsachenstellen, das Finanzamt, die Staatsanwaltschaft sowie Gerichte und die Polizei. Dabei sind deren Befugnisse genau festgelegt.

a) Staatsanwaltschaft 76

Die Staatsanwaltschaft (§§ 141 ff. GVG) ist die staatliche Behörde, der die Strafverfolgung und Mitwirkung im Strafverfahren zugewiesen ist.

Als selbstständige Justizbehörde ist die Staatsanwaltschaft nicht Partei, sondern ein Organ der Rechtspflege. Die Staatsanwaltschaft ist im Gegensatz zum angloamerikanischen Recht zur Objektivität verpflichtet und hat Rechtsmittel auch zugunsten des Beschuldigten einzulegen (§ 296 Abs. 2 StPO) und ggf. die Wiederaufnahme des Verfahrens mit dem Ziel des Freispruchs für den Verurteilten zu betreiben (§ 365 StPO). Deshalb hat sie auch die **entlastenden Umstände** zu ermitteln (§ 160 Abs. 2 StPO). Staatsanwälte sind im Rahmen des Legalitätsprinzips an die dienstlichen Weisungen der Vorgesetzten gebunden (§ 146 GVG).

Nach § 143 Abs. 4 GVG können für die Verfolgung bestimmter Strafsachen **Schwerpunktstaatsanwaltschaften** gebildet werden, die für mehrere Gerichtsbezirke zuständig sind. Von dieser Möglichkeit ist häufig für Wirtschaftsstrafsachen und damit auch Steuerstraftaten Gebrauch gemacht worden. 77

Die Staatsanwaltschaft selbst hat keine ausführenden Organe. Deshalb ist sie unmittelbar weisungsbefugt gegenüber ihren Ermittlungspersonen der Staatsanwaltschaft (§ 152 GVG), zu den auch die Beamten der Steuerfahndung gehören (§ 404 AO). Die Staatsanwaltschaft kann deshalb entweder selbst ermitteln oder die Ermittlungen durch die Polizei und alle anderen Behörden (und damit auch durch die Finanzämter) vornehmen lassen (§ 161 StPO). 78

Die Abgrenzung der Zuständigkeiten zwischen dem Finanzamt, der Steuerfahndung, den Bußgeld- und Strafsachenstellen sowie der Staatsanwaltschaft ist in den §§ 386 ff. AO geregelt; weitere sehr detaillierte Abgrenzungskriterien für die Zuständigkeit der Finanzbehörde ergeben sich aus den Nrn. 12 ff.; 136 ff. AStBV.

1

79 b) Bußgeld- und Strafsachenstelle

Die Finanzbehörde ermittelt ausschließlich bei dem Verdacht einer Steuerstraftat den Sachverhalt (§ 386 AO). Finanzbehörde i.S.d. § 6 AO ist hierbei das Finanzamt. Bestandteil dieses Finanzamtes sind wiederum die ihm zugeordnete Steuerfahndungs- sowie die Bußgeld- und Strafsachenstelle. Die selbstständige Ermittlungskompetenz betrifft nach § 386 Abs. 4 Satz 2 AO Steuerstraftaten (§§ 369; 386 Abs. 2 Nr.1 AO). Mit der Wahrnehmung der staatsanwaltschaftlichen Aufgaben für die Finanzbehörde ist die Bußgeld- und Strafsachenstelle beauftragt und damit als „Staatsanwaltschaft der Finanzverwaltung" für alle verfahrensleitenden Entscheidungen zuständig.

Anklage darf allerdings nur der Staatsanwalt erheben (§ 400 AO). Zur weiteren Abgrenzung der Zuständigkeit zur Staatsanwaltschaft siehe § 386 Abs. 2 – 4 AO und die Nrn. 12 – 19 AStBV. Die selbstständige Ermittlungskompetenz der Bußgeld- und Strafsachenstelle endet deshalb auch, wenn aufgrund eines Einspruchs gegen den von ihr beantragten Strafbefehl die Hauptverhandlung anberaumt wird (§ 406 Abs.1 AO).

Die Bußgeld- und Strafsachenstelle darf danach folgende Entscheidungen treffen:

- Einstellung des Strafverfahrens — § 170 Abs.2 StPO; §§ 153 ff.; § 205 StPO, § 398 AO
- Antrag auf Erlass eines Strafbefehls — § 400 AO
- Antrag auf Anordnung von Nebenfolgen — § 401 AO
- Vorlage an die Staatsanwaltschaft — § 400 AO

Außerdem hat die Bußgeld- und Strafachenstelle umfassende Mitwirkungsrechte, wenn die Staatsanwaltschaft mit dem Fall befasst ist oder die Polizei mit den Ermittlungen betraut wurde (§§ 403 ff. AO).

80 Aufgrund ihrer staatsanwaltschaftlichen Rechte und Pflichten sind der Bußgeld- und Strafsachenstelle eine Vielzahl weiterer **Aufgaben** zugewiesen. Dazu gehören:

81
- **Teilnahme an Durchsuchungen**

  Nimmt ein Beamter der Bußgeld- und Strafsachenstelle (oder der Staatsanwaltschaft) an den strafprozessualen Durchsuchungshandlungen der Steuerfahndung teil, kann auf die Hinzuziehung von **Durchsuchungszeugen** nach § 105 StPO verzichtet werden. Nach allerdings nicht ganz unbestrittener Rechtsauffassung, aber wohl h.M. reicht im Ermittlungsverfahren der Bußgeld- und Strafsachenstelle die Teilnahme eines ihrer Beamten aus, selbst wenn dieser nicht die Befähigung zum Richteramt besitzt [21]. Dies folgt aus § 105 Abs. 2 StPO, nachdem immer dann, wenn bei der Durchsuchung kein Richter oder Staatsanwalt zugegen ist, Durchsuchungszeugen beigezogen werden sollen. Dafür kommen nach Möglichkeit ein Gemeindebeamter oder zwei Mitglieder der Gemeinde in Betracht. Allerdings hat der Beschuldigte das Recht, auf deren Beiziehung zu verzichten. Durchsuchungszeugen sollen sowohl den von der strafprozessualen Maßnahme Betroffenen, aber auch die eingesetzten Dienstkräfte schützen. Sie können zur Klärung möglicher späterer Vorwürfe gegen den Ablauf der Durchsuchung und gegen das Verhalten der beteiligten Dienstkräfte herangezogen werden.

21 OLG Hamm NStE Nr.3 zu § 102 StPO

Praxishinweis:

Der Verzicht auf die Hinzuziehung von Durchsuchungszeugen sollte in Betracht gezogen werden, wenn durch die anwesenden Gemeindebeamten eine zu große Publizität befürchtet wird oder der Kreis der Personen beschränkt werden soll, die Kenntnis von den Ermittlungen erhalten. Dies ist gerade in überschaubaren Gemeinden nicht auszuschließen.

- Entscheidungen über **Rechtsmittel gegen Maßnahmen der beauftragten Steuerfahndung:** 82

  Insbesondere *strafprozessuale Maßnahmen* (wie z.B. Durchsuchungsbeschlüsse) werden grundsätzlich durch das Gericht angeordnet und durch die Staatsanwaltschaft bzw. Bußgeld- und Strafsachenstelle beantragt und von den Fahndungsprüfern nur als *Ermittlungspersonen der Staatsanwaltschaft (§ 404 AO)* ausgeführt. Sie sind deshalb mit der Beschwerde nach § 304 StPO bei der beauftragenden Dienststelle (also grundsätzlich bei der Bußgeld- und Strafsachenstelle oder der Staatsanwaltschaft) zu rügen.

  Sachliche Dienstaufsichtsbeschwerden gegen das Verfahren werden von der Staatsanwaltschaft oder der Bußgeld- und Strafsachenstelle entschieden.

Praxishinweis:

Dennoch bedeutet das Einlegen entsprechende Rechtsmittel bei der Bußgeld- und Strafsachenstelle bzw. bei der Staatsanwaltschaft immer eine Verzögerung der Bearbeitung, weil die Steuerfahndung dann erst zur Stellungnahme und ggf. auch Vorlage der dort befindlichen Ermittlungsakten aufgefordert wird. Ist eine schnelle Entscheidung beabsichtigt, wirkt die Vorlage bei der Steuerfahndung immer effektiver, weil sie sich dann gleich an die „Herren des Verfahrens" wenden kann. Dies gilt auch für alle anderen Begehren, über die Bußgeld- und Strafsachenstellen bzw. die Staatsanwaltschaft entscheidungsbefugt sind.

- Entscheidungen aufgrund der strafprozessualen **Verfallvorschriften** (§§ 73 ff. StGB; §§ 111b 83
  ff. StPO) zur vorläufigen Sicherung von Vermögenswerten

  Die Gewinnabschöpfung mit Hilfe des strafrechtlichen Arrests nach den §§ 111b ff. StPO gewinnt in der Praxis zunehmend an Bedeutung. Nach § 111d StPO darf auch zur Sicherung von Ansprüchen des Verletzten der strafprozessuale Arrest des § 111b StPO angeordnet werden, wenn ohne diesen Anspruch der Verfall zulässig wäre; vgl. hierzu auch die Nrn. 69 ff. AStBV. Die neu gefasste Nr. 69c Abs. 4 AStBV 2008 berücksichtigt nunmehr, dass nur (noch) die Bußgeld- und Strafsachenstellen **Pfändungen** jeglicher Art **im Rahmen des dinglichen Arrests** durchführen dürfen. Der Steuerfahndung verbleibt nur noch die Befugnis zur Vollziehung der angeordneten Maßnahmen, die aber auch die Bußgeld- und Strafsachenstelle selbst vornehmen kann. Nr. 69c Abs. 5 AStBV 2008 weist nunmehr auf die möglichen Rechtsmittel hin.

  Die Geldbeträge können für einen längeren Zeitraum sichergestellt werden. Die Aufhebung der Beschlagnahme erfolgt zwar spätestens nach sechs Monaten (§ 111 b Abs. 3 StPO), in besonderen Situationen kann sie dennoch durch richterliche Entscheidung auf höchstens zwölf Monate verlängert werden.

Praxishinweis:

Die langen Fristen ermöglichen es dem Finanzamt häufig, geänderte Steuerbescheide zu erlassen und dann auf die sicher gestellten Vermögenswerte – ggf. auch durch einen steuerlichen Arrest i.S.d. §§ 324 AO – Zugriff zu nehmen. Da der frühe Zugriff auf die Vermögenswerte und das häufig danach angespannte Verhältnis zu den Banken von entscheidender Bedeutung für den weiteren Geschäftsbetrieb ist, muss hier schnell gehandelt werden. Weil nach § 111 b Abs. 4 StPO auch die §§ 102 ff. StPO Anwendung finden, sind auch Durchsuchungen zu diesem Zweck möglich. Die Aufhebung der Beschlagnahme erfolgt erst nach sechs bis zwölf Monaten (§ 111 b Abs. 3 StPO), in besonderen Situationen kann sie durch richterliche Entscheidung darüber hinaus verlängert werden. Deshalb sollte unverzüglich das Anbieten von Sicherheiten geprüft werden.

84 ■ Entscheidungen über die Anträge der **Verteidigung**

Dazu gehören neben den Anträgen auf Zulassung als Verteidiger, zur Akteneinsicht und auf Einstellung des Verfahrens auch alle Einlassungen und Anträge für den Mandanten.

Praxishinweis:

Ein häufiger – wenn auch in der Praxis meist heilbarer – Anfängerfehler von Steuerberatern ist das Auftreten für mehrere Beschuldigte. Eine Verteidigung mehrer Beschuldigter durch einen Verteidiger ist aber ausgeschlossen (§ 146 StPO, § 385 AO). Meldet sich dennoch ein Verteidiger für mehrere Beschuldigte, besteht die Möglichkeit, ihn insgesamt zurückzuweisen, zumindest dokumentiert er aber eine Unkenntnis von den Grundregeln der Strafverteidigung. Dies wird stets dann aktuell, wenn ein Angehöriger steuerberatender Berufe seine Vollmacht im Besteuerungsverfahren für mehrere Steuerpflichtige nunmehr auch auf das gegen seine Mandanten anhängige Steuerstrafverfahren erweitern will.

85 ■ Entscheidungen im Zusammenhang mit den sichergestellten **Beweismitteln**

Die Entscheidung über die Übergabe bzw. Einsichtnahme an Amtsstelle zur Fertigung von Steuererklärungen von Beweismitteln oder deren generelle Herausgabe und die Anfertigung von Kopien kann nicht die Steuerfahndung treffen, weil die Beweismittel im Auftrag der Bußgeld- und Strafsachenstelle oder Staatsanwaltschaft als „Herr des Ermittlungsverfahrens" sichergestellt werden.

Praxishinweis:

Solange noch die von der Steuerfahndung durchzuführende „Durchsicht der Papiere" i.S.d. § 110 StPO andauert, entscheidet zunächst sie über die Beweiseignung und letztendlich auch die Rückgabe. In der Praxis gibt die Steuerfahndung selbst von den beschlagnahmten Beweismitteln für das Ermittlungsverfahren bedeutungslose Gegenstände zurück.

86 ■ Entscheidungen über eine **tatsächliche Verständigung** im Steuerstrafverfahren und Besteuerungsverfahren

Hier ist stets nicht nur die Bußgeld- und Strafsachenstelle als Herr des Verfahrens, sondern meistens auch noch das Festsetzungsfinanzamt einzubeziehen, weil die Steuerfahndung weder über den strafprozessualen Verfahrensabschluss noch über die Steuerfestsetzung entscheiden darf.

Praxishinweis:

Dabei wird künftig auch die geplante Regelung aufgrund des noch im Gesetzgebungsverfahren befindlichen Referentenentwurfs eines ***Gesetzes zur Regelung der Verständigung im Strafverfahren*** *mit der geplanten Einfügung eines neuen § 257c StPO und mit begleitenden weiteren Gesetzesänderungen zu berücksichtigen sein*[22].

87 ■ (Zwangsweise) Ladung und Vernehmung von **Zeugen und Sachverständigen**

Zeugen und Sachverständige müssen vor der Bußgeld- und Strafsachenstelle wie auch vor der Staatsanwaltschaft erscheinen und aussagen, nicht jedoch vor der Steuerfahndung nach § 161a Abs. 1 StPO, Nr. 47 Abs. 1 S. 2; 54 AStBV[23].

---

22 Vgl. hierzu den Gesetzesantrag des Landes Niedersachen im Bundesrat vom 18.05.2006 – BR-Drucks. 235/06. Der Große Strafsenat des Bundesgerichtshofs hat in seinem Beschluss vom 03.03.2005 (wistra 2005 S. 261 ff.) entsprechende Vorgaben gegeben und eine gesetzliche Regelung angemahnt. Zum Redaktionsschluss findet eine Abstimmung darüber zwischen dem Bundesministerium der Justiz und dem Bundesfinanzministerium statt.

23 In dem derzeit nicht durchsetzbaren **Entwurf des Bundesrates** zu einem **Gesetz zur Effektivierung des Strafverfahrens vom 13.10.2006** (BR-Drucks. 660/06) sah der neue § 163a Abs. 6 StPO die *Verpflichtung des Zeugen zum Erscheinen und zur Aussage auch vor der Polizei* vor, wenn dies auf Ersuchen der Staatsanwaltschaft erfolgt.

Praxishinweis:

Anstelle einer Vernehmung im Dienstgebäude oder in den Wohn- und Geschäftsräumen der Zeugen und Beschuldigten ist auch deren schriftliche Einlassung möglich. Nach Nr. 52 AStBV kommen derartige schriftliche Aussagen vor allem dann in Betracht, wenn – wie häufig im Steuerstrafverfahren – der Beschuldigte oder Zeuge für seine Aussage Akten, Geschäftsbücher oder andere umfangreiche Schriftstücke benötigt.

Die Bußgeld- und Strafsachenstelle oder die Staatsanwaltschaft entscheidet beim Nichterscheinen des Beschuldigten oder von Zeugen über die weiteren Maßnahmen. Diese sind in Nr. 53 AStBV aufgeführt.

Praxishinweis:

Beim Nichterscheinen des Beschuldigten ist nicht auszuschließen, dass eine Fahndungsprüfung angewiesen wird.

Die ebenfalls mögliche Festsetzung von Ordnungsgeldern, die Auferlegung der Kosten und die zwangsweise Vorführung dürfen nur angeordnet werden, wenn in der Ladung auf sie hingewiesen wurde (§ 48 StPO).

Eine Auferlegung von Kosten und die Festsetzung eines Ordnungsgeldes durch die Bußgeld- und Strafsachenstelle oder die Staatsanwaltschaft ist auch dann möglich, wenn ein Zeuge unberechtigt von seinem Zeugnisverweigerungsrecht Gebrauch macht.

- Entscheidung über **Kosten im Strafverfahren** 88

Das Justizvergütungs- und -entschädigungsgesetz (JVEG) vom 16.05.2004 (BGBl. 2004 I S. 717 ff.) hat mit Wirkung vom 01.07.2004 das Gesetz zur Entschädigung von Zeugen und Sachverständigen – ZSEG – abgelöst. Hinsichtlich der Kostenerstattung veranlasst die Bußgeld- und Strafsachenstelle allerdings nur die Zahlbarmachung bei der Oberbehörde (Oberfinanzdirektion oder Landesfinanzministerium). Ebenso verfährt die Staatsanwaltschaft, indem sie ihre Kostenstellen anweist. Im Zuge der Berliner Verwaltungsreform erfolgt die Zahlung im Ermittlungsverfahren der Bußgeld- und Strafsachenstelle und im steuerlichen Ermittlungsverfahren in Berlin direkt durch das Finanzamt für Fahndung und Strafsachen in eigener Verantwortung.

Praxishinweis:

Der Steuerfahndung können durch die verweigerte Mitwirkung der Beschuldigten und auch durch nicht erschienene Zeugen erhebliche Kosten für das Ausholen von nun erforderlich werdenden Auskünften (z.B. bei Banken) entstehen. Bei einer schuldhaften Verurteilung können sie dann aber insgesamt dem Täter auferlegt werden.

- Im **Bußgeldverfahren wegen Steuerordnungswidrigkeiten** nimmt die Bußgeld- und Straf- 89
sachenstelle die Rechte und Pflichten der Verfolgungs- und Ahndungsbehörde wahr (§§ 409; 387 AO).
- Die Bearbeitung von **Selbstanzeigen** ist der Bußgeld- und Strafsachenstelle nach der Nr. 120 90
AStBV zugewiesen. Die Finanzämter haben ihr deshalb alle Selbstanzeigen zuzuleiten.

Praxishinweis:

Dennoch ist es sinnvoll, Selbstanzeigen zunächst an das Finanzamt zu richten, das dann die Bußgeld- und Strafsachenstelle mit der gleichzeitigen Übersendung der entsprechenden Steuerakten in Kenntnis setzen kann.

*Steueramnestieerklärungen hingegen waren vom zuständigen Finanzamt zu bearbeiten. Die **strafbefreienden Erklärungen** durften wegen der Verwendungsbeschränkung des § 13 StraBEG der Bußgeld- und Strafsachenstelle nur zur Kenntnis gegeben werden, um dort evtl. Ausschließungsgründe des § 7 StraBEG prüfen zu können.*

91 Mitwirkungsrechte im Strafverfahren

Der Bußgeld- und Strafsachenstelle sind Beteiligungsrechte im selbstständigen Ermitlungsverfahren der Staatsanwaltschaft sowie im gerichtlichen Verfahren wegen Steuerstrafsachen zugewiesen (§§ 403, 406 AO; vgl. hierzu ergänzend die Nrn. 72, 73, 84 ff. AStBV für die Mitwirkungsrechte im staatsanwaltschaftlichen Verfahren sowie die Nrn. 87 – 89 AStBV für die Mitwirkungsrechte im gerichtlichen Verfahren).

Eine weitere Mitwirkungsverpflichtung besteht für die Bußgeld- und Strafsachenstelle durch die Teilnahme an der Hauptverhandlung. Nr. 87 AStBV geht davon aus, dass nur in einfach gelagerten Fällen und selbst dann ausschließlich im Einvernehmen mit der Staatsanwaltschaft von einer Teilnahme abgesehen werden darf. Dabei wird unter Hinweis auf § 407 Abs. 1 Sätze 4 und 5 AO, Nr. 87 AStBV, Nr. 127 RiStBV nicht nur von einem Recht auf Mitwirkung, sondern ausdrücklich von einer Mitwirkungspflicht ausgegangen.

Um den Termin in der Hauptverhandlung sinnvoll wahrnehmen zu können, ist eine vorherige Absprache mit dem Sitzungsvertreter der Staatsanwaltschaft vorgesehen. Einblick in die Gerichtsakten sollen der Bußgeld- und Strafsachenstelle dann gewährt werden, wenn sich daraus bisher unbekannte Verfahrensumstände ergeben.

Praxishinweis:

Der Einfluss der Bußgeld- und Strafsachenstelle auf die Hauptverhandlung ist trotz der fehlenden Antragsrechte nicht zu unterschätzen. Gemeinsam mit dem Fahndungsprüfer als Hauptbelastungszeugen treten hier Vertreter der Finanzverwaltung auf, die für Staatsanwaltschaft und Gericht häufig wegen des gesteigerten steuerlichen Sachverstands einen Vertrauensvorsprung genießen.

Dennoch hat die Bußgeld- und Strafsachenstelle nur beratende Aufgaben. Sie darf selbst keine Anträge stellen. Damit soll ihr insbesondere in größerem Maße als bei der Staatsanwaltschaft und den Gerichten vorausgesetzte steuerliche Sachverstand berücksichtigt werden.

Praxishinweis:

Nach Nr. 87 AStBV soll der Vertreter der Bußgeld- und Strafsachenstelle sich nach Möglichkeit sofort mit dem Sitzungsvertreter der Staatsanwaltschaft über Äußerungen, Vorfälle, Anträge der Angeklagten oder deren Verteidiger oder über Fragen des Gerichts beraten. Wenn er mit Anträgen der Staatsanwaltschaft nicht einverstanden ist, kann er zur Beratung eine Sitzungspause anregen. Ansonsten hat der Vertreter der Bußgeld- und Strafsachenstelle durch sachdienliche Fragen an den Angeklagten und an die Zeugen die Sachverhaltsaufklärung zu unterstützen. Nach dem Plädoyer des Staatsanwaltes ist ihm das Wort zu gewähren, um hierzu ergänzende Ausführungen zu machen.

Die Bußgeld- und Strafsachenstelle ist befugt, bereits an sämtlichen steuerstrafrechtlichen Ermittlungen der Staatsanwaltschaft oder der Polizei teilzunehmen (§ 403 Abs.1 Satz 1 AO). Gegenüber Beschuldigten, Zeugen und Sachverständigen besteht ein Fragerecht (§ 403 Abs. 1 Satz 3 AO). Um der Bußgeld- und Strafsachenstelle diese Möglichkeit zu geben, sollen ihr Ort und Zeit der Ermittlungshandlungen rechtzeitig mitgeteilt werden (§ 403 Abs. 1 Satz 2 AO). Die Bußgeld- und Strafsachenstelle darf dabei auch in die Ermittlungsakten und die Beweismittel der anderen Behörden und Dienststellen Einsicht nehmen. Dieses Recht dient nicht nur strafrechtlichen, sondern auch steuerlichen Interessen.

Beabsichtigt die Staatsanwaltschaft das Verfahren einzustellen, von der Erhebung einer Klage abzusehen oder die Strafverfolgung zu beschränken (§§ 153 ff. StPO, § 398 AO), muss die Bußgeld- und Strafsachenstelle Gelegenheit zur Stellungnahme erhalten (§ 403 Abs. 4 AO).

In der Stellungnahme können dann entgegenstehende Auffassungen und die Belange der Finanzverwaltung aus steuerlicher Sicht vorgetragen werden. Allerdings ist die Staatsanwaltschaft nicht an den Vortrag der Bußgeld- und Strafsachenstelle gebunden.

Praxishinweis:

Nr. 85 AStBV beschränkt diese Möglichkeit allerdings darauf, dass diese Teilnahmebefugnis nur in Fällen von Gewicht oder auf Antrag des Beschuldigten in Anspruch genommen werden soll.

- Weitere Mitwirkungsrechte im justizförmigen Verfahren 92

Der Bußgeld- und Strafsachenstelle sind daneben auch Beteiligungsrechte im Rechtsmittelverfahren und bei angeordneten Auflagen zugewiesen (Nrn. 86; 88; 89 AStBV).

Ihre Bedenken gegen einen Beschluss oder ein Urteil können bei der Staatsanwaltschaft vorgetragen und mit der Anregung verbunden werden, Rechtsmittel einzulegen (Nr. 89 AStBV mit Hinweis auf die Regelung zu den staatsanwaltschaftlichen Rechtsmitteln in Nr. 147 RiStBV).

Die Nrn. 86 und 89 AStBV weisen der Bußgeld- und Strafsachenstelle auch bei der Überwachung von Auflagen durch die Staatsanwaltschaft oder Gerichte unterstützende Aufgaben zu. Sofern es sich bei den angeordneten Auflagen um Steuerzahlungen handelt, soll die Bußgeld- und Strafsachenstelle bei der Überwachung unterstützend eingreifen und gegebenenfalls den Zahlungseingang durch die Finanzkasse überwachen lassen.

- Mitteilungspflichten gegenüber und von den Finanzämtern 93

Um die Aufgaben als „Staatsanwaltschaft der Finanzverwaltung“ wahrnehmen zu können, muss die Bußgeld- und Strafsachenstelle über alle wichtigen Verfahrensschritte informiert werden. Für die Finanzverwaltung bestehen hierzu in den Nr. 113, 114 AStBV und in § 10 BpO entsprechende und sehr weit reichende Mitteilungsverpflichtungen . Ausdrücklich ist dies in den Nrn. 30, 140 AStBV nochmals für die Mitteilung über die Einleitung des Verfahrens aufgegriffen worden. Danach ist der Bußgeld- und Strafsachenstelle die Einleitung unter Übersendung einer Zweitschrift des entsprechenden Einleitungsvermerks mitzuteilen.

Dieser **Einleitungsvermerk** muss den in Nr. 29 AStBV unter Hinweis auf § 397 Abs. 2 AO angegebenen Inhalt haben und deshalb enthalten: 94

- Bekanntgabe der Einleitung,
- Datum der Einleitungund einschl.- wenn möglich – Uhrzeit,
- Beschuldigte,
- Strafbefangene Steuerarten,
- Strafbefangene Steuerjahre,
- Tathandlung,
- Tatzeitpunkt.

Praxishinweis:

Wenn der Beschuldigte namentlich noch nicht bekannt ist, kann er auch aufgrund seiner Stellung umschrieben werden (z.B. als „Geschäftsführer der ...GmbH“).

Leitet die Bußgeld- und Strafsachenstelle das Steuerstrafverfahren selbst ein, hat sie die zuständigen Finanzämter davon in Kenntnis zu setzen. Die entsprechende Mitteilung – wie sie auch durch die Steuerfahndung über die bei ihr anhängigen Fälle erfolgt – wird zu den **Hinweisakten des Finanzamts** genommen.

1

Praxishinweis:

Die Hinweisakten der Finanzämter sind mit den Handakten vergleichbar und unterliegen in keinem Fall der Akteneinsicht. Zur besonderen Kennzeichnung sind die Aktendeckel meistens in weißer Farbe gehalten.

Diese Mitteilungsverpflichtung hat in den einzelnen Bundesländern unterschiedliche Bedeutung. Obwohl nach § 397 Abs.1 AO die Finanzbehörde und damit das Finanzamt zur Einleitung eines Steuerstrafverfahrens befugt ist, sind in mehreren Bundesländern die Finanzämter angewiesen, lediglich der Bußgeld- und Strafsachenstelle den zu würdigenden Sachverhalt mitzuteilen. Aufgrund dieser einer Strafanzeige ähnelnden Mitteilung entscheidet dann die jeweilige Bußgeld- und Strafsachenstelle allein, ob ein Steuerstrafverfahren einzuleiten ist oder nicht.

Unabhängig von der Mitteilung über die Einleitung werden dem Finanzamt in jedem Fall das Aktenzeichen und die Bearbeiter in der Bußgeld- und Strafsachenstelle sowie ggf. in der Steuerfahndung mitgeteilt.

Praxishinweis:

Das Finanzamt ist häufig weit vor der Bekanntgabe über das eingeleitete Steuerstrafverfahrens informiert und gibt auch die freiwillig und in Unkenntnis der späteren Einleitung gemachte Angaben des Beschuldigten unverzüglich an die Bußgeld- und Strafsachenstelle oder Steuerfahndung weiter, die dann auch prüfen muss, inwieweit ein Verwertungsverbot anzunehmen ist.

Nr. 140 AStBV weist ausdrücklich an, dass die Bußgeld- und Strafsachenstelle nicht nur die Einleitung eines Straf- oder Bußgeldverfahrens, sondern auch seinen Abschluss und das Ergebnis dem zuständigen Finanzamt mitzuteilen hat. Haben andere zur Einleitung nach § 397 AO Befugte (sonstige Behörden oder Stellen der Finanzverwaltung) ein Straf- oder Bußgeldverfahren eingeleitet oder die Einleitung – auch durch die Steuerfahndung – veranlasst, sind auch diese Stellen durch die Bußgeld- und Strafsachenstelle entsprechend zu unterrichten.

95 ■ **Mitteilungen an andere Behörden und Stellen**

Daneben sind der Bußgeld- und Strafsachenstelle in den Nrn. 141, 142 AStBV weitergehende Mitteilungspflichten an Behörden und Stellen außerhalb der Finanzverwaltung zugewiesen. Mitzuteilen sind nach Nr. 141 AStBV:

96 ■ **Hinweise auf die gewerberechtliche Unzuverlässigkeit an die Gewerbebehörden,** wenn rechtskräftige Verurteilungen und Bußgeldentscheidungen so schwerwiegend sind, dass sich aus ihnen allein eine gewerberechtliche Unzuverlässigkeit ergibt.

Praxishinweis:

Nur ein frühzeitiger Kontakt mit dem Fahndungsprüfer kann dazu führen, dass entsprechende Hinweise und Anregungen in seinem abschließenden an die Bußgeld- und Strafsachenstelle zu übersendenden strafrechtlichen Bericht nicht enthalten sind. Ähnliches gilt für viele andere Mitteilungspflichten.

97 ■ **Hinweise auf die gewerberechtliche Unzuverlässigkeit an das Gewerbezentralregister** insbesondere wegen Steuerordnungswidrigkeiten mit einer Geldbuße von mehr als 200 €, die in Zusammenhang mit der Gewerbeausübung, dem Betrieb einer sonstigen wirtschaftlichen Unternehmung, bei der Tätigkeit in einem Gewerbe oder einer sonstigen wirtschaftlichen Unternehmung von einem Verantwortlichen begangen worden sind.

- **Einleitung eines Steuerstrafverfahrens gegen Verantwortliche von Geldinstituten an die Bundesanstalt für Finanzdienstleistungsaufsicht.** Betroffen sind Inhaber oder Geschäftsleiter von Instituten sowie deren gesetzliche oder satzungsmäßige Vertreter oder persönlich haftende Gesellschafter (§ 8 Abs. 2 erster Halbsatz des Kreditwesengesetzes). Ebenfalls mitzuteilen ist das Vorliegen einer wirksamen Selbstanzeige. Vorgesehen ist die Meldung nach Bekanntgabe des Verfahrens. Auch das Ergebnis des Verfahrens ist mitzuteilen, es sei denn, die Mitteilungspflicht obliegt inzwischen den Justizbehörden. 98
- **Einleitung von Steuerstrafverfahren oder mit einer Geldbuße von mindestens 500 € geahndete (Steuer-) Ordnungswidrigkeiten von Ausländern an die Ausländerbehörde** 99

  Bei der Beurteilung kommt es nicht auf gerichtliche Feststellungen, sondern auf die Sicht des zuständigen Finanzbeamten an.
- **Mitteilungspflichten zur Bekämpfung der illegalen Beschäftigung und des Leistungsmissbrauchs sowie zur Bekämpfung der Geldwäsche nach §§ 31a und b AO** 100

  Zwar obliegen diese neuen Mitteilungsverpflichtungen auch den Finanzämtern oder bei anhängigen Steuerstrafverfahren der Bußgeld- und Strafsachenstelle. In vielen Bundesländern – wie in Berlin – ist diese Aufgabe allerdings nach § 208 Abs. 2 Nr. 2 AO der Steuerfahndung übertragen worden.
- **Mitteilungspflicht bei Vorteilszuwendungen i.S. des § 4 Abs. 5 Satz 1 Nr. 10 EStG** 101

  Einzelheiten hierzu sind dem BMF-Schreiben vom 10.10.2002 (BStBl. 2002 I, 1031) zu entnehmen.

Nach Nr. 142 AStBV kommt auch eine **Mitteilung in sonstigen Fällen** in Betracht. Hierzu zählen folgende ebenfalls der Bußgeld- und Strafsachenstelle zugewiesenen Aufgaben: 102

- **Weitere Mitteilungsverpflichtungen ergeben sich aus Einzelgesetzen,** z.B. §§ 10, 27 Abs. 3 StBerG; Nr. 127 AStBV
- **Mitteilungen in Ordnungswidrigkeitenverfahren nach den §§ 49a bis 49c OWiG.**

  Hierzu zählen insbesondere:
  - Hinweise zur Verfolgung von Straftaten oder anderen Ordnungswidrigkeiten,
  - Hinweise zur Entscheidung in anderen Bußgeldverfahren und zu deren Vollstreckung,
  - Hinweise zur Informationsübermittlung nach § 479 StPO,
  - Erteilung von Auskünften und zur Gewährung von Akteneinsicht unter den Voraussetzungen des § 49b OWiG
- **Mitteilungen bei zwingendem öffentlichen Interesse**

  Bei Vorliegen eines zwingenden öffentlichen Interesses sieht Nr. 142 Abs. 1 AStBV auch dann eine Mitteilung vor, wenn sie im Einzelnen nicht ausdrücklich vorgeschrieben ist.
- **Mitteilungen bei Verfehlungen von Steuerberatern, Rechtsanwälten und Notaren** 103

  Berufsverstöße von Steuerberatern sind nach § 10 Abs. 1 StBerG der Steuerberaterkammer, bei Rechtsanwälten nach § 36a Abs. 3 BRAO und bei Notaren nach § 64a Abs. 3 BNotO deren Berufskammern mitzuteilen. Außerdem besteht jeweils eine Sonderregelung für die rechtsberatenden Berufe, nach der über Steuerschulden ebenfalls unter Durchbrechung des § 30 AO zu berichten ist.

1

Bei einer in Ausübung des Berufes begangenen Steuerordnungswidrigkeit ist zwingend durch die Bußgeld- und Strafsachenstelle nach dem Erlass eines Bußgeldbescheides der Berufskammer unter Vorlage der Bußgeldakten Gelegenheit zur Stellungnahme zu geben (Nr. 104 AStBV).

104 ■ **Mitteilungen bei dienstlichen und außerdienstlichen Verfehlungen eines Beamten oder Richters**

§ 125c BRRG verpflichtet Gerichte und Strafverfolgungsbehörden, über Strafverfahren gegen Beamte ihre Dienstbehörden zu informieren. Dies ist bei Erhebung der öffentlichen Anklage bzw. bei dem Antrag auf Erlass eines Strafbefehls vorgesehen, um dort dienstrechtliche (Disziplinar-) Maßnahmen durchführen zu können. In Einzelfällen sind auch sonstige Tatsachen mitzuteilen, wenn keine schutzwürdigen Interessen des Beamten bestehen (§ 125c Abs. 4 BRRG).

Für die Mitteilung einer Steuerhinterziehung regelt der AEAO zu § 30 Tz. 8.6 die Voraussetzungen für die Mitteilung an den Dienstvorgesetzten. Voraussetzung ist, dass die verkürzte Steuer in jedem Veranlagungszeitraum mindestens 2.500 € beträgt oder eine erhebliche kriminelle Energie festgestellt wurde. Eine erhebliche kriminelle Energie soll u.a. dann vorliegen, wenn verfälschte Belege verwendet wurden.

Praxishinweis:

Wer als Berater auf diese Regelung im AEAO nicht hinweist, begeht einen groben Beratungsfehler. Gerade auch im Hinblick auf eine Selbstanzeige muss dies gegenüber Beamten beachtet werden

105 c) Gerichte

In Ausnahmefällen werden auch Gerichte als Ermittlungsbehörden tätig. Dies kommt bei der im Steuerstrafverfahren recht seltenen richterlichen Vernehmung vor. Der Schwerpunkt der strafgerichtlichen Tätigkeit liegt jedoch bei den dem Gericht zugewiesenen strafprozessualen Entscheidungen (z.B. Erlass eines Durchsuchungsbeschlusses) und in der Hauptverhandlung.

Die Zuständigkeit der Gerichte wird durch das Gerichtsverfassungsgesetz (GVG) begründet. Welches (Straf-) Gericht im Einzelfall die Gerichtsbarkeit ausübt, bestimmt sich nach der sachlichen, örtlichen und funktionellen Zuständigkeit. Die sachliche Zuständigkeit regelt, welches Gericht das Verfahren in der ersten Instanz erledigt. Grundsätzlich sind hier die Amtsgerichte berufen. Die örtliche Zuständigkeit bestimmt, welches sachlich zuständige Gericht wegen seines Sitzes das Verfahren bearbeitet (Gerichtsstand). Hierfür ist der Gerichtsbezirk entscheidend (vgl. §§ 7 ff. StPO). Die funktionelle Zuständigkeit regelt, wer in ein und demselben Verfahren tätig wird. Dazu gehört insbesondere die Bestimmung der Rechtsmittelinstanz.

Da bei der Bearbeitung von Steuerstrafsachen eine besondere Sachkunde erforderlich ist, wurde die Zuständigkeit der Gerichte für diesen Bereich konzentriert (§ 391 AO). Beim Amtsgericht sollen Steuerstrafsachen einer **Steuerfachabteilung** zugewiesen werden (§ 391 Abs. 3 und 4 AO). Ansonsten werden **Wirtschaftsstrafkammern** gebildet (§ 74c GVG).

d) andere Ermittlungsbehörden 106

Auch andere Ermittlungsbehörden können Entscheidungen im Zusammenhang mit Steuerdelikten treffen.

§ 208 AO gilt auch für die **Zollfahndung**, deren Aufgaben durch die Zollfahndungsämter wahrgenommen werden. Deren sachliche Zuständigkeit erstreckt sich auf Erforschungen im Zusammenhang mit den von den Hauptzollämtern verwalteten Steuern, insbesondere also auf Zölle und Verbrauchsteuern (§ 12 FVG). Daneben sind der Zollverwaltung nach § 1 Abs. 3c ZollVG Aufgaben zur Verfolgung der Geldwäsche und damit auch zur Information der Finanzverwaltung zugewiesen. Diese Information erfolgt regelmäßig an die Steuerfahndung. 107

§ 208 Abs. 3 AO dient weitgehend der Klarstellung und weist darauf hin, dass die **Finanzämter** neben der Steuerfahndung eigenständige Aufgaben und Befugnisse haben. Dies gilt insbesondere für die sog. Notkompetenz der Finanzämter nach den §§ 399 Abs. 1, 386 Abs. 1 AO. 108

Den Finanzämtern sind in den Nrn. 113 ff. AStBV besondere Mitteilungsverpflichtungen an die Steuerfahndung oder an die Bußgeld- und Strafsachenstelle auferlegt worden, die mit Erkundungspflichten beginnen und die sofortige Mitteilung über die Einleitung eines Ermittlungsverfahrens wegen Steuerdelikten enden.

Praxishinweis:

Insbesondere die Außenprüfung ist hierbei über § 10 BpO verpflichtet. Die Unterbrechung einer Außenprüfung kann deshalb ein starkes Indiz für die Einschaltung der Steuerfahndung sein.

Die **Polizei** ist nach § 397 Abs. 1 AO ebenfalls zur Einleitung eines Steuerstrafverfahrens befugt. Damit sind alle Beamten des Polizeidienstes gemeint, ohne dass es auf deren sachliche und örtliche Zuständigkeit ankommt. Häufiger werden gemeinsame Ermittlungen im Auftrag der Staatsanwaltschaft durchgeführt, wenn der gleiche Lebenssachverhalt als Steuerstraftat und auch als nichtsteuerliches Delikt aufzuklären ist. Nr. 73 AStBV weist ausdrücklich auf die Möglichkeit gemeinsamer Ermittlungen hin. 109

Umstritten ist, ob die **Finanzkontrolle Schwarzarbeit (FKS)** wegen fehlender Prüfungskompetenz ein Steuerstrafverfahren einleiten darf. Dem Zoll ist für Delikte im Zusammenhang mit der in § 1 SchwarzArbG definierten Schwarzarbeit die „Prüfung der Erfüllung steuerlicher Pflichten" und damit nach überwiegender Ansicht auch die entsprechende Einleitungskompetenz ausdrücklich in § 2 S. 2 SchwarzArbG versagt worden. Diese Regelung ist nämlich ausdrücklich im Vermittlungsausschuss mit dem Ziel eingeführt worden, die Ermittlungskompetenz der Finanzverwaltung zuzuweisen. Sie entspricht damit dem gesetzgeberischen Willen. 110

Dennoch hat das Bundesministerium für Finanzen mit einem an die Zollverwaltung gerichteten und insoweit nur bei Tipke/Kruse a.a.O. § 208 Tz. 129 zitierten Schreiben vom 23.12.2005 der Finanzkontrolle Schwarzarbeit die Ermittlungszuständigkeit auch für Steuerstraftaten und Steuerordnungswidrigkeiten zugewiesen. Zur Begründung wird auf deren eigenständigen Prüfungsauftrag aus § 2 Abs. 1 Satz 4 SchwarzArbG verwiesen. Nach der Gegenmeinung soll § 2 Abs. 1 Satz 4 SchwarzArbG für die FKS aber keinen eigenständigen Prüfungsauftrag für Steuerdelikte begründen. Vielmehr ist hierdurch lediglich ein Prüfrecht dahingehend erfasst, inwieweit eine Mitteilungspflicht für die FKS gegenüber den Finanzbehörden nach § 6 Abs. 1 Satz 1; Abs. 3 Nr. 4 SchwarzArbG besteht. Bei dieser Prüfung ist nämlich lediglich festzustellen, *ob* Anhaltspunkte für eine Verletzung steuerlicher Pflichten bestehen.

1

Praxishinweis:

Wegen der hierzu bisher fehlenden Rechtsprechung sollten entsprechende Verfahren überprüft werden, ob hier nicht ein Verwertungsverbot für das von dort eingeleitete Steuerstrafverfahren besteht[24].

111 Ergänzend bestimmt die Anweisung des BMF mit der „*Regelung über die Grundsätze der Zusammenarbeit zwischen der Finanzkontrolle Schwarzarbeit der Zollverwaltung (FKS) und den Landesfinanzbehörden gemäß § 2 Abs. 1 Satz 5 SchwarzArbG – Zusammenarbeitsregelung Schwarzarbeit* -" und der dazugehörenden Anlage des „*Typologiepapier über den Austausch von Informationen*" die **Zusammenarbeit zwischen dem Zoll und der Finanzverwaltung** als Sonderfall der Anweisungen im „*Merkblatt über die Zusammenarbeit zwischen den Dienststellen Steuer und Zoll*" – Anlage zum BMF-Schreiben vom 22.03.2004 -.

112 e) Bußgeld- und Strafsachenstelle als Ansprechpartner der Finanzämter

Die Bußgeld- und Strafsachenstelle stellt die vorrangige Ansprechstelle dar. Grundsätzlich haben sich alle anderen Behörden an diese mit staatsanwaltschaftlichen Aufgaben ausgestattete Stelle zu wenden. Nur in Eilfällen darf das Finanzamt direkt mit der Steuerfahndung korrespondieren (Nr. 113 Abs. 1 Satz 1 AStBV). Die Informationsweitergabe betrifft hierbei vom Anfangsverdacht bis hin zur bloßen Unsicherheit über die Beurteilung des für das Finanzamt zu beurteilenden Sachverhalts.

Ein **Eilfall vom Finanzamt** liegt vor allem dann vor, wenn aus einer laufenden Außenprüfung des Finanzamts heraus ein Strafverfahren eingeleitet werden muss. Die Betriebsprüfungsordnung (BpO 2000 [25]) erweitert entsprechend der Regelung in Nr. 113 AStBV die vorrangige Informationsverpflichtungen gegenüber der Bußgeld- und Strafsachenstelle:

Sofern bei einer Außenprüfung die Vermutung oder der Verdacht auf Steuerzuwiderhandlungen besteht *und* der Sachverhalt die Aufklärung mit fahndungsmäßigen Mitteln erfordert, kann der Außenprüfer die Steuerfahndungsstelle (direkt) einschalten. Diese direkte Kontaktaufnahme ist in § 10 Abs. 1 BpO vorgesehen. Hier wird zusätzlich auch angewiesen, dass eine Außenprüfung beim Beschuldigten erst nach Bekanntgabe der Einleitung des Strafverfahrens und entsprechender Belehrung fortgeführt werden darf.

Ergeben sich während einer Außenprüfung oder in anderen Dienststellen des Finanzamts zureichende tatsächliche Anhaltspunkte für eine Straftat oder besteht auch nur lediglich die Möglichkeit, dass ein Strafverfahren durchgeführt werden muss, deren Ermittlung der Finanzbehörde obliegt, so ist die für die Bearbeitung dieser Straftat zuständige Stelle unverzüglich zu unterrichten (Nrn. 113, 114 AStBV).

Praxishinweis:

Der Informationsfluss wird in den einzelnen Bundesländern unterschiedlich zusätzlich gefördert: Häufig ist anstelle der Bußgeld- und Strafsachenstelle auch die Steuerfahndung der erste Ansprechpartner. Teilweise sind für die einzelnen Finanzämter feststehende Ansprechpartner bestimmt. In Berlin führt die Bußgeld- und Strafsachenstelle, in anderen Bundesländern auch

24 Tipke/Kruse a.a.O. weisen in der Tz. 129 m.w.N. darauf hin, dass der „.... *FKS für die Verfolgung von Steuerstraftaten .... eine Ermittlungskompetenz .... nicht zukommt....*"

25 BpO 2000 vom 15.03.2000 – BStBl. I S. 368 ff.

1

die Steuerfahndung regelmäßig Kontaktgespräche in den Finanzämtern durch. Auch sog. „Verbindungssachgebietsleiter" aus dem Personalbestand der Festsetzungsfinanzämter stehen als Ansprechpartner zur Verfügung. Sie werden zusätzlich beratend tätig und haben des gesamten Schriftverkehr mit der Steuerfahndung und der Bußgeld- und Strafsachenstelle mit zu zeichnen.

§ 2 Grundzüge des Ermittlungsverfahrens

1
A. Grundsätze für die Verfahrensdurchführung

2
I. Allgemeine rechtsstaatliche Grundsätze

Für jedes Verfahren gelten das Rechtsstaatsprinzip und damit die allgemeinen rechtsstaatlichen Grundsätze. Deshalb muss das Verfahren

- nach festen Grundregeln gestaltet sein[1],
- vor einem gesetzlich feststehenden und unabhängigen Richter stattfinden (Art. 101; 97 GG),
- verfassungsmäßige Grundrechte gewährleisten (Art. 1 ff. GG).

Aus dem rechtsstaatlichen Gebot zur Achtung der Menschenwürde und der Grundrechte folgt:

- Der Tatverdächtige darf nicht zum bloßen Untersuchungsobjekt herabgewürdigt werden,
- die Tataufklärung steht unter dem Verbot jeglichen Willenszwanges (§§ 69; 136a; 163a StPO),

und

- dem Grundsatz der Verhältnismäßigkeit staatlichen Zwanges (– **Übermaßverbot** –[2]),
- das **rechtliche Gehör** (Art. 103 GG) ist vor jeder nachteiligen Entscheidung zu gewährleisten kann aber bei bestimmten Verfahren – wie dem Strafbefehlsverfahren (§ 407 ff. StPO) – bewusst entfallen;
- der **Richtervorbehalt** ist zu beachten.

Praxishinweis:

Grundsätzlich obliegen dem Richter Entscheidungen über Eingriffe in Grundrechte; Anordnungen wegen Gefahr im Verzug durch Strafverfolgungsbehörden sind im Steuerstrafverfahren die absolute Ausnahme.

Soweit die Abgabenordnung für das Steuerstrafverfahren nichts anderes bestimmt, gelten nach § 369 Abs. 2 AO die allgemeinen Gesetze. Für das Bußgeldverfahren wegen Steuerordnungswidrigkeiten trifft § 377 Abs. 2 AO die entsprechende Anwendungsregel. Da es sich bei dem Steuerstrafrecht um ein strafrechtliches Nebengesetz handelt, sind auch alle für das Strafverfahren geltenden allgemeinen Verfahrensgrundsätze anzuwenden.

3
II. Grundsätze des Strafverfahrens

Im Strafverfahren sind weitere rechtsstaatliche Verfahrensgrundsätze (Prozessmaximen) zu beachten[3], die für die Verfahrenseinleitung, die Verfahrensdurchführung und die Erhebung und Würdigung der Beweise sowie für die Einlegung von Rechtsmitteln gelten. Daneben bestimmt für das Steuerstrafverfahren § 393 AO das Verhältnis von Besteuerungs- und Steuerstrafverfahren.

1 BVerfG MDR 1960 S. 70 ff.
2 BVerfGE 19 S. 215 ff.
3 Definitionen weitgehend nach Creifelds: Rechtswörterbuch.

1. Verfahrenseinleitung 4

a) Amtsermittlungsgrundsatz (Offizialprinzip) 5

Nach dem Offizialprinzip (§ 152 Abs.1 StPO) sind nur staatliche Organe befugt, Straftäter zu verfolgen und zur Aburteilung zu bringen. Dies gilt insbesondere für die Polizei und die Staatsanwaltschaft.

Praxishinweis:

Im Rahmen der gesetzlich zugewiesenen Befugnisse gilt der Amtsermittlungsgrundsatz auch für die Steuerfahndung und die Bußgeld- und Strafsachenstelle sowie für die Finanzämter.

Ausnahmen bestehen nur für die bei den Steuerdelikten unbeachtlichen Antragsdelikte, Ermächtigungsdelikte (§ 77e StGB) und die Privatklagedelikte des § 374 StPO.

b) Einleitung und Anfangsverdacht 6

Ergibt sich der Verdacht einer verfolgbaren Steuerstraftat, ist ein Ermittlungsverfahren einzuleiten. Dient die Maßnahme aber nur der Prüfung, *ob* ein entsprechender Anfangsverdacht vorliegt, stellt diese noch keine **Einleitung**smaßnahme dar. Diese Prüfung des Anfangsverdachts erfolgt vielmehr noch im Besteuerungsverfahren, das nach der sich evtl. anschließenden Einleitung in das Strafverfahren mit weitgehend anderen Rechtsgrundlagen übergeht.

Das strafrechtliche Ermittlungsverfahren dient der Erforschung des Sachverhalts (§§ 160 ff. StPO) 7
und setzt die Einleitung eines (Steuer) Strafverfahrens voraus. Erforderlich für die Einleitung ist der sog. **Anfangsverdacht** (§§ 152 Abs. 2, 160 StPO). Er liegt nach der allgemeinen Gesetzesdefinition vor, wenn zureichende tatsächliche Anhaltspunkte für eine Steuerstraftat gegeben sind (§ 152 Abs. 2 StPO, Nr. 24 Abs. 2 AStBV). Diese Anhaltspunkte müssen sowohl die objektiven Tatbestandsmerkmale als auch die subjektive Seite (Schuldfrage) betreffen (vgl. Nr. 24 AStBV) und ergeben sich aus dem Vergleich des Lebenssachverhalts mit den Tatbestandsmerkmalen der Strafnorm (sog. Subsumtion). Vermutungen, Gerüchte, Verdächtigungen sowie die Möglichkeit der Steuerhinterziehung reichen hierfür nicht aus. Deshalb stellen Maßnahmen, die der Prüfung eines Verdachts dienen, noch keine Einleitung eines Strafverfahrens dar. Auch der strafrechtliche Vorbehalt nach § 201 Abs. 2 AO führt noch nicht zum konkreten Tatverdacht.

Praxishinweis:

Es stösst immer wieder auf Unverständnis, dass es für den Anfangsverdacht kein systematisches Prüfschema gibt. Auch die Ausführungen des BGH NJW 1989 S. 86 zum Beurteilungsspielraum beim Anfangsverdacht sind für die Praxis wenig hilfreich. Danach liegt ein Anfangsverdacht vor, ***„...wenn nach krimininalistischer Erfahrung die Möglichkeit besteht, dass eine verfolgbare Straftat vorliegt..."*** *(S. 96). Einigkeit besteht darüber, dass allgemein kaum zu definieren ist, wann ein Anfangsverdacht vorliegt[4].*

Die Prüfung des Anfangsverdachts erfordert deshalb in jedem Einzelfall die genaue Kenntnis von dem zu beurteilenden Sachverhalt. Anschließend muss geprüft werden, ob dadurch jedes einzelne Tatbestandsmerkmal einer Strafnorm (z.B. des § 370 Abs. 1 AO) erfüllt wird.

4 Franzen/Gast/Joecks a.a.O. § 397 AO Rz. 29

8 Es gibt verschiedene **Stufen des Verdachts**, die je nach dem Stand des Ermittlungsverfahrens immer höhere Anforderungen stellen.

Für den Anfangsverdacht sind die Anforderungen mit dem sog. **einfachen Tatverdacht** am Beginn des Ermittlungsverfahrens am geringsten. Der **dringende Tatverdacht** ist Voraussetzung für den Erlass eines Haftbefehls. Vorausgesetzt wird dafür nach § 112 StPO die Wahrscheinlichkeit, dass der Beschuldigte Täter ist. Der **hinreichende Tatverdacht** begründet nach § 170 StPO die Wahrscheinlichkeit der Verurteilung und ist Voraussetzung für die Anklageerhebung dar. Die höchsten Anforderungen werden an die Verurteilung gestellt: Die **Gewissheit des Richters** erfordert nach § 201 StPO die Überzeugung, dass der Angeklagte der Täter ist. Während des Ermittlungsverfahrens werden entweder die entlastenden oder die Erkenntnisse gesucht, die zunächst den hinreichenden Tatverdacht begründen und letztendlich den Richter überzeugen.

9 Liegt ein Anfangsverdacht vor, muss aufgrund des **Legalitätsprinzips** (§ 386 Abs. 1 AO i.V.m. § 152 Abs. 2 StPO) ein Steuerstrafverfahren eingeleitet werden; es besteht kein Ermessen. Lediglich im Verfahren wegen Steuerordnungswidrigkeiten besteht kein derartiger Verfolgungszwang, weil hier das Opportunitätsprinzip (§ 47 OWiG) auf das pflichtgemäße Ermessen der Verwaltungsbehörde abstellt.

Nach § 397 Abs. 1 AO ist das Steuerstrafverfahren dann eingeleitet, wenn die Finanzbehörde, die Polizei, die Staatsanwaltschaft, einer ihrer Ermittlungspersonen oder der Strafrichter eine Maßnahme trifft, die erkennbar darauf abzielt, gegen jemanden wegen einer Steuerstraftat strafrechtlich vorzugehen. Finanzbehörde ist nach § 386 Abs. 1 S. 2 AO das Finanzamt und auch die Bußgeld- und Strafsachenstelle, nicht aber die Steuerfahndungsstelle. Nach § 404 AO sind die Beamten der Steuerfahndung allerdings Ermittlungspersonen der Staatsanwaltschaft und insoweit ebenfalls zur Einleitung eines Steuerstrafverfahrens befugt.

§ 397 AO ist auch für das Verfahren wegen Steuerordnungswidrigkeiten anzuwenden (§ 410 Abs. 1 Nr. 6 AO).

Praxishinweis:

Formulierungen in den Ermittlungsakten oder bei Vorlage von Sachverhaltsschilderungen durch die Finanzämter, die Polizei oder die Finanzkontrolle Schwarzarbeit – wie die ***„Anregung zur Prüfung eines Anfangsverdachts", „als Verstoß gegen § 370 AO zu wertendes Verhalten", „aufgrund der vorliegenden Erkenntnisse ist ein Strafverfahren einzuleiten"*** *– können in vielen Fällen bereits als entsprechende, auf strafrechtliche Ermittlungen abzielende Maßnahme in Betracht kommen. Ohne weitere Angaben sind derart nur allgemein gehaltene Formulierungen jedoch nur als Hinweis zu einer Verdachtsprüfung und noch nicht als Einleitung zu verstehen.*

Die Einleitung eines Strafverfahrens setzt weitere Angaben voraus. Nr. 29 AStBV gibt folgende Mindestangaben vor, auch wenn der schriftliche Einleitungsvermerk nur deklaratorische Wirkungen entfaltet:

- Datum der Einleitung (ggf. auch Uhrzeit),
- Angaben zum Beschuldigten (im Notfall z.B.: Verantwortliche der ...GmbH...),
- Angaben zur Tathandlung (z.B. Abgabe falscher Erklärung oder Nichtabgabe),
- Schuldform (Vorsatz, Fahrlässigkeit, Leichtfertigkeit),
- Steuerart und Steuerjahr.

Die Einleitung des Strafverfahrens ist nach § 397 Abs. 2 AO, Nr. 29 AStBV unverzüglich und so genau und vollständig wie möglich fest zuhalten.

Praxishinweis:

Ein Rechtsbehelf gegen die Einleitung ist nicht vorgesehen. Erst im Ermittlungsverfahren kann die abweichende Rechtsauffassung durchgesetzt werden; vgl. auch Nr. 90 ff. AStBV.

Dennoch sollten die in den Ermittlungsakten niedergelegten Daten – einschließlich zu den getroffenen Einleitungsmaßnahmen – genau geprüft werden. Davon hängen unter anderem der Beginn und damit der Eintritt der Strafverfolgungsverjährung, die Änderung der Rechtsstellung des Steuerpflichtigen und mögliche Verwertungsverbote ab.

Einleitung bei Nichtabgabe von Erklärungen 10

Die Nichtabgabe von Erklärungen gegenüber dem Finanzamt stellt nicht in jedem Fall eine Steuerhinterziehung dar, weil bei den sog. Nichtabgabefällen des § 370 Abs. 1 Nr. 2 AO nicht in jedem Fall ein Anfangsverdacht vorliegt. Im Vordergrund steht hierbei nicht die Prüfung des objektiven Tatbestandes, sondern die Frage hinsichtlich des subjektiven Tatbestandes, ob durch die Nichtabgabe der Steuererklärungen tatsächlich schuldhaft eine Steuerverkürzung eingetreten ist. Die Nichtabgabe von Steuererklärungen allein erlaubt nämlich noch nicht den Rückschluss darauf, inwieweit ein vorsätzliches, leichtfertiges oder fahrlässiges Vorgehen des Steuerpflichtigen vorliegt.

Praxishinweis:

Bei der Nichtabgabe von Steuererklärungen ist neben der Feststellung der gesetzlich festgelgten Erklärungsfristen und Pflichten u.a. genau zu prüfen, ob der Steuerpflichtige durch sein Unterlassen die Nichtfestsetzung von Steuern bewirken wollte.

Bei Schätzungen des Finanzamts gegenüber bekannten und dort erfassten Steuerpflichtigen fehlt es zusätzlich bei der Nichtabgabe von Steuererklärungen häufig bereits an einer Steuerverkürzung. In diesen Fällen liegt der tatbestandsmäßig erforderliche „Erfolg" nicht vor. Allerdings muss bei Schätzungen unterschieden werden: Schätzungen *nach Abschluss der Veranlagungsarbeiten und zu niedrige Schätzungen vor Abschluss der Veranlagungsarbeiten* führen zur vollendeten Tat. *Eine zu hohe Schätzung* kann dann nur als Versuch gewertet werden, wenn der Steuerpflichtige durch seine Nichtabgabe gerade eine zu niedrige Steuerfestsetzung erreichen wollte.

Praxishinweis:

Ausgangspunkt einer Verdachtsprüfung bei sog. Nichtabgabefällen ist deshalb, ob der Steuerpflichtige bewusst eine zu niedrige Schätzung hinnimmt oder sie erwartet hat. Wegen der Praxis der Finanzämter in den sog. Schätzungsfällen, Unsicherheitszuschläge anzusetzen und zusätzlich jährlich steigend zu schätzen, lässt sich ein Verkürzungsbetrag mit der für das Strafverfahren erforderlichen Sicherheit oft nicht feststellen.

c) Abschluss der Tat 11

Die Vollendung der Tat liegt vor, wenn der im Tatbestand beschriebene Erfolg eingetreten ist. 12
Solange dies nicht der Fall ist, kommt nur Versuch in Betracht. Grundsätzlich ist die Steuerhinterziehung dann vollendet, wenn zum Fälligkeitszeitpunkt unrichtige bzw. unvollständige Steuererklärungen abgegeben werden oder Erklärungen überhaupt nicht vorliegen.

Dies gilt uneingeschränkt bei den **Fälligkeitssteuern**, bei denen alle Manipulationen vor Fälligkeit eine straflose Handlung zur Vorbereitung einer Straftat und damit keinen Versuch der Steuerhinterziehung darstellen. Für derartige Manipulationen kommt allenfalls eine Beurteilung der einzelnen Vorbereitungshandlungen als Steuerordnungswidrigkeit in Betracht.

13 Bei den **Veranlagungssteuern** hingegen ist beim aktiven Tun der Zeitpunkt der unrichtigen Steuernfestsetzung maßgebend. Dies gilt auch beim Vorbehalt der Nachprüfung oder der vorläufigen Festsetzung. Zum Zeitpunkt der Bekanntgabe der Festsetzung ist hier die Steuerhinterziehung vollendet. Werden jedoch keine Steuererklärungen abgegeben (Nichtabgabefall), tritt die Vollendung mit dem Abschluss der Veranlagungsarbeiten im Allgemeinen ein, weil tatsächlich eine Festsetzung wegen der fehlenden Erklärung nicht erfolgen konnte. Maßgebend ist grundsätzlich der Termin für die Schlussmeldung der Veranlagungsstatistik, der weitgehend in den jeweiligen Amtsblättern oder von den Steuerberaterkammern veröffentlicht wird.

14 Ein weiterer Sonderfall liegt bei der **Nichtabgabe von Erbschaft- oder Schenkungsteuererklärungen** vor: Hier lässt sich der Zeitpunkt der Vollendung nicht rechtssicher feststellen. Wegen fehlender regelmäßiger Veranlagungsarbeiten kann auch nicht auf deren generellen Abschluss abgestellt werden. Deshalb wird bei der Erbschaftsteuerhinterziehung der Zeitpunkt herangezogen, zu dem sich die Gefahr der Nichtentdeckung realisiert. Dieser Zeitpunkt beginnt, wenn der Anzeigepflichtige drei Monate nach Kenntnis vom steuerpflichtigen Erwerb seiner Mitteilungspflicht nicht nachkommt. Spätestens nach insgesamt sechs Monaten wird davon ausgegangen, dass auch mit keiner Mitteilung durch andere zu rechnen ist, sodass dann die Tat grundsätzlich vollendet ist.

15 d) Ablauf der Tat

Vorbereitungshandlungen sind dann straflos, wenn sie nicht in eigenständigen Gesetzesnormen verboten sind. Setzt der Täter jedoch zur Verwirklichung des Tatbestandes unmittelbar an, liegt ein **Versuch** vor. Damit ist das Vorbereitungsstadium überschritten, weil nunmehr mit dem unmittelbaren Angriff auf das geschützte Rechtsgut begonnen wird. Im Steuerstrafrecht hat dieser Angriff begonnen, wenn die unrichtige schriftliche Erklärung an das Finanzamt mit Wissen und Wollen auf den Weg gebracht wird bzw. mit Entstehung der Rechtspflicht zum Handeln.

Die **Vollendung** der Tat liegt vor, wenn der Täter sämtliche Tatbestandsmerkmale – einschließlich eines erforderlichen Erfolges – erfüllt hat. Sofern bei der Steuerhinterziehung *Veranlagungssteuern* betroffen sind, ist dies bei Bekanntgabe des unrichtigen Steuerbescheides der Fall. Bei der Nichtabgabe von Steuererklärungen wird darauf abgestellt, von welchem Zeitpunkt an keine Steuerbescheide mehr gefertigt werden.

Die **Beendigung** stellt den tatsächlichen Abschluss der Straftat dar. Sie liegt vor, wenn der letzte gewollte Teilerfolg eingetreten ist. Sie fällt bei der Steuerhinterziehung häufig mit der Vollendung zusammen[5].

16 e) Konkurrenzen

Das Verhalten der Beschuldigten ist strafrechtlich oft mehreren Deliktsnormen zuzuordnen. Die sich daraus ergebende Zusammenfassung von verwirkten Einzelstrafen wird im Rahmen der Konkurrenz entschieden. Unterschieden wird hierbei zwischen der Idealkonkurrenz (**Tateinheit**) und der Realkonkurrenz (**Tatmehrheit**). Tateinheit liegt vor, wenn durch dieselbe Handlung mehrere Strafvorschriften oder eine Strafvorschrift mehrfach verletzt werden; Tatmehrheit ist gegeben, wenn mehrere Straftaten zu verschiedenen Strafen führen. Der Begriff der **Gesetzeskonkurrenz** hingegen betrifft die Verdrängung bestimmter Strafdelikte, weil das eine das andere ausschließt oder bereits darin enthalten ist.

5 Zu den Ausnahmen vgl. Randt a.a.O. E Rdnr. 191 ff.

Bei der sog. **straflosen (mitbestraften) Nachtat** erfolgt dann keine gesonderte Ahndung, wenn die neue Tat nur die durch die Vortat erlangten Vorteile sichern soll. Hierzu gibt es gesetzlich geregelte Ausnahmen, die die Sicherung dieses Vorteils dennoch ausdrücklich mit Strafe bedrohen (z.B. § 261 StGB [Geldwäsche], § 257 StGB [Begünstigung]).

Für die Steuerdelikte hat vor allem die Rechtsprechung inzwischen gefestigte Maßstäbe aufgestellt:

Die Abgabe jeder einzelnen unrichtigen Steuererklärung ist grundsätzlich als selbstständige Tat zu werten. Tatmehrheit setzt danach voraus, dass die abgegebenen Steuererklärungen jeweils verschiedene Steuerarten und Besteuerungszeiträume oder verschiedene Steuerpflichtige betreffen[6]. Auch bei der Nichtabgabe von Steuererklärungen ist im Hinblick auf jede Steuerart, jeden Besteuerungszeitraum und jeden Steuerpflichtigen von selbstständigen Taten auszugehen. Der einheitliche Tatentschluss, den steuerlichen Pflichten nicht nachkommen zu wollen, begründet auch beim Unterlassen noch keine Tateinheit[7].

Die Umsatzsteuervoranmeldungen eines Jahres und die sich anschließende Jahreserklärung stellen hingegen eine einheitliche Tat im Sinne des § 264 StPO dar, weil hier die einzelnen Handlungen nicht nur äußerlich ineinander übergehen, sondern auch innerlich derart miteinander verknüpft sind, dass ihre getrennte Würdigung zu einer „unnatürlichen Aufspaltung" des einheitlichen Lebensvorgangs führen würde[8].

Genauso ist das Zusammentreffen einer unrichtigen Steuererklärung mit der Nichtberichtigung der nachträglich als unrichtig erkannten Steuererklärung einzuordnen. Hier liegt eine Steuerhinterziehung durch aktives Tun nach § 370 Abs. 1 Nr. 1 AO sowie eine Steuerhinterziehung nach § 370 Abs. 1 Nr. 2 AO durch Unterlassen vor. Im prozessualen Sinne handelt es sich dennoch um eine einheitliche Tat[9], weil auch hier ein einheitlichen Lebenssdachverhalt vorliegt. Beide Tatvarianten sind auf denselben Steueranspruch bezogen und die Berichtigungspflicht steht in innerem Zusammenhang mit dem Steueranspruch aus der vorangehenden Steuerhinterziehung.

f) Bekanntgabe des Strafverfahrens 17

Die Einleitung muss dem Beschuldigten nicht sofort bekannt gegeben werden. Sie ist ihm allerdings spätestens dann mitzuteilen, wenn er aufgefordert wird, im Zusammenhang mit der Straftat Tatsachen darzulegen oder Unterlagen vorzulegen (§ 397 Abs. 3 AO).

Nach § 397 Abs. 3 AO kann die Bekanntgabe der Einleitung des Strafverfahrens sowohl schriftlich als auch mündlich erfolgen. Eine bestimmte Form und ein bestimmter Inhalt sind nicht vorgesehen. Der Beschuldigte muss jedoch aus ihr ersehen können, dass und weshalb ein Ermittlungsverfahren eingeleitet ist[10].

Die Einleitung selbst ist nach § 397 Abs. 2 AO unter Angabe des Zeitpunktes unverzüglich mit ergänzenden Angaben (s.o.) in den Akten zu vermerken. Da mit der Bekanntgabe gleichzeitig die Belehrung zu erfolgen hat, sind auch hierzu zusätzlich Datum und Uhrzeit aktenkundig zu machen. Auf Verlangen des Beschuldigten ist die Einleitung schriftlich zu bestätigen.

6 ständige Rspr., vgl. BGH wistra 2005 S. 30 ff.
7 BGHSt 18 S. 376
8 BGH wistra 2005 S. 66 ff. m.w.N.
9 BGH wistra 2008 S. 22 ff.
10 BGHSt 30 S. 215 ff.

Praxishinweis:

Bei einer nur mündlichen Bekanntgabe sollte stets die schriftliche Bestätigung verlangt werden, um das Datum und den Schuldvorwurf frühzeitig eingrenzen zu können. Erfolgt nur eine schriftliche Mitteilung – die ggf. zu einem späteren Zeitpunkt auch mündlich bekannt gegeben wird – tritt die strafverfolgungsverjährungsunterbrechende Wirkung bereits mit der Unterzeichnung der entsprechenden Verfügung gem. § 78c Abs. 2 StGB und nicht erst mit der späteren Bekanntgabe ein.

18

g) Belehrung

Nach §§ 163a Abs. 3 und 4; 136 Abs. 1 StPO; § 393 Abs. 1 AO; § 10 BpO hat mit jeder Bekanntgabe des Strafverfahrens spätestens die Belehrung zu erfolgen. Sie ist schriftlich zu dokumentieren, ohne dass sie jedoch in Schriftform erfolgen muss. Der Verstoß gegen die Belehrungspflicht begründet grundsätzlich ein strafrechtliches, jedoch kein steuerliches Verwertungsverbot.

Die Belehrung gem. § 136 StPO muss Hinweise (vgl. §§ 393; 397 Abs. 2 AO) darüber enthalten,

- dass es dem Beschuldigten freisteht, sich zur Beschuldigung zu äußern oder nicht zur Sache auszusagen,
- dass er jederzeit, auch schon vor einer Vernehmung, einen Verteidiger befragen darf;
- dass er zur Entlastung einzelne Beweiserhebungen beantragen (§ 136 StPO) kann;
- dass für Zwecke des Besteuerungsverfahrens weiter die Verpflichtung zur Mitwirkung besteht. Die Mitwirkungsverpflichtung ist jedoch nicht durch Zwangsmittel der Abgabenordnung (§ 328 ff. AO) erzwingbar,
- dass auch eine Selbstbelastung wegen begangener Straftaten oder Ordnungswidrigkeiten nicht erzwingbar ist und deshalb jede Aussage verweigert werden darf (§ 393 Abs. 1 Satz 2 AO) und dass dies auch gegenüber allen Personen gilt, die durch das Zeugnisverweigerungsrecht geschützt sind (§§ 52 ff.; § 160a StPO) und
- dass aus der fehlenden Mitwirkung im Besteuerungsverfahren nachteilige Folgen gezogen werden können, weil ggf. dann die Besteuerungsgrundlagen zu schätzen sind, wenn eine zutreffende Ermittlung des Sachverhalts nicht möglich ist (§ 162 AO).

19

h) Änderung der Rechtsstellung nach der Einleitung

Mit der Einleitung des Strafverfahrens ändert sich die Rechtsstellung des Steuerpflichtigen. Für ihn entsteht eine völlig neue Situation mit den nachfolgenden Rechtsfolgen:

- Keine Mitwirkungsverpflichtung im Besteuerungsverfahren (§ 393 Abs. 1 AO)

Praxishinweis:

*Die **Verpflichtung zur Abgabe von Steuererklärungen** ist hiervon nicht betroffen, soweit sie den Zeitraum betrifft, der auf die strafbefangenen Besteuerungszeiträume folgt. Stehen die dafür erforderlichen Unterlagen dem Steuerpflichtigen selbst nicht zur Verfügung, weil sie im Steuerstrafverfahren sichergestellt sind, können diese an Amtsstelle eingesehen werden, Kopien (ggf. kostenpflichtig) herausverlangt oder im Einvernehmen mit der Staatsanwaltschaft oder Bußgeld- und Strafsachenstelle dem Steuerberater zu treuen Händen – insoweit auch für den strafbefangenen Zeitraum – zur Erstellung der Steuererklärungen übergeben werden. Der BGH[11] hat darauf hingewiesen, dass das Zwangsmittelverbot kein Grund ist, die Abgabe von Steuererklärungen für nachfolgende Besteuerungszeiträume zu unterlassen. Allerdings besteht in diesen Fällen für die zurückliegenden strafbefangenen Besteuerungszeiträume ein strafrechtliches Verwendungsverbot.*

11 NJW 2005 S. 763 ff

- Verweigerungsmöglichkeit der Aussage (§ 393 Abs. 1 AO)
- Außenprüfungen müssen unterbrochen werden (§ 10 Abs. 1 S. 3 BpO)

2

Praxishinweis:

In der Praxis erfolgt die Unterbrechung häufig nur soweit, wie der Verdacht reicht, also für den strafbefangenen Zeitraum und für die strafbefangenen Steuerarten. Um die „Verdunkelung der Sache" zu verhindern, kann der Betriebsprüfer dann unter einem glaubhaften Vorwand seine Prüfungshandlungen unterbrechen und ggf. für einige Zeit nicht zur Prüfung erscheinen.

- Ablaufhemmung bei der Festsetzungsfrist (§ 171 Abs. 5 AO)
- Selbstanzeige wegen Eintritt der Sperrfrist nur noch unter Einschränkungen (§ 371 AO)
- Unterbrechung der Strafverfolgungsverjährung bei Bekanntgabe der Einleitung und durch jede Maßnahme nach § 78c StGB
- Ermittlung auch der Besteuerungsgrundlagen grundsätzlich nur noch nach
- Durchbrechung des Steuergeheimnisses zur Offenbarung allgemeiner Straftaten (§ 30 Abs. 4 Nr. 1 und Nr. 4a AO)
- Duldung strafprozessualer Maßnahmen (insbes. Durchsuchung und Beschlagnahme).

2. Anklagegrundsatz und Anklagemonopol 20

Das **Akkusationsprinzip** (Anklagegrundsatz) des §§ 151; 155 StPO trennt die der Staatsanwaltschaft zugewiesene Strafverfolgung von der Urteilsfindung und setzt voraus, dass ohne vorherige Anklage eine gerichtliche Untersuchung nicht stattfinden darf. Nach Abschluss des Ermittlungsverfahrens entscheidet die Staatsanwaltschaft, ob das Strafverfahren (weiter) durchgeführt werden soll. Daraus ergibt sich die Stellung der Staatsanwaltschaft als staatliche Anklagebehörde (§ 152 StPO), die grundsätzlich das **Anklagemonopol** hat.

Dieses Anklagemonopol beschränkt die Bußgeld- und Strafsachenstelle in ihren Rechten: Trotz ihrer staatsanwaltschaftlichen Rechte und Pflichten darf sie selbst keine Anklage erheben.

3. Legalitätsprinzip 21

Die Staatsanwaltschaft und die anderen Strafverfolgungsbehörden haben nach dem Legalitätsprinzip (§ 152 Abs. 2; §§ 160, 163 StPO) beim Verdacht einer Straftat von Amts wegen, also auch ohne Anzeige, einzuschreiten.

Praxishinweis:

Es ist im privaten Bereich üblich, sich auch in Gegenwart von Mitarbeitern der Finanzbehörde freimütig darüber zu äußern, wie das „Finanzamt betrogen" worden ist. Hier besteht keine Verpflichtung, diesen Äußerungen nachzugehen. Die Pflicht zur Strafverfolgung gilt nach h.M[12]. grundsätzlich nur bei dienstlicher Kenntniserlangung vom Verdacht der Straftaft.

Die Staatsanwaltschaft wird durch das Legalitätsprinzip auch verpflichtet, bei hinreichenden Anhaltspunkten für eine Straftat ein Ermittlungsverfahren einzuleiten und bei hinreichendem Tatverdacht die öffentliche Klage zu erheben (§ 152 Abs. 2; § 160 StPO).

12 BGHSt 12, S. 277 ff. (281)

Das Legalitätsprinzip begründet damit auch den sog. **Anklagezwang** und ergänzt damit das Anklagemonopol der Staatsanwaltschaft.

Das Legalitätsprinzip verpflichtet auch die Finanzbehörde nach §§ 386 Abs. 1; 399 Abs. 2 Nr. 1; 385 Abs. 1 AO i.V.m. § 152 StPO beim Verdacht verfolgbarer Steuerstraftaten zum Einschreiten; es besteht kein Ermessenspielraum.

Praxishinweis:

Nicht in jedem Fall bedeutet ein „Einschreiten" auch die Pflicht zur Einleitung eines Strafverfahrens. Entscheidend ist jedoch, dass die dem Legalitätsprinzip unterworfene Behörde etwas veranlasst. Dies führt dann zur Information der zuständigen Strafverfolgungsbehörde, wie der Staatsanwaltschaft und Polizei bzw. im Bereich der Finanzverwaltung der Bußgeld- und Strafsachenstelle und der Steuerfahndung.

Nach § 397 Abs.1 AO ist neben der Finanzbehörde auch die Polizei, die Staatsanwaltschaft und das Strafgericht sowie der Steuerfahnder in seiner Eigenschaft als Ermittlungsperson der Staatsanwaltschaft zur Einleitung des Steuerstrafverfahrens ebenso befugt und verpflichtet.

Nach h.M.[13] ist die Staatsanwaltschaft bei ihrer Anklage an die höchstrichterliche Rechtsprechung gebunden und darf nur in Ausnahmefällen nach ihrer eigenen Überzeugung einen Sachverhalt davon abweichend beurteilen.

Das Legalitätsprinzip bestimmt auch die Grenzen für die Weisungsbefugnis und die **Weisungsgebundenheit der Staatsanwaltschaft**. Nach § 146 GVG haben Beamte der Staatsanwaltschaft den dienstlichen Weisungen ihres Vorgesetzten nachzukommen. Die Staatsanwaltschaft selbst ist nach § 152 GVG bzw. aufgrund der Sonderregelung des § 404 AO für die Beamten der Steuerfahndung gegenüber den Ermittlungspersonen der Staatsanwaltschaft weisungsbefugt.

Praxishinweis:

Deshalb ist auch die Steuerfahndung „Diener zweier Herren": Der Justizverwaltung obliegt im staatsanwaltschaftlichen Ermittlungsverfahren die Weisungsbefugnis, für das parallel laufende Besteuerungsverfahren wird weiterhin unter der Fachaufsicht der Landesfinanzverwaltung gearbeitet, die die Dienstaufsicht wahr nimmt.

22 a) Ausnahmen vom Legalitätsprinzip

Allerdings gilt das Legalitätsprinzip nicht ausnahmslos. Sofern die Staatsanwaltschaft nach pflichtgemäßem Ermessen von der Erhebung der öffentlichen Klage absehen kann, gilt das **Opportunitätsprinzip** auch im Strafverfahren. Als generelle Ausnahme vom strafrechtlichen Legalitätsprinzip des § 152 StPO findet im Ordnungswidrigkeitenverfahren nach § 47 OwiG das Opportunitätsprinzip Anwendung.

Dazu gibt es einige Sonderregelungen, nach denen von der Strafverfolgung abgesehen werden kann:

23 **Einstellung wegen Geringfügigkeit nach §§ 153 StPO, 398 AO und Nichtverfolgung nach § 50e EStG**

Sofern die Schuld des Täters gering ist und kein öffentliches Interesse an der Strafverfolgung vorliegt, kann mit Zustimmung des für die Eröffnung des Hauptverfahrens zuständigen Gerichts das Ermittlungsverfahren nach § 153 StPO eingestellt werden. Bei so genannten Bagatellsachen ist die Zustimmung des Gerichts entbehrlich.

13 So schon BGHSt 15 S. 155 ff.

Daneben kann nach **§ 398 AO** bei **geringwertiger Steuerverkürzung** bzw. geringwertigem erschlichenen Steuervorteil von der Verfolgung abgesehen werden. Welche Verkürzung als geringwertig anzusehen ist, wird weder im Gesetz noch in den AStBV definiert. Lediglich die Nr. 77 AStBV verweisen darauf, dass die Abgrenzung der Rechtsprechung überlassen bleiben soll. Zwar gibt es tatsächlich keine bundeseinheitliche Praxis. Dennoch wird zumindest bei einer Steuerverkürzung bis ca. 500 € von einer geringfügigen Verkürzung ausgegangen.

Praxishinweis:

Auch bei höheren Schadenssummen bietet sich der Hinweis auf § 398 AO an. Geringfügigkeitseinstellungen bis 1.500 € sind nicht mehr unüblich, in Einzelfällen wird diese Betragsgrenze noch höher angesetzt. Dieser Grenzwert von 1.500 € soll aus Nr. 113 Abs. 2 Satz 2 AStBV hergeleitet worden sein, der sich allerdings auf die Mitteilungspflichten bei Ordnungswidrigkeiten bezieht[14].

Nach § 398 AO kann ein Steuerstrafverfahren auch wegen „**geringer Schuld**" des Täters eingestellt werden. Nach Nr. 77 Abs. 3 AStBV ist die Schuld dann als gering anzusehen, wenn sie beim Vergleich mit einem gleichartigen Vergehen nicht unerheblich unter dem Durchschnitt liegt. Damit ist Ausgangspunkt für die Beurteilung die Schwere des Vorwurfs. Als geringe Schuld werden dabei folgende Konstellationen angenommen:

- Handeln aus Not,
- Vorliegen eines vermeidbaren Verbotsirrtums,
- zeitlich begrenzte Steuerhinterziehung,
- verunglückte Selbstanzeige,
- Fehlen einschlägiger Vorstrafen,
- Nachzahlung und Verzinsung der Steuerschuld.

Praxishinweis:

Als Prüfungsrahmen für eine derartige Einstellung des Verfahrens sollte berücksichtigt werden, inwieweit eine Strafe im untersten Bereich des vorgesehenen Strafrahmens angemessen wäre. Bei einer Strafe von höchstens 20 zu erwartenden Tagessätzen ist dies bisher in der Praxis unterstellt worden. Ansonsten sind die in Nr. 150 AStBV angeführten besonderen Strafzumessungsgründe und die dort niedergelegten strafmildernden Umstände zu berücksichtigen[15].

Eine Einstellung wegen Geringfügigkeit nach § 153 StPO und § 398 AO ist bei fehlender geringer Schuld nicht mehr möglich. Deshalb war dies bei dem Verbrechenstatbestand des § 370a AO ausgeschlossen und wird es auch beim besonders schweren Fall der Steuerhinterziehung des § 370 Abs. 3 AO ebenso sein wie bei Wiederholungstätern.

Das Gesetz zur Intensivierung der Bekämpfung der Schwarzarbeit und damit zusammenhängender Steuerhinterziehung vom 23.07.2004[16] hat in dem neuen **§ 50e Abs. 2 EStG** zusätzlich die Nichtverfolgung von Steuerstraftaten bei geringfügiger Beschäftigung in Privathaushalten eingeführt.

Einstellung nach § 153a StPO 24

In Fällen von geringerer krimineller Intensität kommt auch eine Einstellung des Strafverfahrens nach Erfüllung von Auflagen in Betracht. Da diese vorausgesetzte Geringfügigkeit bei einem Verbrechen nicht vorliegt, kam eine Einstellung nach § 153a StPO ebenso wie bei § 153 StPO nicht

14 Rolletschke/Kemper a.a.O. § 398 AO Rdnr. 11
15 Hübschmann/Hepp/Spitaler a.a.O. in § 398 Rdnrn. 28 ff.
16 BGBl. 2004 I S. 1842 ff.

bei der banden- oder gewerbsmäßigen Steuerhinterziehung des § 370a AO und nur in Ausnahmefällen bei Wiederholungstätern in Betracht. Diese Argumentation gilt grundsätzlich auch beim besonders schweren Fall i.S.d. § 370 Abs. 3 AO.

2 Neben der Zustimmung des Gerichts ist bei der Einstellung nach § 153a StPO auch die Zustimmung des Beschuldigten erforderlich.

Praxishinweis:

Bei einer Verweigerung der Zustimmung durch das Gericht ist nicht ausgeschlossen, dass auf das Bußgeldverfahren ausgewichen wird. Auch dies sollte der Verteidiger in jedem Fall prüfen und wie in vielen anderen Fällen dann anregen, wenn nicht ganz unbeachtliche Zweifel hinsichtlich des Vorsatzes bestehen[17].

Im Steuerstrafverfahren werden regelmäßig als Auflage die Nachzahlung der hinterzogenen Steuern und die Zahlung eines Geldbetrages an die Staatskasse oder gemeinnützige Einrichtungen verhängt. Nr. 78 Abs. 2 S. 2 AStBV geht davon aus, dass die Zahlung regelmäßig zugunsten der Staatskasse erfolgt, weil sich die begangene Steuerstraftat gegen die Allgemeinheit gerichtet hat.

Die Bemessung der Geldauflage ist dabei nicht geregelt; **Obergrenze** bildet lediglich die ansonsten im Fall einer Verurteilung verhängte Geldstrafe.

Bis zur Erfüllung der Auflagen ist das Verfahren nur vorläufig eingestellt. Werden die Auflagen nicht erfüllt, wird die vorläufige Einstellung widerrufen und das Verfahren fortgeführt. Die Frist zur Erfüllung der Auflage beträgt grundsätzlich sechs Monate und kann ggf. um weitere drei Monate verlängert werden.

Werden die Auflagen jedoch erfüllt, besteht ein endgültiges Verfahrenshindernis (§ 153a Abs. 1 Satz 4 StPO). Eine Strafverfolgung wegen derselben Tat ist dann nur noch aufgrund neuer Tatsachen oder Beweismittel möglich, weil als Verfolgungshindernis der sog. „Strafklageverbrauch" besteht.

Praxishinweis:

Die Anwendung des § 153a StPO ist auch deshalb für den Beschuldigten günstig, weil keine öffentliche Hauptverhandlung stattfindet, keine Feststellung der Schuld und keine Eintragung im Bundeszentralregister erfolgt, die Verfahrenskosten begrenzt sind und die steuerliche Festsetzungsfrist nicht verlängert wird[18]. *Hinterziehungszinsen fallen allerdings – ebenso wie bei der strafbefreienden Selbstanzeige des § 371 AO – dennoch an (§ 235 AO; zu § 235 AO Nr. 1.3. AEAO).*

In der Praxis ist damit zu rechnen, dass eine „ausgehandelte" günstige Regelung Einfluss auf die Höhe der Auflage haben kann.

Anstelle einer Geldauflage kann auch nach § 153 a Abs. 1 S. 2 Nr. 3 StPO gemeinnützige Arbeit als gerichtliche Auflage angeordnet werden. Die Zustimmung des Betroffenen ist dazu allerdings erforderlich. In der Praxis wird dieses Verfahren vor allem bei Beschuldigten genutzt, die wirtschaftlich nicht in der Lage sind, einen Geldbetrag als Auflage zu zahlen. Die Auflage, gemeinnützige oder freie Arbeit zu leisten, wird dabei grundsätzlich von der Höhe her so gefasst, dass dazu eine Stundenanzahl für die Arbeit festgelegt wird. Grundsätzlich entspricht ein Tagessatz sechs Stunden gemeinnütziger Arbeit. ". „Freie Arbeit" kommt in Betracht zur Abwendung der Vollstreckung der Ersatzfreiheitsstrafe bei einer uneinbringlichen Geldstrafe (vgl. Art.293 EGStGB i. V. m. mit TilgungsVOs der Länder), „gemeinnützige Arbeit" ist eine gerichtliche Auflage ent-

17 Blumers/Göggerle a.a.O. Tz. 847

18 Vgl. BVerfG MDR 1991 S. 891. Nach Bornheim/Birkenstock a.a.O. S. 131 ist die Einstellung gegen Auflage das *„Zauberschwert in der Hand der Verteidigung"*

weder im Rahmen der Aussetzung einer Freiheitsstrafe zur Bewährung nach § 56 StGB oder als Auflage eben bei der (vorläufigen) Einstellung des Verfahrens nach § 153 a StPO.

b) Folgen des Verstoßes gegen das Legalitätsprinzip 25

Die Verletzung des Legalitätsprinzips durch vorsätzliche Nichtverfolgung eines Schuldigen ist als *Strafvereitelung im Amt (§ 258a StGB)*, die vorsätzliche *Verfolgung Unschuldiger* nach *§ 344 StGB* mit Freiheitsstrafe bis zu fünf bzw. zehn Jahren bedroht.

Praxishinweis:

Tatsächlich sind diese Vorwürfe kaum anzutreffen, weil grundsätzlich bei der Prüfung des Anfangsverdachts ein Beurteilungsspielraum besteht. Bei der entsprechenden Ausschöpfung dieses Spielraumes hängt das Ergebnis davon ab, welche Umstände für wesentlich gehalten werden und welches Gewicht den Sachverhaltselementen beigemessen wird. Die Anwendung des unbestimmten Rechtsbegriffs „Anfangsverdacht" erfordert im Einzelfall die Abwägung aller für die Entscheidung wesentlichen be- und entlastenden Umstände in der Gestalt einer Gesamtschau. Diese die Gesamtschau prägenden Akzentuierungen ergeben sich nicht allein aus der Natur der Sache, sondern beruhen regelmäßig auch auf subjektiven, nicht näher verifizierbaren Wertungen des Abwägenden, wobei verschiedene Betrachter – ohne pflichtwidrig zu handeln – durchaus zu unterschiedlichen Lösungen gelangen können[19].

Aufgrund des Beurteilungsspielraumes können auch die Entscheidungen über den Anfangsverdacht bei der Bußgeld- und Strafsachenstelle von der bei der Staatsanwaltschaft ebenso wie von der des Finanzamts oder der Steuerfahndung abweichen.

Praxishinweis:

Hieraus erklärt sich auch, dass das Finanzamt ein Steuerstrafverfahren einleitet, das von der Bußgeld- und Strafsachenstelle dann wieder eingestellt wird. Die Praxis ist hinsichtlich der Einleitung des Strafverfahrens in den einzelnen Bundesländern unterschiedlich geregelt: Z.T. teilt das Finanzamt (abweichend von der in Berlin üblichen Praxis) der Bußgeld- und Strafsachenstelle nur den relevanten Sachverhalt (wie in einer Strafanzeige) mit und überlässt dieser Dienststelle die Prüfung des Anfangsverdachts.

B. Weitere Grundsätze für die Verfahrensdurchführung 26

I. Untersuchungsgrundsatz 27

Im Strafverfahren erfolgt die Wahrheitserforschung nach dem Untersuchungsgrundsatz (**Ermittlungsgrundsatz**) von Amts wegen. Dies gilt bereits im staatsanwaltschaftlichen Ermittlungsverfahren auch für die von ihr beauftragten Ermittlungsbehörden(§ 160 Abs. 2 StPO). Der Ermittlungsgrundsatz beherrscht das gesamte Strafverfahren. Deshalb ist auch das Gericht nach §§195 Abs. 2, 206 StPO zur selbstständigen Aufkärung verpflichtet und nicht an Anträge der Beteiligten gebunden. Daraus folgt auch, dass ein Geständnis das Gericht nicht bindet, die Sachaufklärung auch ohne Beweisanträge oder gegen den Widerspruch des Angeklagten möglich ist und die Vernehmung und Beweiserhebung in der Hand des Vorsitzenden des jeweiligen Gerichts liegen.

19 BGH in NJW 1989 S. 96

Dabei haben die Staatsanwaltschaft und die mit den Ermittlungen beauftragten Dienststellen nicht nur Belastungsmaterial zu sammeln, sondern auch der **Entlastung** dienende Umstände festzustellen (§ 160 Abs. 2 StPO). Die Ermittlungen erstrecken sich auch auf für die *Rechtsfolgen der Tat* erforderliche Umstände (§ 160 Abs. 3 StPO).

Praxishinweis:

Deshalb werden auch Ermittlungen zu aktuellen Vermögensverhältnissen durchgeführt, weil diese für die zu bemessende Geldstrafe von Bedeutung serin können.

28 II. Beschleunigungsgrundsatz

Im Interesse des Beschuldigten, aber auch im Allgemeininteresse ist aufgrund des Beschleunigungsgrundsatzes (**Konzentrationsmaxime**) das Strafverfahren möglichst zügig durchzuführen. Der Beschleunigungsgrundsatz ist zwar in der StPO nicht grundsätzlich geregelt; er liegt jedoch einer Vielzahl von Einzelvorschriften (z.B. §§ 115; 121; 128 f. StPO) zugrunde. Dabei wird auch auf Art. 6 Abs.1 MRK[20] zurückgegriffen, nach dem „*...jedermann einen Anspruch darauf hat, dass seine Sache ... innerhalb einer angemessenen Frist gehört wird, und zwar von einem ... Gericht, das über ...die Stichhaltigkeit der gegen ihn erhobenen strafrechtlichen Anklage zu entscheiden hat.*" Durch die Konzentrationsmaxime soll auch vermieden werden, dass sich die Aufklärungsmöglichkeiten bei zu langer Verfahrensdauer verschlechtern. Dies ist gerade für Steuerstrafverfahren von besonderer Bedeutung, weil von deren Einleitung bis zur abschließenden Sanktion erfahrungsgemäß ein nicht unbeträchtlicher Zeitraum – oft von mehreren Jahren – vergehen kann.

Praxishinweis:

*Wann ein Ermittlungsverfahren von „überlanger Dauer" ist, hat das Gesetz nicht festgelegt. Die höchstrichterliche Rechtsprechung hat hierzu bisher lediglich **in Einzelfällen Obergrenzen** aufgestellt.*

Das BVerfG NJW 2003 S. 2225 ff. hat in dem zu beurteilenden Einzelfall ohne besondere rechtliche und tatsächliche Schwierigkeiten eine Verfahrensdauer von der Bekanntgabe des Strafverfahrens an mit fast sechs Jahren für unangemessen lang erachtet.

Nach BGH BB 1996 S. 2167 ff. ist ein Steuerstrafverfahren wegen Verletzung des Beschleunigungsgebots zumindest dann einzustellen, wenn die Gesamtdauer des Verfahrens unter Berücksichtigung der Hauptverhandlung sich auf 15 bis 16 Jahre erstreckt, während der BGH wistra 2002 S. 428 ff. bei einer Verfahrensdauer von rd. 4 ½ Jahren noch kein Verstoß gegen das Beschleunigungsgebot angenommen hat.

Zur Beschleunigung des Verfahrens tragen auch folgende Regelungen bei:

- Beim ersten Zugriff durch die Polizei oder die Steuerfahndung ist nach § 163 Abs. 2 StPO die Staatsanwaltschaft bzw. die Bußgeld- und Strafsachenstelle unverzüglich einzuschalten,
- die Untersuchungshaft darf grundsätzlich nicht länger als sechs Monate andauern (§ 121 StPO),
- die gerichtliche Hauptverhandlung soll möglichst in einem Zug durchgeführt und nur bis zu zehn, jedoch nicht länger als dreißig Tage unterbrochen werden (§ 229 StPO),
- verspätetes Vorbringen (wie z.B. Beweisanträge) ist grundsätzlich zurückzuweisen.

20 BGBl. 1952 II S.685 ff.

Die dennoch oft lange Dauer des Strafverfahrens wegen Steuerhinterziehung erklärt sich auch aus der besonderen Situation des Steuerstrafverfahrens, bei dem nicht der Straftäter zu ermitteln, sondern ihm die Tat nachzuweisen ist.

Diese lange Bearbeitungszeit ist aber häufig auch nicht (nur) auf die Arbeitsbelastung der Steuerfahndung zurückzuführen. Zeitliche Verzögerungen in der Bearbeitung liegen nämlich nicht selten außerhalb ihres Einflussbereichs: Die Banken benötigen für ihre Auskünfte meistens mehrere Monate. Entscheidungen über verfahrensleitende Verfügungen oder Beschwerden gegen das Verhalten der beteiligten Fahndungsprüfer unterbrechen die Ermittlungen dann, wenn die Ermittlungsakten zur Entscheidung der Staatsanwaltschaft oder Bußgeld- und Strafsachenstelle, dem Gericht oder der Oberfinanzdirektion bzw. dem Landesministerium vorgelegt werden müssen. Nicht in allen Fällen können die Ermittlungen dann weiter über die als „Fallhefte" bezeichneten Handakten der Steuerfahndung fortgeführt werden.

Praxishinweis:

Durch gezielte Verhaltensweisen kann das Ermittlungsverfahren bis zu seinem Abschluss hin durchaus in die Länge gezogen werden. In der Praxis sind allerdings die meisten Beschuldigten an einer zügigen Erledigung des Verfahrens interessiert.

Auch nach dem Abschluss der Ermittlungen durch die Steuerfahndung ist die Arbeit am Einzelfall für den Fahndungsprüfer noch nicht abgeschlossen: Stellungnahmen zu Rechtsbehelfen des Steuerpflichtigen und zu Einlassungen im Strafverfahren und der Auftritt als Zeuge vor dem Finanzgericht oder als Hauptbelastungszeuge vor dem Strafgericht schließen sich meistens an. Nach Abschluss der Ermittlungen, während der gerichtlichen Verfahren und selbst nach einer rechtskräftigen Entscheidung stehen weitere Nacharbeiten nach dem Abschluss der Ermittlungen an: Die steuerlichen und strafrechtlichen Mehrergebnisse bis zur Bestandskraft sind zu erfassen und zur Bundesstatistik zu melden, die ursprünglich sicher gestellten Beweismittel müssen zurück gegeben oder vernichtet werden. Erst nach Abschluss dieser Nacharbeiten aus dem Fallheft heraus können die Akten endgültig abgelegt werden.

III. Öffentlichkeitsgrundsatz 29

Der Grundsatz der Öffentlichkeit (§ 169 GVG) gilt nur für die Hauptverhandlung. Deshalb sind Gerichtsverhandlungen grundsätzlich für beliebige Zuhörer zugänglich. Unter den gesetzlich zulässigen Einschränkungen sieht § 172 Nr. 2 GVG den **Ausschluss der Öffentlichkeit** allerdings dann vor, wenn ein *wichtiges Steuergeheimnis* zur Sprache kommt, durch dessen öffentliche Erörterung schutzwürdige Interessen verletzt werden.

Praxishinweis:

Der gerade im Steuerstrafverfahren mögliche Ausschluss der Öffentlichkeit muss jedoch rechtzeitig bewirkt werden. Auf jeden Fall ist darauf zu achten, dass neben der Steuerfahndung und der Bußgeld- und Strafsachenstelle auch Strafgerichte sowie Staatsanwaltschaften das Steuergeheimnis zu wahren haben. Sind erst einmal in der öffentlicher Hauptverhandlung steuerlich relevante Daten erörtert worden, unterliegen sie nicht mehr dem Schutz des § 30 AO[21].

21 Briel/Ehlscheid a.a.O. § 1 Tz. 539 ff. m.w.N.

30 ## IV. Mündlichkeit

Der Grundsatz der **Mündlichkeit** fordert, dass Entscheidungsgrundlage einer gerichtlichen Entscheidung in der Hauptverhandlung nur werden kann, was dort mündlich vorgetragen wird. Dieser Grundsatz wird aus der Regelung der §§ 261; 264 StPO abgeleitet. Danach wird der Inhalt der Ermittlungsakten nur dann Entscheidungsgrundlage, wenn er in der Hauptverhandlung mündlich erörtert wurde. Daraus folgt auch die Pflicht zur Verlesung von Urkunden (§ 249 StPO) in der Hauptverhandlung.

31 ## V. Erhebung und Würdigung der Beweise

32 ### 1. Grundsätze

Nach dem Grundsatz der **Unmittelbarkeit** (§ 250 StPO) muss das Gericht die für die Urteilsfindung bedeutsamen Tatsachen selbst feststellen und dabei grundsätzlich das originäre Beweismittel verwenden. Deshalb sind Zeugen grundsätzlich persönlich zu hören und deren Vernehmung nicht durch Verlesung früherer Vernehmungsprotokolle zu ersetzen. Aus diesem Grundsatz wird überwiegend auch der **Anwesenheitsgrundsatz** abgeleitet, nach dem die Hauptverhandlung die ununterbrochene Anwesenheit aller Verfahrensbeteiligten (Richter und Schöffen, Staatsanwalt, Angeklagter, Verteidiger) erfordert.

Wegen des Grundsatzes der **freien Beweiswürdigung** (§ 261 StPO) entscheidet das Gericht nach seiner Überzeugung. Nach dem Grundsatz „in dubio pro reo“ (Unschuldsvermutung nach Art. 6 MRK) setzt die Verurteilung einen **zweifelsfreien Schuldbeweis** voraus. Danach hat das Gericht bei einem unaufklärbarem Sachverhalt die dem Angeklagten günstigste und nicht ausschließbare Tatsache zu unterstellen.

33 #### a) Beweiserhebung

Für die Ermittlung der Schuld- und Straffrage kommt im Verfahren vor den Gerichten als **Beweismittel** nur der sog. Strengbeweis in Betracht, der im Gegensatz zum sog. Freibeweis an bestimmte gesetzliche Formen gebunden ist. Hierzu gehören:

34 - **Aussage des Angeklagten** (§ 243 Abs. 4 StPO)

bzw.

- **Beschuldigten** (§§ 136 ff. StPO)

Jede Vernehmung des Beschuldigten bzw. Angeklagten beginnt nach seiner Belehrung mit der Vernehmung zur Person und anschließend zur Sache. Bei der Vernehmung zur Person müssen Angaben gemacht werden, auch wenn ansonsten vom Aussageverweigerungsrecht Gebrauch gemacht wird. Zu diesen Angaben gehören der Vor-, Familien- und Geburtsname, der Ort und Tag der Geburt sowie der Familienstand, der Beruf und Angaben zur Wohnung und zur Staatsangehörigkeit. Bei der Vernehmung zur Sache hingegen dürfen der Beschuldigte und der Angeklagte Angaben verweigern. Dabei hat er Gelegenheit, sich gegen den strafrechtlichen Vorwurf zu verteidigen

Praxishinweis:

Dabei sollte stets ein Verteidiger zugegen sein, der einer einseitigen Vernehmung entgegenzutreten hat. Im Rahmen eines vorbereitenden Verteidigergesprächs mit den ermittelnden Beamten sind Entlastungsgründe zu erörtern. Der Verteidiger sollte darauf achten, dass dem Beschuldigten Gelegenheit gegeben wird, sich zu dem strafrechtlichen Vorwurf zusammenhängend zu äußern und keine Vernehmungen in der Form von Fragen und Antworten durchgeführt werden.[22]

Über die Vernehmung ist eine **Niederschrift** anzufertigen (§ 168b Abs. 2 StPO). Sie wird nach Kenntnisnahme des Vernommenen mit einer Genehmigungsformel unterschrieben. Auf die Aushändigung der Niederschrift hat der Beschuldigte keinen Anspruch, wohl aber dessen Verteidiger. Die Aushändigung an ihn wird in den Ermittlungsakten vermerkt.

Praxishinweis:

Die Niederschrift über die Vernehmung des Beschuldigten oder in der Hauptverhandlung des Angeklagten ist für das weitere Verfahren fast immer von besonderer Bedeutung. Sie muss – wie auch die Niederschrift über die Aussage von Zeugen – die Aussage so wieder geben, wie sie vom Vernommenen gewollt ist. Häufig wird sie von den vernehmenden Beamten formuliert und entspricht dann weder dem Tenor noch korrekt den Angaben des Vernommenen. Ggf ist deshalb einer Formulierung in der Niederschrift zu widersprechen. Bei besonderen Streitfällen kann ein Gegenprotokoll erstellt und zu den Akten gegeben werden. Auch deshalb ist die Niederschrift stets gründlich durchzulesen. Unrichtigkeiten können handschriftlich berichtigt werden. Veränderungen sollten vom Vernommenen mit einem Hand- oder Namenszeichen versehen werden. Wird seine Aussage oder Unterschrift verweigert, ist dies zu vermerken.

Bei jeder Aussage ist zu unterscheiden, ob sie vor dem Gericht, der Staatsanwaltschaft oder der Steuerfahndung erfolgt.

Die erste Vernehmung des Beschuldigten im Ermittlungsverfahren findet fast immer durch die **Steuerfahndung** statt und dient der Aufklärung des objektiven und subjektiven Sachverhalts. Hierbei geht es auch darum, den Umfang der hinterzogenen Steuern festzustellen, Hinweise für weitere Ermittlungen zu gewinnen oder Anlass für die Beschränkung oder Einstellung der Ermittlungen zu finden. Die Straf- und Bußgeldsachenstellen hingegen orientieren sich dann ähnlich wie die Gerichte und die Staatsanwaltschaft überwiegend an den Prüfungsergebnissen der Steuerfahndung.

Vernehmungen der **Staatsanwaltschaft** bzw. der Bußgeld- und Strafsachenstelle liegen regelmäßig abgeschlossene und von der Steuerfahndung ermittelte Sachverhalte zugrunde. Dort dienen Vernehmungen im Wesentlichen der Gewährung rechtlichen Gehörs. Im Vordergrund stehen hier auch die persönlichen Verhältnisse des Beschuldigten zur Festsetzung der zu beantragenden oder festzusetzenden Höhe des Tagessatzes.

Praxishinweise:

Deshalb werden nach überwiegender Meinung auch bei den Ermittlungen durch die Steuerfahndung die Weichen für das weitere Verfahren so klar gestellt, dass sie nachträglich kaum noch geändert werden können.

Angesichts der Vernehmung bietet sich gegenüber der Steuerfahndung auch die Möglichkeit, darüber zu sprechen, ob nicht besser anstelle der Bußgeld- und Strafsachenstelle die Staatsanwaltschaft eingeschaltet werden soll[23].

Der Beschuldigte hat im Ermittlungsverfahren das Recht, sich **schriftlich zu äußern** (§ 163a Abs. 4; 136 Abs. 1 StPO). Hierauf ist er hinzuweisen. 35

22 Blumers/Göggerle a.a.O. Tz. 802 ff.
23 Blumers/Göggerle a.a.O. Tz. 778 ff.

Praxishinweis:

Die schriftliche Äußerung ist nicht ohne Risiko. Praktiker regen deshalb an[24], insbesondere gegenüber der Steuerfahndung eine schriftliche Äußerung nur zu erwägen, wenn zusätzlich vorher mündliche Gespräche stattgefunden haben. Dabei ist bei diesen vorangehenden Äußerungen Vorsicht geboten: Über dieses Gespräch wird erfahrungsgemäß eine Gesprächsnotiz durch den Fahndungsprüfer und seinen i.d.R. anwesenden Zimmerpartner gefertigt.

Eine schriftliche Äußerung kommt regelmäßig nur dann in Betracht, wenn der Schuldvorwurf eindeutig geklärt ist, und es um die Beantwortung von einzelnen Fragen geht. Der Vorteil schriftlicher Äußerungen liegt allenfalls darin, dass ausreichend Zeit verbleibt, sich Formulierungen zu überlegen. Bei Formulierungshilfen für Äußerungen des Mandanten besteht für den Verteidiger die Gefahr, dass seine Mithilfe die Grenze zur Strafvereitelung überschreiten kann.

Sollte der Beschuldigte bei der Steuerfahndung jedoch seine Aussage verweigern, kann er sich später immer noch vor der Bußgeld- und Strafsachenstelle bzw. der Staatsanwaltschaft oder auch erst vor dem Gericht in der Hauptverhandlung zur Sache einlassen.

Praxishinweis:

Es ist dann darauf zu achten, dass dass daraus keine nachteiligen Folgerungen gezogen werden. Dazu muss frühzeitig der Kontakt zum Gericht gesucht werden, weil das Finanzamt im parallel laufenden Besteuerungsverfahren die Ergebnisse des steuerlichen Fahndungsberichts für das Besteuerungsverfahren und die Staatsanwaltschaft und das Gericht die Angaben im strafrechtlichen Aktenvermerk meistens in vollem Umfang übernehmen.[25]

36 **Vernehmung von Zeugen (§§ 48 ff. StPO)**

Der Zeuge hat sich zum Vernehmungsgegenstand vollständig und zusammenhängend zu äußern (§ 69 Abs. 1 StPO), das Recht auf angemessene Behandlung (vgl. § 68a StPO) und auf Entschädigung (§ 71 StPO). Vor Gericht hat er in jedem Fall zu erscheinen und auszusagen (§§ 51; 69 StPO), sofern kein Zeugnisverweigerungsrecht besteht. Seine Aussage ist ggf. zu beeidigen (§ 59 StPO). § 62 StPO erlaubt unter engen Voraussetzungen auch die Vereidigung im sog. vorbereitenden Verfahren (Ermittlungsverfahren), wenn Gefahr im Verzug vorliegt oder mit dem Erscheinen des Zeugen im Hauptverfahren nicht zu rechnen ist. Auch Zeugen im Ausland können vernommen werden. Die grundsätzlich zulässige *richterliche Vernehmung* (§ 168c Abs. 2 StPO) von Zeugen und Beschuldigten ist im Steuerstrafverfahren die Ausnahme.

Auf die fehlende Verpflichtung der Zeugen, vor der Polizei und der Steuerfahndung erscheinen und aussagen zu müssen, wurde bereits hingewiesen.

37 **Anhörung von Sachverständigen (§§ 72 ff. StPO)**

Ein Sachverständiger wird vom Gericht bestellt oder auf Antrag eines Prozessbevollmächtigten vernommen, um über Tatsachen oder Erfahrungssätze Auskunft zu geben oder einen bestimmten Sachverhalt zu beurteilen, zu dem er über eine dem Richter fehlende Sachkunde verfügt.

Praxishinweis:

Im Steuerstrafverfahren ist die Anhörung von Sachverständigen von untergeordneter Bedeutung, weil der im Vordergrund stehende steuerliche Sachverstand bei den Fahndungsprüfern vorausgesetzt wird. Deshalb werden sie auch oft als „sachverständige Zeugen" zur Hauptverhandlung geladen. In Ausnahmefällen kommen im Steuerstrafverfahren Sachverständige für Sonderfragen zur Allgemeinen Datenverarbeitung, bei Registrierkassen oder Spielautomaten oder zur Bewertung hochwertiger Kunstgegenstände in Betracht.

24 Blumers/Göggerle a.a.O. Tz. 794
25 Blumers/Göggerle a.a.O. Tz. 798

Augenschein (§§ 86 ff. StPO) 38

Der Augenscheinsbeweis umfasst alle Beweisaufnahmen, die nicht als Zeugen-, Sachverständigen- oder Urkundsbeweis besonders geregelt sind. Das Gericht verschafft sich dabei selbst durch Wahrnehmung einen Eindruck.

Praxishinweis:

Auch dieses Beweismittel ist im Steuerstrafverfahren von untergeordneter Bedeutung. Lediglich bei einem Schriftvergleich kann es hier von Bedeutung sein.

Urkundenbeweis (§§ 249 ff. StPO) 39

Der Urkundenbeweis hat im Steuerstrafverfahren zentrale Bedeutung, weil der Beweis grundsätzlich aufgrund der Buchführung und sonstiger Aufzeichnungen sowie anhand des Schriftverkehrs oder des Informationsaustauschs mit Hilfe der modernen Kommunikationsmedien geführt wird.

Praxishinweis:

Der Umfang der bei Durchsuchungen sicher gestellten Beweismittel hat in den letzten Jahren kontinuierlich zugenommen. Der Urkundenbeweis erreicht in der Hauptverhandlung nicht selten einen solchen Umfang, dass die Beweisaufnahme nur noch zu bewältigen ist, wenn sich die Parteien in einem vernünftigen Umfang auf den Verzicht der Verlesung bestimmter Urkunden einigen (vgl. § 249 Abs. 2 StPO).[26]

b) Beweisaufnahme 40

Die **Beweisaufnahme** erstreckt sich von Amts wegen auf alle Tatsachen, die für die Entscheidung von Bedeutung sind (§ 244 Abs. 2 StPO). Lediglich offenkundige Tatsachen sind nicht beweisbedürftig. Hierzu zählen allgemeinkundige Tatsachen (z.B. historische Ereignisse, Naturvorgänge) und gerichtskundige Tatsachen. Tatsachen sind gerichtskundig, wenn sie der Richter im Zusammenhang mit seiner amtlichen Tätigkeit in Erfahrung gebracht hat.

Praxishinweis:

Bei einer so komplizierten Materie wie dem Steuerrecht wird praktisch nie auf die Beweisaufnahme verzichtet, weil für die meisten Richter hier keine allgemeinkundige Tatsachen vorliegen. Hauptbelastungszeuge ist regelmäßig der Fahndungsprüfer, der auf der Grundlage seines strafrechtlichen Aktenvermerks vernommen wird.

Den übrigen Prozess- und Verfahrensbeteiligten ist es unbenommen, an der Sachverhaltsaufklärung mitzuwirken. Obwohl das Gericht und die Ermittlungsbehörden aufgrund des Amtsermittlungsgrundsatzes alle erreichbaren Beweismittel zu verwerten haben, können der Angeklagte bzw. Beschuldigte und sein Verteidiger Beweisanträge stellen.

Für Beweisanträge bestehen folgende nicht abschließend aufgeführten **Ablehnungsgründe:**

- **Unzulässigkeit des Beweisantrages,**
  die z.B. bei fehlender Aussagegenehmigung (§ 54 StPO) vorliegt, die den Angehörige des öffentlichen Dienstes, wie Fahndungsprüfern und Polizisten von ihrem Dienststellenleiter erteilt wird;

26 Blumers/Göggerle a.a.O. Tz. 924

- **Überflüssigkeit des Beweises;**
  insbesondere wegen Offenkundigkeit (§ 291 ZPO); Bedeutungslosigkeit aus rechtlichen und tatsächlichen Gründen; bei bereits geführten Nachweisen;sowie beim Sachverständigenbeweis infolge eigener Sachkunde des Gerichts oder ausreichender Klärung durch ein Erstgutachten und beim Augenscheinsbeweis aufgrund pflichtgemäßem Ermessen des Gerichts.
- **Zwecklosigkeit**
  wegen völliger Ungeeignetheit oder wegen Unerreichbarkeit der Beweismittel oder Zeugen
- **bei Verschleppungsabsicht,**
  die in der Praxis gerade bei den zeitaufwändigen steuerstrafrechtlichen Ermittlungen nur selten nachweisbar ist.

Der Verteidiger hat das Recht, **eigene Ermittlungen** anzustellen .

Praxishinweis:

Gerade beim Einbringen eigener Zeugen und deren Vernehmung ist Vorsicht geboten. Der Verteidiger wird grundsätzlich „seine" Zeugen zur Vorbereitung der Verteidigung befragen. Er hat dennoch jeden Anschein einer unzulässigen Beeinflussung zu vermeiden. Der Verteidiger kann deshalb zur Vorsicht die Befragung einem anderen Rechtsanwalt übertragen und das Vorgespräch, im Einverständnis mit dem Zeugen, vorsorglich auf Tonband aufnehmen[27].

41 c) Aussage- und Auskunftsverweigerungsrechte

Bei der Beweiserhebung sind Aussage- und Auskunftsverweigerungsrechte (vgl. u.a. die ausführlichen Nrn. 49 ff. AStBV) zu beachten und die in Anspruch genommenen Personen entsprechend zu belehren.

Im Besteuerungsverfahren ist der **Steuerpflichtige** aufgrund seiner Mitwirkungsverpflichtung (§§ 90, 200 AO) zur Auskunft verpflichtet. Insoweit besteht hier kein Auskunftsverweigerungsrecht. Allerdings darf er – wie auch der Beschuldigte – nicht gezwungen werden, sich selbst oder Angehörige durch seine Angaben wegen einer Straftat zu belasten (§ 393 Abs. 1 AO). Steuerlich nachteilige Folgerungen, z.B. im Rahmen einer Schätzung, dürfen dennoch aus seinem Schweigen für den eigenen Steuerfall gezogen werden (§ 393 Abs. 1 Satz 2 AO).

Dritte sind sowohl im Besteuerungs- wie auch im Steuerstrafverfahren zur Auskunft verpflichtet. Allerdings gilt auch für sie das Selbstbelastungsverbot und auch das Aussageverweigerungsrecht zum Schutz nahestehender Angehöriger (§ 55 StPO). Deshalb ist auch hier § 393 AO zu beachten. Für den **Beschuldigten** im Steuerstrafverfahren besteht ein uneingeschränktes Auskunftsverweigerungsrecht.

Angehörigen des Steuerpflichtigen steht ein Aussageverweigerungsrecht sowohl im Besteuerungsverfahren (§ 101 Abs. 1 AO) als auch ein Zeugnisverweigerungsrecht im Strafverfahren (§ 52 StPO) zu

Praxishinweis:

Zu den Angehörigen werden gerechnet:

Verlobte, Lebenspartner, Ehegatten (auch wenn die Ehe nicht mehr besteht) sowie mit dem Beschuldigten Verwandte oder Verschwägerte i.S.d. § 52 StPO (Verwandte und Verschwägerte in gerader Linie, in der Seitenlinie bis zum dritten Grad Verwandte oder bis zum zweiten Grad Verschwägerte).

---

27 So Blumers/Göggerle a.a.O. Tz. 813 ff. am Beispiel des Ehegatten und Steuerberaters des Beschuldigten

Damit sind davon als Verwandte oder Verschwägerte betroffen: Eltern, Kinder, Großeltern, Enkel, Urgroßeltern, Urenkel, Geschwister und deren Kinder. Nicht mehr erfasst werden die Basen und Neffen als sog. Geschwisterkinder.

Derzeit sind Bestrebungungen im Gange, die den Verlobten zugewiesenen Rechte wieder zu streichen.

Auch **Angehörigen bestimmter Berufsgruppen** haben im Besteuerungsverfahren (§ 102 Abs. 1 AO) und im Strafverfahren (§§ 53 ff. StPO) ein Auskunftsverweigerungsrecht. Zu diesen Berufsgruppen gehören nach § 53 StPO u.a. Geistliche, Verteidiger und Rechtsanwälte, Steuerberater, Wirtschaftsprüfer und Angehörige der Presse. Das Aukunftsverweigerungsrecht der Presse bezieht sich allerdings nur auf die Erkenntnisse, die in Ausübung des Berufes anvertraut oder bekannt werden (§ 53 Abs. 1 Nr. 3 StPO).

Praxishinweis:

*Der **Verteidiger** des Beschuldigten und der **Rechtsbeistand** des Zeugen können deshalb die Auskunft auf die Fragen verweigern, die den Inhalt ihres Beratungsgesprächs betreffen (OLG Düsseldorf StV 1991 S. 50f.); zur Befugnis des **Steuerberaters** zur Zeugnisverweigerung im Hinblick auf die Identität des Mandanten vgl. BFH wistra 2002 S. 433 ff..*

*Das Auskunftsverweigerungsrecht der Presse (sog. **Pressegeheimnis**) bezieht sich nur auf den redaktionellen Teil der Medien, zu denen der Annonceteil jedoch nicht gehört (BFH 1988 II S. 359). Zu weiteren Besonderheiten bei den beratenden Berufen vgl. Streck a.a.O. S. 192 ff. Rz. 655 ff.*

§ 53 StPO regelt das Zeugnisverweigerungsrecht für **Journalisten** sowie für psychotherapeutische **Berufsgruppen**, § 53a StPO für die **Berufshelfer**. Für weitere bestimmte Berufsgruppen sind in § 54 StPO gesonderte Regelungen getroffen. Angehörige des Bundestages, des Landtages sowie der Bundes- und Landesregierung und Angestellte bei den Fraktionen unterliegen besonderen Regelungen. Dem Bundespräsidenten steht ein besonderes Zeugnisverweigerungsrecht zu. Richter und Beamte benötigen eine Aussagegenehmigung, wenn ihre Pflicht zur Amtsverschwiegenheit betroffen ist.

d) Verwertungsverbote 42

Im strafrechtlichen Ermittlungsverfahren ist von Amts wegen die materielle Wahrheit festzustellen. Deshalb wird das gesamte Ermittlungsverfahren von der Suche nach Beweisen (Beweisaufnahme bzw. Beweiserhebung), ihrer Würdigung nach Einführung in das Verfahren (Beweiswürdigung) und der Beweisverwertung für die strafrechtliche Entscheidung bestimmt.

Nicht jede Art der Beweiserhebung bzw. Beweisaufnahme ist zulässig; es bestehen Beweisermittlungsverbote, nach denen bestimmte Beweise nicht erhoben werden dürfen. Werden dennoch trotz bestehender Beweisverbote Erkenntnisse erlangt, ist zu prüfen, ob daraus ein Beweisverwertungsverbot abzuleiten ist. Dabei stellt sich die Frage, ob die trotz Beweisverbot erlangten Erkenntnisse dennoch für das Besteuerungs- und Strafverfahren sowie für ein anderes Strafverfahren verwertet werden dürfen.

Praxishinweis:

Die gegenseitige Verwertbarkeit der Erkenntnisse im Straf- und im Besteuerungsverfahren ist eines der zentralen Themen des Strafverfahrensrechts und häufig durch die Einzelfallrechtsprechung gekennzeichnet. Vgl. deshalb auch die einschlägigen Kommentare sowie die umfassende Darstellung jeweils bei Blumers/Göggerle a.a.O. § 3 Tz. 223 ff., Randt a.a.O. E Rdnr. 391 ff., Streck a.a.O. S. 274 ff. Rz. 1052 ff., Briel/Ehlscheid a.a.O. § 4 Einzeldarstellungen Rdnr. 310 ff. sowie ders. § 3 Formelles Strafrecht Rdnr. 629 ff.

Die **Beweisermittlungsverbote** sind weitgehend gesetzlich geregelt.

Nicht in jedem Fall ist die Verwertung von Erkenntnissen verboten, die auf unzulässige Art und Weise gewonnen worden sind. Ermittlungsfehler führen nur selten zu einem Verwertungsverbot, weil es kein generelles Verwertungsverbot gibt. Vielmehr wird hierüber im Einzelfall nach einzelnen Verstößen entschieden. Die Verwertung von unzulässig erlangten Erkenntnissen ist jedoch ausdrücklich in § 136a StPO (verbotene Vernehmungsmethoden), in § 393 Abs. 2 AO (Verwendung von Erkenntnissen für nichtsteuerliche Straftaten) sowie in den in der Nr. 134 AStBV angeführten Fällen untersagt.

Weitere Verwertungsverbote sind auf der Grundlage der vom BGH[28] entwickelten Rechtskreistheorie entstanden. Danach muss bei jeder Vorschrift geprüft werden, ob die Verwertung der unzulässig erlangten Erkenntnisse den Rechtskreis des Betroffenen wesentlich berührt oder für ihn nur von untergeordneter Bedeutung ist sowie in wessen Interesse die Vorschrift geschaffen wurde.

Das BVerfG hat mit der sog. **Drei-Stufen-Theorie** ein weiteres Prüfungsschema zur Ermittlung von Verwertungsverboten entwickelt[29]. Die erste Stufe betrifft den unantastbaren Kernbereich der Gestaltung des privaten Lebens, den *Intimbereich,* in dem eine Abwägung nach den Grundsätzen der Verhältnismäßigkeit ausgeschlossen ist. Der *grundrechtlich geschützte Privatbereich* betrifft die zweite Stufe. Hierzu werden Handlungen außerhalb des Intimbereichs gezählt, die einen sog. sozialen Bezug aufweisen. Grundsätzlich sind hier staatliche Eingriffe im überwiegenden Interesse der Allgemeinheit hinzunehmen. *Vorgänge außerhalb des geschützten Privatbereichs* sind im Allgemeinen gerechtfertigt. Die in dieser dritten Stufe erlangten Beweise sind grundsätzlich uneingeschränkt verwertbar.

Praxishinweis:

Im Steuerstrafverfahren ist mit dem „Handeln im geschäftlichen Verkehr"[30] fast immer die dritte Stufe betroffen, bei der es nur sehr eingeschränkt und nur im Einzelfall zu Verwertungsverboten kommt.

Zumindest bei Eingriffen im Privatbereich ist eine **Güterabwägung** erforderlich . Es muss dabei unterschieden werden zwischen steuerrechtlichen und strafprozessualen Verwertungsverboten einschließlich deren Auswirkungen auf das Besteuerungs- und Strafverfahren.

Praxishinweis:

Im Einzelfall ist deshalb das Interesse des Staates an der Tataufklärung gegen das Interesse des Bürgers am Schutz seiner Persönlichkeitssphäre abzuwägen. Unabhängig davon beeinflusst der Einwand eines Verwertungsverbots die Straf- und Bußgeldsachenstellen und die Steuerfahndung nur selten. Dann muss ggf. die Frage des Verwertungsverbots gerichtlich geklärt werden.

43 Bisher sind folgende **Grundregeln** entschieden worden

- Unbestritten darf der im Besteuerungsverfahren ermittelte Sachverhalt im Steuerstrafverfahren verwertet werden; insoweit besteht kein Verwertungsverbot (§§ 393 Abs. 2 Satz 1; 30 Abs. 4 Nr. 1 AO)[31].

28 BGHSt GrS 1 S. 213; 11, S. 213; 31 S. 395
29 BVerfGE NJW 1973 S. 891 ff.
30 Blumers/Göggerle a.a.O. Tz. 254
31 BVerfG wistra 1988 S. 302, so auch BFH wistra 2002 S. 270 ff.

- Dies gilt nur eingeschränkt für die Verfolgung von Taten, die keine Steuerstraftaten sind. Ausnahmen bestehen dann, wenn ein zwingendes öffentliches Interesse nach § 30 Abs. 4 Nr. 5 AO besteht. Dies gilt grundsätzlich nur für Fälle der Schwerkriminalität, vgl. auch Nr. 112 AStBV
- Verbieten Verwertungsverbote die Verwendung von Erkenntnissen aus dem Besteuerungsverfahren, dürfen sie auch nicht als Beweis in das Strafverfahren eingeführt werden (Verwendungsverbot im Strafverfahren).
- Der im Steuerstrafverfahren ermittelte Sachverhalt hingegen kann im Besteuerungsverfahren verwertet werden (ausdrücklich jetzt geregelt im neuen § 393 Abs. 3 S. 1 AO).
- Freiwillige Angaben Dritter und Tatsachen, zu deren Angaben der Steuerpflichtige nicht verpflichtet war oder bei deren Angaben er auf sein Auskunftsverweigerungsrecht verzichtet hat, sind verwertbar[32].

Unstreitig bestehen folgende **Verwertungsverbote** bei:

- unzulässiger Androhung oder Anwendung von Zwangsmitteln des Besteuerungsverfahrens (arg. § 393 Abs. 1 S. 2 u. 3 AO i.V.m § 136a Abs. 3 StPO) .
- Anwendung verbotener Vernehmungsmethoden (§ 136a StPO).
- bewusstem Verschweigen der Einleitung eines Strafverfahrens, um weitere Erkenntnisse unter Hinweis auf die Mitwirkungspflicht zu gewinnen[33].
- fehlender Belehrung bei Bekanntgabe des Steuerstrafverfahrens (§ 393 Abs. 1 S. 4 AO)[34].
- fehlender Belehrung über das Recht, einen Verteidiger hinzuziehen zu dürfen[35].
- fehlender Belehrung des Beschuldigten vor der Vernehmung (arg. § 393 Abs. 1 S.4 AO)[36].
- Aufforderung an den Beschuldigten zur Mitwirkung im Besteuerungsverfahren ohne Bekanntgabe der Einleitung des Strafverfahrens (arg. § 397 Abs. 3 AO).
- fehlender Belehrung des Angehörigen über das Zeugnisverweigerungsrecht gem. § 52 StPO – nicht jedoch fehlende Belehrung eines Zeugen über sein Auskunftsverweigerungsrecht wegen möglicher Selbstbelastung gem. § 55 StPO[37].
- Erkenntnisse aus der unzulässigen Telefonüberwachung wegen des Verdachts der banden- oder gewerbsmäßigen Steuerhinterziehung nach § 370a AO, nicht aber als Ermittlungsanlass aus einer rechtmäßigen Telefonüberwachung[38]
- Verletzung des Teilnahmerechts nach § 365 Abs. 2 AO.
- Verwertung der nach § 97 StPO beschlagnahmefreien Beweismittel (z.B. Handakten des Steuerberaters und Verteidigers).
- Verwertung von Erkenntnissen für nichtsteuerliche Straftaten (§ 393 Abs. 2 AO), zumindest bei Gewinnung im Besteuerungsverfahren vor Einleitung des Steuerstrafverfahrens.
- Verwertung geschützter Erkenntnisse aus der Privat- und Intimsphäre (z.B. Tonbandaufzeichnungen, Tagebücher, Testamente), abgeleitet aus dem Grundgesetz (GG).

32 Vgl. Anwendungserlass zu § 30 Nr. 9 ff. AO
33 BGH St 38 S. 214 ff.
34 BGH St 22 S. 170 ff.: nur Verwertungsverbot im Besteuerungsverfahren, nicht jedoch im Strafverfahren; vgl. zur a.A. Briel/Ehlscheid a.a.O. § 4 a.a.O. Rdnr. 375 ff. m.w.N.
35 BGH wistra 1992 S. 187 f.
36 BGH wistra 92, 187 unter Aufgabe entgegenstehender Rechtsprechung
37 BGH St 11 S. 216 ff.
38 BVerfG wistra 2006 S. 15

- Verwertung von Erkenntnissen aus einer Telefonüberwachung in anderen Strafverfahren sind unter den Voraussetzungen des neuen § 393 Abs. 3 S. 2 AO zulässig.
- Verletzung der Belehrungspflicht i.S.d. § 393 Abs. 1 Satz 4 AO, bei der die Angaben des Steuerpflichtigen keine sog. „Spontanäußerung" darstellen[39]. Eine Spontanäußerung liegt dann vor, wenn auf Grund des tatsächlichen Ablaufs keine Möglichkeit zur Belehrung mehr besteht.
- Unter den Voraussetzungen des mit dem Gesetz zur Neuregelung der Telekommunikationsüberwachung und anderer verdeckter Ermittlungsmaßnahmen sowie zur Umsetzung der Richtlinie 2006/24/EG vom 21.12.2007 neu eingeführten § 160a StPO, wenn Ermittlungsmaßnahmen sich gegen Personen richten, die als Geistliche, Verteidiger oder des Bundestags, des Landtags oder einer zweiten Kammer über die ihnen anvertrauten Tatsachen Erkenntnisse erbringen würden, für die ihnen ein Zeugnisverweigerungsrecht nach § 53 StPO zugewiesen ist.

Praxishinweis:

Wenn auch noch zu vielen diskutierten Einzelfällen richterliche Entscheidungen fehlen, sollte die in der Literatur vertretene Meinung nicht unbeachtet bleiben. Dort werden in folgenden weiteren Fällen Verwertungsverbote angenommen:

- Nachteilige Schätzung der Besteuerungsgrundlagen mit Zuschlag für mangelnde Kooperationsbereitschaft, weil damit das Recht, sich nicht selbst belasten zu müssen, unterlaufen wird.
- Formell rechtswidrige Außenprüfung, bei der Prüfungsergebnisse nicht verwertet werden dürfen.
- Einsatz von Privatpersonen zur Aufklärung des Sachverhalts[40].
- Fehlende Belehrung der zur Verweigerung des Zeugnisses aus beruflichen Gründen Berechtigten (§§ 53, 53a StPO).
- Festgestellte rechtswidrige Verstöße im Strafverfahrensrecht.
- Bei rechtswidriger Durchsuchung und Beschlagnahme (allerdings nicht nach der h.Rspr.).
- Durchsicht von Papieren (§ 110 StPO) nicht durch Fahndungsprüfer, sondern durch Polizeibeamte ohne staatsanwaltschaftliche Anordnung[41].

Ansonsten gibt es kein grundsätzliches Verwertungsverbot für die Verwendung der im Strafverfahren rechtswidrig ermittelten Sachverhalte für das Besteuerungsverfahren. Im Strafverfahren trotz Beweis- und Verwertungsverbot erlangte Erkenntnisse sind nämlich im Rahmen der Mitwirkungsverpflichtung des Steuerpflichtigen erlangt und dürfen deshalb im Besteuerungsverfahren verwendet werden. Diese bisher vertretene Auffassung, nach der *kein Verwendungsverbot für das Besteuerungsverfahren* gilt, ist in der Literatur und der Rechtsprechung immer wieder strittig.

Selbst wenn ein strafrechtliches Verwertungsverbot aus steuerlichen Erkenntnissen nicht in Betracht kommt, sind allerdings § 30 Abs. 2 Ziff. 1 AO i.V.m. Abs. 4 Ziff. 1-5 AO sowie die in § 355 StGB normierte Strafbarkeit der Verletzung des Steuergeheimnisses zu beachten.

Ein Verwertungsverbot hindert ohnehin nicht weitere Ermittlungen, die durch die nicht verwertbaren Erkenntnisse ausgelöst werden[42] (**Fernwirkung** von Verwertungsverboten). Haben die nicht verwertbaren Beweismittel zum Auffinden weiterer Beweismittel geführt, wird in der Praxis von deren Verwertbarkeit ausgegangen[43]. Nur die ursprünglichen Erkenntnisse selbst sind nicht verwertbar. Die Strafverfolgungsbehörden können jedoch diese nicht verwertbaren Erkenntnisse

39 FG Schleswig-Holstein EFG 2001 S. 253
40 Briel/Ehlscheid a.a.O. § 4 a.a.O. Rdnr. 349 ff. m.w.N. unter Hinweis auf BGH wistra 1996 S. 309 ff.
41 Vgl. die Darstellung der z.T. unterschiedlichen Auffassungen bei Park: *Der Anwendungsbereich des § 110 StPO bei Durchsuchungen in Wirtschafts- und Steuerstrafsachen* in wistra 2000 S. 453 ff.
42 h.M., aber str.; vgl. BGH NJW 1980 S. 1700
43 vgl. Randt a.a.O. E Rdnr. 393

auf andere Weise zu erlangen versuchen[44]. Ebenso umstritten ist die Frage, ob rechtswidrige Ermittlungshandlungen durch spätere rechtmäßige ersetzt werden können (sog. **Fortwirkung** von Verwertungsverboten)[45]. Auch hier sind bisher lediglich Einzelfälle entschieden worden.

Tauchen während der Ermittlungen im Steuerstrafverfahren Hinweise auf nichtsteuerliche Straftaten auf, sind diese Erkenntnisse als sog. **Zufallsfunde** nach § 108 StPO der Staatsanwaltschaft mitzuteilen. Entsprechende Erkenntnisse aus dem Besteuerungsverfahren dürfen nur in den Grenzen des § 30 Abs.4 AO weitergegeben werden.

Verwendungsbeschränkung nach § 13 StraBEG 44

Durch die Abgabe einer wirksamen strafbefreienden Erklärung konnte nicht nur eine Straf- oder Bußgeldfreiheit und die Abgeltung der daraus entstehenden Steuernachforderungen für die Jahre 1993 bis 2002 erreicht werden. Gleichzeitig sollten die Erklärenden und alle von der Amnestie Betroffenen dadurch auch keine Nachteile erleiden. Deshalb wird der Inhalt der Amnestieerklärung vor möglichen negativen Konsequenzen ausdrücklich geschützt. Umstritten ist, inwieweit dieser Schutz auch bei einer unwirksamen strafbefreienden Erklärung gilt.

Hierzu regelt § 13 StraBEG eine besondere Verwendungsbeschränkung. Ein Verstoß gegen diese besondere Verwendungsbeschränkung führt zu einem Verwertungsverbot.

Der Finanzbehörde sind bei einer wirksamen strafbefreienden Erklärung weitere Ermittlungen weitgehend untersagt. In den Ergänzenden Informationen des BMF vom 20.07.2004[46] wird hierzu unter (1) eindeutig festgestellt: *„Das Finanzamt muss die strafbefreiende Erklärung .... grundsätzlich ungeprüft annehmen (Ausnahe: formelle Fehler ....). Der Erklärende muss auch nicht erläutern, ob und wie er die Steuern hinterzogen hat. Wenn sich aber aus anderem Anlass oder durch ergänzende „freiwillige" Angaben des Erklärenden Zweifel am Vorliegen einer Steuerhinterziehung oder leichtfertigen Steuerverkürzung aufdrängen, kann das Finanzamt dieser Frage nachgehen."*

Die Verwendung der in der strafbefreienden Erklärung enthaltenen Daten, der Angaben zur gezahlten Abgabe und auch die Tatsache der abgegebenen Erklärung ist selbst bei Zweifeln nur eingeschränkt möglich. Die in der strafbefreienden Erklärung enthaltenen Angaben dürfen nämlich als „geschützte Daten" grundsätzlich nur zur Durchführung der Amnestie oder zur Durchführung des Besteuerungsverfahrens oder eines Steuerstrafverfahrens für die Zeiträume ab 2003 Verwendung finden. Darüber hinausgehende Verwendungen zu Beweiszwecken sind danach weitgehend nicht zulässig.

Ein Verstoß gegen die im StraBEG geregelte Verwendungsbeschränkung durch die Weitergabe der geschützten Daten stellt einen strafbaren Bruch des Steuergeheimnisses (§ 355 StGB) dar.

Soweit die Angaben als Bestandteil der Spezifizierung des Lebenssachverhalts anzusehen sind, unterliegen auch sie als *„überschießende" Angaben* der Verwendungsbeschränkung; so ausdrücklich die Ergänzenden Informationen des BMF vom 20.07.2004 unter (2): *„Strafbefreiende Erklärungen sollen nicht zum Anlass weitergehender steuerlicher Ermittlungen genommen werden, die Finanzbehörden sollen daher die Angaben des Erklärenden nicht zum Anlass nehmen, steuerliche oder strafrechtliche Ermittlungen anzustellen. Klärende Nachfragen sind allerdings zulässig. Unberührt bleibt die Befugnis, derartige Ermittlungen anzustellen, wenn sich dies aus anderem Anlass (z.B. aufgrund von Angaben in späteren regulären Steuererklärungen) aufdrängt. In diesem Fall können die fraglichen Angaben uneingeschränkt verwertet werden."*

---

44 Streck drückt dies besonders anschaulich aus (a.a.O. S. 280 Rz. 1075): *„Die Früchte des vergifteten Baums dürfen genossen werden."*

45 vgl. Randt a.a.O. E Rdnr. 394

46 DStR 2004 S. 1387 f.

Verwendungsbeschränkung im Besteuerungsverfahren

Eine wirksame strafbefreiende Erklärung führt auch im Besteuerungsverfahren zu einem Verwendungs- und Verwertungsverbot. Davon betroffen sind grundsätzlich sämtliche Besteuerungszeiträume vor dem Jahr 2003. Dies gilt nach den Angaben des Bundesfinanzministeriums im Merkblatt vom 03.02.2004[47] unter Hinweis auf § 11 Abs. 1 StraBEG auch für Jahre vor 1993 und selbst dann, wenn die Amnestieerklärung unvollständig ist. Die sich aus den Steuerverkürzungen ergebenden Mehrsteuern sind damit abgegolten und können nicht mehr Gegenstand von Ermittlungen sein. Nicht in der Amnestieerklärung angeführte Einnahmen können allerdings weiter zur Festsetzung der Steuern herangezogen werden.

Die Verwendungsbeschränkung gilt nicht nur für das Strafverfahren, sondern auch für das Besteuerungsverfahren bis einschließlich 2002. Zulässig ist allerdings eine Mitteilung an das zuständige Finanzamt über die erloschenen Steueransprüche.

Nur im vorgegebenen Rahmen dürfen die geschützten Daten im Besteuerungsverfahren verwendet werden. Dies ist ausdrücklich zur Durchführung des StraBEG erlaubt. Um die zutreffende Besteuerung für die *Zeit nach der Amnestie* sicher zu stellen, können die Angaben in der Amnestieerklärung für das sich anschließende Besteuerungsverfahren herangezogen werden. Die Verwertbarkeit der geschützten Daten in der strafbefreienden Erklärung für die Besteuerungszeitraume von 2003 an wird deshalb in § 13 Abs. 1 StraBEG ausdrücklich zugelassen. Deshalb darf die Steuererklärung für das sich an den Amnestiezeitraum anschließende Jahr 2003 auch mit der strafbefreienden Erklärung abgeglichen werden.

Auch die Anordnung und Durchführung von steuerlichen Prüfungen aus anderem Anlass ist zulässig. Die Prüfung darf dabei allerdings nicht auf die strafbefreiende Erklärung zurückzuführen sein und nicht den dort erklärten Sachverhalt betreffen. Lediglich zugunsten der Betroffenen dürfen die Angaben in der Amnestieerklärung berücksichtigt werden. Das wäre der Fall, wenn der Steuerpflichtige sich darauf beruft, dass die Steueransprüche aufgrund seiner wirksamen Erklärung erloschen sind. Hier trägt allerdings der Steuerpflichtige die Beweislast, dass insoweit seine Erklärung die entsprechenden Besteuerungsgrundlagen enthält.

Geschützt wird auch die Feststellung,

- ob der Erklärende unmittelbar oder als Tatbeteiligter mittelbar straffrei geworden ist,
- ob seine Bestrafung nach §§ 4, 5 StraBEG wegen einer anderen Tat ausgeschlossen wird

und

- welche weiteren Tatbeteiligten sich aus der Erklärung ergeben.

Die Verwendung der Angaben aus der strafbefreienden Erklärung ist dennoch nach dem eindeutigen Wortlaut zur Begrenzung der Verwendungsbeschränkung nicht gänzlich ausgeschlossen:

- Die Verwertbarkeit der Angaben in der strafbefreienden Erklärung für künftige Besteuerungsverfahren wird ausdrücklich zugelassen. Dies betrifft die Besteuerungszeitraume von 2003 an.
- Nach § 13 Abs. 2 StraBEG durften die geschützten Daten zur Durchführung eines bereits anhängigen Strafverfahrens übermittelt werden, wenn es sich dabei um Verbrechen oder mit Freiheitsstrafe von mehr als drei Jahren bedrohte Vergehen handelt. Die Übermittlung durfte nur an die zuständigen Strafverfolgungsbehörden und Gerichte vorgenommen werden. Aus der Praxis sind derartige Mitteilungen bisher nicht bekannt geworden.

45

47 BStBl. 2004 I S. 225 ff.

Grundsätze für das Steuerstrafverfahren

§ 393 AO regelt das Verhältnis zwischen Straf- und Besteuerungsverfahren und ist mit dem Jahressteuergesetz 2008 um den Abs. 3 erweitert worden[48]. Damit wird ausdrücklich die Verwendung der im Steuerstrafverfahren gewonnenen Erkenntnisse auch für das Besteuerungsverfahren zugelassen.

Dies gilt auch für die Erkenntnisse, die dem Brief-, Post- und Fernmeldegeheimnis unterliegen, wenn die StPO die Auskunft an Steuerbehörden zulässt. Mit dieser neuen Regelung ist auch die Aufnahme des § 370 Abs. 3 Nr. 5 bAO in den Katalog des § 100a StPO berücksichtigt worden, der damit eine Telefonüberwachung ermöglicht.

§ 393 AO trifft daneben für das **Verhältnis des Strafverfahrens zum Besteuerungsverfahren** grundlegende Entscheidungen. Durch Treffen beide Verfahren zusammen, entstehen aus den unterschiedlichen Verfahrensgrundsätzen Schwierigkeiten.

Praxishinweis:

Gerade bei den Ermittlungen der Steuerfahndung wegen des Verdachts von Steuerdelikten ist dies stets der Fall, weil nach § 208 Abs. 1 Satz 1 Nr. 1 und 2 AO sowohl die Besteuerungsgrundlagen als auch die Steuerstraftaten zu ermitteln sind und nicht nur dem Staatsanwalt bzw. der Bußgeld- und Strafsachenstelle, sondern auch dem Finanzamt für Zwecke des Besteuerungsverfahrens berichtet wird.

Im Besteuerungsverfahren ist der Steuerpflichtige zur *Mitwirkung* verpflichtet, ohne dass ihm ein *Auskunftsverweigerungsrecht* zusteht. Im Steuerstrafverfahren hingegen kann er die Aussage verweigern. § 393 Abs. 1 AO verweist darauf, dass die Befugnisse der Finanzbehörden zwar im Besteuerungsverfahren grundsätzlich unberührt bleiben. Im (Steuer-) Strafverfahren ist die Anwendung von Zwangsmitteln jedoch unzulässig (§ 163a StPO). Deshalb dürfen bei gleichzeitigen strafrechtlichen Ermittlungen im parallel laufenden Besteuerungsverfahren keine Zwangsmittel i.S.d. § 328 AO angewendet oder angedroht werden. Ebenso unzulässig ist es, den Steuerpflichtigen dazu zu veranlassen, sich selbst wegen einer Steuerstraftat zu belasten. Über diese Rechtsstellung ist der Beschuldigte möglichst frühzeitig zu belehren.

Grundsätze für die Einlegung von Rechtsmitteln 46

Die Einlegung von Rechtsmitteln steht nach dem **Verschlechterungsverbot** („reformatio in peius") nicht unter dem Zwang, in der nächsten Instanz noch härter bestraft zu werden. Deshalb ist für die Berufung in § 331 Abs. 1 StPO, für die Revision in § 358 Abs. 2 StPO und für die Wiederaufnahme in § 373 Abs. 2 StPO bestimmt, dass das vom Angeklagten oder der Staatsanwaltschaft angefochtene Urteil nicht zu seinem Nachteil abgeändert werden darf. Da sich das Verschlechterungsverbot jedoch nur auf die Rechtsfolgen der Tat bezieht, kann der Schuldspruch zum Nachteil des Angeklagten geändert werden. Keine Schlechterstellung liegt im Übrigen vor, wenn statt einer Freiheitsstrafe eine Geldstrafe verhängt wird.

Im Strafbefehlsverfahren und im Verfahren wegen Ordnungswidrigkeiten gilt das Verschlechterungsverbot jedoch nicht.

48 Vgl. insgesamt Buse/Bahnert: *Steuerstrafrechtliche Änderungen zur Bekämpfung des Umsatz- und Verbrauchsteuerbetrugs* in NJW 2008 S. 618 ff.

§ 3 Durchsuchung und Beschlagnahme

1 Durchsuchungen und Beschlagnahmen zählen immer noch zu den wichtigsten Maßnahmen zur Informationsgewinnung. Allein die Berliner Steuerfahndung hat im Jahr 2006 jährlich rund 600 Durchsuchungsaktionen durchgeführt und damit statistisch an jedem Arbeitstag mehr als zweimal durchsucht. Dennoch ist das Bestreben ersichtlich, auch aus Gründen der Verhältnismäßigkeit und sicher auch wegen der großen Arbeitsbelastung die Zahl der Durchsuchung zu begrenzen. Auch deshalb sind im Jahr 2007 in Berlin nur noch rd. 400 derartige Aktionen bei gleichbleibenden Fallzahlen durchgeführt worden[1].

Bei Steuerzuwiderhandlungen dienen Durchsuchungen überwiegend der Suche nach Beweismitteln. Sie werden aber auch zur Festnahme des Beschuldigten genutzt. Gerade in Fällen der sog. mittleren und Kleinkriminalität wird jedoch zunehmend auf andere Ermittlungsmöglichkeiten zurück gegriffen. Statt dessen werden dann vor allem Auskunftsersuchen gestellt

2 A. Durchsuchung

I. Voraussetzungen

Die gesetzlich in den §§ 102 ff. StPO gestellten Anforderungen sind davon abhängig, ob beim Beschuldigten oder bei unverdächtigen Dritten durchsucht werden soll. Für beschuldigte Täter oder Teilnehmer findet § 102 StPO Anwendung, bei Nichtverdächtigen ist § 103 StPO heranzuziehen. Jede Durchsuchung steht unter dem Vorbehalt des Grundgesetzes, mit dem in Art. 13 GG die Unverletzlichkeit der Wohnung und aller sonstigen privaten Räume und der Geschäftsräume geschützt ist. Dieser Grundrechtseingriff steht damit auch unter dem Gebot der Verhältnismäßigkeit der Mittel. Deshalb ist jede Anordnung einer Durchsuchung daraufhin zu überprüfen, ob sie geeignet und erforderlich ist und wegen der Schwere der Tat die angemessene Ermittlungsmaßnahme darstellt. Auch die Höhe der hinterzogenen Steuer kann dabei von Bedeutung sein.

Praxishinweis:

Das BVerfG hat in wistra 2005 S. 135 einen Durchsuchungsbeschluss bei einer hinterzogenen Summe von 172 DM (~ 90 €) für unverhältnismäßig erklärt

3 Zu den vom Grundgesetz **geschützten Räumlichkeiten** gehören nicht nur die tatsächlich bewohnten Räume, sondern auch vorübergehend benutzte oder mitbenutzte Geschäftsräume und Zimmer. Sofern der Tatverdacht sich gegen einzelne Mitarbeiter von Firmen oder Unternehmen richtet, darf sich die Durchsuchung nur auf die Räume beschränken, an denen gerade dieser Beschuldigte Gewahrsam hat.

Praxishinweis:

Entscheidend ist nicht, ob der Betroffene der rechtliche und alleinige Inhaber ist. Selbst bei einem eheähnlichen Verhältnissen, ist die ganze Wohnung und damit auch die Räume des nicht beschuldigten Partners eine Wohnung des Beschuldigten. Die Durchsuchung von Geschäftsräumen muss allerdings ausdrücklich beantragt werden. Zu den sonstigen Räumlichkeiten

1 vgl. zur Beschlagnahme und Durchsuchung auch die Nrn. 56 ff. AStBV.

zählen auch Hotelzimmer, Schließfachräume, umzäunte Gärten. Zu den Sachen zählen Schränke, Koffer, Fahrzeuge und Bankbehältnisse, wie z.B. Schließfächer[2].

Auch eine Durchsuchung des Arbeitsplatzes und von Diensträumen kommt in Betracht. Diese Räumlichkeiten zählen zu den „anderen Räumen" des Verdächtigen i.S.d. § 102 StPO und sind deshalb nicht wie eine Durchsuchung bei Dritten i.S.d. § 103 StPO zu behandeln.

Gestattet der Betroffene ausdrücklich die Durchsicht der Räume und Behältnisse, liegt eine förmliche Durchsuchung nicht mehr vor. Damit ist der hierfür erwirkte Durchsuchungsbeschluss verbraucht. Für eine zweite Durchsuchung muss ein erneuter Durchsuchungsbeschluss beantragt werden.

II. Anforderungen an Durchsuchungen 4

Die Voraussetzungen unterscheiden sich erheblich, ob beim Verdächtigen (§ 102 StPO) oder bei anderen Personen (§ 103 StPO) durchsucht werden soll. Für eine **Durchsuchung beim Verdächtigen** reicht es aus, wenn die Vermutung besteht, dass sie zur Auffindung von Beweismitteln führen wird. Bei einer **Durchsuchung bei** anderen (**unverdächtigen**) Personen sind die Anforderungen – auch im Hinblick auf die grundgesetzlich geschützte Unverletzlichkeit der Wohnung (Art. 13 Abs. 1 GG) – höher: Es müssen hier konkrete Umstände (Tatsachen) vorliegen, nach denen dort Beweismittel erwartet werden.

Durchsuchungen dürfen auch nicht zu dem Zweck vorgenommen werden, Gegenstände aufzuspüren, die nach § 97 StPO von der Beschlagnahme ausgenommen sind oder die Zufallsfunde i.S.d. § 108 StPO darstellen.

Voraussetzung für die Durchführung einer Durchsuchung wegen Steuerdelikten und den Erlass eines Durchsuchungsbeschlusses ist ein eingeleitetes Verfahren wegen des Verdachts einer Steuerzuwiderhandlung und damit der sog. Anfangsverdacht. Der Anfangsverdacht setzt das Vorliegen konkreter tatsächlicher Anhaltspunkte für eine Steuerstraftat voraus (§ 152 Abs. 2 StPO). Daraus ergibt sich auch, dass eine Durchsuchung nicht zur Ermittlung von Tatsachen durch geführt werden darf, die erst den Anfangsverdacht begründen sollen.

Durchsuchungen dürfen unter Berücksichtigung des sog. **Richtervorbehalt**s nur durch den Richter mit einem Durchsuchungsbeschluss angeordnet werden, es sei denn, es liegt Gefahr im Verzug vor (§ 105 Abs. 1 Satz 1 StPO). Letzteres ist dann der Fall, wenn ein richterlicher Durchsuchungsbeschluss nicht mehr herbeigeführt werden kann, ohne dass die Beweismittelsicherung gefährdet wäre. Im Steuerstrafverfahren sind Durchsuchungen wegen Gefahr im Verzug von untergeordneter Bedeutung. 5

Praxishinweis:

Auch für Rechtsmittel gegen den richterlichen Durchsuchungsbeschluss ist zu beachten, das sachlich zuständig der Ermittlungsrichter ist, in dessen Bezirk die Durchsuchung erfolgen soll. Bei mehreren Durchsuchungsorten weist § 162 Abs. 1 StPO diese Aufgabe dem Amtsgericht der antragstellenden Stelle (also der Staatsanwaltschaft oder Bußgeld- und Strafsachenstelle) zu.

2 Blumers/Göggerle: a.a.O. Tz. 610, 613

6 1. Gefahr im Verzug

Bei Gefahr im Verzug darf sowohl der Staatsanwalt bzw. die Bußgeld- und Strafsachenstelle als auch der Steuerfahnder in seiner Eigenschaft als Ermittlungsperson der Staatsanwaltschaft (§ 404 AO) die Durchsuchung anordnen.

Praxishinweis:

*Diese Anordnungsbefugnis muss von dem nicht der Steuerfahndung zustehenden Recht, Durchsuchungsbeschlüsse beim Richter zu beantragen, unterschieden werden. Mit seinem Beschluss vom 15.11.2006 (6 Qs 9/06) weist das LG Mülhausen aus aktuellem Anlass darauf hin: „...**Die Steuerfahndung hat ... kein selbstständiges Recht, richterliche Ermittlungshandlungen zu beantragen (vgl. LG Berlin wistra 1988, 203; LG Freiburg wistra 1987, 155). ...**"*[3]

Das BVerfG hat in mehreren Entscheidungen klare Regelungen für die Annahme von Gefahr im Verzug aufgestellt. In seiner Entscheidung vom 20.02.2001 (NJW 2001 S. 1121) wird mit dem Hinweis auf den Richtervorbehalt die richterliche Anordnung einer Durchsuchung als Regelfall bezeichnet, weil nur damit bei einem Eingriff in Grundrechte die vorbeugende und neutrale Kontrolle durch den Richter gewährleistet ist. Das bedeutet, dass bis auf wenige Ausnahmen stets versucht werden muss, eine richterliche Entscheidung zu erlangen.

Praxishinweis:

Da jedoch die Steuerfahndung nicht befugt ist, Durchsuchungsbeschlüsse zu beantragen, kann sie auch in eiligen Fällen (z.B. aus einer bereits laufenden Durchsuchung) nur bei der Bußgeld- und Strafsachenstelle oder der Staatsanwaltschaft vorstellig werden, um von dort aus neue Durchsuchungsbeschlüsse beim Richter zu erwirken.

Auch während einer Durchsuchung gilt der Richtervorbehalt. Die begehrte richterliche Entscheidung selbst darf nur in Ausnahmefällen mündlich bzw. telefonisch angeordnet werden. Erst wenn ein Richter nicht erreichbar ist, darf die Prüfung erfolgen, ob Gefahr im Verzug anzunehmen ist und entsprechende Maßnahmen angeordnet werden dürfen.

Praxishinweis:

*Das LG Magdeburg hat mit dem in der Rechtsprechungsvorschau der wistra 6/2006 veröffentlichten Beschluss vom 01.09.2005 (24 Qs 24/5) Gefahr im Verzug angenommen, wenn ein telefonisches Ersuchen der Steuerfahndung zur „**Erlangung eines fernmündlichen richterlichen Durchsuchungsbeschlusses ... nicht erforderlich ... ist, wenn für die Erlangung ... weniger als 1,5 Stunden zur Verfügung stehen und keine Ermittlungsakten zur Prüfung vorgelegt werden können...**" Maßnahmen wegen Gefahr im Verzug vor einer geplanten Durchsuchung sind danach nur noch denkbar, wenn der Beschuldigte auf frischer Tat ertappt wird, was bei Steuerdelikten praktisch nie vorkommt.*

Die Annahme von Gefahr im Verzug muss stets mit Tatsachen begründet werden, die auf den Einzelfall bezogen sind. Deshalb reichen die bloße Möglichkeit des Beweismittelverlusts, hypothetische Erwägungen oder kriminalistische Alltagserfahrungen nicht aus. Bei der Auslegung und Anwendung dieses Begriffs besteht auch kein Ermessen und kein Beurteilungsspielraum. Die getroffene Anordnung ist zu dokumentieren und zu begründen. Insbesondere sind unter Bezeichnung des Tatverdachts und der gesuchten Beweismittel die Umstände darzulegen, auf die sich die Gefahr des Beweismittelverlusts stützt.

3 wistra 2007 S. 195 ff.

Praxishinweis:

*Das BVerfG[4] hat hierzu ausgeführt: „...**Allgemeine Formulierungen, die etwa bloß die juristische Definition von "Gefahr im Verzug" wiedergeben, reichen nicht aus. ... Insbesondere muss er** [der anordnende Beamte], **unter Bezeichnung des Tatverdachts und der gesuchten Beweismittel, die Umstände darlegen, auf die er die Gefahr des Beweismittelverlusts stützt... Insbesondere muss erkennbar sein, ob der Beamte den Versuch unternommen hat, den Ermittlungsrichter zu erreichen...**"*

In der Niederschrift über die Durchsuchung ist die Anordnung wegen Gefahr im Verzug zu vermerken.

Praxishinweis:

*Die Niederschrift über die Durchsuchung ist stets gründlich zu prüfen. Die **Gründe für die Anordnung müssen im einzelnen dargelegt werden[5].***

Die Anordnung wegen Gefahr im Verzug unterliegt der gerichtlichen Kontrolle. Dabei darf allerdings keine nachträgliche richterliche Einschätzung erfolgen, ob die Entscheidung richtig war. Vielmehr ist die konkrete Situation durch den Richter nachzuvollziehen und zu beachten, unter welchen Bedingungen entschieden werden musste.

Praxishinweis:

***Typische Sachverhaltskonstellationen** für die Prüfung, ob Gefahr im Verzug vorliegt, können sein:*

- *Der Beschuldigte hat vom Aufgriff durch das Finanzamt Kenntnis erlangt.*
- *Der Beschuldigte schafft Beweismittel fort oder vernichtet sie.*
- *Bei Durchsuchungen ergeben sich Verbindungen zu anderen Personen, bei denen sich weitere Beweismittel befinden sollen.*
- *Bei einer Durchsuchung ergeben sich weitere Durchsuchungsorte und neue Bankverbindungen.*
- *Während der Ermittlungen im Besteuerungsverfahren (§ 208 Abs. 1 S. 1 Nr. 3 AO) ergibt sich vor Ort ein Tatverdacht.*

Die **Folgen eines Verstoßes gegen die Anforderungen der Rechtsprechung des BVerfG** sind noch nicht abschließend entschieden. In der Literatur und nunmehr auch wohl zunächst nur in einem Einzelfall ist das LG Saarbrücken in seinem Beschluss vom 28.04.2004 (wistra 2004 S. 34 ff.) von einem Beweismittelverbot ausgegangen.

Praxishinweis:

Die Rüge eines Verstoßes gegen die Annahme von Gefahr im Verzug hat dennoch nur geringe Auswirkungen. Eine als unzulässig beurteilte Anordnung kann in der Praxis nur selten zu einem generellen Verwertungsverbot der aufgefundenen Beweismittel führen. Ggf. wird dann nämlich aufgrund einer erneut beantragten richterlichen Anordnung entweder ein neuer Durchsuchungsbeschluss erlassen oder aber die Beschlagnahme bestätigt.

2. Durchsuchungsbeschluss 7

Im Durchsuchungsbeschluss selbst ist der Tatvorwurf zu konkretisieren sowie eine annähernde Umschreibung der gesuchten Beweismittel erforderlich.

4 BVerfG NJW 2001 S. 1121.
5 Blumers/Göggerle a.a.O. Tz. 657 ff.

Der Richter muss von vornherein in seinem Beschluss für eine angemessene Begrenzung der Zwangsmaßnahme Sorge tragen. Deshalb hat der Durchsuchungsbeschluss tatsächliche Angaben über den Inhalt des Tatvorwurfs zu enthalten und muss die Art und den denkbaren Inhalt der aufzufindenden Beweismittel erkennen lassen. Dazu gehören auch Angaben über die Art der hinterzogenen Steuer und die Eingrenzung des Tatvorwurfs. Begrenzt werden diese Angaben nur dadurch, dass der Zweck der Strafverfolgung nicht gefährdet ist.

Praxishinweis:

Häufig ist zu Beginn des Ermittlungsverfahrens noch keine genaue Einzelaktbeschreibung möglich, jedoch muss die Tatschilderung über eine floskelhafte Beschreibung des Vorwurfs hinausgehen. Die Beweisgrundlagen müssen zumindest erkennbar angedeutet werden. Wenn Angaben im Durchsuchungsbeschluss unterbleiben, weil diese der Strafverfolgung entgegenstehen, sind diese dennoch aus ermittlungstaktischen Gründen bei Erlass des Durchsuchungsbeschlusses aktenkundig zu machen.[6]

Weil die Durchsuchung bei Steuerstraftaten fast ausschließlich zur Beschlagnahme erfolgt, müssen die gesuchten Beweismittel im Durchsuchungsbeschluss so weit konkretisiert werden, dass weder bei dem Betroffenen noch bei dem die Durchsuchung vollziehenden Beamten Zweifel über die zu suchenden und zu beschlagnahmenden Gegenstände entstehen können.[7]

Ausreichend sind dabei in etwa folgende Angaben ***„...dass der Beschuldigte verdächtig ist, seine Umsätze und Einnahmen aus Gewerbebetrieb in den Einkommensteuer-, Umsatzsteuer- und Gewerbesteuererklärungen 1978 bis 1980 unvollständig erklärt und dadurch Einkommensteuer-, Umsatzsteuer und Gewerbesteuer in noch festzustellender Höhe ...verkürzt zu haben..."***[8]

Fehlen Angaben zu den Zeiträumen und zur Steuerart, lässt sich auch die Unterbrechung der Strafverfolgungsverjährung durch den richterlichen Durchsuchungsbeschluss nicht mehr feststellen.

Praxishinweis:

Deshalb ist stets zu prüfen, ob und für welche Zeiträume ein Durchsuchungsbeschluss die Strafverfolgungsverjährung unterbrochen hat oder inwieweit für einzelne Jahre Verjährung bereits eingetreten ist oder alsbald bevorsteht[9].

Ebenfalls nicht ausreichend wegen mangelnder Bestimmtheit sind lediglich allgemeine Ausführungen, wie sie teilweise immer noch mit floskelhaften Formulierungen wie „wg. Steuerhinterziehung pp." vorzufinden sind. Stattdessen sind tatsächliche Angaben über die aufzuklärenden Straftaten erforderlich; der in Betracht kommende Lebenssachverhalt muss zumindest ersichtlich sein. Auch eine nur allgemeine Bezeichnung des Gesetzestextes zur Begründung des Tatverdachts reicht nicht aus.

Sofern die Durchsuchung in der **Nachtzeit** durchgeführt werden soll, ist dies im Beschluss gesondert anzuführen.

Praxishinweis:

Nach § 104 StPO ist die Nachtzeit wie folgt definiert: Vom 01.04. bis 30.09. von 21.00 Uhr bis 4.00 Uhr; vom 01.10. bis 31.03. von 21.00 Uhr bis 6.00 Uhr. Außerhalb dieser Zeit ist deshalb nur in Ausnahmefällen mit dem Erscheinen der Steuerfahndung zu rechnen. Diese Beschränkung gilt u.a. nicht für Räume, die nachts allgemein zugänglich sind, bei gemeinsamen Aktionen mit der Polizei oder der Finanzkontrolle Schwarzarbeit. Wegen der aber fast immer zeitgleichen Durchsuchung auch beim Steuerberater und der Bank des Beschuldigten sind Maßnahmen außerhalb der dortigen Bürozeiten selten.

6 LG Berlin wistra 2004 S. 319 f. unter ausführlichem Hinweis auf die höchstrichterliche Rechtsprechung
7 BGH wistra 2002 S. 109
8 Blumers/Göggerle a.a.O. Tz. 660
9 Nach Dörn: „Aus der Praxis der Steuerfahndung" (Tagungsband zum IWW-Kongress 2000 – Praxis Steuerstrafrecht – S.66 ff.)

Zwar wird eine bestimmte **Form** für den Durchsuchungsbeschluss nicht gefordert. Sie muss jedoch dem Rechtsschutzbedürfnis des Betroffenen genügen. Das BVerfGE 20 S. 225 ff. (227) fordert deshalb möglichst eine schriftliche Abfassung, „*... um dem Beschuldigten zumindest eine nachträgliche Überprüfung zu ermöglichen.*" Das LG Mülhausen hat im Beschluss vom 15.11.2006 (6 Qs 9/06)) – wistra 2007 S. 195 ff. – sogar Einschränkungen für den Erlass eines mündlichen Durchsuchungsbeschlusses wegen Gefahr im Verzug gefordert: „*... Eine mündliche Durchsuchungsanordnung .. [ist].. nur in Fällen zulässig ..., bei denen eine schriftliche Beschlussfassung wegen der Eilbedürftigkeit der Maßnahmen nicht abgewartet werden kann, insbesondere, wenn keine Möglichkeit der Übermittlung der Entscheidung durch Telefax oder E-Mail besteht. ....* "

Für jeden Betroffenen ist ein eigener Durchsuchungsbeschluss erforderlich. Sofern der Beschuldigte namentlich nicht bekannt ist, kann sich das Strafverfahren (zunächst) auch nur ohne weitere Angaben gegen die Verantwortlichen der Bank bzw. Firma richten.

Praxishinweis:

Sammeldurchsuchungsbefehle, die alle Betroffenen und Verdächtigen zusammenfassen, sind unzulässig*[10]*.

Besteht ein Beschlagnahmeverbot für Mandantenunterlagen bei einem Rechtsanwalt, ist ein Durchsuchungsbeschluss für dessen Kanzleiräume ggf. rechtswidrig (LG Fulda in wistra 2000 S. 155 ff.).

Folgende **Mindestanforderungen und Angaben** sind **an Durchsuchungsbeschlüsse** zu stellen:

- Beschluss für jeden Betroffenen
- Vollzug nur innerhalb von 6 Monaten nach Erlass
- Zeitraum der Steuerverkürzung
- Benennung der Steuerarten
- Angabe der gesuchten Beweismittel
- Angaben zum Lebenssachverhalt (Tatvorwurf)
- Ggf. besondere Angaben zur Nachtdurchsuchung
- Antragsteller: Staatsanwalt oder Bußgeld- u. Strafsachenstelle,
- Angabe der mit der Durchsuchung beauftragten Behörde

Praxishinweis:

In der Anlage ist das Muster eines richterlichen Durchsuchungsbeschlusses nach §§ 105, 102 StPO (Durchsuchung beim Beschuldigten) in der beim Amtsgericht Berlin-Tiergarten üblichen Form mit Hinweisen auf die daraus vor allem für den Verteidiger abzulesenden ersten Erkenntnisse wiedergegeben.

3. Vorbereitung der Durchsuchung 8

Die Vorbereitung einer Durchsuchung ist äußerst intensiv und findet für den Beschuldigten verdeckt und damit praktisch stets vor der Bekanntgabe des Strafverfahrens statt. Zunächst werden alle bedeutsamen Informationen zusammengetragen.

10 Blumers/Göggerle a.a.O. Tz. 663

Praxishinweis:

Es werden umfassend Informationen bezüglich der persönlichen Daten der Beschuldigten, der betroffenen Unternehmen und über den steuerlichen Berater zusammengetragen. Die Größe, Lage und Zugänge der Durchsuchungsobjekte sind festzustellen. Verwaltungsinterne Informationen – vom Veranlagungsbezirk bis zur Betriebsprüfung – werden ebenso ausgewertet wie Strafregisterauszüge und sonstige persönliche Daten. Die Steuerakten werden herangezogen, Strafregisterauszüge angefordert, Bankverbindungen, Telefonnummern der Einsatzorte erfragt[11].

Grundsätzlich werden bereits bei der Vorbereitung strafprozessualer Maßnahmen auch Erkenntnisse über Vermögenswerte des Beschuldigten und über mögliche Steuerrückstände zusammengetragen.

Praxishinweis:

Während einer Durchsuchung durch die Steuerfahndung ist deshalb häufig auch der Vollzieher des zuständigen Finanzamts aus eigenem Recht anwesend oder wird beim Vorfinden von Vermögenswerten hinzugezogen. Dazu waren bereits bei der Einleitung und nochmals vor der Durchsuchung die aktuellen Steuerrückstände ferstzustellen.

9 Das **Abhören von Telefonen** (§ 100a StPO) war im Steuerstrafverfahren bisher beim Verdacht der Steuerhinterziehung seit der Rechtsprechung des BGH NJW 2003 S. 1880 ff. nicht erlaubt. Lediglich die Verwendung von Erkenntnissen *aus* einer Telefonüberwachung als Ermittlungsansatz hat das BVerfG in seinem Beschluss vom 29.06.2005 (wistra 2006 S. 15) für zulässig erklärt. Das Gesetz zur Neuregelung der Telekommunikationsüberwachung und anderer verdeckter Ermittlungsmaßnahmen sowie zur Umsetzung der Richtlinie 2006/24/EG hat nunmehr mit der Neufassung des § 100a Abs. 2 Nr. 2 StPO den ebenfalls neu in die Abgabenordnung eingefügten besonders schwere Fall des § 370 Abs. 3 Satz 2 Nr. 5 AO in den Katalog des § 100a StPO aufgenommen.

10 Die Durchsuchungsorte werden vorher besichtigt; vor der Durchsuchung findet eine Einsatzbesprechung mit allen beteiligten Dienstkräften statt, denen dazu ein **Einsatzplan** vorliegt.

Praxishinweis:

Der Einsatzplan wird nicht bekannt gegeben und ist als Bestandteil der Handakten der Steuerfahndung auch nicht im Wege der Akteneinsicht einsehbar. Er enthält grundsätzlich die folgenden Angaben[12]*:*

- *Angaben zum Schuldvorwurf und zur verfahrensleitenden Behörde*
- *Angaben zu den Beschuldigten und von der Durchsuchung betroffenen Dritten*
- *Sämtliche zur Durchsuchung eingesetzte Dienstkräfte*
- *Angaben zum „Meldekopf", der im Innendienst koordinierende Aufgaben wahrnimmt*
- *Zeitpunkt des Durchsuchungsbeginns*
- *Angabe der in Betracht kommenden Schlüsseldienste*
- *Hinweis auf zuständige Polizeidienststellen*
- *Angaben über Besonderheiten des Falles und der Örtlichkeiten*
- *Termin der Einsatzbesprechung*
- *Hinweise auf (mögliche) Verhaftungen*

11 Nach Bornheim/Birkenstock: Steuerfahndung-Steuerstrafverteidigung S. 206 und Briel/Ehl-scheid § 3 a.a.O. Rdnr. 282 ff. zur 1. Auflage

12 nach Flore/Dörn/Gillmeister: Steuerfahndung und Steuerstrafverfahren S. 101 f.

- *Hinweise auf erwartetes Vermögen und Wertgegenstände*
- *Hinweise auf besondere Gefahrensituationen*
- *Art und Umfang der gesuchten Beweismittel*
- *Zur Verfügung stehende Technik*

4. Durchführung der Durchsuchung 11

Die Durchsuchung beginnt nach gründlicher Vorbereitung zeitgleich im Betrieb und am Arbeitsplatz, in der Privatwohnung, beim Steuerberater und bei der Bank des Beschuldigten. Grundsätzlich werden – außer bei Banken und nicht beschuldigten Angehörigen der steuer- und rechtsberatenden Berufe – an jedem Durchsuchungsort mindestens drei Fahndungsprüfer eingesetzt. Die Durchsuchung kann sich dabei auf das gesamte Bundesgebiet erstrecken. In Ausnahmefällen können gleichzeitig im Wege der internationalen Rechtshilfe auch zeitgleich Durchsuchungen im Ausland stattfinden. Ein Teil der ausländischen Rechtsvorschriften gestattet die Teilnahme deutscher Steuerfahnder.

Zunächst weisen sich die Steuerfahnder durch Dienstausweis und – soweit vorhanden – durch die Dienstmarke aus (Nr. 43 AStBV) und begehren ggf. auch gegen den Willen der Betroffenen den Zugang zu den Räumen.

Praxishinweis:

Dabei stehen den Betroffenen häufig verschiedene Beamte mit unterschiedlichen Befugnissen gegenüber (Staatsanwälte, Steuerfahnder, Fahndungshelfer, auszubildende Fahndungsprüfer und Referendare, Mitarbeiter der Bußgeld- und Strafsachenstelle sowie Betriebprüfer und Vollziehungsbeamte des Finanzamts, Beamte der Gemeindeverwaltung als Durchsuchungszeugen, Polizisten und Hilfskräfte wie Türöffnungsdienste, Hundefänger, Mitarbeiter der Finanzkontrolle Schwarzarbeit). Deshalb sollte beim jeweiligen Einsatzleiter vor Ort die Funktion dieser Personen erfragt und ihre Dienststelle notiert werden. Ablichtungen, ja selbst das Vorzeigen der der Dienstausweise aller Anwesenden wird i.d.R. nicht gestattet, weil eine gesetzliche Grundlage fehlt[13]. Ansprechpartner ist immer der „federführende Beamte" vor Ort, der grundsätzlich auch die Gespräche führt und Anweisungen gibt.

Verschlossene Türen und Behältnisse können gewaltsam geöffnet, die Person und deren Bekleidung kann in die Durchsuchung einbezogen werden.

Vor Beginn der eigentlichen Durchsuchung ist den Betroffenen der Durchsuchungsbeschluss auszuhändigen sowie eine Belehrung vorzunehmen (vgl. Nr. 28 AStBV). Dem Beschuldigten ist die Tat zu eröffnen, Dritte sind zumindest in groben Zügen über den zugrundeliegenden Sachverhalt zu informieren. Da auch der Beschuldigte als Steuerpflichtige dem Schutz des Steuergeheimnisses (§ 30 AO) unterliegt, werden diese Angaben häufig auf das Notwendige beschränkt. Die Bekanntgabe der Gründe für die Durchsuchung kann nur in Ausnahmefällen zurückgestellt werden, wenn dadurch der Untersuchungszweck gefährdet wäre. Auf diesen Umstand muss der Betroffene allerdings dann hingewiesen werden.

Praxishinweis:

Schlagwortartig gilt folgende Grundregel:

Durchsuchungsbeschluss vorzeigen, aushändigen, überlassen, über Inhalt informieren[14].

13 Briel/Ehlscheid a.a.O. § 3 Tz. 455 ff.
14 Briel/Ehlscheid in der Überschrift in § 3 a.a.O. zur Rdnr. 466

Zu Beginn der Durchsuchung kann an den Durchsuchungsorten zunächst das Führen von Telefonaten untersagt werden („**Telefonsperre**"). Diese nicht unbestrittene Regelung[15] ist zum Beginn der Durchsuchung zeitlich begrenzt ständige Praxis. Die Telefonsperre gilt jedoch nicht für Telefongespräche mit dem Verteidiger oder Steuerberater; vgl. Nr. 63 Abs. 8 AStBV. Die telefonische Verbindung zum Verteidiger wird allerdings grundsätzlich durch den Fahndungsprüfer hergestellt. Dabei ist § 148 StPO mit dem Grundsatz des ungehinderten schriftlichten und mündlichen Kontaktes zwischen dem Beschuldigten und seinem Verteidiger zu beachten. Nach der ständigen Rechtsprechung ist davon auszugehen, dass insbesondere der Verteidiger als Organ der Rechtspflege dieses ihm eingeräumte Recht nicht missbraucht (BGHSt 27 S. 260 ff.).

Praxishinweis:

In der Praxis wird diese vom BGHSt 33 S. 347 ff. aufgestellte Anforderung auf einen unüberwachten Verkehr – auch wegen der oft beengten zu durchsuchenden Räumlichkeiten – selten gewährleistet. Streitigkeiten zur Durchsetzung dieses Grundsatzes führen selten zum Erfolg und bestärken bei den Fahndungsprüfern häufig die Vermutung, dass damit unlautere Absichten verbunden sind.

Der **Störer** einer Durchsuchung kann vorübergehend durch die Fahndungsbeamten festgenommen werden (§ 164 StPO).

Der Inhaber der zu durchsuchenden Räume darf der Durchsuchung beiwohnen (§ 106 Abs. 1 StPO). Als Inhaber ist der Gewahrsamsinhaber oder der Mieter zu verstehen, nicht jedoch der Vermieter. Der Inhaber kann auch Dritten gestatten, für ihn an der Durchsuchung teilzunehmen. Sofern der Beschuldigte jedoch nicht Inhaber ist, hat er ebenso wenig wie der Verteidiger ein **Recht auf die Anwesenheit**. Dennoch muss bis zum Erscheinen des Inhabers und des Verteidigers mit dem Beginn der Durchsuchung nicht gewartet werden (Nr. 63 Abs. 4 S. 2 AStBV).

Praxishinweis:

In der Praxis wird weder der Anwesenheit eines Verteidigers noch der des Beschuldigten widersprochen, allerdings selten der Beginn der Durchsuchung bis zu ihrem Eintreffen hinausgeschoben. Die Fahndungsprüfer nutzen dabei oft die Gelegenheit, alle Personen am Durchsuchungsort in Gespräche zu verwickeln oder zur Aussage zu bewegen, obwohl gegenüber der Polizei keine Pflicht zur Aussage besteht. Es gilt die Grundregel: ***Keine Einlassung, vorsorglich Äußerungen nur auf das Nötigste beschränken!***

Es besteht auch keine Verpflichtung für den Inhaber oder andere Betroffene, bei der Durchsuchung anwesend zu sein. Damit kann niemand gezwungen werden, während der gesamten Durchsuchungsmaßnahme zugegen zu sein.

Praxishinweis:

Lediglich zu Beginn ist es gerechtfertigt, allen am Durchsuchungsort Anwesenden das Verlassen zu untersagen, bis die Gefahr der Weitergabe von Informationen an andere, noch nicht erreichte oder unbekannte weitere Durchsuchungsorte nicht mehr besteht (Vermeidung der „Verdunkelung der Sache" i.S.d. § 399 Abs. 2 Satz 1 AO)[16].

12 Sofern bei der Durchsuchung kein Richter oder Staatsanwalt zugegen ist, sind ggf. **Durchsuchungszeugen** hinzuziehen. Nach h.M. reicht im Ermittlungsverfahren im Auftrag der Bußgeld- und Strafsachenstelle die Teilnahme eines ihrer Beamten aus, selbst wenn dieser nicht wie ein

15 vgl. Streck/Spatscheck a.a.O. S. 122 Tz. 331
16 so ausdrücklich auch Streck/Spatscheck a.a.O. S. 122 Tz. 332

Staatsanwalt die Befähigung zum Richteramt besitzt[17]. Die Aufgabe des Durchsuchungszeugen soll entweder ein Gemeindebeamter oder durch zwei Mitglieder der Gemeinde wahrgenommen werden. Darauf kann jedoch der Beschuldigte verzichten (§ 105 Abs. 2 StPO)[18].

Praxishinweis:

Durchsuchungszeugen sollen sowohl den ***Betroffenen vor unberechtigten Übergriffen, aber auch die durchsuchenden Beamten schützen.Dsie können mögliche spätere Vorwürfe besser aufklären. Staatsanwälte sind nur in Ausnahmefällen am Durchsuchungsort: In Fällen, die in der Öffentlichkeit besonderes Aufsehen erregen oder die von besonderem Gewicht sind[19].*** *Gerade in ländlichen Gebieten ist bei der Entscheidung über die Hinzuziehung zu berücksichtigen, inwieweit hierdurch erst ein öffentliches Interesse geweckt werden kann.*

Verzichtet der Betroffene nicht ausdrücklich auf die Hinzuziehung, wird von einer Mindermeinung in der Literatur (und die entgegenstehende Entscheidung des KG Berlin StV 1985 S. 104 f.) ein Beweisverwertungsverbot ***„...wegen Verstoßes gegen eine wesentliche Förmlichkeit..."*** *angenommen.*

Praxishinweis: 13

Die Durchsuchung wird sich „vom Dachboden bis zum Keller" erstrecken und ist deshalb auch zeitintensiv. Auf mehrere Stunden muss sich der Betroffene stets einrichten. Sie kann durch Pausen unterbrochen werden. Deshalb ist nach Blumers/Göggerle a.a.O. Tz. 713 auch ***„...ein mehrmaliges Erscheinen der Fahndungsbeamten ...[möglich]. ... Die Durchsuchung muss beendet werden, wenn die Durchsuchungsziele erreicht sind...."*** *Es sollte stets darauf geachtet werden, dass von der Steuerfahndung die Durchsuchung für „beendet" erklärt und dies auch im Durchsuchungsvermerk angegeben wird. Damit ist der Durchsuchungsbeschluss „verbraucht", weitere derartige Maßnahmen erfordern dann einen neuen richterlichen Durchsuchungsbeschluss.*

Der Betroffene ist auch nicht verpflichtet, Unterlagen herauszusuchen; er muss der Fahndung nicht helfen. Das Heraussuchen der begehrten Beweismittel stellt auch keine freiwillige Herausgabe dar.

Praxishinweis:

Dennoch kann diese fehlende Bereitschaft – vor allem bei der Durchsuchung des Steuerberaters – dazu führen, dass besonders gründlich durchsucht wird und ggf. noch weitere Hinterziehungstatbestände (z.B. nicht erklärte Kapitaleinkünfte) aufgedeckt werden. Vermeiden lässt sich ohnehin dennoch nicht eine Durchsuchung aller vom Durchsuchungsbeschluss gedeckten Räume und Behältnisse.

Nach Beendigung der Durchsuchung wird ein sog. **Durchsuchungsvermerk** nach § 107 Abs. 1 StPO gefertigt, auf dessen Aushändigung ein Recht besteht. Dieser Vermerk wird häufig mit dem sog. **Beschlagnahmeverzeichnis** i.S.d. § 107 Abs. 1 Satz 2 StPO verbunden.

Praxishinweis:

Auf die Aushändigung des Durchsuchungsvermerks – wenn auch in Kopie – ist ebenso zu achten, wie auf die ordentliche Verpackung der sichergestellten Gegenstände, die im Verzeichnis deutlich gekennzeichnet sein sollten. Das Verzeichnis ist wichtig, um den Verbleib der Papiere zu kennen und die Vollständigkeit der Rückgabe überprüfen zu können[20].

17 OLG Hamm NStE Nr. 3 zu § 102 StPO – nach Bilsdorfer/Weyand a.a.O. S. 95 -
18 Nach der Mindermeinung von Tipke/Kruse a.a.O. § 208 AO Tz.. 70 ist die Hinzuziehung eines Durchsuchungszeugen zwingend.
19 Blumers/Göggerle a.a.O. Tz. 677
20 Blumers/Göggerle a.a.O. Tz. 691

14 5. Auswertung

An die Durchsicht der Papiere und die anschließende Sicherstellung schließt sich die **Auswertung** der Beweismittel mit weiteren Ermittlungen an. Die Zeitspanne zwischen Durchsuchung, Beginn der Sichtung und Auswertung der Beweismittel ist im Hinblick auf die Konzentrationsmaxime und das Beschleunigungsgebot nicht unbegrenzt. Dennoch muss man sich *„auf ein langes Verfahren einrichten: 2 bis 3 Jahre sind ein Mittelwert*[21]*.“*

Praxishinweis:

Allerdings wird die frühzeitige Rückgabe nicht mehr benötigter Unterlagen schon deshalb von der Steuerfahndung angestrebt, weil ihre Lagerkapazitäten meist begrenzt sind.

15 B. Beschlagnahme

16 I. Herausgabeverlangen von Beweismitteln

Das Herausgabeverlangen von Beweismitteln nach § 95 Abs. 1 StPO hat neben der Durchsuchung und Beschlagnahme eine eigenständige Funktion, um in den Besitz von Beweismitteln zu kommen. Es stellt auch unter dem bei allen strafprozessualen Maßnahmen zu berücksichtigenden Gebot der Verhältnismäßigkeit der Mittel den geringeren Eingriff als eine Beschlagnahme dar.

Durch das Herausgabeverlangen nach § 95 StPO wird nämlich zunächst nur mittelbarer Zwang auf die Rechtssphäre des Betroffenen ausgeübt. Demgegenüber stellt die Beschlagnahme, der regelmäßig eine Durchsuchung vorausgeht, unmittelbaren Zwang dar: Der von § 95 StPO Betroffene kann dem Herausgabeverlangen folgen oder nicht, unmittelbarer Zwang wird ihm gegenüber nicht ausgeübt. Da sich das Herausgabeverlangen im Gegensatz zur Durchsuchungsanordnung nicht unmittelbar durchsetzen lässt, ist hier auch ein nachträglicher Rechtsschutz noch wirksam.

Praxishinweis:

Wer allerdings dem Herausgabeverlangen nicht nachkommt, muss damit rechnen, dass dann später mit einem richterlichen Durchsuchungs- und Beschlagnahmebeschluss die Sicherstellung erfolgt. Diese drohende Maßnahme darf allerdings nicht dazu verführen, die Beweismittel vorzeitig zu vernichten. Wird der Beschuldigte dabei entdeckt, ist es nicht unüblich, dass er seinen Steuerberater oder Verteidiger als denjenigen bezeichnet, der ihm dazu geraten hat.

Das Herausgabeverlangen wird auch bei der Suche nach Beweismitteln bei Banken angewendet. Bankunterlagen unterliegen wie alle anderen Beweismittel zwar auch der Beschlagnahme. Die Auskünfte bei Banken über die einzelnen Kunden werden deshalb auch überwiegend mit richterlichen Durchsuchungsbeschlüssen nach § 103 StPO begehrt, die mit der sog. „*Abwendungsklausel*“ versehen sind. Nach dieser Klausel ist es den Banken freigestellt, die Durchsuchung ihrer Geschäftsräume durch die freiwillige Herausgabe der begehrten Beweismittel abzuwenden.

21 nach Streck/Spatscheck a.a.O. und seinen Grundregeln für den Steuerbürger – S. 11 -

Praxishinweis:

Die Banken geben bei allen begründeten Ersuchen Auskunft. Sie dürfen hierüber ihre Kunden informieren. Um eine Vorwarnung des Beschuldigten vor geplanten Durchsuchungsmaßnahmen zu vermeiden, wird deshalb häufig anstelle des Herausgabeverlangens zeitgleich am Durchsuchungstag auch bei der Bank ein richterlicher Beschluss vorgelegt oder per Fax zugeleitet.

Häufig werden dabei sog. *Vollständigkeitserklärungen* oder *Negativbescheinigungen* von den Banken verlangt. Diese sollen damit erklären, umfassend und vollständig Auskunft gegeben zu haben oder bescheinigen, dass der Betroffene keine Konten oder Schließfächer bei der Bank besitzt.

II. Beschlagnahme von Beweismitteln 17

Die Beschlagnahme ist die zwangsweise Sicherstellung einer Sache durch einen Verwaltungsakt zur Verfügung einer Behörde, die der Sicherung öffentlicher oder privater Belange dient[22]. Zur Sicherung privater Rechte erfolgt die Beschlagnahme durch Pfändung. Liegt sie hingegen im öffentlichen Interesse, wird sie entweder durch vorbeugende polizeiliche Maßnahmen (z.B. Inverwahrnahme gefährlicher Gegenstände) oder als strafprozessuale Maßnahme durchgeführt. Die Suche nach Beweismitteln ist unabhängig davon zulässig, ob der Betroffene sie in seinem Eigentum, Besitz oder Gewahrsam hat.

Praxishinweis:

Bei Streitigkeitigkeiten, von wem zu durchsuchende Behältnisse genutzt werden, kann die Steuerfahndung zunächst eine Sicherstellung durch Anbringung eines Siegels vornehmen (§ 110 Abs. 2 StPO)[23]. Auch wenn § 110 Abs. 3 StPO mit dem 1. Justizmodernisierungsgesetz vom 24.08.2004[24] inzwischen weggefallen ist, der die Versiegelung durch den Inhaber der Beweismittel vorsah, wird dies in der Praxis auch weiterhin oft gestattet.

1. Durchsicht der Papiere 18

Vor einer Beschlagnahme erfolgt die Durchsicht der Papiere (§ 404 AO; § 110 StPO). Diese Durchsicht der Papiere stellt eine Vorstufe zur Sicherstellung von Beweismitteln und noch keine strafprozessuale Beschlagnahme dar. Deshalb beginnt die Steuerfahndung während der Durchsuchung zunächst auch mit dieser Durchsicht. Diese Durchsicht entfällt als Vorstufe zur Beschlagnahme nur dann, wenn die gesuchten Beweismittel von Anfang an feststehen. Eine genaue Bezeichnung der zu beschlagnahmenden Beweismittel *vor* der Durchsuchung bleibt jedoch Ausnahmefällen vorbehalten.

Die Durchsicht der Papiere ist deshalb eine Prüfung mit dem Ziel, *ob* es sich um beweisgeeignete Unterlagen handelt, für die eine Beschlagnahme anzuordnen ist oder ob die Unterlagen dem Betroffenen zurückzugeben sind. Für diese Prüfung dürfen auch die beschlagnahmefreien Unterlagen durchgesehen werden.

22 nach Creifelds Rechtswörterbuch
23 Blumers/Göggerle a.a.O. Tz. 611
24 BGBl. 2004 I S. 2198 ff.

Praxishinweis:

*Dabei wird davon ausgegangen, dass Beweismittel auch „....**in getarnten Akten verborgen sein können, so dass es den Durchsuchungsbeamten ermöglicht werden muss, sich – etwa durch das Blättern in Mandantenakten – davon zu überzeugen, dass sich in diesen kein Belastungsmaterial gegen den Beschuldigten des Strafverfahrens befindet.**"[25]*

Ergibt die Durchsicht der Papiere, dass es sich dabei um beschlagnahmefreie Gegenstände handelt, sind sie sofort und ungelesen wieder zurückzugeben.

Erst nach der Durchsicht kommt die Beschlagnahme in Betracht. Sofern die Beschlagnahme nicht im Durchsuchungsbeschluss ausdrücklich angeordnet wurde, erfolgt sie jetzt wegen Gefahr im Verzug (Nr. 60 Abs. 4 S. 2 AStBV).

Auch private Aufzeichnungen und Briefe dürfen zur Durchsicht geöffnet und eingesehen werden.

Praxishinweis:

Da es sich hier um einen Eingriff in die besondere Privatsphähre handelt, sollte genau darauf geachtet werden, dass sich die Durchsicht am Durchsuchungszweck orientiert. Deshalb ist die Durchsicht nur vorzunehmen, wenn sie unumgänglich ist[26].

*Die sog. **Verteidigerpost** zwischen Verteidiger und Beschuldigten ist von einer Brieföffnung ausgenommen, gleichgültig, wo sie vorgefunden wird.*

Die durchzusehenden Unterlagen können auch zur Durchsicht in die Diensträume der Steuerfahndung mitgenommen werden. Die Neufassung der Nr. 60 Abs. 4 S. 3 AStBV 2008 lässt dies ausdrücklich unter der Bedingung zu, dass die Durchsicht zeitnah erfolgt. Diese Mitnahme stellt dann aber noch keine Beschlagnahme dar und beendet noch nicht die Durchsuchung.

Praxishinweis:

Die Mitnahme zur Durchsicht in die Diensträume kann von Vorteil sein, wenn damit eine langandauernde Durchsicht an Ort und Stelle und damit eine erhebliche Beeinträchtigung des Geschäftsbetriebes vermieden wird[27].

Stattdessen kommt aber auch eine weitgehend störungsfreie Durchsicht in Betracht, wenn die Unterlagen in verschlossene Räume am Ort der Durchsuchung gelagert und beim Unterbrechen der Durchsicht versiegelt werden. Dabei ist es dann nicht unüblich, die vorhandenen Schlösser zu den Lagerräumen auszutauschen. Wenn die Fahndungsprüfer später zur Durchsicht erscheinen, muss die Möglichkeit eines unkontrollierten Kontakts zum Beschuldigten oder Dritten ohne Anwesenheit des Verteidigers ausgeschlossen werden können[28].

Frühestens mit der Beendigung der Durchsicht ist die Durchsuchung abgeschlossen, egal ob diese noch am Durchsuchungsort oder erst nach Mitnahme der durchzusehenden Unterlagen an Amtstelle erfolgt. Bei der Durchsicht der Papiere wird nur eine Grobsichtung vorgenommen. Erfolgt nach der Durchsicht auch die Beschlagnahme vor Ort, werden die beschlagnahmten oder freiwillig herausgegebenen Unterlagen in die Räume der Steuerfahndung verbracht.

Zu den Papieren zählen alle als Beweismittel in Betracht kommenden Gegenstände, auch die auf Datenträgern gespeicherte Unterlagen (Nr. 64 Abs. 1 AStBV).

25 OLG Hamm Beschluss vom 23.06.1988 – NStE 1989 S. 3 ff.
26 Blumers/Göggerle a.a.O. Tz. 668
27 Park: Der Anwendungsbereich des § 110 StPO bei Durchsuchungen in Wirtschafts- und Steuerstrafsachen (wistra 2000 S. 453 ff.)
28 Briel/Ehlscheid § 3 a.a.O. Tz. 496

Die Durchsicht der Papiere i.S.d. § 110 StPO ist ein Recht, das der (normalen) Polizei generell nicht und ansonsten nur dem Richter oder Staatsanwalt und damit auch der Bußgeld- und Strafsachenstelle im Steuerstrafverfahren zusteht. Mit dem 1. Justizmodernisierungsgesetz vom 24.08.2004 ist der einschlägige § 110 StPO dahingehend geändert worden, dass allen als „Ermittlungspersonen" bezeichneten Personen die Durchsicht der Papiere auf Anordnung der Staatsanwaltschaft gestattet werden kann. Damit kann auch jeder Polizist mit dieser Rechtsstellung im Gegensatz zur früheren Rechtslage entsprechend angewiesen werden. Für die Steuerfahndung ist diese Anordnung wegen der ihr bereits in § 404 AO gestatteten Durchsicht entbehrlich. 3

Praxishinweis

Bei der Teilnahme der Polizei an Durchsuchungen der Steuerfahndung ist deshalb der Durchsuchungsbeschluss daraufhin zu prüfen, ob auch ihnen damit die Durchsicht der Papiere gestattet worden ist.

Mit der Neufassung des § 110 StPO ist gleichzeitig der bis dahin gültige Abs. 3 gestrichen worden, der u.a. das Recht zur Versiegelung der sichergestellten Beweismittel durch den von der Durchsuchung Betroffenen begründete[29]. Gleichzeitig wurde diese Regelung als Rechtsgrundlage für die Verpflichtung herangezogen, Verteidiger oder von der Durchsuchung Betroffene zur Teilnahme an einer – ggf. auch späteren Durchsicht – aufzufordern. Da die Durchsicht i.S.d. § 110 StPO noch zur Durchsuchung gehört, hat weiterhin zumindest der Inhaber der zu durchsuchenden Räume oder Gegenstände nach § 106 Abs. 1 StPO ein Anwesenheitsrecht.

Erst wenn nach einem Widerspruch die Durchsicht richterlich bestätigt wird, kann sie i.S.d. § 110 StPO erfolgen. Ergibt sich dabei die Beweiseignung und erfolgt die Beschlagnahme, kommt nunmehr eine erneute richterliche Bestätigung – diesmal der Beschlagnahme nach § 98 StPO – in Betracht. Erst nach dieser bestätigender Entscheidung dürfen die Beweismittel dann anschließend ausgewertet werden.

Praxishinweis:

Es ist immer darauf zu achten, dass die Rechtsmittel in der richtigen Reihenfolge und gegen die richtige Maßnahme eingelegt werden. Sie richten sich grundsätzlich immer zuerst gegen die Durchsicht der Papiere i.S.d. § 110 StPO und danach erst gegen die nachfolgende Beschlagnahmeanordnung.

In der Praxis bestätigen die Gerichte jedoch weitgehend sowohl die Durchsicht der Papiere wie auch die angeordnete (vorläufige) Beschlagnahme und damit die meistens bereits vor Ort getroffene Entscheidung der Steuerfahndung. Deshalb ist sorgfältig zu überlegen, ob tatsächlich ein Widerspruch angezeigt ist, der dann zumindest zu einer Verfahrensverzögerung führt.

Gegen die Sicherstellung und die Beschlagnahme kann der Betroffene jederzeit – also nicht nur während der Durchsuchung vor Ort – vorgehen. Aufgrund eines noch während der Durchsuchung und Beschlagnahme gleichzeitig erhobenen Widerspruchs sind die strittigen Beweismittel jedoch noch am Durchsuchungsort verschlossen gesondert sicherzustellen, nicht weiter durchzusehen oder nicht auszuwerten und anschließend dem Richter zur Entscheidung vorzulegen.

29 § 110 Abs. 3 StPO a.F. hatte folgenden Wortlaut: *(3) Dem Inhaber der Papiere oder dessen Vertreter ist die Beidrückung seines Siegels gestattet; auch ist er, falls demnächst die Entsiegelung und Durchsicht der Papiere angeordnet wird, wenn möglich zur Teilnahme aufzufordern.*

19 2. Voraussetzungen der Beschlagnahme

Die strafprozessuale Beschlagnahme nach §§ 94 ff. StPO erfasst Gegenstände, die als Beweismittel für die strafrechtliche Untersuchung in Betracht kommen. Wenn zum Zeitpunkt der Beschlagnahme noch nicht endgültig feststeht, ob ein Gegenstand als Beweismittel in Betracht kommt, genügt es, wenn die Gegenstände als Beweismittel von Bedeutung sein können und entsprechend bezeichnet werden.

§ 97 Abs. 1 StPO unterteilt im Einzelnen die Gegenstände der Beschlagnahme in

- schriftliche Mitteilungen und damit auch Eintragung in Büchern und Briefe;
- Aufzeichnungen, zu denen auch Vermerke zählen;
- andere Gegenstände mit den Buchungs- undGeschäftsunterlagen;
- Schriftstücke, wie Mitteilungen und Manuskripte sowie
- Ton-, Bild- und Datenträger und damit alle Informationsspeicher.

Sofern die Wegnahme von (Original-) Geschäftsunterlagen zu wirtschaftlichen Nachteilen führt, kommt auch die Fertigung von Fotokopien zur Mitnahme als Beweismittel in Betracht.

Praxishinweis:

Es wirtd häufig immer noch uneingeschränkt auf der Sicherstellung von Original-Beweismitteln bestanden. Hier sollte auf die entgegenstehende vorherrschende Meinung in der Literatur und Rechtsprechung verwiesen werden:

*Joecks a.a.0 Rdnr. 49 und 60 a.E. weist auf die Mitnahme nur von Kopien hin:, **„... wenn die längere Zeit dauernde Wegnahme von Geschäftsunterlagen zu einem erheblichen Handicap für den Betrieb werden kann... ... im Rahmen des Verhältnismäßigkeitsgrundsatzes kann es... geboten sein ..., ... nach einer Datenträgerreproduktion den Rechner zurückzugeben bzw. zu belassen...".***

*Nach Hild/Dörn a.a.O. Rdnr. 33 ist vor allem zu beachten: **„...Da sich bekanntlich Ermittlungsverfahren in Steuerstrafsachen lange hinziehen und dem Verteidiger ... erst nach Abschluss der Ermittlungen ein uneingeschränktes Akteneinsichtsrecht zusteht, ... sollte darauf bestanden werden, dass für die Aufrechterhaltung und den Weiterbetrieb der Geschäfte Kopien der benötigten Unterlagen hergestellt werden. Sicher ist, dass die Herausgabe der Unterlagen vor Abschluss des Ermittlungsverfahrens abgelehnt werden wird, da sie als Beweismittel ... benötigt werden."***

Nach dem BGH VersR 1983 S. 37 sind ohnehin nicht mehr als Beweismittel benötigte Geschäftsunterlagen aufgrund des Verhältnismäßigkeitsgrundsatzes „sukzessiv" zurückzugeben, wenn diese vom Betroffenen dringend benötigt werden. Ohnehin endet die Beschlagnahme dann, wenn ihr Grund weggefallen ist (vgl. auch Nr. 69 Abs. 3 AStBV).

Zwar besteht auf die Mitnahme nur von Kopien kein Anspruch und vielfach wird auch auf die Mitnahme der Originalunterlagen bestanden. Werden die Originale als Beweismittel benötigt, sind dem Betroffenen zumindest Kopien zur Verfügung zu stellen.

Praxishinweis:

Auf die Fertigung von Kopien kann oft nicht verzichtet werden, um wichtige Unterlagen für den laufenden Geschäftsbetrieb weiterhin nutzen zu können. Dies wird häufig durch die Steuerfahndung bereits vor dem Abtransport vom Durchsuchungsort gestattet oder später in ihren Diensträumen veranlasst.

Fertigt die Steuerfahndung selbst die Kopien in ihren Diensträumen, sind sie nach dem Kostenverzeichnis zum Gerichtskostengesetz (GKG) – Anlage 1 – Teil 9 (Auslagen) kostenpflichtig. Nur wenn in den Ermittlungsakten Beweismittel abgelegt und bei der Akteneinsicht dem Verteidiger vorgelegt werden, können diese – wie die gesamten Akten – von ihm kopiert werden. Die umfassende Akteneinsicht auch in sämtliche Beweismittel wird allerdings erst nach dem Abschluss der Ermittlungen gewährt.

Die Beschlagnahme ist nur zulässig, wenn die beweistauglichen Gegenstände ohnehin **freiwillig** herausgegeben werden (§ 94 StPO). Dritte müssen derartige Beweismittel ohnehin nach § 95 Abs. 1 StPO i.V.m. § 94 Abs. 1 StPO herausgeben. Nur der Beschuldigte oder sonstige Zeugnisverweigerungsberechtigte sind nach § 95 Abs. 2 StPO nicht zur Herausgabe verpflichtet. Werden nur bestimmte und genau bezeichnete Unterlagen gesucht und freiwillig herausgegeben, ist der Durchsuchungszweck erreicht.

Praxishinweis:

*Die **freiwillige Herausgabe** von Beweismitteln ist grundsätzlich zu vermeiden und nur bei der Suche nach genau bezeichneten einzelnen Beweismitteln angezeigt.*

Für Steuerberater stellt die freiwillige Herausgabe von Mandantenunterlagen ein Verstoß gegen das Verschwiegenheitsgebot dar und kann nach § 203 StGB strafbar sein. Auch deshalb ist immer darauf zu achten, dass im Protokoll über die Beschlagnahme in keinem Fall eine 'freiwillige Herausgabe' angegeben und unterzeichnet wird[30].

Eine freiwillige Herausgabe kann jederzeit widerrufen werden.

Praxishinweis:

Jeder Widerruf der freiwilligen Herausgabe wird in der Praxis zur Beschlagnahme durch die Steuerfahndung, die Bußgeld- und Strafsachenstelle oder die Staatsanwaltschaft führen. Diese Beschlagnahmeanordnung kann dann wiederum nach § 98 StPO angegriffen werden.

3. Beschlagnahme im Rahmen des strafrechtlichen Arrests 20

Ebenfalls können Gegenstände mit Hilfe des sog. Strafrechtlichen Arrests beschlagnahmt werden, bei denen die Voraussetzungen für den Verfall oder die Einziehung vorliegen (§§ 111b ff. StPO). Der strafrechtliche Arrest ist ein während der Durchsuchungsmaßnahmen im Steuerstrafverfahren angewandtes Sicherstellungsmittel, das vor allem dann genutzt wird, wenn eine zeitnahe Entscheidung des zuständigen Finanzamts, ob ein steuerlicher Arrest i.S.d. § 324 AO anzuordnen ist, nicht getroffen werden kann.

Praxishinweis:

In den Steuerfahndungsstellen sind zunehmend besonders sachkundige „Arrestbeauftragte" tätig, die bereits bei der Planung von Durchsuchungen auf arrestwürdige Sachverhalte achten und das nicht ganz einfache Arrestverfahren anschließend begleiten.

Der für die Arrestierung erforderliche Verfall von Vermögenswerten und damit eine **Vermögensabschöpfung** nach § 73 Abs. 1 S. 1 StGB ist auch im Steuerstrafverfahren möglich, wenn bei der Steuerhinterziehung mit einem Vermögensvorteil „etwas erlangt" oder „Nutzungen" gezogen wurden. Liegen die Gründe für den Verfall vor, erfolgt die Sicherstellung der Vermögenswerte durch Beschlagnahme nach den §§ 111b ff. StPO. Da nach § 111 b Abs. 4 StPO die §§ 102 ff. StPO Anwendung finden, sind zu diesem Zweck auch Durchsuchungen möglich. Die Aufhebung der im Arrestverfahren vorgenommenen Beschlagnahme erfolgt spätestens nach sechs Monaten

30 Streck/Spatscheck a.a.O. Rdnr. 678

(§ 111 b Abs. 3 StPO). Diese Frist wird insbesondere bei Fällen mit großen Ermittlungsschwierigkeiten ausgenutzt, in besonderen Situationen kann sie durch richterliche Entscheidung auf zwölf Monate verlängert werden.

Praxishinweis

Die Arrestierungsfrist wird häufig genutzt, um vorläufige oder geänderte Steuerbescheide zu veranlassen. Dazu trägt die Steuerfahndung dem zuständigen Finanzamt die bisher ermittelten Besteuerungsgrundlagen vor, das dann ggf. mit einem steuerlichen Arrest i.S.d. §§ 324 ff. AO die Mehrsteuern sichert und zur Aufhebung des strafrechtlichen Arrests führt.

Zur Abwendung des strafrechtlichen Arrests ist eine Sicherheitsleistung möglich (§ 111d Abs. 2 StPO i.V.m. § 923 ZPO). Da gerade die Arrestierung der Guthaben von Bankkonten einschneidende Wirkungen haben kann, sollte eine Sicherheitsleistung durch (Bank) Bürgschaft in Erwägung gezogen werden.

21 4. Beschlagnahme für nicht strafbefangene Zeiträume

Die tatsächlichen Eigentumsverhältnisse sind bei der Beschlagnahme von Beweismitteln unbeachtlich. Auch die Beschlagnahme für nicht strafbefangene Zeiträume ist grundsätzlich zulässig. Zumindest gilt dies für Unterlagen, die im direkten Zusammenhang mit den strafbefangenen Zeiträumen stehen. Hier kommen z.B. fortlaufend geführte Kassenbücher und Unterlagen im Hinblick auf die Herkunft von ungeklärtem Vermögenszuwachs in Betracht.

Da für die Strafzumessung auch die Verhaltensweisen vor und nach dem strafbefangenen Zeitraum von Bedeutung sind, können diese Unterlagen ebenfalls sichergestellt werden. Wegen der nicht nachgekommenen Mitwirkungsverpflichtung kann die Steuerfahndung dann im Besteuerungsverfahren nach § 330 AO i.V.m. § 208 Abs. 1 S. 1 Nr. 3 AO durch Ersatzvornahme die Unterlagen sichern[31].

22 5. Beschlagnahme von gespeicherten Daten

Auch gespeicherte Daten sind beschlagnahmefähig. Während früher vor allem körperliche Gegenstände als Beweismittel gesucht und bei der Durchsicht der Papiere i.S.d. § 110 StPO in Betracht kamen, stehen nunmehr zunehmend die mit Hilfe der elektronischen Datenverarbeitung erfassten Angaben im Interesse der Ermittlungsbehörden. Zwar stellen nur die Datenträger und die weitere Hardware körperliche Gegenstände dar, während deren Inhalt – die gespeicherten Daten selbst – hierunter nicht einzuordnen sind. Dennoch dürfen nicht nur Filme, Magnetbänder, Disketten und andere Datenträger – auch solche zum Lesen und Verarbeiten der notwendigen Computereinheiten – und die Hardware mit den gespeicherten Daten beschlagnahmt werden.

Der Schutzzweck des § 110 StPO erstreckt sich nämlich ganz allgemein auf Mitteilungen und Aufzeichnungen. Dabei kommt es aber nicht darauf an, auf welchem Informationsträger sie festgehalten sind. Nr. 69 Abs. 1 AStBV erklärt deshalb auch ausdrücklich, dass zu den Papieren i.S.d. § 110 StPO auch auf Datenträgern gespeicherte Unterlagen zählen. Die für papierne Unterlagen getroffenen Regelungen und gerichtlichen Entscheidungen gelten darum zumindest entsprechend auch für die auf Datenträgern gespeicherten beweiserheblichen Angaben. Als Beweismittel von Bedeutung ist aber letztendlich nicht die sog. Hardware (der Computer), sondern der auf seiner Festplatte oder sonstigen Datenträgern gespeicherte Datenbestand als solcher.

31 FG Kassel wistra 1997 S. 118

Praxishinweis:

Es sollte dem Bestreben vieler Fahndungsprüfer entgegengewirkt werden, nicht nur Dateien zu sichern und mitzunehmen, sondern gleich den ganzen Computer. Dem Sicherungsinteresse sollte es genügen, wenn zwei Kopien gezogen werden: Eine vollständige, die versiegelt und auf die im Notfall zurückgegriffen wird, und eine, die allein den Gegenstand der Ermittlungen betrifft[32].

Wer sich weigert, die Durchsicht der gespeicherten Daten zu gestatten und wer keine Angaben zum Betriebssystem macht, muss mit der Mitnahme der gesamten Hard- und Software rechnen, auf der möglicherweise weitere belastende Dateien enthalten sein können, die dann als Zufallsfunde entdeckt werden.

3

Gespeicherte Daten von Mitbenutzern bzw. Dritter dürfen nicht sichergestellt werden, sofern sie nicht als Beweismittel in Betracht kommen[33]. Die Durchsicht von Datenträgern auch hinsichtlich dieser Fremddaten durch die Fahndungsprüfer ist allerdings zulässig (§ 404 AO i.V.m. § 110 StPO).

Zur Durchsicht der Papiere können die zum Lesen und Verarbeiten der Daten notwendigen technischen Geräte (PC) mitgenommen und auch beschlagnahmt werden.

6. Beschlagnahme von Telekommunikationsdaten 23

Das Bundesverfassungsgericht hat in seinem Urteil vom 02.03.2006 (wistra 2006 S. 217 ff.) auch über die Zulässigkeit von Durchsuchungsbeschlüssen entschieden, mit denen die Sicherstellung von Datenträgern bezweckt war, auf denen Telekommunikationsverbindungen gespeichert sind. Dabei wird unterschieden, ob der Beschuldigte alleinigen Zugang zur Hard- und Software und damit Alleingewahrsam hat oder nicht. Beim Alleingewahrsam ist sowohl die Beschlagnahme und die zu diesem Zweck angeordnete Durchsuchung nach § 102 StPO zulässig. Wird allerdings die Hard- und Software entweder gemeinsam mit anderen genutzt oder steht sie gar im Gewahrsam Dritter, kommt nur eine Durchsuchung nach § 103 StPO in Betracht.
Hingegen dürfen Daten im Zusammenhang mit Telekommunikationsdiensten allerdings nicht nach den §§ 102 ff. StPO, sondern nur nach den §§ 100g, h StPO sichergestellt werden. Dazu gehören auch Einzelverbindungsnachweise und Telefonrechnungen; vgl. hierzu die Ausführungen des BVerfG vom 04.02.2005 – BvR 308/04

7. Beschlagnahmebeschluss und Gefahr im Verzug 24

Auch für Beschlagnahmen gilt der Richtervorbehalt. Deshalb ordnet grundsätzlich der Richter mit seiner Beschlagnahmeanordnung (dem sog. Beschlagnahmebeschluss) die Sicherstellung der Beweismittel an. Die Anordnung kann bereits mit dem Durchsuchungsbeschluss verbunden werden.

Der Beschlagnahmebeschluss muss konkrete Angaben über den (steuer-) strafrechtlichen Vorwurf, die zu beschlagnahmenden Gegenstände und ihre Bedeutung als Beweismittel enthalten. Die zu beschlagnahmenden Gegenstände müssen so genau bezeichnet werden, dass zweifelsfrei ersichtlich ist, ob sie von der Anordnung erfasst sind.

Lediglich bei Gefahr im Verzug ist zur Anordnung der Beschlagnahme auch der Staatsanwalt bzw. die Bußgeld- und Strafsachenstelle sowie der Steuerfahnder in seiner Eigenschaft als Ermittlungsperson der Staatsanwaltschaft befugt (§ 98 Abs. 1 S. 1 StPO).

32 So ausdrücklich Joecks in den Seminarunterlagen zur Jahresarbeitstagung des Deutschen Anwaltsinstituts 2001
33 BVerfG wistra 2005 S.295 ff.

Dauert die Beschlagnahme noch an, kann sie mit der Beschwerde nach § 304 StPO angegriffen werden.

25 8. Amtliche Verwahrung

Wenn die (freiwillig herausgegebenen oder beschlagnahmten) Beweismittel in den Gewahrsam und Besitz der Steuerfahndung gelangen, sind sie in die amtliche Verwahrung überführt.

Der Betroffene erhält nach § 107 Satz 2 StPO auf Verlangen ein Verzeichnis der sichergestellten Gegenstände. Das Verzeichnis wird auch als **Beschlagnahmeverzeichnis** bezeichnet und grundsätzlich mit dem sog. **Durchsuchungsvermerk** i.S.d. § 107 Abs. 1 Satz 1 StPO verbunden. Die sichergestellten Gegenstände müssen im Beschlagnahmeverzeichnis nach Art und Zahl aufgeführt werden; eine genaue Auflistung und Angabe jedes einzelnen Gegenstandes ist entbehrlich.

Praxishinweis:

Bei der Beschlagnahme gespeicherter Daten reicht dafür oft ein Ausdruck des Festplatten- und Dateiverzeichnisses aus[34].

26 9. Rückgabe der Beweismittel

Mit rechtskräftiger Beendigung des Verfahrens oder durch ausdrückliche Aufhebung erlischt die Beschlagnahme sowie das Recht zur Einbehaltung freiwillig übergebener Unterlagen. Die amtliche Verwahrung ist aufzuheben; die Beweismittel sind dann zurückzugeben. Dies erfolgt an den Gewahrsamsinhaber, bei dem die Beschlagnahme erfolgt ist oder dieser die Beweismittel freiwillig herausgegeben hat.

Praxishinweis:

Dies muss nicht der Eigentümer sein. Ggf. kann der letzte Gewahrsamsinhaber jedoch Dritte bevollmächtigen, die Gegenstände in Empfang zu nehmen oder abzuholen.

Die Entscheidung über die Rückgabe trifft nicht die Steuerfahndung, sondern die sie beauftragende Bußgeld- und Strafsachenstelle oder Staatsanwaltschaft.

Praxishinweis:

Unterlagen sind zeitnah auszuwerten, auch wenn dies oft wegen der Fallbelastung der Fahndungsprüfer schwierig ist. Die fehlende Verfügbarkeit über diese Unterlagen hat nämlich oftmals ruinöse Folgen. Der Einwand, eine schnellere Auswertung sei nicht möglich, weil die personelle Besetzung eine zügigere Bearbeitung nicht zuließe, ist unzulässig[35].

Gerade die Durchsicht der Papiere i.S.d. § 110 StPO ist vorrangig. Es muss in angemessener Zeit feststehen, was potentiell beweiserheblich ist und was herausgegeben werden soll. Die Zeitdauer des Angemessenen hängt wesentlich von der Menge und der Schwierigkeit der Auswertun ab[36]

Strittig war bisher, ob die beschlagnahmten Gegenstände auch nach Beendigung der Beschlagnahme dem Finanzamt für das Besteuerungsverfahren übergeben werden dürfen. Der mit dem Jahressteuergesetz 2008 eingeführte neue **§ 393 Abs. 3 AO** lässt ausdrücklich die Verwendung der im

34 Briel/Ehlscheid § 3 a.a.O. Rdnr. 512 (m.w.N.)
35 Blumers/Göggerle a.a.O. Tz. 622 f.
36 LG Frankfurt wistra 1997 S. 117 ff.

Steuerstrafverfahren gewonnenen Erkenntnisse auch für das Besteuerungsverfahren zugelassen werden. Dies gilt nach Ergänzungen durch den Vermittlungsausschuss auch für die Erkenntnisse, die dem Brief-, Post- und Fernmeldegeheimnis unterliegen, sofern die StPO die Auskunft an Steuerbehörden zulässt oder die Erkenntnisse rechtmäßig im Steuerstrafverfahren erlangt wurden.

Praxishinweis:

Bereits vor dieser Gesetzesänderung wurde die sofortige Herausgabe von Beweismitteln nach Abschluss des Steuerstrafverfahrens an den Steuerpflichtigen unter Hinweis auf § 97 AO, an den Berater nach § 104 Abs. 2 AO verweigert. Das Finanzamt konnte schon damals Kopien fertigen.

Die Rückgabe einer in einem Strafverfahren beschlagnahmten Sache hat an dem Ort zu erfolgen, an welchem diese aufzubewahren war.

Praxishinweis:

Damit hat die Rückgabe grundsätzlich nur innerhalb der örtlichen Zuständigkeit der zuständigen Staatsanwaltschaft oder Bußgeld- und Strafsachenstelle zu erfolgen, in dessen Auftrag die Sicherstellung erfolgt ist[37]. In der Praxis ist die Steuerfahndung dennoch häufig bereit, die Beweismittel wieder „zurück zu bringen".

10. Zufallsfunde 27

Werden bei der Durchsuchung Gegenstände gefunden, die auf das Vorliegen einer anderen Straftat als der Steuerhinterziehung hindeuten, besteht nach § 108 StPO die Möglichkeit der Beschlagnahme als Zufallsfunde.

Praxishinweis:

*In der Literatur wird immer wieder behauptet[38], dass angeblich „.. **plangerechte Zufallsfunde...**" durch die Steuerfahndung erfolgen oder der Einsatz der Steuerfahndung bei Durchsuchung anderer Delikte stattfindet, „**...um auch zufällig Unterlagen zur Steuerhinterziehung aufzufinden...**". Dieses Verfahren kann aus der Sicht der Berliner Steuerfahndung nicht bestätigt werden.*

Als Zufallsfunde werden die Gegenstände bezeichnet, die

- Beweise für andere Straftaten erbringen können,
- auf andere Straftaten hindeuten und
- ohne Bezug zur Untersuchung zufällig gefunden werden.

Es reicht für die Sicherstellung aus, wenn der ungewisse Verdacht einer (anderen) Straftat vorliegt. Damit liegt hier der Verdacht noch unterhalb der Schwelle des sog. Anfangsverdachts. Zur Begründung für die Sicherstellung von Zufallsfunden wird darauf verwiesen, dass bereits ein Durchsuchungsbeschluss in anderer Sache vorliegt und § 108 StPO als gesetzlich geregelter Fall der Gefahr im Verzug eingestuft wird, bei dem der Gesetzgeber jede Behörde zur Anordnung der Durchsuchung ermächtigen und eine gezielte Durchsuchung dann nachgeholt werden kann[39].

37 so ausdrücklich BGH NJW 2005 S. 988 ff.; vgl. jedoch Kemper: *Rückgabe beschlagnahmter Gegenstände – Bringschuld oder Holschuld?* in NJW 2005 S. 3679 ff., der zwischen der Rückgabe an den Beschuldigten als Holschuld und gegenüber anderen „... *Verfahrensunbeteiligten .... auf Grund des Erfordernisses der Verhältnismässigkeit ... eine Bringschuld....*" fordert.

38 z.B. Streck/Spatscheck 123 Tz. 336 f.

39 BGHSt 31 S. 296 ff.

Bei Zweifeln entscheidet nach § 23 Abs. 3 EGVG der für die neue Sache zuständige Richter auf Antrag der Staatsanwaltschaft oder der Bußgeld- und Strafsachenstelle darüber, ob es sich um einen Zufallsfund handelt.

Werden bei einer Durchsuchung in einem Steuerstrafverfahren derartige Gegenstände gefunden, die auf die Verübung anderer Straftaten hindeuten, sind sie einstweilen durch vorläufige Beschlagnahme nach § 108 StPO sicher zu stellen. Sofern Gegenstände vorgefunden werden, die nicht in einer Beschlagnahmeanordnung des Steuerstrafverfahrens angeführt sind, handelt es sich hierbei dann nicht um Zufallsfunde, wenn sie als weitere Beweismittel für die Steuerstraftat von Bedeutung sind, wegen der die strafprozessualen Maßnahmen durchgeführt werden.

Allerdings darf nicht zielgerichtet nach anderen Beweismitteln geforscht werden. § 108 StPO ermächtigt deshalb auch nicht zur Suche nach belastenden Unterlagen wegen dritter Personen.

Praxishinweis:

Dennoch dürfen Fahndungsprüfer „...bei ihrer Tätigkeit keineswegs die Augen für etwaige andere Steuer- oder sonstige Straftate verschließen, die außerhalb des Rahmens für den Durchsuchungsanlass liegen. Einer wirksamen Verbrechensbekämpfung würde es zuwiderlaufen, wenn die Durchsuchungsbeamten die Augen vor solchen Beweismitteln nur deshalb verschließen müssten, weil die Durchsuchung für Zwecke eines anderen Verfahrens angeordnet worden ist."[40]

28 11. Unzulässige Ausdehnung einer Durchsuchung

Eine unzulässige Ausdehnung einer Durchsuchung liegt auch dann vor, wenn ohne tatsächliche Anhaltspunkte für den Verdacht einer Steuerhinterziehung die Steuerfahndung hinzugezogen wird und dann Steuerstraftaten aufdeckt.

Praxishinweis

Insbesondere die Finanzkontrolle Schwarzarbeit (FKS) der Zollverwaltung, aber auch die Polizei fordert die Steuerfahndung immer wieder bei ihren Durchsuchungsmaßnahmen wegen des Verdacht der Schwarzarbeit zur Teilnahme auf, auch wenn nicht der Verdacht der Steuerhinterziehung besteht. Steuerfahnder können diesem Begehren nachkommen, wenn sie als Sachverständige für Buchhaltungsfragen o.ä. auch bei einer Durchsuchung wegen einer Nichtsteuerstraftat hinzugezogen werden[41]*. Gelegentlich leiten sie dann auch vor Ort ein Steuerstrafverfahren ein. Meistens mit einer Anschlussbeschlagnahme der vorher durch die anderen Ermittlungsbehörden sichergestellten Beweismittel kommen sie dann häufig zu belastenden Unterlagen. In der Praxis findet eine derartige Teilnahme wegen der hohen Arbeitsbelastung der Steuerfahndung dennoch selten statt. Außerdem ermitteln die anderen Behörden sehr oft zu aktuellen Zeiträumen, die für einen Anfangsverdacht der Steuerhinterziehung nicht in Betracht kommen*

29 III. Beschlagnahmefreiheit

Nicht alle in Betracht kommenden Beweismittel sind beschlagnahmefähig. Das BVerfG hat mit seiner „Drei-Stufen-Theorie" **Beschlagnahmebeschränkungen** aufgestellt[42]. Im Steuerstrafrecht ist diese Unterscheidung jedoch fast immer bedeutungslos, weil die gesuchten Beweismittel

40 Schäfer in Löwe/Rosenberg StPO § 108 StPO Rdnr. 1
41 Vgl. Briel/Ehlscheid in der 1. Auflage § 3 a.a.O. S. 396 Rdnr. 437 u. Fußnote 929 m.w.N.

42 vgl. BVerfG NJW 1973 S. 891 ff. und wistra 1990 S. 1985 ff.

grundsätzlich die sog. Sozialsphäre betreffen, die keinem besonderen Schutz unterliegt. Weil die Durchsuchung bei Steuerdelikten überwiegend der Suche nach Beweismitteln dient, sind diese auch fast immer im Durchsuchungsbeschluss aufgeführt.

§ 97 StPO zählt die beschlagnahmefreien Gegenstände auf, ohne dass die StPO definiert, was unter diesen Gegenständen zu verstehen ist. Deshalb wird die Frage der beschlagnahmefreien Gegenstände auch in der Literatur kontrovers diskutiert. Einigkeit besteht lediglich über den Zweck des § 97 StPO, der die Umgehung des Zeugnisverweigerungsrechts verhindern soll und gleichzeitig das Vertrauensverhälnis zwischen Mandanten und Berater schützen will. Damit knüpft das Beschlagnahmeverbot an das Zeugnisverweigerungsrecht an. Sofern dieser Schutzgedanke des § 97 StPO jedoch nicht verletzt wird, können auch die dort angeführten Unterlagen beschlagnahmt werden.

Zu den beschlagnahmefreien Gegenständen gehören nach § 97 Abs. 1 Nr. 2 StPO schriftliche Mitteilungen zwischen dem Beschuldigten und den nach § 52 oder § 53 Abs. 1 Nr. 1 bis 3 StPO zeugnisverweigerungsberechtigten Personen (§ 97 Abs. 1 Nr. 1 StPO), Aufzeichnungen, die Berufsgeheimnisträgern über ihnen vom Beschuldigten anvertraute Mitteilungen oder über andere Umstände gemacht haben und andere Gegenstände, auf die sich das Zeugnisverweigerungsrecht der Berufsgeheimnisträger erstreckt (§ 97 Abs. 1 Nr. 3 StPO). Hierzu gehören auch die sog. Handakten des Rechtsanwalts oder Steuerberaters, Krankengeschichten u.ä. Darunter können auch einzuordnen sein: Schriftverkehr, Vermerke, (Gesprächs-) Notizen, Briefe und Zettel.

Die Beschlagnahme dieser Gegenstände ist allerdings dann zulässig, wenn der Zeugnisverweigerungsberechtigte selbst der Tat oder der Teilnahme an ihr sowie wegen Begünstigung, Strafvereitelung oder Hehlerei verdächtig ist (Teilnahmeverdacht des § 97 Abs. 2 S. 3 StPO).

Praxishinweis:

Deshalb dürfen auch Mandantenunterlagen oder die Patientenkartei eines Arztes beschlagnahmt werden, um Anwälte, Steuerberater oder Ärzte der Steuerhinterziehung zu überführen. Meistens sind dann derartige Unterlagen gesondert im Durchsuchungsbeschluss aufgeführt.

Die Aufzeichnungen des Beschuldigten, die dieser zu seiner Verteidigung angefertigt hat, sind grundsätzlich beschlagnahmefrei[43]. Zur Beschlagnahmefähigkeit u.a. von Testamenten im Gewahrsam von Notaren, zur Patientenkartei, zu Personalakten, Tagebüchern, Anderkonten, Mobiltelefonen u.a. ist die einschlägige Einzelfallrechtsprechung heranzuziehen[44].

Ist die Beschlagnahme rechtswidrig, unterliegen die beschlagnahmten Gegenstände möglicherweise einem (strafrechtlichen) Verwertungsverbot. Schriftliche Unterlagen, die dem Steuerberater ausgehändigt wurden („*Mandantenbuchführung*") unterliegen nach der ständigen Rechtsprechung (vgl. u.a.: LG München wistra 1988 S. 326; LG Darmstadt NJW 1988 S. 1862) jedoch nicht dem Beschlagnahmeverbot (Nr. 58 AStBV)

1. Beschlagnahme von Mandantenunterlagen bei Angehörigen der beratenden Berufe 30

Beschlagnahmefrei sind Unterlagen, die das **besondere Beratungsverhältnis** betreffen und in dem Vertrauensverhältnis zum Mandanten entstanden und dazu bestimmt sind, in diesem Verhältnis belassen zu werden. Diesem besonderen Vertrauensverhältnis unterliegen Papiere und auf

43 BGH NJW 1998 S. 1963 ff.
44 vgl. die ziemlich aktuellen Ausführungen und Hinweise von Rolletschke/Kemper: a.a.O. § 399 Rz. 110 – 116b

Datenträgern gespeicherte Angaben, die Aufschluss über Anweisungen, Anregungen und Beratungen im Mandantenverhältnis geben und sich aus berufsspezifischen Gründen beim Steuerberater oder Verteidiger befinden. Entscheidend ist nicht die Bezeichnung, sondern der Inhalt.

Die Beschlagnahmefähigkeit ist beim Verteidiger weitergehender eingeschränkt als bei den Angehörigen der steuerberatenden Berufe. Da sich das Beschlagnahmeverbot nach § 97 Abs. 1 Nr. 3 StPO auf die Gegenstände erstreckt, auf die sich das Zeugnisverweigerungsrecht bezieht, wird für Rechtsanwälte insbesondere auf deren Recht nach § 53 Abs. 1 Nr. 3 StPO abgestellt. Es darf bei der Beurteilung der Beschlagnahmefähigkeit auch nicht grundsätzlich davon ausgegangen werden, dass der **Verteidiger** des Beschuldigten im Besitz von Beweismitteln des Mandanten sind. Das Zeugnisverweigerungsrecht des Verteidigers nach § 53 Abs. 1 Nr. 3 StPO bezieht sich nämlich nur auf die Informationen, die dem dort genannten Personenkreis in seiner beruflichen Eigenschaft anvertraut oder bekannt geworden sind.

Die für **Steuerberater** entwickelte Rechtsprechung, nach der Steuerunterlagen, zu deren Aufbewahrung der Beschuldigte gesetzlich verpflichtet ist, nicht das Vertrauensverhältnis betreffen und deshalb beschlagnahmefähig sind, kann nicht vorbehaltlos auf den Verteidiger übertragen werden. Sofern dem Verteidiger die Unterlagen für die Zwecke der Verteidigung und nicht etwa für das Besteuerungsverfahren übergeben wurden, ist die Situation nicht mit der des Steuerberaters vergleichbar. Eine Ausnahme vom Beschlagnahmeverbot liegt bei den dem Verteidiger übergebenen Unterlagen nur dann vor, wenn die Unterlagen nicht für die Zwecke der Verteidigung übergeben worden sind. Dies ist beispielsweise der Fall, wenn der Beschuldigte einem Anwalt die Unterlagen lediglich zur Aufbewahrung übergibt, ohne ihn gleichzeitig mit seiner Verteidigung zu beauftragen. Gleiches gilt, wenn der Beschuldigte seinem Verteidiger das Beweismaterial zum bloßen Verstecken übergibt, um sie dem Zugriff der Strafverfolgungsorgane zu entziehen. Unzulässig ist es auch, Beweismittel als Verteidigungsunterlagen zu deklarieren, um sie dem Zugriff zu entziehen. Dies gilt auch für zum Zwecke der Steuerhinterziehung angefertigte und damit als Tatwerkzeug benutzte falsche Unterlagen.

Deshalb sind auch nur diejenigen Gegenstände von der Beschlagnahme ausgenommen, die in engem Zusammenhang mit dem Vertrauensverhältnis zwischen Mandant und Berater stehen. Da jedoch die Buchführungs- und Geschäftsunterlagen des Beschuldigten nicht unter dieses Vertrauensverhältnis einzuordnen sind, besteht hierfür gerade kein Beschlagnahmeverbot. Dafür muss vielmehr auf den Aussagegehalt der Gegenstände abgestellt werden, weil nur die Unterlagen dem Beschlagnahmeverbot unterliegen, die das Vertrauensverhältnis direkt betreffen.

Praxishinweis

Die einem Steuerberater überlassenen Geschäfts- und Buchführungsunterlagen sind nicht nach § 97 Abs. 1 StPO beschlagnahmefrei. Dazu gehören u.a. Jahresabschlüsse (Bilanzen, Gewinn- und Verlustrechnungen), Arbeitsergebnisse des Steuerberaters (Buchführung, Hauptabschlussübersicht mit Umbuchungslisten) und Steuererklärungen[45].

Grundsätzlich fallen zwar als dem Vertrauensverhältnis unterliegend der Schriftwechsel und die **Handakten** unter das von § 97 Abs.1 StPO geschützte Vertrauensverhältnis. Inwieweit jedoch ein Beschlagnahmeverbot besteht, hängt vom konkreten inzelfall ab. Entscheidend ist nämlich nicht die Bezeichnung durchden Berater, sondern der Aussageghalt der Unterlagen. Sofern der Verdacht der Teilnahme des Beraters besteht, dürfen auch dessen Handakten beschlagnahmt werden. Allerdings darf sich dieser Verdacht nicht erst aus den rechtswidrig erlangten Unterlagen ergeben;

45 vgl. Rolletschke/Kemper a.a.O. § 399 Rdnrn. 101 – 109a mit Nachweisen zur Rechtsprechung und Literatur; Franzen/Gast/Joecks a.a.O. zu § 399 Rdnr. 45 ff. m.w.N. und Randt a.a.O. unter C. 5. Beschlagnahmeverbote S. 242 ff.

vielmehr muss er schon vor der Beschlagnahme und Durchsuchung bestehen. Ansonsten würde das Beschlagnahmeverbot des § 97 StPO umgangen werden und ein rechtswidriger Eingriff durch einen erhofften Erfolg sanktioniert.

Praxishinweis:

Ein Durchsuchungsbeschlussfür die Kanzleiräume ist nur nach einer Mindermeinung rechtswidrig[46]. Die herrschende Meinung teilt diese Auffassung jedoch nicht und lässt die Durchsuchung und Beschlagnahme sogar von Unterlagen zu, die einen nicht vom Ermittlungsverfahren betroffenen Zeitraum betreffen und als Handakten bezeichnet wurden.

Zur Beschlagnahme von Datenbeständen bei einem Berufsgeheimnisträger, die sowohl Beschuldigte als auch Nichtbeschuldigte betreffen, hat das BVerfG[47] (zunächst mit einer einstweiligen Anordnung vom 17.07.2002) zwischen Daten der Nichtbeschuldigten und Beschuldigten getrennt und zur sofortigen Abhilfe die einstweilige Hinterlegung der Daten des Nichtbeschuldigten beim Amtsgericht angeordnet.

Die **Ausnahmen vom Beschlagnahmeverbot** und damit die Möglichkeit zur Beschlagnahme besteht ansonsten bei folgenden Fallkonstellationen:

- Bei Entbindung von der Verschwiegenheitspflicht

Praxishinweis:

Die Entbindung vom Beratergeheimnis kann dazu führen, dass im Einzelnen nicht bekannte Unterlagen und nicht mehr erinnerliche Inhalte endgültig preisgegeben werden.

- beim Verdacht der Beteiligung des Beraters an einer Straftat (§ 97 Abs. 2 Satz 3 StPO)

Praxishinweis:

*Die Literatur wirft der Steuerfahndung immer noch vor, „**... im Hinblick auf die Steuerberaterpraxis dem Beschlagnahmeverbot mit Vorliebe dadurch ...[zu begegnen], dass sie den Verdacht ... auch auf den Berater erstrecken...**". Die Praxis zumindest der Berliner Steuerfahndung bestätigt diese „Vorliebe" jedoch nicht. Ermittlungsverfahren gegen Steuerberater sind vielmehr nicht nur in Berlin von untergeordneter Bedeutung[48].*

- für Unterlagen, die dem Berater im Hinblick auf das Beschlagnahmeverbot übergeben werden und die ohne Verbindung zum Beratungsverhältnis sind.

2. Abgrenzung zwischen Beschlagnahmeverboten und Beschlagnahmefreit 31

Die Abgrenzung zwischen Beschlagnahmeverboten und Beschlagnahmefreit ergibt sich als Checkliste nochmals aus der Übersicht zum Zeugnisverweigerungsrecht:

46 LG Berlin vom 20.07.2000 – 519 Qs 109 / 00 – für die Durchsuchung bei einem Steuerberater und LG Fulda in wistra 2000 S. 155 ff. für die Durchsuchung bei einem verteidigenden Rechtsanwalt

47 NJW 2002 S. 2458 f.

48 Streck/Spatscheck a.a.O. Rdnr. 691

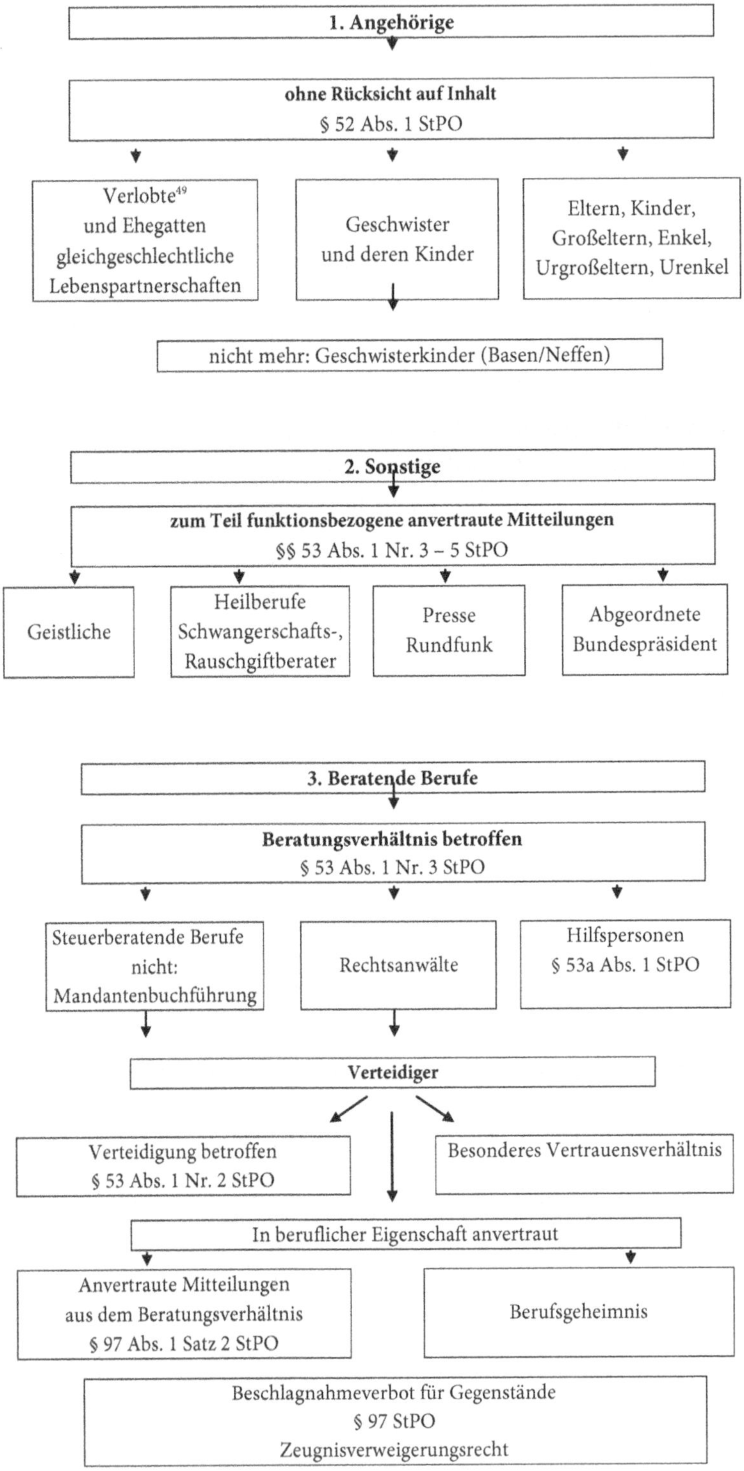

49 Derzeit gehen die Bestrebungen des Gesetzgebers dahin, das Zeugnisverweigerungsrecht für Verlobte abzuschaffen.

In der Übersicht sind nochmals die **Mindestanforderungen an eine Beschlagnahme** zusammen gefasst:

- Anfangsverdacht für eine Steuerstraftat
- Beweisbedeutung des Gegenstandes
- Gegenstand im Gewahrsam des Betroffenen
- Keine freiwillige Herausgabe
- Beschlagnahmebeschluss oder Gefahr im Verzug
- Kein Beschlagnahmeverbot

IV. Rechtsmittel gegen die Durchsuchung und Beschlagnahme 32

Einer angeordneten Hausdurchsuchung stehen nach einhelliger Auffassung Rechtsmittel nur in geringem Umfang gegenüber. Der Erfolg der Rechtsmittel ist in der Praxis auch von untergeordneter Bedeutung.

Zwar ist auch eine nachträgliche Überprüfung der Durchsuchung und des Durchsuchungsbeschlusses möglich. Das Bundesverfassungsgericht hat mit seinem Beschluss vom 30.04.1997 – 2 BvR 817/90 –[50] entschieden, dass – im Gegensatz zu der vorher vertretenen Rechtsauffassung – eine Beschwerde gegen richterliche Durchsuchungsbeschlüsse nicht allein deshalb als unzulässig verworfen werden kann, weil die Durchsuchung vollzogen wurde und sich die Maßnahme mithin erledigt hat.

Richterliche Durchsuchungsbeschlüsse verlieren spätestens nach sechs Monaten ihre rechtfertigende Kraft. Nach dieser Frist ist zur Durchsuchung eine erneute richterliche Prüfung und der Erlasses eines neuen Durchsuchungsbeschlusses erforderlich[51]. Diese „6-Monats-Frist" kann jedoch ggf. geringfügig überschritten werden[52].

Praxishinweis:

Unmittelbare Rechtsbehelfe können nicht die Durchsuchung verhindern (§ 307 Abs. 1 StPO). Faktisches Erwehren ist rechtswidrig (§ 113 StGB)[53]. Vorsicht ist angebracht, wenn Mandanent und Steuerberater den Verteidiger bedrängen, gegen Durchsuchungen Rechtsmittel einzulegen oder irgendwie tätig zu werden. Hier ist es nicht leicht, dem Betroffenen klarzumachen, dass Beschwerden regelmäßig keinen Erfolg haben. Über das Beschwerdeverfahren erhält der Verteidiger jedoch mitunter weitere Informationen von Seiten der Fahndung und der Staatsanwaltschaft. Durch ein Beschwerdeverfahren kann manchmal Zeit gewonnen werden, um z.B. noch Daten für eine Selbstanzeige zu sammeln[54].

Um das geeignete Rechtsmittel zu finden, muss unterschieden werden, wogegen es sich richten soll.

---

50 NJW 1977 S. 1489 ff.
51 BVerfG wistra 1997 S. 223 ff.
52 LG Zweibrücken NJW 2003 S. 156 ff.
53 Streck/Spatscheck a.a.O. S. 116 Tz. 311
54 Dumke/Marx, die deshalb auch in ihrem im Handel vergriffenen Hamburger Kompendium 1990 auf S. 320 ff. anraten, Rechtsmittel gegen die Durchsuchung im Hinblick auf den für den Mandanten beabsichtigten Erfolg genau zu prüfen.

Gegen die richterliche Durchsuchungsanordnung ist die Beschwerde nach § 304 Abs. 1 StPO beim Gericht zulässig. Sofern der Durchsuchungsbeschluss an einem Mangel leidet, ist er aufzuheben. Bei Durchsuchungen und Beschlagnahmen sowie bei der vorangehenden Durchsicht der Papiere wegen Gefahr im Verzug wird die Beschwerde nach § 98 StPO eingelegt. Rechtsmittel gegen die Art und Weise der Durchführung von Beschlagnahmen und Durchsuchungen sind an die beauftragte Stelle (i.d.R. die Steuerfahndung) zu richten. Sowohl gegen Maßnahmen wegen Gefahr im Verzug als auch gegen richterlich angeordneten Maßnahmen ist § 98 Abs. 2 S. 2 StPO anzuwenden. Die **Beschwerde** nach § 98 StPO ist nicht an Fristen gebunden.

Beschwerden gegen die Durchsicht der Papiere oder die Beschlagnahme sind zeitnah – möglichst innerhalb von drei Tagen nach dem Eingang – durch den beschlagnahmenden bzw. sicherstellenden Beamten dem Richter zur Entscheidung vorzulegen. Dieser erlässt dann ggf. einen Beschlagnahmebeschluss.

Praxishinweis:

Im Ergebnis sind mit derartigen Rechtsmittel dennoch häufig nicht die begehrten Ziele erreichbar: Selbst wenn die Durchsuchung für rechtswidrig erklärt wird oder die Durchsicht der Papiere noch nicht abgeschlossen ist, kann mit einem erneuten Beschluss die Sicherstellung und die dazu erforderliche Durchsuchung erneut vorgenommen werden[55].

In der Literatur werden umfangreiche **Empfehlungen** gegeben, was der von einer Durchsuchung oder Beschlagnahme Betroffene zu tun oder zu unterlassen hat.

Praxishinweis:

*Erfahrene Verteidiger in Steuerstrafsachen geben folgende **Verhaltensregeln für Hausdurchsuchungen** (hier nach Streck/Spatscheck a.a.O. S. 125 Tz. 344): **„Es hat keinen Zweck, die Hausdurchsuchung durch kleine Stolpersteine zu hindern. Man muss die Durchsuchung geschehen lassen. Der Betroffene kann sowohl seinen Berater als auch einen Anwalt anrufen; es besteht keine Telefonsperre. Durchsuchung ... und Einlassung sind sorgfältig zu trennen. Eine Grundregel ...heißt: Keine Einlassung während der Durchsuchung."***

*Dies gilt auch nach Streck/Spatscheck a.a.O. S. 158 Tz. 518 für Einlassungen Dritter, bei denen nach § 103 StPO durchsucht wird. Im Übrigen warnt Streck/Spazscheck in seinen Grundregeln „Wenn die Steuerfahndung kommt" a.a.O. auf S. 9: **„Die Steuerfahndung ist besser und weiß mehr, als der Betroffene glaubt. Vorsicht vor Unterschätzung. ... Fahnder sind geübte Durchsucher. ... Die Hausdurchsuchung muss „durchgestanden" werden; Rechtsbehelfe haben idR wenig Sinn."***

Weitere allgemeine Praxishinweise zum Verhalten bei Durchsuchungen und Beschlagnahmen

Blumers/Göggerle a.a.O. Tz. 603 ff.:

Bei ... Unternehmen treten Schwierigkeiten dadurch auf, dass die Durchsuchung ohne ... Aufsehen ...ablaufen und ... von ... Kunden und dem ...Publikum abgeschirmt werden sollte. Andererseits besteht die Möglichkeit, verlässliche Mitarbeiter hinzuziehen, die ... dazu beitragen..., dass die Durchsuchung auf das notwendigste ... beschränkt bleibt... Separate Räume für die Fahndungsbeamten ...[stehen zur Verfügung]...Alle ... müssen bemüht sein, dass die Durchsuchung ...korrekt und ...unauffällig ...abläuft. ..Wutausbrüche sind ebenso unangebracht wie verzweifeltes Lamentieren. ..Einige der Fahndungsbeamten verfügen über größere Erfahrungen... lassen sich ... nicht beeindrucken und fühlen sich durch ... auffälliges Verhalten ... in ihrem Verdacht eher bestätigt. ...Unschuldsbeteuerungen oder rechtliche Erklärungen sind ... zu unterlassen .... Der Beschuldigte muss sich ... zurückhalten ..."

55 vgl. LG Freiburg wistra 2000 S. 159 ff.

*Die Durchsuchung selbst wird nach einhelliger Ansicht höchst professionell durchgeführt. So führen Bornheim/Birkenstock a.a.O. S. 210 aus: **„...Es kann nicht davon ausgegangen werden, dass Laienverstecke unentdeckt bleiben. Selbst Toilettenspülungen, Brieftaschen, Koffer und Kellerschränke finden das Interesse.... PCs, Fotoalben und persönliche Kalender sind oft die ergiebigsten Quellen. ....natürlich sind alle Arten von Kontounterlagen von allergrößtem Interesse. Angesichts der guten technischen Ausstattung der Fahndungsbehörden ist das Überwinden typischer Sicherungskodes in PCs ebenso wenig ein Problem wie die Sichtbarmachung gelöschter Dateien."***

Praxishinweis: 33

*Tipke/Kruse a.a.O. weisen in der Tz. 77 darauf hin: **„Will die Steuerfahndung ... ohne richterliche Anordnung beschlagnahmen, sollte der Betroffene ausdrücklich widersprechen und darauf bestehen, dass hierüber ein Vermerk gefertigt wird. Hierdurch zwingt er die Steuerfahndungsbeamten, von sich aus nach § 98 II 1 StPO binnen 3 Tagen eine richterliche Bestätigung einzuholen."***

*Vgl. auch die ausführliche Darstellung bei Park a.a.O. in wistra 2000 S. 453 ff., der auf der S. 456 Hinweise zur Vorgehensweise bei der Versiegelung und auch Entsiegelung und anschließenden ersten Durchsicht gibt und der die Teilnahme des Verteidigers auch deshalb für erforderlich hält, weil er **„.... erfahren...[kann], worauf es den Ermittlungsbehörden ankommt... Er sollte deshalb auf die Teilnahme des Beschuldigten ... drängen und die eigene Teilnahme unter Hinweis auf § 163a III 2, 168c I [StPO] .... durchsetzen.....Ohne die Anwesenheit .... werden entlastende Unterlagen häufig übersehen bzw. in ihrem Bedeutungsgehalt nicht zur Kenntnis genommen...."***

Nachfolgend sind sowohl das **Muster eines Beschlagnahmeverzeichnisses** sowie das **Muster eines richterlichen Durchsuchungsbeschlusses** wiedergegeben. Aus den dazu angebrachten ergänzenden Erläuterungen ergeben sich erste Informationen, wie sie für einen Verteidiger in diesem frühen Stadium von Bedeutung sind.

Das Beschlagnahmeverzeichnis findet grundsätzlich zusammen mit dem Durchsuchungsvermerk Verwendung. Zu den in eckigen Klammern [ ] angegebenen einzelnen Ziffern sind nachstehend Erläuterungen angegeben, welche Informationen hierbei für den Verteidiger zu entnehmen sind.

34
1. Verzeichnis der beschlagnahmten Gegenstände

[1] Finanzamt für Fahndung und Strafsachen Berlin Steuerfahndungsstelle AB-Nr.____ / ______________ ( ) [2] DS-Ort______________________	[3]12109 Berlin, den Ullsteinstraße 66 Telefon (Durchwahl) 9024 32……. - Vermittlung 9024 32500 Telefax 9024 32…. Bearbeiter (in) Zimmer

Verzeichnis der sichergestellten Gegenstände

☐ Im Strafverfahren gegen [4]

____

☐ Im Besteuerungsverfahren der/des [5]

____

Die sichergestellten Gegenstände befanden sich im Gewahrsam des / der / Firma: [6]

____

in______________________________

Die sichergestellten Gegenstände wurden [7]

☐ freiwillig herausgegeben Lfd.Nr.______________ Bl.______________

☐ beschlagnahmt Lfd.Nr.______________ Bl.______________

☐ übergeben Lfd.Nr.______________ Bl.________[8]________

Das Verzeichnis enthält insgesamt ________ Positionen (lfde Nr.) und besteht aus _____[9]______ Bl.

Unterschrift der / des Gewahrsaminhaber / in ______________________[10]________

☐ der/die Gewahrsamsinhaber/in hat die Unterschrift verweigert [11]

☐ der/die Gewahrsamsinhaber/in war abwesend

Unterschrift, Dienstbezeichnung:

______________________________[12]________

Lfd.Nr.	Anzahl	Bezeichnung der Gegenstände [13]	Rückgabe am: Bl.

Erläuterungen zum Verzeichnis der beschlagnahmten Gegenstände

In diesem Verzeichnis ist eine Vielzahl von ersten **Informationen** enthalten, die auch für die Verteidigung von Bedeutung sind. Auf welche Angaben geachtet werden sollte, wird nachfolgend anhand einzelner Textbestandteile erläutert.

[1] Die mit der Durchsuchung beauftragte Steuerfahndungsstelle, deren Aktenzeichen und der Ort der Durchsuchung sind hier angegeben. Bei Durchsuchungen im Wege der Amtshilfe handelt es sich hierbei nicht um die von der Bußgeld- und Strafsachenstelle oder Staatsanwaltschaft beauftragte sog. „federführenden" Steuerfahndung. Angaben dazu ergeben sich aus dem Durchsuchungsbeschluss.

[2] Dem als „Auftragsbuchnummer („AB-Nr.") vergebenen Aktenzeichen sind folgende Angaben zu entnehmen: Vor dem Schrägstrich wird (zumindest in Berlin) das Jahr angegeben, in dem der Fall statistisch erfasst worden ist. Grundsätzlich ist diese Angabe identisch mit dem Jahr der Einleitung des Ermittlungsverfahrens. Nach dem Schrägstrich wird die laufende Nummer des Falles wiedergegeben. In der Klammer ist die Dienstnummer des Fahndungsprüfers angegeben, der den Fall verantwortlich bearbeitet.

[3] Sofern die Durchsuchung nicht im Wege der Amtshilfe durchgeführt wurde, ergibt sich hieraus mit dem Einsatzleiter der Ansprechpartner für diesen Fall vor Ort. Dies ist nicht immer der sog. Federführende Beamte, dem der Fall zur Ermittlung zugewiesen wurde. Dieser hält sich regelmäßig an dem Durchsuchungsort auf, der nach seiner Prognose von entscheidender Bedeutung ist oder an dem die Anwesenheit des Beschuldigten erwartet wird. Aus dem Datum ist gleichzeitig der Durchsuchungstag ersichtlich.

[4] Die Ermittlungen haben im Steuerstrafverfahren stattgefunden. Der Beschuldigte ist bezeichnet.

[5] Bei dieser Alternative ist die Steuerfahndung ausschließlich im Besteuerungsverfahren nach § 208 Abs. 1 Satz 1 Nr. 3 AO tätig geworden. Der betroffene Steuerpflichtige ist angegeben.

[6] Die sichergestellten – und damit die in amtliche Verwahrung übernommenen Gegenstände – sind bei der angegebenen Person oder Firma mitgenommen worden und müssen – wenn keine entsprechende anders lautende Vollmacht des Eigentümers vorliegt – wieder dort hin zurückgegeben werden. Bei einer Durchsuchung ist nochmals ersichtlich, wo und bei wem die Steuerfahndung war. Daraus lässt sich evtl. auch ablesen, welche weiteren Informationen durch eine mögliche Vernehmung vor Ort bekannt geworden sind.

[7] Der Rechtsgrund für die mitgenommenen einzelnen Gegenstände wird nunmehr genau bezeichnet

[8] Bei den „übergebenen Gegenständen handelt es sich regelmäßig um Beweismittel, die nicht in Erfüllung einer Herausgabepflicht oder zur Abwendung der Beschlagnahme in die Hände der Steuerfahndung gelangt sind. Hierbei ist nicht auszuschließen, dass im Rahmen einer Anzeige Unterlagen weiter gereicht wurden. Es kann sich aber auch um Unterlagen handeln, die bei Ermittlungen nach § 208 Abs. 1 Satz 1 Nr. 3 AO im Besteuerungsverfahren mitgenommen wurden.

[9] Hieraus ergeben sich Hinweise auf die mitgenommenen Unterlagen. Bei einer Vielzahl von mitgenommenen Gegenständen kann die Auflistung sehr umfangreich sein.

[10] Mit der (freiwilligen) Unterschrift bestätigt der Gewahrsamsinhaber die Vollständigkeit der Auflistung. Im Durchsuchungsprotokoll ist häufig noch die zusätzliche Bestätigung enthalten, dass nichts beschädigt wurde und insbesondere die vorhandenen Computer in funktionsfähigem Zustand hinterlassen wurden.

[11] Eine Verpflichtung zur Unterschrift besteht nicht, allerdings besteht dann auch später kein Nachweis mehr für den Gewahrsamsinhaber, welche Gegenstände tatsächlich mitgenommen wurden. Bei Abwesenheit des Gewahrsamsinhabers kann dennoch durchsucht und beschlagnahmt werden. Grundsätzlich wird dann immer ein Durchsuchungszeuge zugegen sein, der sich aus dem Durchsuchungsprotokoll ergibt.

[12] Zumindest der Einsatzleiter vor Ort wird hier unterschreiben. Dabei muss es sich nicht zwingend um den Bearbeiter des Falles handeln.

[13] Die Auflistung der einzelnen Positionen der mitgenommenen Beweismittel erfolgt hier tabellarisch für jeden Durchsuchungsort. Sammelbezeichnungen ohne die detaillierte Einzelauflistung sind üblich. Die Rückgabe einzelner Positionen – auch vor Abschluss des Verfahrens – wird ebenfalls später notiert. Die aufgelisteten Beweismittel werden anschließend in der Dienststelle nochmals gesondert nach dem Aufbewahrungsort in der sog. Verwahrstelle der Steuerfahndung erfasst. Bei laufender Bearbeitung sind diese Unterlagen häufig im Zimmer des Fahndungsprüfers oder in gesonderten Auswertungszimmern, sonst aber in besonderen Asservatenräumen untergebracht. Diese Räume und auch das gesamte Dienstgebäude sind deshalb durch besondere Sicherungsmaßnahmen geschützt.

2. Fiktiver Durchsuchungsbeschluss für den Beschuldigten 35

[1] Amtsgericht Tiergarten
GeschZ. 111 Js 9999 / <Jahr>

10559 Berlin, den <[2] nicht älter als 6 Monate>
Turmstraße 91

BESCHLUSS

In dem Strafverfahren

gegen <[3] Name des Beschuldigten>

geb. am .... in ....
Anschrift

....

Vergehen, strafbar nach §§ 369, 370 AO,

....[4]..

wird auf Antrag des [5] Finanzamts für Fahndung und Strafsachen Berlin, Bußgeld- und Strafsachenstelle, gemäß [6] §§ 102, 105 StPO die Durchsuchung der Person des/der [7] Beschuldigten, [8] seiner/ihrer Sachen, Schließfächer und Verwahrstücke bei Kreditinstituten [9], der Wohnung, der ihm/ihr sonst zugänglichen Räume sowie der Geschäftsräume in ....angeordnet,

[10] weil zu vermuten ist, dass die Durchsuchung zur Auffindung von Beweismitteln führen wird.

[11] Schriftstücke und sonstige Gegenstände, die als Beweismittel von Bedeutung sein können, insbesondere Buchführungsunterlagen (Bücher, Rechnungen, Quittungen, Provisionsabrechnungen und sonstige Belege), Aufzeichnungen über Einnahmen und Ausgaben, Kontoauszüge einschließlich deren Anlagen, Verträge, Schriftwechsel sowie sämtliche Unterlagen, die Aufschluss über die Entstehung oder die Verwendung von Einkünften oder Vermögenswerten geben

[12] sind gem. §§ 94, 98 StPO zu beschlagnahmen.

[13] Die Beschlagnahme kann durch freiwillige Herausgabe der Beweismittel abgewendet werden.

[14] Die Anordnung der Durchsuchung und die Beschlagnahme von Beweismitteln ist zur Ermittlung des Umfangs der Steuerverkürzung erforderlich.

[15] Mit der Durchsuchung werden Beamte der Steuerfahndungsstelle des Finanzamts für Fahndung und Strafsachen Berlin beauftragt.

[16] Gründe

Der – Die Beschuldigte (n) – ist – sind verdächtig,

im Kalenderjahr .... durch mehrere selbstständige Handlungen der Finanzbehörde über steuerlich erhebliche Tatsachen unrichtige Angaben gemacht und dadurch die Umsatzsteuer für ..... verkürzt zu haben.

Dem Beschuldigten wird zur Last gelegt, in den Umsatzsteuervoranmeldungen für die o.g. Zeiträume der .... GmbH die in den Rechnungen vom .... gesondert ausgewiesene Umsatzsteuer in noch festzustellender Höhe zu Unrecht als Vorsteuer geltend gemacht zu haben.

Dienstsiegel

____

Richter am Amtsgericht

Erläuterungen zum Durchsuchungsbeschluss

In diesem Beschluss sind eine Vielzahl von ersten **Informationen** enthalten, die auch für die Verteidigung von Bedeutung sind. Auf welche Angaben geachtet werden sollte, wird nachfolgend anhand einzelner Textbestandteile erläutert.

[1] Das Gericht, das den Beschluss erlassen hat, ist mit dem Aktenzeichen und der Anschrift angeführt. Damit steht das Gericht fest, gegen dessen Entscheidung gegebenenfalls Rechtsmittel eingelegt werden können. Aus der Unterschrift ergibt sich der für die Anordnung zuständige Richter .

[2] Da ein Durchsuchungsbeschluss grundsätzlich sechs Monate nach der Ausfertigung nicht mehr vollzogen werden darf, ist ein besonderes Augenmerk auf das Datum zu richten.

[3] Aus der Angabe des oder der Beschuldigten lässt sich ablesen, gegen wen sich das Verfahren richtet. Sind Namen noch nicht bekannt, können hier Beschuldigte auch nur als „Verantwortliche" bestimmter Firmen, Personen- oder Kapitalgesellschaften angegeben werden.

[4] Wegen welcher Steuerdelikte gegen den Beschuldigten ermittelt wird, ist hier abzulesen. In Betracht kommen auch damit in Zusammenhang stehende nichtsteuerliche Delikte, wie zum Beispiel Betrug, Untreue oder Urkundenfälschung. Wegen der hierfür fehlenden Ermittlungskompetenz dürfte dann regelmäßig neben der Steuerfahndung auch die Polizei an der Durchsuchung beteiligt sein.

[5] Aus dieser Angabe ergibt sich, wer die Aufgaben der Staatsanwaltschaft wahrnimmt. Handelt es sich hierbei um die Bußgeld- und Strafsachenstelle, liegt häufig ein Indiz für einen Schuldvorwurf vor, bei dem – zumindest beim derzeitigen Verfahrensstand – noch nicht zwingend mit einer Anklage vor dem Gericht oder gar einer Freiheitsstrafe gerechnet werden muss. Ansonsten wäre auf jeden Fall die Staatsanwaltschaft „Herr des Verfahrens".

[6] Die angeführte Rechtsgrundlage für die Durchsuchung weist darauf hin, dass sich dieser Beschluss gegen den Beschuldigten richtet. Für eine Durchsuchung bei unverdächtigen Dritten hätte an Stelle des § 102 StPO der § 103 StPO angeführt werden müssen.

[7] Auch hier ist nochmals zu erkennen, dass sich dieser Beschluss gegen den Beschuldigten richtet.

[8] Einige Ermittlungsrichter lehnen die Anordnung zur Durchsuchung von Schließfächern ab und verweisen aus Gründen der Verhältnismäßigkeit auf ein staatsanwaltschaftliches Herausgabeverlangen nach § 95 StPO. Die Schließfächer werden meistens gesondert aufgeführt.

[9] Die gesuchten Beweismittel sind – zumindest annähernd beschrieben – wie Angaben zu zeitgleich weiteren betroffenen Durchsuchungsorten.

[10] Auch hier liegt ein weiterer Hinweis darauf vor, dass es sich um eine Durchsuchung beim Beschuldigten handelt. Bei Dritten müsste stattdessen angeführt werden, es lägen „Tatsachen vor, nach denen die Durchsuchung zur Auffindung von Beweismitteln führen wird".

[11] Die gesuchten Beweismittel sind hier stichwortartig aufgeführt.

[12] Hier ist die Beschlagnahme durch den Richter angeordnet. Eine derartige Anordnung ist nicht in jedem Durchsuchungsbeschluss enthalten. Dann erfolgt die Beschlagnahme durch die durchsuchenden Beamten.

Fortsetzung:

Erläuterungen zum Durchsuchungsbeschluss

[13] Auf die Möglichkeit der freiwilligen Herausgabe der Beweismittel wird hier zwar verwiesen; sie empfiehlt sich aber nur bei der Suche nach genau bestimmten einzelnen Beweisgegenständen, wie zum Beispiel der dann angeführten „1 Rechnung über den Verkauf eines bestimmten Kraftfahrzeuges“. Häufig lassen sich die Steuerfahnder nicht durch die Vorlage bestimmter Beweismittel abhalten, dennoch die Durchsuchung vorzunehmen.

[14] Der Richter hat hier ausdrücklich die Beweiseignung der gesuchten Beweismittel und die Notwendigkeit der Durchsuchung bestätigt.

[15] Die zuständige Steuerfahndung, bei der das Ermittlungsverfahren bearbeitet wird, ist erkennbar. Damit ist der zunächst vorrangige Ansprechpartner für den Verteidiger bekannt. Grundsätzlich sollten alle Eingaben auch an diese Stelle gerichtet werden.

[16] Der Schuldvorwurf und die betroffenen Steuerarten sowie die Besteuerungszeiträume werden fast immer erstmals im Durchsuchungsbeschluss offenbart. Für alle hier nicht angeführten Zeiträume und Steuern bleibt weiterhin eine Selbstanzeige möglich. Auch eventuell gleichzeitig laufende Außenprüfungen können für diese nicht angeführten Abschnitte weiter geführt werden. Die Ausführungen sind in jedem Amtsgerichtsbezirk unterschiedlich. Teilweise wird der Lebenssachverhalt auch über mehrere Seiten und sehr detailliert dargestellt.

§ 4 Ermittlungsmöglichkeiten der Steuerfahndung

1 Der Steuerfahndung und den Bußgeld- und Strafsachenstellen stehen neben der Durchsuchung und Beschlagnahme als „klassische Ermittlungsmethode" eine Vielzahl von weiteren Informationsmöglichkeiten zur Verfügung, die über die des Finanzamts hinausgehen. Dabei kommt die Informationsgewinnung aus den Erkenntnissen der gesamten Finanzverwaltung ebenso in Betracht, wie Hinweise anderer Dienststellen und Behörden im In- und Ausland.

2 A. Praktizierte Ermittlungsmöglichkeiten

Im Besteuerungsverfahren stellt für das Finanzamt zunächst der Steuerpflichtige aufgrund seiner Mitwirkungsverpflichtung (§ 90 Abs. 1 S. 1 AO) die vorrangige Informationsquelle dar. Bei den Ermittlungen im Besteuerungsverfahren nach § 208 Abs. 1 Nr. 3 AO ist dieser Vorrang für die Steuerfahndung jedoch nicht mehr zwingend, weil sie nach § 208 Abs. 1 S. 4 AO selbst entscheidet, welchen Informationsquellen im Besteuerungsverfahren sie den Vorzug gibt. Neben dem Steuerpflichtigen kommen deshalb ebenso Dritte sowie die Finanzverwaltung selbst und andere Behörden in Betracht. Diese Informationsquellen werden nicht nur bei der Prüfung des Anfangsverdachts und während der laufenden Ermittlungen, sondern auch bei den Vor- und Vorfeldermittlungen im Besteuerungsverfahren herangezogen.

3 I. Kontrollmitteilungen von Finanzbehörden und von anderen inländischen Behörden

Als Rechtsgrundlage für die Ausfertigung und Verwertung von Kontrollmitteilungen innerhalb der Finanzverwaltung wird auf die entsprechenden Anwendung der für die Außenprüfung getroffenen Regelung verwiesen: Nach § 9 S. 1 BpO sind Feststellungen, die nach § 194 Abs. 3 AO für die Besteuerung anderer Steuerpflichtiger ausgewertet werden können, der zuständigen Finanzbehörde mitzuteilen. Danach sind Kontrollmitteilungen die (nicht nur von Außesnprüfern) routinemäßig vorgenommenen Niederschriften über Feststellungen der Verhältnisse anderer als der geprüften Personen oder einzelner Steuerpflichtiger, die in einem sachlichen Zusammenhang zu dem geprüften Steuerpflichtigen stehen. Für diesen sachlichen Zusammenhang zwischen Außenprüfung bzw. Angaben im Besteuerungsverfahren gegenüber dem Finanzamt und den Verhältnissen Dritter reicht es aus, wenn die gesichteten Unterlagen Hinweise auf die Besteuerung Dritter geben, die für deren Besteuerung möglicherweise erheblich sind[1]. Kontrollmitteilungen erfordern deshalb kein konkretes, besonderes Kontrollbedürfnis[2]. Insbesondere ist es unerheblich, ob der Vorgang außergewöhnlich ist oder sonst hinreichenden Anlass für eine Kontrolle bietet.

Die Anfertigung von Kontrollmitteilungen ist jedoch dann nicht mehr zulässig, wenn für den Steuerpflichtigen selbst ein Auskunftsverweigerungsrecht nach § 102 AO besteht und er darauf nicht ausdrücklich verzichtet hat (§ 8 Abs. 1 BpO).

---

1 BFH DStR 2000 S. 1512 ff.

2 Tipke/Kruse a.a.O. § 194 Tz. 9, nach dem eine generelle „*...Kontrolle, Überwachung und Aufsicht ... im Steuerrecht genau so notwendig [ist], wie im Verkehrsrecht .... Es dürfen beliebige Stichproben gemacht werden... [denn] .... eine gesetzmäßige, gleichmäßige Besteuerung kommt ... ohne Kontrolle nicht aus....*"

Praxishinweis:

Deshalb ist der möglicherweise betroffene Steuerpflichtige vor der Fertigung von Kontrollmitteilungen auf dieses Auskunftsverweigerungsrecht hinzuweisen und zu fragen, ob er es in Anspruch nimmt.

Das Auskunftsverweigerungsrecht der Angehörigen hindert allerdings nicht die Fertigung von Kontrollmitteilungen.

Eine systematische Anfertigung von Kontrollmitteilungen über andere Personen nur zum Zweck der Nachprüfung steuerlicher Verhältnisse Dritter ist allerdings nicht erlaubt[3]. Für Bankkunden verbietet bereits die Sonderregelung in § 30a Abs. 3 AO eine derartige systematische Fertigung. Voraussetzung für die Fertigung von Kontrollmitteilungen ist vielmehr ein „hinlänglicher Anlass". Deshalb sind beliebige Stichproben „ins Blaue hinein" zur Fertigung von Kontrollmitteilungen unzulässig. Kontrollmitteilungen bei Banken dürfen allerdings während Kapitalertragsteuerprüfungen unter Beachtung des § 30a AO gefertigt werden (§ 50 b S. 2 EStG; § 194 Abs. 3 AO). Für Feststellungen der Steuerfahndung über legitimationsgeprüfte Konten ist die Einschränkung des § 30a AO nicht anwendbar, weil eine Steuerfahndungsprüfung nach § 208 Abs. 1 AO keine Außenprüfung darstellt[4].

Praxishinweis:

Die Finanzämter sind ausdrücklich angewiesen, Erkenntnisse in der Form von Kontrollmitteilungen den jeweils zuständigen Dienststellen zur Verfügung zu stellen. Diese Mitteilung kann auch gegenüber der Steuerfahndung erfolgen.

Deshalb können Kontrollmitteilungen oft sehr kurzfristig Fahndungsprüfungen auslösen[5]. Wenn sie sich gehäuft oder mit hohen Beträgen in der Hinweisakte zu den Steuerakten befinden, reicht der mitgeteilte Sachverhalt insgesamt häufig bereits zur Einleitung eines Steuerstrafverfahrens aus. Während einer Außenprüfung sollte der Steuerberater über derartige (auch geplante und angekündigte) Maßnahmen von seinem Mandanten informiert werden.

II. Mitteilungen im Zusammenhang mit Schwarzarbeit 4

Das Gesetz zur Bekämpfung der Schwarzarbeit und illegalen Beschäftigung vom 23.07.2004[6] (SchwarzArbG) regelt eine Vielzahl von Ermittlungsmöglichkeiten und Mitteilungsverpflichtungen. Es hat mit § 2 dem Zoll Prüfungsaufgaben übertragen, Unterrichtungs- und Auskunftspflichten gegenüber der Finanzverwaltung in § 6 Abs. 1 Satz 1 und Abs. 3 Satz 1 Nr. 4 sowie in § 17 Abs. 1 Satz 1 Nr. 4 eingeführt, den Bediensteten polizeiliche Befugnisse und die Rechtsstellung von Ermittlungspersonen der Staatsanwaltschaft unter den Voraussetzungen des § 14 zugewiesen und neue Straftatbestände geschaffen sowie den Begriff der Schwarzarbeit in § 1 neu definiert. Dazu zählt jetzt auch die Verletzung steuerlicher Pflichten bei Dienst- oder Werkleistungen.

III. Weitere Informationsquellen der Finanzbehörden 5

Weitere Informationsquellen ergeben sich aus sonstigen Erkenntnissen der Finanzverwaltung, die nicht gezielt für die Fertigung von Kontrollmitteilungen erlangt wurden:

3 BFH DStR 1997 S. 961 ff
4 BFH DStR 2000 S. 1731 ff
5 Streck/Spatscheck a.a.O. Tz. 16.
6 Neufassung durch das Gesetz zur Intensivierung der Bekämpfung der Schwarzarbeit und damit zusammenhängender Steuerhinterziehung vom 23.07.2004 (BGBl. 2004 I S. 1842 ff.)

6 Bei Außenprüfungen werden häufig Zusatzberichte gefertigt, die möglicherweise strafrechtlich relevante Feststellungen enthalten. Sie werden im Gegensatz zu den Prüfungsberichten nicht bekannt gegeben und zunächst nur in den Handakten der Finanzämter (weiße „Hinweisakten") abgelegt. Diese Zusatzberichte sind auf besonders gefärbtem Papier erstellt und werden deshalb auch als „grüne" oder „rote Bogen" bezeichnet.

Praxishinweis:

Auch die Steuerfahndung fertigt bei Bedarf in ihren steuerlichen Berichten derartige Zusatzberichte. Darin weist sie auch auf die ihr bekannt gewordenen Vollstreckungsmöglichkeiten hin.

Im Wege der **Amtshilfe** (§§ 111 ff. AO) werden sowohl zwischen den Finanzbehörden als auch von anderen Behörden zur Durchführung der Besteuerung Erkenntnisse gewonnen und ausgetauscht.

7 Erkenntnisse aus anderen Steuerstrafverfahren (Selbstaufgriff) werden regelmäßig verwertet und führen dann zu neuen Ermittlungen. Diese Erkenntnisse stammen aus anhängigen Verfahren, werden aber auch den Medien entnommen.

Praxishinweis:

Eine Fahndungsprüfung weist häufig über Querverbindung zu anderen StPfl. (z.B. vom Großhändler zu den von ihm belieferten Einzelhändlern). Die Steuerfahndung folgt diesen Querbezügen. Ist der Fahndungsprüfer erkennbar auf eine derartige Querverbindung gestoßen, sollte der Beschuldigte überlegen, den Dritten zu informieren, um ihm die Selbstanzeige zu ermöglichen[7].

Dritte werden zur Informationsgewinnung entweder als **Auskunftspflichtige** (§ 92 Satz 2 AO) im Besteuerungsverfahren oder als **Zeugen** (§§ 52 ff. StPO) im Strafverfahren herangezogen. Dritte sind sowohl im Besteuerungs- wie auch im Steuerstrafverfahren zur Auskunft verpflichtet. Allerdings gilt auch hier das Aussageverweigerungsrecht, nach dem sie sich nicht selbst belasten müssen (§ 103 AO; § 55 StPO). Angehörigen des Steuerpflichtigen steht ebenfalls ein Aussageverweigerungsrecht sowohl im Besteuerungsverfahren (§ 101 Abs. 1 AO) als auch ein Zeugnisverweigerungsrecht im Strafverfahren (§ 52 StPO) zu. Die Fertigung von Kontrollmitteilungen wird hierdurch nicht gehindert (§ 8 Abs. 2 BpO).

8 IV. Anzeigen

Anonyme und namentliche Anzeigen gehen in großer Zahl bei der Steuerfahndung ein. Besonders häufig werden diese von Angestellten, Mitgesellschaftern, Geschäftspartnern, Ehegatten, Geliebten, Wettbewerbern und von anderen Personen aus dem Umfeld des Steuerpflichtigen erstattet.

Praxishinweis:

Immer dann, wenn mit einer Anzeige bei der Steuerfahndung gedroht wird, ist Vorsicht geboten und die Prüfung einer Selbstanzeige durchaus angezeigt. In der Praxis wird immer wieder Erstaunen darüber gezeigt, wie häufig Menschen auch von sich aus ihre 'Tricks beim Finanzamt' Dritten erzählen und auf diesem Wege eine Anzeige provozieren[8].

Die Motive der Anzeigenerstatter sind unbeachtlich, entscheidend ist nur, dass der Sachverhalt steuerlich oder steuerstrafrechtlich von Bedeutung ist. Fast alle Steuerfahndungsstellen setzen für die telefonische und persönliche Anzeigenaufnahme ihren sog. Bereitschaftsdienst ein.

7 Streck/Spatscheck a.a.O. Tz. 180
8 Streck/Spatscheck a.a.O. Tz. 163 ff.; Bornheim/Birkenstock a.a.O. S. 202:

Inzwischen besteht in verschiedenen Bundesländern auch die Möglichkeit, anonym im Internet Anzeigen zu erstatten. In Berlin ist gerade ein entsprechendes „Online-Hinweisgebersystem“ eingeführt worden.

Praxishinweis:

Zwar reagiert kaum eine andere Behörde so sicher auf offene und anonyme Anzeigen. Voraussetzung ist allerdings, dass die Anzeige konkrete Informationen enthält[9].

In der Öffentlichkeit und in den Medien herrscht immer noch die Vorstellung vor, dass Anzeigen bei weitem die wichtigste Informationsquelle darstellen. Zwar gehen tatsächlich bei den Finanzämtern und der Steuerfahndung viele Anzeigen wegen vermuteter Steuerverfehlungen ein. Jede Anzeige wird danach sofort einer Plausibilitätsprüfung unterzogen. Hierzu gehören die Ermittlung des zuständigen Finanzamts, der steuerlichen Erfassung des Angezeigten sowie der Versuch, die in der Anzeige vorgetragenen Steuerverfehlungen nachzuvollziehen. Einer anonymen Anzeige wird nach dieser ersten Prüfung aber nur dann weiter nachgegangen, wenn der angezeigte Sachverhalt eine nicht unerhebliche steuerliche Bedeutung zu haben scheint. Namentliche Anzeigen haben hingegen eine größere Bedeutung. Hier besteht vor allem die Möglichkeit, den Anzeigenerstatter später ergänzend zu befragen und um die Vorlage weiterer evtl. belastender Unterlagen zu ersuchen.

Sofern kein Anlass besteht, einer Anzeige nachzugehen, werden die Gründe dafür aktenkundig gemacht. Angezeigte Sachverhalte, für deren Ermittlung die Finanzbehörde nicht zuständig ist, sind an die zuständige Behörde weiter zu leiten oder der Anzeigende dort hin zu verweisen (Nr. 118 AStBV). Anzeigen ohne erkennbare steuerliche oder steuerstrafrechtliche Bedeutung werden hingegen bei der Steuerfahndung abgelegt.

Vor der **Anzeigenaufnahme** erfolgt regelmäßig eine Belehrung über die Folgen falscher Angaben. 9
Dabei erfolgt der Hinweis auf das strafbare Vortäuschen einer Straftat (§ 145d StGB) und die falsche Verdächtigung (§ 164 StGB) sowie auf die mögliche Kostenpflicht bei unwahren Anzeigen (§ 469 StPO). Daneben wird der Anzeigende – zumindest in Berlin – ausdrücklich darauf hingewiesen, dass wegen § 30 AO grundsätzlich keine Auskunft über den Ablauf und das Ergebnis der durch die Anzeige ausgelösten Ermittlungen erteilt wird (vgl. Nr. 75 Abs. 2 AStBV).

Der Anzeigende **(Anzeigenerstatter)** unterliegt bei seinem entsprechendem Begehren dem 10
Schutz des Steuergeheimnisses. Dann ist sein Name *und* der Inhalt seiner Angaben[10] nur bei außergewöhnlichen Fallgestaltungen zu offenbaren. Sein besonderer Schutz im Steuerstrafverfahren wird damit gerechtfertigt, dass Amtsträger das Steuergeheimnis zu wahren haben und eine Durchbrechung nur in Betracht kommt, wenn der Schutz der Persönlichkeit des Angezeigten dies erfordert[11].

Praxishinweis:

Derartige Anträge stellen die Ausnahme dar, weil „anonyme“ Anzeigen häufig keinen begründeten Anlass für ein Tätigwerden im Besteuerungsverfahren begründen und erst recht nicht zur Einleitung eines Steuerstrafverfahrens führen. Dann wird nämlich die Anzeige und die Plausibilitätsprüfung nicht bekannt gegeben.

9 Streck/Spatscheck a.a.O. Tz. 175

10 So ausdrücklich Nr. 112 Abs. 1 AStBV unter Hinweis auf BFH BStBl. 1994 II S. 552 ff. mit dem Zusatz, dass eine Offenbarung nur zulässig ist, „*... wenn der Schutz des allgemeinen Persönlichkeitsrechts des von der Anzeige Betroffenen dies gebietet .... Dies gilt auch, wenn sich der von der Anzeige Betroffene ohne Kenntnis des Anzeigenerstatters nicht wirksam verteidigen kann (z.B. weil die Aussage des Anzeigenerstatters das einzige Beweismittel darstellt).*“

11 BFH BStBl. 1985 S. 571

Der Schutz des Steuergeheimnisses gilt aber nur, wenn ausreichende Anhaltspunkte dafür vorliegen, dass die Behörde wider besseres Wissen oder leichtfertig falsch informiert wurde oder aber die Angaben für die Verfolgung bestimmter Delikte erforderlich sind. Dazu zählen nach Nr. 8.9. AEAO zu §§ 30 – 30a AO die falsche Verdächtigung (§ 164 StGB), die Beleidigung (§ 185 StGB), die üble Nachrede (§ 186 StGB), die Verleumdung (§ 187 StGB), die Körperverletzungsdelikte der §§ 223, 224, 229 StGB, die Freiheitsberaubung (§239 StGB), die Nötigung (§ 240 StGB) und die Bedrohung (§ 241 StGB). Die Offenbarung vorsätzlich falscher Angaben ist nach der Nr. 9 AEAO sowie bei Sachverhalten zulässig, für die iS.d. § 30 Abs. 4 Nr.4 und 5 AO das Steuergeheimnis durchbrochen werden darf. Die Klage auf Bekanntgabe des Anzeigenerstatters ist im Finanzrechtsweg an den BFH zu richten.

Praxishinweis:

Dennoch sollte das Risiko für den Anzeigenden nicht überbewertet werden. Die Fälle, bei denen eine Bekanntgabe erfolgt, sind von zu vernachlässigender Anzahl. Dies liegt auch an den hohen Anforderungen an die Strafbarkeit falscher Angaben[12]*.*

Eher ist der Anzeigende aufzudecken, wenn er Informationen an die Steuerfahndung heranträgt, aus denen man auf seine Person und besondere Stellung in einer Firma schließen kann.

11 V. Erkenntnisse aus der Zusammenarbeit mit der Polizei

In Fällen, bei denen auch nichtsteuerliche Delikte zu bearbeiten sind, finden häufig **gemeinsame Ermittlungen** der Steuerfahndung vor allem mit den Polizeidienststellen und neuerdings mit der FKS statt. Die neuen Nr. 132a und 132b der AStBV 2008 regeln die Zusammenarbeit von Polizei und Steuerfahndung; § 403 AO die Beteiligung der Bußgeld-und Strafsachenstelle an polizeilichen (und staatsanwaltschaftlichen) Ermittlungen bei Steuerstraftaten.

Nr. 132b Abs. 1 S. 3 AStBV verweist ausdrücklich auf die **Hinzuziehung der Polizei im Wege der Amtshilfe**, Nr. 132a AStBV auf die Amtshilfe der Landeskriminalämter bei kriminaltechnischen Begutachtungen.

Bei gemeinsamen Durchsuchungsaktionen im Auftrag der Staatsanwaltschaft steht jedoch nur den Fahndungsprüfern und den als Ermittlungsperson der Staatsanwaltschaft bestimmten Dienstkräften der Polizei bei erteilter besonderer Anordnung des Staatsanwaltes das Recht zur Einsicht in die Papiere zu (§ 110 StPO i.V.m. § 404 AO). Steuerfahnder nehmen allerdings regelmäßig nur dann an derartigen gemeinsamen Aktionen teil, wenn auch ein Steuerstrafverfahren eingeleitet worden ist. Nach Einleitung des Steuerstrafverfahrens erfolgt der Informationsaustausch zur Polizei aufgrund des § 30 Abs. 2 Nr. 4a) AO.

---

12 Nach Koch: *Die fahrlässige Falschanzeige – oder: Strafrechtliche Risiken der Anzeigenerstattung* in NJW 2005 S. 943 ff. *„....unterliegt der Anzeigeerstatter einem geringen strafrechtlichen Risiko. .. § 164 StGB* [Falsche Verdächtigung] *greift erst, wenn ein Handeln wider besseren Wissen nachgewiesen wird. Gelingt dieser Nachweis nicht, so scheitert eine Strafbarkeit aus § 186 StGB* [Üble Nachrede] .... *regelmäßig an § 193 StGB* [Wahrnehmung berechtigter Interessen]. .... *die fahrlässige Falschanzeige .... erfüllt ..... nicht den Tatbestand des § 186 StGB...“*

VI. Mitteilungsverpflichtungen gegenüber der Finanzbehörde 12

1. Spezielle Mitteilungspflichten für Sonderfälle 13

Die auf Grund des § 93a AO erlassene „Verordnung über Mitteilungen an die Finanzbehörden durch andere Behörden und öffentlich-rechtliche Rundfunkanstalten" (**Mitteilungsverordnung – MV –**) vom 07.09.1993[13] regelt weitere Informationspflichten. Die Mitteilungsverordnung enthält Anweisungen, was ohne Ersuchen den Finanzbehörden als Kontrollmitteilung zu übersenden ist. Der Betroffene ist davon stets bei der ersten Mitteilung zu unterrichten. Danach sind insbesondere mitzuteilen:

- Zahlungs- und Lieferungsmodalitäten (Zahlungen für Lieferungen oder Leistungen, Anweisungen an andere als Geschäftskonten, Barzahlungen durch Schecks u.ä.),
- Gewerberechtliche Erlaubnisse und Gestattungen,
- Angaben im Zusammenhang mit Spielgeräten, Gewinnspielen, Messen, Märkten und Volksfesten,
- Genehmigungen nach dem Personenbeförderungsgesetz,
- Erlaubnisse zur gewerbsmäßigen Arbeitnehmerüberlassung,
- Mitteilungen über Honorarzahlungen der Rundfunkanstalten.

2. Gesetzliche Mitteilungspflichten 14

Dies sind insbesondere die

- Anzeigepflichten insbesondere der **Gerichte, Behörden und Notare** aufgrund
  - § 18 GrEStG: Mitteilung mit amtlichem Vordruck über Grundbucheintragungen und Grundstücksgeschäfte,
  - § 34 ErbStG: Mitteilungen über Erbscheine, Nachlasspflegschaften, Erbauseinandersetzungen u.a.,
  - §§ 8,9 KVStDV: Mitteilung im Hinblick auf Kapitalverkehrsteuern, Handelsregistereintragungen wie Sitzverlegungen, Änderung des Firmenzwecks, Liquidationen,
  - MiStra: Mitteilungen in Strafsachen[14] insbesondere bei Angehörigen des öffentlichen Dienstes,
- Mitteilungen aufgrund des Gesetzes zur Verbesserung der Bekämpfung der Organisierten Kriminalität vom 04.05.1998[15] insbes. nach § 10 Abs. 2 GwG (**Geldwäscheverdachtsanzeige**); § 12a ZVG (**Bargeldkontrolle** an Außengrenzen),

13 i.d.F. vom 19.12.2000 (BGBl. 2000 I S. 1790 u. 2001 I S. 3), vgl. dazu auch das BMF-Schreiben i.d.F. vom 25.03.2004 (BStBl. 2004 I S. 418 ff.)

14 Anordnung über Mitteilungen in Strafsachen vom 29.04.1998 (BAnz. 1998 Nr. 99a, Nr. 128 und in div. Kommentaren als Anhang)

15 BGBl. 1998 Teil I S. 845 ff.

- Mitteilungen aufgrund der Überwachung von **Barmitteln**, die in die oder aus der Europäischen Gemeinschaft verbracht werden[16],
- Mitteilungen im Zusammenhang mit **ausländischen Werkvertragsunternehmen** und ausländischen **Arbeitnehmern** aufgrund § 3 Abs. 4 AEntG,
- Mitteilungen i.V.m. Art. 17 ZIV (Kontrollmitteilungen über **Kapitaleinkünfte innerhalb der Europäischen Union**),
- Mitteilungen im Rahmen der sog. **Spontanauskünfte** nach den jeweils gelten **Doppelbesteuerungsabkommen**,
- Mitteilungspflichten der **Banken**[17]:
  - § 33 ErbStG: Im Todesfall über verwaltete Vermögensgegenstände an das für die Erbschaftsteuer zuständige Finanzamt,
  - § 45d EStG: hinsichtlich der Zinsabschlagsteuer
- Mitteilungen der privaten **Versicherungen**, insbes. über Auszahlungen von Lebensversicherungen.

15

3. Mitteilung über den Verdacht einer Steuerstraftat (§ 116 AO)

Tatsachen, die auf eine Streuerstraftat schließen lassen, haben andere Dienststellen und Behörden nach § 116 AO der Finanzbehörde mitzuteilen. Diese Mitteilungsverpflichtung ist mehrfach geändert und erweitert worden: Zunächst hat das Föderalismusreform-Begleitgesetz vom 05.09.2006[18] die ursprüngliche Regelung, nach der dienstlich bekannt gewordene Tatsachen nur beim *Verdacht* einer Steuerstraftat mitzuteilen waren, dahingehend erweitert, dass Rückschlüsse auf eine Steuerstraftat ausreichend sind. Mit der erneuten Änderung durch das Jahressteuergesetz 2008 dürfen diese Tatsachen auch der örtlichen Finanzbehörde mitgeteilt werden. Daneben besteht weiter die Möglichkeit, zur zentralen Erfassung das Bundeszentralamt für Steuern zu informieren, das dann *„die für Straftaten zuständigen Finanzbehörden"* und damit grundsätzlich die Bußgeld- und Strafsachenstellen und die Steuerfahndung über die Mitteilung in Kenntnis setzt, sofern diese sie nicht schon direkt erhalten haben[19].

Derartige Mitteilungen nach § 116 AO nehmen (zumindest in Berlin) beständig zu, auch wenn insbesondere in der Literatur diese Mitteilungspflicht noch als von untergeordneter Bedeutung angesehen wird[20].

16 Verordnung (EG) Nr. 1889/2005, Amtsblatt der Europäischen Union L 309 vom 25.11.2005 S. 9

17 Spielbanken und Lotteriegesellschaften unterliegen keiner Mitteilungspflicht, ihre internen Aufzeichnungen kommen jedoch als potentielle Beweismittel in Betracht.

18 BGBl. 2006 I S. 2098 ff.

19 § 116 Abs. 1 AO soll wie folgt geändert werden:
(1) Gerichte und die Behörden von Bund, Ländern und kommunalen Trägern der öffentlichen Verwaltung,die nicht Finanzbehörden sind, haben Tatsachen, die sie dienstlich erfahren und die auf eine Steuerstraftat (Zollstraftat) schließen lassen, dem Bundeszentralamt für Steuern und, soweit bekannt, den für das Steuerstrafverfahren zuständigen Finanzbehörden mitzuteilen.
(2) Das Bundeszentralamt für Steuern teilt diese Tatsachen den für das Steuerstrafverfahren zuständigen Finanzbehörden mit, soweit diese nicht bereits erkennbar unmittelbar informiert worden sind.

20 Im Jahr 1998 waren in Berlin bereits rd. 13 % der neuen Prüffälle auf derartige Mitteilungen zurückzuführen, 2006 sind sie bereits auf über 16% angestiegen.

Praxishinweis:

Äußerste Vorsicht ist deshalb vor allem in folgenden Fällen geboten: Bei Angaben über ausländisches Vermögen in Prozessen über Unterhaltsverpflichtungen; bei arbeits- und sozialrechtlichen Streitigkeiten über tatsächlich gezahlte Löhne; bei gewerberechtlichen Überprüfungen, umweltrechtlichen Ermittlungen mit Rechnungslegungen für Abfallbeseitigung; Ermittlungen wegen Eigentumsdelikten beim angegebenen Wert abhanden gekommener Gegenstände u.ä. Bei Prüfungen anderer Behörden sollte immer nachvollzogen werden, welche weiteren Erkenntnisse dabei erlangt wurden. Ggf. ist eine Selbstanzeige in Betracht zu ziehen, bevor die Finanzbehörde informiert wird.

Zu § 116 AO und zu sonstigen Mitteilungspflichten sowie zur Vermögensabschöpfung hat das BMF gerade ein „**Merkblatt zur Zusamenarbeit von Behörden und Gerichten mit den Landesfinanzbehörden**" veröffentlicht sowie zur Weitergabe einer Mitteilung nach § 116 AO einen entsprechenden Vordruck entwickelt[21].

B. Neue Ermittlungsmöglichkeiten 16

I. Zielgerichtete Erweiterung – insbesondere nach Ablauf der Steueramnestie 17

In den letzten Jahren sind die Informationsmöglichkeiten für die Steuerfahndung beständig erweitert worden, ohne dass die Öffentlichkeit hiervon besonders Kenntnis genommen hat. Dadurch ist das Risiko zur Aufdeckung von Steuerverkürzungen erheblich gesteigert worden. Dazu gehören insbesondere:

- Personelle Verstärkung der Steuerfahndung[22]
- Frühzeitiger Informationsaustausch innerhalb der Finanzverwaltung
- (Nrn. 113, 114 AStBV, § 10 BpO)
- Elektronischer Zugriff auf die Daten des Steuerpflichtigen (§ 147 AO)
- Zulässigkeit und Ausweitung von (Sammel-) Auskunftsersuchen durch die Steuerfahndung (§ 208 Abs. 1 S. 1 Nr. 3 AO)
- Zunehmende Anzeigen durch Dritte bei der Steuerfahndung
- mit dem Schutz des Anzeigenden durch das Steuergeheimnis
- Erkenntnisse aus Selbstanzeigen[23]
- Verstärkung des Kontrollmitteilungsverfahrens (auch international)
- Verbesserung der (internationalen) Rechtshilfe
- Verbesserung von Erkenntnissen durch die Umsatzsteuernachschau (§ 27b UStG)
- Hinweise aus Geldwäscheverdachtsanzeigen und Kontrollen des Zolls (§ 31b AO; § 11 GwG; § 12a ZVG sowie nach der Barmittelüberwachungsverordnung

21 Zum Redaktionsschluss war das Merkbkatt noch nicht veröffentlicht.
22 Allein in Berlin waren 1990 noch rd. 70 Fahndungsprüfer eingesetzt, im Jahr 2007 sind es rd. 130.
23 Nicht jedoch aus strafbefreienden Erklärungen wegen des rigoros gehandhabten Verwendungsverbotes des § 13 StraBEG

- Mitteilungsverpflichtung im Bereich der illegalen Beschäftigung (§§ 31, 31a AO und SchwarzArbG)
- Mitteilungsverpflichtungen in Korruptionsfällen (§ 4 Abs. 5 EStG)

18

II. Verbesserung der technischen Ausstattung

4

Auch die aktuelle Entwicklung insbesondere im Bereich der **elektronischen Datenverarbeitung** ist an der Steuerfahndung nicht vorbei gegangen. Als Folge der inzwischen weitgehend abgeschlossenen Bankenverfahren hat gerade die Steuerfahndung in diesem Bereich einen „technischen Quantensprung" vollzogen und seitdem kaum noch besondere Defiziten in der personellen und sächlichen Ausstattung aufzuweisen .

Praxishinweis:

Die technischen Möglichkeiten der Steuerfahndung werden häufig wegen der angeblich „sparsamen" Ausstattung der Finanzämter unterschätzt[24].

19 **1.** Seitdem immer mehr technische Geräte mit einem **digitalisierten Speicher** versehen sind, stehen auch dort auslesbare Daten zur Verfügung. Weitgehend unbekannt ist immer noch, dass selbst Fotokopierer, Faxgeräte, Scanner und Drucker darüber verfügen. Spezielle Löschfunktionen für alle derartigen Datenspeicher sind selten vorhanden. Das sichere Entfernen der Daten ist – ähnlich wie bei Computern – im Gegensatz zur herkömmlichen Ansicht nämlich schwierig oder kaum möglich. Einfache Löschvorgänge bei gespeicherten Daten führen nur in Ausdnahmefällen zu einer endgültigen Entfernung. Vielmehr sind „Datenrettungsprogramme" in der Lage, diese nur auf den ersten Blick gelöschten Daten wieder auszulesen und beschädigte Dateien um teilzerstörte Angaben zu ergänzen.

20 **2.** Zusätzlich werden in den Steuerfahndungsstellen besondere **Auswertungs- und Suchprogramme** sowie besondere und weitgehend von der Finanzverwaltung bundesweit vorgehaltene Datensammlungen eingesetzt:

a. Die zeitnahe Erfassung und Auswertung sehr großer Datenmengen ist inzwischen mit entsprechenden Datenerfassungsprogrammen möglich. Der in der Steuerfahndung Berlin eingesetzte „**Elektronische Leitz Ordner**" (ELO) ist in der Lage, besonders umfangreiche Beweismittel (ab ca. 10.000 Dokumente) in kürzester Zeit zu erfassen, sortieren und zu verwalten, die vorher manuell kaum zu bewältigen waren.

b. Neu entwickelte Auswertungs- und Steuerberechnungsprogramm (**BpAEuro**) setzen fast alle Bundesländer in der Außenprüfung und auch in der Steuerfahndung ein. Damit sind auch schwierige Steuerberechnungen sofort möglich und können jederzeit an neue Erkenntnisse angepasst werden.

---

24 In seinem Vorwort zur 5. Auflage weist Bilsdorfer: *„Die Informationsquellen und –wege der Finanzverwaltung"* zutreffend darauf hin, dass der Finanzverwaltung auch durch die Datenverarbeitung inzwischen zusätzliche Ermittlungsmöglichkeiten offen stehen: *„Auch in .... die Finanzverwaltung .... hat die Datenverarbeitung wie selbstverständlich Einlass gefunden, was angesichts der Masse der zu bewältigenden Arbeiten nicht verwundert. .... Die Finanzverwaltung ... wäre ... bei entsprechender personeller und sachlicher Ausstattung in der Lage, den gesamten Zahlungsverkehr in steuerlicher Hinsicht auszuweiten...."* Z.T. wird bereits davor gewarnt, dass die Steuerfahndung gegenüber Rechtsanwälten und Steuerberatern besser ausgestattet und mit umfassenderen technischen Kenntnissen versehen ist (so z.B. Haas: Seminar des Deutschen Anwaltsinstituts am 11./12.01.2008 in Heusenstamm zum Thema: Steuerstrafverteidigung)

c. Spezielle Prüfungssoftware (wie **Win-IDEA**) wird zunehmend in der Steuerfahndung und für die Betriebsprüfung seit 2002 als offizielle Prüfungssoftware verwendet. Was bei einer althergebrachten Außenprüfung nur anhand von Stichproben überprüft und mühsam in den umfangreichen Buchführungsunterlagen gesucht werden musste oder nur durch Zufall entdeckt wurde, kann mit Hilfe dieser Programmein erheblich kürzererZeit und in größerem Umfang sowie vollständiger als bisher aus dem Datenstamm der EDV des geprüften Unternehmens heraus gesucht, verprobt und überprüft werden. Dabei ist eine lückenlose Prüfung des gesamten vorliegenden Datenumfangs bis ins kleinste Detail möglich. Eine Datenanalyse und anschließende Weiterbearbeitung ist möglich. Flexible Importschnittstellen auch für die auf Großrechnern vorgehaltenen Daten sind vorhanden.

d. Mit Hilfe der ADV und unter Anwendung **mathematisch-statistischer Methoden** lassen sich Auffälligkeiten erkennen und Plausibilitätsprüfungen durchführen[25]. Über Win-IDEA lässt sich ebenfalls ein Großteil dieser Prüfungen durchführen.

3. Mit dem Januar 2008 beginnt die Einführung einer **bundeseinheitlichen EDV-Ausstattung** für die Finanzverwaltung. 21

a. Dabei kommt das in Süddeutschland entwickelte Programm zur „Erfassung und Organisation von Steuerdaten (**EOSS**)" zunächst in elf Bundesländern zum Einsatz, mit dem künftig bundesweit in der gesamten deutschen Finanzverwaltung auch die elektronische Aktenführung[26], Aufgaben der Fallerfassung und Registratur vereinheitlicht und die Verwendung von Mustervordrucken ermöglicht wird. Die Einführung dieses Programms führt in der Steuerverwaltung zum Einsatz besonders leistungsfähiger Rechner, die zudem untereinander bundesweit vernetzt sein werden.

b. In späteren Jahren soll diese Plattform dazu dienen, unter Beteiligung der übrigen Bundesländer die Zusammenführung zu einem bundesweiten gemeinsamen Programm „**KONSENS**" vorzunehmen. Der bundesweite Austausch von Einzelinformationen und papierloser Steuerakten ist damit in „Echtzeit" möglich. Gleichzeitig wird damit die Anbindung an das Staatsanwaltschaftliche Verfahrensregister (ZStV) gewährleistet. EOSS und KONSENS ersetzen das bisher mit dem gleichen Ziel in einem Pilotverfahren erprobte „Föderale integrierten standartisierten computergestützten Steuersystem (**FISCUS**)". Die bei der Entwicklung dieses Projekts gewonnenen Erfahrungen sind unter EOSS berücksichtigt worden.

c. Bereits jetzt wird vielfach und unabhängig von dem neuen bundeseinheitlichen Programm die „elektronische Steuerakte" (**EStA**) erprobt, die zunächst als wesentlichen Bestandteil auf die eingescannten Umsatzsteuervoranmeldungen zurückgegriffen hat. Inzwischen wurde die „Papierlose Bearbeitung der Steuererklärung" **(PaBSt)** eingeführt. Seit dem 01.01.2006 ist es nach Änderung des § 6 der Steuerdaten-Übermittlungsverordnung (StDÜV) möglich, Steuererklärung vereinfacht elektronisch dem Finanzamt zu übermitteln. Voraussetzung ist dazu ein sog. Elektronisches Zertifikat, mit dem eine „authentifizierte Steuererklärung" papierlos dem Finanzamt zugeleitet werden kann.

4. Gleichzeitig wird künftig die „Länderübergreifende Namensauskunft" (**LUNA**) nach ihrer Erprobung den Zugriff auf alle Grundinformationsdaten sämtlicher Bundesländer zulassen. 22

25 Vgl. hierzu Blenkers: „*Chi-Test – oder „Jeder Mensch hat seine Lieblingszahl*" Die steuerliche Betriebsprüfung 2003 S. 261 ff.; Burkhard: *Aktuelle Fragen aus der Praxis der Außenprüfung* in Die steuerliche Betriebsprüfung 2006 S. 61 f.

26 Vgl. auch das „Gesetz über die Verwendung elektronischer Kommunikationsformen in der Justiz" (Justizkommunikationsgesetz – JKomG) vom 22.03.2005 – BGBl. 2005 I S. 837 ff., mit dem (außer im Strafverfahren) die elektronische Aktenführung weitgehend zugelassen wird. Für das OWiG trifft hier der neue § 110b OWiG die entsprechenden Regelungen; § 110d OWiG lässt die „elektronische Akteneinsicht" zu.

23 **5.** Beim Bundeszentralamt für Steuern kommt eine besondere **Suchmaschine zum Auffinden von steuerlich bedeutsamen Aktivitäten im Internet** zum Einsatz.

a. Nach Presseveröffentlichungen[27] ist diese unter dem Begriff „**XPIDER**" eingesetzte Suchmaschine in der Lage, im Internet Verkaufsplattformen jedweder Art zu durchforsten, Querverbindungen zwischen An- und Verkäufern herzustellen und am Ende das Ganze abzugleichen – etwa mit dem Handelsregister oder mit internen Datenbanken. Das Programm ist mit einer so genannten „Text-Mining" Funktion verbunden, die auch inhaltliche Aspekte von Internet-Seiten analysieren kann. XPIDER ist derzeit in der Lage, weit mehr als 2,5 Millionen Internetseiten pro Tag zu verarbeiten. Im besonderen Interesse stehen Gewerbetreibende, die im großen Stil Steuern, insbesondere Umsatzsteuern, hinterziehen. Die Suchmaschine selbst ist nach den Angaben der Firma, die diese Software entwickelt hat, lernfähig und nicht auf dem freien Markt erhältlich.

b. Die durch XPIDER gesammelten Daten werden durch das Programm „Steuerliche Ermittlungen im Internet" (**STINA**) den jeweils zuständigen Steuerfahndungsstellen regelmäßig zugeleitet. Dort erfolgt dann die Einzelabstimmung mit den Steuerdaten und Erklärungen der weitgehend bereits durch XPIDER ausfindig gemachten Steuerpflichtigen.

24 Angaben zu den Nutzern des Internets

Die sog. **Zertifizierungsdienste** ordnen durch eine digitale Bescheinigung natürlichen Personen einen „öffentlichen Signaturschlüssel" zu. Zertifizierungsstellen sind unabhängig und vergeben digitale Signaturen und mit den „domain names" eine im Internet gültige „Postanschrift". Die Identifizierung des Antragstellers erfolgt anhand eines Ausweises (§ 5 Abs. 1 SigG i.V.m. § 3 SigV).

Jedem Personalcomputer ist eine mehrstellige nummerische Netzwerkadresse zugewiesen, vergleichbar der internationalen Telefonnummer. Diese nummerische Netzwerkadresse wird in einen leichter merkbaren Namen (sog. „**domain-name**") umgesetzt, der oft dem Firmennamen entspricht, mit der das Unternehmen im Internet auftritt[28]. Auskünfte über vergebene domain-names sowie deren Vergabe erfolgt bisher in Deutschland über die „*Domain Verwaltungs- und Betriebsgesellschaft (DENIC)*" in Frankfurt am Main als Zertifizierungsdienst. Die DENIC hat alle in Deutschland vergebenen Adressen (mit der Endung „.de") registriert und erteilt hierüber gegen Entgelt Auskunft. Die bei den Zertifizierungsdiensten erfassten Daten dürfen im Strafverfahren und gegenüber der Finanzbehörde sowie auf Anforderung Gerichten zugänglich gemacht werden (§ 14 Abs. 2 SigG).

Praxishinweis:

Entgegen der weit verbreiteten Ansicht ist deshalb das Auftreten im Internet nicht „flüchtig". Wer bei Internetauktionen häufiger auftritt, muss mit einer Überprüfung rechnen. Dabei wird bei mehreren Auktionen zunächst davon ausgegangen, dass hier geschäftliche Aktivitäten stattfinden, die bei einer größeren Anzahl von Kommentaren zu seinem Geschäftsgebaren („Bewertung") die Vermutung auf ein steuerlich bedeutsames Verhalten begründen kann.

25 **6.** Beim Bundeszentralamt für Steuern sind alle von den Banken mitgeteilten Freistellungsaufträge gespeichert. Daraus sind u.a. die Höhe und die Verteilung der Freistellungsaufträge auf die einzelnen Bankinstitute ersichtlich. Auskünfte zu erteilten Freistellungsaufträgen („**FSAK-Verfahren**") werden allen Finanzämtern erteilt.

27 Zuletzt: Focus 35/2006, S. 130: „*Lautloser Späher*" und im Magazin des Berliner TAGESSPIEGELs: Berlin maximal 2007 S. 80: „Rasterfahndung: „*Die Steuerpolizei rüstet auf*"

28 Nach dem *stern* Nr. 31/2001 auf S. 134 waren bereits im Juli 2001 fast 5 Millionen deutsche Adressen vergeben.

III. Zugriff auf zentrale Datenbanken 26

Die Steuerfahndung hat auch Zugriff auf die Datenbanken verschiedener Dienststellen und daneben weitere Abfragemöglichkeiten, die zunehmend bereits „online“ erfolgen. Sie betreffen insbesondere folgende Datensammlungen:

- **Bundesnetzagentur** (vormals: Regulierungsbehörde für Telekommunikation)[29]
- **Meldedaten der Landeseinwohnerämter (Meldestellen) und Gemeinden**
  PAB = Portal Auskunft für Behörden aus dem örtlichen Melderegister
- **Gewerberegister** und die **Datensammlungen des LKA** [30]
- **Abfragemöglichkeiten zu Kfz-Datenbeständen**
  ZEVIS = Zentrales-Verkehrs-Register im Kraftfahrzeugbundesamt
- **Zentrale Stelle zur Koordinierung der Prüfungsmaßnahmen der Länder im Bereich der Umsatzsteuer beim Bundeszentralamt für Steuern** BZSt[31]
- Datenbank „**Umsatzsteuer-Länder-Online** (USLO)“ als Teilanwendung des EU-weiten „**Mehrwertsteuer-Informations-Austausch-Systems** (MIAS)“ i.V.m. der sog. Unternehmerdatei im BZSt
- **Zentrale Datenbank zur Speicherung und Auswertung von Umsatzsteuer-Betrugsfällen und Entwicklung von Risikoprofilen** (ZAUBER) beim BZSt
- **Schwarzarbeitsregister** bei der Zollverwaltung
  – Abteilung **Finanzkontrolle Schwarzarbeit** (FKS) –[32]
- Elektronischer Datenabruf aus dem maschinell geführten **Schuldnerverzeichnis** (SCHUV)
- Elektronischer Datenabruf aus dem maschinell geführten (Berliner) **Grundbuch** (ARCIS)[33]
- Verzeichnis der elektronischen **Lohnsteuerkarten** (ELOKA)
- Elektronischer Datenabruf des **Handels-, Genossenschafts- und Unternehmensregister**[34]
- Elektronischer Datenabruf aller im Internet gespeicherten und in Deutschland vergebenen Internet-Adressen bei der *„Domain Verwaltungs- und Betriebsgesellschaft* (**DENIC**)“ in Frankfurt am Main.

---

29 Auskünfte aus den Kundendaten der Telekommunikationsdienste dürfen nach dem neu gefassten Telekommunikationsgesetz (TKG) vom 22.07.2004 (BGBl. 2004 I S. 1190 ff.) im automatisierten Verfahren nach § 112 TKG u.a. durch Strafverfolgungsbehörden, Gerichte, Polizei, Zollfahndung abgefragt werden. § 113 TKG erlaubt in Einzelfällen auch Anfragen bei den einzelnen Telekommunikationsdiensten.

30 In Berlin ist dies im Rahmen eines Pilotprojekts bereits – wie beim Gewerbezentralregister – online möglich.

31 Durch das „Gesetz zur Neuorganisation der Bundesfinanzverwaltung und zur Schaffung eines Refinanzierungsgregisters“ vom 22.09.2005 (BGBl. 2005 I S. 2809 ff.) ist mit Wirkung vom 01.01.2006 das Bundesamt für Finanzen (BfF) in drei Behörden aufgeteilt worden, zu denen mit ihrer Datensammlung auch das Bundeszentralamt für Steuern (BZSt) gehört.

32 In Berlin beim Hauptzollamt Berlin/Brandenburg als „Sachgebiet FKS“. Vgl. zu den übertragenen Rechten auch das „Gesetz zur Bekämpfung der Schwarzarbeit und illegalen Beschäftigung“ – Schwarzarbeitsbekämpfungsgesetz – vom 23.07.2004 (BGBl. 2004 I S. 1842 ff.)

33 z.T. mit Satellitenbildern zur Erfassung der Grundstücke

34 Nach dem Gesetz über elektronische Handelsregister und Genossenschaftsregister sowie das Unternehmensregister vom 10.11.2006 (BGBl. 2006 I S. 2553ff.) sind diese Register seit dem 01.01.2007 zwingend elektronisch zu führen; vgl. wistra 2006 Heft 12 S. VI („*Elektronische Registerführung*“)

27
IV. Weitere Informationsmöglichkeiten

Eine Vielzahl geplanter weiterer Möglichkeiten wird die bereits bestehende und praktizierte Sammlung von Erkenntnissen nochmals erweitern. Dazu gehören:

28
1. Identifikationsnummer und Wirtschafts-Identifikationsnummer (§§ 139a ff. AO)

Durch das Steueränderungsgesetz 2003 ist mit den §§ 139a ff. AO die gesetzliche Grundlage für die Vergabe eines sog. Identifikationsmerkmals für steuerliche Zwecke eingeführt worden. Natürliche Personen werden künftig eine Identifikationsnummer (IdNr.) i.S.d § 139b AO erhalten. Wirtschaftlich tätige natürliche und juristische Personen sowie Personenvereinigungen erhalten auf der Grundlage von § 139c AO eine gesonderte Wirtschafts-Identifikationsnummer (W-IdNr.). Zunächst wird allen Bürgern ihre Identifikationsnummer mitgeteilt. Mit der sich dann anschließenden Vergabe der W-IdNr. wird langfristig die bisherige Umsatzsteuer-Identifikationsnummer ersetzt. Die IdNr. und die W-IdNr. Nummer sollen später auch die bisherigen Steuernummern ablösen.

Mit dem Inkrafttreten der Steueridentifikationsnummerverordnung vom 28.11.2006[35] und ihrer Änderung vom 26.06.2007[36] sind die in § 139d AO vorgesehenen erforderlichen Richtlinien zur Vergabe erlassen. Deshalb haben die Meldebehörden seit dem 01.07.2007 damit begonnen, die erforderlichen Daten an das Bundeszentralamt für Steuern zu übermitteln.

Die Identifikationsnummer soll dann allen natürlichen Personen per Post übermittelt werden. Sie wird auch an Neugeborene vergeben, weil jede natürliche Person mit ihrer Geburt grundsätzlich einkommensteuerpflichtig wird. Damit ist praktisch jeder Einwohner der Bundesrepublik Deutschland erfasst. Die sich lebenslang nicht ändernde Identifikationsnummer ist zusätzlich bis 20 Jahre nach dem Tod des StPfl. verfügbar. Die Meldebehörden sind verpflichtet, regelmäßig den Grunddatenbestand und ergänzende Änderungen der Finanzbehörde mitzuteilen. Die IdNr. wird aus 11 Ziffern bestehen, die sich nicht aus Daten über den Steuerpflichtigen zusammensetzt. Die letzte Ziffer stellt eine Prüfziffer dar. Nach den Angaben des Bundesfinanzministeriums wird die IdNr. „*... ohne Trennstriche in dreistelligen Kolonnen von hinten beginnend dargestellt (Bsp. 12 345 678 901)...*“, vgl. auch § 1 StIdV.

Mit der durch das Jahressteuergesetz 2008 für 2011 geplanten Einführung der **Elektronischen Lohnsteuerkarte** sollen auch weitere Angaben, wie die Religionszugehörigkeit, Angaben zu den Ehepartnern und Freibeträgen, erfasst werden.

29
2. Kontenabrufverfahren (§§ 93, 93b AO; § 24c KWG))

Das Bundeszentralamt für Steuern kann mit der ihr zugeordneten Bundesanstalt für Finanzdienstleistungsaufsicht (BaFin) als Nachfolgeinstitution des Bundesaufsichtsamts für das Kreditwesen darüber Auskunft geben, bei welchem Kreditinstitut der einzelne Steuerpflichtige Konten oder Depots unterhält (§§ 93, 93b AO i.V.m. § 24c KWG)[37].

35 – StIdV – (BGBl. 2006 I S. 2726 ff.)

36 BGBl. 2007 I S. 1185 ff.

37 Hierzu hat Schmitt in seinem nur im Internet veröffentlichten Tagungsbericht des 16. Berliner Steuergesprächs vom 14.11.2005 (www.steuergespraeche.de) auch auf den Sprachgebrauch verwiesen, der immer wieder die „**Kontenevidenzzentrale**“ als die Stelle erwähnt, bei der die Daten abgefragt werden. Tatsächlich ist damit der Datenspeicher gemeint, auf dem die von den Banken übermittelten Angaben erfasst sind.

Zusätzlich sind auch für bestimmte nichtsteuerliche Zwecke (z.B. BAföG, Kindergeld, Arbeitslosen- und Sozialhilfe) Kontoabfragen auf Ersuchen der zuständigen Behörden durch die Finanzämter vorgesehen. Durch das Unternehmensteuerreformgesetz 2008 vom 14.08.2007[38] sind die einschlägigen §§ 93 Abs. 8, 93b AO neu gefasst sowie insbesondere der erst ab 01.01.2009 geltende § 93 Abs. 7 AO neu eingefügt worden. Die auch für die Steuerfahndung geltende Abfragemöglichkeit im Rahmen des Kontenabrufverfahrens ist zum Ablauf der Erklärungsfrist für die strafbefreiende Erklärung vom 01.04.2005 eingeführt worden.

Diese Abfragen können allerdings nicht einzelne Kontobewegungen oder Kapitalerträge ausweisen. Tatsächlich ergeben sich daraus nur folgende Angaben: Nummer einzelner Konten und Depots, Datum der Errichtung und Auflösung der Konten und Depots, Name, Geburtsdatum und Anschrift des Konto- oder Depotinhabers, Name, Geburtsdatum und Anschrift der Verfügungsberechtigten, Angaben zu abweichenden wirtschaftlich Berechtigten

4

a. Ermittlungsbehörden im **(Steuer) Straf- und Steuerordnungswidrigkeitenverfahren** hatten bereits **früher** die Möglichkeit, bei Kreditinstituten entsprechende Daten zu erhalten. Dieser sog. Kontenabruf ist im Ermittlungsverfahren wegen Steuerdelikten nur über **§ 24c Kreditwesengesetz (KWG)**[39] möglich. § 93 Abs. 7 AO ermöglicht hingegen zusätzlich den automatisierten bundesweiten Datenabruf im Besteuerungsverfahren.

b. Die zunächst erhobenen verfassungsmäßigen Bedenken über den automatisierten Abruf der **Kontoinformationen im Besteuerungsverfahren** sind inzwischen durch das Bundesverfassungsgericht zurück gewiesen worden[40]. Auch der BFH hat in seiner Entscheidung im Zusammenhang mit der Besteuerung privater Wertpapierspekulationsgeschäfte vom 29.11.2005[41] keine verfassungsrechtlichen Bedenken.

   Das Bundesministerium der Finanzen hat mit der Änderung des Anwendungserlasses zur Abgabenordnung vom 10.03.2005 – IV A 4. S 0062 – 1/05 – in den Nrn. 2.6. ff. zum Kontenabrufverfahren bestimmte Voraussetzungen vorgegeben und ist damit dem Vorwurf der Verfassungswidrigkeit dieser Regelung begegnet:

   Der Kontenabruf nach **§ 93 Abs. 7 AO** im Besteuerungsverfahren **durch das Finanzamt** kann nur im Einzelfall vorgenommen werden, wenn dies zur Festsetzung oder Erhebung von Steuern erforderlich ist. Ein begründeter Verdacht im Hinblick auf steuerrechtliche Unregelmäßigkeiten ist dazu nicht erforderlich. Vielmehr trifft die Finanzbehörde die Entscheidung nach pflichtgemäßem Ermessen, sofern die Abfrage anlassbezogen und zielgerichtet im Hinblick auf eine bestimmte Person erfolgt. Voraussetzung ist sowohl nach der bis zum 31.12.2008 geltenden und der danach anzuwendenden neuen Fassung des § 93 Abs. 7 AO allerdings, dass ein Auskunftsersuchen an den Steuerpflichtigen nicht zum Ziel geführt hat oder keinen Erfolg verspricht. Sofern der Ermittlungszweck dadurch nicht gefährdet wird, soll zunächst der Beteiligte oder der Steuerpflichtige jedoch Gelegenheit erhalten, Auskünfte über seine Konten und Depots zu erteilen und Unterlagen vorzulegen. Dabei ist durch die Finanzbehörde auf die Möglichkeit des Kontenabrufs für den Fall hinzuweisen, dass die Sachaufklärung insoweit nicht zum Ziel führt.

   Nach Durchführung des Kontenabrufs ist der Betroffene oder der Steuerpflichtige zu informieren (§ 93 Abs. 8 AO). Stellt sich heraus, dass nicht angegebene Konten oder Depots vorhanden sind, soll das Ergebnis dem Steuerpflichtigen mitgeteilt und darauf hingewiesen wer-

38 BGBl. 2007 I S. 1912 ff.
39 BGBl. 2002 I S. 3387 ff.
40 BVerfG Beschluss vom 13.06.2007 – 1 BvR 1550/03 u.a. (wistra 2007 S. 341)
41 BFH DStR 2006 S. 79 ff.

den, dass nunmehr das angegebene Kreditinstitut um weitere Auskunft ersucht werden kann, sofern die Betroffenen keine ergänzenden Auskünfte beibringen. Selbst wenn die Angaben des Beteiligten durch den Kontenabruf bestätigt werden, muss er über die Durchführung des Kontenabrufs informiert werden. Dies muss jedoch nicht sofort geschehen und kann durch eine ergänzende Erläuterung im nächsten Steuerbescheid erfolgen. Bei strafrechtlichen Ermittlungen erfolgt diese Information regelmäßig erst im Rahmen der Gewährung von Akteneinsicht.

Eine Information durch das Bank- oder Kreditinstitut selbst ist hingegen nicht zulässig, weil ansonsten die begründeten Zweifel des Finanzamts an den erklärten Besteuerungsgrundlagen offenbart werden und das Steuergeheimnis des § 30 AO eine derartige Mitteilung nicht zulässt.

Eine Überprüfung der Rechtmäßigkeit erfolgt im finanzgerichtlichen Verfahren.

Praxishinweis:

Vgl. zu den Einzelheiten das BMF-Schreiben BStBl. 2005 I S. 422 ff. Dort wird auch unter 1.1. klar gestellt, dass ***„Im Rahmen der Außenprüfung und der Steuerfahndung die Regelungen in §§ 200, 208, 210 und 211 zu beachten sind. Im Steuerstraf- und -bußgeldverfahren gelten nach § 385 Abs. 1 und § 410 Abs. 1 die Vorschriften der StPO und des OWiG."***

Im Internet werden unter www.bundesfinanzministerium.de zusätzlich die wichtigsten Fragen in einem sog. Fragen- und Antwortenkatalog erläutert, wie es bereits zum Gesetz über die Strafbefreiende Erklärung (StraBEG) üblich war. Für die Zollverwaltung gilt der dortige Anwendungserlass – AO – DV-Zoll – vom 23.05.2005[42].

Für Abfragen durch die Steuerfahndung im Besteuerungsverfahren sind die Vorgaben zur Information des Steuerpflichtigen nur eingeschränkt anwendbar. Wegen § 208 Abs. 2 S. 3 AO besteht keine Verpflichtung zur bevorzugten Befragung des Steuerpflichtigen wegen des nicht anwendbaren sog. Erstbefragungsrecht.

Praxishinweis:

Das o.a. BMF-Schreiben weist dazu ergänzend unter 2.6. darauf hin: ***„Die Finanzbehörde soll zunächst dem Beteiligten Gelegenheit geben, Auskunft über seine Konten und Depots zu erteilen und ggf. entsprechende Unterlagen ..... vorzulegen, es sei denn, der Ermittlungszweck würde dadurch gefährdet."*** *Unter diesen Voraussetzungen dürfte auch die ansonsten vorgesehene Information des Betroffenen selten erfolgen; nach dem BMF-Schreiben unter 1.7. kann davon ohnehin Abstand genommen werden, wenn der Ermittlungszweck dadurch gefährdet wird.*

c. Auch **andere Behörden** als die Finanzbehörde können nach **§ 93 Abs. 8 AO** sowohl auf der Grundlage des bis zum 31.12.2008 als auch nach der danach geltenden Neufassung einen Kontenabruf vornehmen. Auch hier ist der Datenabruf nur subsidiär möglich, sofern die Daten nicht beim Betroffenen selbst erhoben werden können. Hierzu werden auf einem online nutzbaren Abfragevordruck die entsprechenden zur Abfrage berechtigten Behörden außerhalb der Finanzverwaltung abschließend angeführt. Dort wird nochmals ausdrücklich darauf verwiesen, dass der Kontenabruf nicht durchgeführt werden darf, wenn der Betroffene nicht vorher darauf hingewiesen wurde. Deshalb muss die ersuchende Behörde stets eine entsprechende Erklärung in ihrem Ersuchen abgeben.

Seit der Neufassung des **§ 93 b AO** durch das Unternehmensteuerreformgesetz 2008 vom 14.08.2007 dürfen sich die dort angeführten Behörden nunmehr direkt an das Bundeszentralamt für Steuern wenden. Der bisherige Umweg der Anfrage über das jeweils zuständige

42 veröffentlicht u.a. in den VSF-Nachrichten N 51/2005 vom 10.06.2005

Wohnsitzfinanzamt entfällt damit. Auch § 93 Abs. 7 AO ist geändert worden. In dieser aber erst ab 01.01.2009 geltenden Fassung werden die Zulässigkeitsvoraussetzungen für den automatisierten Kontenabruf nach § 93b AO konkretisiert sowie mit Wirkung vom 18.08.2007 die abfrageberechtigten Behörden eingeschränkt und aufgezählt.

Auch hier bestehen Auskunftsansprüche des Betroffenen, nach denen er über den Kontenabruf zu informieren ist. Die Überprüfung der Rechtmäßigkeit des Kontenabrufs erfolgt hier durch das jeweils zuständige Verwaltungs- oder Sozialgericht[43].

Praxishinweis:

Entgegen den geäußerten Bedenken sind Abfragen bisher in geringerem Umfang als erwartet erfolgt. Nach den statistischen Angaben für 2005 hatten die Finanzämter nur rd. 3% aller Anfragen gestellt, selbst Steuerfahndung und Zoll haben lediglich rd. 24 % der Anfragen an die BaFin vorgenommen.

Beachtlich ist hierzu die Erkenntnis aus den in Berlin im Jahr 2005 lediglich für acht Monate erhobenen statistischen Daten zum Kontenabrufverfahren: Bei rd. 52 % der Abfragen durch die Berliner Finanzverwaltung konnten bisher unbekannte Konnten und Depots aufgedeckt werden. Dadurch konnte zusätzlich die Vollstreckung von Steuern in Höhe von mehr als 200 Mio. € gesichert werden.

3. Informationen nach der Zinsinformationsverordnung 30

Mit dem Steueränderungsgesetz 2003 vom 15.12.2003“[44] wurde auf der Grundlage des damit neu eingeführten § 45e EStG die „Verordnung zur Umsetzung der Richtlinie 2003/48/EG des Rates vom 3. Juni 2003 im Bereich der Besteuerung von Zinserträgen“ (Zinsinformationsverordnung - ZIV -) vom 26.01.2004 erlassen[45]. Damit wird das Bundeszentralamt für Steuern als zuständige Behörde bestimmt, die den Informationsaustausch in der Bundesrepublik Deutschland wahrnimmt (§ 5 Abs. 2 ZIV).

Innerhalb fast aller Staaten der Europäischen Union ist damit ein dem inländischen Kontenabrufverfahren ähnlicher und sogar automatisierter Austausch über die dort erzielten Kapitaleinkünfte zugelassen[46]. Lediglich Österreich, Belgien und Luxemburg beteiligen sich derzeit nicht an diesem Auskunftssystem und erheben stattdessen eine anonymisierte Quellensteuer mit steigenden Steuersätzen.

Das **Einführungsschreiben zur Zinsinformationsverordnung** vom 06.01.2005[47] mit seinen Anlagen (in denen auch Musterformulare enthalten sind) soll die in der Zinsrichtlinie und der Zinsinformationsverordnung verwendeten Begriffe erläutern und Zweifelsfragen klären. Dieses Einführungsschreiben wurde durch ein weiteres BMF-Schreiben vom 13.06.2005[48] geändert; einige erneute – allerdings für steuerstrafrechtliche Ermittlungen eher unbedeutende Ergänzungen-

43 Vgl. BVerfG vom 04.02.2005 unter Absatz Nr. 19 auch im Hinblick auf das zuständige Finanzgericht bei Abfragen nach § 93 Abs. 7 AO.

44 StÄndG 2003 - BGBL. 2003 I S. 2645 ff.

45 BStBl. 2004 I S. 297 ff. ; vgl. auch das „Einführungsschreiben zur Zinsinformationsverordnung“ des BMF vom 09.12.2004 - BStBl. 2005 I S. 29 ff. -, in deren Anlage II die Übersicht über die gespeicherten Informationen aufgelistet sind.

46 Seiler/Lohr warnen in ihrem Aufsatz: *„Ausländische Zinseinkünfte von EU-Bürgern sind kein (Bank-) Geheimnis mehr - die EU-Zinsrichtlinie aus Sicht des BMF - Besprechung des BMF-Schreibens vom 6.1.2005 zur Zinsinformationsverordnung vom 26.1.2004“* in DStR 2005 S. 537 ff., nach denen die *„.....ZinsRL .... ein weiterer Schritt zum gläsernen EU-Steuerbürger .... ist. ...“*

47 BStBl. 2005 I S. 29 ff.

48 BStBl. 2005 I S. 716 ff

sind bereits durch die Änderung dieses Einführungsschreibens erfolgt und betreffen die Anlage II (Datensatzbeschreibung)[49]. Diese und weitere Änderungen werden jeweils zeitnah im Internet unter der Homepage des BZSt vorab veröffentlicht.

31 4. Informationsaustausch innerhalb der Europäischen Union

Über die Höhe der in Deutschland vorgenommenen Zinszahlungen an Bürger der Europäischen Union informieren die Zahlstellen für die Zinsen das BZSt, welches diese Informationen wiederum **an** die zuständigen **ausländischen Steuerbehörden** des jeweiligen wirtschaftlichen Eigentümers für Zwecke der Einkommensbesteuerung weiterleitet.

Andererseits erhält das BZSt von den ausländischen Steuerbehörden Informationen über **Zinszahlungen** von **im Ausland** niedergelassenen Zahlstellen an in Deutschland ansässige wirtschaftliche Eigentümer. Diese Informationen werden durch das BZSt an das jeweils zuständige inländische Finanzamt des wirtschaftlichen Eigentümers für Zwecke der Einkommensbesteuerung weiterleitet.

Dieser Informationsaustausch erfolgt grundsätzlich zwischen den Mitgliedstaaten der EU in einem automatisierten Verfahren. Mit bestimmten abhängigen oder assoziierten Gebieten sowie weiteren Drittländern wurden Abkommen geschlossen, die ebenfalls einen entsprechenden Auskunftsaustausch vorsehen.

Der **Informationsaustausch mit den EU-Staaten** erfolgt seit dem 01.07.2005 durch automatisierte Kontrollmitteilungen der Banken. Länder, die sich wie Österreich, Belgien und Luxemburg zunächst nicht an diesem Kontrollsystem beteiligen, erheben eine Quellenbesteuerung, die zunächst im Jahr 2005 mit 15% begann und bis zum Jahr 2010 auf 35% ansteigen soll[50]. Die Übergangszeit endet dann unter Beteiligung auch von Luxemburg, Österreich und Belgien am internationalen Informationsaustausch, wenn mit der Schweiz, Andorra, San Marino, Monaco und Liechtenstein entsprechende Abkommen getroffen sind. Entsprechende Verhandlungen werden bereits geführt.

Praxishinweis:

Auch andere Staaten haben sich dem angeschlossen. In dem Ratgeber von Geuenich/Kutzner: „Wenn der Staatsanwalt kommt" wird ab der S. 123 („Zinsen transparent") ausgeführt: ***„Um Wettbewerbsverzerrungen zu vermeiden, die aus der ... EU-Zinsrichtlinie resultieren, erheben auch die Schweiz, Andorra, Liechtenstein, Monaco und San Marino seit dem 1. Juli 2006 einen Quellensteuerabzug auf Zinserträge von EU-Bürgern. Gleiches gilt für von der EU abhängige bzw. mit ihr assoziierte Gebiete (...z.B. britische Kanalinseln, Britisch Virgin Islands, Cayman Islands, Niederländische Antillen), die ...[z.T. sogar] ... am automatischen Auskunftsaustausch teilnehmen.. Die Quellensteuer wird ... in einer Quote von 25 zu 75 Prozent zwischen dem Quellen- und dem Wohnsitzstaat ... aufgeteilt, wobei eine gegenseitige Kontrolle ... nicht vorgesehen ist. "***

Das Gesetz zu dem Protokoll vom 16.10.2001 zu dem Übereinkommen über die **Rechtshilfe in Strafsachen zwischen den Mitgliedstaaten der Europäischen Union** vom 02.02.2006 erlaubt zusätzlich grenzüberschreitende Ermittlugen auch in Steuerdelikten. Danach können im Rahmen strafrechtlicher Ermittlungen von den ausländischen Behörden auch Informationen über Bankkonten im Ausland und die erteilten Vollmachten sowie eine laufende Kontenüberwachung verlangt werden. Nach dem Protokoll ist eine Mitteilung von Stammdaten „vergleichbar dem nationalen Kontoabrufverfahren" ebenfalls möglich. Selbst entsprechende Zahlungsflüsse können

49 Vgl. hierzu das BMF-Schreiben vom 12. Oktober 2005.
50 Vgl. Art. 17 der EU-Zinsrichtlinie 2003/48/EG – Abl. L 157 vom 26.06.2003 S. 38 ff.

nachgefragt werden. Voraussetzung sind strafrechtliche Ermittlungen im ersuchenden Staat und eine bestimmte Mindeststrafe im ersuchten Staat.

Das Auskunftsersuchen ist vertraulich zu behandeln. Der Betroffene wird darüber nicht informiert.

V. Mitteilungen im Zusammenhang mit Geldwäsche 32

Umfassende Informations- und Meldepflichten bestehen im Bereich der Geldwäsche und der organisierten (Wirtschafts-) Kriminalität aufgrund des Geldwäschegesetzes, des Finanzverwaltungsgesetzes, des Zollverwaltungsgesetzes, der Strafprozessordnung und nun auch nach der Abgabenordnung.

Hierzu haben bisher die Kreditinstitute einzelne Vordrucke verwendet, mit denen ihre Geldwäschebeauftragten die Meldungen vorgenommen haben. Inzwischen liegt ein einheitlicher **Vordruck** aus dem Hause des Bundesministeriums für Finanzen vor, mit dem die **Geldwäscheverdachtsanzeigen** nach § 11 GwG der Banken und Geldinstitute formal vereinheitlicht werden sollen. Die in nationales Recht umzusetzende **3. EU-Geldwäscherichtlinie** verpflichtet künftig neben dem bisherigen anzeigepflichtigen Adressatenkreis auch andere Beteiligte an Finanztransaktionen zu Mitteilungen.

Praxishinweis:

*Bereits der Berliner TAGESSPIEGEL vom 18.11.2005 führt dazu auf S. 22 („Geldwäsche im Visier") aus: **„Waren bisher vor allem Banken verpflichtet, ... müssen ... auch Autohändler, Juweliere und andere Anbieter teurer Waren und Dienstleistungen ihre Kunden unter die Lupe nehmen..... Der Verkäufer muss den Personalausweis des Kunden kopieren und die Kopie sechs Jahre lang aufbewahren. Gibt es Anzeichen dafür, dass der Personalausweis nicht dem Kunden gehört, also dessen Identität verheimlicht werden soll, muss eine Verdachtsanzeige erstattet werden. ... Im Auftrag von Banken und Strafverfolgungsbehörden geht ein spezielles Datenbankprogramm verdächtigen Transaktionen nach. ... Zurzeit haben deutsche Steuerfahnder mindestens 25 000 Kunden von Lebensversicherungen im Visier, die im Verdacht stehen, Schwarzgeld durch Einmalzahlungen versteckt zu haben. Weil das Delikt nach zehn Jahren verjährt, hätten die Anleger die Auszahlung nach zwölf Jahren steuerfrei kassiert. Dabei geht es um eine Gesamtsumme von rund einer Milliarde Euro. ...."***

a. Die einschlägige Vorschrift des **§ 261 StGB** zur Strafbarkeit der Geldwäsche ist seit ihrer Einführung immer wieder – auch im Zusammenhang mit der Einführung und Änderung neuer Steuerstraftaten durch das Steuerverkürzungsbekämpfungsgesetz – StVBG – modifiziert worden. Damit sind Handlungen unter Strafe gestellt, mit denen der Zugriff der Strafverfolgungsorgane auf Gegenstände oder Vermögenswerte verhindert oder erschwert wird, die aus Straftaten in einem sog. *Vortatenkatalog* herrühren. 33

Der abgeschaffte § 370a AO war mit dem Steuerverkürzungsbekämpfungsgesetz in den Vortatenkatalog des Geldwäschestraftatbestandes aufgenommen worden. Stattdessen ist nunmehr die bandenmäßige Umsatz- und Verbrauchsteuerhinterziehung des § 370 Abs. 3 Nr. 5 AO als Vortat der Geldwäsche in § 261 Abs. 1 S. 2 Nr. 4 StGB berücksichtigt worden.

Über § 100a Nr. 2 StPO wäre grundsätzlich auch die Telefonüberwachung bereits beim Verdacht der gewerbs- oder bandenmäßigen Steuerhinterziehung i.S.d. § 370a AO zulässig gewesen. Dennoch hatte der BGH die Überwachung des Fernmeldeverkehrs und Abhörmaßnahmen (§§ 100a Nr. 2; 100c Abs. 1 Nr. 3 StPO i.V.m. § 261 StGB) insoweit bei Steuerdelikten für unzulässig erklärt. Lediglich Erkenntnisse aus einer rechtmäßigen Telefonüberwachung auf der Grundlage eines anderen Delikts waren als Ermittlungsansätze für Steuerhinterziehung verwendbar. Um künftig entsprechende Maßnahmen zu ermöglichen, ist nun der neue § 370 Abs. 3 Satz 2 Nr. 5 AO in den sog. Anlasskatatalog des **§ 100a StPO** aufgenommen worden. Damit soll insbesondere – wie schon seiner Zeit bei der Einfügung des § 370a AO – die Verfolgung der sog. Umsatzsteuerkarusselle verbessert werden[51].

b. Der **Grundtatbestand** der Geldwäsche ist in § 261 Abs. 1 – 3 StGB geregelt. § 261 StGB enthält mit dem „Verschleierungstatbestand" und dem „Verwendungstatbestand" zwei verschiedene Tathandlungen, die sich jeweils auf das gleiche Tatobjekt beziehen. Die Tathandlungen umfassen als Tatobjekt Gegenstände, die aus rechtswidrigen Vortaten stammen. Dieser sog. Vortatenkatalog ist im Abs. 2 abschließend geregelt.

Die aus der Vortat herrührenden Gegenstände sind im Abs. 1 aufgeführt und werden hinsichtlich bestimmter Steuerstraftaten im Abs. 3 gesondert bezeichnet. Diese Gegenstände der Geldwäsche werden auch als aus der Vortat „infiziert" oder „kontaminiert" bzw. „bemakelt" bezeichnet. Damit ist der Gegenstand gemeint, der unter Beibehaltung des ursprünglich aus der rechtswidrigen Tat erlangten Erlöses durch mehrere „Waschvorgänge" an die ursprüngliche Stelle getreten ist und letztendlich dem Rückgriff unterliegt[52]. Deshalb zählen auch Surrogate zum Gegenstand der Geldwäsche, sofern ein Vermögenszusammenhang noch identifizierbar ist[53]. Zu den aus Vortaten herrührenden Gegenständen gehört jeder **Gegenstand**, der einen Vermögenswert darstellt. Damit stellt nicht nur Geld einen Gegenstand aus einer Vortat dar, sondern auch Rechte, Wertpapiere, Forderungen, bewegliche wie unbewegliche Sachen (z.B. Edelsteine, Grundstücke) und Gesellschaftsbeteiligungen sowie Anteile am Gemeinschaftsvermögen[54].

34 **c.** § 261 StGB wird durch das Gesetz über das Aufspüren von Gewinnen aus schweren Straftaten (**Geldwäschegesetz** – GwG-) ergänzt. Mit diesem Gesetz sollen entsprechende Aktivitäten aufgedeckt und der Zugriff auf die dahinter stehenden kriminellen Organisationen ermöglicht werden. Diese Möglichkeiten sind insbesondere durch die Gesetzesänderung vom 08.08.2002[55] erweitert worden. Hierzu dienen vor allem die erweiterten Identifizierungs- und Anzeigepflichten der §§ 1 ff. GwG.

35 VI. Identifizierungs- und Anzeigepflichten

Mit dem Geldwäschegesetz a.F. waren bereits u.a. Kreditinstituten, Spielbanken, Finanzdienstleistungs- und Finanzunternehmen, Versicherungsunternehmen im Bereich der Unfall- und Lebensversicherung, Gewerbetreibenden und beruflichen Vermögensverwaltern besondere Identifizierungs- und Mitteilungspflichten auferlegt (§§ 1, 2, 4 GwG).

Diese Identifizierungspflichten sind nunmehr in § 3 Abs. 1 GwG auf eine Vielzahl von Unternehmen, Gewerbetreibenden, beratende Berufe und sonstige Personen erweitert worden. Hierzu gehören u.a. bei Ausübung ihrer beruflichen Tätigkeit Rechtsanwälte, Rechtsbeistände, Patentanwälte und Notare, Wirtschaftsprüfer, vereidigte Buchprüfer, Steuerberater und Steuerbevollmächtigte sowie Immobilienmakler.

51 Dies ist weiterhin auch für den gewerbsmäßigen, gewaltsamen und bandenmäßigen Schmuggel (§ 373 AO) und die Steuerhehlerei nach § 374 Abs. 2 AO erfolgt.
52 BT-Drucksache 12/989 S. 27 ff.
53 vgl. Tröndle/Fischer a.a.O. Rdnr. 8 ff. m.w.N. zu den unterschiedlichen Theorien, wann ein Surrogat noch aus einer Vortat herrührt
54 vgl. Tröndle/Fischer a.a.O. Rdnr. 6 m.w.N.
55 BGBl. 2002 I S. 3105 ff.

Für die rechtsberatenden Berufe ist die Mitwirkung bei bestimmten Geschäften der Mandanten Voraussetzung für die Identifizierungspflicht. Dazu gehören vor allem Immobiliengeschäfte oder der Verkauf und Ankauf von Gewerbebetrieben, die Verwaltung von Geld, Wertpapieren oder sonstigen Vermögensgegenständen ihrer Mandanten, die Eröffnung oder Verwaltung von Bank-, Spar- oder Wertpapierkonten, die Beschaffung von Mitteln zur Gründung, zum Betrieb oder zur Verwaltung von Gesellschaften, die Gründung, der Betrieb oder die Verwaltung von Treuhandgesellschaften oder Gesellschaften und Finanz- oder Immobilientransaktionen im Namen und auf Rechnung ihrer Mandanten

Auch sonstige Gewerbetreibende und Vermögensverwalter sowie deren Beauftragte haben bei Annahme von Bargeld ab 15.000 Euro eine Identifizierung vorzunehmen.

Spielbanken sind ebenfalls zur Identifizierung ihrer Kunden verpflichtet, wenn diese Spielmarken ab 1.000 Euro verwenden. Außerdem dürfen Kunden einer Spielbank auch generell beim Betreten der Spielbank identifiziert werden.

Die Identifizierung selbst erfolgt anhand vorgelegter Personaldokumente, aus denen Angaben zur Person des Kunden festzuhalten sind, soweit Transaktionen oberhalb des sog. *Schwellenbetrages* von grundsätzlich über 15.000 €[56] anfallen. Voraussetzung ist, dass bei der Annahme oder Abgabe von Bargeld, Wertpapieren und Edelmetallen über diesem Schwellenwert eine oder mehrere verbundene Transaktionen erfolgen. Nach § 8 GwG ist bei der Identifizierung festzustellen, in wessen Namen und zu welcher Anschrift der zu identifizierende Kunde handelt. Unter den Voraussetzungen des § 7 GwG kann von der Identifizierung abgesehen werden, wenn der zu Identifizierende persönlich bekannt ist und bereits früher identifiziert wurde oder als gewerblicher Geldbeförderungsunternehmer auftritt.

Die getroffenen Feststellungen unterliegen der Aufzeichnungs- und Aufbewahrungspflicht nach § 9 GwG und dürfen dem in § 10 GwG bestimmten Verwendungszweck zugeführt werden. Der § 11 GwG bestimmt die nach der Identifizierung sich ergebenden **Mitteilungspflichten (Anzeige von Verdachtsfällen).**

Der Auftraggeber der Finanztransaktion darf ausdrücklich nicht von den zur Mitteilung Verpflichteten über die Verdachtsanzeige informiert werden[57]. Deshalb kann auch der Betroffene durch eine freiwillige Anzeige nach § 261 Abs. 9 StGB weiterhin Straffreiheit erlangen. Diese Regelung wird selbst durch die Verdachtsanzeige nicht ausgeschlossen.

Besonderheiten gelten **für Angehörige der rechts- und steuerberatenden Berufe**: 36

§§ 3 und 11 GwG begründen **besondere Anzeigepflichten für die Angehörigen der beratenden Berufe.** Nach § 11 Abs. 1 Satz 1 Nr. 1 – 3 GwG betrifft die Anzeigepflicht die folgenden beratenden Berufe bei Ausübung ihrer beruflichen Tätigkeit:

- **Anzeigepflicht ohne Einschränkungen** nach § 3 Abs. 1 S. 1 Nr. 2 GwG bei
    - Wirtschaftsprüfern
    - vereidigten Buchprüfern
    - Steuerberatern
    - Steuerbevollmächtigten

56 Für Lebens- und Unfallversicherungen hat § 4 GwG den Schwellenwert anders definiert und stellt auf die Prämienzahlung ab.

57 Ansonsten bestehen keine entsprechenden Regelungen, nach denen Kreditinstitute oder andere von strafprozessualen oder steuerlichen Maßnahmen betroffene Dritte ihre Kunden, Geschäftspartner oder Mandanten nicht über Ermittlungsmaßnahmen informieren dürfen.

- **Anzeigepflicht mit Einschränkungen** nach § 3 Abs. 1 S. 1 Nr. 1 Buchstaben a) – e) GwG bei **Mitwirkung an bestimmten Geschäften der Mandanten**:
  - Kauf / Verkauf von Immobilien
  - Kauf / Verkauf von Gewerbebetrieben
  - Verwaltung von Vermögen
  - Eröffnung / Verwaltung von Konten
  - Mittelbeschaffung für Gesellschaften
  - Gründung / Betrieb / Verwaltung von (Treuhand-) Gesellschaften
  - Finanz- / Immobilientransaktionen im Namen oder auf Rechnung
- und nach § 3 Abs. 1 S. 1 Nr. 1 GwG begrenzt auf **bestimmte Angehörige rechtsberatender Berufe**
  - Rechtsanwälte als Mitglied der Rechtsanwaltskammer
  - Rechtsbeistände als Mitglied der Rechtsanwaltskammer
  - Patentanwälte
  - Notare

Die Angehörigen dieser beratenden Berufe sind nach § 11 Abs. 3 GwG allerdings dann von der Mitteilungsverpflichtung freigestellt, wenn dem Geldwäscheverdacht Informationen zugrunde liegen, die sie im Rahmen der Rechtsberatung oder der Prozessvertretung dieses Mandanten erhalten haben. Diese Entbindung von der Mitteilungspflicht gilt allerdings dann nicht, wenn der betroffene Personenkreis weiß, dass der Mandant die Rechtsberatung bewusst für den Zweck der Geldwäsche in Anspruch genommen hat.

Das in § 53 Abs. 1 S. 1 Nr. 3 StPO geregelte Zeugnisverweigerungsrecht der beratenden Berufe hat jedoch keine Auswirkungen auf die Anzeigepflicht[58].

Praxishinweis:

Die Anzeige von Verdachtsfällen erfolgt bei diesem Personenkreis auch nicht gegenüber den Strafverfolgungsbehörden, sondern an die zuständigen Berufskammern. Dies gilt auch bei Anzeigen durch Angehörige der steuerberatenden Berufe. Die jeweiligen Berufskammern leiten die Anzeige dann mit einer möglichen Stellungnahme an die Strafverfolgungsbehörden weiter. Notare, die nicht Mitglied einer Notarkammer sind, haben sich an die für die Berufsaufsicht zuständige oberste Landesbehörde zu wenden.

Die Verletzung der Indentifizierungs-, Melde-, Aufzeichnungs- und Aufbewahrungspflichten nach dem Geldwäschegesetz (§ 17 GwG) stellt nach Nr. 100 AStBV einen von der Bußgeld- und Strafsachenstelle zu bearbeitende Steuerordnungswidrigkeit dar, soweit Angehörige der steuerberatenden Berufe betroffen sind.

§ 14 Abs. 2 GwG verpflichtet **Steuerberater** dazu, **interne Sicherungsmaßnahmen gegen Missbrauch** zu treffen. Unter anderem sind deshalb Geldwäschebeauftragte zu bestimmen, die auch Ansprechpartner für die Strafverfolgungsbehörden sind. Von den internen Sicherungsmaßnahmen können die Berufsangehörigen jedoch durch die zuständige Beraterkammer unter bestimmten Voraussetzungen befreit werden. Von dieser Möglichkeit hat die **Bundessteuerberaterkammer** mit ihrer **Anordnung nach § 14 Abs. 4 Satz 2 GwG vom 15.05.2003** Gebrauch gemacht. Eine

58 BHH NJW 2005 S. 2406 ff.

Befreiung der gesetzlich vorgesehenen internen Sicherungsmaßnahmen gilt nunmehr u.a. für Steuerberater in eigenen Praxen mit weniger als zehn Berufsangehörigen oder Berufsträgern[59].

Für die rechts- und steuerberatenden Berufe stellt sich auch die Frage, ob die **Annahme von Beratungshonoraren** als **Geldwäsche** nach § 261 Abs. 2 StGB geahndet werden kann. Eine Geldwäsche liegt nämlich nach § 261 Abs. 2 StGB auch dann vor, wenn sich ein Dritter einen durch Geldwäsche erlangten Gegenstand verschafft, ihn verwahrt oder verwendet. Das hat zur Folge, dass die Entgegennahme des Beraterhonorars als Geldwäsche strafbar sein kann, wenn es als Einnahme aus einer bandenmäßigen Steuerhinterziehung i.S.d. neuen § 370 Abs. 3 AO herrührt. Die Entgegennahme von Honorar als Geldwäsche kommt aber nicht in Betracht, wenn das Honorar aus einer Steuerhinterziehung als „einfache" Steuerhinterziehung des § 370 Abs. 1 AO herstammt, weil lediglich der besonders schwere Fall des § 370 Abs. 3 Satz 2 Nr. 5 AO in den Vortatenkatalog aufgenommen worden ist.

4

Praxishinweis:

*Das BVerfG hat in wistra 2004 S. 217 ff. im Zusammenhang mit der Prüfung der Verfassungswidrigkeit des § 261 Abs. 2 Nr. 1 StGB ausgeführt, dass die Strafbarkeit wegen Geldwäsche durch Annahme „kontaminierten" Geldes als Honorar nur dann zulässig ist, „**...soweit Strafverteidiger ... im Zeitpunkt der Annahme ihres Honorars sichere Kenntnis von dessen Herkunft hatten. Strafverfolgungsbehörden und Gerichte sind bei der Anwendung des § 261 Abs. 2 Nr. 1 StGB verpflichtet, auf die besondere Stellung des Strafverteidigers schon ab dem Ermittlungsverfahren angemessen Rücksicht zu nehmen...."***

1. Bargeldkontrolle des Zolls 37

Aufgrund des § 12a Abs. 3 ZollVG[60] haben die Zollbehörden personenbezogene Daten an andere Finanzbehörden zu übermitteln, wenn sie im Zusammenhang mit der Annahme stehen, dass Bargeld oder gleichgestellten Zahlungsmittel zum Zwecke der Geldwäsche verbracht werden. Diese Daten werden i.d.R. bei Prüfungen an den Außengrenzen (also z.B. auch auf inländischen Flughäfen bei Auslandsflügen) gewonnen.

Praxishinweis:

Die Prüfung erstreckt sich auch auf mitgeführte Dokumente und der Weitergabe der so gewonnenen Information an die Finanzbehörde[61]

Die Zollbehörden klären bei dieser Bargeldkontrolle an den Außengrenzen im sog. Clearing-Verfahren den Sachverhalt auf, wenn die nachfolgenden typischen Anhaltspunkte für eine Geldwäsche vorliegen:

- Mitgeführte Zahlungsmittel oder Wertgegenstände werden auf Befragen nicht angezeigt;
- Verweigerung der Auskunft über die Herkunft oder Verwendung;
- Unschlüssige Angaben.

59 Weitere Einzelheiten sind der Anordnung in DStR 2003 S. 955 f. zu entnehmen.

60 Die mit dem Steuerbereinigungsgesetz vom 14.12.2001 (BGBl. 2001 I S. 3741 ff.) eingeführten §§ 12a ZollVG ff. haben die vormals in den §§ 12a FVG getroffenen inhaltlich weitgehend gleichen Regelungen ersetzt. Gleichzeitig sind mit dem § 1 Abs. 3a und 3c ZollVG der Zollverwaltung Aufgaben zur Verfolgung der Geldwäsche zugewiesen worden.

61 Vgl. Dannecker/Bürger 2004 S. 81 ff.: *„Zur Reichweite der Befugnisse der Zollverwaltungsbehörden nach § 12a ZollVG"*

Bei dieser Kontrolle haben die Zollbehörden nach § 10 ZollVG das Recht zum Anhalten von Personen, der körperlichen Durchsuchung und der Einschränkung der Grundrechte auf Freiheit der Person, des Brief- und Postgeheimnisses und der Unverletzlichkeit der Wohnung. Kann bei der Überprüfung vor Ort nicht geklärt werden, ob die Zahlungsmittel oder Wertgegenstände im Zusammenhang mit der Geldwäsche stehen, werden sie nach § 12a Abs. 2 FVG ZollVG sichergestellt. Wenn der Sachverhalt dann auch nicht innerhalb von zwei Werktagen aufklärbar ist, kann über die Staatsanwaltschaft beim Amtsgericht die Verwahrungsfrist verlängert werde. Bestätigt sich jedoch innerhalb der Zwei-Tage-Frist der Verdacht, beschlagnahmt der Zoll die sichergestellten Gegenstände. Die Staatsanwaltschaft führt das Verfahren dann wegen des Verdachts der Geldwäsche weiter.

38 2. Deklarierung von Barmitteln

Aufgrund der seit 2007 umgesetzten „**Verordnung** (EG) Nr. 1889/2005 vom 26.10.2005 **über die Überwachung von Barmitteln**, die in die Gemeinschaft oder aus der Gemeinschaft gebracht werden“[62] sind bei Reisen innerhalb der Europäischen Gemeinschaft mitgeführte Barmittel in Höhe von 10 000 € anzumelden. Die Betroffenen haben umfangreiche Angaben zu machen, die neben Vor- und Zuname, Geburtsdatum und Geburtsort sowie Staatsangehörigkeit auch Daten zum Eigentümer und zum vorgesehenen Empfänger und zur Herkunft und Verwendungszweck der Barmittel enthalten. Desweiteren sind der Reiseweg und die Verkehrsmittel zu bezeichnen.

Nach Artikel 4 der Verordnung sind die Zollbeamten befugt, *Personen, ihr Gepäck und ihr Verkehrsmittel* zu *kontrollieren.* Bei einer Verletzung der Anmeldepflicht können die *Barmittel* nach denselben Grundsätzen wie bei der Bargeldkontrolle im Clearing-Verfahren *einbehalten* werden. Auch die in diesem Verfahren gewonnenen Erkenntnisse werden der Finanzverwaltung mitgeteilt.

39 3. Geldwäscheverdachtsanzeigen durch die Finanzbehörden (§ 31b AO)

Neben der Änderung des § 261 Abs. 1 StGB ist gleichzeitig mit dem neuen § 31b AO das Steuergeheimnis im Hinblick auf die Durchführung eines Strafverfahrens wegen des Verdachts der Geldwäsche durchbrochen und eine **Mitteilungsverpflichtung der Finanzbehörden** für Tatsachen, die auf Geldwäsche hinweisen gegenüber den Strafverfolgungsbehörden eingeführt worden[63].

Anhaltspunkte für Geldwäschetatbestände können sich für die Außenprüfungen u.a. bei folgenden Fallkonstellationen vorliegen[64]:

- Umsätze korrespondieren nicht mit der Kundenzahl;
- Transaktionen erfolgen ohne wirtschaftlichen Hintergrund;
- Transaktionen und Lebensumstände sowie die Geschäftstätigkeit des Auftraggebers passen nicht zusammen;
- Transaktionen laufen über unübliche Umwege (insbes. Einschaltung ausländischer Banken).

62 Amtsblatt der Europäischen Union L 309 vom 25.11.2005 S. 9

63 § 31b AO ist mit dem 4. Finanzmarktförderungsgesetz (FMFG) vom 21.06.2002 (BGBl. 2002 I S. 2010 ff.) eingefügt worden.

64 Hierzu liegt vom BMF ein „Typologiepapier für die Finanzverwaltung zur Erstattung von Geldwäscheverdachtsanzeigen gem. § 31b AO i.V.m. § 261 StGB“ vom 01.08.2003 vor.

VII. Kontrollmitteilungen zur Besteuerung von Alterseinkünften (§ 22a AO) 40

Im Rahmen des bereits seit 2005 geltenden Alterseinkünftegesetz vom 05.07.2004[65] ist ein automatisiertes Kontrollmitteilungssystem über die jeweils gezahlten Renten eingeführt worden. Der neue § 22a EStG verpflichtet die Träger der gesetzlichen Rentenversicherung, der Alterskassen, der berufsständischen Versorgungseinrichtungen, die Pensionskassen und die Anbieter von sog. „Riester-Renten", der Bundesversicherungsanstalt für Angestellte auf elektronischem Weg alle für die Besteuerung bedeutenden Daten zu übermitteln. Von dort werden die Daten über das Bundeszentralamt für Steuern an die Finanzämter weiter geleitet. Dazu ist die Identifikationsnummer nach dem neuen § 139b AO heranzuziehen. Deshalb wird dieses automatisierte Mitteilungssystem erst nach der Vergabe der Identifikationsnummer praktiziert.

Inzwischen ist eine Sonderregelung im Hinblick auf steuerdeliktisch bedeutsame Sachverhalte bei der erwarteten Anzahl bisher steuerlich nicht erfasster Alterseinkünfte vorgesehen. Seit dem April 2006 regelt ein bundeseinheitlich abgestimmter Erlass der einzelnen Bundesländer, dass bei festgestellten nichterklärten Alterseinkünften mit einer steuerlichen Auswirkung von maximal 500 € je Veranlagungszeitraum lediglich eine leichtfertige Steuerverkürzung i.S.d. § 378 AO in Betracht kommen kann. Wird dieser Verkürzungsbetrag - ggf. im Zusammenhang mit anderen Einkünften - nicht überschritten, kann von der Einleitung eines Verfahrens wegen Steuerordnungswidrigkeiten abgesehen werden.

VIII. Elektronisches Handels – und Genossenschaftsregister 41

Nach dem Gesetz über elektronische Handelsregister und Genossenschaftsregister - EUHG - sowie das Unternehmensregister vom 10.11.2006[66] sind diese Register seit dem 01.01.2007 zwingend elektronisch zu führen. Die Bundesländer können allerdings Übergangsfristen vorsehen, nach denen die Unterlagen bis spätestens Ende 2009 auch noch in Papierform eingereicht werden können. Seitdem ist auch ein elektronischer Datenabruf für diese Register möglich. Das Gesetz führt nicht nur elektronische Handels-, Genossenschafts- und Partnerschaftsregister ein, sondern sieht auch die Veröffentlichung von Jahresabschlüssen über den elektronischen Bundesanzeiger sowie ein elektronisches Unternehmensregister vor[67].

IX. Bundeszentralregister 42

Seit dem 1. Januar 2007 wird durch das „Gesetz zur Errichtung und zur Regelung der Aufgaben des Bundesamts für Justiz"[68] das Bundeszentralregister beim neu eingerichteten Bundesamt für Justiz geführt, das auch für folgende weitere Aufgaben zuständig ist: Durchführung der Verkündungen und Bekanntmachungen, Durchführung der automatisierten Normendokumentation, europäische und internationale rechtlichen Zusammenarbeit, Durchführung der Justizforschung, der kriminologischen Forschung und auf dem Gebiet der Kriminalprävention.

65 Gesetz zur Neuordnung der einkommensteuerlichen Behandlung von Altersbezügen vom 05.07.2004 BGBl. 2004 I S.1427 ff.
66 BGBl. 2006 I S. 2553ff.
67 Damit gibt es unter www.unternehmensregister.de eine zentrale Internetadresse, über die alle wesentlichen Unternehmensdaten online bereit stehen.
68 BGBl. 2006 I S. 3171 ff.

43 X. Weitere technisch möglichen Ermittlungsansätze

Insbesondere die technischen Möglichkeiten zu weiteren Ermittlungsansätzen nehmen beständig zu. Die Anschaffungskosten für diese neue Technik sinken zunehmend und machen sie damit selbst für die traditionell sparsame Verwaltung erschwinglich. Der kurzen Übersicht sind eine Vielzahl neuer interessanter Möglichkeiten zu entnehmen:

- Sicherheitssystem bei Schriftstücken aus Laserdruckern und Farbkopierern[69]

  In zahlreichen Laserdruckern und Farbkopierer ist bereits seit Jahren ein Sicherheitssystem eingebaut, aus dem das Druckdatum und die Seriennummer des Geräts abgelesen werden kann. Diese Geräte drucken ein fast unsichtbares Muster aus winzigen Punkten auf jedes Blatt Papier.

- Auswertung von Kreditkarten

  In einem Ermittlungsverfahren wegen der Nutzung kinderpornografischen Materials war es möglich, innerhalb von drei Monaten 22 Millionen Kreditkarten zu überprüfen[70].

- „Keylogger"-Programme zum Auslesen von Tasteneingaben

  Mit Hilfe dieser Programme ist es möglich, Tasteneingaben bei Keybords für PC auszulesen. Derzeit können damit mehr als 1 Million bereits erfolgte Tastaturbefehle abgerufen werden.

- Google-Earth u.a.

  Mit den Luftbildern des kostenlos nutzbaren Programms Google-Earth lassen sich im Internet minutenschnell örtliche Gegebenheiten weltweit ermitteln. Inzwischen wird von verschiedenen Bundesländern bereits im landeseigenen, der Verwaltung zur Verfügung gestellten Intranet die eigene Region über vergleichbare oder Satellitenbilder vorgestellt.

- Belauschen von Laptop-Bildschirmen

  Mit Hilfe des Programms Tempest können nach dem SPIEGEL Nr. 33/2006 S. 129 („*Datendiebstahl aus der Luft*") aus über einhundert Metern Entfernung die Bildschirme von Laptops ausgelesen werden.Ausgenutzt wird dabei, dass jeder Bildschirm wie eine Antenne wirkt und elektromagnetische Impulse ausstrahlt

- Neue Ermittlungseinheiten der Steuerfahndung

  Es wird angestrebt, in den einzelnen Bundesländern sog. **Task-Force**-Abteilungen für die Steuerfahndung einzurichten, die insbesondere durch Risikoanlaysen aus bekannt gewordenen Steuerstrafverfahren neue Ermittlungsfelder und Prüfschwerpunkte auch für die Außenprüfung der Finanzämter entwickeln sollen.

  Speziell für vermögensabschöpfende Maßnahmen geschulte Fahndungsprüfer werden derzeit in verschiedenen Steuerfahndungsstellen erprobt. Diese **„Vermögensabschöpfer"** prüfen Fälle auf ihre Eignung und veranlassen oder bereiten dann selbst mit ihrer gesteigerten Sachkunde über den steuerlichen (§§ 324 ff. AO) oder strafrechtlichen (§§ 111b ff. StPO) Arrest entsprechende Maßnahmen während laufender Durchsuchungsmaßnahmen vor.

69 Der SPIEGEL Nr. 43/2005

70 Über die Möglichkeiten und rechtliche Zulässigkeit bei dieser **Auswertung aller deutschen Kreditkarten** berichtet DER TAGESSSPIEGEL vom 10.01.2007 („Ein Blick in die Karten"): *„Im Rahmen der Operation „Mikado" stellte die Polizei bundesweit ... Datenträger ... sicher. Die Spur der Zahlungen ... von 79,99 Dollar im Monat, die immer wieder von einzelnen Kreditkartenkonten abgebucht wurden, endete auf einem .... Konto in den Philippinen, ... um sich Zugang zu einem illegalen Internetportal zu verschaffen. .... Die Behörden ließen ... nach Paragraf 161 der Strafprozessordnung ... die Kreditkartenfirmen nach ... [diesen]... Merkmalen suchen. ... Sie ermittelten ... die Daten von 322 ... Kreditkarteninhabern..."*

- Online-Durchsuchung

  Die verdeckte Überwachung und das Auslesen „informationstechnischer Systeme“ kommt für Steuerdelikte nach dem Urteil des BVerfG vom 27.02.2008 – 1 BVR 370/07, 1 BVR 595/07 – nicht in Betracht, weil nicht eines der überragend wichtigen Rechtsgüter betroffen ist. Außerdem ist ein derartige Online-Durchsuchung nur zur Abwehr von konkreten Gefahren für derartige Rechtsgüter vorgesehen.

C. Herkunft der Fälle 44

Aus dem nachfolgenden **Schaubild** ist die **Herkunft der Fälle** in der Steuerfahndung Berlin eines Jahres ersichtlich. Es zeigt auch den Anteil der einzelnen Informationsmöglichkeiten an den sog. Prüffällen. Dabei ist zu beachten:

Die Fälle vom Finanzamt betreffen fast ausschließlich die aus Außenprüfungen direkt an die Steuerfahndung herangetragenen Vorgänge. Bei den von der Bußgeld- und Strafsachenstelle erteilten Ermittlungsaufträgen handelt es sich überwiegend ebenfalls um Fälle, die von den Finanzämtern herrühren[71]. Die Zugänge von anderen Dienststellen beziehen sich auf Sachverhalte, die auf Grund der gesetzlichen Mitteilungspflichten – vor allem nach § 116 AO – an die Steuerfahndung herangetragen wurden. Als Ermittlungsaufträge der Staatsanwaltschaft werden nur die Fälle erfasst, die direkt von dort der Steuerfahndungsstelle zugewiesen werden und die häufig die sog. Großverfahren betreffen. Sofern Ermittlungsaufträge der Bußgeld- und Strafsachenstelle während der laufenden Ermittlungen in die Zuständigkeit der Staatsanwaltschaft überführt werden, erfolgt keine erneute Zuordnung. Diese Übersicht widerlegt aber auch die häufig vertretene Meinung, nach der vor allem Anzeigen Anlass für die Ermittlungen sind. Zwar geht eine Vielzahl von Anzeigen ein; tatsächlich verwertbar als Ermittlungsanlass für eine Fahndungsprüfung ist aber nur ein verschwindend geringer Anteil.

Herkunft der in der Steuerfahndung (Berlin) bearbeiteten Fälle

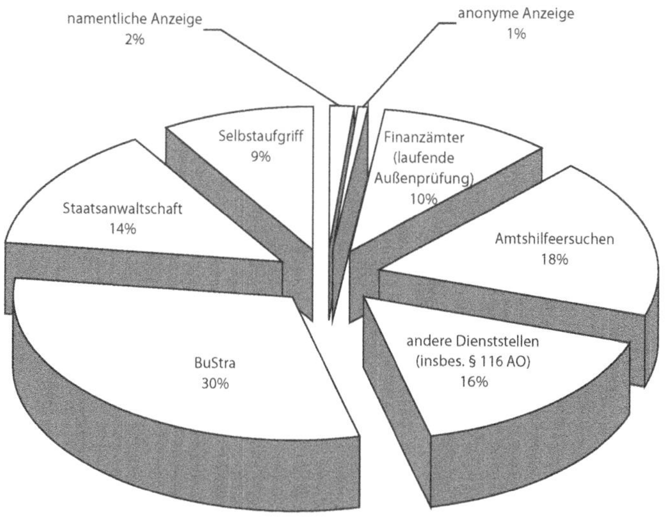

71 In Berlin leiten die Finanzämter Steuerstrafverfahren selbst ein, während in anderen Bundesländern der Bußgeld- und Strafsachenstelle ein entsprechender Sachverhalt in Form ein Anzeige zur Prüfung übersandt und dann ggf. dort eingeleitet wird.

Beraterleitfaden

Einleitung

Nach der Darstellung der Funktion und Aufgaben bzw. Vorgehen der Steuerfahndung soll Ihnen im nachfolgenden Teil ein Beraterleitfaden an die Hand gegeben werden, der Praxishinweise und mögliche Reaktionen auf eine aufgetretene Situation enthält. Im Rahmen der einzelnen Verfahrensstufen wollen wir anschaulich anhand eines Musterschreibens, wie es seitens der Finanzbehörden an Sie bzw. den Steuerpflichtigen gerichtet sein kann, darstellen, wie die Schreiben der Ermittlungsbehörden in der Regel, abgesehen von kleineren bundesländerspezifischen Besonderheiten, aussehen.. Es ist unsere Intention, zu sensibilisieren und Reaktionsmöglichkeiten aufzuzeigen, erheben allerdings nicht den Anspruch auf Vollständigkeit. Insbesondere ist auch nicht jeder Fall gleich, sodass sich monotone Reaktionen verbieten.

Je nach Art der Anfrage seitens der Finanzbehörde bzw. der jeweilig handelnden Stelle kann der Handlungsbedarf unterschiedlicher Natur sein. Als Berater des Steuerpflichtigen sollte man sich stets vor Augen führen, was die Finanzbehörden mit Anfragen spezieller Art bezwecken wollen, und welche Informationen seitens der Finanzbehörden vorliegen, von denen Sie selbst möglicherweise noch keine Kenntnis haben. Allein daran ist die Beratung und eine Risikoabwägung auszurichten.

Im einzelnen sollen im Hinblick auf die einzelnen dargestellten Musterschreiben (Auskunftsersuchen, Prüfungsanordnung, Vorliegen von Kontrollmaterial, Merkblatt zu § 208 AO und einem Durchsuchungsbeschluss) jeweils in Frage kommende Auslöser für die Anschreiben der Steuerfahndungsbehörden sowie mögliche Reaktionen darauf von beratender Seite dargelegt werden.

Darüber hinaus ist es von außerordentlicher Wichtigkeit, Risiken der eigenen Reaktion zu kennen und evtl. vorherzusehen; dies gilt nicht nur für den Steuerpflichtigen, sondern auch für den Berater in eigener Person. Bekanntermaßen geht der Berater mit „seinem" Steuerpflichtigen durch „dick und dünn", dennoch sollte gerade in einem solch engen Vertrauensverhältnis und oftmals langjähriger Zusammenarbeit das ein oder andere Detail, das sich nun völlig überraschend aus den Anfragen der Steuerfahndungsbehörden ergibt, kritisch hinterfragt werden. Dies vor allem, um zum einen rechtzeitig die richtigen präventiven Maßnahmen vorzubereiten, aber zum anderen auch, um etwaige (steuer-)strafrechtliche Konsequenzen für den Steuerpflichtigen, aber auch sich selbst, zu vermeiden.

Dabei ist aber zu beachten, dass das Besteuerungsverfahren anderen Regeln unterliegt als das Steuerstrafverfahren. Die Schwierigkeit des Umgangs mit der steuerstrafrechtlichen Materie liegt darin, beiden Verfahren gerecht zu werden. Zwar sind sie völlig unterschiedlicher Natur, dennoch bedingen sie einander und laufen daher zumeist parallel ab. Gerade diese Parallelität ist aber für den Berater eine Herausforderung: Man darf nicht das eine Verfahren betreiben, ohne das andere aus den Augen zu lassen. Das ist die hohe Kunst, zumal der Berater meist völlig unvorhergesehen mit dieser Situation konfrontiert wird.

§ 5 Berührungspunkte des Beraters mit der Steuerfahndung und Konsequenzen

Wie schon erwähnt, ist die Finanzbehörde sowohl Steuer- als auch Strafverfolgungsbehörde. Diese **Doppelfunktion** wird durch das Tätigwerden der Steuerfahndungsstelle deutlich. Häufig trifft es die Beteiligten, den Steuerpflichtigen, aber auch den Berater wie aus heiterem Himmel. Der Steuerpflichtige und im heikelsten Falle der Steuerpflichtige und der Steuerberater sehen sich mit Schreiben der Steuerfahndungsstelle konfrontiert. Oftmals kann man die behördeninterne Herkunft nicht auf den ersten Blick erkennen, dennoch ist es von enormer Wichtigkeit, dass man auch in diesen Situationen richtig reagiert. 1

Nicht nur ein plötzlich einsetzender emotionaler Druck seitens des Mandanten, sondern auch der Umgang mit Ermittlungsbehörden erschweren das Handeln. Die Gesetzeslage trägt ebenfalls nicht zur Erleichterung bei.

A. Konflikt zwischen Besteuerungs- und (Steuer-) Strafverfahren

§ 393 Abs. 1 AO manifestiert den Grundsatz der **Parallelität von Besteuerungs- und Steuerstrafverfahren**. Für den Fall, dass nun gegen einen Steuerpflichtigen wegen eines Verdachts einer Steuerstraftat ein Steuerstrafverfahren eingeleitet wird, werden nun Besteuerungs- und Steuerstrafverfahren gleichzeitig und nebeneinander betrieben; die steuerlichen Verpflichtungen werden nicht suspendiert. Aufgrund dessen kann der Steuerpflichtige in die Konfliktsituation kommen, dass er im Besteuerungsverfahren weiterhin zur Mitwirkung verpflichtet bleibt, während er im Steuerstrafverfahren als Beschuldigter die Angaben verweigern kann. Dieser Konflikt soll vermeintlich durch § 393 AO aufgelöst werden, indem er die Befugnisse der Finanzbehörden abzugrenzen versucht. § 393 Abs. 1 Satz 1 AO bezeichnet die Abgrenzung orakelnd mit „...Die Rechte und Pflichten bestimmen sich nach dem jeweiligen Verfahren". 2

Die Finanzbehörde muss daher nicht entscheiden, welches Verfahren sie vorrangig betreibt, sondern kann in beiden völlig unterschiedlichen Verfahren mit mehr oder weniger weitreichenden Rechten und vor allem Pflichten ermitteln. Diese Verquickung geht sogar noch weiter, weil der BFH zulässt, dass die steuerstrafrechtlichen und die steuerlichen Ermittlungen von ein und demselben Amtsträger durchgeführt werden.[1] Argumentiert wird dahingehend, dass dies kein verfahrensrechtliches Problem in sich birgt, da die Finanzbehörde eine strikte Trennung der Befugnisse vornimmt. Erfahrungen zeigen, dass diese angestrebte Befugnistrennung oft nur theoretischer Natur ist. Und hier zeigt sich der **Januskopf der Steuerfahndung**; sie kann aufgrund ihrer Aufgabenzuweisung die Besteuerungsgrundlagen sowohl im Besteuerungs-, als auch im Steuerstrafverfahren ermitteln.

Jedoch dürfen Möglichkeiten des Besteuerungsverfahrens nicht genutzt werden, um die Strafverfolgung zu ermöglichen[2], d.h. Steuerbehörden dürfen sich nicht der Strafverfolgungsbehörden für Steuerzwecke und umgekehrt Strafverfolgungsbehörden nicht der Finanzämter für Strafverfolgungszwecke bedienen.

1 BFH vom 19.08.1998-XI R 37/92; DB 1998, S. 2351; Stahlschmidt, Steuerstrafrecht, S. 185
2 Spriegel in Wannemacher, Rz. 4509; Streck, Rz. 217 f.

3 **Praxishinweis:**

Hat man sich in der Vergangenheit in manchen Bundesländern das Schreiben der nachfragenden Behörde eingehender betrachtet, war zu erkennen, welche Behörde (Veranlagungs- oder Steuerfahndungsstelle) hinter der jeweiligen Anfrage steht. In diesem Zusammenhang konnte das Augenmerk zur Identifizierung des Finanzamts auf das verwendete Aktenzeichen gelegt werden:

Die Veranlagungsstelle benutzte die Steuernummer, ergänzt mit Referats-/ Namenskürzeln; die Steuerfahndungsstelle hingegen verwendete ein eigenes Akten- oder Geschäftszeichen, das die Abkürzung „SF", wie Steuerfahndung, beinhaltet. Damit ließ bereits das Aktenzeichen in manchen Bundesländern einen Rückschluss zu, mit wem auf der anderen Seite man zu tun hatte.

Allerdings wird nun mit Einführung eines bundeseinheitlichen Programms (EOSS) das Aktenzeichen der Steuerfahndung sowie das der Bußgeld- und Strafsachenbehörden vereinheitlicht.

Dennoch kann auch zukünftig der Blick auf das Aktenzeichen für den ungeübteren Betrachter Aufschluss darüber bieten, ob man mit dem Veranlagungsfinanzamt (Aktenzeichen = Steuernummer) oder mit den Ermittlungs- und Strafverfolgungsbehörden korrespondiert.

4 Darüber hinaus kann der Steuerpflichtige davon ausgehen, dass die Finanzbehörde nur stets im Besteuerungsverfahren tätig wird, solange keine ausdrückliche anderslautende Erklärung abgegeben wurde.[3] Etwas prekärer kann die Situation allerdings im Rahmen der Außenprüfung sein, da erfahrungsgemäß viele Steuerstrafverfahren aufgrund von Feststellungen in laufenden Betriebsprüfungen eingeleitet werden.[4] Hier ist der Außenprüfer zunächst im Rahmen des Besteuerungsverfahren beim Steuerpflichtigen. Bei Auffälligkeiten mit vermeintlich strafrechtlich motiviertem Hintergrund hat der Außenprüfer gemäß **§§ 9, 10 BpO 2000** die steuerliche Außenprüfung zu unterbrechen und dem Steuerpflichtigem erklären, dass nun auch strafrechtlich ermittelt wird.

5 **Praxishinweis:**

Immer häufiger ist erkennbar, dass Außenprüfer aufgrund von Kontrollmitteilungen im Rahmen einer üblichen Außenprüfung bzw. der betriebsnahen Veranlagung gezielt und vorinformiert Sachverhalte prüfen, die bereits zu Beginn der Prüfung den Schluss nahelegen, dass ein Verdacht einer steuerstrafrechtlichen Tatverwirklichung durch den Steuerpflichtigen vorliegt. Oftmals erfolgt ein Einleitungsvermerk bzw. eine diesbezügliche Erklärung aus der Verteidigersicht reichlich spät und versetzt den Steuerpflichtigen in die Lage, an einer Sachverhaltsaufklärung mitwirken zu müssen, obwohl sich bereits zu diesem Zeitpunkt abzeichnet, dass ein steuerstrafrechtlicher Verdacht sich erhärtet hat und er deshalb nicht mehr hätte mitwirken müssen. Leider bestätigt sich eine derartige Vermutung erst viel später mit Hilfe der Akteneinsicht. Inwieweit sich aus einem derartigen Verhalten Verwertungsverbote ergeben bzw. ergeben können, wird nachfolgend dargestellt.[5]

Um die Vermutung einer vermeintlich verspäteten Einleitung des Steuerstrafverfahrens auch seitens des Steuerpflichtigen belegen zu können, empfiehlt es sich, dass sämtliche Anfragen des Außenprüfers zeitgenau, d.h. mit Datum und Uhrzeit notiert werden bzw. von diesem schriftlich aushändigt werden.

Je nachdem, in welchem Verfahren die Besteuerungsgrundlagen ermittelt werden, stehen dem Steuerpflichtigen andere Rechte und Pflichten zu. Diese sollen im Nachgang zunächst dargestellt werden, um den Kontrast zwischen Besteuerungs- und Strafverfahren aufzuzeigen.

3 Streck, Rz. 238; Spriegel in Wannemacher, Rz. 4512
4 vgl. § 6
5 siehe unter § 5 III 3.

I. Rechte und Pflichten des Steuerpflichtigen im Besteuerungsverfahren

Im **Besteuerungsverfahren** von **Rechten** des Steuerpflichtigen zu sprechen, geht an der Realität vorbei. Vielmehr bestehen **umfangreiche Pflichten**, die die Abgabenordnung an ihn stellt. Im Einzelnen handelt es sich dabei um: 6

- qualifizierte Mitwirkungspflichten
- einfache Mitwirkungspflichten
- Auskunftspflichten und
- Nachweispflichten.

Der Inhalt dieser Pflichten soll nachfolgend kurz umrissen werden:

1. Qualifizierte Mitwirkungspflichten 7

Eine derartige qualifizierte Mitwirkungspflicht besteht gemäß § 90 Abs. 2 AO in Verbindung mit Vorschriften des Außensteuergesetzes. Da der deutsche Fiskus nur unter erheblichen Erschwernissen und nur bei Vorliegen bestimmter Voraussetzungen Information aus dem Ausland erhält, wurden dem Steuerpflichtigen bei Vorliegen von Auslandssachverhalten **gesteigerte Mitwirkungspflichten** auferlegt.

2. Einfache Mitwirkungspflichten 8

§ 90 Abs. 1 AO regelt die einfache Mitwirkungspflicht, die vorwiegend in der umfassenden und wahrheitsgemäßen **Offenlegung** von steuererheblichen Tatsachen besteht. Gleiches gilt für das Führen von Büchern, der Abgabe von Steuererklärungen gemäß § 140 ff AO sowie der **Berichtigungspflicht** unrichtiger Steuererklärung nach § 153 AO.

3. Auskunftspflichten 9

Die umfassenden Auskunftspflichten hat der Steuerpflichtige im Rahmen der Außenprüfung gemäß § 200 AO. Diese umfassen auch die Vorlage von Unterlagen. Gleichermaßen auskunftspflichtig ist ein Steuerpflichtiger im Rahmen von Anfragen durch die Finanzbehörden (**Auskunftsersuchen** gemäß § 93 AO).

4. Nachweispflichten 10

Die umfassendste und inzwischen wohl folgenreichste Nachweispflicht ist die der **Empfängerbennennung** gemäß § 160 AO.

Diese umfassenden Mitwirkungspflichten zeigen auf, dass im Besteuerungsverfahren keine Weigerungsrechte existieren.[6] Vielmehr sind die genannten steuerlichen Mitwirkungs- und Aufklärungspflichten gegenüber dem Steuerpflichtigen als auch dem Dritten **erzwingbar**. Als derartige

6 Joecks in FGJ § 393, Rz. 15

Zwangsmittel kommen bei deren tatbestandlichen Vorliegen gemäß §§ 328 f AO Zwangsgeld, Ersatzvornahme und unmittelbarer Zwang in Betracht. Bei Verletzung der Mitwirkungspflichten ist den Finanzbehörden auch der Weg zur Schätzung gemäß § 162 AO eröffnet.

11 Rein formal strafrechtlich betrachtet, hat der Steuerpflichtige **vor** einer Einleitung des Strafverfahrens die Stellung eines (wenn auch gefährdeten) Zeugens inne. Im Rahmen seiner **Zeugenstellung** steht ihm aber das Auskunftsverweigerungsrecht nach § 55 StPO zu. Doch auch hier gehen Theorie und Praxis verschiedene Wege:

Wird der Steuerpflichtige als Dritter zu bestimmten Vorgängen seitens der Finanzbehörden befragt, ist zu überprüfen, ob und inwieweit ihm sein eigenes Verhalten in der Vergangenheit zum Nachteil gereichen kann, und ob noch eine eigene Reaktionsmöglichkeit zur Klarstellung von Sachverhalten durch den Steuerpflichtigen möglich ist.

Findet eine derartige Befragung während einer laufenden Betriebsprüfung statt, dann befindet sich der Steuerpflichtige in der Zwickmühle, ob er nicht durch die Inanspruchnahme des Auskunftsverweigerungsrecht möglicherweise „schlafende Hunde" weckt. Eine wohlüberlegte wahrheitsgemäße Mitwirkung bzw. ein offenes Umgehen mit unklaren Sachverhalten kann nämlich gerade ein Strafverfahren vermeiden.

Praxishinweis:

Das Sichberufen auf das strafprozessuale Auskunftsverweigerungsrechts ist ein taktisches Element, von dem allerdings vor Einleitung des Strafverfahrens mit viel Behutsamkeit und Fingerspitzengefühl Gebrauch gemacht werden sollte.

II. Rechte und Pflichten im Strafverfahren

12 **Nach Einleitung** eins Steuerstrafverfahrens, das seitens der Finanzbehörde mittels **Einleitungsvermerk** aktenkundig gemacht und dem Steuerpflichtigen bekanntgegeben werden muss, hat der beschuldigte Steuerpflichtige die Stellung eines **Beschuldigten** inne. Damit steht er einem Beschuldigten im Strafprozess gleich. Durch diese Beschuldigtenposition werden nun die Rechte und Pflichten geprägt.

13 1. Pflichten des Beschuldigten im Strafverfahren

Mit der Einleitung des Steuerstrafverfahrens kann manche Maßnahme, die der Steuerpflichtige zu dulden hat, sehr **plötzlich** kommen. Als solche **Maßnahmen** kommen Durchsuchungen, körperliche Untersuchungen, ermittlungstechnische Maßnahmen, wie Identifikationsfeststellungen und daktyoloskopische Feststellungen, aber auch Gegenüberstellungen in Betracht.

Praxishinweis:

Mit der Übersendung eines Schreibens an den Steuerpflichtigen, mit dem diesen die Einleitung eines Steuerstrafverfahrens bekanntgegeben wird, wird der Steuerpflichtige oftmals ein Personalfragebogen übersandt. Dieser enthält Fragen zu seinen persönlichen und wirtschaftlichen Verhältnissen. Hierbei ist zu beachten, dass der Steuerpflichtige lediglich gemäß § 111 OWiG verpflichtet ist, Angaben zu den persönlichen Verhältnissen (Name, Adresse, Familienstand etc.) zu machen. Angaben zu den wirtschaftlichen Verhältnissen sind freiwilliger Natur und daher zunächst zu unterlassen.

Darüber hinaus ist der Steuerpflichtige verpflichtet, zu Vernehmungen vor der Bußgeld- und Strafsachenstelle, ggf. dem Staatsanwalt oder dem Gericht zu erscheinen. In der Praxis wird zu diesem Zweck entweder ein **Vernehmungsbogen** oder eine **Vorladung mit angesetztem Termin** übersandt. Es empfiehlt sich als Verteidiger immer, vor der Vernehmung zunächst Einsicht in die Ermittlungsakten zu nehmen. Sollte dies vor dem Termin nicht möglich sein, kann gerade unter diesem Aspekt eine Terminverlegung beantragt werden. Es ist aber von außerordentlicher Wichtigkeit auf derartige Schreiben der Staatsanwaltschaft oder Bußgeld- und Strafsachenstelle zu reagieren, da sonst die Gefahr besteht, dass eine polizeiliche Vorführung erfolgt. Diese kann nämlich die zwangsläufige Folge für das Negieren derartiger Schreiben sein. 14

Praxishinweis:

Sollte die Steuerfahndungsstelle oder die Polizei zu einer Befragung laden, ist ein Erscheinen nicht verpflichtend. Aber auch hier empfiehlt sich eine Kontaktaufnahme durch den Berater.

Ein weiterer beachtenswerter Aspekt für die Teilnahme an einer derartigen Vernehmung zum Schuldvorwurf ist, dass der Steuerpflichtige keinesfalls alleine an einer Vernehmung teilnehmen soll. Wichtig ist in diesem Zusammenhang, dass er von einem versierten Strafrechtler als Verteidiger mit steuerlichem Hintergrund begleitet wird. Es wird nicht für zweckdienlich erachtet, dass der beschuldigte Steuerpflichtige von seinem Steuerberater begleitet wird. Die Argumentation für diese Vorgehensweise wird später beschrieben.[7] 15

2. Rechte des Beschuldigten im Strafverfahren 16

Korrespondierend mit den bestehenden Duldungspflichten hat der beschuldigte Steuerpflichtige aber das verfassungsrechtlich verankerte Recht, sich nicht selbst belasten zu müssen (**nemo tenetur se ipso accusare**). Für das Steuerstrafverfahren bedeutet dies, dass der Steuerpflichtige nicht aktiv an seiner eigenen Strafverfolgung mitwirken muss und jegliche Angabe zur Sache verweigern darf. Letzteres Recht des Beschuldigten ist strafprozessual in § 136 Abs.1 Satz 2 StPO normiert.

Die dargestellten Rechte und Pflichten der beiden Verfahren sind im Ernstfall der Einleitung des Strafverfahrens gegen den Beschuldigten nicht deckungsgleich. Dies führt zu erheblichen Zweifeln an diesem System der Parallelität, denn gemäß § 393 Abs. 1 AO werden trotz eingeleitetem Strafverfahren die steuerlichen Mitwirkungspflichten nicht suspendiert. Die Auflösung dieses Spannungsfeldes der Rechte und Pflichten soll im nächsten Abschnitt dargestellt werden.

III. Auflösung der Pflichtenkollision 17

Trotz der grundsätzlich **formalen Trennung zwischen Besteuerungs- und Strafverfahren** lässt sich nicht verleugnen, dass das Strafverfahren unmittelbaren Einfluss auf das Besteuerungsverfahren hat und umgekehrt. Zwar können diese Pflichten nach Einleitung eines Steuerstrafverfahrens aufgrund des **Zwangsmittelverbotes gemäß § 393 Abs. 1 Satz 2 AO** nicht mehr durchgesetzt werden, dennoch wirkt sich die Erfüllung bzw. die Nichterfüllung der steuerlichen Verpflichtung gleichermaßen auf das eingeleitete Steuerstrafverfahren aus:

7 vgl. § 5 B II

Von der grundsätzlichen steuerlichen Mitwirkungspflicht besteht gemäß § 393 Abs. 1 Satz 2 und 3 AO nur dann eine Ausnahme, wenn der Steuerpflichtige dadurch gezwungen würde, sich selbst wegen einer von ihm begangenen Steuerstraftat zu belasten oder wenn bereits wegen einer solchen Tat ein Strafverfahren eingeleitet worden ist. Somit kann die Erfüllung der steuerlichen Mitwirkung nicht mehr durch Zwangsmittel erzwungen werden.

18 1. Keine Erzwingbarkeit von steuerlichen Pflichten bei Gefahr der Selbstbezichtigung

Um zu vermeiden, dass überhaupt die Gefahr des Zwanges hinsichtlich der Erfüllung der steuerlichen Pflichten besteht, ist das Vorliegen der Gefahr einer Selbstbelastung sowie deren Glaubhaftmachung durch den Steuerpflichtigen erforderlich.

Die **Gefahr einer Selbstbelastung** liegt bereits dann vor, wenn eine Erfüllung der Mitwirkungspflicht einen Anfangsverdacht für die Verfolgung der Straftat begründen könnte.[8] Die zu verfolgende Straftat muss eine solche sein, die als Steuerstraftat, Steuerordnungswidrigkeit oder als sonstige Tat begangen wurde und die in den sachlichen Anwendungsbereich der Abgabenordnung fällt.

19 Die Tat muss **vor** der Aufforderung zur Erfüllung der steuerlichen Mitwirkungspflichten vom Steuerpflichtigen begangen worden sein; der Versuch der Tat genügt nur dann, wenn er strafbar ist. Die Strafbarkeit des Versuches ist gesetzlich in den einzelnen Tatbeständen geregelt. Ist das Handeln überdies nicht unter Anwendung der §§ 12 Abs. 1, 22 StGB strafbar, dann scheidet eine Versuchsstrafbarkeit gänzlich aus.

20 Ist ein Steuerstrafverfahren noch nicht eingeleitet, liegt das Augenmerk darauf, glaubhaft zu machen, dass das Zwangsmittelverbot für den Betroffenen vorliegt. Der Finanzbeamte wird nicht schon per se auf den Einsatz von Zwangsmitteln verzichten, weil der Steuerpflichtige sich auf § 393 Abs. 1 Satz 2 AO beruft. Vielmehr wird er zunächst davon ausgehen müssen, dass die Verweigerung der Mitwirkung unberechtigt ist. In dieser Situation ist es am Steuerpflichtigen, die Unzulässigkeit von Zwangsmitteln glaubhaft zu machen. Dabei sind an die **Glaubhaftmachung** durch den Steuerpflichtigen nur geringe Anforderungen zu stellen, da andernfalls, müsste er konkrete Tatsachen dazu anführen, der Schutz des § 393 Abs. 1 Satz 2 AO ausgehebelt wäre.[9]

21 Ist das Steuerstrafverfahren bereits eingeleitet, dann greift das **Zwangsmittelverbot** vollumfänglich gemäß § 393 Abs. 1 Satz 3 AO. Es erstreckt sich lediglich auf das Besteuerungsverfahren, das Gegenstand und damit Basis des Steuerstrafverfahrens ist. Auch für nicht strafbefangene Zeiträume sind Zwangsmittel unzulässig, wenn durch die Erfüllung der steuerlichen Pflichten es zu einer mittelbaren Selbstbelastung des Steuerpflichtigen kommen würde. Eine derartige Selbstbelastung soll anhand des nachfolgenden Beispiels verdeutlicht werden:

Beispielsfall:

Gegen Herrn Sparfuchs wurde ein Steuerstrafverfahren für die Veranlagungszeiträume 2002 bis 2006 eingeleitet, weil der Verdacht besteht, dass er in der Vergangenheit Kapitalerträge nicht angegeben hat. Nun wird Herr Sparfuchs durch den Finanzbeamten Listig aufgefordert, für die inzwischen strafrechtlich verjährten, aber steuerlich noch änderungsrelevanten Zeiträume 1996 bis 2001 korrekte Steuererklärungen abzugeben sowie eine Korrektur für das laufende Jahr 2007 vorzunehmen. Da Herr Sparfuchs dieser Aufforderung nicht nachkommt, wird ihm die Auferlegung eines Zwangsgeldes in Höhe von 5.000 EUR angedroht.

8 Joecks in FGJ § 393, Rz. 20; Meyer- Goßner, StPO § 55 Rz. 7
9 so auch Joecks in FGJ § 393 Rz. 27; Kohlmann § 393 Rz. 44;

Bereits die Androhung des Zwangsgeldes ist unzulässig, da derjenige, der dem Vorwurf, Kapitaleinkünfte in unrichtiger Höhe erklärt zu haben, ausgesetzt ist, weder korrigierte Steuererklärungen für die Altjahre noch solche für die Folgejahre abgeben muss. Dies vor dem Hintergrund, dass bei Abgabe nunmehr korrigierter Steuererklärungen sich aus diesen der Anfangs- und Endbestand des Vermögens erkennen lässt, aus dem nicht nur der Vermögenszuwachs abgeleitet werden kann, sondern sogar Rückschlüsse auf die jährliche Ertragshöhe gezogen werden können. Allein dieser Rückschluss stellt eine **mittelbare Selbstbelastung** dar, was in der weiteren Folge zu einer Unzulässigkeit des Zwangsmittels führt.

Bereits die Androhung des Zwangsmittels gegenüber dem Steuerpflichtigen ist unzulässig und 22
verboten[10]; allerdings betrifft dies ausdrücklich nur den Steuerpflichtigen und schließt nicht schlechthin den Einsatz von Zwangsmitteln gegenüber Dritten aus. § 393 Abs. 1 AO stellt auf den Begriff des Steuerpflichtigen ab. Dieser ist definiert in § 33 AO als derjenige, der Steuererklärungen abzugeben hat bzw. wer die Steuer schuldet. In Ergänzung dazu werden auch diejenigen erfasst, die Auskünfte zu erteilen haben, soweit diese kein Recht zur Auskunftsverweigerung geltend machen können. Dieses Auskunftsverweigerungsrecht trifft in erster Linie Berufs(geheimnis)träger und deren Berufshelfer gemäß §§ 53, 53 a StPO.

Im übrigen gilt das Verbot des Zwangsmitteleinsatzes **unabhängig vom Vorliegen des Auskunftsverweigerungsrechts** für diejenigen Personen, die sich durch ihre Mitwirkung im Besteuerungsverfahren der Gefahr einer Strafverfolgung ausgesetzt sehen würden.[11]

2. Zwangsmittelverbot bei bereits eingeleitetem Strafverfahren 23

Das Zwangsmittelverbot gilt gemäß § 393 Abs. 1 Satz 2 und 3 AO, wenn wegen einer Steuerstraftat bzw. einer Steuerordnungswidrigkeit ein Strafverfahren eingeleitet worden ist.

Liegen zureichende tatsächliche Anhaltspunkte für eine Straftat vor, die es nach kriminalistischer Erfahrung möglich erscheinen lassen, dass eine verfolgbare Straftat vorliegt, spricht man von einem **Anfangsverdacht.**[12] Erforderlich ist diesbezüglich zwar eine geringe Wahrscheinlichkeit der Tatverwirklichung, trotzdem ist die Annahme des Anfangsverdachts notwendig, um ein Strafverfahren gegen den Steuerpflichtigen einzuleiten zu können. Eine Verfahrenseinleitung aufgrund bloßer Vermutungen ist unzulässig.

Die Einleitung des Strafverfahrens im Sinne des § 397 AO stellt zugleich den Beginn der straf- oder bußgeldrechtlichen Ermittlungen dar. Alle in § 397 Abs. 1 AO benannten Stellen, u.a. Finanzbehörden, Staatsanwaltschaft und Polizei können die Einleitung des Strafverfahrens bewirken.

Praxishinweis:

Aufgrund der tatsächlichen Entwicklung und der Erkenntnis, dass immer häufiger Zollämter- was mit der Kompetenzausweitung für den Zoll zusammenhängt- in die Einleitung steuerstrafrechtlicher Ermittlungen involviert sind, ist festzustellen, dass Zollämter unter den Begriff „Finanzbehörde" zu fassen sind.

Gemäß § 397 Abs. 2 AO ist die Einleitung des Steuerstrafverfahrens unverzüglich **aktenkundig** 24
zu machen. Dieser Aktenvermerk hat beweissichernde Funktion. Oftmals ist unklar, wie lange die

10 Kohlmann § 393 Rz. 30, Hellmann in HHSp § 393 Rz. 72; Joecks in FGJ § 393, Rz. 29
11 zur Diskussion, ob das Zwangsmittelverbot auch für Angehörige gilt, siehe Joecks in FGJ § 393 Rz. 31a f.
12 Gast-de Haan in FGJ § 397 Rz. 39; Traub in Wannemacher, Rz. 3674

Finanzbehörde erwägt, ein Steuerstrafverfahren einzuleiten. Von erheblicher Bedeutung ist dieser Aktenvermerk, wenn aufgrund oder infolge einer Außenprüfung ein steuerstrafrechtliches Verfahren eingeleitet wird. Dies vor allem vor dem Hintergrund, dass der Steuerpflichtige während einer Betriebsprüfung erweiterten Mitwirkungspflichten unterliegt, und das Recht, sich nicht selbst belasten zu müssen, dadurch ausgehebelt werden würde, je länger der Betriebsprüfer von der Einleitung eines solchen Verfahrens absieht. Zur Wahrung der Rechte des Steuerpflichtigen und zur Auflösung dieses Konflikts ist in § 10 Abs. 1 Satz 4 BpO 2000 geregelt, dass die Ermittlungen im Rahmen der Außenprüfung erst fortgeführt werden dürfen, wenn dem Steuerpflichtigen die Einleitung des Strafverfahrens mitgeteilt wurde.

Die **Mitteilung über die Verfahrenseinleitung** muss eine Beschreibung der dem Täter zur Last gelegten Handlungsweise, eine Benennung der verkürzten Steuerarten sowie der Zeitpunkt der strafbewährten Handlung beinhalten.

25 Für die Bekanntgabe der Verfahrenseinleitung ist **keine bestimmte Form** vorgeschrieben[13], d.h. sie kann sowohl mündlich als auch schriftlich erfolgen. Sie muss aber so ausgestaltet sein, dass der Steuerpflichtige möglichst genau über den Umfang des Verdachts unterrichtet ist; sie muss ihn ins Bild setzen.[14] Dies ist zwingend notwendig, da sich durch die Einleitung des Strafverfahrens die Rechtsstellung des Steuerpflichtigen verändert; er wird vom Unverdächtigen zum Beschuldigten. Aus diesem Grund ist es erforderlich, dass die Mitteilung ausschließlich an den Beschuldigten selbst zu richten ist.

26 3. Schätzungen als faktisch wirkender Zwang?

§ 393 Abs. 1 Satz 2 AO untersagt zwar die Anwendung von Zwangsmitteln, verbietet jedoch nicht, bei Verweigerung der Mitwirkung die steuerlichen Bemessungsgrundlagen zu schätzen. Begründet wird dies damit, dass die steuerlichen Pflichten bestehen bleiben und sich dies bei der Beweiswürdigung im steuerlichen Verfahren auswirken könne.[15] Die Möglichkeit der Schätzung gemäß § 162 AO soll erhalten bleiben, um zu verhindern, dass der Steuerhinterzieher besser gestellt sei als der Steuerehrliche. Überdies sind Schätzungen auch außerhalb des steuerstrafrechtlichen Kontextes grundsätzlich möglich. Dennoch sind Schätzungen im Besteuerungsverfahren strikt von denen im Strafverfahren zu trennen.

27 Ist die Finanzbehörde nicht in der Lage, die Besteuerungsgrundlagen zu ermitteln (z.B. weil der Steuerpflichtige die Mitwirkung verweigert), dürfen die Tatsachen, also die Berechnungsgrundlagen der Steuer, nicht aber die Steuer selbst, gemäß § 162 AO **geschätzt** werden.

Praxishinweis:

Erfahrungen zeigen, dass selbst noch so gut vorbereitete Ermittlungen oftmals eine Aufklärung des gesamten steuererheblichen Sachverhalts kaum ermöglichen.

§162 AO ist eine der für den Steuerpflichtigen gefährlichsten Vorschriften des Steuerrechts, da auf diese Möglichkeit seitens der Finanzbehörden schnellstmöglich zurückgegriffen wird. Bereits ein Fehler bzw. eine Schlamperei in der Buchhaltung stellt alles gegenüber dem Finanzamt Erklärte in Frage und eröffnet damit die Möglichkeit des § 162 AO.

28 Als derartige „schätzungsbedürftige" Tatsachen können Einnahmen, Betriebsausgagen, Entnahmen, Umsätze und Vermögen in Betracht kommen.

13 BGH v. 6.10.1981-1 StR 356/81; NJW 1982, S. 219 ff.
14 Traub in Wannemacher Rz. 3775; BGH v. 6.10.1981- 1 StR 356/81; NJW 1982, S. 219 ff.
15 Spriegel in Wannemacher Rz. 4515; Wisser in Klein § 393 Rz. 3d

Bei einer **Schätzung** handelt es sich nicht um eine Ausübung des reinen Ermessens durch die Finanzbehörde, vielmehr besteht die Verpflichtung bei Vorliegen der Voraussetzungen des § 162 AO zu schätzen. Da die Schätzung eine **ultima ratio** darstellt, muss sie sich am wirtschaftlich Vernünftigen und Möglichen messen lassen. Faktisch wird allerdings die Schätzung in der Praxis nicht als ultima ratio gehandhabt, sondern als übliche Komponente, Mehrsteuern zu erwirtschaften. Die Finanzbehörde reizt damit den Rahmen des wirtschaftlich Vernünftigen oftmals bis an die äußerste Grenze aus und begründet dies damit, dass der Steuerpflichtige in grober Weise gegen seine steuerlichen Mitwirkungspflichten verstoßen habe.[16]

Im Vergleich dazu sind die Anforderungen an Schätzungen im Steuerstrafverfahren erheblich höher. Die Zulässigkeit derartiger Schätzungen misst sich an den **strafprozessualen Beweisgrundsätzen** gemäß § 261 StPO. Erforderlich ist hierfür u.a. die Überzeugung des jeweiligen Tatrichters, dass die Schätzung in der ausgefallenen Höhe der Wahrheit und der Realität entspricht und aufgrund dessen der Tatnachweis einer Steuerhinterziehung geführt werden kann. Eine Bindung des Strafrichters an die steuerrechtlichen Schätzungsergebnisse ist allerdings nicht gegeben.[17] 29

Praxishinweis:

Die arbeitsintensive Aufgabe des Verteidigers wird in diesem Stadium allein darin liegen, darzulegen, dass eine derartige Schätzungsgrundlage nicht besteht. Dies geht einher mit der Aufgabe, die besonderen Einzelheiten des Falles bzw. eventuell auftauchende Irregularien herauszuarbeiten, um die Schätzungsergebnisse der Finanzbehörde in Zweifel zu ziehen. Dabei ist es aber wichtig, die Gesamtstrategie im Auge zu behalten und zielorientiert vorzugehen.

Um eine Schätzung überhaupt vornehmen zu können, bedarf es einer **Schätzungsbefugnis** (Schätzungsgrundlage). Wie bereits erläutert, leitet die Finanzbehörde diese aus dem Verstoß gegen Mitwirkungspflichten oder Unzulänglichkeiten in der Buchhaltung des Steuerpflichtigen ab. 30

Die Vorgehensweise zur Ermittlung der Besteuerungsgrundlagen basiert auf der Anwendung von Schätzungsmethoden, die in beiden Verfahren, dem Steuer- und dem Steuerstrafverfahren, Anwendung finden. Die Schätzungsmethoden sind im Einzelnen:

- der Vorjahresvergleich
- der äußere Betriebsvergleich zu Richtsätzen
- der innere Betriebsvergleich
- die Vermögenszuwachsrechnung
- die Geldverkehrsrechnung und
- die Nachkalkulation

Mithilfe dieser Schätzmethoden wird schlüssig der Sachverhalt überprüft und dann auf die wahrscheinliche Höhe der Besteuerungsgrundlage Rückschlüsse gezogen.

a) Der Vorjahresvergleich 31

Hierbei werden die Besteuerungsgrundlagen aufgrund der Angaben des Steuerpflichtigen für vorangegangene Zeiträume unter Berücksichtigung von Unsicherheitszuschlägen bzw. veränderter Verhältnisse geschätzt. Diese Methode wird meist in Fällen unterlassener Erklärungsabgabe benutzt.

16 Stahlschmidt, S. 216, BFH vom 09.03.1967- IV 184/63; NJW 1967, S. 2380
17 BFH vom 09.05.1963-IV F1/16; DB 1963, S.984; BGH vom 22.10.1959-V 226/57 S; BStBl. III 1959, S. 441

Aufgrund dessen, dass diese Methode wenig genau ist, genügt sie nicht den strafprozessualen Anforderungen nicht.[18]

32 b) Der äußere Betriebsvergleich zu Richtsätzen

Diese Methode vergleicht die ermittelten Werte des zu prüfenden Betriebes mit denen ähnlicher Unternehmen. Die Vergleichswerte können dabei einer jährlich vom Bundesministerium für Finanzen herausgegebenen amtlichen Richtsatzsammlung entnommen werden.[19]

Praxishinweis:

Es ist darauf hinzuweisen, dass bei formell ordnungsgemäß ermittelten Buchführungsergebnissen durch den Steuerpflichtigen eine Gewinn- oder Umsatzschätzung nicht allein darauf gestützt werden darf, dass die erklärten Gewinne oder Umsätze von den Zahlen der Richtsatzsammlung abweichen.[20]

Die Nutzung dieser Methode muss sich jedoch den Vorwurf gefallen lassen, dass zum einen eine individuelle Beurteilung durch den Vergleich mit den Richtwerten nur bedingt möglich ist. Zum anderen scheitert sie in der Praxis häufig an Vergleichsdaten.

Praxishinweis:

Es sind immer die Umstände des Einzelfalls zu berücksichtigen und die betrieblichen Besonderheiten in die „Schätzungsberechnung" mit einzubeziehen. Allein das Abweichen von Richtsätzen der amtlichen Sammlung rechtfertigt für sich genommen noch keine Schätzung. Im übrigen ist eine freie Schätzung ohne zureichende Anhaltspunkte nicht zulässig.[21]

33 Zum Nachweis von Unrichtigkeiten im Einzelfall bzw. im Steuerstrafverfahren von vorsätzlichen Handlungsweisen ist diese Methode ungeeignet, da externe Betriebsvergleiche und amtliche Richtsatzsammlungen grundsätzlich nicht die Qualität aufweisen, eine strafrichterliche Überzeugungsbildung zu begründen.[22]

Praxishinweis:

Sollte diese Methode im Rahmen des Steuerstrafverfahrens verwendet worden und damit eine Schätzung der Besteuerungsgrundlagen erfolgt sein, dann lassen sich v.a. im Steuerstrafverfahren erhebliche Bedenken äußern. Ob ein Nachweis der Tat durch eine derartige Vergleichsmethode möglich ist, ohne konkrete individuelle Mängel nachzuweisen, ist unwahrscheinlich. Die Verteidigungsbemühungen müssen darauf gerichtet sein, die Besonderheiten des Einzelfalls herauszustellen. Hier kann durchaus in der steuerstrafrechtlichen Argumentation der Grundsatz „in dubio pro reo" bemüht werden. Praktisch bedeutet dies, dass, nicht wie im Steuerverfahren der obere Richtsatzwert, sondern lediglich der untere anzuwenden ist.

Um den strafrechtlich erforderlichen Wahrscheinlichkeitsgehalt nahe zu kommen, ist es erforderlich, Korrekturen und Abschläge im Vergleich zur steuerlichen Schätzung vorzunehmen.[23]

18 Kürzinger in Wannemacher Rz. 324; BGH v. 14.12.1989-4 StR 419/89; NJW 1990, S 1549 ff; BGH v. 2.05.1984-3 StR 159/84; wistra 1984, S. 182 ff.
19 Braun in PStR 2003, S. 89; Bornheim in PStR 1999, S.203
20 BFH vom 09.08.1991- III R 129/85; BStBl. II 1992, S. 55
21 OLG Celle vom 27.06.1956-1 Ss 70/56; BB 1957, S. 24
22 BFH v. 18.10.1983-VIII R 190/82, Kürzinger in Wannemacher, Rz. 332
23 BVerfG vom 15.10.1990-2 BvR 385/87;wistra 1991, S. 175 ff.

Beispielsfall:[24]

Ein Betriebsprüfer führt aufgrund einer „anonymen" Anzeige der verlassenen deutschen Ehefrau des italienischen Restaurantbesitzers eine Betriebsprüfung durch. In der Anzeige war die Rede von „Steuerbetrug in höchster Form". Das aus dem Betrieb gezogene Schwarzgeld werde in ein pompöses Exil in der süditalienischen Heimat gesteckt, die Adresse sei nicht genau bekannt und offiziell gehöre es einem Dritten.

Der Prüfer stellt aufgrund akribischer Überrpüfung fest, dass die Kassenführung nicht vollständig dokumentiert ist und nimmt dies zum Anlass, die gesamte Buchführung zu verwerfen und neu zu schätzen. Dabei stellt er fest, dass die Umsätze des Gastronoms am unteren Bereich der Richtsatzsammlung liegt, was per se grundsätzlich nicht sein könne. Vor seinem geistigen Auge sieht er schon eine riesige italienische Villa mit feinster Ausstattung.

Als ersten Ansatzpunkt überpüft und errechnet der Prüfer zunächst den Kaffeeverbrauch:

Einkauf im Jahr 2007: 260 kg

Restbestand aus dem Jahr 2006: 20 kg

Endbestand zum 31.12.2007: 70 kg

= Verbrauch: 210 kg

Die Erfahrungswerte der Finanzverwaltung gehen von 7 Gramm Kaffeepulver pro Tasse aus. Mittels dieser Rechnung kommt der Prüfer zu der Erkenntnis, dass der Gastronom 30.000 Tassen Kaffee hätte verkaufen müssen. Bei einem zugrundegelegten Durchschnittspreis von 1,50 Euro liegen damit 45.000 Euro an Einnahmen aus Kaffeeverbrauch vor. In der Buchhaltung finden sich aber lediglich 7.500 Euro. Dies rechtfertigt nach Auffassung des Prüfers eine Zuschätzung von 37.500 Euro pro Jahr über die letzten zehn Jahre hinweg. Denn dieses Verhalten sei seines Erachtens strafrechtlich relevant. Der später eingeschaltete Fahnder vollzieht diese Rechnung mit Grappa nach und kommt zu einer weiteren Zuschätzung von 250.000 Euro über zehn Jahre hinweg.

Dem konsternierten Gastronom wird nun als Angebot unterbreitet, lediglich den höchsten Wert des Rahmens der Richtsatzsammlung zugrundezulegen, um zu vermeiden, dass sich infolge weiterer Stichproben weitere Zuschätzungen aufdrängen.

Aufgabe des hinzugerufenen Verteidigers ist es nun, diese Zuschätzungen einer Nachprüfung und einer Einzelfallbetrachtung zu unterziehen. Die Überprüfung im Restaurant ergibt, dass die geeichte Küchenwaage des Gastronoms misst, dass nicht nur sieben Gramm, sondern 14 Gramm Kaffee pro Tasse benutzt werden. Dies lässt die Einnahmen auf 22.500 Euro (210 kg durch 14 Gramm = 15.000 Tassen * 1,50 Euro) schrumpfen.

Darüber hinaus wird klar, dass es üblich ist, dass der Gastronom vielen seiner Gäste einen Kaffee oder Grappa „aufs Haus" anbietet. Bei durchschnittlich 80 Gästen pro Tag nehmen die meisten Gäste dieses Angebot an. Erfahrungsgemäß verteilt sich die Häufigkeit zu 50 % auf Kaffee und 50 % auf Grappa. Dies führt dazu, dass weitere 15.000 Euro (40 Tassen Kaffee *250 Tage im Jahr = 10.000 Tassen * 1,50 Euro) an Verbrauch klar werden. Zusammen mit den verbuchten 7.500 Euro errechnet sich die exakte Menge Kaffee (15.000 Tassen), so dass für Zuschätzungen überhaupt kein Raum bleibt.

Der Gegenvorschlag des Verteidigers lautet: keine Erhöhung des steuerlichen Ergebnisses und die Einstellung des strafrechtlichen Ermittlungsverfahrens.

Dieser Praxisfall zeigt, wie hart in der Sache der jeweilige Verteidiger bleiben muss, um offenzulegen, dass Zuschätzungen häufig völlig aus dem Nichts erfolgen. Leider ist zu beobachten, dass viele Zuschätzungen ohne jegliche Basis erfolgen und einer genauen Überprüfung nicht standhalten.

24 Quelle: DAI- Seminarunterlage „Steuerstrafverteidigung am 11./12. Januar 2008", S. 175 ff

34 c) Der innere Betriebsvergleich

Beim inneren Betriebsvergleich werden **Kennzahlen** des zu prüfenden Betriebes über mehrere Zeiträume miteinander verglichen und Abweichungen analysiert.[25]

Zwar wird hierbei der zu prüfende Betrieb genauer betrachtet, dennoch stellt sich auch bei Anwendung dieser Methode die Frage, ob etwaige sachliche Ungenauigkeiten festgestellt werden können und wenn ja, ob dieses Vorgehen des Steuerpflichtigen nicht durch sachliche Gründe gerechtfertigt sind. Ein Tatnachweis einer Steuerhinterziehung erscheint mit Hilfe dieser Schätzungsmethode ebenfalls nur möglich, wenn Hilfstatsachen in ausreichendem Maße vorliegen, die einen Rückschluss auf die tatsächlichen Besteuerungsgrundlagen zulassen.[26] Das bedeutet, dass eine Aufdeckung einer Steuerstraftat möglich ist, wenn das Verhältnis des Produkteinkaufs zum Produktverkauf einem Vergleich über mehrere Jahre nicht standhält.

Der BFH hat den internen Betriebsvergleich als Maßstab, der aus dem Betrieb selbst hergeleitet werden kann, in der Bewertung der Beweiskraft dem äußeren Betriebsvergleich vorgezogen.[27]

35 d) Die Vermögenszuwachsrechnung (auch Gesamtvermögensvergleich)

Diese Methode stellt darauf ab, zu zwei unterschiedlichen Stichtagen das **Gesamtvermögen** des zu prüfenden Steuerpflichtigen festzustellen und die beiden Werte miteinander zu vergleichen. Ein positives Delta zwischen beiden Zahlenwerten stellt dann den Vermögenszuwachs dar. Weiterhin wird dabei unterstellt, dass diese Vermehrung des Gesamtvermögens nur aus versteuertem oder unversteuertem Einkommen hervorgebracht werden kann.

Der Nachteil dieser Methode liegt darin, dass davon ausgegangen wird, dass der Unterschied der beiden festgestellten Zahlen nur aufgrund eigenen Antriebs erwirtschaftet werden konnte. Außerhalb der Betriebsphäre liegende Umstände werden außer Acht gelassen.

Dennoch wird diese Methode dem einzelnen Steuerfall gerecht; dem Steuerpflichtigen ist es möglich die konkreten Umstände des Vermögenszuwachses zu erklären bzw. nachzuweisen, sollten diese nicht allein in der Einkommensmehrung liegen. Auch der BFH hat die Vermögenszuwachsrechnung als ausreichend sicheren Anhaltspunkt für eine Zuschätzung angesehen.[28]

Praxishinweis:

Allerdings ist bei Anwendung dieser Methode zu beachten, dass, je größer der Zeitraum des Vermögensvergleiches ist, die Fehleranfälligkeit der Berechnung steigt. Hinzuweisen ist darauf, dass die Zugrundelegung von sieben bis zwölf Jahren nach der Rechtsprechung als bedenklich angesehen werden; im Gegenzug werden drei Jahre anerkannt.[29]

36 Auch aus strafprozessualer Hinsicht wird sich bei dieser Methode mit dem Einzelfall umfassend auseinander gesetzt, so dass dabei kaum strafprozessuale Zweifel auftreten, die entweder aufgrund der Ermittlungsmethodik durch die Ermittlungsbehörden ausgeräumt werden oder im anderen Fall durch den Steuerpflichtigen widerlegt werden können.

25 Joecks in wistra 1990, S. 53; Stahlschmidt, S. 218
26 BFH v. 24.11.1993-II R 127/89; Kürzinger in Wannemacher, Rz. 328
27 BFH vom 26.04.1983-VIII R 38/82; BStBl. II 1983, S. 618
28 BFH vom 28.05.1986-I R 265/83; BStBl. II 1986, S. 732; Stahlschmidt, S. 220
29 BFH vom 02.03.1983-VIII R 38/82; BStBl. II 1984, S. 504 ff

Praxishinweis:

Dabei handelt es sich um keine Schätzung im eigentlichen Sinne, sondern um einen Indizienbeweis. Auch hier ist immer der Wahrscheinlichkeitsgrad am Grundsatz des in dubio pro reo auszurichten. Im Einzelnen können dabei ebenfalls Korrekturen und Abschläge vom steuerlichen Ergebnis vorgenommen werden.[30]

e) Die Geldverkehrsrechnung 37

Diese Methode ist an die Vermögenszuwachsrechnung angelehnt, beschränkt sich aber auf die Betrachtung der Liquidität und legt das Hauptaugenmerk auf die **Mittelverwendung**. Sie legt für bestimmte Zeiträume Anfangs- und Endbestände fest. Damit soll dargestellt werden, dass der Steuerpflichtige nicht mehr Geld ausgeben kann, als ihm zugeflossen ist. Es wird somit der rechnerische Geldbestand bestimmt. Etwaig entstehende Abweichungen zwischen Anfangs- und Endbestand führen zu Zuschätzungen. Der BFH hat allerdings strenge Anforderungen an die Vollständigkeit und Schlüssigkeit dieser Verprobungsmethode gefordert.[31]

Praxishinweis:

Die Geldverkehrsrechnung ist nur bei überschaubaren Verhältnissen handhabbar. Zum einen lassen sich Anfangsbestände, die länger zurückliegen, nicht präzise genug bestimmen, zum anderen ist auch eine Zuordnung der ursprünglichen Geldquellen über längere Zeiträume kaum möglich.

Dennoch wird die **Geldverkehrsrechnung** auch im Steuerstrafverfahren als **geeignete Nachweismethode** angesehen.[32] Sie berücksichtigt nämlich auch die private Vermögenssphäre des Steuerpflichtigen, um etwaige Rückschlüsse auf das betriebliche Ergebnis zu ziehen. Da aber gerade in der privaten Sphäre keine Aufbewahrungspflichten bestehen, können die angenommenen Beträge erheblichen Unsicherheiten unterliegen. Die Finanzbehörden werden regelmäßig unterstellen, dass der Vermögenszuwachs rein einem betrieblichen Mehrgewinn entstammt. Genau an dieser Stelle, dem Privatverbrauch, ist der Ansatz für Verteidigerargumente. Außerdem ist diese Methode, gleichfalls wie die Vermögenszuwachsrechnung, ungeeignet, die Quelle der Geldzuflüsse zu klären. 38

Praxishinweis:

Bei Behauptungen gegenüber der Finanzbehörde, wo vermeintlich die Quelle des Geldzuflusses liegt, ist Vorsicht geboten, denn die Finanzbehörde wird die behaupteten Informationen mit vorliegenden Informationen, z.B. auch Erbschaft- und Schenkungsteuer abgleichen. Bei benannten Dritten und dem Steuerpflichtigen kann dies zu bösen Überraschungen führen, wenn nun zur Verteidigung Themen in die Diskussion gelangen, über die zuvor beharrlich geschwiegen wurde und die steuerrelevante Auswirkungen hätten.

f) Die Nachkalkulation 39

Mittels der Nachkalkulation wird versucht aus den vorhandenen Zahlen eines Betriebes auf einen **Soll- Umsatz** hochzurechnen, um diesen mit den erklärten Zahlen zu vergleichen. Diese

30 BVerfG vom 15.10.1990, Az. 2 BvR 385/87, wistra 1991, S.175
31 BFH vom 02.03.1982-VIII R 225/80; BStBl. II 1984, S. 504 ff. sowie BFH vom 08.11.1989-X R 178/87; BStBl. II 1990, 268
32 Kürzinger in Wannemacher, Rz. 339; BFH vom 2.03.1982-VIII R 225/80

Methode wird oft in Betriebsprüfungen verwendet, stößt aber dort an ihre Grenzen, an denen unterschiedliche Warengruppen verprobt werden müssen.[33] Bei nur geringen Abweichungen sind keine Zuschätzungen erlaubt.

Dies Methode ist mangels der Einzelfallbetrachtung hinsichtlich der Zahlenunsicherheit bei mehreren Warengruppen ungeeignet.

40

g) Benford-Law-Methode

Nachdem die bekannten und bewährten Schätzungsmethoden natürlich nur bei Abweichungen, d.h. möglichen Buchungsfehlern zur Anwendung kommen, hat man auf eine mathematisch wissenschaftliche Methode zurückgegriffen, die die Verteilungshäufigkeit der letzten beiden Ziffern in jeglichen Zahlenreihen überprüft. Damit kann nun auch eine fehlerfreie Buchhaltung näher untersucht werden, die bislang keinerlei Anlass für eine Schätzung bot.

Wird also von den mathematischen Regeln abgewichen, so wird unterstellt, dass die Buchführungsunterlagen, insbesondere das Kassenbuch, nachträglich erstellt wurde. Dies eröffnet dann ebenfalls die Möglichkeit einer Schätzung. Begründet wird dies v.a. damit, dass jeder Mensch eine sog. Lieblingszahl hat und diese in „frei erfundenen Zahlenreihen" häufiger Verwendung findet.

Praxishinweis:

Außer eingefleischten EDV- und Mathematik- Spezialisten ist diese Berechnungsmethodik und v.a. die einzelnen Prüfungsschritte für den Laien nicht nachvollziehbar. Dennoch hat bereits die Rechtsprechung dieses Verfahren als geeignet anerkannt, um Anhaltspunkte für mögliche Unregelmäßigkeiten darzulegen.[34] Man sollte sich also als Berater mit dieser Methode dringend auseinandersetzen, da aufgrund der zukünftig eingesetzten digitalen Betriebsprüfung damit gerechnet werden muss.

41 Schätzungen jeglicher Art stellen für den Steuerpflichtigen doch eine Art **unmittelbaren Zwangs** dar, selbst wenn versucht wird, Schätzungen im Rahmen des Üblichen als angemessen einzuordnen. Der Zwang liegt darin begründet, dass der Steuerpflichtige sich gegen einen Schätzungsbescheid grundsätzlich zur Wehr setzen muss, unabhängig davon, ob der ergangene Schätzungsbescheid zu noch oder zu niedrig ist. Eine Anfechtung des Schätzungsbescheides sieht aber vor, dass der Steuerpflichtige entweder zur Abgabe einer Steuererklärung oder aber zu einem Sachvortrag aufgefordert ist, um seine diesbezüglichen Ausführungen zu untermauern.

42 Bei zu hohen Schätzungen ist es angezeigt, Einspruch einzulegen und Aussetzung der Vollziehung gemäß § 361 AO zu beantragen. Um v.a. den Antrag auf Aussetzung der Vollziehung begründen zu können und die notwendigen Zweifel zu wecken, bedarf es des Sachvortrags. Begründet man diesen nicht, so wird der Antrag üblicherweise abgelehnt. Begründet man diesen, so gibt der Steuerpflichtige Informationen preiß, die ihn in seinem Steuerstrafverfahren belasten könnten; im Ernstfall sogar mit Tatsachen, die auf eine außersteuerliche Straftat schließen lassen.

Diese Zwangssituation verschärft sich ggf. sogar noch dadurch, dass das Finanzamt gemäß § 364 b AO dem Steuerpflichtigen eine Frist zum Vorbringen von Beweismitteln setzen kann, nach deren Ablauf der Steuerpflichtige mit seinem weiteren Vortrag präkludiert wäre. Betrachtet man diese Situation, kann durchaus faktisch ein mittelbarer Zwang durch Schätzungen aufgebaut werden, die unter dem Mantel der angemessenen Höhe als zulässig erachtet werden.

33 Stahlschmidt, S. 219

34 FG Münster vom 14.08.2003-8 V 2651/03; EFG 2004, S. 9 und FG Münster vom 10.11.2003-6 V 4562/03; EFG 29004, S. 236 f

Praxishinweis:

Ergehen Schätzungsbescheide, kann dieser Zwang, solange keine Frist zum Vorbringen von Beweismitteln gesetzt wurde, ausgehebelt werden, indem man die Bescheide anficht und Aussetzung der Vollziehung beantragt, ohne eine Begründung einzureichen. Hier kann auf Zeit gespielt werden. Erst wenn ein derartiges Zeitspiel nicht mehr möglich ist, kann und sollte man mit dem Veranlagungsbeamten in Kontakt treten und diesem mitteilen, dass man nicht gewillt ist, die Begründung während des laufenden Strafverfahrens nachzureichen. Hier zeigt sich dann das Verhandlungsgeschick des Verteidigers.

Problematischer stellt sich die Situation **bei zu niedriger Schätzung** dar. Hier ist der Steuerpflich- 43
tige schier gezwungen, den Schätzungsbescheid anzufechten, um zu vermeiden, dass er durch Hinnahme einer zu niedrigen Schätzung eine weitere Steuerhinterziehung begeht. Durch eine mögliche Klarstellung der richtigen Besteuerungsgrundlagen würde sich der Steuerpflichtige erst recht belasten und das strafprozessuale Beschuldigtenrecht zu schweigen, wäre ausgehebelt. Auch hier empfiehlt sich o.g. Vorgehensweise.

Trotz der einzelnen Schwächen der jeweiligen Methode sind Schätzungen auch im Steuerstraf- 44
verfahren gängige Praxis. Nur belastende Schätzungen, sog. Strafschätzungen sind unzulässig. Allerdings ist der Nachweis, dass es sich um eine Strafschätzung handelt, nicht leicht zu führen, zumal sich aus dem Sachverhalt oft Ungereimtheiten ergeben.

Typischer Fall ist das Fehlen einer ordnungsgemäßen Buchführung, bei der nicht nur die Verbuchungen unrichtig sind, sondern überdies die Belege fehlen. Üblicherweise wird hier die Richtsatzsammlung bemüht und am oberen Rand des Rahmens geschätzt, auch wenn ein aufgrund dessen angesetzter Umsatz selbst bei Tag- und Nachtbetrieb und unter ständiger Auslastung kaum möglich wäre.

Rein strafprozessual muss der **Umfang der Schuld zur Überzeugung** des Tatrichters feststehen. 45
Der Tatrichter ist demnach gehalten, sich im Einzelfall nicht nur vom „Ob" der Steuerverkürzung, sondern auch von der Höhe der verkürzten Steuer eigenverantwortlich, vollständig und zweifellos zu überzeugen.[35] Grundsätzlich hat der Strafrichter die Möglichkeit, die Besteuerungsgrundlagen selbst zu schätzen.[36] Die Praxis sieht allerdings so aus, dass die Tatrichter die steuerliche Schätzung der Finanzämter übernehmen und von dieser einen pauschalen Abschlag vornehmen. Zwar entspricht dies faktisch nicht den Anforderungen, die an eine strafrechtliche Überzeugungsbildung zu stellen sind, jedoch ist häufig der Abschlag gegenüber den steuerlichen Feststellung so großzügig bemessen, dass eine derartige Verfahrensweise zugunsten des Angeklagten hingenommen werden kann.

Praxishinweis:

In diesem Zusammenhang wird deutlich, dass der Beweis, der zu erbringen ist, eine leere Hülle darstellt. Vielmehr läuft es darauf hinaus, dass im Sinne einer faktischen Beweislastumkehr der Beschuldigte alles tun muss, um die Ermittlungsbehörden von deren (oftmals vorverurteilenden) Standpunkt wieder abzubringen.

Sollte dies nicht gelingen, darf man sich in Absprache mit seinem Mandanten auch nicht vor einer öffentlichen Gerichtsverhandlung scheuen, denn gerade die mit dem Steuerstrafrecht befassten Tatrichter sind den Argumenten gegen eine Schätzung aus strafrechtlicher Sicht zugänglicher als die Finanzbehörden.

Dennoch sind Schätzungen im Rahmen eines Steuerstrafverfahrens als bedenklich einzustufen, da die steuerlich bestehen bleibenden Mitwirkungspflichten dazu führen können, dass sich der Steuerpflichtige in Erfüllung dieser Pflichten selbst belastet. Auch in einem derartigen Vorgehen

35 BGH v. 4.5.1984-3 StR 131/84; wistra 1984, S. 181 f., Kürzinger in Wannemacher, Rz. 307
36 BGH v. 12.08.1999-5 StR 109/99; BGH v. 26.10.1998-5 StR 746/97; wistra 1999, S. 103 ff.

ist ein mittelbarer Zwang zu sehen. Im nachfolgenden Abschnitt soll aufgezeigt werden, wo die Problematik im Umgang mit Schätzungsbescheiden und dem materiellen Steuerstrafrecht liegt.

46 4. § 393 Abs. 1 Satz 2 AO und das materielle Steuerstrafrecht

Die Abgabenordnung manifestiert eine **umfassende Mitwirkungspflicht** des Steuerpflichtigen. Diese Mitwirkungspflicht wird auch nicht dadurch suspendiert, dass ein Strafverfahren eingeleitet wurde. Damit führt jede Verletzung der Mitwirkungspflicht, soweit sie in der Folge eine Steuerverkürzung bewirkt, zur Verwirklichung des Tatbestandes der Steuerhinterziehung. Insoweit ist allerdings erneut zwischen strafbefangenen und nicht strafbefangenen Jahren zu unterscheiden:

Wahrheitswidrige Angaben im laufenden Steuerstrafverfahren, die Veranlagungszeiträume betreffen, die Gegenstand des Steuerstrafverfahrens sind, erfüllen nicht per se den Tatbestand der Steuerhinterziehung gemäß § 370 AO.[37] Begründet wird dies zum einen aus dem nemo- tenetur-Grundsatz und zum anderen daraus, dass das Strafgesetzbuch weder die falsche Einlassung des Angeklagten unter Strafe stellt noch eine Strafvereitelung zum eigenen Vorteil strafbar ist. Ein Wahrheitsgebot darf sich daher auch nicht aus § 370 AO ableiten.

Der Bundesgerichtshof hat in diesem Zusammenhang entschieden, dass bei eingeleitetem Steuerstrafverfahren wegen Abgabe unrichtiger Umsatzsteuervoranmeldungen die Strafbarkeit hinsichtlich der Nichtabgabe der Umsatzsteuerjahreserklärung, die sich als Steuerhinterziehung durch Unterlassen darstellen würde, entfällt.[38]

47 Allerdings dürfen für nicht strafbefangene Veranlagungszeiträume keine falschen Erklärungen abgegeben werden. Eine unrichtige Erklärung für nicht strafbefangene Zeiträume würde die Verwirklichung eines weiteren Unrechts darstellen, das strafrechtlich geahndet werden würde. Das hinter § 393 Abs. 1 Satz 2 AO stehende Verbot des Zwangs zur Selbstbelastung geht zurück auf ein Recht zur Passivität, erlaubt jedoch nicht die neuerliche Vornahme verbotener Handlungen.[39] Das Recht zur Passivität würde damit erlauben, keine Steuererklärung abgeben zu müssen. Wie dieser Konflikt zu lösen ist, ist umstritten.[40]

Praxishinweis:

Bei Vorliegen eines solchen Dilemmas sollte die Kommunikation mit den Finanzbehörden gesucht werden, um darzulegen, dass zeitnah nach Abschluss des Strafverfahrens sämtliche Steuererklärungen auf der Grundlage des ermittelten Sachverhalts für die Vorjahre abgegeben werden. Damit soll ein langwieriger „Papierkrieg", der durch Schätzungen ausgelöst werden würde, vermieden werden. Diese Art des Vorgehens ist durchaus praktikabel.

Sollte diese Vorgehensweise aber an den Finanzbehörden scheitern, so ist zu überlegen, ob man unter Hinweis auf bislang strittige Sachverhalte, deretwegen ein Steuerstrafverfahren eingeleitet worden sei, eine unvollständige Erklärung abgibt. In diesem Zusammenhang wäre aber ein Begleitschreiben bzw. eine Anlage von außerordentlicher Wichtigkeit, um eine erneute Strafbarkeit wegen Steuerhinterziehung ausschließen zu können.

37 Spriegel in Wannemacher Rz. 4524; Joecks in FGJ § 393 Rz. 36
38 BGH v. 26.04.2001-5 StR 587/00; Salditt in PStR 2001, S. 141
39 Joecks in FGJ § 393 Rz. 37; Spriegel in Wannemacher Rz. 4524, BGH vom 13.10.1992-5 StR 253/92; wistra 1993, S. 66 ff.; BGH vom. 10.01.2002- 5 StR 452/01
40 zum Meinungsstand: Joecks in FGJ § 393 Rz. 37 a ff.; Wannemacher/Seipl in Beermann § 393 Rz. 34 ff.

5. Belehrung über Vorliegen des Zwangsmittelverbots 48

Über das Bestehen des Zwangsmittelverbots ist gemäß § 393 Abs. 1 Satz 4 AO zu **belehren**. Ein Anlass zu einer Belehrung besteht bereits dann, wenn der Finanzbeamte konkrete Anhaltspunkte dafür hat, dass sich der Steuerpflichtige mit der Beantwortung einer Frage selbst belasten wird.

Sinn und Zweck der Belehrung ist es, dem Steuerpflichtigen möglichst frühzeitig die Einleitung des Strafverfahrens mitzuteilen, um ihn vor nachteiligen Folgen zu schützen.

§ 397 Abs. 2 AO erfordert, dass die Belehrung ebenfalls unter Angabe von Datum und Uhrzeit aktenkundig zu machen ist. Auf Verlangen des Steuerpflichtigen ist dies sogar schriftlich zu bestätigen.

Als Grund für eine Belehrung kann bereits ausreichen, dass ein Betriebsprüfer konkrete Anhaltspunkte dafür gewonnen hat, die auf unvollständige oder unrichtige Angaben in Steuererklärungen hinweisen. Es reicht in diesem Fall nicht aus, dass bei Beginn der Außenprüfung eine Belehrung mittels Übergabe eines Merkblattes stattgefunden hat, es sei denn, eine konkret belastende Situation tritt zeitnah ein.[41] Ansonsten genügt die Übergabe des Merkblattes nicht den Anforderungen an § 393 Abs. 1 Satz 4 AO, da darin nur abstrakt über die bei Verdacht erforderliche Einleitung informiert wird. 49

Welche Folgen eine unterlassene Belehrung **nach sich zieht**, war umstritten.[42] Der BGH[43] hat judiziert, dass der Verstoß gegen die Pflicht zur Belehrung des Beschuldigten über seine Aussagefreiheit grundsätzlich ein Verwertungsverbot hinsichtlich der daraufhin getätigten Angaben nach sich zieht. Ausnahmen und damit keine Verwertungsverbote sollen vorliegen, wenn der Beschuldigte bereits bei Beginn seiner Vernehmung auch ohne erfolgte Belehrung von seinem Schweigerecht wusste und er trotzdem freiwillig aussagt. Begründet wurde dies damit, dass ein Beschuldigter, der seine Rechte kennt, nicht als so schutzwürdig eingestuft wird. 50

Eine weitere Ausnahme besteht dann, wenn der Beschuldigte einer Verwertung ausdrücklich nicht widerspricht.[44]

Diese Grundsätze sind auch auf § 393 Abs. 1 Satz 4 AO anwendbar, denn das Besteuerungsverfahren ist zum einen auf Mitwirkungspflichten gegründet, und zum anderen ist sich der Steuerpflichtige im Falle einer Befragung nicht bewusst, dass er sich in einer Vernehmungssituation befindet.

Auch sind im Rahmen der Belehrungspflicht weitere Verstöße im Sinne des § 136 a StPO möglich. Als solcher käme in Betracht, dass ein Vernehmungsbeamter in einer Vernehmung bewusst über die Verpflichtung zur Aussage oder über die Mitwirkungspflicht täuscht oder gar die Einleitung eines Steuerstrafverfahrens bewusst unterlässt.[45] 51

Darüber hinaus liegt ein **Verwertungsverbot** vor, wenn unzulässiger Zwang im Sinne des § 136 a StPO eingesetzt wird oder der Beschuldigte genötigt wird, sich selbst wegen einer Steuerstraftat zu belasten.[46] 52

41 Kohlmann § 393 Rz. 57; Joecks in FGJ § 393 Rz. 40; Stahlschmidt, S.190
42 ausführlich Stahlschmidt, S. 191; Joecks in FGJ § 393 Rz. 43 ff.
43 BGH v. 27.2.1992-5 StR 190/91;NJW 1992, S. 176 ff.
44 BGH v. 27.2.1992-5 StR 190/91; NJW 1992, S. 176 ff.; BGH v. 22.03.1995-5 StR 680/94; wistra 1996, S. 109 ff.; BGH v. 21.7.1994-1 StR 83/94; NJW 1994, S. 2904 ff.; BGH v. 21.07.1998-5 StR 302/97; wistra 1998.S. 310 ff.
45 Joecks in FGJ § 393 Rz. 47; Hübner in HHSp § 428 Rz. 28
46 Meyer- Goßner § 136a Rz. 27

Fraglich ist allerdings, wie die Situation bewertet wird, wenn der Steuerpflichtige im Hinblick auf solche Tatsachen unbeschränkt auskunftspflichtig bleibt, die ihn u.a. wegen einer Nicht- Steuerstraftat belasten und hinsichtlich derer eine Mitwirkung erzwungen werden kann. Dies versucht § 393 Abs. 2 AO zu lösen.

53 IV. Unverwertbarkeit der Angaben des Steuerpflichtigen

§ 393 Abs. 2 AO ordnet an, dass durch den Steuerpflichtigen im Besteuerungsverfahren offengelegte Informationen im Grundsatz nicht verwertbar sind, es sei denn, sie betreffen besonders gravierende Straftaten oder sind nicht in Erfüllung von steuerlichen Pflichten mitgeteilt worden. Um von einer **Unverwertbarkeit** ausgehen zu können, ist erforderlich, dass die Strafverfolgungsbehörden aus den Steuerakten Tatsachen oder Beweismittel bekannt werden, die der Steuerpflichtige vor Einleitung des Strafverfahrens oder in Unkenntnis der Einleitung des Strafverfahrens in Erfüllung seiner steuerrechtlichen Pflichten offenbart hat.

1. Voraussetzungen für die Unverwertbarkeit

Nachfolgend sollen die Voraussetzungen für die Unverwertbarkeit der Angaben des Steuerpflichtigen, die dieser im Besteuerungsverfahren gemacht hat, dargestellt werden:

54 a) Offenbarung von Tatsachen oder Beweismitteln in Erfüllung steuerlicher Pflichten

Ob der Steuerpflichtige vor einer Weitergabe der offenbarten Kenntnisse über andere allgemeine strafrechtliche Delikte durch das Verwertungsverbot des § 393 Abs. 2 AO geschützt wird, hängt in erster Linie davon ab, ob die Angaben **„in Erfüllung steuerlicher Pflichten“** getätigt wurden.

Dieser Pflichterfüllung muss der Steuerpflichtige in eigener Person oder dessen Vertreter im Auftrag des Steuerpflichtigen nachgekommen sein. Mitteilungen von dritter Seite unterfallen nicht § 393 Abs. 2 AO, d.h. die Angaben eines Dritten sind grundsätzlich immer verwertbar.

55 Es stellt sich aber die Frage, welche Handlungsweisen unter diesen weiten Begriff des „Offenbarens in Erfüllung steuerlicher Pflichten“ fallen sollen.

Unter Offenbaren in diesem Zusammenhang versteht man eine Tatsache oder Beweismittel, die der Steuerpflichtige der Finanzbehörde mitgeteilt hat und die der Finanzbehörde noch unbekannt war. Das heißt, es wird von der Vorschrift alles umfasst, was der Steuerpflichtige durch eigenes Zutun oder durch bloßes Dulden der Einsichtnahme der Finanzbehörde zur Kenntnis gebracht oder dieser die Möglichkeit der Kenntnisnahme verschafft hat.[47] Damit wird klargestellt, dass sämtliche Informationen, unabhängig wann und auf welchem Wege diese die Finanzbehörden erlangt haben, in Erfüllung steuerlicher Pflichten offenbart sein können.

Fraglich ist bereits hier, ob Angaben im Rahmen eines Steuererstattungs- bzw. Vergütungsverfahren solche sind, die in Erfüllung steuerlicher Pflichten gemacht werden. Dies kann eindeutig bejaht werden, da der Steuerpflichtige gerade nicht verpflichtet ist, eine Steuervergütung oder Erstattung

47 BayObLG vom 6.08.1996-4 St RR 104/96; Spriegel in Wannemacher Rz. 4585; a.A. Hellmann in HHSp § 393 Rz. 156

zu beantragen.[48] Beantragt allerdings der Steuerpflichtige diese Vergütung oder Erstattung, so entsteht für ihn eine steuerliche Verpflichtung, die ihm auferlegt, wahrheitsgemäße Angaben zu machen.[49]

Der wichtigste Fall, der im Rahmen dieser Thematik zu besprechen ist, ist jedoch, ob die Abgabe einer Selbstanzeige gemäß § 371 AO in Erfüllung der steuerlichen Pflichten überhaupt möglich ist, da § 393 Abs. 2 AO dahingehend auszulegen ist, dass von erzwingbaren steuerlichen Pflichten ausgegangen werden muss.[50] 56

Der Streitpunkt liegt bereits darin, ob die Pflicht zur Abgabe einer wahrheitsgemäßen Steuererklärung durch die Nichtabgabe bzw. sogar einer falschen Erklärung erfüllt wird:

Eine Ansicht geht davon aus, dass jede abgegebene Steuererklärung, unabhängig, ob diese richtig oder falsch ist, in Erfüllung steuerlicher Pflichten erfolgt.[51]

Nach anderer Meinung handelt der Steuerpflichtige stets auch dann in Erfüllung steuerlicher Pflichten, wenn er – um zur Normtreue zurückzukehren – zusätzlich zu einer korrekten Steuererklärungen auch die Vorjahre richtig erklärt.[52] Dieser Ansicht ist v.a. vor dem Hintergrund zuzustimmen, dass die Selbstanzeige gerade eine Freiwilligkeit des Steuerpflichtigen nicht voraussetzt.

Die Ansicht des BGH[53], dass der Täter einer Steuerhinterziehung nicht zur Abgabe einer Selbstanzeige gezwungen werden kann und der deshalb des Schutzes des § 393 Abs. 2 AO grundsätzlich nicht bedarf, erscheint nicht einleuchtend.

Ob der Steuerpflichtige in Erfüllung seiner steuerlichen Pflichten dem Schutz des § 393 Abs. 2 AO unterliegt, wenn er von einer unechten Urkunde Gebrauch macht, ist umstritten. Das BayObLG lässt auf Aufforderung der Finanzbehörde übersandte gefälschte Belege für § 393 Abs. 2 AO ausreichen.[54] Begründet wird dies damit, dass auf die Anforderung der Finanzbehörde hin die Übersendung erfolgt und damit der Steuerpflichtige der Schutz des § 393 Abs. 2 AO zugebilligt werden muss. 57

Einleuchtend ist nach Ansicht des BGH, dass § 393 Abs. 2 Satz 1 AO nur denjenigen schützt, der bei wahrheitsgemäßer Erfüllung steuerlicher Pflichten sich einer Nichtsteuerstraftat bezichtigt, nicht jedoch denjenigen, der mittels einer unechten Urkunde versucht, die Finanzbehörde zu täuschen.[55] Begründet wird dies damit, dass der Grundsatz, sich nicht selbst belasten zu müssen, nicht die Begehung neuen Unrechts erlaubt.[56]

Noch problematischer wird der Fall, wenn in Frage steht, ob der Steuerpflichtige die im Rahmen einer Selbstanzeige offenbarten Kenntnisse über andere allgemeine Delikte durch das Verwertungsverbot des § 393 Abs. 2 AO vor der Weitergabe dieser Informationen geschützt wird. Auch hier ist Dreh- und Angelpunkt die Frage, ob die Selbstanzeige in Erfüllung steuerlicher Pflichten abgegeben wurde. 58

48 Klein § 393 Rz. 24; Joecks in FGJ § 393 Rz. 54; HHSp § 393 Rz. 134
49 Klein § 393 Rz. 24
50 BGH vom 05.05.2004 – 5 StR 548/03
51 Spriegel in wistra, 1997, S. 325
52 Klein § 393 Rz. 24; Hellmann in HHSp § 393 Rz.140; Joecks in FGJ § 393 Rz. 55
53 BGH vom 5.05.2004-5 StR 548/03; PStR 2004, S. 309 ff.
54 BayObLG vom 18.11.1997-4 St RR 227/97; wistra 1998, S. 117
55 BGH vom 5.05.2004-5 StR 548/03; PStR 2004, S.309 ff; Joecks in FGJ § 393 Rz. 54 b; a.A. Kohlmann § 393 Rz. 79.1 ff
56 Das BayObLG schließt sich in NStZ 1998, S.575 der Ansicht an, dass das Verwertungsverbot nicht eingreift, wenn der Steuerpflichtige gefälschte Unterlagen zum Beweis des Vorliegens von Werbungskosten freiwillig beifügt

In der Literatur wird dies damit bejaht, dass die Abgabe einer Selbstanzeige stets auf freiwilliger Basis erfolgt und damit das Tatbestandsmerkmal „in Erfüllung steuerlicher Pflichten" nicht ausgeschlossen wird. Überdies sei auch ein Steuerstraftäter, der im Rahmen einer Selbstanzeige ein mit der Steuerhinterziehung gleichzeitig begangenes Allgemeindelikt aufdeckt, schutzwürdig ist, wenn es darum gehe, ihm für die Zukunft die Rückkehr zu ehrlichem Verhalten zu ermöglichen.[57]

Anderer Ansicht ist die Rechtsprechung[58], welche in diesen Fällen ein **Verwendungsverbot** für die nichtsteuerstrafrechtlichen Delikte, die im Rahmen einer Selbstanzeige offenbart werden, ablehnt. Sie begründet diese Ansicht mit der ratio legis des § 393 Abs. 2 AO, die es dem Steuerpflichtigen zwar ermöglichen soll, auch bemakelte Einkünfte anzugeben, ohne deswegen eine Strafverfolgung befürchten zu müssen. Allerdings offenbart der Steuerstraftäter, der im Rahmen einer Selbstanzeige ein mit der Steuerhinterziehung gleichzeitig begangenes Allgemeindelikt, z.B. Urkundenfälschung oder Betrug, keine weitere Steuerquelle für den Staat. Überdies kann der Täter einer Steuerhinterziehung nicht zur Abgabe einer Selbstanzeige gezwungen werden, so dass er auch nicht des Schutzes nach § 393 Abs. 2 AO bedarf. Es sei kein Grund dafür ersichtlich, den Umfang der Strafbefreiung bei der Selbstanzeige weiter zu fassen und den Steuerstraftäter zu bevorzugen.[59]

Dieses Urteil wurde in der Literatur[60] sehr kritisch diskutiert. Insbesondere wurde kritisiert, das der BGH zu formalistisch dahingehend argumentiere, dass im Rahmen der Offenbarung eines Allgemeindelikts keine neue Steuerquelle für den Staat offenbart werden. § 371 AO könne nicht allein auf den Hinweis der Nichtsteuerstraftat beschränkt werden, sondern zugleich müsse die zuvor unrichtige Steuerquelle offenbart werden. Weiterhin sei die Offenbarung des Allgemeindelikts nur Nebenprodukt, auf welches es nicht ankommen kann. Der BGH würde dem Zweck des § 393 Abs. 2 AO nicht gerecht werden und übersehen, dass der Steuerpflichtige im Rahmen der Selbstanzeige erstmals freiwillig zur Wahrheit zurückkehre.

Anhand der o.g. Szenarien sollte verdeutlicht werden, dass selbst dort, wo strafbefreiende Erklärungen möglich sind, doch Stolperfallen lauern können.

Praxishinweis:

Das Risiko einer Weitergabe der offenbarten Information durch die Strafverfolgungsbehörden und der möglichen Folgen sollte vor Abgabe einer Selbstanzeige stets mit dem Mandanten diskutiert werden, wenn es Anhaltspunkte für das Vorliegen von nichtsteuerstrafrechtlichen Delikten gibt.

59 Ein weiterer Diskussionsansatz bei der Durchführung eines Steuerstrafverfahrens kann allerdings darin liegen, dass die Ermittlungsbehörden aus den **Steuerakten** Kenntnisse von einer allgemeinen, d.h. nicht steuerlichen Straftat erlangen. Hier ergibt sich ein Konflikt zwischen dem Verfolgungszwang von Straftaten und der Verwertbarkeit der durch das Steuergeheimnis geschützten Daten. Denn grundsätzlich unterliegt alles, was sich aus den Steuerakten ergibt, gemäß § 30 AO dem Steuergeheimnis. Darunter können somit auch aufdeckende, also selbstbelastende Informationen fallen.

57 Kohlmann § 371 Rz. 35.1 und § 393 Rz. 70;79.3; Joecks in FGJ § 393 Rz.55

58 BGH vom 5.05.2004-5 StR 548/03; PStR 2004, S. 309 ff; LG Nürnberg- Fürth vom 03.03.2004-2 StR 109/03; wistra 2004, S. 305 ff.; BVerfG vom 15.10.2004-2 BvR 1316/04; NJW 2005, S.352 f.

59 BGH vom 5.05.2004- 5 StR 548/03; wistra 2004. S.309 ff.

60 stellvertretend Eidam in wistra 2004, S. 412 ff

Beispiel:

Grundsätzlich können u.a. Angaben zu Betriebsausgaben in Erfüllung steuerlicher Pflichten durch den Steuerpflichtigen getätigt werden. Verändert sich die Rechtslage, wenn Betriebsausgaben geltend gemacht werden, die korrupte Handlungen aufweisen?

In einem solchen Fall unterfielen die Betriebsausgaben dem Abzugsverbot. Eine dennoch durch den Steuerpflichtigen geltend gemachte Abzugsfähigkeit führt zur Verwirklichung einer Steuerhinterziehung. Dadurch wäre eine Weitergabe der Information aufgrund der Durchbrechung des Steuergeheimnisses gemäß § 30 Abs. 4 AO möglich. Zudem normiert § 4 Abs. 5 Nr. 10 Satz 3 AO die Verpflichtung der Finanzbehörde, die Staatsanwaltschaft über den Verdacht der Korruption zu unterrichten.[61]

Andererseits ist zu differenzieren, wenn das strafbare Vorverhalten gerade nicht dazu geeignet ist, die Abzugsfähigkeit der Betriebsausgaben zu beseitigen. Damit würde deren Geltendmachung in Erfüllung steuerlicher Pflichten erfolgen und unterlägen somit dem Schutz des § 393 Abs. 2 AO.[62]

Praxishinweis:

Die dargestellten kontroversen Diskussionen zeigen, dass die Abgabe einer Selbstanzeige stets äußerst umsichtig beraten und immer unter Darstellung des möglichen Risikos erfolgen sollte.

b) Vor Einleitung oder in Unkenntnis der Einleitung des Steuerstrafverfahrens 60

Angaben des Steuerpflichtigen die **vor Einleitung oder in Unkenntnis dieser** abgegeben wurden, dürfen nicht durch die Finanzbehörden verwertet werden. Sowohl im Hinblick auf den Zeitpunkt der Einleitung als auch auf die positive Kenntnis des Steuerpflichtigen von einer Einleitung eines Strafverfahrens ist auf § 397 AO abzustellen.[63] Diese Vorschrift normiert, dass ein Strafverfahren eingeleitet ist, sobald die Finanzbehörde oder andere Ermittlungsbehörde/-person eine Maßnahme trifft, die erkennbar darauf abzielt, gegen jemanden wegen einer Steuerstraftat strafrechtlich vorzugehen.

Dabei kann es aber auch vorkommen, dass sich die Mitteilung der Einleitung gegenüber dem Steuerpflichtigen und das Offenbaren einer Tatsache durch den Steuerpflichtigen zeitlich überschneiden. Dies wäre der Fall, wenn der Steuerpflichtige aufgrund seiner Mitwirkungspflichten zu einem Sachverhalt Stellung nimmt, bevor ihm die Bekanntgabe der Einleitung des Strafverfahrens gegen ihn zugegangen ist: Hier ist die Frage zu diskutieren, ob diese Offenbarung noch in Unkenntnis der Einleitung des Steuerstrafverfahrens erfolgte oder nicht. Die Feststellung des Zeitpunktes ist deshalb so wichtig, da sich daraus die oben dargestellten Rechte und Pflichten der unterschiedlichen Verfahren ergeben.

61 Joecks in FGJ § 393 Rz. 54c; Kohlmann § 393 Rz. 79.6.
62 so auch Heerspink in wistra 2001, S. 553; Dörn in DStZ 2001, S. 736; Joecks in FGJ § 393 Rz. 54c
63 vgl. Ausführungen in § 7 A II 2

Praxishinweis:

Genau hierfür erlangt nun der Aktenvermerk hinsichtlich der Einleitung des Steuerstrafverfahrens Bedeutung. Da in diesem Aktenvermerk nicht nur das Datum, sondern auch Uhrzeit festgehalten wird, ist ersichtlich, ob und wie sich eine zeitliche Überschneidung auswirkt. Dieser Aktenvermerk kann damit bei der Abgabe einer Selbstanzeige eine Rolle spielen, ob diese noch rechtzeitig abgegeben wurde, oder ob schon ein Ausschlusstatbestand gegeben war.

Gleiches gilt für die Kenntniserlangung des Steuerpflichtigen hinsichtlich einer Verfahrenseinleitung. Da diese auch mündlich erfolgen kann, ist es unbedingt anzuraten, derartige „unübliche" Situationen durch den Steuerpflichtigen, z.B. während einer laufenden Betriebsprüfung, schriftlich mit Datum und Uhrzeit festzuhalten.

5

61
c) Kenntnisse der Strafverfolgungsbehörden aus den Steuerakten

Steuerakten in diesem Sinne sind nach allgemeiner Meinung nicht nur die Steuerakten der Steuerbehörde und die Prozessakten der Finanzgerichte, sondern auch die Ermittlungs- bzw. Steuerstrafakten der Finanzbehörde, Staatsanwaltschaft oder der Strafgerichte.[64] Vor allem hinsichtlich der Steuerstrafakte scheiden sich die Geister, die von der Finanzbehörde in der Eigenschaft als Verfolgungsbehörde zu führen sind.[65] Die Schutzrichtung des § 393 Abs. 2 AO geht aber dahin, dass darauf abzustellen ist, dass die Steuerakte „Quelle der Erkenntnis" war.[66].

62 Unter Berücksichtigung des Zwecks dieser Vorschrift sind dann aber auch solche Tatsachen und Beweismittel dem Verwertungsverbot zu unterwerfen, die der Staatsanwaltschaft bzw. dem Gericht -sogar unter **Verletzung des Steuergeheimnisses** durch die Finanzbehörde oder einem ihrer Amtsträger- mitgeteilt wurden. Begründet wird dies damit, dass es sich dabei um rechtswidrig erlangte Information handelt.[67]

Andererseits sollen jedoch solche Tatsachen und Beweismittel verwendet werden dürfen, die der Ermittlungsbehörde bzw. Staatsanwalt/ Gericht zwar aus den Steuerakten bekannt geworden sind, von denen sie aber auch auf anderen Wege hätten Kenntnis erlangen können.

Bei Vorliegen dieser soeben genannten Voraussetzungen (aus den Steuerakten werden den Finanzbehörden Tatsachen oder Beweismittel bekannt, die der Steuerpflichtige vor Einleitung des Strafverfahrens oder in Unkenntnis der Einleitung des Strafverfahrens in Erfüllung seiner steuerrechtlichen Pflichten offenbart hat) ist grundsätzlich von einer Unverwertbarkeit dieser Informationen zu Lasten des Steuerpflichtigen auszugehen.

Allerdings gibt es von dem Verwertungsverbot des § 393 Abs. 2 Satz 2 AO unter bestimmten Voraussetzungen Ausnahmen.

2. Ausnahmen von der Unverwertbarkeit

Diesbezüglich ist allerdings hinsichtlich der Verwertbarkeit der Angaben zwischen Steuerstraftaten und nicht steuerlichen Straftaten zu unterscheiden.

64 Spriegel in Wannemacher Rz. 4584; Hellmann in HHSp § 393 Rz. 150
65 zu anderer Behandlung der Steuerstrafakten u.a. Kohlmann § 393 Rz. 75
66 Joecks in FGJ § 393 Rz. 59
67 Hellmann in HHSp § 393 Rz. 155; Rogall in Kohlmann- FS 2003, S.488; Spriegel in Wannemacher Rz. 4584

a) Zur Verfolgung einer Steuerstraftat 63

Aus § 30 Abs. 4 Nr. 1 AO, der Vorschrift des Steuergeheimnisses, ergibt sich unter Durchbrechung des Unverwertbarkeitsgrundsatzes eindeutig, dass Amtsträger zur Offenbarung der in § 30 Abs. 2 AO erlangten Kenntnisse befugt sind, soweit sie der Durchführung eines Steuerstrafverfahrens dienen.

Aus dieser Vorschrift in Verbindung mit Nr. 112 AStBV soll sich die Befugnis zur **Weitergabe** von Informationen zu den Einkommensverhältnisses des Steuerpflichtigen zur Festsetzung der Tagessatzhöhe ableiten. Allerdings birgt dieses Vorgehen verfahrensrechtliche Zweifel.[68]

Praxishinweis:

Eine mögliche Geldstrafe ist immer nach den einkommensteuerlichen Verhältnisse des Steuerpflichtigen im Moment der Verurteilung zu beurteilen. Daher sind frühere Einkommensverhältnisse unerheblich, können aber als Indiz dienen.

Hier zeigt sich, dass alle Informationen, die nur im weitesten Sinne steuerstrafrechtlich sanktioniert werden könnten, vor der Offenbarung gegenüber den Finanzbehörden unbedingt einer genauen Prüfung und Risikoanalyse unterzogen werden sollten. Das Augenmerk ist insbesondere darauf zu richten, dass bei eingeleitetem Steuerstrafverfahren für bestimmte Veranlagungszeiträume -wenn überhaupt- nur für diese Informationen offenbart werden. Zu den Möglichkeiten, welche sonstigen Schritte im Hinblick auf (noch) nicht strafbefangene Zeiträume erwogen werden können, später weiter unten.[69] 64

b) Zur Verfolgung von Nicht- Steuerstraftaten 65

Bei Vorliegen der oben dargestellten Voraussetzungen dürfen die vom Steuerpflichtigen bzw. Beschuldigten offenbarten Tatsachen und Beweismittel hinsichtlich einer Straftat, die nicht Steuerstraftat ist, nicht verwendet werden.

Wichtig ist, dass dieses **Verwendungsverbot** des § 393 Abs. 2 Satz 1 AO sich nur auf Straftaten des Steuerpflichtigen bezieht. Einem Verwendungs- oder Verwertungsverbot unterliegen nicht diejenigen Informationen aus der Steuerakte, die durch Dritte in das Besteuerungsverfahren eingeführt wurden.

Dieses Verwertungsverbot bedeutet in der Praxis, dass wegen der nicht steuerlichen Straftat aufgrund des bestehenden Steuergeheimnisses gemäß § 30 Abs. 2 AO kein weiteres Verfahren eingeleitet werden darf. Im Hinblick darauf, dass die Erkenntnisse von dritter Seite ausreichen, um ein Strafverfahren einleiten zu können, und nicht notwendig immer die Weitergabe von durch den Steuerpflichtigen offenbarten Informationen dazu erforderlich sind, ist aber fraglich, ob das Verwertungsverbot nicht nur eine leere Hülle darstellt.

Zwar soll das Verwertungsverbot als verlängerte Garantie des durch das Steuergeheimnis beabsichtigen Schutz des Steuerpflichtigen wirken, jedoch spricht die Erfahrung dafür, dass das Steuergeheimnis manchmal löchriger als ein Schweizer Käse erscheint.

Dies zeigt sich daran, dass das Verwertungsverbot bereits gesetzlich durch § 393 Abs. 2 Satz 2 AO eingeschränkt wird.

68 Darstellung dieses Problems bei Spriegel in Wannemacher Rz. 4577 ff
69 vgl. § 7 A I, II

66 c) Gesetzliche Einschränkungen des Verwertungsverbots gemäß § 393 Abs. 2 Satz 2 AO

Entsprechend der Vorschrift des § 393 Abs. 2 Satz 2 AO gilt das Verwertungsverbot des Satzes 1 nicht für Straftaten, an deren Verfolgung ein zwingendes öffentliches Interesse besteht. Zwar existiert keine gesetzliche Definition des Begriffs des „zwingenden öffentlichen Interesses", doch § 393 Abs. 2 Satz 2 behilft sich mit einem Verweis auf § 30 Abs. 4 Nr. 5 AO. Diese Vorschrift nennt „namentlich", man könnte auch insbesondere und damit nicht abschließend[70] sagen, drei Beispielsfälle, für die ein derartiges zwingendes Interesse stets gegeben ist:

- Verbrechen und vorsätzlich schwere Vergehen gegen Leib und Leben, gegen den Staat und seine Einrichtungen, z.B. Mord, Verschleppung, Entführung, Landesverrat, Geld- und Wertpapierfälschungen, Meineid, schwere Korruption sowie gemeingefährliche Straftaten[71]
- Wirtschaftsstraftaten- einen Anhaltspunkt, was darunter verstanden werden kann, bietet § 74 GVG-, die nach ihrer Begehungsweise oder wegen des Umfangs des durch sie verursachten Schadens geeignet sind, die wirtschaftliche Ordnung erheblich zu stören oder das Vertrauen der Allgemeinheit auf die Redlichkeit des geschäftlichen Verkehrs oder auf die ordnungsgemäße Arbeit der Behörden und der öffentlichen Einrichtungen erheblich zu erschüttern
- wenn die Offenbarung zur Richtigstellung in der Öffentlichkeit verbreiteter unwahrer Tatsachen, die geeignet sind, das Vertrauen in die Verwaltung erheblich zu erschüttern, geeignet ist.

Mittels des Verweises auf § 30 Abs. 4 Nr. 5 ordnet § 393 Abs. 2 Satz 2 AO eine **Durchbrechung des Verwertungsverbotes** an. Diesbezüglich existieren dogmatische Meinungsverschiedenheiten im Hinblick auf die Verfassungsmäßigkeit dieser Vorschrift.[72]

67 Vor dem dargestellten Hintergrund der Offenbarung von Tatsachen durch den Steuerpflichtigen und der Gefahr, sich dabei selbst belasten zu müssen, stellt die **Offenbarungsbefugnis** des § 30 Abs. 4 Nr. 5 AO eine der umstrittensten Vorschriften der Abgabenordnung dar. Dies v.a. deshalb, weil es dieses Verweises in § 393 Abs. 2 Satz 2 AO nicht nur an Bestimmtheit und Einschränkung mangelt, sondern, weil ein Verwertungsverbot aufgrund dessen selbst dann entfällt, wenn die Erkenntnisse nicht nur in Erfüllung steuerlicher Pflichten, sondern sogar unter Anwendung von Zwangsmitteln offenbart wurden.[73]

Trotz der vorgebrachten und in der Literatur kritisch diskutierten Verweisung ist zur Kenntnis zu nehmen, dass im Fall der in § 30 Abs. 4 Nr. 5 AO aufgezählten Taten ein **Verwertungsverbot aufgrund des angenommenen öffentlichen Interesses** nicht gegeben ist und die erworbenen Kenntnisse der Finanzbehörden an die Staatsanwaltschaft bzw. das Gericht weitergegeben werden dürfen.

Daneben können die Finanzbehörden befugt sein, Informationen zur Durchführung eines Strafverfahrens wegen nicht steuerlicher Straftaten gemäß § 30 Abs. 4 Nr. 4 AO ebenfalls an die Strafverfolgungsbehörden weiterzugeben.

70 Hellwig in HHSp § 30 AO Rz. 82; Spriegel in Wannemacher Rz. 4595
71 vgl. weitere Verbrechen bzw. schwere Vergehen in diesem Sinne Nr. 112 Abs. 8 AStBV
72 ausführlich zur Verfassungsmäßigkeit Joecks in FGJ § 393 Rz. 69 ff
73 Joecks in FGJ § 393 Rz.71, Spriegel in Wannemacher Rz. 4596

3. Befugte Weitergabe zur Durchführung eines Strafverfahrens wegen nicht steuerlicher Straftaten

Insoweit ist zwischen unterschiedlichen Verfahren zu unterscheiden:

a) Bußgeldverfahren 68

Während eine solche Weitergabe zur Durchführung eines Steuerstrafverfahrens nicht ohne Einschränkung zulässig ist, lässt der Gesetzeswortlaut eine **Weitergabe zur Einleitung eines Bußgeldverfahrens wegen einer außersteuerlichen Ordnungswidrigkeit** jedoch nicht zu. Dies ergibt sich aus dem Umkehrschluss aus § 30 Abs. 4 Nr. 4 und 5 AO, der von Verbrechen oder schweren Vergehen ausgeht. Das Bußgeldverfahren ist allein für Ordnungswidrigkeiten ausgelegt, die diesem Anspruch an Verbrechen bzw. schwerer Vergehen nicht entsprechen.

b) Steuerstrafverfahren 69

Wie oben beschrieben, dürfen Informationen zur Durchführung eines Steuerstrafverfahrens weitergegeben werden.[74]

c) Strafverfahren 70

Zur Einleitung und Durchführung ist die Finanzbehörde zunächst nur bei Vorliegen des zwingenden öffentlichen Interesses befugt.[75]

Darüber hinaus können weitere Situationen eintreten, in denen man sich fragt, ob die Weitergabe 71
dieser Informationen durch die Finanzbehörden an die Strafverfolgungsorgane zulässig ist.

Häufig kommt es vor, dass nach Einleitung eines Steuerstrafverfahrens Informationen an die Staatsanwaltschaft weitergegeben werden, die im Zuge des Steuerstrafverfahrens offenbart oder zur Kenntnis gekommen sind und die mit dem eingeleiteten Verfahren in keinerlei Zusammenhang stehen.

Derartige Erkenntnisse, die auf die Verwirklichung einer anderen Straftat hinweisen, werden als **Zufallsfunde** bezeichnet.

Wie mit derartigen Zufallsfunden im Sinne von § 108 StPO zu verfahren ist, ist umstritten[76]. Allerdings geht die wohl vorherrschende Meinung[77], die auch der Praxis entspricht, davon aus, dass diese Information zwar grundsätzlich dem Steuergeheimnis unterliegen. Allerdings ist die Finanzbehörde gemäß § 30 Abs. 4 AO befugt, ihre Kenntnisse an die Staatsanwaltschaft weiterzugeben, auch wenn kein zwingendes öffentliches Interesse vorliegt. Im Fall von Zufallsfunden wird nach h.M. dahingehend argumentiert, dass diese keinen unmittelbaren Tatbezug zum laufenden Verfahren haben, aber auf eine andere Tat hindeuten.

74 siehe oben unter a.
75 vgl. oben unter c.
76 für die Annahme des bestehenden Steuergeheimnisses siehe Meyer-Goßner § 108 Rz. 4; a.A. Kohlmann § 393 Rz. 159
77 Spriegel in Wannemacher Rz. 4604; Joecks in FGJ § 399 Rz. 62 f.

Praxishinweis:

Hier sei angemerkt, dass die Finanzbehörden sog. Zufallsfunde, z.B. Drogen, nicht selbst sofort wegen Gefahr in Verzug aufgrund Kompetenzmangels sicherstellen dürfen. Sie können die Information, dass derartige Zufallsfunde stattgefunden haben an die Staatsanwaltschaft weiterleiten, mit der Folge, dass sich mit an Sicherheit grenzender Wahrscheinlichkeit der Mandant einer weiteren Durchsuchung ausgesetzt sehen muss, die in Fällen mit Bezug zu Drogen oder Waffen oftmals durch ein Sondereinsatzkommando durchgeführt wird.

72 Wie bereits oben erwähnt[78], kann eine Weitergabe von Informationen durch die Finanzbehörden, die Dritte betreffen, befugtermaßen erfolgen. Dies gilt selbst für Erkenntnisse, die sich auf den steuerlichen Vertreter des Steuerpflichtigen beziehen und diese während eines Verfahrens gegen den Steuerpflichtigen selbst erlangt wurden.

73 Gleiches gilt in Fällen des Vorliegens eines **zwingenden öffentlichen Interesses.**

74 Daneben ist ein **befugte Weitergabe** von offenbarten Informationen durch die Finanzbehörden an die Strafverfolgungsbehörden ohne weiteres möglich, wenn der Steuerpflichtige vorsätzlich falsche Angaben gemacht hat. Dies ist möglich, da derjenige, der bewusst falsche Angaben macht, nicht den Schutz des Steuergeheimnisses genießt.[79]

Die Finanzbehörden verfahren in der Praxis dahingehend, dass sie gefälschte Belege als falsche Angaben im Sinne des § 30 Abs. 5 AO zu behandeln versuchen, um diese ohne Einschränkung den Strafverfolgungsbehörden offenbaren zu dürfen. Jedoch wird § 30 Abs. 5 AO grundsätzlich nur auf solche Angaben angewandt, die nicht per se bereits den Tatbestand der Steuerhinterziehung verwirklichen, z.B. falsche Verdächtigung Dritter.[80]

Zum Ende dieses Abschnitts ist unbedingt anzumerken, dass die Finanzbehörde bei Vorliegen von Tatsachen bzw. Beweismitteln für eine nicht steuerliche Straftat sowie unter Beachtung der Offenlegung gegenüber den Strafverfolgungsbehörden nicht verpflichtet ist, diese auch tatsächlich einzuschalten. Sie kann, muss es aber nicht. Insoweit besteht ein Ermessen der Finanzbehörde.

Praxishinweis:

Genau hier besteht nun die Möglichkeit für den Berater zu agieren, denn oftmals liegt den jeweiligen Finanzbeamten gar nichts daran, die Angelegenheit weiterzubetreiben. Vielmehr zeigt die Erfahrung, dass dies v.a. im Rahmen von Betriebsprüfungen eher selten passiert. Aber wenn von dieser Möglichkeit durch die Finanzbehörden Gebrauch gemacht wird, dann liegt es häufig daran, dass die Atmosphäre zwischen Steuerpflichtigen bzw. dessen Berater und der Finanzbehörde dazu Anlass gaben, sei es, dass eine über Gebühr gehende Verzögerungstaktik durchgehalten wurde oder sich die jeweiligen Finanzbeamten nicht ausreichend ernst genommen fühlten. Diesen persönlichen Aspekt sollte man keinesfalls unterschätzen.

Aufgrund der Darstellung ergibt sich, dass Verwertungsverbote nur sehr selten vollumfänglich Geltung entfalten und zumeist eine Hintertür für die Beschränkung des Verwertungsverbotes offen lässt. Gerade dies lässt aber Raum für den jeweiligen Berater, sich mit seinem Mandanten über dessen Problemfelder kritisch auseinander zu setzen.

Der Vollständigkeit halber und weil ein umfassender Überblick über sämtliche im Rahmen eines Steuerstrafverfahrens mögliche Komplikationen dienlich ist, soll nachfolgender Exkurs dienen.

78 siehe oben a.
79 Kruse in T/K § 30 AO Rz. 59; Spriegel in Wannemacher Rz. 4624
80 Hellmann in HHSp § 393 Rz. 154; Spriegel in Wannemacher Rz. 4624

V. EXKURS: Verwertungsverbote im Überblick

Ausgangspunkt des Bestehens solcher Verwertungsverbote ist das Spannungsverhältnis zwischen dem öffentlichen Interesse an der vollständigen Ermittlung und Aufklärung eines Sachverhalts einerseits und dem Individualinteresse des Beschuldigten im Strafverfahren andererseits. Aufgabe und Ziel des Strafprozesses ist es, beiden Interessen gerecht zu werden. Deshalb und zur Sicherung eines ordnungsgemäßen Verfahrens existieren Beweisermittlungs- und -verwertungsverbote. 75

1. Definition von Beweisverboten und deren Herleitung 76

Beweisverbote ist der **Oberbegriff** für jegliche rechtsstaatliche Beschränkungen, die der Gewinnung und Verwertung von Beweisen im Strafprozess gesetzt sind.[81] Diese hindern die Erhebung und Verwertung von Beweisen, d.h. sie schränken damit die Amtsaufklärungspflicht gemäß § 244 Abs. 2 StPO ein. Solche Beschränkungen sind im Interesse eines rechtsstaatlichen Verfahrens hinzunehmen, da die Strafprozessordnung nicht zur Wahrheitserforschung um jeden Preis zwingt.

Beweisverbote können sich auch direkt aus dem Grundgesetz, insbesondere dem Schutz der Menschenwürde gemäß Art. 1 Abs. 1 in Verbindung mit Art. 2 GG ergeben. Diese Grundrechte schützen vor dem empfundenen Zwang in der Konfrontation mit der staatlichen Autorität, sich selbst belasten zu müssen (nemo tenetur se ipsum accusare).

In der Dogmatik hat sich aus der Rechtsprechung des BVerfGs das Institut des Kernbereichs privater Lebensgestaltung herausgebildet (Drei- Sphären-Theorie). Diese unterscheidet drei Bereiche: 77

Beweise, die aus dem Bereich der **Geschäftssphäre** kommen, sind vollumfänglich verwertbar.

Durch Ermittlungseingriffe in die sog. **Individualsphäre** (Sozialbereich) erlangte Beweise sind grundsätzlich verwertbar. Sie müssen aber einer Abwägung zwischen den Belangen einer funktionsfähigen Strafrechtspflege und dem persönlichen Rechtsschutz unterzogen werden.

Im Bereich der **Intimsphäre** sind jedwede staatliche Eingriffe unzulässig; bereits eine Beweisgewinnung darf nicht erfolgen. In diesem Zusammenhang ergingen Entscheidungen zur Verwertung von Tagebuchaufzeichnungen[82] und von Selbstgesprächen[83].

Diese – wenn auch dogmatisch anmutenden – Ausführungen waren notwendig, um den Sinn und Zweck der unterschiedlichen Beweisverbote zu erkennen und um die Sensibilität dafür zu erhalten, dass staatliche Eingriffe in höchst private Bereiche stattfinden und damit stets auf ihre Verhältnismäßigkeit zu hinterfragen sind.

2. Beweiserhebungsverbote 78

Beweiserhebungsverbote untersagen der Staatsanwaltschaft oder dem Gericht, über bestimmte Themen Beweis zu erheben, d.h. entweder dürfen bestimmte Beweismittel nicht benutzt werden und/ oder bestimmte Beweismethoden dürfen nicht angewandt werden. Insoweit setzen sie der Aufklärungspflicht Grenzen. Sie werden von der Literatur und Rechtslehre eingeteilt in

- Beweisthemaverbote

81 Spriegel in Wannemacher Rz. 4646
82 BVerfG vom 14.09.1989-2 BvR 1062/87
83 BverfG vom 03.03.2004-1 BvR 2378/98 und 1 BvR 1084/99

- Beweismittelverbote und
- Beweismethodenverbote.

79 **Beweisthemaverbote** verwehren es dem Richter, bestimmte Tatsachen aufzuklären. Dazu gehören insbesondere Tatsachen, die bereits in anderen Verfahren oder in dem anhängigen Verfahren bindend festgestellt wurden. Unaufklärbar sind u.a. geheimhaltungsbedürftige Tatsachen, z.B. die dem Beratungsgeheimnis des Gerichts unterliegen.

80 **Beweismittelverbote** untersagen die Benutzung bestimmter Beweismittel, z.B. von Zeugen, die von ihrem Zeugnisverweigerungsrecht Gebrauch machen oder die zur Aussageverweigerung grundsätzlich verpflichtet sind, wie z.B. die Berufs(geheimnis)träger. Weiterhin dürfen Urkunden aus prozessrechtlichen Gründen nicht verlesen werden, wenn eine Sperrerklärung nach § 96 StPO vorliegt oder der Zeugenbeweis dem Urkundsbeweis im Strafprozess vorgezogen werden muss.

81 **Beweismethodenverbote** verbieten eine bestimmte Art und Weise der Beweisgewinnung. In Betracht kommen hier insbesondere die Verbote des § 136 a StPO, wie Täuschung, Drohung und Gewalt bei der Vernehmung von Beschuldigten oder Zeugen.

82 3. Beweisverwertungsverbote

Die Beweisverwertungsverbote bezeichnen Schranken, die der Verwertung von Beweisergebnisses im Strafprozess entgegenstehen. Sie sind Ausnahmen von dem Grundsatz der umfassenden und freien Beweiswürdigung.[84] Das Beweisverwertungsverbot untersagt damit, dass eine mögliche Strafe auf fehlerhafte Beweise gestützt wird.

Zu beachten ist, dass nicht alle Verstöße gegen ein oben dargestelltes Verbot zwangsläufig ein Beweisverwertungsverbot zur Folge haben. Vielmehr begründet nur der Verstoß gegen ein Beweisthemaverbot stets ein Verwertungsverbot.

Zur Begründung eines Verwertungsverbots ist notwendig, dass dieses explizit gesetzlich geregelt ist oder sich aus einer Abwägung zwischen öffentlichen Verfolgungsinteresse und den Rechtsgütern des Angeklagten ergeben muss.

Ein gesetzliches Beweisverwertungsverbot, das allerdings keinen Zweifel an der grundsätzlichen Zulässigkeit der Beweisgewinnung lässt, findet sich im Verwertungsverbot des § 393 Abs. 2 Satz 1 AO.

Praxishinweis:

In dem Gesetz zur Neuregelung der Telekommunikationsüberwachung und anderer Ermittlungsmaßnahmen hat der Gesetzgeber ein weiteres Beweisthemaverbot vorgesehen. Es soll in § 160a Abs. 2 StPO ein Abhörverbot für Strafverteidiger geregelt werden. „Normale" Rechtsanwälte und andere Berater, mit Ausnahme von Geistlichen, dürften damit in der Regel abgehört werden.

Sollte sich allerdings nachweisen lassen, dass zielgerichtet derartige Verkehrsdaten der Telefonate erhoben worden sind, ist in der momentanen Diskussion, ob nicht ein umfassendes Verwertungsverbot eingreifen soll.

Die Frage, die sich nun stellt, ist, ob sich der Strafverteidiger nun in Zukunft sich am Telefon explizit mit dem Namen und dem Zusatz „Strafverteidiger" melden soll oder wie sonst ein Abhören bereits im Vorfeld verhindert werden soll.

83 Im übrigen sind Beweisverwertungsverbote nur in wenigen Ausnahmefällen gesetzlich und damit abschließend geregelt. So ordnet § 136 a Abs. 3 StPO ausdrücklich an, dass bei Verstoß gegen die Art der Beweisgewinnung die dadurch gewonnenen Aussagen nicht verwertet werden dürfen.

84 BGH vom 10.10.1979-3 StR 281/79, Spriegel in Wannemacher, Rz. 4651

Weitere gesetzlich geregelte Beweisverwertungsverbote finden sich in 84

- § 81c Abs. 3 Satz 5 StPO (körperliche Untersuchung Minderjähriger ohne Einwilligung der Eltern)
- § 108 Abs. 2 StPO (Zufallsfund bei Durchsuchung einer Arztpraxis im Verfahren wegen Schwangerschaftsabbruch)
- §§ 100a Abs. 3 Satz 3, 100b Abs. 5, 100d Abs. 5, § 110e StPO (durch Post- und Fernmeldeüberwachung oder Einsatz von verdeckten Ermittlern gewonnene Erkenntnisse)
- § 252 StPO (frühere Aussagen eines Zeugen, der sich in der Hauptverhandlung auf ein Zeugnisverweigerungsrecht beruft)
- sowie § 51 BZRG (nachteilige Verwertung bereits tilgungsreifer Vorstrafen).

Für alle Fälle, in denen das Gesetz nicht ausdrücklich regelt, ob aus einem Beweiserhebungsverbot 85 ein Beweisverwertungsverbot folgt, ist diese Frage durch **Auslegung der Norm** der Drei-Sphären-Theorie, zu lösen. Diese **sog. unselbständigen Beweisverwertungsverbote** wurden von der Rechtsprechung entwickelt und in diesen wenigen Einzelfällen aufgrund der Schutzbedürftigkeit der Rechtsgüter des Angeklagten als Beweisverwertungsverbot anerkannt. Dazu gehören:

- Fehlen der Zeugenbelehrung bei Angehörigen
- Fehlen der Belehrung eines zur Zeugnisverweigerung Berechtigten
- Fehlen der Belehrung des Beschuldigten über das Aussageverweigerungsrecht
- Verwehren oder Erschweren der Kontaktaufnahme mit einem Verteidiger

Praxishinweis:

Zu beachten ist, dass im Rahmen des neuen Telekommunikationsdienstleistungsgesetzes die Möglichkeit einer Telefonüberwachung (im Verteidigerjargon nur TÜ genannt) wesentlich erleichtert wird, so ist es geplant, den neuen Tatbestand der Steuerhinterziehung gemäß § 370 Abs. 3 Nr. 5 AO ebenfalls zu einer TÜ-fähigen Tat zu machen.

Weiterhin ist unbedingt darauf hinzuweisen, dass § 55 StPO, das das Auskunftsverweigerungsrecht normiert, nur dem Schutz des Zeugen und nicht des Beklagten dient. Dies führt dazu, dass eine fehlende Belehrung über das Auskunftsverweigerungsrecht des Dritten nicht zu einem Verwertungsverbot im Verfahren gegen den Beschuldigten führt. Allerdings in einem späteren Verfahren gegen den nicht belehrten Zeugen. 86

4. Fernwirkung von Verwertungsverboten 87

Hinter dem heiß diskutierten Aspekt der Fernwirkung eines Verwertungsverbot versteckt sich die Frage, ob sich ein Verwertungsverbot auch über seinen eigentlichen Schutzzweck hinaus zusätzlich auf mittelbar gewonnene Beweismittel erstreckt, die nur aufgrund einer unzulässigen Handlungsweise, die unter das Verwertungsverbot fällt, erlangt werden konnten. Es geht hier somit um die Verwendung und Verwertung von zusätzlichen Informationen, an die die Ermittlungsbehörden nicht gelangt wären, hätte man nicht unmittelbar unzulässig gehandelt. Die unmittelbaren (für das laufende Verfahren erworbenen) Informationen aus dem Ermittlungsergebnis dürfen aufgrund des Verwertungsverbotes nicht verwertet werden; doch was ist mit den darüber hinaus erworbenen Kenntnissen?

Diese Frage ist höchst umstritten.[85] Eine allgemein gültige Regel lässt sich nicht finden, allerdings geht die h.M. in unserem Rechtskreis davon aus, dass grundsätzlich **keine Fernwirkung** besteht und diese Kenntnisse damit verwertbar sind.[86] Anders wird dies im amerikanischen Rechtskreis gehandhabt. Dort wurde die **„fruit of the poisonous tree doctrine"** entwickelt, die besagt, dass ein umfassendes Beweisverwertungsverbot sowohl für unmittelbare als auch mittelbare Informationen gelte. Begründet wird dies mit der Disziplinierungsfunktion gegenüber den Ermittlungsbehörden.[87]

Dadurch zeigt sich deutlich, wie restriktiv sich die Handhabung von Verwertungsverboten in unserem Rechtskreis darstellt.

Praxishinweis:

Sollte man der Ansicht sein, ein Verwertungsverbot käme im eigenen Fall in Betracht, so gilt es, dieses Vorbringen taktisch klug anzubringen. Aus der Erfahrung heraus, ist dieses Vorbringen gegenüber der Finanzbehörde ein relativ stumpfes Schwert. Sicherlich kann man mit einem solchen Vorbringen Denkprozesse auslösen, die dazu führen könnten, schneller zu einem pragmatischen Ergebnis zu gelangen.

Mehr Erfolg verspricht es allerdings, das Schwert des Verwertungsverbots gegenüber dem Gericht zu lancieren. Selbst wenn es nicht direkt zum Erfolg führt, so kann es eine mentale Weichenstellung im Hinblick auf bevorstehende Absprachen bedeuten.

5. Steuerrechtliche und strafrechtliche Verwertungsverbote

Angesichts dessen, dass eine Parallelität zwischen Steuer- und Steuerstrafverfahren besteht, stellt sich weiterhin die Frage: Gibt es rein steuerrechtliche bzw. rein strafrechtliche Verwertungsverbote?

88 a) Steuerliche Verwertungsverbote

Diesbezüglich ist ein Rückblick in die Rechtsfortbildung durch die Rechtsprechung erforderlich[88]: Ursprünglich verneinte der BFH ein Verwertungsverbot für rechtswidrig erlangte Prüfungsergebnisse wegen fehlender Prüfungsanordnung.[89] Diese Rechtsprechung gab der BFH allerdings wenige Jahre später auf.[90] Auf der Grundlage dieser Rechtsprechung wurde ein Verwertungsverbot für Erkenntnisse bei fehlender[91] bzw. von vornherein unwirksamen[92] Prüfungsanordnung anerkannt. Doch dieses lediglich auf formelle Gründe gestützte Verwertungsverbot war mit großem Unbehagen verbunden, so dass der BFH schließlich nicht nur ein Verwertungsverbot für neu bekanntgewordene Tatsachen bei verfahrensfehlerhafter Prüfung ablehnte[93], sondern auch für den Fall verneinte, dass eine Prüfungsanordnung überhaupt nicht vorlag[94]. Diese Rechtsprechung ist bis heute anerkannt.[95] Man kann daher kurz zusammenfassen: Es existiert kein steuerliches Verwertungsverbot.

85 zum Meinungsstand Spriegel in Wannemacher, Rz. 4671 ff
86 stellvertretend Meyer- Goßner § 136 a Rz. 31
87 Spriegel in Wannemacher, Rz. 4675; Meyer-Goßner Einl. Rz. 57 ff
88 ausführlich zur Entwicklung Spriegel in Wannemacher, Rz. 4679 ff
89 BFH Urteil vom 2.07.1969; BStBl II, S. 636-I B 10/69
90 BFH Urteil vom 7.06.1973; BStBl II, S. 716-V R 64/72
91 BFH Urteil vom 4.10.1991; BStBl II, S. 59-VIII B 93/80
92 BFH Urteil vom 20.02.1990; BStBl II, S. 789-IX R 83/88
93 BFH Urteil vom 10.05.1991; BStBl II, S. 825-V R 51/90
94 BFH Urteil vom 25.11.1997; BStBl II, S. 461-VIII R 4/94
95 zuletzt bestätigt durch BFH Urteil vom 28.04.1998-IX R 24/94; BFH/NV 1998, S.1192 f.

b) Strafrechtliche Verwertungsverbote 89

Die gesetzlich geregelten strafrechtlichen Verwertungsverbote wurden oben kurz dargestellt.[96] Daneben kann es zu vereinzelten Fällen kommen, die vermuten lassen, dass ein strafrechtliches Verwertungsverbot eingreifen könnte.

Dazu zählt zum einen das Fehlen des Hinweises gegenüber dem Steuerpflichtigen beim Übergang vom Besteuerungs- ins Strafverfahren, dass für ihn eine neue Situation eingetreten ist und er insbesondere über seine Verteidigungsrechte informiert wird. Unterbleibt eine derartige Belehrung, dann besteht die Gefahr, dass sich der Steuerpflichtige nachfolgend selbst belastet.[97] Nach früherer Rechtsprechung begründete ein derartiger Verstoß gegen die strafprozessuale Hinweis- und Belehrungspflicht kein Verwertungsverbot. Diese Rechtsprechung ist aber längst überholt und ein Verwertungsverbot ist unter diesen Voraussetzungen anerkannt, es sei denn, der Beschuldigte kannte sein Recht, zu schweigen auch ohne vorherige Belehrung bzw. der verteidigte Angeklagte stimmte der Verwertung der gewonnenen Tatsachen ausdrücklich in der Hauptverhandlung zu oder widerspricht dieser Verwertung nicht ausdrücklich.[98]

Inwiefern bei verzögerter Bekanntgabe der Einleitung eines Steuerstrafverfahrens bzw. bei unterlassener Belehrung ein Verwertungsverbot vorliegt, ist strittig, da hierbei darauf abgestellt werden muss, ob der ermittelnde Beamte eine derartige Täuschung vorsätzlich herbeigeführt hat.[99] Meines Erachtens darf es auf die subjektive Erkennbarkeit bzw. Fähigkeit des Ermittlungsbeamten nicht ankommen, ob ein Verwertungsverbot angenommen wird. Vielmehr ist darauf abzustellen, dass ein Schutzrecht mit Verfassungsrang verletzt wurde und damit zwingend von einem Verwertungsverbot ausgegangen werden muss. 90

Praxishinweis:

In einem solchen Fall erscheint es wenig erfolgversprechend, diese Diskussion über das Bestehen eines Verwertungsverbots mit dem Ermittlungsbeamten selbst zu führen. Meines Erachtens kann ein derartiges Vorbringen nur von einem Richter objektiv betrachtet werden, denn selbst die mit Entscheidungskompetenz ausgestatteten Personen der Bußgeld- und Strafsachenstelle werden eher nicht zum Schluss kommen, dass dem jeweiligen Ermittlungsbeamten vorsätzliche bzw. böswillige Täuschungsabsicht unterstellt werden kann und soll. Auch hier ist aber die Euphorie abzuschwächen, denn eine bewusste Täuschung wird regelmäßig nicht nachgewiesen werden können.

Wird im Rahmen einer Durchsuchungsmaßnahme der Beschuldigte aufgrund der irrigen Annahme, ein Berater hätte kein Anwesenheitsrecht, daran gehindert, einen Verteidiger/ Berater anzurufen, der ihm zur Seite steht, dann liegt darin eine Beschränkung des Rechts auf Verteidigerkonsultation gemäß § 137 StPO. Diese Beschränkung führt ebenfalls zu einem Verwertungsverbot der gewonnenen Erkenntnisse. 91

Aus strafrechtlicher Hinsicht könnte man auch auf den Gedanken kommen, dass Ergebnisse einer rechtswidrigen Durchsuchung, d.h. in erster Linie die aus beschlagnahmten Beweismitteln erlangten Erkenntnissen nicht verwertet werden dürfen. Doch auch dies ist ein Trugschluss, da die h.M. die Auffassung vertritt, dass eine Beschlagnahme, die auf einer rechtswidrigen Durchsuchungsanordnung beruht, nicht automatisch zur Rechtswidrigkeit der Beschlagnahme führt.[100] 92

96 vgl. oben § 5 A V
97 Im sog. Gemeinschuldnerbeschluss vom 13.01.1981 wird diesem Grundsatz, sich nicht selbst belasten zu müssen, Verfassungsrang durch das BVerfG zugsprochen.
98 Meyer- Goßner § 136 StPO Rz. 20; BGH Urteil vom 21.07.1998-5 StR 302/97, wistra 1998, S. 310 ff.
99 ausführlich zum Meinungsstand vgl. Spriegel in Wannemacher Rz. 4686
100 Meyer-Goßner § 94 StPO Rz. 21; Kohlmann § 385 AO Rz. 210

93 Auch hier stellt sich erneut die Frage nach der Verwertbarkeit von Zufallsfunden, denn nur in dem durch den Durchsuchungsbeschluss bestimmten Rahmen darf nach Gegenständen gesucht und beschlagnahmt werden. **Zufallsfunde** sind aber gerade solche Funde, die nicht unmittelbar mit dem Verfahren zu tun haben. Dennoch vertritt auch diesbezüglich die h.M. die Auffassung, dass derartige Zufallsfunde verwertbar sind. Zu einer anderen Einschätzung kann man nur gelangen, wenn man nachweist, dass durch die Ermittlungsbehörden systematisch nach Zufallsfunden gesucht wurde.

Praxishinweis:

Ein derartiger Nachweis kann in der Praxis meines Erachtens unter normalen Umständen kaum geführt werden. Dazu wäre erforderlich, dass sich entweder aus Äußerungen unerfahrener Ermittlungsbeamter oder nachträglich bei Einsicht in die Ermittlungsakte genau dieser Verdacht bestätigt. Die Chancen sind allerdings denkbar gering.

94 Die Durchsuchungsanordnung muss aufgrund des verfassungsrechtlichen Bestimmtheitsgebotes die tatsächlichen Angaben über den Tatvorwurf sowie über die Art und den Inhalt der gesuchten Beweismittel enthalten. Ein **Verstoß gegen das Bestimmtheitsgebot** würde zu einem Verwertungsverbot führen, da dem Bestimmtheitsgrundsatz Verfassungsrang zukommt.

Praxishinweis:

Häufig genügen die Durchsuchungsanordnungen in der Praxis diesen Anforderungen nicht. Dennoch ist es fast unmöglich, ein Verwertungsverbot wegen Verstoßes gegen den Bestimmtheitsgrundsatz zugesprochen zu kommen.

95 Im Rahmen einer Durchsuchung ist die Notwendigkeit der **Hinzuziehung von Zeugen** gemäß § 105 Abs. 2 StPO normiert. Ein Verstoß gegen § 105 Abs. 2 StPO führt ebenfalls zur Unverwertbarkeit der gewonnenen Erkenntnisse. Dies ist gerade deshalb der Fall, da der Zweck der Zeugenhinzuziehung nicht nur darin zu sehen ist, die Ermittlungsbeamten vor unberechtigten Vorwürfen zu schützen, sondern auch der Betroffene soll vor möglichen Übergriffen bewahrt werden. Die Zeugenhinzuziehung soll eine ordnungsgemäße Durchsuchungsdurchführung gewährleisten. Von der Hinzuziehung der Zeugen hängt damit die Rechtmäßigkeit der Durchsuchung[101] und der Beurteilung der Verwertbarkeit der gewonnenen Erkenntnisse ab.[102]

Praxishinweis:

Allerdings kann der Angeschuldigte auf eine derartige Zeugenhinzuziehung verzichten. Gerade bei Durchsuchungen von Unternehmen sollte bei Anwesenheit eines Verteidigers auf die Hinzuziehung von Zeugen der örtlichen Gemeinde verzichtet werden, um noch größeres Aufsehen zu verhindern. Die Tatsache, dass ein Verteidiger die Durchsuchung begleitet, gewährleistet, dass die Durchsuchung in den rechtlich vorgesehenen Bahnen verläuft. Oftmals muss auf den Verzicht auf die Zeugenhinzuziehung vehement hingewiesen werden.

96 Die Verletzung des **Beschlagnahmeverbot gemäß § 97 StPO** führt zu einem Verwertungsverbot. Dies ist deshalb der Fall, da sie die Angehörigen und Vertrauenspersonen des Beschuldigten davor bewahren sollen, trotz ihres bestehenden Zeugnisverweigerungsrechts zu dessen Überführung beitragen zu müssen.

Das Beschlagnahmeverbot gilt auch, wenn Beweismittel in anderer Sache, also Zufallsfunde, aufgefunden wurden.[103] In diesem Zusammenhang gilt, dass, sollte ein bestimmtes Beweismittel in

101 Meyer- Goßner § 105 StPO Rz. 10; Spriegel in Wannemacher Rz. 4693
102 BayObLG vom 23.11.1979-RReg 5 St 387/75, a.A. Meyer- Goßner § 105 StPO Rz. 11
103 Meyer- Goßner § 97 StPO Rz. 48

einem Verfahren zulässigerweise beschlagnahmt worden sein, dieses nicht in einem anderen Verfahren wegen einer anderen Tat verwertet werden darf, für deren Untersuchung es aus Gründen des § 97 StPO nicht hätte beschlagnahmt werden dürfen.[104] Das heißt, dass z.B. Unterlagen beim Berufsgeheimnisträger (Rechtsanwalt, Steuerberater, Wirtschaftsprüfer, Ärzte etc.) nur im Verfahren gegen diesen verwendet werden; sie dürfen aber weder unmittelbar noch mittelbar zum Nachteil des Mandanten/Patienten verwendet werden.[105]

Praxishinweis:

Von herausragender Wichtigkeit ist, dass man als Berater seinem Mandanten deutlich macht, dass dieser auf keinem Fall und zu keinem Zeitpunkt den Berater von seiner Schweigepflicht entbindet. Diese Entbindung von der Verschwiegenheitspflicht würde nämlich dazu führen, dass die unter Verstoß gegen § 97 StPO beschlagnahmten Unterlagen nachträglich verwertbar werden.

Ein weiteres strafrechtliches Verwertungsverbot liegt vor, wenn der Verteidiger von richterlichen Ermittlungshandlungen, z.B. Vernehmungen des Beschuldigten und Zeugen nicht benachrichtigt wurde und die Benachrichtigung den Untersuchungserfolg nicht gefährdet hätte.[106] Im einzelnen bedeutet dies, dass die Erkenntnisse aus derartigen richterlichen Ermittlungshandlungen nicht verwertet werden dürfen. 97

Auch diese nicht abschließende Auflistung der möglichen strafrechtlichen Verwertungsverbote zeigt, dass selbst im Strafrecht die Annahme von Verwertungsverboten nur sehr **restriktiv** gehandhabt wird und immer unter der Voraussetzung des Nachweises steht. Kann dieser Nachweis durch den Steuerpflichtigen nicht erbracht werden, ist ein Berufen auf das Verwertungsverbot kaum von Erfolg geprägt.

Nachfolgend soll trotz erschwerter Bedingungen zur Annahme eines Verwertungsverbotes in steuerlicher und strafrechtlicher Hinsicht die gegenseitigen Wechselwirkungen bzw. die Auswirkungen im einen auf das andere Verfahren betrachtet werden.

6. Gegenseitige Auswirkung der Verwertungsverbote auf das jeweils andere Verfahren ?

Nun soll zunächst dargestellt werden, wann ein steuerliches Verwertungsverbot auch ein strafrechtliches Verwertungsverbot nach sich zieht und umgekehrt.

a) Auswirkung steuerlicher Verwertungsverbote auf das Strafverfahren 98

Eventuell bestehende steuerliche Verwertungsverbote, z.B. aufgrund der Rechtswidrigkeit der Prüfungsanordnung führen nur dann zu einer strafrechtlichen Unverwertbarkeit, wenn der Grund des Verwertungsverbots auch ein im Strafrecht geltender ist. Als denkbarer Fall kommt in Betracht, dass die erworbenen Erkenntnisse im Besteuerungsverfahren u.a. unter Verletzung des § 136a StPO erlangt wurden.

104 Spriegel in Wannemacher Rz. 4701
105 Meyer- Goßner § 97 Rz. 49
106 Meyer- Goßner § 168c StPO Rz. 6

99 b) Auswirkungen strafrechtlicher Verwertungsverbote auf das Besteuerungsverfahren

Die Auswirkung strafrechtlicher Verwertungsverbote auf das steuerliche Verfahren ist umstritten. Nach überwiegender Meinung ist darauf abzustellen, ob das strafrechtliche Verwertungsverbot nur rein strafrechtlichen Charakter hat oder ob es einem allgemeinen Rechtsgedanken entspricht.[107] Nur im ersten Fall kommt es zu keiner Unverwertbarkeit im Besteuerungsverfahren.

100 Höchst umstritten ist die Frage, ob ein strafrechtliches Verwertungsverbot gemäß § 136a StPO auch im Besteuerungsverfahren direkt zu einem Verwertungsverbot führt. Eine Ansicht verneint die Auswirkung und das Entstehen eines steuerlichen Verwertungsverbotes, da § 136a StPO eine Mitwirkung im Besteuerungsverfahren nicht verbieten will.[108] Die andere Ansicht wendet § 136 a StPO analog auf das Besteuerungsverfahren an und kommt somit auch zu einem Verwertungsverbot im Besteuerungsverfahren.[109]

101 Hinsichtlich der Erlangung von Erkenntnissen aufgrund von physischen Angriffen auf den Steuerpflichtigen wird auch im Besteuerungsverfahren ein Verwertungsverbot gefordert, zumal die Informationen im Strafverfahren gemäß § 393 AO nicht verwertet werden darf.[110]

Alles in allem ist aber die Rechtsprechung des BFH zur **gegenseitigen Wechselwirkung** von Verwertungsverboten sehr uneinheitlich und schwankend.

B. Umgang des Beraters mit Mandantenverfahren

102 Immer trifft es den Steuerpflichtigen wie aus heiterem Himmel, wenn er ein Schreiben mit der Bekanntgabe der Einleitung eines Steuerstrafverfahrens gegen sich erhält oder sogar durch die Steuerfahndung mit Durchsuchungsbeschluss „überrascht" wird. In beiden Fällen wird der Steuerpflichtige zunächst bei seinem Steuerberater -emotional belastet- vorsprechen. Gerade in dieser Phase benötigt der Steuerpflichtige den Beistand eines Beraters. Es überrascht angesichts der oftmals langjährigen Verbindung zwischen Steuerberater und Steuerpflichtigen nicht, dass er sich mit den Worten „da ist doch nichts dran, oder?" an diesen wendet. Der Berater sollte sich in diesem Fall nicht enttäuscht von seinem Mandanten abwenden, sondern ihm in der für diesen ungewohnten und bedrohlichen Situation als „Feuerwehr" beistehen.

103 I. Berater als Feuerwehr im Notfall

In dem ersten Stadium der Verfahrenseinleitung und v.a. im Stadium des Fahndungseingriffes ist zunächst die Frage unerheblich, ob der Steuerberater auch die Verteidigung im Steuerstrafverfahren übernehmen sollte. Es geht zunächst allein um die Wahrung der Rechts des Mandanten. Denn gerade im Steuerstrafverfahren setzt der Staat gegen das Vermögen des Einzelnen seine Machtmittel mit einer Gewalt und einer Intention ein, die sonst fast ohne Beispiel ist.[111]

107 Joecks in FGJ § 404 Rz. 83; Spriegel in Wannemacher Rz. 4681
108 Spriegel in Wannemacher Rz. 4681; Hellmann in HHSp § 393 AO Rz. 104
109 Söhn in HHSp § 88 AO Rz. 119; Streck Rz. 901 f.
110 BVerfG vom 21.04.1988-2 BvR 330/88; Streck Rz. 892; Tipke in T/K § 208 AO Rz. 23
111 Streck Rz. 1; Spriegel in Wannemacher Rz. 3129

1. Überlegtes Vorgehen bei schriftlicher Einleitungsbekanntgabe 104

Im Fall einer schriftlichen Verfahrenseinleitung entsteht weder übermäßiger emotionaler Druck noch Zeitdruck. Hier sollte der Berater dennoch in der Lage sein, seinen Mandanten über dessen strafprozessuale Rechte, die Ermittlungsbefugnisse der Strafverfolgungsbehörden und seine Verteidigungsmöglichkeiten, u.a. der Wahl eines Verteidigers beraten.

Praxishinweis:

Es empfiehlt sich, Kontaktdaten von Strafverteidigern stets parat zu haben, um im Ernstfall auf diese zurückgreifen zu können. Es ist anerkanntermaßen der Fall, dass man in eigener Sache immer sein schlechtester Anwalt ist. Überdies kann ein objektiver Dritter die Lage vor Ort allein dadurch entschärfen, dass er vom Sachverhalt keinerlei Kenntnis hat.

Natürlich ist es einfacher, einen Verteidiger in der Hinterhand zu haben, mit dem man bereits kooperativ und vertrauensvoll zusammengearbeitet hat. Man sollte aber nicht aus den Augen verlieren, dass man als Berater vorsichtshalber auch einen Strafverteidiger für sich selbst vorhalten sollte.

2. Notfall: Durchsuchung beim Mandanten 105

Im ernsteren Stadium einer Fahndungsmaßnahme vor Ort beim Mandanten (Durchsuchung) sollte sich der Berater selbst **umgehend** an den Durchsuchungsort begeben, um dort diesem beiseite zu stehen und dessen Rechte zu wahren. Dazu gehört u.a., dass gegenüber dem Mandanten kein Telefonverbot oder eine Art Zimmerarrest verhängt wird bzw. der Geschäftsverkehr nicht unverhältnismäßig behindert wird. Der Berater vor Ort hat vor allem dafür Sorge zu tragen, dass der Mandant zunächst **keine unbedachten Äußerungen** gegenüber den Ermittlungspersonen zum Sachverhalt bzw. Tatvorwurf abgibt.

Praxishinweis:

Erfahrungsgemäß ist es die schwierigste Aufgabe des Beraters, den Mandanten „im Griff zu haben", denn dieser ist einer emotional angespannten Situation ausgesetzt, die oftmals zu einem völlig unbedachten „Rechtfertigungsschwall" führt. Die Fakten die damit geschaffen werden, sind später nicht mehr wegzudiskutieren. Aus diesem Grunde sollte ein deutliches Wort an den Mandanten gerichtet werden, dass er zur Sache sich heute nicht äußern wird. Gleiches sollte man dem Leiter der Fahndungsmaßnahme mitteilen und deutlich darlegen, dass Fragen ausschließlich an den Verteidiger zu richten sind.

Im Hinblick auf die Art und Weise des Durchsuchungs- und Beschlagnahmeprozederes hat der Be- 106
rater sicherzustellen, dass die Eingriffsmaßnahme auf den im Durchsuchungs- und Beschlagnahmebeschluss vorgegebenen Umfang **beschränkt** bleibt, **keine Unterlagen freiwillig herausgegeben** werden und ein Durchsuchungsprotokoll sowie ein Sicherstellungsverzeichnis erstellt wird.

Praxishinweis:

Es mag lapidar klingen, aber auf die freiwillige Herausgabe von Gegenständen beim und durch den Steuerpflichtigen ist unbedingt abzusehen, denn dadurch nimmt er sich die Beschwerdemöglichkeit gegen den Durchsuchungsbeschluss. Die freiwillige Herausgabe stellt de facto eine Art Einverständnis mit dem Vorgehen der Ermittlungsbehörde dar. Aus diesem Grund ist ein genereller Widerspruch gegen den Fahndungseingriff anzubringen, um sämtliche Rechte wahren zu können.

107 Sollte eine derartige Fahndungsmaßnahme sowohl in den Privaträumen als auch den Geschäftsräumen stattfinden, liegt es in der Natur der Sache, dass die anwesenden Personen, v.a. Mitarbeiter, durch Beamte der Steuerfahndung zu den Vorwürfen befragt werden. Dies ist durch den Berater vor Ort ebenfalls dadurch Schranken zu setzen, dass er alle anwesenden Personen entweder über mögliche Zeugnisverweigerungsrechte belehrt oder aber ganz allgemein klarstellt, dass es keinerlei Verpflichtung zu einer Aussage vor der Steuerfahndung gibt.

Praxishinweis:

Vor allem letzteres Vorgehen wird zu Unmut bei den Fahndungsbeamten führen und es wird oftmals der anwesende Zeuge dahingehend eingeschüchtert, dass man ihn, wenn er jetzt nicht kooperiert, dann staatsanwaltlich vorladen wird. Auch hier ist es Aufgabe des Beraters darauf hinzuweisen, dass dies doch dann entsprechend formal geschehen soll. In einem solchen Fall kann man dem anwesenden Zeugen auch erklären, dass er bei einer späteren Vernehmung, sei es durch den Staatsanwalt oder die Steuerfahndung einen Zeugenbeistand zur Wahrung seiner Rechte zur Seite gestellt bekommt. Dies ist häufig im Sinne des Beschuldigten.

Diese Erläuterungen zeigen, dass der Mandant in dieser Stresssituation keinesfalls allein gelassen werden sollte. Allerdings kann man im Falle einer Durchsuchungsmaßnahme als Berater nur mehr **Schadensbegrenzung** betreiben und damit dem Mandanten wichtige Dienste leisten. Man ist als Berater in einem solchen Falle lediglich Feuerwehr.

Allerdings sollte sich der steuerliche Berater im Nachgang möglichst schnell darüber im Klaren sein, ob er seinen Mandanten auch steuerstrafrechtlich als Verteidiger vertreten möchte oder dieses Verfahren an einen Strafverteidiger übergibt.

108 II. Steuerberater als Verteidiger des Mandanten?

Ist gegen den Mandanten des Steuerberaters ein Steuerstrafverfahren eingeleitet, dann ist der zugrundeliegende Sachverhalt meist steuerlicher Natur. Aufgrund des eingeleiteten Verfahrens ist aber genau dieser steuerliche Sachverhalt auch strafrechtlich zu werten. Es sind daher nicht nur steuerliche Kenntnisse notwendig, sondern im Hinblick auf die eigene Kompetenz, die Schwere des Vorwurfes und die Aufgaben des Verteidigers im Steuerstrafverfahren ist zu überlegen, ob nicht doch ein Verteidiger mit der Sache betraut werden soll.

Der Steuerpflichtige kann aus strafprozessualer Hinsicht mehrere und auch unterschiedliche Interessenvertreter allein mit der Wahrnehmung seiner Interessen beauftragen.

109 1. Vertretungsmöglichkeiten durch den Steuerberater

Zu Verteidigern gemäß § 138 Abs. 1 StPO können grundsätzlich alle bei einem deutschen Gericht zugelassenen Rechtsanwälte sowie Rechtslehrer an deutschen Hochschulen gewählt werden. Diese Personen bedürfen keiner Genehmigung oder Zulassung durch das Gericht.

110 Anzumerken ist, dass Verteidiger **nur natürliche Personen** sein können. Die Beauftragung z.B. einer Rechtsanwalts- GmbH ist nicht statthaft. Wird also eine Rechtsanwalts- GmbH vom Beschuldigten beauftragt, dann wird nur der konkret für die GmbH gegenüber dem Gericht handelnde Anwalt persönlich Verteidiger des Beschuldigten.[112] Dies gilt auch für Sozietäten, d.h. Verteidiger

112 LG Bonn vom 27.12.2000-37 Qs 59/00; AnwBl. 2001, S. 300

kann immer nur jedes einzelne Sozietätsmitglied sein.[113]

Eine gewisse Erweiterung erfährt § 138 Abs. 1 StPO durch § 392 AO. Dieser stellt klar, dass im Steuerstrafverfahren neben den oben bezeichneten Personen auch Steuerberater, Steuerbevollmächtigte, Wirtschaftsprüfer und vereidigte Buchprüfer zu Verteidigern gewählt werden können. Dies allerdings nur, soweit die Finanzbehörde das Strafverfahren selbständig durchführt. In diesem Umfang bedürfen sie keiner weiteren Zulassung, um allein als Verteidiger auftreten zu können. 111

a) Alleinverteidigung durch den Steuerberater 112

Der Umfang des Strafverfahrens, in dem die steuerberatenden Berufe als Alleinverteidiger befugt sind, aufzutreten, wird durch § 386 Abs. 2 AO festgelegt. Sie können damit tätig werden

- im Ermittlungsverfahren, wenn die Tat ausschließlich eine Steuerstraftat ist
- wenn die Tat zugleich andere Strafgesetze verletzt, wobei deren Verletzung Kirchensteuern und andere öffentliche Abgaben betrifft, die an Besteuerungsgrundlagen, Steuermessbeträge oder Steuerbeträge anknüpfen
- im Strafbefehlsverfahren bei Steuerstraftaten bis zur Anberaumung der Hauptverhandlung
- in selbständigen Einziehungs- bzw. Verfallverfahren nach § 401 AO bis zum Antrag auf mündliche Verhandlung oder bis zu deren Anordnung durch das Gericht im Sinne des § 406 Abs. 2 AO
- im Verfahren über Nebenfolgen eines Steuerstrafverfahrens innerhalb der Grenzen des § 406 Abs. 2 AO

Wie sich bereits aus diesen Beispielen zeigt, **endet die Alleinvertretungsbefugnis** zur Alleinvertretung durch die steuerberatenden Berufe immer dann, wenn die Strafverfolgungskompetenz von der Finanzbehörde zur Staatsanwaltschaft wechselt. Dies ist u.a. dann der Fall, wenn 113

- die Finanzbehörde gemäß § 400 1. HS AO einen Anlass zur Erhebung der öffentlichen Klage feststellt, den Erlass eines Strafbefehls beantragt oder die Akten der Staatsanwaltschaft vorlegt gemäß § 400 2. HS AO vorliegt oder
- die Finanzbehörde das Verfahren an die Staatsanwaltschaft abgibt oder diese das Verfahren an sich zieht.[114]

Aufgrund der Regelung § 392 Abs. 2 AO ergibt sich explizit, dass auch andere Personen als die in § 138 StPO Benannten mit Genehmigung des Gerichts als **Wahlverteidiger** auftreten können. Dazu gehören auch die steuerberatenden Berufe. Allerdings steht es im Ermessen des Gerichts, ob es die **Genehmigung** erteilt oder nicht.

Tritt aber ein Angehöriger der steuerberatenden Berufe als Alleinverteidiger auf, dann stehen ihm sämtliche Rechte des Verteidigers uneingeschränkt zu.[115] 114

113 BVerfG vom 28.10.1976-2BvR 23/76; NJW 77, 99 f.; Gast-de Haan in FGJ § 392 Rz. 11
114 Spriegel in Wannemacher Rz. 3136; Rüping in HHSp § 392 AO Rz. 74
115 vgl. unten 2.

115 b) Gemeinschaftliche Verteidigung

Die eingeschränkte Befugnis zur Alleinverteidigung der steuerberatenden Berufe in staatsanwaltlich geführten Ermittlungsverfahren führt aber dazu, dass Angehörige der steuerberatenden Berufe in Gemeinschaft mit den in § 138 StPO benannten Personen die Verteidigung gemeinschaftlich führen können. Dazu bedarf es **keiner Genehmigung** durch das Gericht.

Diese Möglichkeit der gemeinschaftlichen Verteidigung gründet darauf, dass in einem staatsanwaltlich geführten Ermittlungsverfahren Fragen des Strafprozessrechts an Bedeutung gewinnen, aber man es dem Beschuldigten nicht verwehren will, auf den sachlichen Rat seines steuerlichen Beraters zu verzichten.[116]

116 Auch im Rahmen der gemeinschaftlichen Verteidigung stehen dem Steuerberater die gleichen Rechte wie dem Verteidiger zu.

117 2. Rechte und Pflichten des Verteidigers

Aus § 1 der Berufsordnung für Anwälte ergibt sich, dass der Verteidiger ein selbständiges, dem Gericht und der Staatsanwaltschaft ebenbürtiges und gleichgeordnetes, dem Beschuldigten stets zur Seite stehendes **Organ der Rechtspflege** ist. Die Aufgabe des Verteidigers liegt darin, die Rechte des Beschuldigten allseitig zu wahren, zur Beachtung aller ihm günstigen rechtlichen und tatsächlichen Umstände beizutragen und auf strenge Justizförmigkeit des Verfahrens hinzuwirken.[117] Dem Verteidiger ist es erlaubt, vielmehr es ist sogar seine Pflicht, einseitig Partei für den Beschuldigten zu ergreifen. Er bleibt aber dabei in seiner Stellung selbständig. Er ist gerade kein rein weisungsgebundener Interessenvertreter. Letzteres zeigt sich darin, dass er, wenn es der Entlastung des Beschuldigten dient, Beweisanträge auch gegen dessen Willen stellen kann, z.B. wenn der Beschuldigte einen Zeugen decken möchte.[118]

118 Darüber hinaus steht lediglich dem Verteidiger das Recht auf Akteneinsicht zu, nicht aber dem Beschuldigten.[119]

119 a) Rechte des Verteidigers

Die wesentlichen Rechte des Verteidigers sind das **Anwesenheitsrecht** bei Ermittlungshandlungen der Strafverfolgungsbehörden, das **Recht auf Akteneinsicht**, das **Umgangsrecht** sowie das **Recht auf eigene Ermittlungen**. Auf die einzelnen Rechte wird nachfolgend ausführlich eingegangen:

- Der Verteidiger hat ein **Anwesenheitsrecht bei richterlichen Ermittlungshandlungen**. Dazu gehören die Vernehmung des Beschuldigten, von Zeugen und Sachverständigen durch den Richter sowie bei der Einnahme des richterlichen Augenscheins. Dieses umfassende Anwesenheitsrecht ist in § 168 c StPO geregelt und beinhaltet unweigerlich, dass der Verteidiger durch das Gericht über derartige Termine zu benachrichtigen ist. Eine solche Benachrichtigung kann gemäß § 168 c Abs. 5 StPO nur dann entfallen, wenn durch diese der Untersuchungserfolg gefährdet werden würde. Eine Verletzung der Benachrichtigungspflicht führt zu einem strafrechtlichen Verwertungsverbot.

116 Spriegel in Wannemacher Rz. 3143
117 Meyer- Goßner vor § 137 StPO Rz. 1; Spriegel in Wannemacher Rz. 3151
118 Spriegel in Wannemacher Rz. 3155; Meyer- Goßner § 244 StPO Rz. 30
119 Dies ist zwar der ständigen Diskussion unterworfen, ob nicht auch dem Beschuldigten ein Recht auf Akteneinsicht zugestanden werden soll, aber die Rechtsprechung hält bislang am ausschließlichen Recht des Verteidigers fest.

Überdies hat der Verteidiger ein **Anwesenheitsrecht bei Vernehmung des Beschuldigten bei Ermittlungshandlungen der Staatsanwaltschaft oder der Finanzbehörde**, soweit der Beschuldigte gemäß § 163 a Abs. 3 StPO der Ladung der Staatsanwaltschaft oder des Finanzamts zu folgen hat. 120

Allerdings wird ein **Anwesenheitsrecht des Verteidigers bei der Vernehmung von Zeugen oder Sachverständigen durch die Staatsanwaltschaft oder der Finanzbehörde** durch die h.M. abgelehnt, da die gesetzlichen Regelungen bestimmte Anwesenheitsrechte manifestieren und diese umfassen gerade nicht die Vernehmung von Zeugen oder Sachverständigen.[120] Da kein ausdrückliches Anwesenheitsrecht besteht, bleibt es aber im Umkehrschluss der Ermittlungsbehörde unbenommen, dennoch die Anwesenheit des Verteidigers zu gestatten. 121

Ein Anwesenheitsrecht bei der Vernehmung des Beschuldigten durch die Steuerfahndung wird ebenfalls aufgrund mangelnder gesetzlicher Grundlage von der h.M.[121] abgelehnt: Aber auch hier besteht die Möglichkeit, dass die Anwesenheit zugelassen wird. 122

Praxishinweis:

Der zu vernehmende Beschuldigte kann die Anwesenheit seines Verteidigers dadurch zu erzwingen versuchen, dass er vor Beginn der Vernehmung klarstellt, dass er ohne die Anwesenheit seines Verteidigers keine Aussage machen wird.

Eine weitere Möglichkeit zur Einflussnahme hat der Beschuldigte dahingehend, dass er oder sein Verteidiger klarstellt, dass er ohne die Anwesenheit des Verteidigers vor der Steuerfahndungsstelle überhaupt keine Aussage macht bzw. zum gesetzten Termin nicht erscheinen wird. Dies ist deshalb möglich, da der Beschuldigte nicht verpflichtet ist, einer Ladung der Steuerfahndung/Polizei nachzukommen. Zwar kann das im Einzelfall zu einer staatsanwaltlichen oder richterlichen Vernehmung führen, doch vor diesen Strafverfolgungsorganen besteht das Anwesenheitsrecht des Verteidigers umfassend. Allerdings wird die Steuerfahndungsstelle meist dann die Anwesenheit des Verteidigers gestatten, wenn sie die Vernehmung selbst durchführen will. 123

Die Auffassung, dass während einer **laufenden Durchsuchungsaktion** der Verteidiger kein **Anwesenheitsrecht** hat, führt häufig dazu, dass dem Beschuldigten verwehrt wird, zu telefonieren und einen Berater/ Verteidiger herbeizurufen. Der Beschuldigte ist berechtigt, in Abwesenheit des Fahndungsbeamten mit seinem Berater zu sprechen.[122] Wird dies untersagt, so ist dies eine Beschränkung des Rechts auf Verteidigerkonsultation.[123] 124

Praxishinweis:

Manchmal wird als Argument, das Telefonat nicht zu erlauben, Verdunkelungsgefahr ins Feld geführt. Hier kann sich empfehlen, den Fahndungsbeamten die Nummer des Berater wählen zu lassen, um so zu zeigen, dass das Telefonat nicht zur Vernichtung von Beweisen bzw. Beweismitteln führen soll.

Das Anwesenheitsrecht des Verteidigers führt aber auch dazu, dass er berechtigt ist, selbst **Fragen und Anträge** zu **stellen**. Eine Beschränkung des Verteidigers auf die reine Zuhörerrolle wäre nicht zumutbar und würde die Funktion eines Verteidigers konterkarieren.[124] 125

120 Spriegel in Wannemacher Rz. 3183; Meyer- Goßner § 163 StPO Rz. 16
121 Meyer- Goßner § 163 Rz. 16; a.A.: stellvertretend Spriegel in Wannemacher Rz. 3185 ff
122 Spriegel in Wannemacher Rz. 3189
123 mit der Folge des Verwertungsverbots, siehe oben § 1 A V
124 Meyer-Goßner § 163 StPO Rz. 16; Spriegel in Wannemacher Rz. 3190

126 ■ Wichtigstes Recht des Verteidigers ist gemäß § 147 StPO das Recht zur **Akteneinsicht**. Diese Akten sind mit Ausnahme von Beweisstücken dem Verteidiger sogar in dessen Kanzlei mitzugeben. Dies schließt auch das Recht des Verteidigers ein, sich von den übersandten Akten Kopien zu machen.

Praxishinweis:

Sollte der Verteidiger selbst kein Gerichtspostfach beim jeweiligen Gericht besitzen, dann umfasst zwar das Akteneinsichtsrecht per se nicht die Zusendung der Akten in die Kanzleiräume, jedoch ist es gängige Praxis, dass die Akten auf Antrag – solange diese einen nicht übermäßigen Umfang haben – gegen Auslagenpauschale von im Moment 12 EUR zugesandt werden.

127 Zu beachten ist, dass das Recht auf Akteneinsicht ein solches des Verteidigers ist. Dem Beschuldigten selbst, der vertreten ist, steht **kein eigenes Akteneinsichtsrecht** zu. Etwas anderes gilt eingeschränkt nur für den Beschuldigten, der nicht vertreten ist. Mit Inkrafttreten des Strafverfahrensänderungsgesetzes 1999 vom 02.08.2000 stehen gemäß § 147 Abs. 7 StPO lediglich Auskünfte und Abschriften aus den Ermittlungsakten zu, soweit deren Herausgabe nicht den Untersuchungszweck gefährden. Von einer solchen Gefährdung des Untersuchungszweck wird dann ausgegangen, wenn sich in der Ermittlungsakte Anhaltspunkte für den Antrag einer Durchsuchungsanordnung bzw. eines Haftbefehls finden ließen.[125]

Praxishinweis:

Der Verteidiger darf den Beschuldigten zwar über den Akteninhalt informieren. Mit der Übergabe von Auszügen aus der Ermittlungsakte sollte der Verteidiger sehr restriktiv umgehen. Keinesfalls sollte der Verteidiger die Originalakte, auch nicht vorübergehend, an den Beschuldigten aushändigen.

128 Der Antrag auf Akteneinsicht ist immer an die jeweilige Strafverfolgungsbehörde, also die Staatsanwaltschaft oder die Bußgeld- und Strafsachenstelle, zu richten.

Es besteht ab der **Einleitung des Ermittlungsverfahrens** und bleibt als Recht auch während des gesamten Verfahrens erhalten. Im Übrigen dürfen die Akten auch mehrmals eingesehen werden. Dies ist sogar notwendig, wenn nach einer früheren Akteneinsicht spätere Ermittlungsergebnisse hinzugekommen sind.[126]

129 Hinsichtlich des Umfangs der Akteneinsicht manifestiert § 147 Abs. 1 StPO den **Grundsatz der Aktenvollständigkeit**. Dies bedeutet, dass dem Verteidiger jegliche, seit dem Beginn des Ermittlungsverfahrens vorliegenden Schriftstücke, v.a. Vernehmungsniederschriften des Beschuldigten, Zeugen oder Sachverständigen einschließlich beigezogener Beiakten, z.B. Steuerakten, zugänglich zu machen sind, soweit diese auch dem Gericht vorgelegt werden müssen. Das Akteneinsichtsrecht umfasst daher auch sog. Spuren- bzw. Beweismittelakten.

Praxishinweis:

Hier ist darauf hinzuweisen, dass Beweismittel bzw. Asservate dem Verteidiger nicht mit der Ermittlungsakte zugänglich gemacht werden, sondern häufig direkt vor Ort in Augenschein genommen werden müssen.

Gerade die Kenntnis dieser Spuren- bzw. Beweismittelakte ist von außerordentlicher Wichtigkeit, denn nur so kann der Verteidiger ausschließen, dass lediglich belastende Materialien zur Wahrheitsfindung vorgelegt werden.

130 Der Verteidiger sollte im Rahmen des Steuerstrafverfahrens ein Augenmerk unbedingt im Rahmen der Akteneinsicht auf das Vorliegen des **sog. grünen Bogens** legen. Dabei handelt es

125 BGH Urteil vom 3.10.1979-3 StR 351/79
126 Spriegel in Wannemacher Rz. 3199; Meyer- Goßner § 147 StPO Rz. 12

sich u.a. um Aktenvermerke über bußgeld- und strafrechtliche Feststellungen, die grundsätzlich jedem Prüfungsbericht beigefügt sind. Aus diesen ergibt sich häufig, ob und wie einem strafrechtlichen Verdacht nachgegangen wurde und ob eine rechtzeitige Belehrung bzw. Bekanntgabe des Strafverfahrens stattgefunden hat. Wie bereits erläutert, kann dies als strategisch taktische Information durch den Verteidiger genutzt werden. Genau aus diesem Grund fehlt oft dieser grüne Bogen in der Ermittlungsakte. Insoweit ist auf die diesbezügliche unter der Heranziehung der Argumentation der Beschränkung des Akteneinsichtsrechts zu dringen, denn die Zurückhaltung dieser Erkenntnisse stellen einen Verstoß gegen § 147 StPO dar.[127]

Denn die Akteneinsicht darf nur gemäß § 147 Abs. 2 StPO beschränkt werden, solange die Ermittlungen nicht abgeschlossen sind oder der Untersuchungszweck gefährdet wäre. Ein Berufen darauf setzt konkrete Anhaltspunkte voraus. Allein die vage Möglichkeit der Gefährdung des Untersuchungszweckes reicht nicht aus. 131

Gegen jegliche **Ablehnung der Akteneinsicht durch Staatsanwaltschaft oder Finanzbehörde** ist die Möglichkeit des **Rechtsschutzes** streitig. Allerdings geht die h.M davon aus, dass die Versagung der Akteneinsicht eine Prozesshandlung darstellt, die lediglich mit der Dienstaufsichtsbeschwerde angefochten werden kann und nicht einem Antrag nach § 23 EGGVG zugänglich ist.[128] 132

Gegen die Entscheidung des Gerichts über die Ablehnung der Akteneinsicht ist immer die Beschwerde gemäß § 304 StPO gegeben.[129]

- Ein weiteres Recht des Verteidiger ist die ständige Möglichkeit der Kontaktaufnahme mit seinem Mandanten, um diesen in jeglicher Situation zu beraten und über die Rechtslage aufklären zu können. Dies ist in vielen Fällen unproblematisch, solange sich der Mandant nicht in Untersuchungshaft befindet. Auf diesen Aspekt wird später eingegangen.[130] 133
- Daneben ist es auch Aufgabe des Verteidigers sicherzustellen, dass sämtliche **entlastende Umstände** in das Verfahren eingeführt werden. Oftmals lassen sich hierzu **eigene Ermittlungen** nicht vermeiden. Jedoch ist hierbei unbedingt Vorsicht walten zu lassen, da solchen eigenen Ermittlungen, evtl. eigener Befragung von Zeugen, großes Missstrauen seitens der Strafverfolgungsbehörden entgegengebracht wird. Dem gilt es vorzubeugen. 134

Praxishinweis:

Hier empfiehlt es sich, den jeweiligen Zeugen keinesfalls allein, sondern stets unter Zuziehung eines weiteren Zeugen, zu vernehmen. Es sollte dabei klargestellt werden, dass der Zeuge nicht verpflichtet ist, mit dem Verteidiger zu sprechen, da dieser keine Amtsperson ist. Es wird geraten, den Zeugen dennoch über seine Rechte und Pflichten zu belehren und über das Gespräch einen Vermerk zu fertigen, der vom Zeugen und den anderen anwesenden Personen unterzeichnet werden sollte. Erfahrungsgemäß lehnt es der Zeuge häufiger ab, dass das Gespräch auf einem Tonband festgehalten wird.

Als Verteidiger sollte man seine Rechte kennen und diese auch umfassend einfordern, andernfalls ist man schwerlich in der Lage, den Beschuldigten angemessen verteidigen zu können. Wird dem Verteidiger, z.B. bei Erzielung eines nicht völlig optimalen Ergebnisses für den Mandanten, sogar von dritter Seite nachgewiesen, dass dieser nicht alle Möglichkeiten ausgeschöpft hat, ergeben sich Ansatzpunkte für einen Haftungsfall.

---

127 ausführlicher dazu Spriegel in Wannemacher Rz. 3203 ff.
128 zum Streitstand Meyer- Goßner § 147 StPO Rz. 39, sowie Spriegel in Wannemacher Rz. 3208; a.A. insbesondere für fehlende Spurenakten vgl. BVerfG vom 12.01.1983-2 BvR 864/81; NJW 1983, S. 1043
129 Meyer- Goßner § 147 StPO Rz. 41
130 vgl. unten § 4 I

135 b) Pflichten des Verteidigers

Der Verteidiger ist im Hinblick auf die Gesetzmäßigkeit des Verfahrens seines Mandanten der „Hüter des Strafverfahrens" und den Beschuldigten vor Unrechtmäßigkeiten zu schützen.

136 ■ Es ist damit seine vorrangige Pflicht, seinen **Beitrag zur Wahrheitsfindung** auf die Weise zu leisten, dass er alle zu Gunsten seines Mandanten sprechenden Umstände und Tatsachen vorbringt und diese in das Verfahren einführt. Zu diesem Zweck muss er alle ihm zustehenden notwendigen prozessualen Rechte und Möglichkeiten ausschöpfen. Der Verteidiger darf dazu grundsätzlich alles tun, was in gesetzlich nicht zu beanstandender Weise seinem Mandanten nützt.[131]

Das bedeutet im einzelnen, dass ihm die Verpflichtung obliegt, prozessordnungswidrige Ermittlungen sowie eine etwaige spätere Verurteilung mit allen gebotenen Mitteln zu verhindern suchen muss.[132] Dass er sich dabei nur rechtlich zulässiger Mittel bedienen darf, ergibt sich schon aus seiner Stellung als Organ der Rechtspflege.

137 Daher ist der Verteidiger v.a. **zur Wahrheit** verpflichtet. Diese Verpflichtung besteht gegenüber allen Verfahrensbeteiligten, also gegenüber dem Mandanten, aber auch gegenüber der Strafverfolgungsbehörden. Sollte der Verteidiger dagegen verstoßen, ist er der Gefahr der Begünstigung gemäß § 257 StGB sowie der Strafvereitelung gemäß § 258 StGB ausgesetzt. Derartige Konfliktsituation sollte man nicht mit einem Fingerstreich vom Tisch wischen, denn solche Situationen tauchen in der Praxis üblicherweise auf.

138 Wenn der Verteidiger sich mit seinem Mandanten z.B. über die Vorgehensweise bzw. etwaige Einlassungen im Prozess verständigt, dann braucht der Verteidiger den Mandanten nicht zur Offenlegung der Wahrheit zu drängen. Andererseits sollte sich der Verteidiger jedoch tunlichst hüten, zu einer unwahren Aussage zu raten. Dieser Konflikt kann dadurch aufgelöst werden, dass der Beschuldigte dahingehend belehrt wird, dass er in seiner Beschuldigtenstellung grundsätzlich nicht zur Wahrheit verpflichtet ist und demzufolge nicht für eine Lüge belangt werden kann. Wird diese allerdings aufgedeckt und nachgewiesen, dann kann davon ausgegangen werden, dass auch den anderen Aussagen des Mandanten wenig Glauben geschenkt wird.

Weiterhin ist es dem Verteidiger auch erlaubt, hypothetische Schritte der Ermittlungsbehörde, z.B. die Gefahr von Durchsuchungen usw. zu beschreiben.

139 ■ Der Wahrheitspflicht stehen die **Pflicht zur Verschwiegenheit** sowie die **Treuepflicht** im Verhältnis zum Mandanten gegenüber und wirken diesbezüglich beschränkend.

Die Verschwiegenheitspflicht umfasst alle Informationen, die dem Verteidiger in Ausübung seines Berufes zur Kenntnis gekommen sind. Daraus leitet sich das Verbot ab, Informationen preiszugeben, die dem Mandanten zum Nachteil gereichen. Die Preisgabe dieser vertraulichen Information des Mandanten ist sogar im § 203 StGB unter Strafe gestellt.

Geht man nun davon aus, dass man als Berater in ein derartiges Dilemma nicht kommen kann, dann täuscht man sich auch hier. Allein die Tatsache, dass gegen einen Mandanten z.B. ein Steuerstrafverfahren geführt wird und diese Information an dritte Personen gelangt, z.B. weil die Mandantenakte beim Verteidiger zu Hause auf dem Schreibtisch liegt und dort dritten Personen unweigerlich zugänglich ist, gerät man bereits in die Gefahr des Geheimnisverrats.

131 Spriegel in Wannemacher Rz. 3158; BGH vom 9.05.2000-1 StR 106/00; wistra 2000, S. 301
132 Spriegel in Wannemacher Rz. 3162

Noch eklatanter wird die Gefahr, wenn während einer Durchsuchung beim Steuerberater dessen Handakte beschlagnahmt wird, die zusätzliche vertrauliche Informationen enthält.

- Weiterhin muss der Verteidiger sicherstellen, dass er dem in § 146 StPO manifestierten **Verbot der Mehrfachverteidigung** gerecht wird. Das bedeutet, dass er in einem Verfahren nicht gleichzeitig mehrere Beschuldigte verteidigen darf. Dieses Verbot soll jeden einzelnen Beschuldigten davor schützen, dass der Verteidiger in einen Interessenwiderstreit gerät und dadurch seine Beistandsfunktion beeinträchtigt wird.[133] 140

Auch die Tatsache, dass man die Verteidigung von zwei Beschuldigten innerhalb einer Anwaltssozietät zwei Beratern mit jeweils eigener Vollmacht überträgt, kann diesen Konflikt nicht lösen, v.a. wenn die Interessenswahrung der Mandate auseinander zu driften droht. 141

5

Praxishinweis:

Bei sich konkret abzeichnenden Interessenkonflikt sollte man die Verteidigung anderer Angeschuldigter unbedingt in die Hände unterschiedlicher Kanzleien legen oder mit dem Mandanten besprechen, dass ein solcher Konflikt nicht ausgeschlossen werden kann, so lange sich dieser aber nicht virulent abzeichnet, die Verteidigung selbst betreibt.

c) Interessenkollision des Steuerberaters 142

Sämtliche oben dargestellte Aspekte der Verteidigung spielen auch bei der Frage, ob der steuerliche Berater tatsächlich selbst die Verteidigung im Steuerstrafverfahren (mit)übernehmen sollte, eine hervorgehobene Rolle. Dies u.a. besonders dann, wenn der steuerliche Berater den Steuerpflichtigen bereits in dem Zeitraum, der nun von den strafrechtlichen Vorwürfen umfasst wird, schon beraten hat.

In einem solchen Fall ist die einzige erhebliche Frage die, ob der Steuerberater dann noch objektiv die alleinigen Interessen seines Mandaten ohne Rücksichtnahme auf eigene Interessen vertreten kann. Gibt es auch nur den Anschein, dass sich der Steuerberater zu irgendeinem Zeitpunkt im Steuerstrafverfahren eigenen Vorwürfen, und sei es auch nur Unachtsamkeit, ausgesetzt sehen müsste, dann liegt eine klassische Interessenkollision vor. Kann eine solche Situation nicht ausgeschlossen werden, sollte der Steuerberater davon absehen, die Verteidigung seines Mandanten im Steuerstrafverfahren zu übernehmen.

Praxishinweis:

Erfahrungswerte aus der Praxis zeigen, dass Steuerberater dem Ersuchen ihres oftmals langjährigen Mandanten nachgeben und, wenn auch mit schlechten Gefühlen, die Verteidigung im Steuerstrafverfahren übernehmen.

Es wäre aber ein Zeichen von Größe, dem Mandanten mitzuteilen, dass die Kompetenz gerade beim Strafrecht aufhört. In einem solchen Fall erscheint es außerordentlich wichtig, in einem vertrauensvollen Gespräch einen bekannten Verteidiger, mit dem der Steuerberater evtl. in anderen Verfahren bereits mit guten Erfahrungen aufwarten kann, zu empfehlen. Dies kann immer auch eine Zusammenarbeit zwischen Steuerberater und Strafverteidiger bedeuten, da man so unterschiedlichen Sachverstand bündeln und damit für den gemeinsamen Mandanten zusammen das Beste erreichen kann.

133 BVerfG vom 21.06.1977-2 BvR 70/75; NJW 1977, S.1629 ff; Meyer- Goßner § 146 StPO Rz. 1

143
3. Prozesstaktisches Vorgehen in der Verteidigung

Wenn man als Verteidiger nun mandatiert wurde, dann stellt sich im Zuge der Akteneinsicht häufig heraus, dass hinsichtlich des gleichen Vorwurfs wie gegen den eigenen Mandanten gegen mehrere Beschuldigte ermittelt wird.

In einem solchen Fall ist zu klären, ob und inwieweit die Beschuldigten und ihre Verteidiger gemeinsam den Weg bestreiten könnten und auch sollten. Allerdings ist dies oft auch vom Typus des jeweiligen Beraters abhängig.[134]

144
a) Sockelverteidigung

Zu einer effektiven und effizienten Verteidigung kann man sich der Verteidigungsart der **Sockelverteidigung** bedienen. Darunter fasst man die strategische und taktische Gemeinsamkeit in der Verteidigung mehrerer Angeklagter zusammen.[135]

145 Problematisch ist hierbei allerdings das Spannungsverhältnis bei der Definition einer gemeinsamen Basis, die von allen Beteiligten strikt und ohne Eigenmächtigkeiten eingehalten werden muss und die Tatsache, dass für den eigenen Mandanten eine effiziente Individualverteidigung gewährleistet sein muss. Von ganz wesentlicher Bedeutung ist, dass eine derartige Sockelverteidigung immer nur „eine Verabredung auf Zeit“[136] sein kann. Denn wenn das Individualinteresse des eigenen Mandanten nicht mehr gewährleistet werden kann, dann sollten sich zwangsläufig die gemeinsamen Wege der Verteidigung trennen. Allerdings ist dies den Verteidigerkollegen mitzuteilen.

Praxishinweis:

Die Sockelverteidigung lässt sich am einfachsten betreiben, wenn sich die Verteidiger untereinander kennen und einander vertrauen. Dies vereinfacht die Zusammenarbeit immens. Dennoch sollte man auch bislang noch nicht bekannten Kollegen eine Chance geben, denn daraus kann sich eine vertrauensvolle Zusammenarbeit in der Zukunft entwickeln.

146
b) Konflikt oder Kooperation?

Als Verteidiger sucht man stets das persönliche Gespräch mit den Strafverfolgungsbehörden, um zu klären, wie deren Sicht auf den Tatvorwurf gegen den eigenen Mandanten sich abzeichnet. Oftmals ist aber ein solches Gespräch in einem frühen Stadium von Vorwürfen und Kontroversen seitens der Finanzbehörden gegenüber dem Mandanten geprägt. Diese Phase kann als ständige Anforderungsphase betrachtet werden, d.h. die Ermittlungsbehörden bombardieren den Mandanten mit Fragen und Vorlageanfragen, ohne aber selbst zu einem Entgegenkommen bereit zu sein. Daher darf sich der Verteidiger nicht zu schade sein, auch einmal unbequem und unkooperativ zu wirken und die Finanzbehörden darauf hinzuweisen, dass man diese „Spielchen“ ohne Entgegenkommen nicht weiter betreibt.

134 zu unterschiedlichen Beratertypen siehe Burckhard in DStZ 2002, S. 437 ff
135 Richter in NJW 1993, S. 2152; Gatzweiler/Mehle in Strafverteidigung in der Praxis § 10 Rz. 24
136 Gatzweiler/ Mehle in Strafverteidigung in der Praxis § 10 Rz. 28; Richter in NJW 1993, S. 2156

Praxishinweis:

In dieser Phase kann es angezeigt sein, das Verfahren zeitlich etwas „auszusitzen". Denn der Zeitfaktor kann auch zugunsten des Mandanten wirken. Dadurch wird erstmals die Spannung zwischen den Beteiligten herausgenommen, die den Weg zu einem schnellen Ende zu kommen, versperrt. Allerdings sollte man sich dies genau überlegen, denn manchmal kann gerade der schnelle Weg nicht der erfolgreichere sein. Dies hängt aber von der Menschenkenntnis des Beraters hinsichtlich seines Gegenübers bei den Ermittlungsbehörden ab.

In der Praxis ist zu beobachten, dass gerade auf eine Konfliktphase, bei der beide „Gegenspieler" (Ermittlungsbeamter und Verteidiger) die Muskeln spielen ließen, was zum Teil auch vom Mandanten gewünscht wird, eine Phase der Annäherung, der Wiederaufnahme der Gespräche und der Kooperation folgt. 147

In dieser Phase ist man nun beiderseits bereit, das Verfahren selbst wieder voran und zu einem angemessenen Ende zu bringen. Hier ist ein enger Kontakt und Austausch bewusst gewollt. Allerdings sollte man als Berater nicht versäumen, dann zu weiteren Gesprächen, die nicht lediglich der Sondierung des Sachverhalts dienen, einen Entscheidungsträger der zuständigen Strafverfolgungsbehörde, sei es, den Staatsanwalt oder den zuständigen Bearbeiter der Bußgeld- und Strafsachenstelle mit in das Gespräch einzubeziehen.

Praxishinweis:

Dieses Einbeziehen eines „Entscheiders" ist von außerordentlicher Wichtigkeit, denn der ermittelnde Steuerfahnder selbst ist nicht der richtige Ansprechpartner und auch nicht der zuständige Entscheidungsträger, wenn es um den Abschluss des Verfahrens geht.

Selbst wenn ein derartiges Gespräch nur durch die Steuerfahndung geführt werden will und es eine Zusicherung durch die sachbearbeitenden Steuerfahnder bzw. deren Sachgebietsleiter gibt, dass er/sie sich für ein gutes Ergebnis bei der Bußgeld- und Strafsachenstelle bzw. der Staatsanwaltschaft einsetzen werden, indem man dieses im Gespräch gefundene Ergebnis schriftlich niederlegt und sich für dessen Umsetzung auch einsetzen will, sollte man nicht in diese „Beraterfalle" tappen!

Denn der zuständige Sachbearbeiter bei der Bußgeld- und Strafsachenstelle bzw. der Staatsanwaltschaft ist an eine derartige Zusicherung des Steuerfahnders leider nicht gebunden. Aus diesem Grunde ist es wichtig, alle Vefahrensbeteiligte zu einem derartigen abschließenden Gespräch zusammenzuholen.

Letztlich liegt es aber nicht nur in der Erfahrung des Beraters, sondern auch in dessen Mentalität, welchen Verteidigungsansatz er wählt. Überdies ist ebenfalls ausschlaggebender Faktor der Mandant selbst, der aufgrund der fortschreitenden zeitlichen Dauer des Verfahrens ganz eng geführt werden muss. Auch ist es wichtig, nicht in immer gleiche Schemata von Verhaltensreaktionen zu verfallen, weil man sonst für die andere Seite berechenbar wird.

4. Honorar 148

Obwohl der Straftatbestand der Geldwäsche gemäß § 261 StGB seit 1992 gesetzlich in Kraft getreten ist, fristet er zum Teil bis zum heutigen Tage ein unbeachtetes Dasein. Leider völlig zu Unrecht, denn diese Vorschrift, die in den letzten Jahren immer weiter verschärft wurde, birgt für alle Berater ein erhebliches Gefahrenpotential.

Nicht nur, dass die 2. und 3. EU- Geldwäscherichtlinie u.a. die Pflichten für Rechtsanwälte, Steuerberater und Wirtschaftsprüfer ausweitet und nun diese als Normadressaten des Gesetzes aufgefordert sind, den **Identifikations-, Aufzeichnungs-, Aufbewahrungs- sowie Verdachtsmel-**

depflichten nachzukommen. Durch die Auferlegung dieser Pflichten wird auch in die geschützte Geheimnissphäre zwischen Berater und Mandant eingedrungen, und zudem die Thematik des bemakelten Vermögens aufgeworfen. Die Annahme von bemakeltem Vermögen bzw. dessen Vermögensteilen als Honorar kann sich daher für die Berater als Strafbarkeitsrisiko entpuppen.

Wie es zu einer solchen Inkriminierung kommen und welche Folgen dies für den Berater haben kann, soll nachfolgend dargestellt werden:

149

a) Tatbestand des § 261 StGB

5

Objekt der Geldwäsche kann stets ein Gegenstand sein, der aus einer im Gesetz, hier § 261 Abs. 1 StGB, abschließend aufgezählten Vortat, der sog. **Katalogtat,** stammt. Durch die nun zum 1.01.2008 geltenden Änderung des Telekommunikationsdienstleistungsgesetzes hat der Gesetzgeber fast heimlich still und leise, unter Streichung des § 370 a AO und der Einführung des § 370 Abs. 3 Nr. 5 AO zur Katalogtat im Sinne des § 261 StGB katapultiert. Daneben kommt auch Betrug gemäß § 263 StGB sowie Untreue gemäß § 266 StGB als sog. taugliche Geldwäsche- Vortat in Betracht.

150 Weiterhin erfordert der Tatbestand des § 261 StGB, dass der Gegenstand aus der Vortat **herrührt.** Trotz der weitgezogenen Grenzen dieses Tatbestandsmerkmals versteht man darunter alle Vermögenswerte, die durch die Tat erlangt wurden bzw. die anstelle des erlangten Gegenstandes getreten sind. Somit sind vom Herrühren auch Surrogate erfasst.[137]

Das von § 261 StGB geforderte Herrühren aus der Katalogtat ist v.a. in den Fällen der Steuerhinterziehung von großer Bedeutung. Hier steht die Frage im Vordergrund, welche Auswirkungen die hinterzogenen Steuern als Vermögensbestandteil auf andere Vermögensbestandteile hat, d.h. inwieweit die aus der Tat herrührenden (Vermögens-)Gegenstände das restliche vorhandene Vermögen des Täters kontaminieren und damit bemakeln. Die Tatsache der Bemakelung des Gesamtvermögens und deren Umfang ist strittig: .[138]

Einerseits wird vertreten, dass es bei Vorliegen einer Vermengung von legalen und illegalen Geldmitteln stets von einer Gesamtkontamination des Vermögens ausgegangen werden muss.[139] Andererseits soll erst ein Wertanteil von mindestens 25% für eine Gesamtkontamination ausreichend sein.[140] Die wohl vorherrschende Ansicht geht von der Bestimmung eines Verhältnisses zwischen bemakeltem und unbemakelten Vermögen aus.[141]

Diese Klärung des Herrührens spielt damit für die Berater deshalb eine Rolle, da sich die Frage schier aufdrängt, ob sich der Berater des Risikos der Geldwäschestrafbarkeit ausgesetzt sieht, wenn er Honorar entgegennimmt und ob er diesem durch eine Überweisung des Honorars entgehen kann. Wie die Diskussion um die Frage des Herrührens zeigt, kann der Berater durch bargeldlose Zahlung seines Honorars grundsätzlich einer Verwirklichung des Tatbestandsmerkmals „Herrühren“ nicht entgehen.

137 zustimmend Andrejtschitsch in Wannemacher, Rz. 3239; Tröndle/ Fischer § 261 StGB Rz. 7
138 ausführlich zum Streitstand Andrejtschitsch in Wannemacher Rz. 3239 ff.
139 Gotzens/ Schneider in wistra 2002, S. 122
140 Leip/Hardtke in wistra 1997, S. 285
141 so auch Andrejtschitsch in Wannemacher, Rz. 3239; Burger in wistra 2002, S. 4 f

b) Tathandlungen im Sinne des § 261 StGB 151

Als Tathandlung im Sinne des § 261 StGB kommt das Verbergen und das Verschleiern in Betracht.

Unter **Verbergen** versteht man jede Tätigkeit, die den Zugang zum Tatobjekt erschwert, sei es durch nicht übliche örtliche Unterbringung (z.B. Verstecken oder Vergraben) oder eine verdekkende Handlung (z.B. Unkenntlichmachen).[142]

Verschleiern umfasst alle Tätigkeiten, die die wahre Herkunft des Gegenstandes verbirgt, z.B. Falschbuchungen.[143]

Die Frage, ob eine bloße Entgegennahme einer Überweisung von Honorar aus bemakeltem Vermögen einer dieser Tathandlungen darstellt, kann verneint werden.

Darüber hinaus macht sich aber derjenige gemäß § 261 Abs. 2 StGB strafbar, der sich oder einem Dritten den aus einer Katalogstraftat herrührenden Gegenstand verschafft und dessen Herkunft kennt.

Insoweit ist auch eine Strafbarkeit des Beraters möglich, wenn er Honorar entgegennimmt und im Zeitpunkt der Entgegennahme weiß, dass er aus bemakeltem Vermögen stammt.[144]

c) Straflosigkeit gemäß § 261 Abs. 6 StGB – bargeldloser Verkehr 152

Da § 261 Abs. 2 StGB leicht zu einer strafbaren Handlung des Beraters führen kann, erfährt diese Vorschrift durch Abs. 6 eine Beschränkung. Eine strafbare Handlung ist bei einer Entgegennahme eines inkriminierten Gegenstandes dann nicht gegeben, wenn der andere diesen vorher gutgläubig erworben hat, unabhängig davon, ob der neue Erwerber selbst bösgläubig ist oder nicht.[145]

Allerdings führt diese Einschränkung nicht dazu, dass man sich durch Einschaltung einer Bank und der bloßen Einzahlung bei dieser einer Strafbarkeit wegen Geldwäsche entziehen könnte. Dies würde dem Schutzzweck der Norm widersprechen.[146]

Klärungsbedürftig ist die Frage, wie nun der Berater einer Strafbarkeit wegen Geldwäsche entgehen kann. V.a. die Strafverteidiger sahen sich damit konfrontiert, da es gerade ihnen im Rahmen ihres Tätigkeitsspektrum oblag, den Täter einer Geldwäschevortat zu verteidigen.

d) Verteidigerprivilegierung? 153

In der Vergangenheit wurde daher in der Literatur versucht, den Strafverteidiger aus dem Kreis der möglichen Täter für den Fall der Annahme von bemakeltem Vermögen als Honorar herauszunehmen und somit eine **Verteidigerprivilegierung** zu schaffen.[147] Begründet wurde dies mit Auswirkungen auf strafprozessuales Verteidigerhandeln sowie Einschränkung des Wahlverteidigung.[148]

142 Bürgle in Anwaltshandbuch Strafrecht, F Rz. 124; Stree in Sch/Sch § 261 StGB Rz. 11
143 Tröndle/ Fischer § 261 StGB Rz.21 mit weiteren Beispielen
144 so auch Andrejtschitsch in Wannemacher, Rz. 3244
145 Stree in Sch/Sch § 261 StGB Rz. 14; Bürgle in Anwaltshandbuch Strafrecht, F Rz. 128
146 so auch Gotzens/ Schneider in wistra 2002, S. 123; a.A. Andrejtschitsch in Wannemacher, Rz. 3246
147 ausführlich zu sämtlichen Modellen Bermejo/Wirtz in ZIS 2007, S. 398 ff
148 umfassend Neuheuser in MüKo § 261 StGB Rz. 74; Tröndle/ Fischer § 261 StGB Rz. 33 ff

Die Rechtsprechung war in der jüngeren Vergangenheit dazu sehr uneinheitlich: Das OLG Hamburg[149] sprach sich für eine teleologische Reduktion des objektiven Tatbestandes aus und verneinte damit eine Strafbarkeit eines Strafverteidigers wegen Geldwäsche, weil eine Pönalisierung der Annahme bemakelten Honorars zahlreiche rechtstatsächliche Auswirkungen entfaltet, die u.a. das verfassungsmäßig verbürgte Institut der Wahlverteidigung in Frage stellen würde.

Der BGH[150] hat allerdings in einem anderen Verfahren, die Erwägungen des OLG Hamburg verworfen mit der Argumentation, dass eine besondere Konflikt- oder Rechtfertigungslage, die zur Privilegierung der Strafverteidiger gegenüber anderen Tätern führe, nicht bestehe.

Dieser unsicheren Rechtslage hat das Bundesverfassungsgericht[151] ein Ende gesetzt und ist dem BGH entschieden entgegengetreten. Zwar hat es die vom OLG Hamburg praktizierte Reduktion des objektiven Tatbestandes nicht nachvollziehen wollen, dennoch teilt das BVerfG die rechtsstaatlichen Bedenken gegenüber einer uneingeschränkten Pönalisierung der Annahme von bemakelten Vermögenswerten in Mandatsverhältnissen. Mittels einer Güterabwägung stellt das BVerG fest, dass eine Pönalisierung, die über berufsrechtliche Pflichten zur Rechtstreue hinausgeht, wenig geeignet ist, die gesetzgeberischen Ziele zusätzlich zu fördern und der Eingriff in die Berufsfreiheit schwer wiegt.

Mittels einer Lösung über den subjektiven Bereich wird eine Auslegung des § 261 Abs. 2 Nr. 1 StGB insoweit vorgenommen, als Strafverteidiger nur dann strafbar handeln, wenn sie im Zeitpunkt der Annahme ihres Honorars sichere Kenntnis von dessen krimineller Herkunft hatten.

Dies stellt nun klar, dass die Annahme von Honorar durch Strafverteidiger so gut wie aus dem strafrechtlichen Risikobereich ausscheidet, denn von einer sicheren Kenntnis der Bemakelung wird man wohl in den wenigsten Fällen ausgehen können.

Praxishinweis:

Selbst die Feststellung eines außergewöhnlich hohen Honorars oder gar dubioser Zahlungsweisen sind lediglich Indizien für eine sichere Kenntnis des Verteidigers.

154 e) Auswirkungen für andere Berater?

Fraglich ist, ob die Entscheidung des Bundesverfassungsgerichts auch auf andere Berater, also Rechtsanwälte, die außerhalb der Strafverteidigung tätig sind, Steuerberater und Wirtschaftsprüfer übertragbar ist.

Entsprechend der Entscheidungsgründe gilt diese Entscheidung nur explizit für Strafverteidigerhonorare.

Die Bundesrechtsanwaltskammer spricht sich in ihrer Verhaltensempfehlung[152] im Hinblick auf die Vorschriften des Geldwäschebekämpfungsgesetzes und die Geldwäsche dafür aus, die Strafbarkeit wegen Geldwäsche nur bei Wissentlichkeit für alle Anwälte anzunehmen, da auch u.a. im Zivilrecht die Pönalisierung des Anwaltshonorars zu einer Rechtsverweigerung für den Rechtssuchenden führen kann.

149 OLG Hamburg vom 6.01.2000, Az. 2 Ws 185/99; NJW 2000, S.673
150 BGH vom 04.07.2001- 2 StR 513/00; NJW 2001, S. 2891 ff
151 BVerfG vom 30.03.2004; Az. 2 BvR 1520/01; NJW 2004, S.1305 ff.
152 Verhaltensempfehlung der Bundesrechtsanwaltskammer BRAK-Nr. 84/2005.

Vor gleichem Hintergrund kann man eine Straffreiheit der Annahme von bemakeltem Honorar für die Steuerberater und Wirtschaftsprüfer diskutieren. Da es aber diesbezüglich an einer entsprechenden Entscheidung der Rechtsprechung fehlt und das BVerfG diesen Punkt offen ließ, ist augenblicklich von deren Strafbarkeit bei Annahme von bemakeltem Honorar auszugehen.

Dieses Risiko wird sich zukünftig für die Berater, die nicht Strafverteidiger sind, noch verstärken, da die banden- und gewerbsmäßige Steuerhinterziehung des neuen § 370 Abs. 3 Nr. 5 AO als Vortat zur Geldwäsche gilt.

Praxishinweis:

Dieser Problematik der Annahme von bemakeltem Honorar kann man gänzlich dadurch entgehen, dass man für sein Tätigwerden die Bezahlung des Honorars mit dritten Personen, z.B. Eltern, Großeltern oder gänzlich Dritten, vereinbart.

5

C. Umgang mit einem eigenem Verfahren 155

Zunehmend kann beobachtet werden, dass es immer häufiger zur Einleitung von Steuerstrafverfahren gegen Steuerberater kommt. Auf den Steuerberater wirkt dann ein immenser Druck, der zum einen monetärer, und zum anderen existentieller Art ist, denn solch ein Strafverfahren mit einem möglicherweise nicht so glücklichem Ende kann zu einer weitreichenden Folgen führen.

Die vermehrte Einleitung von Steuerstrafverfahren lässt sich u.a. durch „leere Staatskassen" und erhöhte Ermittlungsschlagzahl erklären, wobei die Rechtsprechung diese Möglichkeit, den Berater in die strafrechtliche Verantwortung zu nehmen, ebenfalls unterstützt und immer stärker ausdehnt.

I. Ausgangspunkt 156

Steuerberatung ist eine **potentiell gefahrgeneigte Tätigkeit**. Dies rührt v.a. daher, dass der Steuerberater zur unbeschränkten Hilfeleistung in Steuersachen verpflichtet ist und damit die Steuerinteressen des Mandanten umfassend wahrzunehmen hat.

Doch nicht nur dies, sondern auch die Tatsache, dass der Steuerberater auf Mandanten trifft, die Steueroptimierung am Rande und jenseits der Legalität betreiben, verstärkt diese Problematik. Selbst der seriöseste Steuerberater wird sich bereits mit einer solchen Situation konfrontiert gesehen haben.

Der steuerunehrliche Mandant, der sich auch noch damit brüstet, stellt unweigerlich eine Gefahr für den Berater dar.

Wird nun der Steuerberater unter dem Druck des steueroptimierenden Mandanten und unter stetigem Hinweis darauf, dass der Mandant für die Dienstleistung des Steuerberaters horrende Gebühren bezaht, weich, und lässt sich auf dieses Spiel der Nichtangabe von Zinserträgen oder Einkünften aus Vermietung und Verpachtung ein, dann setzt sich der Steuerberater mindestens dem Risiko der Strafbarkeit wegen Beihilfe zur Steuerhinterziehung aus.

Praxishinweis:

Die Nichtangabe von Kapitalerträgen ist inzwischen ermittlungstechnisch ein Routinefall. Allerdings fällt auf, dass die Ermittlungsbehörden augenblicklich stark die Einkünfte aus Vermietung und Verpachtung ins Visier nehmen und dort oftmals den Fremdvergleich und die Ortsüblichkeit der Miete in Zweifel ziehen.

157
1. Beihilfe

In diesem Zusammenhang ist kurz zu erläutern, dass der häufigste Verdacht genau auf solchen Fällen basiert und damit die Strafbarkeit wegen Beihilfe zur Steuerhinterziehung begründet.

Unter Beihilfe im Sinne von § 27 StGB versteht man, wenn der Berater vorsätzlich in irgendeiner Weise (durch Rat oder Tat) die vorsätzliche Hinterziehung seines Mandanten fördert.

Die Grenzen möglicher Beihilfehandlungen des Steuerberaters oder dessen Berufshelfers zur Hinterziehung des Mandanten und damit die Möglichkeiten einer sog. Förderung des Steuerhinterziehungserfolges sind denkbar weit. Die Tatsache, dass der Steuerberater oder dessen Berufshelfer im Rahmen von **berufstypischen bzw. neutralen Handlungen** tätig werden, spielt dafür keine Rolle. Von einer Straflosigkeit dieser Handlungen kann nicht ausgegangen werden.[153]

Vielmehr liegt Beihilfe vor, wenn

- der Steuerberater falsche oder gefälschte Belege wissentlich verbucht,
- die Bilanz „frisiert“ wird, um niedrige Gewinne auszuweisen,
- Schwarzgelder nicht verbucht werden,
- Kapitalverträge/ Mieten unberücksichtigt bleiben oder
- der Berater an der Rückdatierung von Verträgen beteiligt ist.

Ein bloßes Billigen der Tat reicht jedoch für eine strafbare Beihilfe nicht aus.[154]

158 Problematisch ist die Situation bei Erteilung eines Rechtsrats. Allein die Erteilung dieses Rates kann noch nicht zur Strafbarkeit wegen Beihilfe führen. Allerdings wenn der Berater über die bloße Beratung hinaus Einfluss auf die Willensentscheidung seines Mandanten nimmt, kann eine bewusste und gewollte Hilfeleistung im Rahmen der Beihilfe bejaht werden.[155]

159 Anzumerken ist allerdings, dass auch bei der Mitwirkung des Beraters die Steuererklärung die des Steuerpflichtigen bleibt. Allein der Mitwirkungsvermerk ist strafrechtlich ohne Bedeutung.

160 Im übrigen hat der Steuerberater jegliche Unterlagen, die in irgendeiner Weise Eingang in Steuererklärung oder Bilanz finden, auf ihre Richtigkeit und Vollständigkeit hin zu überprüfen. Ist ihm dies z.B. aufgrund von „Mauern“ des Mandanten nicht möglich, so kann der Steuerberater dennoch die Angaben den zu erstellenden Unterlagen zugrunde legen, allerdings sollte er gegenüber dem Finanzamt den Anschein vermeiden, dass die zugrundeliegenden Unterlagen von ihm auf Ordnungsmäßigkeit und Vollständigkeit hin geprüft wurden.

Im Rahmen der Buchführung sind an den Steuerberater ebenfalls keine erhöhte Pflichten zu stellen, denn er ist weder für die Richtigkeit der Buchführung verantwortlich noch zur Sachverhaltsaufklärung gehalten, sollte ihm etwas „spanisch“ vorkommen. Er muss sich im Umgang mit seinem Mandanten lediglich um Nachfrage bemühen; zu eigenen Ermittlungen ist er weder berechtigt noch verpflichtet.

Die Grenze ist allerdings dort erreicht, wo der Steuerberater weiß und aktiv mithilft, den Anschein einer ordnungsgemäßen Buchhaltung zu erwecken.[156]

161 Sollte der Steuerberater Zweifel an der rechtlichen Bewertung eines Sachverhalts haben, dann ist es angezeigt, dies oder gar abweichende Rechtsauffassungen dem Finanzamt mitzuteilen.[157]

153 BGH vom 1.08.2000-2 BvR 396/94, wistra 1994, S. 221; BB 1994, S.221 ff.
154 BGH vom 20.12.1995-5 StR 412/95; wistra 1996, S.184
155 Gotzens in Wannemacher Rz. 2961
156 BGH vom 28.09.1995-2 BJs 148/93-7-StB 54/95; Gotzens in Wannemacher Rz. 2981
157 ausführlich zur Handhabung von abweichenden Rechtsansichten Gotzens in Wannemacher Rz. 2982 ff.

Ein latentes strafrechtliches Risiko besteht für den Steuerberater, wenn er nachträglich unrichtige oder unvollständige Angaben erkennt, dieses Manko beheben will, weil er im Vorfeld für den Steuerpflichtigen tätig geworden war und im eigenen Namen gegenüber dem Finanzamt aufgetreten ist. Entscheidende Frage bei der Klärung eines solchen Sachverhalts im Finanzamt und der Entscheidung, ob auch ein Verfahren gegen den Steuerberater einzuleiten ist, ist, ob sich dem Steuerberater die Unrichtigkeit der gemachten Angaben hätte aufdrängen müssen oder ob er gar von diesen positive Kenntnis gehabt hat. Dies gilt selbst dann, wenn die Berufshelfer des Steuerberaters die Mandantsbetreuung vornehmen, denn auch für diese ist der Steuerberater strafrechtlich verantwortlich. 162

Anhand dieser Ausführungen wird deutlich, wie stark der Steuerberater im Fokus von latenter Strafbarkeit tagtäglich steht.

5

2. Mittäterschaft gemäß § 25 Abs. 2 StGB 163

Als weitere Beteiligung an der Steuerhinterziehung des Mandanten kommt die Mittäterschaft in Betracht.

Diese ist gegeben, wenn Steuerberater und Mandant auf Grund eines gemeinsamen Tatplans arbeitsteilig an der Tatausführung zusammenwirken.[158] Abgestellt wird hier v.a. auf die gemeinsame und arbeitsteilige Vorgehensweise sowie das bewusste und gewollte Zusammenwirken.

Im übrigen muss hinzukommen, dass der Steuerberater die Tat, also die Steuerhinterziehung als eigene wollte. Wollte er nur die Tat des Steuerpflichtigen fördern, dann handelt es sich nicht mehr um eine eigene Tat und der Steuerberater kann im Zweifelsfall nur wegen Beihilfe bestraft werden. 164

Der Steuerberater wird in nur sehr seltenen Fällen ein eigenes Interesse an der Steuerhinterziehung haben, so dass nicht davon ausgegangen werden kann, dass ein sog. Täterwille vorgelegen hat.

Praxishinweis.

Die Annahme der Mittäterschaft scheidet so gut wie aus. Allerdings werden die Ermittlungsbehörden versuchen, die Annahme einer Beihilfe zu konstruieren.

Vorsicht in einem solchen Fall mit Kooperation gegenüber dem Finanzamt! Aufgrund dessen, dass man stets alle Folgen, hier v.a. die berufsrechtlichen, im Auge haben muss, ist entscheidend, dass ein gegen einen Steuerberater eingeleitetes Verfahren so sang- und klanglos als nur möglich , geführt und beendet wird.

Es ist offensichtlich, dass die Gefahr einer Beihilfestrafbarkeit für den Steuerberater stets latent besteht. Ansatzpunkte für eine Verteidigungsstrategie ist mangels objektiver Beschränkung des Tatbestandes lediglich die subjektive Seite, der Vorsatz. 165

II. Risiken

Aufgrund der oben dargestellten Möglichkeit der nicht stets auszuschließender Strafbarkeit wegen Beihilfe zur Steuerhinterziehung bestehen auch noch weitere Risiken, die vor allem in steuerlicher, berufsrechtlicher und sonstiger verwaltungsmäßiger Hinsicht bergen.

158 Dreher/ Fischer § 25 StGB Rz. 16d f.

Erwähnenswert ist, dass die entsprechenden Entscheidungen der hierfür zuständigen Stellen stets auf der Grundlage der abschließenden Berichte der Steuerfahndung getroffen werden.

166

1. Allgemeines strafrechtliches Risiko

Neben der steuerstrafrechtlichen Verantwortlichkeit des Beraters kann sich auch eine allgemeine strafrechtliche Verantwortung ergeben. In Betracht kommt hier eine Strafbarkeit wegen Begünstigung, Unterschlagung, Geldwäsche, Betrug, Untreue, Urkundenfälschung sowie der Verwirklichung von Bilanz- und Insolvenzdelikten.

167

2. Steuerliches Risiko

Darüber hinaus -und dies ist meines Erachtens der ausschlaggebende Grund für die Praxis der Einleitung von Steuerstrafverfahren gegen Steuerberater- kann der Steuerberater auch steuerlich zur Haftung für die Steuerschuld gemäß § 71 AO herangezogen werden.

§ 71 AO bestimmt, dass Täter oder Teilnehmer einer Steuerhinterziehung für die verkürzten Steuern und die zu Unrecht gewährten Steuervorteile samt Zinsen nach § 235 AO haften. Eine Haftung für Säumniszuschläge besteht nicht.

Allerdings findet § 71 AO lediglich Anwendung auf vorsätzlich verkürzten Steuern, so dass für die Haftung möglicherweise eine Aufteilung in vorsätzlich und nicht vorsätzlich verkürzte Steuern vorzunehmen ist.[159]

Daneben besteht außerdem die Haftung für Hinterzeihungszinsen gemäß § 235 AO.

Praxishinweis:

Aus praktischen Erwägungen ist darauf hinzuweisen, dass diese Haftungsnormen nicht greifen, wenn lediglich eine Strafbarkeit wegen leichtfertiger Steuerverkürzung gemäß § 378 AO angenommen wurde.

168

3. Eintragung ins Bundeszentralregister

Jede Strafe wird ins Bundeszentralregister aufgenommen. Die Rechtsgrundlagen ergeben sich aus dem Bundeszentralregistergesetz (BZRG). Von erheblicher Bedeutung ist dies deshalb, weil die darin enthaltenen Daten für das Führungszeugnis verwendet werden. Dabei ist wissenswert, dass erstmalige Verurteilungen bis zu einer Geldstrafe von nicht mehr als 90 Tagessätze oder auf Freiheitsstrafe von nicht mehr als drei Monaten nicht in ein Führungszeugnis aufgenommen werden. Dies ergibt sich aus §§ 53, 32 Abs. 2 BZRG. Dennoch werden Strafen unterhalb dieser Grenze den anfragenden Staatsanwaltschaften, Gerichten und Finanzbehörden mitgeteilt.

Gemäß §§ 45 ff BZRG sind Eintragungen über Verurteilungen spätestens nach 15 Jahren aus dem Bundeszentralregister zu tilgen. In Steuerstrafverfahren erfolgt die Tilgung bei einer Verurteilung wegen Steuerhinterziehung regelmäßig nach 10 Jahren; bei einer Verurteilung zu einer Geldstrafe von nicht mehr als 90 Tagessätzen bzw. einer Freiheitsstrafe von nicht mehr als drei Monaten bereits nach fünf Jahren, soweit keine weiteren Eintragungen erfolgt sind.

159 Kürzinger in Wannemacher § 13 Rz.34; Boecker in HHSp § 71 Rz. 7

4. Berufsrechtliche Folgen 169

Die Finanzbehörden können nach § 10 StBerG die Berufskammern und die für das berufsgerichtliche Verfahren zuständige Staatsanwaltschaft über Berufspflichtverletzungen grundsätzlich informieren. Insoweit besteht allerdings ein Ermessenspielraum der Finanzbehörde.

Für den Steuerberater kann am Ende eine bei Begehung der o.g. Taten zu erwartenden berufsrechtlichen Verfahren neben einem Berufsverbot gemäß § 70 StBerG auch den Ausschluss aus dem Beruf gemäß § 90 Abs. 1 StBerG die Folge sein. Letzteres hat der BGH entschieden kommt nur dann in Betracht, wenn besonders schwere Pflichtverletzungen vorliegen.[160]

Neben dem Berufsausschluss manifestiert § 90 Abs. 1 StBerG weiter berufsgerichtliche Maßnahmen zur Ahndung von Steuerverfehlungen, z.B. die Warnung, den Verweis oder die Geldbuße bis 25.000 EUR.

Weiterhin ist die Bestellung zum Steuerberater zu widerrufen, wenn dieser durch ein Strafgericht wegen eines Verbrechens zu einer Freiheitsstrafe von mehr als einem Jahr verurteilt wurde, vgl. § 45 Abs. 1 StBerG.

5. Sonstige Folgen 170

Als sonstige Folgen des Strafverfahrens können gemäß § 45 BZRG Nebenstrafen verhängt werden oder Nebenfolgen eintreten.

Als Nebenstrafen können eintreten:

- Aberkennung der Amtsfähigkeit gemäß § 45 StGB
- des aktiven und passiven Wahlrechts gemäß § 45 StGB
- Bekanntgabe der Verurteilung gemäß §§ 103, 165, 200 StGB, § 463c StPO
- Einziehung von Gegenständen des Täters und Teilnehmers gemäß § 74 StGB
- Fahrverbot gemäß § 44 StBG

Als Nebenfolgen kommen in Betracht:

- Gewerbeuntersagung wegen Unzuverlässigkeit
- Widerruf des Jagd- und Waffenscheins
- Ausweisung von Ausländern
- Versagung des Passes bzw. Einziehung des Reisepasses
- Meldung von Berufspflichtverletzungen von Rechtsanwälten, Steuerberatern, Ärzten etc.
- Mitteilungen bei dienstlichen und außerdienstlichen Verfehlungen eines Beamten oder Richters

Praxishinweis:

Gerade die Nebenfolgen sind unbedingt mit dem Mandanten zu diskutieren, um die Strategie festzulegen. Denn in vielen Branchen ist es gerade von außerordentlicher Wichtigkeit für den Mandanten, dass er über den Jagdschein verfügt.

Auch sollte man sich nicht scheuen, diese Nebenfolgen konkret zu benennen, dies kann helfen, dass die im Volksmund immer noch als Kavaliersdelikt bezeichnete Steuerhinterziehung doch ernster genommen wird.

160 BGH vom 15.12.1997-StB St (R) 6/97

171 6. Ausweg aus dem Strafbarkeitsdilemma

Hinsichtlich der Frage, wie sich der Steuerberater dem Risiko der strafrechtlichen Strafbarkeit entzieht, drängt sich nur die radikalste Möglichkeit auf: Niederlegung des Mandats, und zwar vor Verwirklichung eines strafrechtlich relevanten Tatbestandes.

Diesbezüglich sollte auf schriftliche Unterlagen, die Tatsachen hinsichtlich derartiger Zeitpunkte manifestieren, ein besonderes Augenmerk gelegt werden.

In § 1 sollte die Sensibilität für den Tätigkeitsbereich des Steuerberaters im Spannungsfeld zwischen Steuer- und (Steuer-)Strafverfahren aufgezeigt werden.

Nachfolgend sollen einzelnen Reaktionsmöglichkeiten samt lauernden Risiken bei unterschiedlichen Anfragen durch das Finanzamt aufgezeigt werden.

§ 6 Auslöser für Ermittlungen der Steuerfahndung

Typische Ermittlungsmaßnahmen der Steuerfahndung, wie Durchsuchungen oder Beschlagnahmen sind üblicherweise dadurch gekennzeichnet, dass gut informierte Steuerfahndungsbeamte zumeist in den frühen Morgenstunden beim Betroffenen erscheinen und diese mit grundrechtseinschränkenden Maßnahmen konfrontieren. Um Verdunklungen vorzubeugen, finden die Durchsuchungen oftmals zeitgleich in Geschäfts- und Wohnräumen des Betroffenen statt. Solche Ermittlungsmaßnahmen bedeuten für den Betroffenen eine extreme psychische Stresssituation. In der Beratungspraxis wird immer wieder die Frage erörtert, auf welche Informationsquellen das Finanzamt zurückgreifen kann, um entsprechende Ermittlungsmaßnahmen einzuleiten. Teilweise erhalten die Finanzämter bestimmte Informationen von dritter Stelle, teilweise entwickeln die Finanzbeamten aber auch detektivisches Gespür, um z.B. den Wahrheitsgehalt einer Steuererklärung zu überprüfen. Auslöser einer Steuerfahndung können z.B. Kontrollmitteilungen aus Betriebsprüfungen, aus Verfahren gegen Banken, Überprüfungen von Unternehmensan- oder -verkäufen wegen des Verdachts auf Geldwäsche oder auch ganz banale Gründe, wie Anzeigen eines entlassenen Arbeitnehmers oder eines betrogenen Ehepartners sein. 1

Begründet ein solcher Hinweis einen strafprozessrechtlichen Anfangsverdacht, so müssen Ermittlungen eingeleitet werden, die unter Umständen zu Steuerfahndungsmaßnahmen beim Beschuldigten oder auch beim unbeteiligten Dritten führen können. Häufig ist unbeteiligter Dritter auch der Steuerberater. Für die Ermittlungsbehörden genügt oft der Hinweis, dass zu einem bestimmten Berater ein Mandatsverhältnis besteht, um die Fahndungsmaßnahmen auf Beweismittel des Mandanten auszudehnen, die sich im Rahmen der Mandatsabwicklung im Besitz des Beraters befinden.

A. Wichtigste Informationsquellen des Finanzamts 2

Nachfolgend sollen die unterschiedlichen Informationsquellen der Finanzbehörden dargestellt werden:

I. Die Steuererklärung als Informationskanal des Finanzamts 3

Der Steuerpflichtige ist grundsätzlich zur Mitwirkung bei der Ermittlung des für die Besteuerung wichtigen Sachverhalts und der Besteuerungsgrundlagen verpflichtet. In diesem Zusammenhang muss der Steuerpflichtige alle für die Besteuerung maßgeblichen Umstände **vollständig und wahrheitsgemäß** offenlegen und nachweisen. Er ist in diesem Rahmen auch zur Abgabe einer Steuererklärung verpflichtet. Diese stellt grundsätzlich die wichtigste Informationsquelle des Finanzamts dar. Darin zeigt der Steuerpflichtige dem Finanzamt seine steuerliche Gesamtsituation auf.

Bereits aus der abgegebenen Steuererklärung ergeben sich für detektivisch veranlagte Finanzbeamte zahlreiche Anhaltspunkte, die auf das Vorhandensein weiterer Einkünfte schließen lassen, über die sich die Steuererklärung aber „ausschweigt".

In der Vergangenheit war zu beobachten, dass v.a. ausländische Einkünfte aus Kapitalvermögen oder Einkünfte aus Vermietung und Verpachtung vom Steuerpflichtigen verschwiegen wurden.

4 Erfahrungsgemäß kann aber auch in den den Finanzbehörden mitgeteilten Sachverhalten eine Steuerverkürzung liegen, nämlich dann, wenn der Steuerpflichtige den Sachverhalt anders als die Finanzbehörden beurteilt und diese Wertung nicht explizit darlegt.

Praxishinweis:

In einem derartigen Fall kann eine Steuerverkürzung dadurch vermieden werden, dass der Steuerpflichtige der Finanzbehörde offenlegt, wie er diesen Sachverhalt einschätzt und behandelt hat. Durch diese Offenlegung verbleibt der Finanzbehörde die Möglichkeit, sich selbst ein Bild davon zu machen und eine Einschätzung bzw. Behandlung vorzunehmen.

5

II. Außenprüfung

Das Finanzamt erlässt zwar die Steuerbescheide auf der Grundlage der vom Steuerpflichtigen erklärten Tatsachen, allerdings unterliegen die Bescheide häufig dem Vorbehalt der Nachprüfung gemäß § 164 Abs. 2 AO. Das Finanzamt behält sich somit das Recht vor, die Steuerveranlagung nachträglich abzuändern. Die in einer Nachprüfung durch die Außenprüfer des Finanzamts aufgedeckten Änderungen bezüglich der tatsächlichen steuerlichen Situation des Steuerpflichtigen, können somit nachträglich berücksichtigt werden.

Praxishinweis:

Der Steuerpflichtige ist sich dieses Auslösers für ein Steuerstrafverfahrens oftmals überhaupt nicht bewusst. Dies liegt zum einen daran, dass der Steuerpflichtige Außenprüfungen ohne strafrechtliche Auswirkung „durchlebt" hat und sich deshalb von der vermeintlichen Ungefährlichkeit blenden lässt. Die Wirklichkeit sieht anders aus: ca. 75 % aller Strafverfahren werden aufgrund von Informationen aus der Außenprüfung eingeleitet.

Ob die in der Außenprüfung ermittelte Sachverhalte strafrechtlich zu würdigen sind, wird durch den Außenprüfer in Rücksprache mit der Bußgeld- und Strafsachenstelle festgelegt.

Eindeutig strafrechtliches Potential bergen Feststellungen aus vorangegangenen Außenprüfungen, die durch den Steuerpflichtigen keine Umsetzung gefunden haben. Denn zu dieser Umsetzung aufgrund der Feststellungen ist der Steuerpflichtige angehalten. Kommt er dieser nicht nach, ist die Wahrscheinlichkeit, dass sich der nächste Außenprüfer genau darauf als erstes stürzt, sehr groß. Auf ein Nichtwissen kann sich der Steuerpflichtige nicht berufen; vielmehr hat er von den Beanstandungen und Feststellungen Kenntnis, was eher die Annahme des Eventualvorsatzes bei Steuerverkürzungen manifestiert. Die Einleitung eines diesbezüglichen Steuerstrafverfahren ist (fast) gewiss.

6 Können bestimmte Auskünfte nicht oder nur unzureichend vom Steuerpflichtigen oder der Auskunftsperson erteilt werden, kann der Betriebsprüfer auch andere Personen über den steuerlichen Sachverhalt befragen. Die Befragung **fremder Personen** kann sich für den Steuerpflichtigen negativ auswirken, da letztlich nur der Steuerpflichtige selbst einen Überblick über den steuerlichen Sachverhalt hat und nur er auch abschätzen kann, warum bestimmte Fragen gestellt werden und vor allem, welche Auswirkungen seine Antworten auf die steuerliche Bemessung haben kann.

7 Ab dem 01.01.2002 besteht durch die Änderung im Rahmen des Steuersenkungsgesetzes sogar die Verpflichtung des Steuerpflichtigen, die sachlichen und personellen Voraussetzungen zu schaffen, um den Finanzbehörden im Rahmen einer Betriebsprüfung den Zugriff auf das **EDV-System** des Steuerpflichtigen zu gewähren. Der Steuerpflichtige muss die hierfür erforderlichen Voraussetzungen schaffen.

Praxishinweis:

Die Erfahrung zeigt allerdings, dass sich noch nicht alle Unternehmer mit diesem neuen Medium der Betriebsprüfung auseinander gesetzt haben. Die typische Vorgehensweise ist: erst einmal Abwarten! Nachdem es bislang unsanktioniert ist, wenn die Voraussetzungen für die digitale Betriebsprüfung noch nicht geschaffen wurden, verlässt sich der Steuerpflichtige auf eine mögliche ad hoc- Zusammenstellung seiner Daten. Doch gerade darin liegt die Gefahr, die nicht nur die Nachentrichtung von hohen Mehrsteuern, sondern auch das Entdecken strafrechtlich zu würdigender Sachverhalte umfasst.

Seit diesem Zeitpunkt kann das Finanzamt darüberhinaus auch **unangekündigt** zu einer Umsatzsteuernachschau in dem Unternehmen erscheinen und nachsehen, ob gegenwärtig umsatzsteuerlich alles mit rechten Dingen zugeht. Ergeben sich dabei auch Anzeigen für vergangene Zeiträume kann der Prüfer sogar nahtlos zu einer normalen Betriebsprüfung übergehen. 8

Praxishinweis:

Der nahtlose Übergang von der Umsatzsteuer-Nachschau zu einer Außenprüfung ist hinsichtlich noch zu treffender Vorsichtsmaßnahmen, wie Berichtigungserklärungen, Selbst- und Fremdanzeige, zwar höchst fragwürdig, aber möglich. In derartigen Fällen verbleibt dem Steuerpflichtigen kaum mehr eine Möglichkeit strafbefreiende Erklärungen abzugeben.

6

III. Kontrollmitteilungen des Finanzamts und anderer Stellen 9

Unter der **Kontrollmitteilung** versteht man eine Benachrichtigung an das Finanzamt auch von anderen staatlichen Finanzbehörden. Sie dient der Sicherstellung einer vollständigen und ordnungsgemäßen Erfassung von Einnahmen zur Besteuerung. Mit Hilfe von Kontrollmitteilungen können z.B. Angaben des Steuerpflichtigen in seiner Steuererklärung überprüft oder fehlende Angaben bei der Steuerveranlagung durch das Wohnsitzfinanzamt erfragt werden.

In einer Kontrollmitteilung für die Veranlagungsstelle ist somit für das Finanzamt festgehalten, was aus den Tätigkeiten von Finanzbeamten oder von Dritten stammt. Eine häufige Wissensquelle ist hierbei die steuerliche Außenprüfung, zu der bereits Stellung genommen wurde.[1] Das Kontrollsystem des Fiskus erstreckt sich im Rahmen einschlägiger Gesetze oder Abkommen auch auf internationale Kapitalbewegungen und Geschäftsabschlüsse. Durch den zwischenstaatlichen Austausch bestimmter Informationen über die Steuerbürger kann das Verschweigen von Zinseinnahmen aus privaten Geldanlagen im Ausland deshalb unangenehme Folgen für den Betroffenen haben.

Für das Erstellen solcher Kontrollmitteilungen ist es **nicht** erforderlich, dass Anhaltspunkte für eine konkrete Steuerpflicht oder gar der Verdacht einer Steuerstraftat des von der Mitteilung Betroffenen vorliegt. So werden Kontrollmitteilungen häufig auch nur **stichprobenweise** erstellt.

Kontrollmitteilungen werden dem zuständigen Finanzamt mittels eines **Formblattes** zugestellt. Die Kontrollmitteilung wird in den Steuerakten des Empfängers abgelegt und spätestens bei Einreichung der Steuererklärung vergleicht das Finanzamt, ob der Steuerpflichtige z.B. Einnahmen auch tatsächlich in der Steuererklärung angegeben hat.

Neben den Betriebsprüfern können auch andere Institutionen im Rahmen geleisteter Subventionen z.B. verpflichtet werden, bestimmte Kontrollmitteilungen an das Betriebsstättenfinanzamt weiterzuleiten: 10

1 siehe § 6 A II

So werden z.B. Erkenntnisse der **Finanzkontrolle Schwarzarbeit** hinsichtlich Schwarzarbeit, unerlaubter Arbeitnehmerüberlassung und unerlaubter Ausländerbeschäftigung dem Finanzamt mitgeteilt.

11 Neben den Kontrollmitteilungen von inländischen Finanzämtern können auch Kontrollmitteilungen **ausländischer Staaten** das Finanzamt des Steuerpflichtigen erreichen. So hat man sich im Rahmen der EU- Zinsbesteuerung darauf geeinigt, dass bei ausländischen Zinseinkünften der ausländische Staat, in dem die Anlage besteht, dem Wohnsitzfinanzamt des Steuerpflichtigen eines anderen ausländischen Staates die Höhe der im Ausland erwirtschafteten Beträge mitteilt, sofern eine Quellensteuer auf diese Zinserträge nicht erhoben wird.

12 Aber auch Behörden und **Rundfunkanstalten** sind bei Honorarzahlungen und ähnlichen Leistungen zu Kontrollmitteilungen verpflichtet.

13 Geschäfte mit Hinterziehungsabsicht über chiffrierte Zeitungsannoncen bieten ebenfalls gute Anknüpfungspunkte; ein Chiffregeheimnis existiert gerade nicht. Daher können Anfragen bei den jeweiligen **Printmedien** erfolgen.

14 Nach § 33 ErbStG sind gewerbsmäßige **Vermögensverwalter** verpflichtet, die von ihnen verwalteten Vermögensgegenstände, z.B. Wertpapiere und die gegen sie gerichtete Forderungen, z.B. Kontenbestände, im Todesfall dem Erbschaftsteuer-Finanzamt mitzuteilen. Diese Mitteilung kann Hinweise auf nicht versteuertes Kapital und nicht versteuerte Erträge geben.

15 Feststellungen von **Zollbehörden**, z.B. beim Grenzübergang, können Ermittlungen der Steuerfahndung auslösen.

Beispielsfall:

Zollbeamte halten am Grenzübergang Schaffhausen einen Wagen der Oberklasse an. Auf Nachfrage, ob der Fahrer etwas zu verzollen hätte, verneint dies dieser. Von Misstrauen getrieben, wird sowohl der Fahrer des Pkws als auch dessen Fahrzeug durchsucht. Dabei stößt der Zollbeamte auf Bargeld in Höhe von 18.000 Euro sowie Bankunterlagen und Depotauszüge.

Diese Unterlagen leitet der Zoll dann kopiert an die Finanzbehörde weiter, um festzustellen, ob die Herkunft des Geldes geklärt werden kann bzw. ob die Erträge aus dem nun festgestellten Konto in der Schweiz auch in der Steuererklärung berücksichtigt war.

Praxishinweis:

In einem solchen Fall muss der Steuerpflichtige möglichst schnell reagieren. Die Kontrollmitteilung selbst führt noch nicht zu einer Tatentdeckung; eine Selbstanzeige wäre damit noch möglich.[2]

Es ist darauf hinzuweisen, dass bis Ende 2007 das Mitführen von 15.000 Euro an Bargeld pro Person bei Grenzüberschreitung noch zulässig war. Seit Beginn des Jahres 2008 sind allerdings nur 8.000 Euro pro Person zulässig. Dennoch darf man sich nicht davon blenden lassen, dass selbst weitaus niedrigere Beträge zu Nachfragen und Abgleichen führen. Argumentiert wird seitens der Finanzbehörden damit, dass das Mitführen von derartigen Bargeldsummen eher unüblich ist und auf ein Abheben von Geldbeträgen von verschwiegenen Konten schließen lässt.

Überdies sollte man ebenfalls berücksichtigen, dass allein das Passieren des Grenzübergangs ohne angehalten zu werden, keine Sicherheit ist, denn dem Zoll ist es gestattet bis zu 20 km in das Landesinnere derartige Kontrollen vorzunehmen.

2 siehe später § 7 A II

IV. Kreditinstitute als Informationskanäle des Finanzamts 16

Wer meint, das Bankgeheimnis gewährt einen umfassenden Schutz gegen Ermittlungen der Finanzbehörden, befindet sich leider auf dem Holzweg. Das Bankgeheimnis ist nicht gesetzlich ausdrücklich verankert, die steuerrechtlichen Vorschriften enthalten lediglich eine Anordnung, wonach die Finanzbehörden bei der Ermittlung eines steuerlichen Sachverhalts besondere Rücksicht auf das zwischen den Banken und ihren Kunden bestehende Vertrauensverhältnis zu nehmen haben.

Nach Einführung des **Zinsabschlags** ist es zu einer verschärften Prüfung von Banken gekommen. Besteht ein begründeter Verdacht der Hinterziehung, führt die Steuerfahndung umfangreiche Prüfungen bei in Verdacht geratenen Banken durch. Besonders kritisch werden Transaktionen ins Ausland, z.B. nach Luxemburg, überprüft.

Wurden Erträge aus ausländischen Guthaben nicht angegeben, droht dem Betroffenen die Aufdeckung einer Steuerhinterziehung. Banken brauchen Durchsuchungen und Beschlagnahmen der Steuerfahndung allerdings nur dann zu dulden, wenn ein hinreichender Verdacht auf systematische Beihilfehandlung für steuerhinterziehende Kunden durch Bankmitarbeiter vorliegt. Des Weiteren sollten Banken auch verhindern, dass die Steuerfahndung alles beschlagnahmt, was ihr in die Finger kommt, um so gegebenenfalls die Geschäftstätigkeit der Bank zu behindern und eine Kooperationsbereitschaft zu erzwingen. Es sollte sichergestellt werden, dass nur solche Gegenstände beschlagnahmt werden, die als Beweismittel von Bedeutung sein können. Um diese Beweismitteleignung zu prüfen, wird eine vorläufig gerichtlich angeordnete Sicherstellung von Unterlagen erlaubt, diese muss zeitlich begrenzt werden, damit in einer angemessenen Frist über den endgültigen Verbleib der Gegenstände entschieden werden kann [3]

V. Geldwäsche-Verdachtszugriff 17

Des Weiteren sind Banken, aber auch Versicherungen und Finanzunternehmen bei einem Verdacht der Geldwäsche zur Identifizierung des Einzahlenden verpflichtet. Eine entsprechende Mitteilung ist durch die Banken, Versicherungen und durch Finanzunternehmen auch für den Fall verpflichtend, dass Bargeld, Wertpapiere oder Edelmetall im Wert von mehr als 30.000,- DM bzw. 15.000,- EURO in die Bank eingelegt werden. Zwar dürfen diese **sog. Schwellenwertaufzeichnungen** grundsätzlich nur zur Verfolgung einer Geldwäsche oder einer Geldwäschevortat im Rahmen eines Strafverfahrens herangezogen werden, allerdings sind die Finanzbehörden zu unterrichten, sobald ein solches Strafverfahren eingeleitet ist.

Zieht die Strafverfolgungsbehörde im Rahmen ihrer Ermittlungen dann die Schwellenwertaufzeichnungen heran, dürfen diese Aufzeichnungen auch der Finanzbehörde übermittelt werden. Diese Aufzeichnungen sind dann nicht nur im Rahmen des allgemeinen Besteuerungsverfahrens, sondern auch im Hinblick auf ein eventuelles Steuerstrafverfahren zu Grunde zu legen.

Des Weiteren dürfen, sofern im Rahmen einer steuerlichen Außenprüfung bei einer Bank dem Außenprüfer zufällig Informationen über Steuerstraftaten von Bankkunden auffallen, Kontrollmitteilungen an die Finanzämter dieser Bankkunden ergehen. Sollte gegen diese Steuerpflichtigen aufgrund eines Steuerstrafverdachts ermittelt werden, können die Kreditinstitute um Auskunft und Vorlage von Urkunden gebeten werden, sofern ein Auskunftsersuchen an den Steuerpflichtigen nicht zum Ziel führt oder auch keinen Erfolg verspricht. 18

3 LG Koblenz vom 24.07.1998, Az.: 10 Qs 20/98 und 25/98; siehe auch später § 4 B und C

19

VI. Anonyme Anzeigen

Auch anonyme Anzeigen sind häufig der Auslöser für Ermittlungen der Steuerfahndung. Die Finanzverwaltung und die Steuerfahndung müssen solchen Anzeigen nachgehen, wenn diese tatsächlich Anhaltspunkte für ein weiteres Prüfverfahren enthalten.

Enthält die Anzeige glaubhafte, ins Detail gehende Angaben, die sich nach einem Abgleich mit den Steuerakten unmittelbar steuerlich auswirken, so ist von einer Tatentdeckung auszugehen. In diesen Fällen ist, wie bei der Auswertung von Kontrollmitteilung, vor der Kontaktaufnahme mit dem Angezeigten die Straf- und Bußgeldsachenstelle einzuschalten.

Werden Sachverhalte angezeigt, die im Zusammenhang mit Geldwäsche und/oder organisierter Kriminalität stehen, ist der Vorgang umgehend an die Steuerfahndungsstelle abzugeben.

Da die Anzeigenden nichts, auch nicht Klagen der zu Unrecht Angezeigten zu befürchten haben, weil insbesondere der Name durch das Steuergeheimnis geschützt wird, wird die Möglichkeit zu anonymen Anzeigen v.a. durch entlassene Angestellte/ Arbeiter, Konkurrenten, neidische Nachbarn, enttäuschte Liebhaber/-innen oder geschiedene Ehegatten genutzt. Darüber hinaus können Mitwisser oder Mittäter (evtl. Mitarbeiter oder Geschäftspartner) sich selbst durch eine Selbstanzeige vor Strafe schützen. Die Gefahr, die von solchen anonymen Anzeigen ausgeht, darf auf keinen Fall unterschätzt werden. Damit ist straflosem Denunziantentum Tür und Tor geöffnet. Es reicht eine formlose, sogar telefonische Anzeige beim Finanzamt.

Beispielsfall:

Ein Anrufer beim Finanzamt merkt an: „Man kann sich so dies und so das bei der Person XY nicht erklären, man weiss zwar selbst nichts Genaues, aber man hat gehört." Auf Nachfrage kann dieser keine näheren Angaben machen. Dennoch reicht dies aus, damit das Finanzamt aktiv werden muss.

Wie gerade aufgezeigt, stehen dem Finanzamt zahlreiche Möglichkeiten zur Verfügung, um an steuerlich relevante Informationen zu gelangen. Das Finanzamt ist somit eine der bestinformiertesten Behörden, sei es, dass ihr zahlreiche Informationsquellen zur Verfügung stehen, oder, dass die entsprechenden Informationen eher auf freiwilliger Basis durch Dritte herangetragen werden.

20

VII. Computer-Ermittlungen

Es gibt unterschiedliche Arten der Computer- Ermittlung. Darunter fallen:

- das Auswerten von sichergestellten digitalen Daten,
- das Ausspähen von digitalen Daten mittels unterschiedlicher Methodiken (z.B. Screenshots) und Sammlungen von Verkehrsdaten bei dritten Stellen sowie
- das Einschleusen von Trojanern durch die Finanzbehörden auf den Computer des Steuerpflichtigen, um dessen Aktionen nachvollziehen zu können.

Insoweit wird durch die neue Gesetzeslage und die damit geschaffenen Möglichkeiten der §§ 100a ff StPO die Erkenntnisgewinnung der Ermittlungsbehörden ein neues Feld bereitet, um an digitale Daten der Steuerpflichtigen zu gelangen.

Allerdings hat das Bundesverfassungsgericht in einem Urteil zum Verfassungsschutzgesetz[4] einige wichtige Ausführungen in seinen Leitsätzen niedergelegt, welchen Anforderungen das Ausspähen digitaler Daten beim Steuerpflichtigen gerecht werden muss:

Es judizierte ausdrücklich ein **Grundrecht auf Gewährleistung der Vertraulichkeit und Integrität informationstechnischer Systeme**, d.h. es manifestiert sich aus dem Ausfluss des allgemeinen Persönlichkeitsrechts des Art. 2 Abs. 1 in Verbindung mit Art. 1 Abs. 1 GG auch ein Datenschutzgrundrecht digitaler Art.

Überdies soll die heimliche Infiltration eines informationstechnischen Systems, mittels derer die Nutzung des Systems überwacht und seine Speichermedien ausgelesen werden können, nur verfassungsrechtlich zulässig sein, wenn tatsächliche Anhaltspunkte einer konkreten Gefahr für ein überragend wichtiges Rechtsgut (Leib, Leben und Freiheit der Person oder solcher Güter der Allgemeinheit, deren Existenz und Bestand für den Staat unerlässlich sind) besteht.

Darüber hinaus steht diese heimliche Infiltration unter dem Richtervorbehalt.

Vor diesem Hintergrund sind nun zukünftige Maßnahmen der Ermittlungsbehörden zu sehen und an den Vorgaben des Bundesverfassungsgerichts zu messen.

Während es in den Zeiten des regulären Welthandels noch recht klar war, wann die Grenze zu einer für die Steuerbehörden relevanten Handlung durchbrochen war, ist diese Beurteilung seit der Verbreitung von Internet-Marktplätzen, insbesondere seit die Beherrschung des Computers zu den Vorschulkenntnissen gehört, sehr schwierig geworden.

Steuerrechtlich ist dabei allerdings zwischen dem Bereich des Einkommensteuerrechts und des 21
Umsatzsteuerrechts zu unterscheiden:

Wer Unternehmer im Sinne des Umsatzsteuerrechts ist, ist zwar regelmäßig auch einkommensteuerpflichtig, umgekehrt muss das aber nicht gelten. Während im Umsatzsteuerrecht fest umrissene Grenzen existieren, bestehen folgende Grenzen im Bereich des Einkommensteuerrechts nicht. Hier fällt eine Tätigkeit bereits dann unter die Steuerpflicht, wenn sie nach Auffassung der Finanzverwaltung und der Gerichte selbständig, d.h. durch Handeln auf eigene Rechnung und eigenes Risiko, nachhaltig, d.h. berufsmäßig, als eine auf Fortsetzung und Wiederholung ausgerichtete Tätigkeit, mit Gewinnerzielungsabsicht und unter Beteiligung am allgemeinen wirtschaftlichen Verkehr betrieben wird.

Für den **Internethändler, gemeint ist hier der Verkäufer z.B. bei Ebay,** als i.d.R. juristischen 22
Laien stellt sich nun die Frage, wann seine Tätigkeit als nachhaltig anzusehen ist. Dieser Begriff ist aber seit jeher stark umstritten und im höchsten Maße auslegungsfähig und daran hat sich auch in den Zeiten des Internethandels nichts geändert.

Während es beim Grundstückshandel eine mehr oder minder feste, von der Rechtsprechung gezogene Grenze bei Verkauf von drei Grundstücken gibt, fehlt eine solche Leitschnur bei den Veräußerungsgeschäften im Internet. Generell muss man Nachhaltigkeit und damit auch eine Steuerpflicht wohl bejahen, wenn der Verkäufer wiederholt neue oder neuwertige Gegenstände zum Kauf anbietet. Bei Gebrauchtwaren liegt eine Nachhaltigkeit vor, wenn ein gezielter An- und Verkauf solcher Waren betrieben wird, wobei die üblichen Entrümpelungsaktionen des Kellers wohl nicht unter die Steuergesetze fallen. Da die Grenzen aber nur sehr vage sind und oft beinahe gänzlich dem Dafürhalten der Steuerbehörden überlassen sind, empfiehlt sich auf jeden Fall ein frühzeitiges Gespräch mit dem Berater, um hier unliebsame Überraschungen zu vermeiden.

4 BVerfG vom 27.02.2008- 1 BvR 370/07 sowie 1 BvR 595/07

Ist die Grenze der Gewerblichkeit einmal durchbrochen, rettet nur die Selbstanzeige mitsamt Nachentrichtung der Steuern vor der Strafverfolgung. In Anbetracht der sich schnell summierenden Beträge, v.a. hinsichtlich der Umsatzsteuer ist hier diese strafbefreiende Maßnahme dringend zu prüfen.

Praxishinweis:

Auch hier sollte man sich nicht in Sicherheit wähnen. Denn hält z.B. Ebay Käufe und Verkäufe eines jeden angemeldeten Users inzwischen fest, so dass auf Anfrage der Finanzbehörden diesbezüglich vollumfänglich Auskunft gegeben werden kann. Diese Aufzeichnungen existierten bis Ende 2005 noch nicht, so dass man selbst bei Powersellern mit dem Finanzamt Gespräche hinsichtlich der geschätzten Einnahmen führen konnte. Dies ist nun passé.

23 Um die Steuerverkürzung im Internet wirksamer als bisher zu bekämpfen, erhielt das Bundeszentralamt für Steuern (Bundeszentralamt) durch das Steuerverkürzungsbekämpfungsgesetz vom 19. Dezember 2001 neue Kompetenzen. Es soll elektronisch angebotene Dienstleistungen beobachten und die Landesfinanzverwaltungen bei der Besteuerung des elektronischen Handels unterstützen. Hierzu wurde eine zentrale Internetstelle beim Bundeszentralamt eingerichtet. Insbesondere bayerische Finanzbehörden wurden bereits Mitte 2006 vom bayerischen Landesamt für Steuern aufgefordert, verstärkt Anfragen an Internetauktionshäuser zu richten. Mittels dieser Anfragen sollte ermittelt werden, in welchen Fällen sich hinter Internettransaktionen steuerlich bedeutsame Vorgänge verbergen. So leitete der deutsche Zoll Ende 2006 gegen Tausende ein Strafverfahren ein, weil sie in Online-Aktionen über Ebay Kaffee von einem Händler aus den Niederlanden bezogen haben und es unterließen, ihre Kaffeepads, Cappuccino-Tütchen und Espresso-Schnäppchen dem Finanzamt mitzuteilen.

Der Großteil der Strafverfahren wurde zwar wegen Geringfügigkeit eingestellt, allerdings werden in Zukunft vermehrt diejenigen zur Kasse gebeten, die mehrfach im Ausland bestellen/ verkaufen und dies nach Ansicht der Finanzbehörden auch nachhaltig tun.

24 Darüber hinaus setzt die Finanzverwaltung den Web- Crawler X- Pider ein, um verdächtige Transaktionen aufzuspüren. Diese „Schnüffel-Software“ soll in Deutschland steuerpflichtige Personen identifizieren, die gewerbsmäßig elektronischen Handel betreiben, ohne die daraus erzielten Einnahmen dem Finanzamt anzugeben. Die Daten werden dann automatisiert an die jeweilige Landesfinanzbehörde übermittelt. In den „Bemerkungen des Bundesrechnungshofes 2006 zur Haushalts- und Wirtschaftsführung des Bundes“ wird bemängelt, dass X- Pider zu viele falsche Daten liefert und dass bei den zuständigen Ländern die Schnittstellen zur Auswertung der gewonnen Daten fehlen. Daher habe X-Pider zwar immense Kosten verursacht, aber im Ergebnis nichts gebracht. Nichtsdestotrotz kommt diese Software weiterhin zum Einsatz und die Tatsache, dass sie in ihrer Anwendung Fehler aufweist, beruhigt nicht wirklich !

25 VIII. Sonstige Informationsquellen

Weitere Informationsquellen für die Finanzbehörden stellen auch Notare, Standesämter und Gerichte und andere Institutionen dar.

26 So sind **Notare** verpflichtet, dem Finanzamt beglaubigte Abschriften im Rahmen von Gründungen, Kapitalerhöhungen oder- herabsetzungen, Umwandlungen, Auflösungen von Kapitalgesellschaften oder Verfügungen über Anteile an Kapitalgesellschaften innerhalb von zwei Wochen nach der Beurkundung zuzusenden.

Standesämter haben wiederum jeden Monat die Sterbefälle mittels Durchschriften der Eintragungen in das Sterbebuch oder mittels Durchschriften der Sterbeurkunden an das Finanzamt zu übermitteln. Dies soll natürlich die Überprüfung der Erbschaftsteuer ermöglichen. 27

Auch **Versicherungsunternehmen** haben dem Erbschaftsteuer- Finanzamt Anzeige über alle Versicherungssummen oder Leibrenten, die einem anderen als dem Versicherungsnehmer auszuzahlen oder zur Verfügung zu stellen sind, zu machen. Zu den Versicherungssummen zählen auch die Versicherungsbeträge aus Sterbegeld-, Aussteuer- und ähnlichen Versicherungen. Bei einem Wechsel des Versicherungsnehmers vor Eintritt des Versicherungsfalles sind der Rückkaufswert und die bis zum Wechsel eingezahlten Prämien oder Kapitalbeiträge sowie der Name und die Anschrift des neuen Versicherungsnehmers anzuzeigen.

Neben den Versicherungsunternehmen sind auch die Sterbekassen von Berufsverbänden, von Vereinen und anderen Anstalten, soweit sie Lebens- und Leibrentenversicherungen betreiben, zur Anzeige verpflichtet.

Praxishinweis:

Auf die Tatsache, dass diese Informationen untergehen, sollte nicht spekuliert werden, denn erfahrungsgemäß kommen die Versicherungsunternehmen diesen Mitteilungspflichten i.d.R. nach, da sie ansonsten bei Zuwiderhandlungen gegen diese Pflichten mit hohen Geldbußen belegt werden.

Schließlich haben **Aktiengesellschaften** ein Aktienregister zu führen, in dem die Aktionäre mit ihrem Namen, Geburtsdatum und ihrer Adresse sowie mit ihrer Stückzahl an Aktien erfasst sind. Diese Aktienregister werden bei den **Registergerichten** elektronisch geführt, so dass eine Auswertung für die Zwecke der Steuerfahndung jederzeit möglich ist. Somit besitzt die Finanzverwaltung grundsätzlich die Möglichkeit, die tatsächlichen Verhältnisse aus dem Aktienregister (z.B. Stückzahl und Haltedauer) mit den Angaben in der Steuererklärung zu vergleichen. 28

Fraglich ist allerdings, inwieweit die Finanzverwaltung berechtigt ist, diese Aktienregister auszuwerten, da diese keine öffentlichen Register darstellen. Sie werden nämlich in erster Linie für Zwecke der Aktiengesellschaft und nicht für öffentliche Zwecke geführt. Jedoch wäre es durchaus denkbar, dass die Finanzverwaltung im Rahmen einer Außenprüfung bei der betreffenden Aktiengesellschaft auch das Aktienregister einsieht und aus einer anschließenden Auswertung Kontrollmitteilungen über mögliche Spekulationsgeschäfte fertigt. Grundsätzlich können nämlich im Rahmen einer Außenprüfung auch die Verhältnisse anderer Personen ausgewertet werden, soweit diese Kenntnisse für die Besteuerung dieser Personen von Bedeutung sind. Allerdings darf die steuerliche Außenprüfung nicht nur zu dem Zweck durchgeführt werden, um Informationen über andere als die zu überprüfenden Personen zu erhalten. Die Einsicht der Finanzverwaltung in das Aktienregister ist also nur dann statthaft, wenn es sich dabei zugleich um die Besteuerung der Aktiengesellschaft handelt.

Der Aktionär hat des Weiteren die Möglichkeit, die Eintragung in das Aktienregister oder genauer gesagt die Eintragung seines Namens zu verhindern, indem er die depotführende Bank eintragen lässt. In einem solchen Fall nimmt die Bank die Funktion eines Treuhänders ein; dies wird im Aktienbuch i.d.R. durch die Anmerkung „Fremdbesitz“ dokumentiert.

29
B. Erkenntnisse aus den möglichen Auslösern

Es gibt eine Vielzahl von Quellen, mittels derer die Finanzverwaltung ihre Informationen erhält. Außerdem werden die Behörden immer mehr Instrumente an die Hand gegeben, um an Informationen zu gelangen und diese auszuwerten.

Auch wenn man gelegentlich das Gefühl hat, dass noch nicht alle Befugnisse umfassend genutzt werden, ist dies ein deutlicher Fingerzeig für die Zukunft. Sowohl der einzelne Steuerpflichtige, aber auch dessen Unternehmen und Tätigkeit wird zunehmend gläsern.

Vor diesem Hintergrund kann man sich kritisch die Frage stellen, ob und wann der Finanzbehörde an sich noch etwas verheimlicht werden kann und ob nicht dieser zu unterstellen ist, sie habe absichtlich ihre Ermittlungsmöglichkeiten nicht ausgeschöpft – um im Anschluss gegenüber dem Steuerpflichtigen ein Exempel statuieren zu können.

Doch genau an dieser argumentativen Waffengleichheit fehlt es noch. Und solange dem Steuerpflichtigen immer weitreichendere Pflichten auferlegt werden, und dass Steuerrecht sich selbst für Berater zum Dschungel entwickelt, ist Vorsicht geboten. Denn selbst die schönste Strategie kann sich unter steuerstrafrechtlicher Betrachtungsweise zum Fallstrick entwickeln.

Um derartige Fallstricke vorzubeugen bzw. diese rechtzeitig zu erkennen, soll im nachfolgenden Abschnitt, die möglichen Anfrage- bzw. Verhaltensmuster der Finanzbehörden aufgezeigt werden.

§ 7 Umgang mit schriftlichen Anfragen und Vorwürfen

Der normale private Steuerpflichtige hat mit den Finanzbehörden nur maximal zwei Mal im Jahr zu tun, nämlich bei Abgabe der oftmals als lästig betrachteten Steuererklärung und bei Erhalt des entsprechenden Bescheides. 1

Der Unternehmer wird je nach Größe seines Unternehmens und Höhe seiner Umsätze etwas häufiger mit den Finanzbehörden konfrontiert: Zum einen aus den gleichen Gründen wie der private Steuerpflichtige und zum anderen aber aufgrund der früher oder später, mehr oder weniger regelmäßig durchgeführten Betriebsprüfung. Dies sind Situationen, auf die sich der Steuerpflichtige meistens gut vorbereiten kann.

Allerdings gibt es auch Situationen, die kaum bzw. überhaupt nicht planbar sind. Dazu gehören überraschende Anfragen der Finanzbehörden, die den Steuerpflichtigen, aber auch Dritte, z.B. Familienangehörige und Geschäftskunden betreffen können.

Nachfolgend sollen derartige Überraschungsmomente seitens der Finanzamts dargestellt und für die einzelnen Situationen Reaktionsmöglichkeiten aufgezeigt werden.

A. Schreiben der Finanzbehörde an den Steuerpflichtigen als Dritten

Die Finanzbehörden nutzen ihre Möglichkeiten, Auskünfte bei Dritten einzuholen, wenn gegen einen anderen Steuerpflichtigen u.a. ein Steuerstrafverfahren eingeleitet wurde und dieser an einer Aufklärung nicht mitwirkt. 2

Ein solches Schreiben ist nachfolgend als **Muster 1** dargestellt: 3

Finanzamt

Genau

Adresse

1. April 2007

Firma Fraglich GmbH

Adresse

Auskunftsersuchen im Steuerstrafverfahren gegen Herrn Naseweis als Inhaber der Firma Naseweis GmbH & Co. KG mit Sitz Hundshausen, Hauptstraße 1 gemäß §§ 404 Satz 1, 385 Abs. 1 AO, § 160 Abs. 1 StPO

Sehr geehrter Herr Fraglich,

nach vorliegenden Erkenntnissen der Steuerfahndungsstelle beim Finanzamt Genau bestanden zumindest in den Jahren 2004 bis 2006 Geschäftsbeziehungen zwischen Herrn Naseweis und der Firma Fraglich GmbH.

Zu den Geschäftsbeziehungen in den Jahren 2002 bis 2007 bitte ich um Übersendung von Belegen sowie um Beantwortung der Fragen, wie folgt:

1. Übersendung von Belegen bzw. Rechnungen, Lieferscheinen, Belegen für Streckenlieferungen, Fracht- und Zollpapieren, Zahlungsbelegen wie Schecks und Bankkontoauszügen vom Geschäftskonto Ihres Unternehmens bei Kontozahlungen und Barzahlungsnachweise sowie Kreditorenkontenausdrucken bzw. Ausdrucken des Buchhaltungskontos zu Barwareneinkäufen zu allen Lieferungen in Verbindung mit der Firma Naseweis GmbH und weiteren Unternehmen, die durch Herrn Naseweis vertreten wurden bzw. werden und/oder im Auftrag von Herrn Naseweis erstellt wurden.
2. Wie erfolgten die Lieferungen von der Firma Naseweis GmbH?
3. Können Sie Aussagen zur Herkunft der Ware machen?
4. Wurden Handlungsvollmachten jeglicher Art für Herrn Naseweis vorgelegt? Wenn ja, für welche Personen mit welchem Auftrag? Übersendung der Vollmachten unter Angabe von Namen, Anschrift, Telefonnummern, Email etc.
5. Welche Personen waren Ansprechpartner zu den Lieferkonditionen und für Preisverhandlungen? Wie erfolgten die Preisabsprachen: persönlich, per Telefon, schriftlich, per Email (Angabe von Namen, Anschrift, auch Email, Telefonnummern usw.)?
6. Wurden die Rechnungen persönlich übergeben oder versandt (Angabe von Namen, Anschrift, auch Email, Telefonnummern)?
7. Falls zur Zahlung durch die Lieferungsempfänger Überweisungen bzw. Kontozahlungen jeglicher Art, auch an Dritte, erfolgen, welche Person (Angabe von Namen, Anschrift, Telefonnummern, Email usw.) hat das Empfängerbankkonto (Kontoinhaber, Kontonummer, Kreditinstitut) bekannt gegeben?
8. Bei Entgegennahme von Bargeld oder Barschecks mit Vollmacht: Vorlage von Vollmachten, Passkopien und vergleichbaren Dokumenten (Angabe von Namen, Anschrift, Telefonnummern, Email)

Ihre Verpflichtung zur Auskunft ergibt sich aus Ihrer Zeugeneigenschaft im Steuerstrafverfahren gemäß § 161 a StPO in Verbindung mit § 399 Abs. 1 Abgabenordnung. Zur Vorlage von Beweisunterlagen besteht ebenfalls eine gesetzliche Verpflichtung, die notfalls zwangsweise durchgesetzt werden kann (§ 95 Strafprozessordnung).

Sie werden als Zeuge im Steuerstrafverfahren ausdrücklich darauf hingewiesen, dass Sie als ggf. Angehöriger der Beschuldigten im Sinne von § 52 Abs. 1 StPO Strafprozessordnung zur Verweigerung des Zeugnisses berechtigt sind und Sie außerdem die Auskunft auf solche Fragen verweigern können, deren Beantwortung Ihnen selbst oder einem der in § 52 Abs. 1 Strafprozessordnung bezeichneten Angehörigen die Gefahr zuziehen würde, wegen einer Straftat oder Ordnungswidrigkeit verfolgt zu werden (§ 55 Strafprozessordnung).

Für Ihre Mühe darf ich mich bereits heute herzlich bedanken und bitte um Erledigung bis **30.04.2007.**

Im Auftrag

(Mustermann)

I. Reaktionsmöglichkeiten bei Auskunftsersuchen und Nichtbetroffenheit

4 Durch ein solches Schreiben sollte sich der Steuerpflichtige aber keinesfalls in Sicherheit wiegen, nur weil diesen selbst nur indirekt betrifft. Unbedachte Äußerungen können auch in einem solchen Fall dazu führen, dass der Steuerpflichtige in eigener Person in den Fokus der Ermittlungen gerät. Oftmals aufgeschreckt durch die dem Schreiben beigefügte Belehrung (siehe Muster 1),

erkennt der Steuerpflichtige, dass es notwendig ist, seinen Steuerberater oder „Haus- und- Hof-Anwalt“ aufzusuchen. Genau diese Reaktion ist die Wünschenswerte, denn nur so ist es möglich, adäquat auf eine derartige Anfrage zu reagieren.

Praxishinweis:

Allerdings ist häufig das Gegenteil der Fall. Der Steuerpflichtige erhält ein derartiges Schreiben und ist entweder der Ansicht, er hätte damit überhaupt nichts zu tun (das eine Extrem) und beantwortet es nicht, oder aber er verfällt in eine Art Rechtfertigungsschwall und stellt derart haarklein dar, wie sich alle Vorgänge ereignet haben und noch vieles mehr (Extrem Nr. 2). Beide Verhaltensweisen sind nicht optimal:

Im ersten Beispiel kann durch eine verzögerte Beantwortung ohne Kontaktaufnahme zur anfragenden Behörde bzw. überhaupt keiner Absicht zur Beantwortung nicht ausgeschlossen werden, dass die Behörde nicht persönlich durch die Beamten der Steuerfahndungsstelle beim Steuerpflichtigen vorstellig wird, um sich zu überzeugen, ob der angefragte Sachverhalt nicht doch den Steuerpflichtigen selbst betrifft.

Im zweiten Beispiel können ausufernde Ausführungen dazu führen, dass sich weitere Sachverhalte eröffnen, hinsichtlich derer die Ermittlungsbehörde noch keinerlei Kenntnis hatte. Darüber hinaus ist bei „eigenmächtigem Vorbringen" durch den Steuerpflichtigen selbst die Gefahr gegeben, dass er sich ohne Beachtung der erfolgten Belehrung selbst belastet und damit in eigener Person in das Visier der Ermittlungen gerät.

Um genau dies zu vermeiden, gilt es, die Vorgehensweise genau zu überdenken und nichts zu überstürzen.

Praxishinweis:

Sollte die Zeit zum Beantworten dieses Finanzamtsschreiben nicht ausreichen, sei es, dass der Berater selbst immens unter Termindruck steht oder, was häufiger der Fall ist, der Steuerpflichtige mit dieser Anfrage wirklich erst „auf den letzten Drücker" beim Berater erscheint, sollte man sich nicht davor scheuen, eine Fristverlängerung zu erwirken. Allerdings sollte eine Begründung beigefügt und ein Termin, bis wann die Finanzbehörde mit einer Antwort rechnen kann, vorgeschlagen werden. All dies kann das Risiko des persönlichen Erscheinens der Steuerfahndung minimieren.

1. Klärung des Sachverhalts zu eigenen Zwecken 5

Als erste Maßnahme sollte sich der Berater zusammen mit dem Steuerpflichtigen den angefragten Sachverhalt **genau ansehen und für sich rekonstruieren**, in welcher Verbindung der Mandant mit dem Dritten stand. Derartige Sachverhalte sind u.a. im Bereich der Umsatzsteuer anzutreffen. Hier geht es oftmals um zu Unrecht ausbezahlte Umsatzsteuer, z.B. wenn der vermeintliche Lieferant vom Finanzamt nicht als Unternehmer eingestuft wird sowie die Möglichkeit des zu Unrecht geltend gemachten Vorsteuerabzugs.

In all diesen Fällen, die auch immer die Gefahr in sich bergen, dass der eigene Mandant ebenfalls in den Fokus der Ermittlungen geraten kann, ist es wichtig, den Sachverhalt aus eigener Sicht zu ermitteln und ggf. in einem Unternehmen die damit befassten Arbeitnehmer zu befragen. Dies kann durch den Steuerpflichtigen selbst oder aber durch den Berater (am besten im Beisein des Steuerpflichtigen) erfolgen.

Darüber hinaus ist bei Geschäftsbeziehungen des Mandanten mit dem Dritten auch nachzuforschen, welche Unterlagen sich im Unternehmen befinden und ob diese den selbst ermittelten Sachverhalt auch untermauern.

Praxishinweis:

Diese Unterlagen sind selbstverständlich akribisch zu sichten und, wenn nötig und angefordert, einem Antwortschreiben beizufügen. Allerdings sollten keinesfalls Unterlagen übersandt werden, deren Inhalt bzw. Hintergründe man nicht kennt bzw. nicht erkennbar ist, welches Risiko diese für den Mandanten in sich bergen. Gerade die Berater sind hierbei gefordert.

6

2. Abgabe der gewünschten Erklärung

Wenn der Steuerpflichtige in Absprache mit seinem Berater **nach der eigenen Aufklärungsarbeit** zu dem Schluss gelangt, dass er selbst mit dem angefragten Sachverhalt nur am Rande betroffen ist und ihm selbst keine Versäumnisse vorgeworfen werden können, dann ist der Zeitpunkt gekommen, das an die Finanzbehörden notwendigen Antwortschreiben zu verfassen und etwaig angeforderte Belege und Unterlagen beizufügen.

Praxishinweis:

Insoweit ist auch zu überlegen, ob nur der Steuerpflichtige selbst oder der Berater das Antwortschreiben verfasst. Selbstverständlich sollte der Berater grundsätzlich unterstützend tätig werden, selbst wenn die Entscheidung dahingehend getroffen wird, dass es weniger auffällig wäre, das Antwortschreiben selbst durch den Steuerpflichtigen unterschreiben zu lassen. Manchmal wird die Finanzbehörde gerade dann auf einen Steuerpflichtigen aufmerksam, wenn sich dieser -obwohl es das gute Recht des Mandanten ist- vertreten lässt, da es den Anschein erweckt, irgendwie wäre an der Anfrage vielleicht doch mehr als erwartet.

7

3. Risiken

Es ist auch und gerade in einem solchen Fall notwendig **nach erfolgter Sachverhaltsermittlung** das **Risiko** für den Steuerpflichtigen **abzuwägen.**

Unbedachte Äußerungen in Schriftform durch den Steuerpflichtigen gegenüber dem Finanzamt können sich zum Super-GAU entwickeln. Dies v.a. deshalb, weil eine derartige Äußerung auch gegen den Steuerpflichtigen verwendet werden kann und zweifelsohne auch wird. Erst recht vor dem Hintergrund, dass das Anfrageschreiben eine Belehrung enthielt und der Steuerpflichtige durch die Äußerung auf sein mögliches Auskunftsverweigerungsrecht verzichtet hat.

Praxishinweis:

Im Nachhinein hört man als Verteidiger häufig derartige Sätze, wie „ ich habe nichts zu verbergen" oder „wenn ich das gewusst hätte, dann hätte ich das so nicht geschrieben". Nur häufig steht dann eine derartige Äußerung im Raum, die schwerlich wegzudiskutieren ist.

Diese Ausführungen sollen aufzeigen, dass sich selbst hinter einer scheinbar neutralen und ungefährlichen Anfrage durch das Finanzamt ein harter Kern und die Gefahr zur Selbstbelastung bestehen kann. Aus diesem Grunde sollte man v.a. und gerade bei unerwarteten Anfragen auf der Hut sein und sich die Zeit nehmen, diese zu hinterfragen.

II. Reaktionsmöglichkeit 1 bei eigener Betroffenheit: Selbstanzeige

Es gibt aber auch Anfragen durch die Finanzbehörde, bei deren näherer Überprüfung des Sachverhalt sich herausstellt, dass auch beim Steuerpflichtigen selbst nicht alles steuerlich korrekt gehandhabt wurde. 8

Wie ein derartiges Schreiben aussehen kann, ist exemplarisch als **Muster 2** dargestellt.

Finanzamt

Kleinlich

01.07.2007

Firma

Ungenau GbR

Steuererklärung 2006

Sehr geehrte Damen und Herren,

dem Finanzamt liegt nach Überprüfung Dritter Informationen vor, wonach Ihre Firma in 2005 Zahlungen in Höhe von 181,49 Euro von Herrn Schludrig erhalten.

Ich bitte hierzu um einen Nachweis der Verbuchung der Einnahmen einschließlich der Umsatzversteuerung.

Als Termin für Ihre Rückantwort habe ich mir den 15.07.2007 vorgemerkt

Mit freundlichen Grüßen

Im Auftrag

(Korinthe)

Praxishinweis:

Dieses Musterschreiben beruht tatsächlich auf einer wahren Begebenheit und soll zeigen, dass selbst Kleinstbeträge das Finanzamt auf den Plan ruft. Im angesprochenen tatsächlichen Fall stellte sich auf nachdrückliche Nachfrage beim Mandanten noch ein größerer Betrag heraus, der „schwarz" vereinnahmt wurde.

In dieser Fallkonstellation ist erhöhte Sorgfalt bei der Beantwortung der Anfrage des Finanzamts geboten. Oftmals treibt das schlechte Gewissen den Mandanten zu seinem Berater, um mit diesem den Sachverhalt zu besprechen und etwaige Konsequenzen zu besprechen. Gerade in einem solchen Fall ist es ratsam, wenn der Steuerpflichtige sich mit seinem Berater bespricht, die Risiken erkennt und eine Vorgehensweise festlegt, die den Steuerpflichtigen vor weiteren und vor allem tiefgreifenderen Unannehmlichkeiten schützt. Dazu kann die Selbstanzeige gemäß § 371 AO dienen. 9

Vor Abgabe einer solchen ist aber genauestens zu hinterfragen, ob eine derartige Erklärung überhaupt in Frage kommt bzw. ihren Zweck erfüllten kann und ob deren positive und negative Wirksamkeitsvoraussetzungen gegeben sind. 10

11 1. Sinn und Zweck

Mit § 371 AO räumt der Gesetzgeber dem Steuerpflichtigen die Möglichkeit ein, unter bestimmten Voraussetzungen auch nach Vollendung (Abgabe der Steuererklärung) und selbst noch nach Beendigung einer Steuerstraftat (Erlass von „unrichtigen" Steuerbescheiden) **Straffreiheit** zu erlangen.[1]

Der Zweck des § 371 AO besteht in der steuerpolitischen Konzeption, dem Staat auch diejenigen Steuerquellen zu erschließen, die ihm infolge der Steuerhinterziehung des Steuerpflichtigen bislang verborgen geblieben sind. Aus rein fiskalischen Erwägungen verzichtet der Staat auf seinen Strafanspruch gegenüber dem Steuerpflichtigen, damit für den Steuerpflichtigen der Anreiz erhalten bleibt, zur Wahrheit zurückzukehren.[2]

Der immerwährenden Diskussion um die Verfassungsmäßigkeit des § 371 AO, der eine Ungleichbehandlung zwischen den steuerehrlichen und steuerunehrlichen Steuerpflichtigen begründet, wird durch die Rechtsprechung schon früh entgegengetreten.[3]

7

12 2. Anwendungsbereich

Der Anwendungsbereich der Selbstanzeige ist nach dem Wortlaut des § 371 AO für vollendete Taten der Steuerhinterziehung gemäß § 370 AO möglich.

Praxishinweis:

In der Vergangenheit war eine Selbstanzeige wegen gewerbs- und bandenmäßiger Steuerhinterziehung nicht möglich, da diese Vorschrift als Verbrechenstatbestand ausgestaltet war (d.h. Strafrahmen: Freiheitsstrafe über einem Jahr). Durch die Streichung des § 370a AO und der Einführung des § 370 Abs. 3 Nr. 5 AO scheint für diese Form der begangenen Steuerhinterziehung die Selbstanzeige wieder möglich zu sein, da diese Vorschrift, die zwar ebenfalls die gewerbs- und bandenmäßige Steuerhinterziehung regelt, lediglich als Vergehenstatbestand ausgestaltet ist.

Allerdings wir dim Augenblick diskutiert, bei welchem Ausmaß der verkürzten Steuer von diesem besonders schweren Fall ausgegangen werden muss. Im Raum stehen diesbezüglich 50.000 Euro für zusammenaddierte Veranlagungszeiträume.

13 Ist die Steuerhinterziehung als Tat nur versucht, tritt die Möglichkeit der Selbstanzeige neben die des Rücktritts gemäß § 24 StBG.[4]

14 Für andere Delikte (z.B. Begünstigung gemäß § 257 StGB, Strafvereitelung gemäß § 258 StGB oder der Verletzung des Steuergeheimnisses gemäß § 355 StGB, aber auch der Steuerhehlerei gemäß 376 AO) kommt § 371 AO nicht zur Anwendung, da diese Vorschriften einen eigenständigen Straftatbestand begründen.

Auch eine analoge Anwendung des § 371 AO scheidet aufgrund des strafrechtlichen Bestimmtheitsgebotes gemäß Art. 103 Abs. 2 GG aus, es sei denn das Gesetz ordnet selbst eine entsprechende Anwendung an.[5]

1 Quedenfeld/Füllsack Rz. 371; Kohlmann § 371 AO Rz. 8
2 Streck, Rz. 185 f.; Joecks in FGJ § 371 Rz. 19 ff.; Quedenfeld/Füllsack Rz. 374
3 BVerfG vom 28.6.1983, Az. 1 BvL 31/82; wistra 1983, S.251; BGH vom 13.05.1983-3 StR 82/83, wistra 1983, S. 197
4 BGH vom 05.05.2005, Az. 5 Str 548/03, wistra 2004, S. 309; Rüping in HHSp § 371 Rz. 30;
5 Joecks in FGJ § 371 Rz. 38 ff.; Streck Rz. 207 f.

Praxishinweis:

Interessant und erwähnenswert ist, dass § 371 AO mit Ausnahme des Landes Niedersachsen auf die Kirchensteuer keine Anwendung findet, da in den Landesgesetzen (z.B. Bayer. KirchenG Art. 18 Abs. 2) die Nichtanwendbarkeit der § 69 ff. AO normiert wird. Daraus ergibt sich also, dass die Kirchensteuerhinterziehung straflos gestellt ist.

3. (Positive Wirksamkeits-)Voraussetzungen für eine Selbstanzeige gemäß § 371 Abs. 1, 3 AO 15

Der Wortlaut des § 371 Abs. 1 und Abs. 3 AO nennt einige Tatbestandsmerkmale als Grundvoraussetzungen für das Bestehen einer Selbstanzeigehandlung. Diese muss darin liegen, dass *„jemand unrichtige oder unvollständige Angaben.....berichtigt oder ergänzt oder unterlassene Angaben nachholt“* (Abs. 1) und *„die zu seinen Gunsten hinterzogenen Steuern innerhalb einer ihm bestimmten angemessenen Frist nachentrichtet, wenn Steuerverkürzungen bereits eingetreten sind“* (Abs. 3).

Dabei versteht man unter **„Berichtigen“**, unrichtige, unvollständige oder fehlende Angaben durch die richtigen und vollständigen zu ersetzen.[6] Maßstab ist hierbei stets die ordnungsgemäß gebotene Erklärung, d.h. die **wahrheitsgemäß Nachholung** von Angaben über steuerlich erhebliche Tatsachen.[7] 16

Nachfolgend sollen die einzelnen Tatbestandsmerkmale der Selbstanzeige einzeln dargestellt werden:

a) Erklärender 17

Als **Erklärender** und damit als Anzeigenerstatter kommt grundsätzlich jeder in Betracht, der sich wegen Steuerhinterziehung strafbar gemacht hat, also der Täter, Mittäter und Anstifter/ Gehilfe und dies unabhängig davon, ob sie Steuerschuldner der jeweiligen Steuer sind oder nicht.

Allerdings ergibt sich aus dem Wortlaut des § 371 Abs. 1 AO, dass nur derjenige von den Wirkungen und Rechtsfolgen der Selbstanzeige erfasst wird, der persönlich die Angaben in der geforderten Weise nachholt oder berichtigt.

Im Hinblick auf Mittäter und Gehilfen ist oftmals die Problematik gegeben, dass es ihnen objektiv unmöglich ist, die richtigen Besteuerungsgrundlage zu ermitteln und mitzuteilen, da sie keinen Zugang zu den Besteuerungsgrundlagen haben. Fraglich ist daher, ob diese Tatbeteiligten von der Möglichkeit des § 371 AO überhaupt Gebrauch machen können. In der Rechtsprechung wird dies bejaht, wenn sie ihr Wissen und ihren Tatbeitrag dem Finanzamt mitteilen.[8] Begründet wird dies damit, dass von einem Tatbeteiligten für eine Selbstanzeige nicht mehr erwartet werden darf, als er zur Zeit der Tat hätte tun können. Es ist also ausreichend, aber auch zwingend notwendig[9], dass der Beteiligte seinen eigenen Tatbeitrag offen legt.

6 BGH vom 24.09.1954 – 2 StR 598/53, BStBl. I 1954, S. 528; Joecks in FGJ § 371 Rz. 48
7 BGH vom 13.11.1952 – 3 StR 398/52; NJW 1953, S. 475; BGH vom 05.09.1975 – 4 StR 369/74; NJW 1974, S. 2293;
8 Streck Rz. 220; OLG Hamburg vom 21.11.1985 – 1 Ss 108/85; wistra 1986, S. 116; Rüping in HHSp §371 Rz. 90; Kohlmann § 371 Rz. 64.5
9 BGH vom 05.05.2004 – 5 StR 548/03, wistra 2004, S. 309

Praxishinweis:

Dies hört sich in der Theorie recht einfach und handhabbar an. Allerdings sollte man sich in der Praxis auf eine solche doch recht großzügige Behandlung der Selbstanzeige durch Tatbeteiligte nicht zwingend verlassen.

Als Vorschlag, der allerdings ziemlich beratungsintensiv werden kann, empfiehlt es sich daher, alle an der Steuerhinterziehung beteiligten Personen, sowohl Haupttäter als auch sämtliche andere Beteiligte, an einen Tisch zu holen und die Situation zu besprechen. Eine koordinierte Selbstanzeige, in der alle Personen Berücksichtigung finden, ist meines Erachtens die weit bessere Methode. Die Beratungsintensität kann aber gerade darin begründet sein, dass nicht alle Tatbeteiligten einer Meinung sind und Überzeugungsarbeit zu leisten ist. Allerdings kann man unter Hinweis auf die Sperrwirkungen doch von der Macht der faktischen Drohung ausgehen. Das hat schon viele überzeugt!

18 Problematischer ist allerdings die Position des Steuerberaters als Gehilfe seines Mandanten bei der Steuerhinterziehung, denn hier kann sich eine **Kollisionslage** ergeben, wenn der Berater auf die Erstattung einer Selbstanzeige drängt und der Mandant selbst das Risiko geringer einschätzt oder die sich daraus ergebende Steuerzahllast nicht bezahlen kann.[10] Die Kollisionslage basiert darauf, dass der Steuerberater zwar möglicherweise in die Steuerhinterziehung involviert war, aber nun aufgrund des bestehenden Mandatsverhältnisses und die daraus resultierende Verschwiegenheitspflicht gehindert ist, einer in seiner Person liegenden Berichtigungspflicht nachzukommen.[11] Für die Zukunft würde dies bedeuten, dass sich die fehlerhaften Erklärungen fortsetzen und die strafrechtliche Verantwortung weiterhin besteht.

Praxishinweis:

In solch einem schwierigen Fall verbleiben dem Steuerberater nur zwei Möglichkeiten: Entweder er kann seinen Mandanten von einer Selbstanzeige überzeugen oder er legt das Mandat nieder. Allerdings bleibt die strafrechtliche Verantwortlichkeit für die Vergangenheit -solange eine strafrechtliche Verjährung noch nicht eingetreten ist- bestehen.

Sollte in einem solchen Fall das Steuerberatungsmandat gewechselt haben und man stellt als Folgeberater fest, dass der vorherige Steuerberater in eine Steuerhinterziehung involviert war, so ist es gleichfalls kaum möglich, den zuvor mandatierten Steuerberater sofort einzubeziehen, denn dies birgt das Risiko, dass dieser nun die Flucht nach vorne antritt und zum Nachteil des eigenen Mandanten eine Erklärung abgibt. Hier und im Fall von Unstimmigkeiten zwischen den Beteiligten gibt es als Ausweg die Möglichkeit, die Erklärung vorzubereiten und die Selbstanzeige an einem Freitag Spätnachmittag beim Finanzamt einzuwerden und im Nachgang die weiteren betroffenen Personen davon zu unterrichten.

Da es beim Finanzamt im Gegensatz zu den Gerichten keinen im Briefkasten eingebauten Poststempler gibt, haben nun die anderen Beteiligten bis Sonntagnacht oder ganz frühen Montagmorgen (am besten vor 6 Uhr) die Möglichkeit, eigene gleichlautende Erklärungen abzugeben bzw. beim Finanzamt einzureichen.

Allerdings ist vor der Benachrichtigung der weiteren Beteiligten eine Zustimmung des eigenen Mandanten einzuholen, um einem Verstoß gegen die Verschwiegenheitspflicht vorzubeugen.

19 Weiterhin stellt sich die Frage, ob der Steuerpflichtige die Selbstanzeige selbst erstatten muss. Entgegen des Gesetzeswortlauts ist eine Selbstanzeige nicht ausschließlich eigenhändig vorzunehmen, sondern es kann sowohl der gesetzliche bzw. satzungsmäßige Vertreter als auch der bevollmächtigte Vertreter eine wirksame Selbstanzeige abgeben.[12] Eine Berichtigung durch den bevollmächtigten Vertreter setzt dazu allerdings eine besondere Vollmacht voraus.

10 vgl. später unter § 7 A II 3 e
11 so auch Joecks in FGJ § 371 Rz. 88
12 Quedenfeld/Füllsack Rz. 379; Kohlmann § 371 Rz. 40; BGH vom 24.10.1984-3 StR 315/84, wistra 1985, S. 74

Praxishinweis:

Es ist daher zum Zeitpunkt der Erklärung eine besondere Vollmacht notwendig, die durch den Anzeigenerstatter selbst unterzeichnet ist und zu den Akten zu nehmen ist. Diese Vollmacht sollte den Passus „Selbstanzeige oder Nacherklärung" beinhalten und ist dem Finanzamt nicht vorzulegen. Vielmehr dient diese lediglich zu eigenen Beweiszwecken. Es genügt zwar auch eine mündliche Vollmacht, dennoch ist eine derartige schriftliche Vollmacht der bessere Weg, da nur diese im Zweifelsfall Beweiskraft hat.

Es ist aber trotz Vorliegens einer Vollmacht nicht erforderlich, dass der Bevollmächtigte die Selbstanzeige ausdrücklich im Namen des Täters erstattet, denn zulässig ist bei Vorliegen einer Vollmacht sogar die **sog. verdeckte Stellvertretung.**[13] Diese kann sogar bewusst geschehen.[14] 20

Praxishinweis:

In manchen Fällen ist es sogar angezeigt, eine derartige verdeckte Stellvertretung zu praktizieren, um in einer hierarchischen Struktur im Unternehmen diese Personen in den Umfang der Selbstanzeige mit einzubeziehen, obwohl sie nicht mit ihrer Kompetenz nach außen treten. Beispiele hierfür sind die hier beschriebene „firmenhierarchische Selbstanzeige" oder die Familien-Selbstanzeige.[15]

Entscheidend ist allein, dass der Täter die Mitteilung veranlasst hat und sie ihm demzufolge auch zuzurechnen ist.

Allerdings ist die Erstattung einer Selbstanzeige nicht möglich für Vertreter ohne Vertretungsmacht oder Geschäftsführer ohne Auftrag, denn nach herrschender Meinung kann die ohne Auftrag oder ohne Vertretungsmacht abgegebene Erklärung gegenüber dem Finanzamt selbst dann keine Rückwirkung entfalten, wenn der andere diese Erklärung später genehmigt oder wenn sie nach der Sachlage seinem mutmaßlichen Willen entsprach.[16] 21

b) Adressat 22

Sieht man sich den Wortlaut des § 371 AO an, stellt sich die Frage, was unter „Finanzbehörde" zu verstehen ist, also an wen die Selbstanzeige zu richten ist.

Zweifelsohne ist damit in erster Linie das jeweils örtlich und sachlich zuständige Veranlagungs- bzw. Betriebsstättenfinanzamt gemeint. Umstritten ist aber in der Literatur, ob nicht eine weite Auslegung dieses Begriffs erforderlich ist, die es möglich macht, die Selbstanzeige bei allen Finanzämtern oder sogar den Oberbehörden abzugeben.[17]

Allerdings sollte bei der zuständigen Bußgeld- und Strafsachenstelle oder der Steuerfahndung keinesfalls eine Selbstanzeige eingereicht werden.

Die bei der Staatsanwaltschaft abgegebene Erklärung wird erst dann wirksam, wenn sie bei der Finanzbehörde eingeht, die diese dann an das zuständige Finanzamt weiterleitet.[18]

Praxishinweis:

Um derartige Unsicherheiten beim Zugang der Selbstanzeige zu vermeiden, zumal wenn es zeitlich etwas knapp wird, sollte die Erklärung beim sachlich und örtlich zuständigen Finanzamt eingereicht werden. Dies lässt sich auch ohne übermäßig langwierige Recherche ermitteln.

13 Quedenfeld/Füllsack Rz. 380; BGH vom 05.05.2004- 5 Str 548/03, wistra 2004, S. 309
14 BGH vom 24.10.1984.3 StR 315/84; wistra 1985, S. 74; NStZ 1985, S. 126; Vogelberg in Wannemacher Rz. 2117
15 Beispiele bei Streck Rz. 198
16 Rüping in HHSp § 371 Rz. 42, Vogelberg in Wannemacher Rz. 1414; Joecks in FGJ § 371 Rz. 80
17 zum Steitstand Kohlmann § 371 Rz. 58 ff; Rüping in HHSp § 371 Rz. 58 ff; Quedenfeld/Füllsack Rz. 385
18 offen gelassen in BGH vom 18.06.2003-5 StR 489/02; wistra 2003, S. 388; Streck Rz. 236;

23 c) Form

Hinsichtlich der Form einer Selbstanzeige bestehen keinerlei gesetzliche Vorgaben: Sie muss als solche nicht gekennzeichnet werden und ist nicht formgebunden. Sie kann schriftlich (per Telefax, Email[19]), mündlich (sogar telefonisch[20] oder zu Protokoll bei der Finanzbehörde) abgegeben werden.

Praxishinweis:

Man sollte es tunlichst unterlassen, die Mitteilung an die Finanzbehörde als Selbstanzeige zu qualifizieren oder darin von einem strafrechtlich relevanten Verhalten zu sprechen.[21] Da die Selbstanzeige zuerst dem Veranlagungsbeamten zugeleitet wird, kann man ohne großes Aufsehen und „Namensnennung" versuchen, den Ball so flach wie möglich zu halten. Zwar ist der Veranlagungsbeamte aufgrund interner Weisung angehalten, Selbstanzeigen der Bußgeld- und Strafsachenstelle zuzuleiten, allerdings kann eine „unbenannte" Selbstanzeige auch verkannt werden und die Bußgeld- und Strafsachenstelle bleibt außen vor.

Es empfiehlt sich immer, es sei denn man wählt die sog. Wochenendlösung[22], ein Original der Erklärung zum zuständigen Finanzamt und dieses Exemplar sicherheitshalber und, um einen Eingang beim Finanzamt festhalten zu können, per Telefax vorab zu übersenden. Wählt man die Wochenendlösung oder wirft man das Schreiben beim Finanzamt ein, sollte zu Beweiszwecken entweder ein Zeuge (da bietet sich jeder aus der Kanzlei an) mit anwesend sein oder man notiert sich Datum und Uhrzeit des Einwurfs.

Von einer telefonischen Übermittlung der Selbstanzeige würde ich persönlich aus Beweisgründen und der Möglichkeit des Missverständnisses absehen.

24 Hinsichtlich des formalen Gesichts der Selbstanzeige gibt es mehrere Möglichkeiten, die je nach Sachverhaltslage, Taktik und Mentalität des Beraters zur Anwendung kommen:

- formloser Brief zur Kenntnisnahme eines Sachverhalts
- nachträgliche Abgabe einer vollständigen und richtigen Steuererklärung als Korrektur
- erstmalige Abgabe einer vollständigen und richtigen Steuererklärung, soweit es bisher unterlassen wurde
- berichtigte Abgabe der unterschiedlichsten Anlagen zur Steuererklärung

Der Berater kann damit alle Möglichkeit ausschöpfen. Welche er wählt, ist oftmals Mentalitäts- und Geschmacksfrage, auch im Hinblick auf den aufzudeckenden Sachverhalt.

25 d) Inhalt der Erklärung

Im Rahmen der Mitteilung an das Finanzamt muss der Anzeigeerstatter das Finanzamt in die Lage versetzen, die zutreffende Steuer ohne weitere umfangreiche Nachforschungen festsetzen zu können.[23] Somit ist es Sache des Steuerpflichtigen, dem Finanzamt die Besteuerungsgrundlagen nach Art und Umfang darzulegen. Dieses Verhalten umfasst also konkrete Angaben dahingehend, welche der bisherigen Angaben unrichtig oder unvollständig waren und Angeben, die nun richtig bzw. vollständig sind und an deren Stelle treten sollen.

19 Mösbauer in DStZ 1999, S. 354; Quedenfeld/Füllsack Rz. 387
20 OLG Hamburg vom 21.11.1985-1 Ss 108/85; wistra 1986, S. 116
21 Spatschek/Alvermann in INF 2001, S. 123
22 siehe vorne Praxishinweis Rz. 18
23 BGH vom 05.09.1974- 4 StR 369/74; NJW 1974, S. 2293; OLG Hamburg vom 02.06.1992-1 Ss 119/91; wistra 1993, S. 66, wistra 2003, S. 385

Praxishinweis:

Es ist angezeigt, die Steuerart, die Veranlagungszeiträume und die entsprechenden Veränderungen zu benennen. Auf Zahlenangaben sollte keinesfalls verzichtet werden.

Folgende Verhaltensweisen genügen z.B. einer wirksamen Selbstanzeige nicht:[24] 26

- wenn der Steuerpflichtige lediglich eine Außenprüfung zur Feststellung der Besteuerungsgrundlagen beantragt[25]
- wenn nur die Buchhaltungsunterlagen zur Verfügung gestellt werden[26]
- wenn eine stillschweigende Nachzahlung der verkürzten Steuern erfolgt[27]

Fraglich ist, was zu tun ist, wenn die Zeit drängt und in der Kürze der Zeit, z.B. wegen einer be- 27
vorstehenden Außenprüfung, nicht alle Informationen ermittelt werden können. Zwar fordert der Wortlaut des § 371 AO die Berichtigung, Ergänzung und Nachholung von konkreten Angaben, jedoch kann hier auf einen **eigenen Schätzungsvorschlag** zurückgegriffen werden. Dies kommt v.a. bei Einkünften aus Kapitalvermögen vor. Hier kann oftmals nur der Endbestand des Kapitalvermögens im Zeitpunkt des Prüfungsbeginns festgelegt werden, aber der genaue Zinssatz, der bei der Anlage erzielt wurde bzw. die erwirtschafteten Erträge verschließen sich noch. Eine zeitnahe Beschaffung von Bankunterlagen ist nicht immer möglich. Erfahrungsgemäß kann sich dies bis zu sechs Monaten hinziehen, abhängig vom Umfang der zu erwartenden Unterlagen.

Praxishinweis:

In einem solchen Fall sollte in der Erklärung darauf hingewiesen werden, dass es sich um eine Schätzung handelt, die sorgfältig und sicherheitshalber großzügig angesetzt wurde. Dabei sollte man sicherstellen, dass man durch nachfolgende Ereignisse nicht überrascht wird, .d.h. spätere Unterlagen einen höheren Wert ausweisen als in der Schätzung veranschlagt wurde. Es ist zu überlegen, ob man die eigene Schätzung noch mit einem großzügigen Sicherheitszuschlag versieht. Eine spätere Korrektur nach unten ist möglich.[28]

Hinsichtlich des Umfanges der abzugebenden Selbstanzeige ist zu berücksichtigen, dass die Erklä- 28
rung gegenüber dem Finanzamt auch **alle Steuerarten**, die betroffen sein könnten, umfasst. Bei Kapitalgesellschaften ist nicht nur an die Körperschaft- und Umsatzsteuer, sondern auch an die Gewerbesteuer zu denken, auch, wenn diese durch die jeweilige Gemeinde mittels des Hebesatzes festgesetzt werden. Ausschlaggebend ist aber vorher die Gewinnermittlung, die sich auch im Gewerbesteuermessbescheiden niederschlägt.

Erhebliche Probleme den Umfang festzulegen, können in Fällen der **Lohnsteuerhinterziehung** 29
auftreten. Hier gilt es, zunächst zu erfassen, ob und inwieweit die Hinterziehung den Arbeitgeber mit der Pflicht, die Lohnsteuer abzuführen oder aber den Arbeitnehmer selbst hinsichtlich der Pflicht zur Abgabe der vollständigen Einkommensteuer betrifft.

Im Falle der Beauftragung durch den Arbeitgeber sind daneben unbedingt Beiträge zur Gesamtsozialversicherung (Krankenkassen-, Renten-, Pflege- und Arbeitslosenversicherungsbeiträge), aber auch Beiträge zu Zusatzversorgungskassen, Handwerks- und Handelskammer sowie zur Berufsgenossenschaft zu berücksichtigen.

---

24 weitere Beispiele Vogelberg in Wannemacher Rz. 2124 ff.
25 Quedenfeld/Füllsack Rz. 391 ff; OLG Düsseldorf vom 27.05.1981-2 Ss 214/81-142/71 III; wistra 1982, S. 119
26 BGH vom 24.10.1990-3 StR 16/90; wistra 1991, S. 109
27 BGH in DStZ 1959, S. 499
28 Vogelberg in Wannemacher Rz. 2144; Theil in BB 1983, 1277

Praxishinweis:

Gerade die Sozialversicherungsbeiträge werden häufig vergessen. Eine Selbstanzeige ist zwar direkt nicht möglich. Aber in § 266a Abs. 3 StGB wird unter den dort genannten Voraussetzungen zugelassen, Nachmeldungen vorzunehmen, um eine Strafbefreiung zu erlangen.

30

e) Erfordernis fristgerechter Nachzahlung gemäß § 371 Abs. 3 AO

Die Straffreiheit einer wirksam erstatteten Selbstanzeige hängt davon ab, dass der Täter die Steuern, die er zu seinen Gunsten hinterzogen hat, **fristgemäß** nachentrichtet. Die Nachentrichtung umfasst allerdings nicht die steuerlichen Nebenpflichten. Solange die Steuer noch nicht entrichtet sein, besteht nur eine Anwartschaft auf Straffreiheit.[29]

Praxishinweis:

Oftmals hängt die Entscheidung zur Abgabe einer Selbstanzeige gerade davon ab, ob der Täter sich in der Lage sieht, den steuerlichen Nachzahlungsbetrag zu entrichten.

7

31 Lediglich bei einer versuchten Steuerhinterziehung bedarf es nicht der Entrichtung der später festgesetzten Steuern.

32 Der Täter der Steuerhinterziehung haftet grundsätzlich für die Steuer, sofern er nicht selbst der Steuerpflichtige ist für die verkürzte Steuer nach § 71 AO. Allerdings ist bei einer Selbstanzeige nur von Bedeutung, ob das Tatbestandsmerkmal **„zu seinen Gunsten"** erfüllt ist. Bei diesem Merkmal ist allein die **wirtschaftliche Betrachtungsweise** abzustellen, d.h. maßgeblich ist, ob dem Täter der unmittelbare Vorteil aus der Tat zugeflossen ist.[30] Grundsätzlich ist der Täter einer Steuerhinterziehung auch der steuerliche und wirtschaftlich monetäre Nutznießer. Insoweit ist eine Unterscheidung nur von Bedeutung, wenn der Steuerpflichtige und der Täter nicht identisch ist.[31] Dies zeigt, dass es nicht unmittelbar auf die Steuerschuldnerschaft des Täters ankommt, sondern dieses Merkmal einhellig wirtschaftlich zu verstehen ist.

Praxishinweis:

Der Geschäftsführer einer Ein-Mann-GmbH erlangt stets einen unmittelbaren Vorteil aus der Tat, da er wirtschaftlich gesehen mit der GmbH identisch ist.[32] Bei Fremdgeschäftsführern kommt es dagegen immer darauf an, wem der hinterzogene Betrag letztlich zugeflossen ist.[33] Bei Fremdgeschäftsführern ist allerdings zu beachten, dass allein das Motiv, seinen Arbeitsplatz zu erhalten, nicht zur Nachzahlungspflicht des Fremdgeschäftsführers führt.[34]

Ein Ehegatte, der im Betrieb des anderen Ehegatten angestellt ist und Steuern zu Gunsten des Betriebes hinterzieht, erlangt dadurch allein ebenfalls noch keinen unmittelbaren Vorteil.[35]

Für aller Berater ist es wissenswert, dass das Merkmal „zu seinen Gunsten" bei einem Steuerberater nur bei erfolgsorientierter Beratung zu bejahen ist, denn im Augenblick des Erfolgs hat der Steuerberater einen entsprechenden Honoraranspruch gegen

29 LG Koblenz vom 13.12.1985-105 Js (Wi) 17301/83- 10 KLs, wistra 1976, S. 197; BayObLG vom 3.11.1989-RReg 4 St 135/89, wistra 1990, S. 159
30 BGH vom 04.07.1979-3 StR 130/79; NJW 1980, S. 248; OLG Stuttgart vom 04.05.1984- 1Ss 205/84, wistra 1984, S. 239
31 Vogelberg in Wannemacher Rz. 2378
32 Joecks in FGJ § 371 Rz. 101; Vogelberg in Wannemacher Rz. 2379;
33 BGH vom 4.07.1979-3 StR 130/79; NJW 1980, S. 248
34 BGH vom 22.07.1987-3 StR 224/87; wistra 1987;
35 BGH vom 4.07.1979-3 StR 130/79; Reiß in NJW 1980, S. 1291: Vogelberg in Wannemacher Rz.2384

den Steuerpflichtigen für die entsprechende Beratung. Die Tatsache, dass Erfolgshonorare immer mehr positive Resonanz, auch durch die Rechtsprechung, erfahren, steht dem nicht entgegen, da diese Zulässigkeit lediglich legale Beratungshandlungen umfasst.

Bei mehreren Tätern oder Beteiligten an einer Steuerhinterziehung braucht aus steuerstrafrechtlicher Sicht grundsätzlich **jeder nur den auf ihn** entfallenden Anteil -den seinem Vorteil entsprechenden Betrag- zu entrichten. Insoweit unterscheidet sich die strafrechtliche Vorschrift des § 371 Abs. 3 AO von den steuerlichen Haftungsvorschriften der §§ 71, 44 AO, nach denen jeder Täter oder Teilnehmer für den gesamten hinterzogenen Betrag haftet.[36] 33

Zu Problemen kann im Rahmen der Feststellung hinsichtlich der Frage kommen, in welcher Höhe die Steuerschuld nachzuzahlen ist, da denn die hinterzogene Steuer nicht identisch mit den verkürzten Steuern sein muss. Insofern kann die Anwendung des § 370 Abs. 4 Satz 3 AO, dem **sog. Kompensationsverbot**, zu Irritationen führen. 34

Praxishinweis:

Schwer verständlich und für die Praxis bedeutend ist das Kompensationsverbot. Dieses führt dazu, dass sich der Täter nicht nachträglich auf steuermindernde Umstände berufen kann, die zwar den Sachverhalt selbst unmittelbar betreffen, aber sich nicht aus seiner Erklärung ergeben. Rein faktisch kann dies bedeuten, dass in Fällen der Vermietung und Verpachtung der Steuerpflichtige seine Vermietungseinkünfte zwar nicht angibt, aber auch die Erklärung der Renovierungskosten unterlässt. Wird nun die diesbezügliche Steuerhinterziehung nachgewiesen, werden diese Renovierungskosten nicht steuermindernd berücksichtigt, soweit die Höhe der verkürzten Steuer im Rahmen der steuerstrafrechtlichen Verantwortlichkeit ermittelt wird. Dies kann zu folgender Diskrepanz führen: Die „hinterzogene" Steuer und „verkürzte" Steuer sind nicht zwangsläufig identisch, somit kann sich trotz Vorliegens einer Steuerhinterziehung mangels Steuerschuld keine Nachzahlungspflicht ergeben.[37]

§ 371 AO sieht seitens des Selbstanzeigeerstatters keine bestimmte Zahlungsart vor. Aus diesem Grund gelten die allgemeinen Vorschriften der Abgabenordnung. Unbedingt erwähnenswert ist, dass die Abgabenordnung gerade **keine höchstpersönliche Zahlungsverpflichtung** kennt, d.h. entrichtet ein Dritter die Steuern, so ist damit gemäß § 48 AO die Verpflichtung des Täters erfüllt. 35

Auch wenn § 371 Abs. 3 AO auf die Nachentrichtung der Steuern im Sinne einer Geldzuwendung abstellt, bleibt es denkbar, dass die Erfüllung der Steuerschuld grundsätzlich auch auf andere Weise als durch Zahlung erfolgen kann. In Betracht kommt dafür u.a. Aufrechnung gemäß § 226 AO; Erlass gemäß § 227 AO sowie Verjährung gemäß § 169 ff AO.

Praxishinweis:

Allerdings ist dies nicht der Normalfall und in der Praxis nahezu ausgeschlossen. Der Aufrechnung kann und darf man nur dann Bedeutung zumessen, wenn diese innerhalb der entsprechenden Frist von Seiten der Finanzbehörden vorgenommen wird. Aufgrund dessen ist es wichtig, den Mandanten darauf hinzuweisen, dass er den nachzuentrichtenden Betrag verfügbar halten sollte, denn die Zahlungsfähigkeit des Steuerpflichtigen fällt immer allein in dessen Rechtssphäre.[38]

Das Gesetz erfordert eine **Fristsetzung zur Nachentrichtung der hinterzogenen Steuer**: Einerseits soll der Steuerpflichtige sich auf die ihm bekanntgegebene Höhe der Steuernachzahlung einstellen können; andererseits soll durch den Lauf der bestimmten Frist der Schwebezustand zwischen Anwartschaftsrecht auf Straffreiheit und dessen Eintritt begrenzt werden.[39] 36

36 Kohlmann § 371 Rz. 94; Quedenfeld/ Füllsack Fn. 284 sowie Rz. 491
37 Quedenfeld/ Füllsack Rz. 492; Klein § 371 Rz. 8; Joecks in FGJ § 371 Rz. 105; Vogelberg in Wannemacher Rz. 2388 ff.
38 BayObLG vom 03.11.1989-RReg 4 St 135/89; wistra 1990, S. 162; Klein § 371 Rz. 9; Joecks in FGJ § 371 Rz. 109
39 Ruping in HHSp § 371 Rz. 116

37 Die Festsetzung der Nachzahlungsfrist erfolgt durch die Bußgeld- und Strafsachenstelle als zuständige Behördenstelle.[40] Es handelt sich dabei um eine **strafrechtliche Frist**, die das Kriterium der Angemessenheit erfüllen soll. Eine Frist ist dann als angemessen zu betrachten, wenn im Rahmen pflichtgemäßen Ermessens sowohl steuerpolitische als auch steuerstrafrechtliche Gesichtspunkte in Betracht gezogen wurden.[41], d.h. sie muss so bemessen sein ,dass sie den Zeitraum umfasst, den der Steuerpflichtige bei gutem Willen braucht, um den benötigten Geldbetrag aufzubringen.

Praxishinweis:

Einen Monat sollte diese Frist nicht unterschreiten.

Eine unangemessen kurz bemessene Frist ist unbeachtlich und erzeugt **keine Rechtswirkung.**[42] Sie verlängert sich auch nicht automatisch auf eine zutreffend angemessene Frist. Insoweit ist eine erneute Fristsetzung erforderlich. Diese Fristsetzung darf nicht mit weiteren, den Steuerpflichtigen belastenden Anordnungen, z.B. der zusätzlichen Entrichtung der laufenden Steuern, verbunden werden.

38 Die steuerliche und strafrechtliche Frist sind dabei völlig unabhängig voneinander: Für die strafrechtliche Frist ist der Finanzrechtsweg nicht eröffnet[43]; ihre Überprüfung erfolgt durch die Strafgerichte oder im Rahmen der Hauptverhandlung.

Auf rein steuerlicher Ebene ist bei Zweifeln an der Rechtmäßigkeit der Nachforderung Einspruch einzulegen und diesen mit dem Antrag auf Aussetzung der Vollziehung zu verbinden. Ein nach Ablehnung des Antrags auf Aussetzung der Vollziehung gestellter Stundungsantrag verschafft nur kurze Zeit zum Luftholen. Allerdings ist mehr als zweifelhaft, wie dieses Vorgehen strafrechtlich zu würdigen ist. Auf der sicheren Seite kann man sich nur wähnen, wenn binnen der kurzen Nachzahlungsfrist die Stundung tatsächlich bewilligt worden ist.

Zwar schreibt das Gesetz eine Belehrung über die Folgen einer nicht fristgerechten Nachzahlung nicht vor, allerdings ist dies in der Praxis durchaus üblich.

Die Nachzahlungsfrist beginnt am Tage nach der Bekanntgabe zu laufen und endet an dem von der Behörde bestimmten Tag.

Praxishinweis:

Dieser von der Behörde bestimmte Termin kann auch bei rechtzeitiger Kontaktaufnahme mit den zuständigen Behörden und der Darlegung des Einzelfalls sowie bei Leistung einer Sicherheit verlängert werden, ohne dass sich daraus negative Folgen ergeben. Allerdings sollte hier sicherheitshalber sehr zeitnah zum Fristbeginn der Kontakt zu den Behörden gesucht werden. Die lokalen Gepflogenheiten und der persönliche Kontakt zum zuständigen Finanzbeamten ist dabei nicht zu unterschätzen: Manchmal ist es sogar möglich, eine Ratenzahlung innerhalb einer verlängerten Frist möglich zu machen.

Die soeben dargestellten positiven Wirksamkeitsvoraussetzungen können durch Handlungen des Steuerpflichtigen beeinflusst werden. Eine wirksame Selbstanzeige ist aber nur möglich, wenn im Zeitpunkt der Abgabe einer derartigen Erklärung auch kein Ausschlussgrund im Sinne des § 371 Abs. 2 AO vorliegt.

---

40 LG Hamburg vom 18.06.1986-(50) 117/86 Ns; wistra 1988, S. 123; Joecks in FGJ § 371 Rz. 115; Kohlmann § 371 Rz. 103 f.

41 Quedenfeld/ Füllsack Rz. 501 mwN.

42 LG Koblenz vom 13.12.1985-105 Js (Wi) 17301/83-10 KLs; wistra 1986, S. 81; AG Saarbrücken vom 21.06.1983-9 As 86/83; wistra 1983, S. 268

43 BFH vom 17.12.1981-IV R 94/77; BStBl. II 1982, S. 352; wistra 1982, S. 193, NJW 1982, S. 1720

4. Negative Wirksamkeitsvoraussetzungen (Ausschlussgründe des § 371 Abs. 2 AO) 39

Im Grundsatz gilt daher, dass eine Selbstanzeige dann keine Wirkung entfaltet, wenn sie in einer Phase erstattet wird, in der sich das Entdeckungsrisiko für den Steuerpflichtigen bereits konkretisiert hat. Dies ist dann gegeben, wenn einer der drei in § 371 Abs. 2 AO geregelten **Ausschlussgründe** vorliegt.

a) Erscheinen eines Amtsträgers gemäß § 371 Abs. 2 Nr. 1a AO 40

Eine nach § 371 AO wegen Steuerhinterziehung erstattete Selbstanzeige hat keine strafbefreiende Wirkung mehr, sobald ein Amtsträger der Finanzbehörde zur steuerlichen Prüfung oder zur Ermittlung einer Steuerstraftat oder einer Steuerordnungswidrigkeit erschienen ist.

Der Begriff **„Amtsträger“** basiert auf §§ 7 AO, 11 StGB und meint jeden Beamten oder Angestellten einer Finanzbehörde. Darunter fallen auch die Beamten der Landesämter für Steuern bzw. Oberfinanzdirektionen, des Bundesamtes für Finanzen oder einer Gemeindesteuerbehörde.[44] Dazu zählen allerdings nicht Finanzbeamte, wenn sie aufgrund eines Amtshilfeersuchens der zuständigen Finanzbehörde tätig werden[45], wohl aber Steuerfahndungsbeamte, unabhängig davon, ob sie als Ermittlungsbeamte für die Staatsanwaltschaft tätig werden und aufgrund dessen weisungsgebunden sind.[46] Der Staatsanwalt ist kein Amtsträger der Finanzbehörde, selbst wenn er wegen einer Steuerstraftat ermittelt.[47] Begründet wird dies damit, dass auf den klaren Wortlaut des Gesetzes abzustellen ist, der lediglich auf Amtsträger der Finanzbehörden, und nicht auf Amtsträger anderer Verwaltungen abstellt. 41

Der Amtsträger ist zu einer steuerlichen Prüfung oder zur Ermittlung einer Steuerstraftat/-ordnungswidrigkeit **erschienen**, sobald er das Grundstück eines Steuerpflichtigen in der Absicht betritt, dessen steuerliche Verhältnisse zu überprüfen. Allein eine Ankündigung des Erscheinenwollens – telefonisch oder schriftlich – genügt nicht. 42

Praxishinweis:

Für diesen Sperrgrund kann man sich einer Eselsbrücke bedienen, d.h. der Ausschlussgrund ist eingetreten, wenn der Prüfer „auf der Fußmatte steht“. Dies stellt plastisch die physische Anwesenheit des Prüfers zu einem Zeitpunkt dar, zu dem er optisch noch nicht unbedingt wahrnehmbar ist; es kommt also auf die körperliche Anwesenheit des Prüfers an.

Damit wird auch deutlich, dass gerade die Ankündigung einer Betriebsprüfung mittels einer Prüfungsanordnung gerade nicht für die Erfüllung des Sperrgrundes ausreicht. Vor dem tatsächlichen Beginn der Außenprüfung ist eine Selbstanzeige selbst in den angekündigten Prüfungszeiträumen und im Prüfungsumfang noch möglich.

Beispielsfall:

Beim Steuerpflichtigen wird eine Außenprüfung für die Jahre 2004 bis 2006 angekündigt. Diese soll die Einkommen-, Umsatz- und Gewerbesteuer umfassen. Bei Eintreffen des Außenprüfers übergibt der Steuerpflichtige dem Außenprüfer eine Selbstanzeige, die die bislang verschwiegenen Einkünfte aus Vermietung und Verpachtung für die Jahre 2002 bis 2007 umfasst. Die festgesetzten Steuern zahlt er fristgerecht.

---

44 Joecks in FGJ § 371 Rz. 135
45 Rüping in HHSp § 371 Rz. 142; Kohlmann § 371 Rz. 120; Joecks in FGJ § 371 Rz. 135
46 LG Stuttgart vom 21.08.1989-10 KLs 137/88; wistra 1990, S. 72; a.A. Kohlmann § 371 Rz. 122
47 Quedenfeld/ Füllsack Rz. 415; Klein § 371 Rz. 6

An sich liegen die positiven Wirksamkeitsvoraussetzungen einer Selbstanzeige vor. Allerdings steht aber der Ausschlussgrund des § 371 Abs. 2 Nr. 1a AO entgegen, da der Außenprüfer zur Prüfung erschienen war, so dass eine Selbstanzeige zumindest für die Jahr 2004 bis 2006, also im Prüfungszeitraum, entfällt. Hinsichtlich der Veranlagungszeiträume außerhalb des Prüfungszeitraums war aber eine Selbstanzeige noch möglich.

43 Der Zeitpunkt des physischen Erscheinens ist damit für die Prüfung beim Steuerpflichtigen eindeutig festzustellen. Unklar ist aber, wann von einem Erscheinen des Prüfers ausgegangen werden kann, wenn die Prüfung an **Amtsstelle oder bei Dritten**, z.B. im Büro des Steuerberaters stattfinden soll. Im letzteren Fall ist ebenfalls auf das physische Erscheinen abzustellen, d.h. wenn die Beteiligten in den Räumen des Steuerberaters zusammentreffen. Weitaus schwieriger und umstritten[48] gestaltet sich die Festlegung dieses Zeitpunkts, wenn die Prüfung an Amtsstelle stattfinden soll. Im Ergebnis scheint es schlüssig, dass die Prüfung noch nicht bereits mit der Übersendung von Unterlagen an Amtsstelle beginnt, sondern erst dann, wenn sich der Prüfer mit den ihm übersandten Unterlagen befasst.

Praxishinweis:

In einem solchen Fall ist es angezeigt, sich unbedingt die Daten der Absendung der Papiere bzw. die einzelnen Anfragen des Prüfers exakt zu notieren, damit für den späteren Ernstfall eines Strafverfahrens Anhaltspunkte vorliegen, wann seitens des Prüfers ein Verdacht hinsichtlich einer Steuerstraftat vorgelegen haben kann.

44 Ein Erscheinen ist nicht gegeben, wenn der Prüfer niemanden antrifft und auch keine Nachricht über den vergeblichen Prüfungsversuch hinterlässt oder wenn der Amtsträger wegen Ferien oder Umzug vor verschlossenen Betriebsräumen steht.[49]

45 An einem **erkennbaren Willen zur Vornahme von Prüfungshandlungen** fehlt es, wenn der Prüfer lediglich durch eine Scheinhandlung die Hemmung der Verjährung gemäß § 171 Abs. 4 AO eintreten lassen will und sich nach kurzem Aufenthalt sofort und aus eigenem Antrieb wieder entfernt, ohne überhaupt eine Prüfungshandlung vorgenommen zu haben.[50]

Trotz der finalen Ausrichtung des Erscheinens des Prüfers verlangt der Gesetzeszweck, dass der Prüfer seine ernsthafte Prüfungsabsicht bei seinem Erscheinen durch eine entsprechende Erklärung oder durch schlüssiges Verhalten erkennbar zum Ausdruck bringt.

Die Übergabe der Prüfungsanordnung oder die Mitteilung des Prüfungstermins alleine kann noch kein Erscheinen zur „steuerlichen Prüfung" bewirken. Wird aber der Steuerpflichtige aufgefordert, bestimmte Unterlagen vorzulegen, dann hat der Prüfer seine ernsthafte Prüfungsabsicht kundgetan und darüber hinaus bereits eine konkrete Aufforderung zur Mitwirkung umgesetzt.[51]

Praxishinweis:

Aber gerade eine solche Situation birgt Gefahren! Oftmals kann sich der Steuerfahnder im stillen Kämmerlein des Finanzamtes bereits seine Fragen zurechtlegen und ggf. sogar in einem behördlichen Schreiben formulieren. Erfahrungsgemäß wird genau dieses Schreiben dem Steuerpflichtigen im Rahmen von Vorfeldermittlungen übergeben. Dadurch, dass in diesem Schreiben konkrete Anforderungen und Fragen enthalten sind, ist eine strafbefreiende Selbstanzeige dann nicht mehr möglich.

48 zum Meinungsstand vgl. Joecks in FGJ § 371 Rz. 145 f.
49 Quedenfeld/ Füllsack Rz. 415; Rüping in HHSp § 371 Rz. 144 ff; Burkhard in wistra 1998, S. 216 ff.
50 Joecks in FGJ § 371 Rz. 143
51 BFH vom 19.06.2007-VIII R 99/04; BFH/NV 2008, S.129ff; BayObLG vom 17.09.1986- RReg 4 St 155/86; wistra 1987, S. 77 f

Allerdings sollte man sich genauestens überlegen, ob nicht doch eine solche abgegeben werden sollte, zum einen um über die Wirksamkeit einer Selbstanzeige zu diskutieren und zum anderen, sollte man mit dieser Ansicht nicht durchdringen, im Rahmen von verfahrensbeendigenden Gesprächen mit der Finanzverwaltung die gute Kooperation und die Geständnisfiktion der fehlgeschlagenen Selbstanzeige anführen zu können, die sich erheblich strafmildernd auswirken muss.

Den Begriff einer **steuerlichen Prüfung** im Sinne des § 371 Abs. 2 AO zieht die herrschende Meinung sehr weit. Sie fasst darunter jede Maßnahme der Finanzbehörde, die der Ermittlung und Erfassung der steuerlichen Verhältnisse eines Steuerpflichtigen dient und das Ziel richtiger und vollständiger Steuerfestsetzung verfolgt.[52] Diese Definition erfasst somit unproblematisch Außenprüfungen jeglicher Art, Prüfungen der Steuer- und Zollfahndung und auch die betriebsnahe Veranlagung, obwohl bei letzterer mangels Eingrenzung des Sachverhalts und damit der strafprozessualen Tat hinsichtlich des Umfangs strittig ist, da dadurch alle nur erdenklichen Sachverhalte für die Selbstanzeige gesperrt sind. 46

Dass eine Ankündigung einer steuerlichen Prüfung gerade nicht immer stattfindet, zeigt sich am Erscheinen der Steuerfahndung. Da sich diese in der Regel mittels eines Durchsuchungsbeschlusses Zutritt verschafft, stellt sich die Frage, ob selbst in einer derartigen Situation noch die Abgabe einer Selbstanzeige möglich ist. Da die steuerliche Überprüfung mittels Durchsuchungsbeschlusses, der auf die darin angegebenen Veranlagungszeiträume sowie strafprozessualen Taten begrenzt ist, kann auch hier davon ausgegangen werden, dass für andere Taten und Zeiträume, die nicht ausdrücklich aufgrund der Begrenzungsfunktion und des Bestimmtheitsgrundsatzes benannt sind, eine Selbstanzeige möglich bleibt.[53] 47

Etwas anderes gilt für die leichtfertige Steuerverkürzung: Hier stellt das Erscheinen des Amtsträgers keinen Ausschlussgrund dar.

Als ähnlich problematisch ist die Umsatzsteuer- Nachschau im Sinne des § 27 b UStG einzuschätzen. Dies v.a. deshalb, weil es im Rahmen einer derartigen zunächst gegenwartsbezogenen Prüfung dem Außenprüfer möglich ist, ohne weitere Ankündigung in eine Außenprüfung überzugehen und damit den Umfang auszuweiten. Aus diesem Grund heraus, wird die Umsatzsteuer-Nachschau auch nicht als eine die Sperrwirkung auslösende Prüfung betrachtet.[54] 48

Die Nachschau nach § 210 AO stellt keine Außenprüfung nach § 193 ff AO dar, sondern ist als allgemeine Maßnahme der Steueraufsicht einzuordnen. Ebenso wie bei der Umsatzsteuer- Nachschau ist für sie eine Prüfungsanordnung nicht erforderlich; sie betrachtet gegenwärtige Sachverhalte. Die Sperrwirkung des § 371 Abs. 2 Nr. 1a AO wird demzufolge abgelehnt.[55] 49

Demgegenüber handelt es sich bei einer von der Vollstreckungsstelle des Finanzamts angeordneten Liquiditätsprüfung ebenso wie bei Erscheinen eines Vollziehungsbeamten, der ausschließlich einen Vollstreckungsauftrag ausführen will, um keine steuerliche Prüfung im Sinne von § 371 Abs. 2 Nr. 1a AO.[56] 50

52 BayObLG vom 17.09.1986-RReg 4 St 155/86; wistra 1987, S. 78; Rüping in HHSp § 371 Rz. 147; Joecks in FGJ § 371 Rz. 139

53 BGH vom 15.01.1988-3 StR 465/87; wistra 1988, S. 151; BayObLG vom 23.01.1985-RReg 4 St 309/84; StV 1985, S. 508

54 Joecks in FGJ § 371 Rz. 140a; a.A: Kohlmann § 371 Rz. 136; Croßmann in StBp 2002, S. 167; Braun in PStR 2002, S. 199, die zumindest bei Annahme einer Prüfung den Umfang auf die Umsatzsteuer begrenzt.

55 Vogelberg in Wannemacher Rz. 2204; Joecks in FGJ § 371 Rz. 157; a.A. Rüping in HHSp § 371 Rz.156

56 hierzu Burkhard in wistra 1998, S. 220

51 Die Frage, ob nur eine **rechtmäßige** Prüfung die Sperrwirkung des § 371 Abs. 2 Nr. 1a AO auslöst, ist noch nicht eindeutig geklärt.[57] Allerdings ist hier ein Ausflug in das allgemeine Verwaltungsrecht notwendig, das zwischen nichtigen und nur rechtswidrigen Verwaltungsakten unterscheidet:

Eine nichtiger Verwaltungsakt, z.B. eine nichtige Prüfungsanordnung, löst gemäß § 125 AO überhaupt keine Wirkung aus und führt damit auch nicht zu einer Sperrwirkung.[58]

Eine auf einer rechtswidrigen Prüfungsanordnung basierende und bereits durchgeführte Außenprüfung löst ebenfalls keine Sperrwirkung aus, da das Erscheinen zur steuerlichen Prüfung deren Rechtmäßigkeit voraussetzt.[59] Im Unterschied zu einem nichtigen Verwaltungsakt ist aber selbst der rechtswidrige Verwaltungsakt solange wirksam, bis dieser mit Einspruch angefochten wird, um dessen Rechtmäßigkeit festzustellen.

52 In Frage steht auch, ob die Sperrwirkung bei einer größeren Firmengruppe bzw. einem Konzern alle Gesellschaften betrifft. Insoweit ist klarzustellen, dass die Sperrwirkung grundsätzlich nur für den jeweils in der Prüfungsanordnung benannten Betrieb greift. Beim Konzern kann das Erscheinen des Prüfers für alle Konzerngesellschaften die Sperrwirkung bedingen, wenn die Aufgabe des Prüfers darin liegt, die steuerlichen Verhältnisse im gesamten Konzern zu prüfen. Entscheidend ist insoweit hinsichtlich der Gesellschaften im Rahmen eines Konzerns, wo die Prüfungshandlungen für welche Gesellschaften durchgeführt werden bzw. von wo aus die Anforderungen für die einzelnen Gesellschaften erfolgen und ob die Verwaltung der steuerlichen Unterlagen zentral oder dezentral für alle Konzerngesellschaften erfolgt.[60]

53 Bei Ermittlung der Steuer- und Zollfahndung handelt es sich unproblematisch um eine steuerliche Prüfung bzw. um eine Ermittlung einer Steuerstraftat im Sinne des § 371 Abs. 2 Nr. 1a AO. Aufgrund typischerweise Nichtvorliegens einer Prüfungsanordnung ging man davon aus, dass eine derartige Fahndungsprüfung eine unbeschränkte Sperrwirkung entfalten könnte. Obwohl der Wortlaut des § 371 Abs. 2 Nr. 1a AO weder eine zeitliche noch eine sachliche Begrenzung der Sperrwirkung vorsieht, ist diese Vorschrift dennoch nach herrschender Meinung einschränkend auszulegen und die von ihr ausgehende Sperrwirkung formal zu begrenzen.[61] Der BGH judizierte, dass eine derartige Sperrwirkung für die von späteren Selbstanzeigen erfassten Sachverhalte dann jedenfalls nicht besteht, wenn sie zu dem Zeitpunkt, in dem ein Amtsträger zur Ermittlung einer Steuerstraftat erschienen ist, weder von dessen Ermittlungswillen erfasst waren noch mit dem bisherigen Gegenstand in engem sachlichen Zusammenhang standen.[62] Insoweit wird man im Hinblick auf eine Diskussion über die Sperrwirkung der Selbstanzeige auf den jeweiligen Stand der Fahndungsakte abstellen müssen.[63]

Beispielsfall:

Der letzte Beispielsfall lässt sich ebenfalls auf die Fahndungsprüfung übertragen. Auf die Person des Amtsträgers bzw. die dahinterstehende Behördenstelle kommt es gerade nicht an.

57 bejaht wird dies von BayObLG vom 17.09.1986-RReg 4 St 155/86; wistra 1987, S. 77; Quedenfeld/ Füllsack Rz. 428
58 BFH vom 19.07.1993-6/S 2/92; BStBl II 1993, S. 651; FG Düsseldorf vom 04.06.2002-10 K 1599/98 H(U); EFG 2002, S. 1343; Vogelberg in Wannemacher Rz. 2192
59 Quedenfeld/ Füllsack Rz. 430; Weyand in Stbg 1987, S.286 f; Kohlmann § 371 Rz. 151 ff
60 Joecks in FGJ § 371 Rz. 147
61 Kohlmann § 371 Rz. 158 ff.; Joecks in FGJ § 371 Rz. 158 ff.
62 BGH vom 19.04.1983-1 StR 859/82; wistra 1983, S. 146; BGH vom 05.04.2000-5 StR 226/99; wistra 2000, S. 225
63 LG Stade vom 27.09.1999-12 KLs 141 Js 24059/98; wistra 2000, S. 200; OLG Celle vom 27.03.2002-2 Ws 38/00; wistra 2000, S. 277; Rüping in wistra 2001, S. 121

b) Bekanntgabe der Einleitung eines Straf- oder Bußgeldverfahrens gemäß § 371 Abs. 2 Nr. 1b AO 54

Weiterer Ausschlussgrund ist der Umstand, dass dem Täter oder seinem Vertreter bereits die **Einleitung des Strafverfahrens** bekanntgegeben wurde. Die Wirkung der Selbstanzeige tritt bei diesem Sachverhalt ebenfalls nicht ein.

Eingeleitet ist ein (Steuer-)Strafverfahren gemäß § 397 AO dann, sobald die Finanzbehörde oder eine andere Ermittlungsperson oder -behörde eine Maßnahme trifft, die erkennbar darauf abzielt, gegen eine Steuerpflichtigen strafrechtlich vorzugehen. Die Einleitung ist eine amtliche Maßnahme; ein bloßer Vermerk, dass Strafverfahren sei oder wird demnächst eingeleitet, genügt nicht.[64] 55

Bekanntgegeben ist das Strafverfahren wegen einer Steuerstraftat überdies, wenn dem Täter oder seinem Vertreter amtlich mitgeteilt wurde, dass die Behörde steuerstrafrechtliche Ermittlungen in Gang gesetzt hat. Auch die Bekanntgabe erfordert eine amtliche Mitteilung. Erfährt der Steuerpflichtige von dritter Seite oder aufgrund möglicher Indiskretionen von einer Einleitung, dann genügt dies der Anforderung an eine amtliche Mitteilung nicht, da sie nicht von einem Erklärungswillen der Behörde getragen wird.[65] 56

7

Die Form der Bekanntgabe ist allerdings gesetzlich nicht vorgeschrieben. Sie kann also sowohl schriftlich als auch mündlich, aber auch anlässlich des Vollzugs einer Durchsuchungsanordnung erfolgen. 57

Praxishinweis:

Üblicherweise erfolgt die Bekanntgabe der Einleitung eines Strafverfahrens an den Steuerpflichtigen allerdings mittels förmlicher Zustellung, meist mittels Postzustellungsurkunde. Dieses Verfahren hat sich durchgesetzt, da der Empfänger konkret von der Verfahrenseinleitung Kenntnis erlangt und auf seine zukünftige Position als Beschuldigter hingewiesen und entsprechend belehrt wird.

Die Verfahrenseinleitung selbst gemäß § 397 AO hat **keine verjährungsunterbrechende Wirkung,** wenn sie mittels eines Formblattes erfolgt, das den Vorwurf nicht hinreichend konkretisiert.[66] In der Praxis werden deshalb die vom Vorwurf umfassten Steuerarten und Veranlagungszeiträume genau angegeben. 58

Eine Sperrwirkung tritt nur hinsichtlich der Tat ein, wegen der das Verfahren eingeleitet wurde. Dieser Grundsatz basiert auf dem strafrechtlichen Bestimmtheitsgebot. Insoweit kommt es also auf den Inhalt der Mitteilung an, aus der sich die Absicht der Ermittlungsbehörden dem Verdacht nachzugehen und gegen den Steuerpflichtigen zu ermitteln, eindeutig und unmissverständlich ergeben muss. Allerdings ist die Angabe des konkreten Strafgesetzes und der Schuldform nicht erforderlich.[67] Die Konsequenz einer uferlosen Verfahrenseinleitung kann nur sein: Keine Sperrwirkung nach § 371 Abs. 1 Nr. 1b AO. 59

64 OLG Köln vom 1.09.1970-Ss 104/70, BB 1970; S. 1335; Rüping in HHSp § 371 Rz. 173; Joecks in FGJ § 371 Rz. 164
65 Joecks in FGJ § 371 Rz. 166; Kohlmann § 371 Rz. 172
66 BayObLG vom 26.10.1987-RReg 4 St 106/87; wistra 1988, S. 81; OLG Hamburg vom 24.03.1987-2 Ss 134/86; wistra 1987, S. 189
67 so auch Teske in wistra 1988, S. 292; Marx in wistra 1987, S. 208; Weyand in wistra 1987, S. 284;

Praxishinweis:

Es ist in der Praxis erkennbar, dass die Einleitung des Steuerstrafverfahrens oftmals verspätet erfolgt. Vor allem in Fällen aus der Betriebsprüfung heraus, denn dort werden häufig unter dem Vorwand der steuerlichen Sachverhaltsermittlung bereits strafrechtliche Ermittlungen angestellt.

Kommt der Verteidiger diesem Vorgehen aufgrund der Schlüsse, die er aus der Einsichtnahme der Akten gewonnen hat, auf die Spur, dann besteht neben der Möglichkeit der Geltendmachung eines Verwertungsverbots nach §§ 393 Abs. 2 AO, 136 a StPO bei unterlassener Aufklärung des Mandanten über seine Beschuldigtenrechte auch die Chance, die Argumentation im Hinblick auf das Strafmaß zu nutzen.

60 Die Sperrwirkung beschränkt sich in persönlicher Hinsicht auf die in der Mitteilung benannten Personen. Pauschale Kennzeichnungen, wie z.B. gegen die Verantwortlichen der Firma XY, werden nur dann als ausreichend angesehen, wenn hinreichende individualisierende Merkmale vorliegen.[68] Die Streitfrage, ob als Adressaten -dem Gesetzeswortlaut entsprechend- lediglich der Täter oder dessen Vertreter in Betracht kommen oder ob davon auch die Teilnehmer (Anstifter oder Gehilfe) in Betracht kommen, ist bislang ungeklärt.[69]

Beispielsfall:

Gegen den Steuerpflichtigen Findig, der Gesellschafter- Geschäftsführer der Findig GmbH ist, wird ein Steuerstrafverfahren wegen Körperschaftsteuerhinterziehung eingeleitet. Davon aufgerüttelt und in Angst versetzt, will er eine Selbstanzeige wegen bisher verschwiegener Kapitaleinkünfte abgeben. Diese ist nach wie vor möglich, weil dadurch die Einkommensteuer korrigiert wird.

61 Wie ein derartiges Einleitungsschreiben aussehen kann, ist unter § 3 D. beschrieben.

62 c) Tatentdeckung gemäß § 371 Abs. 2 Nr. 2 AO

Die Erstattung einer wirksamen Selbstanzeige ist nicht möglich, wenn die Tat im Zeitpunkt der Abgabe der Selbstanzeige ganz oder zum Teil bereits entdeckt war und der Täter dies wusste oder bei verständiger Würdigung der Sachlage damit rechnen musste.

Der Tatbegriff ist derselbe wie bei der Sperrwirkung der Verfahrenseinleitung[70], d.h. er erfasst die Steuerarten, den Besteuerungszeitraum und den Steuerpflichtigen. Die Sperrwirkung ist allerdings zeitlich vorgezogen.

63 Die Tat ist **entdeckt**, wenn der Amtsträger einer Behörde mindestens einen Teil des wirklichen Tatgeschehens oder der Tatfolgen unmittelbar selbst wahrgenommen hat.[71] Es ist also mit der unmittelbaren Selbstwahrnehmung mehr als nur ein Tatverdacht nötig.[72]

64 Die Tat muss **als Straftat entdeckt** sein, d.h. über das objektive Tatgeschehen hinaus muss der hinreichende Verdacht dahingehend bestehen, dass der Täter auch vorsätzlich gehandelt hat. Dies ergibt sich schon aus dem Umstand, dass im Rahmen der leichtfertigen Steuerverkürzung eine Selbstanzeige nach Tatentdeckung nicht ausgeschlossen ist.[73]

68 BGH vom 12.03.1991-1 StR 38/91; wistra 1991, S. 217; LG Dortmund vom 07.11.1991-14 (III) K 5/88; wistra 1991, S. 186
69 zum Meinungsstand siehe Joecks in FGJ § 371 Rz. 177 f
70 Kohlmann § 371 Rz. 199 f; BGH vom 05.04.2000-5 StR 226/99; wistra 2000, S. 219; Stahl Rz. 331
71 OLG Hamm vom 26.10.1962-2 Ss 935/62; BB 1963, S. 459; BayObLG vom 04.06.1970-RReg 4 St 23/70; DStR 1971, S. 87
72 so auch BGH vom 05.05.2004-5StR 548/03; wistra 2004, S. 309
73 so Joecks in FGJ § 371 Rz. 185; Rüping in HHSp § 371 Rz. 182

Weiterhin ist die bloße Entdeckungsgefahr genausowenig ausreichend wie die überwiegende oder naheliegende Wahrscheinlichkeit der Entdeckung. Für die Entdeckung ist es nach herrschender Meinung vielmehr erforderlich, dass durch die Kenntnis von der Tat eine solche Lage geschaffen wird, die bei vorläufiger Tatbewertung eine Verurteilung des Betroffenen wahrscheinlich macht.[74] 65

In der Rechtsprechung wird der Begriff der Tatentdeckung restriktiv ausgelegt. Nachfolgend sollen die wichtigsten Einzelfälle dargestellt werden:

- Allein die Kenntnis vom fruchtlosen Ablauf einer steuerlichen Erklärungsfrist bedeutet noch nicht die objektive Entdeckung einer Steuerstraftat, da allein die Fristversäumung keine Rückschlüsse auf eine Steuerschuld und den Vorsatz der Steuerhinterziehung erlaubt.[75]
- Das Auffinden von Konto- oder Depotauszügen bei ausländischen Banken bei einer Grenzkontrolle mag zwar den Rückschluss auf eine Steuerhinterziehung zulassen, aber eine Entdeckung liegt erst vor, wenn der zuständige Finanzbeamte feststellt, dass diese ausländischen Erträge nicht in der Steuererklärung angegeben wurden.[76]
- Das Ergehenlassen von Schätzungen und Haftungsbescheiden.[77]
- Kontrollmitteilungen, die dem Finanzamt vorliegen, schließen eine Selbstanzeige solange nicht aus, bis das Finanzamt davon Kenntnis erlangt hat, dass die sich aus den Kontrollmitteilungen ergebenden Vorfälle nicht berücksichtigt wurden.[78] Insoweit ist hier auf den Einzelfall abzustellen.
- Bei Sicherstellung von Unterlagen durch die Ermittlungsbehörden, die aber noch nicht ausgewertet werden konnten, v.a. hinsichtlich noch nicht bekannter Steuerpflichtiger.[79]

Ist eine Steuerhinterziehung nur zum Teil entdeckt, dann kann eine Selbstanzeige nur noch hinsichtlich anderer Taten ihre Wirkungen entfalten. Hier ist zu beachten, dass auf den strafprozessualen Tatbegriff gemäß § 264 StPO abzustellen ist. Dieser stellt auf die Tat (Abgabe einer unrichtigen Steuererklärung) als einheitlicher Sachverhalt ab, z.B. die Einkommensteuerhinterziehung für das Jahr 2006. 66

Ob die Person des Täters ebenfalls entdeckt sein muss, ist umstritten. Da aber der Wortlaut auf die Tat an sich abstellt und zur Verwirklichung derselben auch die subjektive Tatseite (Vorsatz) erfüllt sein muss, ist es auch erforderlich, dass der Täter zumindest anhand von bestimmten Merkmalen identifizierbar ist.[80] Das hat zur Folge, dass wenn mehrere Personen tatbeteiligt sind, die Sperrwirkung nur gegenüber den Personen eintritt, deren Tatbeitrag entdeckt wurde. 67

Zusätzlich zur Tatentdeckung durch die Finanzbehörde ist auch das **subjektive Element**, die Kenntnis oder das Kennen müssen des Täters, erforderlich, um die Sperrwirkung eintreten zu lassen. 68

Kenntnis von der Entdeckung liegt vor, wenn der Täter (nicht der Teilnehmer) aus den ihm bekannten Tatsachen den Schluss gezogen hat, dass eine Behörde soviel erfahren hat, dass bei vorläufiger Tatbewertung eine Verurteilung wahrscheinlich ist. Diese Kenntnis kann der Täter sowohl durch eigene Beobachtung, aber auch durch Dritte erlangen. Oftmals wird der Täter aufgrund von 69

74 BGH vom 13.05.1983-3 StR 83/83; wistra 1983, S. 197; BGH vom 27.04.1988-3 StR 55/88; wistra 1988, S. 308; BGH vom 05.04.2000-5 StR 226/98; wistra 2000, S. 226;
75 OLG Hamburg vom 27.01.1970-2 Ss 191/69
76 Joecks in FGJ § 371 Rz. 188
77 OLG Stuttgart vom 13.12.1993-4 Ss(22) 494/83; wistra 1984, S.115
78 LG Koblenz vom 16.04.1985-8 KLs 306/84; wistra 1985, S. 204; Stahl Rz. 319 f
79 Quedenfeld/ Füllsack Rz. 464; Jäger in wistra 2000, S.227
80 BGH vom 12.03.1991-1 StR 38/91; wistra 1991, S. 217; Vogelberg in Wannemacher Rz. 2286; Quedenfeld/ Füllsack Rz. 462;

Ermittlungen beim Mittäter oder Dritten subjektiv von der Tatentdeckung Kenntnis erlangen.[81] Die Irrtümliche Annahme des Täters, seine Tat sei bereits entdeckt, ist unschädlich und hat keine Sperrwirkung zur Folge.[82]

70 **„Mit der Entdeckung rechnen müssen"** bedeutet, dass der Täter aus den ihm bekannten Tatsachen den Schluss hätte ziehen müssen, dass eine Behörde von seiner Tat erfahren hat. Einem das Wissen um die Tatentdeckung bestreitenden Täter muss damit durch konkrete Umstände nachgewiesen werden, dass sich ihm die Überzeugung von der Tatentdeckung hätte aufdrängen müssen. Ist dies nicht möglich, geht dies zugunsten des Täters.[83]

Hinsichtlich dieser Bewertung, ob sich beim Täter die Tatentdeckung hätte aufdrängen müssen, ist auf die **individuellen Fähigkeiten** des Täters abzustellen.[84]

Praxishinweis:

Die Aktualität (Datenkauf des BND zur Aufdeckung von in Liechtensteinischen Stiftungen angelegten unversteuerten Geldern) macht es notwendig, genauer zu betrachten, ob durch die Auswertung der besagten CD bereits Tatentdeckung eingetreten ist. Dies war diskutiertes Thema bei der Tagung des DAI in Berlin zum Thema „Beratung und Verteidigung in Steuerstrafsachen 2008" am 13. und 14.03.2008 in Berlin.

Es wurde ausgeführt, dass die Finanzbehörden die gekaufte CD bereit ausgewertet haben. Fraglich ist, ob aufgrund der umfassenden Presseberichte eine Tatentdeckung für diejenigen Steuerpflichtigen, deren Daten sich auf der CD befinden, eingetreten ist.

Von Tatentdeckung ist grundsätzlich auszugehen, wenn der Steuerpflichtige von den Aufklärungstätigkeiten der Finanzbehörde positiv Kenntnis hatte bzw. mit der Aufklärung seiner eigenen Tat rechnen musste. Allein die Erhöhung des Entdeckungsrisikos reicht im Vergleich zu den anderen Sperrgründen für die Annahme von Tatentdeckung nicht aus. Eine mangelnde Freiwilligkeit der Abgabe der Selbstanzeige durch die Presseberichte kann ebenfalls nicht dazu führen, da die Freiwilligkeit für die Abgabe einer Selbstanzeige nicht von Belang ist. Nähme man dies an, würde die Variante der positiven Kenntnis bedeutungslos. Die bislang bestehende Linie der Rechtsprechung handhabte die positiven Voraussetzungen für die Abgabe einer Selbstanzeige in der Vergangenheit eher großzügig. Vor diesem Hintergrund und der Tatsache, dass § 371 AO grundsätzlich fiskalisch orientiert ist, besteht für eine restriktiveren Auslegung keine Regelungslücke. Überdies hätte die Finanzbehörde die Sperrwirkung durch Einleitung eines Steuerstrafverfahrens gegen die einzelnen, inzwischen bekannten Steuerpflichtigen selbst herbeiführen können.

Allerdings wurde im Zuge dieser Diskussion von einem Richter des 5. Strafsenats eingewandt, dass seines Erachtens das Merkmal des Rechnenmüssens restriktiv ausgelegt werden muss. Der dahinter stehende Gesetzeszweck ist an der Erschließung von neuen Steuerquellen ausgerichtet. Es mangelt aber gerade an einer solchen neuen Steuerquelle, wenn der Steuerpflichtige den Finanzbehörden infolge der Auswertungen bereits bekannt ist.

Insoweit ist abzuwarten, wie sich diese Fälle entwickeln werden. Der Berateransatz muss aber nach wie vor der sein, zur Selbstanzeige zu raten, um all die oben genannten Argumente für den Steuerpflichtigen später überhaupt ins Feld führen zu können.

Nimmt der Täter fälschlich an, dass seine Tat entdeckt ist, schließt dies die Wirkung der Selbstanzeige nicht aus.[85]

81 Riegel/ Kruse in NStZ 1999, S. 328 ff; BGH vom 15.01.1988-3 StR 465/87; wistra 1988, S. 151
82 Joecks in FGJ § 371 Rz. 197;
83 Quedenfeld/ Füllsack Rz. 477; Kohlmann § 371 Rz. 236 ff.
84 Kohlmann in § 371 Rz. 238; Rüping in HHSp § 371 Rz. 195
85 OLG Hamm vom 06.12.1962-2 Ss 935/62; BB 1963, S. 459; OLG Frankfurt vom 18.10.1961-I Ss 854/61; NJW 1962, S. 974

Beispielsfall:

Dem Finanzamt liegt eine Kontrollmitteilung vor, wonach die Firma Ehrlich dem Steuerpflichtigen Pfiffig im Jahr 2005 Provisionen gezahlt hat. Diese sind aber in dessen Steuererklärung nicht enthalten. Daraufhin fragt das Finanzamt bei Pfiffig nach, welche Bewandtnis es mit dieser Zahlung gehabt hätte. Noch vor der durch das Finanzamt gesetzten Frist zur Beantwortung dieser Anfrage erstattet Pfiffig Selbstanzeige.

Hier ist fraglich, ob der Abgabe einer solchen Selbstanzeige nicht der Ausschlussgrund der Tatentdeckung entgegen steht. Die Tatentdeckung erfordert, dass über das Tatgeschehen hinaus der hinreichende Verdacht besteht, der Täter habe auch vorsätzlich gehandelt. Hierfür gibt es zwar im Sachverhalt keine Ansatzpunkte, allerdings sind die Grenzen fließend.[86]

Praxishinweis:

Hierzu sei angemerkt, dass in einem solchen Fall stets rechtzeitig gehandelt werden sollte, denn diese Fallgestaltung kann durch eine wirksame Selbstanzeige günstig für den Steuerpflichtigen gestaltet werden. Andererseits ist es immer noch möglich, im Nachgang- sollte eine Tatentdeckung durch die Finanzbehörde behauptet werden- diesbezüglich argumentiert werden.

5. Rechtsfolgen und Wirkungen

Nachfolgend sollen die Rechtsfolgen und Wirkungen der Selbstanzeige aufgezeigt werden:

a) Strafrechtliche Folgen 71

Bei rechtzeitiger und wirksamer Abgabe einer Selbstanzeige sowie rechtzeitiger Nachzahlung der Steuern dürfen die in §§ 370, 378 AO angedrohten Strafen nicht verhängt werden. Allerdings ist zu beachten, dass dennoch die Bußgeldtatbestände der § 379 f AO anwendbar bleiben, soweit deren tatbestandliche Voraussetzungen zugleich erfüllt wurden.[87]

Die wirksame Selbstanzeige ist als **persönlicher Strafaufhebungsgrund** ausgestaltet, der nur für 72
denjenigen eingreift, der sie persönlich erstattet und gleichfalls nur für die §§ 370, 378 AO gilt.

Teilweise Straffreiheit tritt bei teilweiser Berichtigung ein. Aus welchem Grunde die Selbstan- 73
zeige nicht vollständig bzw. lückenhaft abgegeben wurde, ist letztlich gleichgültig. Die lückenhafte Selbstanzeige entfaltet in einem solchen Fall insoweit strafbefreiende Wirkung, soweit diese reicht.

Weicht allerdings die Selbstanzeige nur geringfügig von der korrekten Besteuerungsgrundlage ab, soll es dennoch zur völligen Straffreiheit kommen.[88]

Praxishinweis:

In der Praxis geht man davon aus, dass zwischen einer prozentualen Abweichung von 6- 10 % zwischen der fehlerhaften „überschießenden" Selbstanzeige und der tatsächlich hinterzogenen Steuer der noch völlige Straffreiheit angenommen werden. Allerdings ist dies regional unterschiedlich und daher dem Verhandlungsgeschick des Beraters unterworfen.

86 BGH vom 13.05.1987-3 StR 37/87; wistra 1987, S. 293; BGH vom 05.05.2004- 5 StR 548/03; LG Stuttgart vom 16.04.1985-8 KLs 306/84; wistra, 1985, S. 204

87 Dörn in wistra 1995, S. 7; BayObLG vom 03.03.1980-RReg 4 St 266/79; NJW 1981, S. 1055; KG Berlin vom 07.05.1992-2 Ss 33/92-4 Ws(B) 48/92; wistra 1994, S. 36

88 Koops in DB 1999, S. 2184; BGH von 13.01.1998-5 StR 392/98; wistra 1999, S. 27

74 Auch bei nur teilweise fristgerechten Nachzahlung tritt nach herrschender Meinung ebenfalls eine entsprechende Straffreiheit ein.[89] Zwar ist dies nicht ausdrücklich aus dem Gesetzeswortlaut des § 371 AO erkennbar, jedoch ist nicht nachvollziehbar, warum derjenige, der nur nicht fristgemäß zahlt, schlechter gestellt sein soll, als derjenige, der eine lückenhafte Selbstanzeige abgibt.

75 b) Strafrechtliche Nebenfolgen

Diese werden in der Regel von der strafbefreienden Wirkung der Selbstanzeige miterfasst. Tritt keine vollumfassende Straffreiheit ein, bleiben auch die möglichen Nebenfolgen bestehen. Als solche Nebenfolgen kommen insbesondere in Betracht:

- **Aberkennung der Amtsfähigkeit und Wählbarkeit**, wenn im Rahmen der teilweise Wirksamkeit immer noch eine Strafmaß in Höhe von mindestens einem Jahr Freiheitsstrafe in Betracht kommt.
- **Einziehung von Erzeugnissen**, auf die sich die Hinterziehung erstreckt.

76 c) Steuerliche Folgen

Die rein steuerrechtlichen Folgen einer Steuerhinterziehung bleiben neben der strafbefreienden Selbstanzeige selbstverständlich bestehen. Zu diesen Folgen zählen u.a.:

- die Haftungsvorschriften der §§ 34 ff AO sowie §§ 69 ff AO,
- die Verlängerung der Festsetzungsfrist bei Steuerhinterziehung gemäß § 169 Abs. 2 AO
- die infolge der Abgabe der Selbstanzeige mögliche Änderung der Steuerbescheide sowie
- die Verhängung von Hinterziehungszinsen gemäß § 235 AO.

77 d) Außerstrafrechtliche Folgen

Eine der für den Betroffenen wohl schmerzhafteste Folge ist im **Disziplinarrecht** verankert. Disziplinarmaßnahmen, z.B. gegen Beamte, Richter, Polizisten und Soldaten bleiben selbst bei Erstattung einer wirksamen Selbstanzeige zulässig.[90] Denn diese Personen stehen in einem besonderen Treueverhältnis gegenüber dem Staat und dessen Einrichtungen.

Fraglich ist, ob die Weitergabe der Information, dass eine Selbstanzeige abgegeben wurde, nicht dem Steuergeheimnis unterfällt und daher zu unterbleiben hat. Allerdings hat das BMF mit Schreiben vom 10.05.2000[91] **Unterrichtungspflichten** der Finanzbehörden gegenüber dem Dienstherren angenommen, wenn die verkürzte Steuer 5.000 DM (2.500 Euro) je Veranlagungszeitraum beträgt.[92] Zwar fehlt für diese Vorgehensweise meines Erachtens die Rechtsgrundlage, da auch § 30 Abs. 4 Nr. 5 AO diesbezüglich nicht eingreifen kann, jedoch ist von dieser Verwaltungspraxis auszugehen und deren Handhabung auch durchaus üblich.

Demzufolge kann diese Unterrichtungspflicht weitreichende disziplinarrechtliche Folgen haben, insbesondere kann die Entlassung bzw. die Streichung der Altersbezüge in Betracht kommen.

89 Kohlmann § 371 Rz. 114;
90 Joecks in FGJ § 371 Rz. 218
91 BStBl. I 2000, S. 494
92 BMF vom 10.05.2000; BStBl. I, S. 494; BayVGH vom 20.04.1983; OVG Münster vom 04.05.2000-12 CL 4145/99.0; BGH vom 10.08.2001- RiSt 1/00

Praxishinweis:

Diese Folge sollte bei der Beratung eines Beamten unbedingt als Risiko beachtet werden. Dennoch sollte man sich der Folgen gewahr sein, die in Frage kommen, wenn keine Selbstanzeige abgegeben wird. Allerdings ist es von Nöten, die disziplinarrechtliche Folge in ein steuerstrafrechtliches Verfahren mit einzubeziehen, da sich derartige Folgen mindernd auf das Strafmaß auswirken wird. Denn es steht nicht in Frage, dass es Absicht der Strafverfolgungsbehörden ist möglichst umfangreiche Strafen zu verhängen. Vielmehr stellt sich die Frage, ob nicht rein fiskalische Erwägungen bei Findung des Strafmaßes im Vordergrund stehen sollten und die Tatsache, dass etwaige Nebenfolgen den Beschuldigten weitaus härter treffen als die eigentliche Strafe, sollte es an der Wirksamkeit der Selbstanzeige mangeln.

6. Chancen und Risiken 78

Eine wirksame Selbstanzeige bietet vor allem Chancen, aber auch Risiken:

Die größte Chance für den Steuerpflichtigen ist die Tatsache der **Strafffreiheit**. Das damit verbundene Risiko bei der Abfassung der Selbstanzeige ist, diese vollständig und umfassend zu gestalten.

Allerdings existiert die interne Anweisung in den Finanzbehörden bei Vorliegen einer Selbstanzeige diese an die Bußgeld- und Strafsachenstelle zur Überprüfung von deren Vollständigkeit bzw. der Prüfung, ob eventuell Ausschlussgründe gegen eine Wirksamkeit sprechen, weiterzuleiten. Während dieser Überprüfung hat dies zur Folge, dass es nicht ausgeschlossen werden kann, dass die Bußgeld- und Strafsachenstelle während des Zeitraums zur Überprüfung ein Strafverfahren gegen den Steuerpflichtigen einleitet.

Praxishinweis:

Insoweit empfiehlt es sich, den Mandanten schon auf ein derartiges Schreiben vorzubereiten, da dieser davon sonst völlig überrascht wird und sich mit wenig Verständnis für die Situation an den Berater wenden wird.

Sollte die Bußgeld- und Strafsachenstelle zu der Erkenntnis kommen, dass keine Gründe gegen 79
die Wirksamkeit der Selbstanzeige sprechen, dann wird sie das strafrechtliche Verfahren wegen Vorliegens einer persönlichen Strafaufhebungsgrundes **einstellen** müssen. Von dieser Einstellung ist aber der Berater, selbst wenn dieser die Selbstanzeige für den Steuerpflichtigen erstattet hat, nicht zu informieren.

Praxishinweis:

Insoweit hilft es nur, den engen Kontakt mit der Finanzbehörde zu pflegen. Ist dieser möglich, dann ist es auch schon vorgekommen, dass der Einstellungsvermerk informell auch dem Berater per Telefax übersandt wird.

Als weitere Chance kann durchaus gesehen werden, dass die Berichtigungsmöglichkeit, z.B. nach 80
Abschluss einer Außenprüfung, wieder aufleben kann. Dabei ist die steuerliche Prüfung abgeschlossen mit der Bekanntgabe eines neuen Steuerbescheides oder der Mitteilung nach § 202 Abs. 1 Satz 3 AO, dass die Außenprüfung zu keiner Änderung der Besteuerungsgrundlagen geführt hat.[93]

Ein darüber hinaus anhängiges strafrechtliches Ermittlungsverfahren ist mit der Bekanntgabe der Verfahrenseinstellung abgeschlossen.

93 BGH vom 15.01.1988-3 StR 465/87; wistra 1988, S. 151; Vogelberg in Wannemacher Rz. 2370 ff

81 # 7. Besonderheiten

Im Rahmen der Selbstanzeigenberatung fallen einige Besonderheiten ins Auge, die man als Berater kennen und mit den durch diese sich eröffnenden Möglichkeiten auch arbeiten sollte.

82 ## a) Selbstanzeige- wessen zugewiesene Aufgabe ?

Die Beratung über eine mögliche Selbstanzeige ist als originäre Aufgabe der Steuerberatung zugeordnet. Auf die Selbstanzeigenberatung findet daher das Verbot der Mehrfachverteidigung gemäß § 146 StPO keine Anwendung[94], d.h. der Berater kann in einem Gespräch mehreren Tätern/ Beteiligten, z.B. einem Ehepaar bzw. mehreren Geschäftsführern zur Selbstanzeige raten.

83 ## b) Verpflichtung zur Selbstanzeige?

7

Nach einer Entscheidung des OLG Hamburg[95] soll die Berichtigungspflicht des § 153 AO auch dann gelten, wenn ein Steuerpflichtiger vorsätzlich keine Steuererklärung abgegeben hat. Meines Erachtens kann es keine Pflicht zur Selbstanzeige geben, denn anders als die Berichtigungs- und Nacherklärungspflicht des § 153 AO obliegt dem Steuerhinterzieher keine Pflicht, da dieser gerade nicht verpflichtet ist, sich selbst einer Straftat zu bezichtigen.[96]

84 ## c) Freiwilligkeit der Abgabe einer Selbstanzeige?

Der Gesetzeswortlaut fordert zwar **keine Freiwilligkeit** der Abgabe einer Selbstanzeige, dennoch existiert unterschwellig eine Diskussion darüber, ob die Freiwilligkeit der Selbstanzeige als ungeschriebenes positives Tatbestandsmerkmal zu fordern ist. In Abgrenzung zu § 24 StGB, dem Rücktritt vom Versuch, hält die herrschende Meinung daran fest, dass ein notwendig freiwilliges Verhalten des Steuerpflichtigen bei Abgabe der Selbstanzeigenerklärung weder als Tatbestandsmerkmal zu fordern, noch bei dessen Nichtvorliegen ein Ausschlussgrund gegeben ist. Dies ist auch praktikabel, da gerade oftmals die Gefahr der Entdeckung das Motiv für die Abgabe einer derartigen Erklärung darstellt.[97]

85 ## d) Phänomen der teilweisen Straffreiheit

Wie bereits dargestellt, wird der Steuerhinterzieher nur soweit straffrei, wie seine abegegebene Selbstanzeige reicht. Damit wird die Bestrafung im Hinblick auf die prozessuale Tat im Sinne des § 264 StPO zugunsten des Steuerpflichtigen durchbrochen. Das dies unumstrittene Praxis ist, wurde bereits vom BGH für Teile der zwischenzeitlich aufgegebenen Rechtsfigur der fortgesetzten Handlung so gesehen[98] und schließlich auch für die einzelne Tathandlung bestätigt.

Auf die Motivation und Gesinnung zur Abgabe einer nur teilweise wirksamen Selbstanzeige kommt es nicht an. Selbst eine Teilselbstanzeige, die die wahre Höhe der Steuerhinterziehung verheimlichen soll oder aber unabsichtlich unvollständig ist, ist in dem angegebenen Umfang wirksam.

94 Streck Rz. 191 f; ders. in DStR 1996, S. 292
95 OLG Hamburg vom 07.05.1996-2 StO 1/96; wistra 1996, S. 214; BGH vom 30.03.1993-5 StR 77/93; wistra 1993, S. 274
96 so auch Quedenfeld/ Füllsack Rz. 406; Streck Rz. 189
97 so Streck Rz. 190
98 BGH vom 12.08.1987-3 StR 10/87; wistra 1987, S. 342; BGH vom 26.02.1988-3 StR 477/87; wistra 1988, S. 465, Quedenfeld/ Füllsack Rz. 402

Praxishinweis:

Allerdings ist zu berücksichtigen, dass bei der Ahndung des nicht oder zu spät angezeigten Teils sich die jeweilige Gesinnung in der Höhe des Strafmaßes entweder strafschärfend oder strafmildernd auswirken kann.

e) Widerruf einer Selbstanzeige 86

Zunächst wird zwar in der Literatur stets dargestellt, dass ein Widerruf einer Selbstanzeige grundsätzlich möglich ist.

Allerdings soll eine Anfechtung wegen Irrtums nach der Rechtsprechung nicht möglich sein, da es sich bei der Erklärungsabgabe um eine Wissenserklärung und nicht um eine Willenserklärung handeln soll.[99] Eine Begründung dafür existiert allerdings nicht und die Einordnung, dass es sich bei der Selbstanzeige nicht um eine Willenserklärung des Steuerpflichtigen handeln soll, ist nicht nachvollziehbar. Die Tatsache, dass der Steuerpflichtige zwar mit der Anfechtung bzw. dem Widerruf die Erklärung selbst aus der Welt schafft, aber die mögliche Kenntnis des Sachverhalts bei der Finanzbehörde natürlich nicht beseitigen kann, ist noch eingängig, aber nicht grundsätzlich Frage der Anfechtbarkeit bzw. des Widerrufs, sondern der damit verbundenen Wirkungen.

Die wohl überwiegende Meinung sieht aufgrund des Widerruf oder der Änderung die ursprüngliche wahrheitsgemäße Selbstanzeige als nicht mehr existent an, mit der Folge, dass auch die Straffreiheit wegfällt.[100]

Nachfolgend wird ein Beispielsfall dargestellt, der bei der Autorin nur Kopfschütteln und Unverständnis auslöst:

Beispielsfall:

Der Steuerpflichtige gab eine Selbstanzeige für die Steuerarten Einkommensteuer und Vermögensteuer aufgrund bisher verschwiegener Kapitaleinkünfte für die Jahre 1993 bis 2002 ab. Die Selbstanzeige erfolgte in der Zeit als der Gesetzgeber über den Gesetzentwurf für das StraBEG und dessen Inhalt debattierte und dies in der Presse auch umfassend ausgebreitet wurde. Aufgrund dieser Entwicklung und v.a. der angedachten Voraussetzungen widerrief der Steuerpflichtige seine Selbstanzeige, nachdem die Finanzbehörde mehr als ein Jahr auf die abgegebene Selbstanzeige in keiner Weise reagiert hatte. In diesem Widerruf machte er darauf aufmerksam, dass er beabsichtigte, die neue Gesetzgebung des StraBEG nutzen zu wollen. Etwas später trat auch das StraBEG in Kraft und der Steuerpflichtige nutzte die Möglichkeit der strafbefreienden Erklärung und erklärte den gleichen Sachverhalt nochmals. Und kurz auf die Erklärung nach dem StraBEG erfolgte eine Veranlagung entsprechend der damaligen Selbstanzeige; inzwischen waren fast 16 Monate vergangen.

Hier wird sogar bis zum BFH[101] darauf abgestellt, dass die ursprüngliche Selbstanzeige aufgrund dessen, dass es sich um eine Wissenserklärung handeln würde, nicht anfechtbar bzw. widerrufbar sei. Somit konnte diese ursprüngliche Selbstanzeige auch nicht beseitigt werden. Damit stand der zweiten Erklärung mittels des StraBEG die Selbstanzeige als Ausschlussgrund entgegen. Eine Verbescheidung aufgrund der ursprünglichen Selbstanzeige sei damit rechtmäßig. Zwischen den Zeilen der jeweiligen Schreiben und Entscheidungen lässt sich lesen, dass der Grundsatz von Treu und Glauben auch nicht zu bemühen sei, denn das Finanzamt müsse auf Schreiben der Steuerpflichtigen nicht zeitnah reagieren, um Rechtssicherheit für Laien eintreten zu lassen.

99 BFH vom 04.04.2007-II B 66&76; BFH/NV 2007, S. 1274 f; Niedersächsisches FG vom 19.09.2005-3 V 281/05
100 Klein § 371 Rz. 3; Kohlmann § 371 Rz. 74;
101 BFH aus 2007-B II 66/06

Dadurch sollte aufgezeigt werden, dass der Widerruf ein argumentativ umstrittenes Feld im Rahmen der Selbstanzeige darstellt.

87 Darüber hinaus wird in der Literatur auch vertreten, dass in Fällen des Widerrufs einer Selbstanzeige sogar zu einer neuerlichen Steuerhinterziehung vorliegen kann.[102] Soweit allerdings der ursprüngliche Sacherhalt vom Widerruf nicht tangiert wird, kann von allgemeinen Grundsätzen von der Fortexistenz einer wirksamen Teilselbstanzeige ausgegangen werden.[103]

88 f) Selbstanzeige und die Gefahr des Bewährungswiderrufes

Wird im Rahmen der Überprüfung einer abgegebenen Selbstanzeige eine Steuerstraftat bekannt, die innerhalb einer Bewährungszeit vorangegangener Verurteilungen begangen wurde, so kann diese Bewährung nicht widerrufen werden.[104]

89 g) Selbstanzeige bei leichtfertiger Steuerverkürzung gemäß 378 AO

Grundsätzlich gelten bei einer Selbstanzeige nach vorausgegangener **leichtfertiger Steuerverkürzung** dieselben Ausführungen wie für die Selbstanzeige nach § 371 AO. Allerdings umfasst diese Vorschrift im Gegensatz zu § 371 AO zwar nicht die Tatbestände der §§ 379 ff. AO, doch häufig wird in der Praxis von der Verfolgung dieser Tatbestände gemäß § 47 OWiG abgesehen.[105] Eine Ahndung bleibt aber über § 380 AO sowie § 130 OWiG möglich.

Darüber hinaus zeigt § 378 Abs. 3 AO, dass die Ausschlussgründe des § 371 Abs. 2 AO dahingehend eingeschränkt gelten, dass eine Geldbuße nicht verhängt wird, soweit der Betroffene eine Selbstanzeige vor Bekanntgabe der Einleitung eines Straf- oder Bußgeldverfahrens abgibt und die verkürzten Steuern fristgerecht nachentrichtet. Daraus ergibt sich, dass die Selbstanzeige auch während einer laufenden Außenprüfung und trotz Tatentdeckung noch möglich bleibt.[106]

Doch trotz dieser Möglichkeit scheint die Praktikabilität dieser bußgeldbefreienden Selbstanzeige eher eingeschränkt. Der einzige Fall, der sich praktisch vorstellen lässt, ist, dass der Steuerpflichtige die konkreten Unterlagen, auf die sich sein eigenes „Unwohlsein" bezieht, dass etwas falsch gelaufen sein könnte, dem Prüfer ungefragt vorlegt. Doch auch dies ist in der Rechtsprechung umstritten.[107]

90 h) Unterschiedliche Verjährung

Hinsichtlich der Abgabe einer Selbstanzeige ist unbedingt unterscheiden zwischen der straf- und der rein steuerrechtlichen Verjährung zu unterscheiden.

Die **strafrechtliche Verfolgungsverjährungsfrist** beträgt bei den als Vergehen normierten Steuerstraftatbeständen gemäß § 78 Abs. 3 Nr. 4 StGB fünf Jahre; etwas anderes galt bei § 370 a AO, da dieser als Verbrechen ausgestaltet war, verjährte die Möglichkeit der Strafverfolgung gemäß § 78 Abs. 3 Nr. 3 StGB erst nach 10 Jahren. Aufgrund der Neuregelung der banden- und gewerbsmä-

102 so auch Joecks in FGJ § 371 Rz. 95
103 Quedenfeld/ Füllsack Rz. 401; Kohlmann § 371 Rz. 75
104 Streck/ Spatscheck in NStZ 1995, S. 269
105 Joecks in FGJ § 371 Rz. 212
106 BayObLG vom 30.03.1978-3 Ob OWi 11/78; MDR 1978, S. 865 und vom 02.12.1980-RReg 4 St 168/80 MDR 1981, S. 427
107 ausführlich dazu Quedenfeld/ Füllsack Rz. 557 ff.

ßigen Steuerhinterziehung in § 370 Abs. 3 Nr. 5 AO und der Ausgestaltung als Vergehen, ist auch nun wieder von einer Verfolgungsverjährungsfrist von fünf Jahren auszugehen.

Grundsätzlich beginnt der strafrechliche Verjährungslauf, sobald die Tat beendet ist. Aufgrund der Ausgestaltung der Steuerarten als Veranlagungs- bzw. Fälligkeitssteuern ist diesbezüglich zu differenzieren:

Bei **Veranlagungssteuern** tritt der Erfolg der Steuerverkürzung mit Bekanntgabe des Steuerbescheides an den Steuerpflichtigen ein. Damit ist dieses Datum (!) ausschlaggebend für den Fristbeginn.[108] Eine Änderung des Erstbescheides ist für den Beginn der Verfolgungsverjährung unerheblich.

Im Rahmen von **Fälligkeitssteuern** ist die Tat beendet, wenn die Steuern zum Fälligkeitstermin nicht oder nicht vollständig angemeldet werden. Verjährungsbeginn ist damit der gesetzliche Fälligkeitstermin.[109]

Fraglich ist, wann die strafrechtliche Verfolgungsverjährung zu laufen beginnt, wenn keine Steuererklärung abgegeben wurde. Insoweit stellt die herrschende Meinung auf den Zeitpunkt ab, zu dem die Veranlagung der Steuer für den fraglichen Zeitraum durch die Finanzbehörden üblicherweise abgeschlossen ist.[110]

Die Verfolgungsverjährung bei einem Versuch beginnt mit der Beendigung des Versuchs, d.h. wenn der Steuerpflichtige alles getan hat, den Tatbestand zu verwirklichen, also die Steuererklärung beim zuständigen Finanzamt abgegeben hat.

Praxishinweis:

Insoweit ist bei der Abgabe einer Selbstanzeige die Verfolgungsverjährung von besonderer Bedeutung, denn man sollte lediglich für Jahre die strafrechtlich noch nicht verfolgungsverjährt sind, eine derartige Erklärung abgeben. Der Rückgriff auf § 169 Abs. 2 AO, die steuerliche Festsetzungsverjährung, offenbart, dass der Berater eine derartige Beratung „nicht im Griff" hat. Zum einen deshalb, weil er rein konkludent durch das Verhalten zeigt, dass er die Erklärung als Selbstanzeige qualifiziert und sich damit der Chance beraubt, dass das Finanzamt darin selbst keine Selbstanzeige sieht. Zum anderen nimmt er sich die Möglichkeit, die Tat nur als leichtfertige Steuerverkürzung argumentativ zu untermauern, die lediglich eine steuerliche Festsetzungsfrist von fünf Jahren vorsieht.

Zu beachten ist, dass sich der Verjährungsbeginn für die Teilnehmer grundsätzlich nach dem Verjährungsbeginn der Haupttat richtet. 91

Die Frist zur Strafverfolgungsverjährung wird nur unterbrochen, wenn die in § 78c StGB abschließend aufgeführten Unterbrechungshandlungen gegeben sind. Zu beachten ist, dass eine Unterbrechung bewirkt, dass mit dem Tag der Unterbrechungshandlung eine neue Verjährungsfrist zu laufen beginnt. Im Hinblick auf Steuerstraftaten kommt neben § 78c StGB auch § 376 AO zur Anwendung. 92

Überdies ruht die Verfolgungsverjährung gemäß § 396 AO, wenn das Steuerstrafverfahren zur Klärung einer Vorfrage im Hinblick auf das Besteuerungsverfahren ausgesetzt ist. 93

108 BGH vom 07.02.1984-3 StR 413/83; wistra 1984, S. 142; BGH vom 25.04.2991-5 StR 613/00; wistra 2001, S. 309; Joecks in FGJ § 376 Rz. 15

109 BGH vom 13.02.1991-3 StR 13/91; wistra 1991, S. 222; BGH vom 26.05.1993-5 StR 190/93; wistra 1993, S. 223; Quedenfeld/ Füllsack Rz. 317

110 BGH vom 07.11.1001-5 StR 395/01; wistra 2002, S. 64; OLG München vom 01.10.2001-2 Ws 1070/01; wistra 2002, S. 34, Kohlmann § 370 Rz. 261

Praxishinweis:

Insoweit sollte man als Verteidiger versuchen, das Strafverfahren zwar faktisch, aber ohne jeglichen Antrag auf Ruhen des Verfahrens ruhen lassen. Oftmals ziehen sich derartige Besteuerungsverfahren und Verhandlungen mit den Ermittlungsbehörden (insbesondere der Steuerfahndung) zwar länger als einem und dem Mandanten lieb ist, dennoch kann sich dadurch die Möglichkeit eröffnen, die absolute Verfolgungsverjährungsfrist gemäß § 78 Abs. 3 Satz 2 StGB zu überschreiten (Anzumerken ist hierbei, dass die Folgen der überlangen Verfahrensdauer Teil der angedachten Rechtsprechungsänderung ist.).

94 Die **steuerliche Festsetzungsverjährung** bestimmt, dass bei einer Steuerhinterziehung im Sinne von § 370 AO die Festsetzungsfrist gemäß § 169 Abs. 2 Satz 2 AO auf zehn Jahre ausgedehnt werden kann. Die Berechnung dieser Festsetzungsfrist erfolgt nach steuerlichen Regeln und beginnt gemäß § 170 AO mit Ende des jeweiligen Kalenderjahres bzw. mit Ablauf des Kalenderjahres, in dem die Steuer entstanden ist.

Für die leichtfertige Steuerverkürzung wird die Festsetzungsverjährung gemäß § 169 Abs. 2 Satz 2 AO lediglich von vier auf fünf Jahre ausgedehnt.

Hinsichtlich der Einschätzung des Abgabe- und Kostenrisikos, das der selbstanzeigewillige Mandant zu tragen hat, ist hier zwischen dem Lauf der beiden Verjährungsfristen zu unterscheiden.

95 i) Behandlung von Beratungskosten

Beratungskosten, die bei der Beratung über eine Selbstanzeige angefallen sind, richten sich entsprechend der Berufsträgereigenschaft nach Rechtsanwaltsvergütungsgesetz oder Steuerberatergebührenverordnung. Diese Gebühren sind für die steuerliche Beratung in der Einkommensteuererklärung absetzbar. Allerdings existiert ein Schreiben der OFD Frankfurt/Main vom 10.10.2005[111] im Hinblick auf Gebühren, die im Rahmen einer strafbefreienden Erklärung nach dem StraBEG anfallen. Danach sollen die Gebühren nicht absetzbar sein. Inwieweit diese Vorgehensweise auf die Selbstanzeigenberatung durchschlägt, wird noch abzuwarten sein.

96 8. Taktisches Vorgehen – wie handhabt man eine Selbstanzeige?

Der Beratungsalltag sieht so aus, dass der Mandant, aus welchem Grund auch immer, nun feststellt, dass in der Vergangenheit unvollständige Steuererklärungen abgegeben wurden. In diesen Fällen will der Steuerpflichtige sein Entdeckungsrisiko und evtl. nun auftretendes schlechtes Gewissen zwar minimieren und eine Selbstanzeige abgeben, hat aber im Beratungsgespräch verlauten lassen, dass die Erfassung der Einkünfte nicht oder kaum mehr zu belegen ist, weil entweder eine derartige Buchhaltung nie existiert hat oder nur unter großem Aufwand, wie z.B. bei Kapitalvermögen im Ausland, erst beschafft werden muss.

Bei hohem Druck, sei es, dass sich eine Außenprüfung angekündigt hat oder dass der Steuerpflichtige nun dem emotionalen Druck nicht mehr Stand hält, ist die Frage, wie geht man vor, um das bestehende Risiko abzuwehren?

111 siehe auch PStR 2006, S.1

a) Ankündigung einer Selbstanzeige 97

Diese Art der Vorgehensweise wird auch unter dem Namen „gestufte Selbstanzeige" oder „Selbstanzeige dem Grunde nach" diskutiert. Meines Erachtens verwirrt hier nicht nur die Nomenklatur, sondern auch und vor allem die Vorgehensweise birgt ein beträchtliches Risiko.

Zwar ist die Möglichkeit mehrere Teilerklärungen abzugeben, die als Einheit betrachtet werden müssen, gegeben. Insofern ist eine Vorgehensweise, die in einem Schreiben an die Finanzbehörde den Sachverhalt darlegt und mit der Ankündigung verbunden ist, nach und nach berichtigte Erklärungen einreichen zu wollen, zwar zulässig, aber riskant. 98

Kann nur der Sachverhalt aufgezeigt werden, ohne Darlegung von jeglichen Zahlen und ohne sich zu einer eigenen Schätzung hinreißen zu lassen, dann kann dieses Schreiben und die Ankündigung der Nachreichung von berichtigten Erklärungen die Finanzbehörde dazu veranlassen, sofort ein Strafverfahren einzuleiten, da der Tatverdacht einer Steuerstraftat gegeben ist. Die spätere Nachreichung von berichtigten Erklärungen wäre infolge des Eingreifens des Ausschlussgrundes der Tatentdeckung dann gesperrt.

Praxishinweis:

Aufgrund des hohen Risikopotentials dieser Vorgehensweise sollte man trotz grundsätzlicher Zulässigkeit davon absehen.

b) Selbstanzeige in zwei Stufen 99

Selbst wenn, wie zu Beginn geschildert, genaue Beträge noch nicht vorliegen, so ist zu überlegen, ob man das Entdeckungsrisiko dadurch mindert, dass man eine Selbstanzeige mit **hoher Schätzung** der Besteuerungsgrundlagen abgibt.[112] Eine spätere Korrektur nach unten anhand der dann vorliegenden Belege ist jederzeit möglich.[113]

Praxishinweis:

Den Schätzungen sollte nie die freie Erinnerung des Mandanten zugrundegelegt werden. Erfahrungsgemäß ist diese Erinnerung in den meisten Fällen erheblich zu niedrig und damit falsch. Die Erinnerung des Mandanten ist durch oftmals schon weit in der Vergangenheit liegende Sachverhalte, aber auch durch „schönreden", beeinflusst.

Es empfiehlt sich daher, großzügig zu schätzen, um damit das Risiko einer unvollständigen Erklärung und des Verlusts der Strafbefreiung zu verringern. Dies wird allerdings zwangsläufig zu Besprechungsbedarf mit dem Mandanten führen, um die großzügigen Zuschätzungen und deren Zweck zu erläutern, v.a. vor dem Hintergrund, dass manche Finanzämter mit einer Steuerfestsetzung aufgrund des ersten Schreibens zeitnah beginnen und eine Korrektur nicht abwarten. Die Korrektur kann dann nur noch im Einspruchsverfahren erfolgen. Dieses Vorgehen hat aber für den Mandanten die Folge, dass zunächst diese überhöhte Steuer zu entrichten sein kann. Als Argument dient die „sichere Geldanlage in Höhe von 6% Verzinsung bei Zuvielzahlung.

Im Rahmen der Konkretisierung bzw. der Korrektur, also dem zweiten Schreiben an das Finanzamt, hat der Steuerpflichtige zur Ermittlung der Besteuerungsgrundlage dem Finanzamt der Sachverhalt aufzuarbeiten, die Zahlen konkret zu benennen und die dies belegenden Unterlagen nachzureichen. 100

Nachfolgend verdeutlichen Musterschreiben ein derartiges zweistufiges Vorgehen.

112 Quedenfeld/ Füllsack Rz. 404; Streck in DStR 1996, S. 288;
113 Vogelberg in Wannemacher Rz. 2144; Theil in BB 1983, S. 1277

Schreiben zur Stufe 1:

An das
Finanzamt
Adresse

Ort, den 02.01.2007

Steuerpflichtiges Ehepaar, Adresse
Steuernummer: 0815/ 007/ 9999

Sehr geehrte Damen und Herren,

ausweislich der in der Anlage beigefügten Vollmachtskopie zeige ich an, dass uns o.g Eheleute mit der Wahrnehmung ihrer Interessen beauftragt haben. Namens und im Auftrag der Eheleute, bringen wir Ihnen folgenden Sachverhalt zur Kenntnis:

Für die Jahre 2002 bis 2006 haben die Eheleute Einkünfte aus Vermietung und Verpachtung aus ihrem vermieteten Objekt in Fuchsbau, Alte Straße 1 erwirtschaftet. Aufgrund dessen, dass die Unterlagen erst noch einer gründlichen Aufarbeitung unterzogen werden müssen, gehen wir unter Zugrundelegung einer vorsichtshalber großzügig angesetzter Schätzung von Einkünften aus Vermietung und Verpachtung in Höhe von 24.000 Euro für jeden Veranlagungszeitraum 2002 bis 2006 aus.

Darüber hinaus sind Einkünfte aus Kapitalvermögen in diesen Jahren angefallen. Insoweit wird unter Zugrundelegung einer ebenfalls großzügigen Schätzung 5.000 Euro je Veranlagungszeitraum (2002 bis 2006) ausgegangen.

Zur Beibringung der Unterlagen und der genauen Bezifferung der zusätzlichen Einkünfte wird um eine Frist bis 31.03.2007 gebeten.

Für Rückfragen stehen wir Ihnen selbstverständlich gerne zur Verfügung.

Mit freundlichen Grüßen

Rechtsanwältin

Anlage

Schreiben zur Stufe 2:

An das
Finanzamt
Adresse

Ort, den 20.03.2007

Ehepaar, Adresse
Steuernummer

Sehr geehrte Damen und Herren,

in vorbezeichneter Angelegenheit nehme ich Bezug auf mein Schreiben vom 02.01.2007. Zwischenzeitlich konnten die erforderlichen Unterlagen für zu Veranlagungszeiträume 2002 bis 2006 beschafft und ausgewertet werden.

Für die Zeit vor 2002 liegen zwar keine Unterlagen mehr vor, doch dies dürfte auch unerheblich sein, da das besagte Objekt erst im Jahr 2002 erworben und vermietet wurde.

Für die Veranlagungszeiträume 2002 bis 2006 kommen, wie sich aus der Anlage 1 ergibt, jährliche Einnahmen aus Vermietung und Verpachtung in Höhe von 18.000 Euro in Betracht. Allerdings ist dieser Einnahme im Jahr 2002 Sanierungs- und Reparaturkosten in Höhe von 3.000 Euro gegenzurechnen. Für den Veranlagungszeitraum 2002 liegen damit Einkünfte aus Vermietung und Verpachtung in Höhe von 15.000 Euro vor; für die restlichen genannten Veranlagungszeiträume sind Einkünfte aus Vermietung und Verpachtung in Höhe von 18.000 Euro jährlich anzusetzen.

In einer als Anlage 2 beigefügten Aufstellung wurden die jährlichen Kapitaleinkünfte unter Zugrundelegung der ebenfalls beigefügten Kontoauszüge, Depotaufstellungen und Zinsabrechnungen berechnet. Aus diesen gehen hervor, dass es sich bei der Anlage um ein festverzinsliches Wertpapier mit 5 % Zins handelt.

Um Berücksichtigung der nun konkretisierten Einkünfte wird gebeten.

Für Rückfragen stehe ich Ihnen selbstverständlich zur Verfügung.

Mit freundlichen Grüßen

Rechtsanwalt

Anlagen

101 c) „Konkret von Anfang an"

Nicht immer ist es erforderlich, dass eine Selbstanzeige aufgrund Schätzungen erfolgt. Manchmal ist es durch die gute Vorarbeit der Mandanten bereits möglich, sofort eine konkrete Erklärung gegenüber dem Finanzamt abzugeben.

Praxishinweis:

Allerdings ist es dringend erforderlich, die Angaben der Mandanten durch Fragen, ob es sich dabei um eine vollständige Ermittlung des Sachverhalts handelt und auch faktisch unbedingt das Zahlenmaterial zu überprüfen.

Erforderlich ist, dass die Angabe von bisher nicht erklärten Einnahmen bestimmten Jahren zugeordnet wird, so dass eine **sofortige Festsetzung durch die Finanzbehörden** möglich ist.

102 Das nachfolgende Anschreiben an das Finanzamt soll die Einfachheit einer solchen Erklärung aufzeigen. Eine Qualifizierung dieser Erklärung als Selbstanzeige ist nicht erforderlich und auch keinesfalls angezeigt.

An das

Finanzamt

Adresse

Ort, den 10.10.2007

Herr Winzig, Adresse

Steuernummer

Sehr geehrte Damen und Herren,

bei der Durchsicht der Unterlagen fiel auf, dass nicht alle Besteuerungsgrundlagen erklärt wurden.

Folgende gewerbliche Einnahmen sind bislang nicht in der Gewinnermittlung enthalten:

2003: 7.000 Euro

2004: 6.000 Euro

2005: 7.500 Euro

2006: 8.000 Euro

Die nicht erklärten Einnahmen verteilen sich gleichmäßig auf alle Monate eines Jahres. Sollten Sie es für erforderlich halten, kann eine genaue monatliche Zuordnung noch erfolgen.

Hinsichtlich dieser Einnahmen fehlt es auch an einer Berücksichtigung in der Umsatzsteuer- und Gewerbesteuererklärungen. Insoweit wird um Anpassung gebeten.

Für Rückfragen stehe ich Ihnen selbstverständlich zur Verfügung.

Mit freundlichen Grüßen

Name

Die gezeigten Muster stellen dar, wie klar und eindeutig vor allem die konkreten bzw. konkretisierten Fassungen der Schreiben an das Finanzamt formuliert sein sollten.

9. Checkliste für die Selbstanzeigenberatung 103

Nachfolgend sollen die zu klärenden Fragen im Rahmen einer Selbstanzeige zusammengefasst werden.

- Wer ist der betroffene Steuerpflichtige?
- Gibt es in dessen weiteren Umfeld noch weitere Beteiligte, die im Zuge einer **koordinierten Selbstanzeige** beteiligt bzw. informiert werden sollten?
- Um welche Sachverhalte geht es? Jahre und Steuerarten?
- Für welche Jahre ist bereits Strafverfolgungsverjährung eingetreten?
- Sind damit auch noch außersteuerliche Straftatbestände verwirklicht worden? Wenn ja, welche Risiken liegen dort (noch) verborgen?
- Liegen die Fakten bereits auf dem Tisch oder ist eine Anforderung von Unterlagen zur Konkretisierung notwendig?
- Gibt es dringenden Handlungsbedarf, z.B. aufgrund angekündigter Außenprüfung oder besteht Entdeckungsgefahr?
- Greifen eventuell andere Ausschlussgründe?
- Welche Art der Selbstanzeige ist die richtige Variante?
- Existiert die Gefahr, dass den Steuerpflichtigen neben den steuerlichen Pflichten zusätzlich noch andere Folgen treffen könnten?
- Verfügt der Steuerpflichtige über die nötige Liquidität, die verkürzten Steuern bezahlen zu können oder sind noch Vorkehrungen zu treffen?
- Sind die erforderlichen Vollmachten und Vergütungsvereinbarungen vom Mandanten unterschrieben?

Im Großen und Ganzen beschränkt sich die Selbstanzeigenberatung auf die oben dargestellten Fragestellungen, die mehr oder weniger von steuerlichen Finessen geprägt ist. Viel wichtiger als die fachliche Kompetenz sind in derartigen Situation aber auch die schon fast erforderlichen psychotherapeutischen Fähigkeiten des Beraters gefragt, da die Situation den Steuerpflichtigen v.a. emotional stark belastet.

III. Reaktionsmöglichkeit 2 bei eigener Betroffenheit: Fremdanzeige gemäß § 371 Abs. 4 AO

Als weitere Möglichkeit steht im Raum, dass unter bestimmten Voraussetzungen auch ein Dritter eine Selbstanzeige mit Wirkung für andere abgeben kann. Diese Art der Selbstanzeige, die **sog. Fremdanzeige** gemäß § 371 Abs. 4 AO soll nun nachfolgend einer näheren Betrachtung unterzogen werden. 104

105 1. Fremdanzeige- der kaum benutzte Rettungsanker

Auffällig ist, dass eine derartige Fremdanzeige in der Praxis kaum Anwendung findet. Vielleicht liegt es aber auch daran, dass die Motivation, warum eine so gelagerte Erklärung gegenüber dem Finanzamt abgegeben wird, genauso wenig wie die oben beschriebene Selbstanzeige als solche gekennzeichnet wird.

Entsprechend des Gesetzeswortlauts in § 371 Abs. 4 AO wird ein Dritter, der die in § 153 AO bezeichneten Erklärungen abzugeben, unterlassen, bzw. unrichtig oder unvollständig abgegeben hat, strafrechtlich nicht verfolgt, wenn die in § 153 AO vorgesehene Anzeige rechtzeitig und ordnungsgemäß erstattet wird.[114] Diese Vorschrift soll ermöglichen, dass sich der Anzeigenerstatter nicht an der pflichtgemäßen Berichtigung falscher Erklärungen gehindert sieht, weil er als Konsequenz seines Handelns andere Personen der Strafverfolgung aussetzen würde.[115] Damit begünstigt die Abgabe einer solchen Erklärung einen Dritten **ohne** dessen eigenes Zutun, ganz im Gegensatz zur Selbstanzeige.

2. Voraussetzungen

Im Nachgang sollen die Voraussetzungen einer Fremdanzeige dargestellt werden. Eine solche Erklärung kann zur Folge haben, dass derjenige straffrei bleibt, der selbst zur Berichtigung verpflichtet war, aber diese nicht vornahm.

106 a) Berichtigungspflicht nach § 153 AO

Die in § 153 Abs. 1 Satz 1 Nr. 1 AO manifestierte **Berichtigungspflicht** setzt objektiv voraus, dass überhaupt eine unrichtige oder unvollständige Erklärung abgegeben wurde, die eine Steuerverkürzung noch bewirken kann oder bereits bewirkt hat. Darüber hinaus ist es erforderlich,dass der Steuerpflichtige auf subjektiver Ebene nachträglich diese Voraussetzungen erkennt.

107 Inhaltlich fordert der Gesetzeswortlaut, dass beim Finanzamt eine Mitteilung gemacht wird, aus der hervorgeht, dass unrichtige bzw. unvollständige Erklärungen abgegeben wurden. Umstritten ist, ob zusätzlich die in § 153 AO geforderte Berichtigung erfolgen muss, damit das Verfolgungshindernis für den Dritten wirken kann. Die überwiegende Meinung[116] geht davon aus, dass dies gerade nicht erforderlich ist, da der Gesetzeswortlaut des § 371 Abs. 4 AO gerade eine derartige Berichtigung nicht verlangt. Auch die Rechtsprechung betrachtet inzwischen die bloße Anzeige der Pflichtverletzung als ausreichend.[117]

Praxishinweis- Formulierungsvorschlag[118]

„....., dass der Steuerpflichtige mindestens ab Januar 2002 für eine Reihe von Arbeitnehmern keine Lohnsteuer angemeldet und abgeführt hat...“

108 Die Berichtigungspflicht trifft v.a. den Gesamtrechtsnachfolger des Steuerpflichtigen oder die nach § 34, 35 AO handelnden Personen, z.B. Geschäftsführer einer GmbH.

114 Zur Fremdanzeige zusammenfassend Stahl Rn. 346ff; Vogelberg in Wannemacher Rz. 2498 ff
115 Quedenfeld/ Füllsack Rz. 511
116 Joecks in FGJ § 371 Rz. 224; Klein § 371 Rz. 63, Rüping in HHSp § 371 Rz. 212
117 OLG Stuttgart vom 31.01.1996-1 Ws 1/96; wistra 1996, S. 191; LG Bremen vom 26.02.1998-42 Qs 845 Ds 860 Js 22051/97 wistra 1998, S. 317 f.
118 Vorschlag von Joecks in FGJ § 371 Rz. 224

b) Rechtzeitigkeit der Anzeige 109

Die Anzeige ist **rechtzeitig** erstattet, wenn sie unverzüglich, d.h. ohne schuldhaftes Zögern im Sinne von § 121 BGB gegenüber der Finanzbehörde abgegeben wurde.[119] Maßgebend ist dafür der Zeitpunkt, in dem der Anzeigenerstatter positiv erkennt oder es sich ihm aufdrängen hätte müssen, dass der Dritte unvollständige Erklärungen beim Finanzamt eingereicht hat. Fahrlässiges Nichterkennen oder bloße Zweifel an der vorangegangenen Erklärung reichen nicht aus.[120]

Ein schuldhaftes Zögern kann nicht darin gesehen werden, dass sich der zur Abgabe der Erklärung bereite Anzeigenerstatter vor Abgabe einer Fremdanzeige noch sachkundigen Rat einholen will. Kommt man allerdings zu der Ansicht, dass eine zeitliche Verspätung vorliegt, dann ist es nicht ausgeschlossen, die verspätete Fremdanzeige als Selbstanzeige zu qualifizieren.[121]

Praxishinweis:

Der Nachweis des Zögerns wird allerdings nur sehr schwer zu führen sein, denn dem Anzeigenerstatter muss die Möglichkeit gegeben werden, in entsprechende Sachverhalte einzutauchen und sich ein Gesamtbild zu machen.

c) Ordnungsmäßigkeit der Fremdanzeige 110

Dieses Tatbestandsmerkmal ist rein formal zu betrachten[122], da nicht ersichtlich ist, dass die Fremdanzeige einem bestimmten Inhalt gerecht werden muss. Es reicht daher aus, wenn der Anzeigeerstatter sich mit seiner Erklärung an eine Finanzbehörde wendet, die er nach den gegebenen Umständen für zuständig halten kann.[123]

d) Nachzahlung der verkürzten Steuern 111

§ 371 Abs. 4 Satz 2 AO fordert unter Verweis auf § 371 Abs. 3 AO ebenfalls eine fristgerechte Nachentrichtung bereits verkürzter Steuern. Die Nachzahlung hat der Dritte zu leisten, der **zum eigenen Vorteil** gehandelt hat. Hier ist ebenfalls auf die wirtschaftliche Betrachtungsweise abzustellen, wonach der Dritte zum eigenen Vorteil handelte, wenn er Erklärungen abgegeben hat, die eine Steuerverkürzung zu seinen Gunsten bewirkt haben.[124]

e) Sperrwirkung des § 371 Abs. 4 Satz 1 AO 112

Als Ausschlussgrund kennt § 371 Abs. 4 Satz 1 AO nur die Verfahrenseinleitung und deren Bekanntgabe. Damit ist die Abgabe einer Fremdanzeige als **Strafverfolgungshindernis** ausgehebelt, wenn dem Dritten oder seinem Vertreter vorher die Einleitung eines Straf- oder Bußgeldverfahrens bekanntgegeben wurde. Die anderen Ausschlussgründe der Selbstanzeige greifen nicht ein.

119 Quedenfeld/ Füllsack Rz. 514; Rüping in HHSp § 371 Rz. 209; Kohlmann § 371 Rz. 278
120 FG München vom 16.03.1961; EFG 1961, S. 354
121 so Kohlmann § 371 Rz. 278
122 OLG Stuttgart vom 31.01.1996-1 Ws 1/96; wistra 1996, S. 191; LG Bremen vom 26.06.1998- 42 Qs 846 Ds 860 Js 22051/97; wistra 1998, S. 317 f
123 Rüping in HHSp § 371 Rz. 212; Joecks in FGJ § 371 Rz. 226
124 Rüping in HHSp § 371 Rz. 215; Joecks in FGJ § 371 Rz. 227

113 ## 3. Rechtsfolgen und Wirkungen

Mit der Abgabe einer Fremdanzeige kommt dieser keine materiell- rechtliche, sondern eine prozessuale Rechtsfolge zu, weil statt des nachträglichen Wegfalls der Strafbarkeit wie bei der Selbstanzeige ein Strafverfolgungshindernis entsteht.[125] Dieses Strafverfolgungshindernis wirkt allerdings nicht für den Anzeigenerstatter, sondern für den Dritten.

114 Höchst strittig ist allerdings, welcher Personenkreis in den Schutzbereich des § 371 Abs. 4 AO einbezogen ist.[126] Unstreitig erfasst ist aber derjenige, der zuvor seinerseits seiner Berichtigungspflicht nicht nachgekommen ist und sich diesbezüglich gemäß § 370 Abs. 1 Nr. 2 AO strafbar gemacht hat. Dies muss in der gesamten Kette der Verantwortlichen gelten.[127]

115 ## 4. Chancen und Risiken

Aufgrund der Tatsache, dass das Strafverfolgungshindernis bei Abgabe einer wirksamen Fremdanzeige für alle Beteiligten einer Verantwortungskette gelten soll, kann man sich im Rahmen der Beratung in Situationen, in denen bei der Selbstanzeige bereits eine Sperrwirkung eingetreten ist, diese täterfreundliche Auffassung und deren Gestaltungsmöglichkeiten zunutze machen.

116 ### a) Gestaltungschance

Eine mögliche Gestaltung kann darin liegen, dass der ursprüngliche Täter lediglich eine andere Person bzw. einen anderen Geschäftsführer einer GmbH bestellen braucht und diesen über die vorangegangene Steuerhinterziehung informieren muss. Erfüllt nun der neue Berichtigungspflichtige seine Pflicht aus § 153 AO, so greift zugunsten des früheren Täters § 371 Abs. 4 AO.[128]

Insoweit erscheint dieses Vorgehen zwar bedenklich und ist grundsätzlich mit den Grenzen der üblichen Selbstanzeige nicht vereinbar, dass alleine durch Austausch von Organen trotz Vorliegens einer Sperrwirkung noch eine Anzeige möglich sein soll. Dennoch darf eine derartige Gestaltung nicht als Rechtsmissbrauch gewertet werden, da schon der Gesetzeswortlaut diese Möglichkeit zulässt.[129]

117 ### b) Risiken aufgrund von Regelungslücken

Allerdings enthält § 371 Abs. 4 AO auch Regelungslücken, die ein gewisses Risiko bilden können:

- Soll § 153 AO auch für unterlassene Abgabe von Erklärungen eingreifen?

  Eine unmittelbare Anwendung scheidet aus, jedoch wird eine analoge Anwendung für möglich erachtet, da kein vernünftiger Grund besteht, den Dritten bei Abgabe unrichtiger Erklärungen besser zu stellen als denjenigen, der eine Erklärung unterlassen hat.[130]
- Gleiches gilt für eine vom Dritten verwirklichte leichtfertige Steuerverkürzung durch Nichtabgabe einer Steuererklärung.[131]

125 Joecks in FGJ § 371 Rz. 221; Rüping in HHSp § 371 Rz. 371; Kohlmann § 371 Rz. 275
126 ausführlich zum Streitstand siehe Quedenfeld/ Füllsack Rz. 517 ff, Joecks in FGJ § 371 Rz. 228 ff
127 Samson in wistra 1990, S. 249; Joecks in FGJ § 371 Rz. 228a; Rüping in HHSp § 371 Rz. 218 ff.
128 Rüping in HHSp § 371 Rz. 224; Samson in wistra 1990, S. 251
129 Joecks in FGJ § 371 Rz. 230; a.A. Vogelberg in Wannemacher Rz. 2515
130 Quedenfeld/ Füllsack Rz. 524; Samson in wistra, 1990, S. 251
131 Klein § 371 Rz. 10; Kohlmann § 370 Rz. 88.7.; ausführlich Quedenfeld/ Füllsack Rz. 526

- Wie zu verfahren ist, wenn der Dritte seiner Nachzahlungspflicht nicht nachkommen kann, ist nach wie vor offen, insbesondere wenn sich der Dritte einer Steuerhinterziehung gemäß § 370 AO strafbar gemacht hat.[132]
- Problematisch und noch nicht entschieden ist der Fall der Rückzahlung des Betrages der nachentrichteten Steuern durch das Finanzamt aufgrund Anfechtung des Insolvenzverwalters wegen inkongruenter Deckung bei Insolvenz. Dies könnte dazu führen, dass aufgrund der Rückzahlung das Verfahrenshindernis entfiele und eine Strafverfolgung des Dritten möglich wäre.[133]

Praxishinweis:

Trotz Gestaltungschancen und der täterfreundlichen Ausgestaltung des § 371 Abs. 4 AO ist die Abgabe einer Fremdanzeige eher noch sorgfältiger zu prüfen als die der üblichen Selbstanzeige, denn es können schwierige Aspekte auftreten, für die der Berater eine eigene Lösung finden muss und sich nicht immer auf gefestigte Rechtsprechung oder Kommentarliteratur verlassen kann.

Muster einer Fremdanzeige[134] 118

7

An das

Finanzamt

Adresse

Ort und Datum

ABC GmbH, Adresse

Geschäftsführer Ersatz

Betrifft Lohnsteuer 2004 bis 2006

Sehr geehrte Damen und Herren,

in vorbezeichneter Angelegenheit zeigen wir ausweislich beigefügter Originalvollmacht an, dass uns Herr Ersatz mit seiner Vertretung beauftragt hat.

Unser o.g. Mandant hat zum 01.07.2007 die Geschäftsführung von seinem Vater, Name, übernommen. Zuvor waren seit Ihrer Gründung die Herren (Namen) bis ......(Datum) mit der Geschäftsführung der ABC GmbH betraut.

Bei Durchsicht der Unterlagen hat unser Mandant festgestellt, dass sein Vater in den Jahren 2004 und 2006 die Lohnsteuer unrichtig erklärt und abgeführt hat. In gleicher Weise hat der darauffolgende Geschäftsführer , Herr ....., ebenfalls die Lohnsteuer für das Jahr 2006 unrichtig erklärt und abgeführt hat. Es wurden in den jeweilig angegebenen Jahren 6.000 Euro jährlich zu wenig erklärt. Damit ergeben sich folgende hiermit nachzuerklärende Beträge:

Der Gesamtbetrag in Höhe von 18.000 Euro wird in den nächsten Tagen unter der Steuernummer der ABC GmbH überwiesen.

Mit freundlichen Grüßen

Rechtsanwalt

Anlage

132 Vogelberg in Wannemacher Rz. 1647
133 Lösung über Wiederaufnahme des Verfahrens gemäß § 154 Abs. 4 StPO analog bei Quedenfeld/ Füllsack Rz. 527
134 DAI- Seminarunterlagen „Steuerstrafverfahren“ vom 11./12. Januar 2008

IV. Reaktionsmöglichkeit 3 bei eigener Betroffenheit: Nacherklärung gemäß § 153 AO

Als dritte Reaktionsmöglichkeit existiert die Möglichkeit der Berichtigung im Sinne von § 153 AO.

119 1. Unterschied zur Selbstanzeige?

Sowohl § 371 AO als auch § 153 AO haben die Anzeige einer unrichtigen oder unterlassenen Steuererklärung zum Gegenstand. Insoweit besteht kaum ein Unterschied zu einer Selbstanzeige im Sinne von § 371 AO. Allerdings ist eine Berichtigung für leichtfertige Steuerverkürzung gemäß § 378 AO möglich, da ein Täter dieser leichtfertigen Steuerverkürzung ebenfalls einer Berichtigungspflicht unterliegt.

7

120 Die Berichtigungserklärung kann sowohl für Tatsachen, die in der Vergangenheit liegen als auch solche, die in der Zukunft Wirkung entfalten, abgegeben werden. Denn bei einer Tatsachenänderung ist entscheidend, ob sie nach materiellem Recht auf den Erklärungszeitpunkt zurückwirkt.[135]

121 2. Voraussetzungen

Die Voraussetzungen der Berichtigungspflicht liegen in der rechtzeitigen und ordnungsgemäßen Berichtigung vorher abgegebener Steuererklärungen durch die berichtigungspflichtige Person. Insoweit kann auf obige Ausführungen verwiesen werden.[136]

Falls überhaupt keine Erklärungen abgegeben wurden, besteht nach § 149 AO eine fortdauernde Erklärungspflicht unter den gleichen Voraussetzungen des § 153 AO fort. Dies gilt für sämtliche berichtigungspflichtige Personen, z.B. die Geschäftsführer gemäß §§ 34 ff AO sowie auch Erben als Gesamtrechtsnachfolger.[137]

Die berichtigungspflichtige Person hat die Unrichtigkeit bzw. Unvollständigkeit unverzüglich anzuzeigen und die notwendige Richtigstellung vorzunehmen. Dazu ist die Einhaltung einer bestimmten Form nicht erforderlich. Allerdings braucht die Vornahme der Richtigstellung nicht in einem Vorgang mit der Anzeige zu erfolgen, sondern kann ihr nachfolgen.[138]

122 Die Berichtigungspflicht entfällt allerdings nach § 153 AO erst mit dem Ablauf der Festsetzungsfrist. Sie besteht allerdings fort, wenn der Steuerbescheid aufgrund der Änderungssperre gemäß § 173 Abs. 2 AO oder mangels Vorliegen einer Steuerstraftat oder Steuerordnungswidrigkeit nicht mehr aufgehoben oder geändert werden kann.[139]

123 Ausschließungsgründe bzw. Sperrwirkungen existieren für eine Berichtigungserklärung nicht.

135 Vogelberg in Wannemacher Rz. 2542 ff; Trzalkalik in HHSp § 153 Rz. 9; a.A. OFD Düsseldorf vom 14.06.1994 -S 0324 A – St 311; OFD Münster vom 04.07.1994 – S 0324-8-St 31-34
136 vgl. oben § 7 A III 2 b und c
137 Tipke in T/K § 149 Rz. 4
138 Vogelberg in Wannemacher Rz. 2554
139 siehe auch AOAE zu §173 Nr. 6

3. Rechtsfolgen und Wirkungen 124

Die Grenzen und die strafrechtliche Bedeutung der Nacherklärungspflichten nach § 153 AO sind strittig. Allerdings kann davon ausgegangen werden, dass die nachträgliche Anzeige einer vorangegangenen unrichtigen oder unterlassenen Erklärung immer dann Straffreiheit gewährleistet, wenn sie die Anforderungen des § 371 Abs. 1 AO erfüllt.

Praxishinweis:

Insoweit ist daher vorsichtshalber sicherzustellen, dass die Berichtigungserklärung zugleich den Vorgaben einer Selbstanzeige standhält. So sichert man den berichtigungspflichtigen Mandanten umfassend strafrechtlich ab.

4. Chancen und Risiken 125

Das einzige Risiko kann darin gesehen werden, dass die Rechtzeitigkeit der Berichtigungserklärung abgelehnt wird.

Gleichzeitig besteht die Chance darin, dass eine Berichtigungserklärung den Voraussetzungen einer Selbstanzeige standhalten kann. Damit verflüchtigt sich die Anforderung an die Rechtzeitigkeit. Vielmehr kann eine Berichtigungserklärung bei vollendeter Tat und fristgerechter Nachzahlung auch die Wirkung für Dritte wirken und damit auch dessen Straffreiheit nach § 371 Abs. 4 AO gewährleisten.

Durch Anwendung dieser aufgeführten Institute kann sowohl die Verantwortlichkeit des Steuerpflichtigen als auch die Dritter durch Straffreiheit beseitigt werden.

B. Informationen während und aus der eigenen Betriebsprüfung

Nicht nur die Informationsgewinnung bei Dritten, sondern auch beim Unternehmer selbst, können Ursprung und Quelle eines Steuerstrafverfahrens sein. Doch nicht nur die Informationen allein, sondern auch die Umstände während einer Betriebsprüfung können zur Einleitung eines Steuerstrafverfahrens führen. 126

Derartige Verfahrenseinleitungen sind nicht nur ärgerlich, sondern auch zu einem späteren Zeitpunkt im Verfahren, selbst wenn sich die Wogen zwischen den Beteiligten inzwischen wieder geglättet haben, nicht mehr rückgängig machen.

Um für derartige Situationen zu sensibilisieren, und um darzustellen, welche Umstände und welche Informationen zu einem Steuerstrafverfahren bei eigener laufender Betriebsprüfung führen kann, soll dieser Abschnitt dienen.

127 # I. Welche Umstände können zu einer Ermittlungstätigkeit führen?

Zunächst sollen Umstände und Informationen, die dem Außenprüfer während der laufenden Außenprüfung beim Steuerpflichtigen in die Hand spielen, dargestellt werden. In vielen Fällen kann durch schlichtweg rationales Verhalten des Steuerpflichtigen bzw. dessen steuerlichen Vertreters ein Einleiten eines Steuerstrafverfahrens vermieden werden.

128 ## 1. Keine Umsetzung der Feststellungen aus den vorangegangenen Außenprüfungen

Feststellungen und Forderungen der Betriebsprüfung hinsichtlich der Behandlung von Sachverhalten müssen in den Folgejahren sofort umgesetzt werden. Dieses muss **zeitnah** nach der Schlussbesprechung, spätestens nach Zusendung des Prüfungsberichtes, erfolgen. Es ist immer wieder erstaunlich, wie häufig diese vermeidbare Ursache von Steuerstrafverfahren in der Praxis vorkommt.

129 Wer mit den Feststellungen bzw. Anforderungen der Betriebsprüfung nicht einverstanden ist, sollte offen, für die Veranlagungsstelle transparent, seine abweichende Meinung schriftlich niederlegen. Dieses sollte in der Form geschehen, dass der Veranlagungsbeamte in der Lage ist, die Höhe der Steuer zu berechnen, die nach Auffassung der Finanzverwaltung festzusetzen wäre.

Ein erster Hinweis wäre, bereits im Protokoll der Schlussbesprechung festzuhalten, dass in diesem Punkt kein Einvernehmen erzielt wurde. Insoweit ist auch im Nachgang an die Abfassung des Schlussberichts bzw. die Verbescheidung, die auf diesem basiert, eine Anfechtung der Bescheide mittels Einspruch zunächst die einzig richtige und formale Art des Vorgehens.

Für die Folgejahre ist die von der Finanzbehörde abweichende Behandlung durch den Steuerpflichtigen, wie oben dargestellt, gegenüber dem Finanzamt kundzutun.

Beispielsfall:

Die Lohnsteueraußenprüfung hat festgestellt, dass die Weihnachtsfeier im Unternehmen des Steuerpflichtigen einen geldwerten Sachbezug für die daran teilnehmenden Mitarbeiter darstellt. Der Prüfer hält im Bericht schriftlich fest, daß diese Feier mit den anfallenden Kosten auf einem gesonderten Konto festzuhalten ist, und die teilnehmenden Arbeitnehmer schriftlich in jedem Jahr festgehalten werden sollen.

Der Unternehmer hält dieses vom Betriebsprüfer festgelegte Handhabung für umständlich und verfährt in den Folgejahren genauso wie vor der Außenprüfung; eine Lohnversteuerung erfolgt erneut nicht. Er begründet dies damit, dass das vorgeschlagene Vorgehen nicht praktikabel sei und außerdem denkt er sich, dass so ein sicheres Mehrergebnis sicherlich den nächsten Prüfer freut, schließlich muss er ja auch etwas finden können.

Diesbezüglich wurde gegen die aufgrund der Feststellungen der Außenprüfung ergangenen Bescheide kein Einspruch eingelegt.

Gerade bei der Lohnsteuer, aber auch bei anderen Steuerarten, ist so ein Vorgehen Grund für die Einleitung eines Strafverfahrens. Die Tatsache, dass der Unternehmer es nicht gewusst habe, wie er mit diesen Sachverhalten umzugehen habe, geht im Anschluss an eine Außenprüfung, die genau diese Sachverhalte geprüft hat, fehl. Vielmehr muss dem Unternehmer diesbezüglich sogar

Vorsatz unterstellt werden. Wenn der Unternehmer dann zum Außenprüfer auch noch sagt, dass er das absichtlich nicht erklärt habe, etwas müsse der Prüfer auch finden können, dann liefert er die Begründung für den Vorsatz der Steuerhinterziehung gleich noch mit.

Auf der Skala für ungeschicktes Verhalten nach einer vorangegangenen Betriebsprüfung sowie während einer laufenden Anschlussprüfung rangiert dieses Vorgehen ganz oben !

Praxishinweis:

Grundsätzlich sind derartige Feststellungen zeitnah nach der Prüfung in die Steuererklärungen sowie Bilanzen des Steuerpflichtigen einzuarbeiten.

Allerdings sollte spätestens nach Erhalt einer Prüfungsanordnung die Prüfung vorbereitet werden. Dazu gehört in erster Linie auch, ob eine Einarbeitung der vorangegangenen Prüfungsfeststellungen stattgefunden haben.

Ist dies nicht der Fall, dann ist vor Beginn der Außenprüfung noch Gelegenheit, dies zu berichtigen. Die Prüfungsanordnung selbst stellt noch keinen Sperrgrund im Sinne von § 371 Abs. 2 AO dar, da mit ihr die Außenprüfung noch nicht begonnen hat, sondern lediglich angekündigt wurde.

Auch Privatanteile bei Kfz, Telefon, Putzhilfen und Immobilien, sind beliebte Gebiete für solche 130
Auseinandersetzungen. Die Tücke bei diesem Anlass der Strafverfahrenseinleitung ist oft die **Bekanntgabe nach abgeschlossener Außenprüfung**. Das bedeutet, dass sich der Unternehmer mit der Außenprüfung auf die nachzuversteuernden Werte geeinigt und hier keine Einwendungen erhoben hat. Vielleicht hat er sogar bewusst in diesem Punkt nachgegeben, weil in einem anderen weiteren Punkt wesentlich höhere Beträge zur Debatte standen. Im Protokoll der Schlussbesprechung ist folgender Passus enthalten: „Hinsichtlich aller Diskussionspunkte wurde Einvernehmen erzielt."

Sollte parallel aber davon seitens des Außenprüfers die Rede davon sein, dass er einen Hinweis nach § 201 Abs. 2 AO mit dem Inhalt geben wird, dass die Sachverhalte der Würdigung der Bußgeld- und Strafsachenstelle vorbehalten bleiben, dann ist wirklich Vorsicht geboten!

Für ein steuerstrafrechtliches Szenario gibt es zeitlich mehrer Ansätze: 131

- Oftmals ist das steuerliche Verfahren abgeschlossen, die aufgrund der Außenprüfung ergangenen Bescheide wurden aufgrund der Absprache während der Schlussbesprechung nicht mittels Einspruch angefochten und sind rechtskräftig. Dennoch erhält der Steuerpflichtige Wochen, manchmal Monate, später einen Brief von der Bußgeld- und Strafsachenstelle, die ihm die Einleitung eines Steuerstrafverfahrens bekannt gibt. Basis des Steuerstrafverfahrens sind gerade die Punkte, über die sich der Unternehmer mit dem Außenprüfer geeinigt hat. Spätestens zu diesem Zeitpunkt fällt der Steuerpflichtige vom Glauben an den Rechtsstaat ab.

  Problematisch in einem solchen Fall ist, dass gerade die darauf entfallenden nachzuzahlenden Steuern, wenn keine Rechtsbehelfsmöglichkeiten mehr gegeben sind, weil die Bescheide aus der Betriebsprüfung unanfechtbar geworden sind, strafbewehrt sein werden- unabhängig davon, ob die Höhe auf einer Absprache während der Außenprüfung basierte. Das Verweigern des Einvernehmens bzw. ein Kämpfen, um die Ansicht des Steuerpflichtigen durchzusetzen bzw. in der Absprache eine andere Gewichtung zu erreichen und damit nachzuzahlende Steuern in diesem Punkt zu vermeiden, wäre aus strafrechtlicher Sicht geschickter gewesen- aber dafür ist es nun zu spät. Am Ende war es nicht der billigere Deal mit der Finanzverwaltung, weil nunmehr Strafe, Buße oder Zahlung nach § 153a StPO und Verteidigerkosten sowie eigene Kosten und sowie emotionale Belastungen hinzukommen.

- In anderen Fällen kam es gerade zu keiner Absprache mit dem Außenprüfer. Der Hinweis nach § 201 Abs. 2 AO erfolgte ebenfalls, um möglicherweise doch noch eine einvernehmliche Lösung zu „erzwingen", worauf sich der Steuerpflichtige aber gerade nicht einlässt. Im Anschluss an die Außenprüfung ergehen geänderte Bescheide, gegen die der Steuerpflichtige vorgeht. Es vergehen weitere Woche und dem Steuerpflichtigen wird- gerade weil er sich auf die Absprache nicht eingelassen hat und nun auch noch ins Einspruchsverfahren ging- die Einleitung des Steuerstrafverfahrens bekanntgegeben.

  Vorteil hierbei ist, dass über die steuerlichen Feststellungen noch einmal, diesmal mit der Bußgeld- und Strafsachenstelle diskutiert werden kann. Es wurden noch keine Fakten geschaffen, an denen man nicht mehr vorbei kommt.

Praxishinweis:

Sollte sich während einer Schlussbesprechung der Hinweis dahingehend ergeben, dass die Sachverhalte nochmals von einer anderen Stelle überprüft werden müssen, dann ist von einer Erzielung eines einvernehmlichen Ergebnisses abzusehen.

Die Vorgaben der Außenprüfung sind immer zeitnah umzusetzen oder aber anzufechten: niemals jedoch still zu boykottieren.

Geänderte Bescheide nach einer Außenprüfung sind lange offenzuhalten, insbesondere wenn bekannt wird, dass die Buß- und Strafsachenstelle nochmals den Sachverhalt prüft.

132 Was aber tun, wenn es bereits zu spät und der Prüfer bereits zur Prüfung erschienen ist , der Unternehmer aber erst auf Anfrage bzw. aufgrund der Aufforderung des Außenprüfers, bestimmte Unterlagen vorzulegen, bemerkt, dass hier ein Problem auf ihn zukommt?

Hier ist es wichtig, sich der strafrechtlichen Bedeutung dieses „Nichtumsetzens der Vorbetriebsprüfungsfeststellungen" bewusst zu werden und einen in solchen Betriebsprüfungen und Strafverfahren erfahrenen Berater hinzuzuziehen. Dass man dies nun tut, sollte nicht unbedingt nach außen- gegenüber des Außenprüfers- offen zur Schau getragen werden.

In solchen Fällen können sowohl die Selbst- als auch die Fremdanzeige (bei Steuerordnungswidrigkeiten)[140] als auch eine klare und offene Kommunikation Lösungswege sein, sind aber immer mit strafrechtlichen Risiken verbunden, die ohne einen erfahrenen Berater an der Seite niemals alleine beschritten werden können. Nichtstun ist allerdings genauso gefährlich.

Wichtig ist es aber, dafür zu sorgen, daß keiner der weiteren Gründe, die nachfolgend beschrieben werden, hinzukommen.

133 2. Schlechte Stimmung

Fairer Umgang mit Außenprüfern, die lediglich ihre Arbeit tun, ist eine Selbstverständlichkeit. Aus diesem Grund sollte hier nicht allzu tief darauf eingegangen werden, dem Prüfer in einer Außenprüfung eine angenehme Arbeitsatmosphäre zu bieten. Unterkühlte Kellerräume wie auch überhitzte Dachkammern sollten nicht die Techniken sein, mit denen man sich einer Außenprüfung erwehren will.

Hier gehört wie bei der Personalführung viel Geschick dazu, den Prüfer angemessen zu behandeln. Es empfiehlt sich, ihm weder zu freundlich und unterwürfig oder gar ängstlich entgegen zu treten (er weiss sowieso, dass der Unternehmer unruhig ist), noch allzu forsch.

140 siehe § 7 A II 1 und 2

Schlechte Stimmung kommt auf, wenn der Prüfer merkt, dass er jeden Morgen lange aufgehalten („vollgequatscht") wird, um ihn von der Arbeit abzuhalten, wenn er unangemessene Annehmlichkeiten erhält, wenn er unzumutbare Unterlagen und Belege vorfindet.

Die schlechte Stimmung ist meistens eher ein Resultat von vielen Kleinigkeiten, aber insbesondere von fehlender Kooperation, die im nächsten Punkt dargestellt wird.

3. Mangelnde Kooperation 134

Gerade bei mittelständischen Beratern und Unternehmern ist die Haltung der mangelnden Kooperation sehr beliebt. Sie ist vereinzelt aber auch bei börsennotierten Unternehmen anzutreffen. Die Theorie, die hinter dieser Taktik steckt, ist sehr einfach: „Der Prüfer hat nur eine gewisse Zeit für die Prüfung, wenn ich für alles ein wenig brauche, um ihm die Auskünfte zu geben, dann fehlt ihm diese Zeit bei der Prüfung und er findet weniger."

Das ist ein Trugschluss. Die Verärgerung über die fehlende Kooperation steigt je mehr Zeit bei der Abarbeitung der angeforderten Unterlagen durch den Steuerpflichtigen vergeht und setzt damit bei diesem einen kreativen Prozeß in Gang: „Wie komme ich an Informationen, die mir noch fehlen und wie baue ich Druck im Unternehmen selbst auf?"

Insbesondere wenn bei der Unternehmertätigkeit Auslandsbezug besteht und beispielsweise bei Anforderungen, die die unternehmerische Methodik im Rahmen der Verrechnungspreise aufzeigen soll, nicht sogleich umfassendes Material vorgelegt wird, vielleicht auch weil die erforderliche Dokumentation unvollständig oder gar nicht vorhanden ist, rächt sich die fehlende gründliche Vorbereitung.

Wenn in solchen Situationen auch andere Dokumente ebenfalls nicht vorgelegt werden und Auskünfte zu lange brauchen, wird die Gefahr immer größer, dass die Einleitung des Strafverfahrens droht: Die Verärgerung der Prüfer führt zu einem Nachfragen bei der Buß- und Strafsachenstelle, ob hier ein Grund für ein Strafverfahren gegeben sei.

Dabei wünscht sich kein Betriebsprüfer ein Strafverfahren. Ein Prüfer wird für seine behördenin- 135
terne Laufbahn u.a. nach den erledigten Fällen beurteilt. Ein eingeleitetes Strafverfahren verhindert die Erledigung eines Falles aber erheblich. Umgekehrt macht sich der Prüfer unter Umständen selbst strafbar, wenn er nicht rechtzeitig einleitet oder einleiten lässt.

Zusammenfassend lässt sich daher festhalten:

Je zeitnaher der Prüfer daher seine Informationen bekommt und zufrieden ist, umso weniger wird er nach Gründen für die Einleitung eines Steuerstrafverfahrens suchen und desto kompromissbereiter lassen sich auch schwierige (an der Grenze zur Strafbarkeit liegende) Aspekte besprechen und lösen.

Allerdings ist von einer „normalen Betriebsprüfung" die Situation zu unterscheiden, wenn der 136
Prüfer nur als verheimlichter Fahnder auftritt und im Grunde als Vorhut der Staatsanwaltschaft unauffällig im Rahmen der Außenprüfung nach Anlässen für die Einleitung sucht.

Praxishinweis:

Häufig merkt man dieses Vorgehen daran, dass sich der Prüfer ohne Einarbeitungsphase auf bestimmte Gebiete stürzt, z.B. von vorneherein nach bestimmten Namen oder Beträgen sucht.

In solchen Situationen sollten Sie einen erfahrenen Berater zu Seite nehmen, der sie berät, aber nicht unbedingt nach außen in Erscheinung tritt und sich auf die Möglichkeit eines Strafverfahrens angemessen vorbereiten.

Als übergeordneter Praxishinweis gilt:

Fragen Sie als Unternehmer oder Berater nach, ob der Prüfer mit der Geschwindigkeit der Beantwortung zufrieden ist. Damit kontrollieren Sie Ihren Berater oder Ihre Angestellten oder als Berater die Angestellten Ihres Mandanten. Auf diesem Wege können Sie möglichst früh mangelnde Kooperation und schlechte Stimmung vorbeugen.

137

4. Grundloses Fernbleiben

Grundloses Fernbleiben des Betriebsprüfers ist kein Anlass für ein Strafverfahren, aber ein Zeichen, dass die Möglichkeit, dass eines eingeleitet werden kann, relativ groß ist. Vorgeschobene Gründe für das Fernbleiben sind häufig Krankheit, Fortbildung oder Urlaub. Dabei am unwahrscheinlichsten ist der Faktor „Urlaub", denn die Prüfungen werden langfristig geplant, so dass sowohl Urlaub als auch Fortbildung selten in die Prüfungsphasen fallen. Hintergrund für ein derartiges Verhalten des Prüfers kann sein, dass der Prüfer sich bei der Buß- und Strafsachenstelle erkundigt, ob er ein Strafverfahren einleiten oder weiterprüfen soll. Dieser Prozess dauert in der Regel ein bis zwei Tage.

Sollte der Prüfer nach dieser Auszeit nicht wiederkommen, ist die Finanzverwaltung zu dem Schluss gekommen, dass eine Fortsetzung der Außenprüfung keinesfalls stattfinden darf, um das Strafverfahren nicht zu gefährden.

Dieses überraschende Fernbleiben des Prüfers in Kombination mit Fragen über kritische Sachverhalte sind sehr sichere Zeichen und sollten unbedingt ernst genommen werden.

Selbstverständlich kann dieses Fernbleiben mit Begründungen versehen werden, die plausibel klingen, aber Wachsamkeit ist und bliebt hier oberste Pflicht.

138 Auch ein Nachfragen beim Prüfer selbst über dessen Einschätzung zur Gefahr eines Steuerstrafverfahrens ist nicht nur nicht angezeigt, um nicht in den Verdacht zu geraten, dass vorsätzliches Verhalten in Betracht kommt, sondern es nützt überdies gar nichts. Vielmehr sollte man unbedingt ein Training über „Was mache ich, wenn die Steuerfahndung kommt?" in seinem Unternehmen nachdenken und alle Mitarbeiter für den (bevorstehenden) Ernstfall schulen lassen.

Es sind Fälle bekannt, wo der Unternehmer am Vortag der Fahndung noch beim Finanzamt nachfragte, ob denn Grund zur Sorge bestünde, da der Berater die Steuerfahndung vermutete. Natürlich wird er nie auf eine solche Frage, eine ehrliche Antwort bekommen können.

139

II. Anfragen des Betriebsprüfers und der Umgang damit

Aus diesem Grunde gilt es, ein paar einfache Regeln im Umgang mit dem Betriebsprüfer zu beherzigen:

Es empfiehlt sich immer, sämtliche Anfragen des Betriebsprüfers und deren Beantwortung zu einzelnen Sachverhalten mit Datum und Uhrzeit festzuhalten, soweit diese nicht schriftlich erfolgen.

Sämtliche Unterlagen, die dem Betriebsprüfer zur Verfügung gestellt werden, sollten in Kopie auch beim Steuerpflichtigen vorliegen, damit (für später eintretende Ernstfälle) sichergestellt werden kann, welche Informationen der Betriebsprüfer aus dem eigenen Unternehmen erhalten hat.

Aber auch hier gilt: Keine Aussagen zu Sachverhalten ohne Rücksprache mit dem Berater !

III. Das neue Medium der digitalen Betriebsprüfung 140

Seit 01.01.2002 hat der Prüfer das Recht, digitale Unterlagen einzusehen, zu prüfen und die Herausgabe von Daten auf einem Datenträger zu verlangen, die er mit Hilfe der Prüfsoftware IDEA prüft. Damit ist diese Art der Prüfung theoretisch nicht neu, praktisch aber in einigen Bundesländern schon.

Wichtig ist in diesem Zusammenhang eine **gründliche Vorbereitung** des Unternehmers auf die- 141
ses Thema. Das kommt praktisch oft zu spät auf den Tisch. In vielen Fällen werden Unternehmen erst tätig, nachdem die Ankündigung der Prüfung in digitaler Form bereits vorliegt.

Das ist oft viel zu spät. Das gilt insbesondere bei größeren Unternehmen, bei denen die EDV-Systemlandschaft oft sehr komplex ist. Es ist eben nicht nur das Fibu- oder Lohnsystem, das steuerrelevant ist, sondern oft auch Nebensysteme, wie Kostenrechnung und Zeiterfassung, Reisekosten oder gar die Emails.

Wenn jedoch früher die Ordner für den Prüfungszeitraum dem Prüfer ausgehändigt wurden, 142
so muss jetzt das Datenmaterial für diesen Zeitraum ausgehändigt oder der Zugriff des Prüfers ermöglicht werden. Es erweist sich jedoch in der Praxis als äußerst schwierig, die Daten so, wie in der Prüfungsanordnung veranlagungszeitlich beschränkt, zur Verfügung zu stellen.

Die Erstellung eines Datenträgers ist oftmals gar nicht möglich, was klar gegen das Gesetz verstößt und den Prüfer bereits vor dem Prüfungsbeginn verärgern kann. Andererseits können im unternehmenseigenen EDV- System selbst manchmal Jahre oder Sachverhalte getrennt werden, so dass häufig zu viel Information an den Prüfer übergeben werden muss.

Das ist ebenfalls nicht Sinn und Zweck, denn zuviel Information kann nicht nur die Kapazität des Prüfer-PCs belasten und damit den Prüfer wieder verstimmen, sondern, was noch viel schlimmere Auswirkungen haben kann, steuererhöhende oder gar strafrechtlich relevante Informationen enthalten, die dem Prüfer gerade nicht zugänglich gemacht werden sollte. Ein Verwertungsverbot für solche zuviel übergebene Informationen hinsichtlich Steuerrecht und Strafrecht gibt es gerade nicht.

Aber nichts ist ärgerlicher, als Probleme deswegen zu bekommen, weil zuviel und zudem nicht angefragte Informationen an die Finanzverwaltung weitergegeben wurde.

Praxishinweis:

Zu diesem Zweck sollte man unbedingt auch vermeiden, vor Prüfungsbeginn die Datenträger an die Finanzbehörde zu übersenden. Denn so ist ein Prüfungsbeginn überhaupt nicht mehr zu bestimmen und wie bereits erörtert, nimmt sich dadurch der Steuerpflichtige jegliche Möglichkeit selbst noch zu handeln oder eine Selbstanzeige abzugeben.

Sämtliche Informationen aus der Betriebsprüfung sowie den dortigen Umstände können zur Einleitung eines Steuerstrafverfahrens Anlass bieten. Dass sich diese Informationsgewinnung durch das Medium der digitalen Betriebsprüfung eher erleichtert, ist nicht verwunderlich. Die Prüfungsweite ist durch diese Prüfungsart sichergestellt, zumal die Prüfer nach wie vor auf Papier zurückgreifen können und dies auch tun.

Vor dem Hintergrund, dass es zwangsläufig zur Zahlung erheblicher Mehrsteuern aufgrund des Einsatzes der digitalen Betriebsprüfung kommen wird, erscheint es noch unverständlicher, dass eine Vorbereitung auf diese Prüfungsart eher zögerlich erfolgt.

Wie eine derartige Bekanntgabe der Einleitung eines (Steuer-) Strafverfahrens erfolgt, soll im nächsten Komplex dargestellt werden.

143 C. Einleitung eines Steuerstrafverfahrens

Fast 75 % aller Fälle, in denen ein Steuerstrafverfahren eingeleitet wird, sind auf Informationen durch die Finanzämter selbst zurückzuführen, d.h. entweder haben sich die Finanzämter an die Bußgeld- und Strafsachenstelle gewandt, die dann die Steuerfahndung mit weiteren Ermittlungen beauftragt hat, oder aber die Finanzämter haben in Eilfällen direkt die Steuerfahndung eingeschaltet.

144 Zum Beschuldigten wird ein Steuerpflichtiger, wenn zum Tatverdacht hinsichtlich einer (Steuer-) Straftat ein Willensakt der Behörde hinzukommt, mit dem diese zum Ausdruck bringt, dass sie das Strafverfahren gegen einen Verdächtigen betreiben will.[141]

I. Anfangsverdacht als Voraussetzung

145 Zur Einleitung eines Steuerstraftat bedarf es Anhaltspunkte hinsichtlich des Vorliegen eines Verdachts, dass der Steuerpflichtige sich nicht gesetzeskonform verhalten hat. Die Strafprozessordnung kennt grundsätzlich **drei Verdachtsgrade**: Den Anfangsverdacht, den hinreichenden Tatverdacht und den dringenden Tatverdacht.

146 1. Definition

Zur Einleitung eines Steuerstrafverfahrens reicht gemäß §§ 397, 396 AO, 160 Abs. 1, 152 Abs. 2 StPO der sog. **Anfangsverdacht** aus. Dieser setzt voraus, dass zureichende tatsächliche Anhaltspunkte vorliegen, die es nach kriminalistischer Erfahrung als möglich und wahrscheinlich erscheinen lassen, dass eine verfolgbare Straftat vorliegt.[142] Gerüchte und Vermutungen sowie allgemeine Erfahrungen genügen diesen Anforderungen nicht.[143]

Praxishinweis:

Es mutet rein formal an, dennoch sollte der Berater die richtige Nomenklatur verwenden, um nicht unglaubwürdig zu erscheinen. Der Anfangsverdacht als geringster Verdachtsgrad reicht aus, um (steuer)strafrechtliche Ermittlungen durch die Ermittlungsbehörden in den Gang zu bringen.

Der hinreichende Tatverdacht ist gemäß § 203 StPO erforderlich für die Eröffnung des Hauptverfahrens vor Gericht. Der dringende Tatverdacht, als höchster Grad des Verdachts, muss seitens der Ermittlungsbehörden vorliegen, um einschneidende Zwangsmaßnahmen, wie z.B. Untersuchungshaft gemäß § 112 StPO, anordnen zu können.

147 Allein steuerliche Mehrergebnisse aufgrund einer erklärungsabweichenden Veranlagung oder im Nachgang an eine Außenprüfung begründen für sich allein noch keinen Anfangsverdacht. Jedenfalls nicht, solange keine zusätzlichen tatsächlichen Anhaltspunkte dafür vorliegen, dass der Steuerpflichtige durch vorsätzliches oder leichtfertiges Verhalten unrichtige oder unvollständige Angaben gemacht hat und dieses zu Steuerverkürzungen geführt hat.

148 Durch die Abgabe einer Strafanzeige wird allerdings ein Anfangsverdacht begründet, solange diese glaubwürdig erscheint.[144]

141 BGH vom 31.05.1990- 4 StR 112/90
142 Meyer- Goßner § 152 Rz. 4; Jäger in FGJ § 397 Rz. 39,
143 Dörn in DStZ 1996, S. 142; Traub in Wannemacher Rz. 3674
144 Löwe- Krahl in PStR 2000, S. 257

Grundsätzlich sind anonyme Anzeigen anders zu handhaben: Zwar begründen anonyme Anzeigen ohne nähere Sachverhaltsangabe für sich allein noch keinen Anfangsverdacht, allerdings sind diese meist Anlass dafür, dass die Finanzbehörde weitere Nachforschungen vorantreibt, um festzustellen, ob sich nicht doch noch ein Anfangsverdacht zur Einleitung ergibt. 149

Praxishinweis:

Die anonyme Anzeigen nehmen zu und bilden letztlich immer Ansatzpunkte für die Finanzbehörden, den etwaig bisher unzureichenden Verdacht zum Anfangsverdacht zu erhärten. Daher sollten die Auswirkungen derartiger Anzeigen nicht unterschätzt werden. Erfahrungsgemäß stammen derartige anonyme Anzeigen aus dem unmittelbaren Umfeld, sei es privater oder geschäftlicher Natur, z.B. durch geschiedene Ehepartner, verlassene Freundinnen, unzufriedene Mitarbeiter oder Geschäftsfreunde.

Weiterhin reicht die Kenntnis einer Kapitalanlage im Ausland seitens der Finanzbehörde nicht aus, um den Anforderungen an einen Anfangsverdacht zu genügen. Vielmehr bedarf es dazu weiterer Tatsachen, die verdeutlichen, dass etwaig daraus erwirtschaftete Kapitalerträge in einer vorangegangenen Steuerklärung vom Steuerpflichtigen nicht erklärt wurden.[145] Umstritten ist darüber hinaus, ob Tafelgeschäfte für sich bereits den Anfangsverdacht begründen. Dies ist zutreffend mit der Rechtsprechung jedoch abzulehnen[146], da die Nutzung einer gesetzlich geschaffenen Möglichkeit der Geldanlage nicht bereits für das Vorliegen eines Anfangsverdachts ausreichen kann. 150

Aufgrund des Vorliegens eines Anfangsverdachts stellt die **zwingende Einleitung** damit die gesetzliche Folge der ersten Ermittlungsmaßnahme dar, die erkennbar darauf abzielt, dass gegen einen Steuerpflichtigen strafrechtlich vorgegangen wird.[147] 151

2. Einleitungshindernisse 152

Die Einleitung eines Strafverfahrens ist jedoch nicht zulässig, wenn ein Verfahrenshindernis vorliegt. Dazu zählen z.B. Schuldunfähigkeit, Strafklageverbrauch aufgrund vorangegangener Verfahrensbeendigungen sowie die Strafverfolgungsverjährung. Wie bereits dargestellt, gehört zu den Verfahrenshindernissen damit auch die Abgabe einer wirksamen Fremdanzeige.

II. Einleitungsmaßnahmen 153

Das Steuerstrafverfahren wird eingeleitet durch eine Maßnahme, die erkennbar darauf abzielt, gegen einen Steuerpflichtigen wegen einer Steuerstraftat vorzugehen.

1. Befugnis zur Einleitung 154

Die Einleitungsbefugnis obliegt den Finanzbehörden, der Polizei sowie der Staatsanwaltschaft. Erfahrungsgemäß werden die Steuerstrafverfahren in der Praxis meist von den Finanzbehörden eingeleitet, da diesbezüglich die größere Sachnähe gegeben ist und von der Staatsanwaltschaft, die Steuerstrafverfahren lediglich bei größerem Umfang bzw. verbunden mit allgemeinen strafrechtlichen Delikten von Anfang an selbst betreibt.

145 Traub in Wannemacher Rz. 3682 f.; Klos in DStZ 1996, S. 36
146 BFH vom 25.07.2000-VII B28/99; NJW 2000, S. 3157; BFH vom 15.06.2001-VII B 11/00; NJW 2001, S. 2999; BFH vom 02.08.2001-VII B 290/99; DB 2001, S. 2126; a.A. Löwe- Krahl in PStR 2000, S. 251
147 Traub in Wannemacher Rz. 3692

155 2. Einleitungsvoraussetzungen gemäß § 397 AO

§ 397 AO manifestiert die Voraussetzungen für die Einleitung und Bekanntgabe eines Steuerstrafverfahrens.

156 a) Maßnahme im Sinne von § 397 AO

Seitens der einleitungsbefugten Behörden muss die Maßnahme im Sinne des § 397 Abs. 1 AO erkennbar darauf abzielen, gegen den Steuerpflichtigen wegen einer Steuerstraftat strafrechtlich vorzugehen. Damit ist auf jede Willensbetätigung einer der o.g. Ermittlungs- und Strafverfolgungsbehörden abzustellen, deren Zielsetzung objektiv erkennbar ist.

157 Eine besondere Form für die Durchführung dieser Maßnahme ist zwar nicht vorgesehen, dennoch tritt die Rechtswirkung der Einleitung unabhängig von der Rechtmäßigkeit der getroffenen Maßnahme ein.[148]

158 Überdies muss die Maßnahme die Zielrichtung haben, gegen den verdächtigen Steuerpflichtigen strafrechtlich vorzugehen. §§ 161, 163 Abs. 1 StPO umschreiben diese Art und Weise des Vorgehens als Sachverhaltserforschung. Diese Sachverhaltserforschung seitens der ermittelnden Finanzbehörden beinhaltet, dass diese nicht nur auf innerdienstliche Vorgänge beschränkt bleibt, sondern über den Bereich der Behörde hinausgeht. Eine Art „Vorprüfung" innerhalb der Finanzbehörde reicht damit für die notwendige Zielrichtungsweisung der Maßnahme nicht aus.

159 Gemäß § 397 AO muss die Maßnahme auf die Aufdeckung einer Steuerstraftat, nicht auf eine allgemeine Straftat, bezogen sein.[149]

160 b) Erkennbarkeit gemäß § 397

Nach dem Wortlaut des Gesetzes und der Rechtsfortbildung durch die Rechtsprechung soll das Merkmal der Erkennbarkeit sicherstellen, dass der Steuerpflichtige den Übergang vom rein steuerlichen Verfahren in das des Strafverfahrens, verbunden mit den unterschiedlichen Rechten, erkennt.[150] Auf die Sicht des Steuerpflichtigen bzw. Beschuldigten kommt es dabei nicht an, vielmehr ist auf den objektiven Horizont eines unabhängigen Dritten aus der ex- post- Sicht abzustellen[151]

161 c) „Jemand" im Sinne von § 397 AO

Für die Einleitung braucht die konkrete Person als Täter noch nicht namentlich bekannt sein. Es kann auch ein Verfahren gegen unbekannt geführt werden.[152]

162 3. Wirkungen der Einleitung

Das Strafverfahren ist in dem Zeitpunkt eingeleitet, in dem erstmals eine strafrechtliche Ermittlungsmaßnahme ergriffen wurde.

148 Jäger in FGJ § 397 Rz. 7; Traub in Wannemacher, Rz. 3705
149 Traub in Wannemacher Rz. 3728; Hübner in HHSp § 397, Rz. 19
150 Kohlmann § 397 Rz. 3
151 Hübner in HHSp § 397 Rz. 29 f
152 Jäger in FGJ § 397 Rz. 42

Die Einleitung des Steuerstrafverfahrens legt sofort die Reichweite des Strafverfahrens fest, indem sie den einheitlichen Lebensvorgang im Sinne der **prozessualen Tat gemäß 264 StPO** erfasst. Dadurch bezieht sich das Steuerstrafverfahren auf die Abgabe bestimmter unrichtiger oder unvollständiger Steuererklärungen durch den Steuerpflichtigen für bestimmte Veranlagungszeiträume.

Damit wird sozusagen der zu ermittelnde Sachverhalt abgesteckt, was dazu führt, dass gegen den Steuerpflichtigen wegen derselben Tat nur einmal eingeleitet werden darf. Eine Ausdehnung auf andere Personen steht aber nicht entgegen.

Praxishinweis:

Wie dargestellt, ist eine Einleitung eines Strafverfahrens während der Außenprüfung häufig der Fall. § 10 BpO 2000 manifestiert, dass der Außenprüfer immer dann ein Steuerstrafverfahren einzuleiten hat, wenn sich ihm ein Anfangsverdacht aufdrängt. Allerdings ist es in der Praxis eine unschöne Tatsache, dass der Außenprüfer es gerade unterlässt, die Verfahrenseinleitung vorzunehmen. Damit werden aber die Rechte des Steuerpflichtigen geradezu unterlaufen.

III. Fertigung des Aktenvermerks gemäß § 397 Abs. 2 AO

§ 397 Abs. 2 AO manifestiert die Pflicht der Finanzbehörde zur Abfassung eines Einleitungsvermerks. 163

1. Rechtsnatur 164

Die Einleitung des Strafverfahrens ist **zwingend** durch die Finanzbehörde in den Akten zu vermerken. Dieser Aktenvermerk hat allerdings nur deklaratorischen Charakter und dient lediglich der Beweissicherung. Allein der Aktenvermerk kann die Einleitung eines Steuerstrafverfahrens nicht bewirken.[153]

Praxishinweis:

Manchmal ist es angezeigt, gegen den Vermerk Beweis zu erheben, dass das Verfahren zu anderer Zeit, gegen eine andere Person oder überhaupt nicht eröffnet worden ist.[154]

Da in der Praxis allerdings stets von der Vermutung der Richtigkeit des Aktenvermerks ausgegangen wird, sollte man dazu echte Anhaltspunkte haben, diesen anzuzweifeln. Ansonsten eröffnet man als Berater dort einen Nebenkriegsschauplatz, dessen Schlacht nicht gewonnen werden kann.

2. Zeitpunkt, Form und Inhalt 165

Aufgrund seines Zweckes zur Beweiserleichterung ist es erforderlich, dass die getroffenen Maßnahme unverzüglich unter Angabe des Zeitpunktes in den Akten vermerkt wird. Sollte dies nicht erfolgt oder die Maßnahme auf dritte Personen ausgedehnt worden sein, ist ein sog. **Nachtragsvermerk** zu fertigen.[155]

153 allgemeine Ansicht, so auch Jäger in FGJ § 397 Rz. 86
154 BGH vom 06.10.1981-1 StR 356/81; Hübner in HHSp § 397 Rz. 43
155 Traub in Wannemacher Rz. 3764; Hübner in HHSp § 397 Rz. 42

166 Sowohl Inhalt als auch Form ist gesetzlich nicht geregelt. Allerdings soll im Vermerk die Richtung und der Umfang der Maßnahme so genau erkennbar sein, um seinem Zweck der Beweissicherung zu erfüllen. Dafür erforderlich sind Angaben, wie

- die vorgenommene Maßnahme an sich samt Datum und Uhrzeit,
- der Tatverdächtige,
- der Lebenssachverhalt, aus dem sich in der Regel die Steuerart sowie Veranlagungszeitraum ergeben soll sowie
- der genaue Zeitpunkt der Bekanntgabe der Einleitung

Darüber hinaus muss erkennbar sein, welcher Beamte diesen Vermerk gefertigt hat; insoweit muss auch der Verfasser mittels Unterschrift oder Namenskürzel erkennbar sein.

167 Wird ein solcher Vermerk nicht oder erst zu spät gefertigt, so hat dies keine unmittelbaren verfahrensrechtlichen Folgen, insbesondere ergibt sich daraus kein Verwendungsverbot, da es sich bei § 397 Abs. 2 AO lediglich um eine Soll- Vorschrift handelt.

168 IV. Bekanntgabe der Einleitung des Steuerstrafverfahrens

Gemäß § 397 Abs. 3 AO ist die Finanzbehörde verpflichtet, die Einleitung des Strafverfahrens dem Steuerpflichtigen **mitzuteilen**. Dies ergibt sich aus dem Zusammenwirken mit § 393 Abs. 1 AO und dient dem Schutz des Beschuldigten vor Selbstbezichtigung. Dies ist auch erforderlich, da der nun Beschuldigte über die Vorwürfe ins Bild gesetzt wird und damit die strafrechtliche Zielrichtung der Ermittlungsmaßnahme kennt, insb. dass sich seine Rechtsposition verändert und er damit als Beschuldigter zu qualifizieren ist.

Die Mitteilung ist ausschließlich an den Beschuldigten zu richten, nicht an seinen Vertreter. Selbst wenn der Beschuldigte nicht erreichbar ist, darf eine straf- und steuerrechtliche Rechtsstellung nicht dadurch untergraben werden, dass die Einleitung seinem Vertreter, z.B. dem Steuerberater möglicherweise im Zusammenhang mit einer an diesen gerichteten Auskunfts- oder Herausgabeanforderung mitgeteilt wird.[156]

Gibt es mehrere Beschuldigte, ist selbstverständlich jeder einzelne zu informieren.

Die Mitteilung der Einleitung muss inhaltlich so ausgestaltet sein, dass die Tatsache der Einleitung des Strafverfahrens und der Zeitpunkt der Verfahrenseinleitung dem Beschuldigten bekannt gegeben werden. Darüber hinaus ist es im Rahmen der Sachverhaltsbeschreibung erforderlich, dass die Steuerart und die Veranlagungszeiträume, in denen die vorgeworfenen Handlungen stattgefunden haben sollen, dargelegt sind, soweit dies nach dem Ermittlungsstand möglich ist.[157]

Im Umkehrschluss zur Verfahrenseinleitung ist dem Beschuldigten auch die Einstellung des Verfahrens mitzuteien; dies v.a. dann, wenn er als Beschuldigter vernommen wurde.

169 V. Rechtsfolgen der Einleitung eines Steuerstrafverfahrens

Durch die Einleitung des Steuerstrafverfahrens wird die Finanzbehörde gleichzeitig zur Strafverfolgungsbehörde. Daneben hat die Einleitung eines Steuerstrafverfahrens auch noch andere Auswirkungen:

156 BGH 05.04.2000-5 StR 226/99; wistra 2000, S. 222
157 BGH vom 06.10.1981-1 StR 356/81

1. Auswirkungen auf das Besteuerungsverfahren 170

Wie oben bereits dargestellt[158], werden die steuerlichen Pflichten im Besteuerungsverfahren durch die Einleitung eines Streuerstrafverfahrens nicht suspendiert. Die steuerlichen Mitwirkungspflichten bestehen somit weiterhin fort.

Allerdings dürfen Zwangsmittel zur Durchsetzung der steuerlichen Mitwirkungspflichten nach Einleitung des Strafverfahrens nicht mehr angewendet werden. Zum Spannungsverhältnis Besteuerungsverfahren- Strafverfahren siehe oben.[159]

2. Änderung der Rechtsstellung des Steuerpflichtigen 171

Mit Einleitung eines Steuerstrafverfahrens rückt der Steuerpflichtige in die Position eines Beschuldigten. Im Rahmen dieses Verfahrens stehen ihm Rechte nach der Strafprozessordnung zu, über die er grundsätzlich zu belehren ist. Dazu gehören u.a. die Belehrung über

- das Recht zur Aussageverweigerung,
- das Recht zur Verteidigerkonsultation,
- das Recht, Beweisanträge zu seiner Entlastung zu stellen und
- die Nichterzwingbarkeit von Mitwirkungspflichten im Besteuerungsverfahren.

Weitere Belehrungen sind vom Gesetz nicht ausdrücklich vorgesehen. Auf etwaige Verwertungsverbote bei Verstoß gegen die Belehrungspflicht wird auch leider nicht hingewiesen.

VI. Rechtsfolgen der Einleitungsmitteilung 172

An die Bekanntgabe der Einleitung eines Steuerstrafverfahrens an den Beschuldigten sind weitere Rechtsfolgen geknüpft.

1. Unterbrechung der Verjährung 173

Durch die Bekanntgabe der Einleitung eines Steuerstrafverfahrens wird die strafrechtliche Verfolgungsverjährung gemäß § 78c StGB unterbrochen. Gleiches gilt auch für die Verfolgungsverjährung von Steuerordnungswidrigkeiten gemäß § 33 OWiG.

2. Ablaufhemmung der steuerlichen Festsetzungsfrist 174

Gemäß § 171 Abs. 5 AO führt die Einleitungsmitteilung zur Ablaufhemmung der steuerlichen Festsetzungsfrist.[160] Allerdings ist hier zwischen Satz 1 und Satz 2 der Vorschrift zu unterscheiden:

Die Rechtsprechung kommt zum Ergebnis, dass die Ablaufhemmung bei Ermittlung der Steuerfahndungsstelle nur dann und nur so weit eintritt, als sich die Ergebnisse der Ermittlungen

158 siehe oben unter § 5 A I
159 vgl unter § 5 A
160 Hübner in HHSp § 397 Rz. 62

auf die Höhe der festzusetzenden Steuern auswirken.[161] Dabei soll sich die Ablaufhemmung nicht auf Steuerarten und Veranlagungszeiträume, sondern auf Besteuerungsgrundlagen beziehen.[162]

Nach § 171 Abs. 5 Satz 2 AO sollen die Ergebnisse strafrechtlicher Ermittlungen auch steuerlich verwertbar bleiben.[163] Deshalb ist es angezeigt, die Ablaufhemmung der steuerlichen Verjährung nur im Hinblick auf die strafrechtlich relevanten Tatsachen anzunehmen.

175

3. Sperrwirkung für die Selbstanzeige

Mit der Bekanntgabe der Einleitung ist die Möglichkeit zur Abgabe einer strafbefreienden Selbstanzeige gemäß § 371 Abs. 2 Nr. 1b AO ausgeschlossen. Hinsichtlich weiterer Ausführungen zur Sperrwirkung der Selbstanzeige kann nach oben verwiesen werden.[164]

176

4. Verwertungsverbot gemäß § 393 Abs. 2 AO

Die bis zur Bekanntgabe der Einleitung eines Steuerstrafverfahrens getätigten Aussagen bzw. dargelegten Anhaltspunkte für allgemeine Straftaten, dürfen nicht verwertet werden, soweit der Steuerpflichtige diese bis dahin in der Annahme seine steuerlichen Pflichten offenbart hat.[165]

177

5. Steuergeheimnis gemäß § 30 AO

Mit der Bekanntgabe der Einleitung werden die Grenzen, in denen das Steuergeheimnis die Offenbarung von Tatsachen zulässt, erweitert. Paradebeispiel hierfür ist § 30 Abs. 4 Nr. 4a AO. Aber auch hierzu kann auf die obigen Ausführungen verweisen werden.

178 Was merkwürdig anmutet, ist die Tatsache, dass gegen die Einleitung des Steuerstrafverfahrens kein förmlicher Rechtsbehelf möglich ist, da es sich dabei um die gesetzliche Folge von verdachtsaufklärenden Maßnahmen handelt.[166] Leider handelt es sich aber um die blanke Wahrheit.

179 Selbst wenn sich diese Maßnahme nachträglich als unzulässig entpuppt, kann ein erfolgreicher Rechtsbehelf gegen die Maßnahme diese selbst und damit das eingeleitete Strafverfahren nicht ungeschehen machen.[167] Aufgrund der doch weitreichenden Rechtsfolgen, die die Einleitung bzw. die Bekanntgabe der Einleitung des Steuerstrafverfahrens auslöst, wäre es angezeigt, die Anfechtung per förmlichen Rechtsbehelf zuzulassen.

161 BFH vom 02.07.1998-IV R 39/97; DStR 1998, S. 1718; BFH vom 09.03.1999-VIII 19/97; Kruse in T/K § 171 Rz. 72
162 Ruban in HHSp § 171 Rz. 77; Traub in Wannemacher Rz. 3799
163 BFH vom 14.04.1999-XI R 30/96; BStBl. II, S. 480
164 siehe oben § 4 A II 4.
165 ausführlich dazu § 1 A I
166 OLG Karlsruhe vom 30.04.1982-4 VAs 22/87; Jäger in FGJ § 397 Rz. 7, Traub in Wannemacher Rz. 3824
167 Traub in Wannemacher Rz. 3825; Jäger in FGJ § 397 Rz. 7, 81

Im Nachgang soll das **Muster eines Einleitungsschreibens** gezeigt werden. 180

Finanzamt M,

Adresse

ZUSTELLUNGSURKUNDE

Steuerpflichtige

Adresse

Ort, den 08.07.2007

Einleitung eines Steuerstrafverfahrens

Sehr geehrte Frau......,

gegen Sie ist am 12.06.2007 durch die Bußgeld- und Strafsachenstelle beim Finanzamt M nach § 397 Abgabenordnung (AO) ein Steuerstrafverfahren eingeleitet worden.

Sie sind Geschäftsführerin der Firma L-GmbH und daher verpflichtet, die auf die bezahlten Löhne und die den Arbeitnehmern zugewendeten geldwerten Vorteile entfallende Lohnsteuer fristgerecht und in zutreffender Höhe beim Finanzamt M anzumelden.

Im Rahmen der für 2002 – 2006 durchgeführten Lohnsteuer- Außenprüfung wurden erhebliche Mängel bei der Versteuerung der privaten Kfz- Nutzung und der Fahrten zwischen Wohnung und Arbeitsstätte festgestellt (vgl. Textziffer 8 des Prüfungsberichts vom 08.08.06).

Somit besteht gegen Sie der Verdacht der Lohnsteuerhinterziehung Juni 2002 bis März 2006 zugunsten der Firma L-GmbH gemäß § 370 Abs. 1 Abgabenordnung.

Ich weise darauf hin, dass Sie nunmehr die -prozessrechtliche- Stellung einer Beschuldigten im Strafverfahren haben und es Ihnen freisteht, sich zu den Beschuldigungen zu äußern oder nicht zur Sache auszusagen und jederzeit einen von Ihnen zu wählenden Verteidiger zu befragen (§ 385 Abs. 1 AO i.V. § 136 Abs. 1 Satz 2 StPO). Darüber hinaus steht es Ihnen frei, zu Ihrer Entlastung einzelne Beweiserhebungen zu beantragen (§ 385 Abs.1 i.V. § 136 Abs. 1 Satz 3 StPO).

Auch nach der Einleitung des Steuerstrafverfahrens bleibt Ihre Pflicht zur Mitwirkung bei der Feststellung der für die Besteuerung erheblichen Sachverhalte (§ 90 AO) bestehen. Die Mitwirkung kann jedoch nicht mehr mit Hilfe von Zwangsgeldern durchgesetzt werden (§ 393 Abs. 1 AO).

Es wird Ihnen hiermit Gelegenheit gegeben, zum Schuldvorwurf schriftlich Stellung zu nehmen.

Ich bitte Sie, spätestens bis zum 31.07.2007 entweder Ihre schriftliche Stellungnahme abzugeben oder aber zu erklären, dass Sie eine mündliche Vernehmung wünschen.

Sollten Sie sich innerhalb dieser Frist nicht äußern, gehe ich davon aus, dass Sie nicht aussagen wollen. Über die weitere Behandlung des Falles wird dann nach Aktenlage entschieden.

Mit freundlichen Grüßen

Finanzbeamtin

In diesem Abschnitt wurden nun mehrere Möglichkeiten vorwiegend der schriftlichen Kontaktaufnahme der Finanzbehörden mit dem Steuerpflichtigen samt Reaktionsmöglichkeiten beschrieben.

Im Anschluss sollen die Situationen aufgezeigt werden, wie das Vorgehen der Finanzbehörden ist, wenn diese persönlich erscheinen. In diesen Situationen ist immer Vorsicht geboten.

§ 8 Umgang mit dem persönlichen Erscheinen der Steuerfahndung

Es kommt in der Praxis vor, dass Beamte der Steuerfahndung persönlich beim Beschuldigten erscheinen. Dies muss nicht immer zwingend vor dem Hintergrund eines Steuerstrafverfahrens geschehen. Denn wie bereits erläutert, nimmt die Steuerfahndung zwei Aufgaben wahr, nämlich einerseits die Besteuerungsgrundlagen im Besteuerungsverfahren zu ermitteln und andererseits erfolgt eine Ermittlung der Besteuerungsgrundlagen nach Einleitung eines Steuerstrafverfahrens in strafrechtlicher Hinsicht. 1

Allerdings ist immer bei persönlichem Erscheinen der Steuerfahndung Vorsicht geboten! Denn dabei kann das Verfahren ganz punktuell und äußerst schnell vom Besteuerungs- ins Steuerstrafverfahren kippen. 2

Praxishinweis:

In Bayern ist es übliche Praxis gewesen, dass im Rahmen der Ermittlungen von Einkünften aus Kapitalvermögen die Steuerfahndung bei Kenntnis von Geldtransfers ins Ausland ab einer Summe von damals 250.000 DM persönlich beim Steuerpflichtigen erschien, um sich hinsichtlich des Verbleibs des Vermögens zu erkundigen.

Bei Vorliegen einer transferierten Summe unter bzw. bis 250.000 DM war es bislang übliche Praxis der bayerischen Steuerfahndung beim Steuerpflichtigen schriftlich anzufragen und diesen aufzufordern, entsprechend zu diesem Geldtransfer Stellung zu nehmen.

A. Der Freibrief der Vor(feld)ermittlungen

Wie bereits in den §§ 1 bis 4 dargestellt, erfüllt die Steuerfahndung die ihr gesetzlich zugewiesenen Aufgaben[1]. Diese sind v.a. in § 208 AO benannt. Es handelt sich dabei u.a. um: 3

- die Erforschung von Steuerstraftaten und Steuerordnungswidrigkeiten gemäß § 208 Abs. 1 Satz 1 Nr. 1 AO,
- die Ermittlung der Besteuerungsgrundlagen im Zusammenhang mit der Erforschung von Steuerstraftaten und Steuerordnungswidrigkeiten gemäß § 208 Abs. 1 Satz 1 Nr. 2 AO ,
- die Aufdeckung unbekannter Steuerfälle gemäß § 208 Abs. 1 Satz 1 Nr. 3 AO sowie
- Einzelaufgaben kraft Ersuchens und besonderen Auftrags gemäß § 208 Abs. 2 AO.

I. Die Aufgaben im Einzelnen 4

Im Hinblick auf die später folgende Unterscheidung zwischen **Vorermittlungen und Vorfeldermittlungen** ist es zweckmäßig und auch geboten, kurz die Aufgabenfelder der Steuerfahndung unter Zurhilfenahme der obigen Aufzählung zu beleuchten.

1 siehe § 1 Abs. III

5 1. Übertragene Aufgaben (§ 208 Abs. 2 AO)

Neben den nachfolgenden Hauptaufgaben ist die Steuerfahndung auch zuständig für steuerliche Ermittlungen sowie Außenprüfungen auf Ersuchen anderer Finanzbehörden. Allerdings füllt die Steuerfahndung diese Aufgabe eher selten aus, da sie mit ihren Hauptaufgaben die Kapazitäten bereits ausschöpft.

Praxishinweis:

In der Praxis wird daher von dieser Aufgabenzuweisung nur sehr selten bis überhaupt nicht Gebrauch gemacht.

6 2. Erforschung von Steuerstraftaten/ Steuerordnungswidrigkeiten (§ 208 Abs. 1 Satz 1 Nr. 1 AO)

Rein grundsätzlich steht die Erforschung von Steuerstraftaten als **zentrale Aufgabe** der Steuerfahndung im Mittelpunkt deren Tätigkeit. Insoweit ist die Steuerfahndung Steuerpolizei.[2] Dies setzt aber bereits das Bestehen eines Anfangsverdachts und damit formal betrachtet eine Einleitung eines Steuerstrafverfahrens gegen den Steuerpflichtigen voraus.

7 Liegt noch kein Anfangsverdacht vor, besteht aber dennoch die Möglichkeit einer Steuerstraftat, so sind **Vorermittlungen** durch die Steuerfahndung durchzuführen. Darunter versteht man Ermittlungen, die im (vor-)strafrechtlichen Bereich stattfinden und dazu dienen, Klarheit darüber zu schaffen, ob ein Verdacht einer Straftat gegeben ist.[3] Das heißt, es werden allgemeine und informatorische Maßnahmen zur Ermittlung vorgenommen, ob ein Verdacht vorliegt. Derartige Ermittlungen dürfen aber nicht dazu verwandt werden, um Beweismaterial gegen den Beschuldigten zu sammeln. Ist dies aber geschehen bzw. hat die Steuerfahndung das Verfahren im Rahmen der Vorermittlungen unzulässig weit ausgedehnt, kann im Strafverfahren diesbezüglich ein Verwertungsverbot diskutiert werden.[4]

8 Im Rahmen dieser Aufgabe stehen der Steuerfahndung auch die Rechte aus der StPO zur Verfügung. Allerdings dürfen diese nicht dazu (aus)genutzt werden, um außerhalb der strafrechtlichen Ermittlungszeiträume liegende Besteuerungsgrundlagen bzw. Veranlagungszeiträume zu ermitteln. Kommt es der Steuerfahndung aber gerade darauf an, dann stehen ihr hierfür nur die Befugnisse aus dem Besteuerungsverfahren zu.

Praxishinweis:

Insoweit ist der Verteidiger ebenfalls gefordert, sehr aufmerksam die Einsicht in die Ermittlungsakten wahrzunehmen. Nur daraus kann er letztendlich entnehmen, aufgrund welcher Befugnisse die Steuerfahndung tätig geworden ist und inwieweit eine unzulässige Ausdehnung bzw. Auslegung der Befugnisnorm zum Nachteil des Mandanten erfolgte.

2 Maurer in Wannemacher Rz. 3361
3 Meyer- Goßner § 152 Rz.5
4 Kohlmann § 404 Rz. 39; Maurer in Wannemacher Rz. 3368

3. Ermittlung von Besteuerungsgrundlagen im Zusammenhang mit der Erforschung von Steuerstraftaten/ Steuerordnungswidrigkeiten (§ 208 Abs.1 Satz 1 Nr. 2 AO) 9

Bei dieser Aufgabenzuweisungsnorm findet eine Verknüpfung von Steuer- und Strafrecht statt, die sich aufgrund der Doppelfunktion der Steuerfahndung als Strafverfolgungsbehörde bzw. auch als für die Besteuerung zuständige Finanzbehörde ergibt.

Strittig ist hierbei, ob die Steuerfahndung derartige Ermittlungen nur im Zusammenhang mit einem strafrechtlichen Ermittlungsverfahren durchführen darf [5] oder mit beiden „Sträußen" an Befugnissen, parallel und verknüpft, die Besteuerungsgrundlagen ermitteln darf oder ob ein willkürlicher Wechsel zwischen den Verfahren gerade nicht zulässig ist.[6]

Die Rechtsprechung hat die Doppelfunktion der Steuerfahndung im Rahmen von steuerstraf- 10
rechtlichen Ermittlungen mit den entsprechenden Befugnissen und sogar bei gegebener Veranlassung die Zulässigkeit eines „ad- hoc"- Wechsels bestätigt, mit der Begründung, die Befugnisse im Straf- und Besteuerungsverfahren seien strikt getrennt. Es wird sogar eine Ermittlung für strafrechtlich verjährte Zeiträume zugelassen.[7]

8

Trotzdem ist selbst vor dem Hintergrund dieser Rechtsprechung zu beachten, dass die Regelungen über Außenprüfung nicht anwendbar sind. Dies ist auch deshalb von Bedeutung, weil eine Selbstanzeigemöglichkeit selbst noch während des eingeleiteten Strafverfahrens für nicht betroffene Zeiträume bzw. Steuerarten möglich ist und auch sein muss.

4. Aufdeckung und Ermittlung unbekannter Steuerfälle (§ 208 Abs. 1 Satz 1 Nr. 3 AO) 11

Aus Strafverteidigersicht ist der absolute Freibrief für das Vorgehen der Steuerfahndungsstelle die Aufgabenzuweisungsnorm des § 203 Abs. 1 Satz 1 Nr. 3 AO.

Diese Aufgabe umfasst die **Erforschung unbekannter steuerlicher Sachverhalte** bei bereits bekannten oder unbekannten Steuerpflichtigen sowie Nachforschungen nach unbekannten Steuerpflichtigen, wenn Anhaltspunkte für einen Steueranspruch vorliegen, ohne dass die Schwelle eines strafrechtlichen Anfangsverdacht erreicht ist.[8]

Diese Befugnisnorm regelt die sog. **Vorfeldermittlungen**, die nicht dem strafrechtlichen Bereich zuzuordnen sind, sondern ausschließlich im Besteuerungsverfahren erfolgen sollen.[9] Dabei ist zu beachten, dass Ermittlungen ins Blaue durch die Rechtsprechung als unzulässig angesehen werden.[10] Doch die Praxis sieht anders aus: Es liegt eindeutig die Gefahr vor, dass unter der vorgeschobenen Argumentation des Besteuerungsverfahrens strafrechtliche Ermittlungen vorgenommen werden.

5 Joecks in FGJ § 404 Rz. 26; Klein § 208 Rz. 33
6 Seer in T/K § 308 Rz. 44; Streck Rz. 28 ff; Kohlmann § 404 Rz. 40.1
7 BFH vom 16.12.1997-VII B45/97; wistra 1998, S. 230; BFH vom 28.10.1997-VII B 40/97; wistra 1998, S. 110; BFH vom 06.02.2001 – VII B 227/00,; wistra 2000, S. 354; BFH vom 15.06.2001-VII B 11/00; wistra 2002, S. 27;
8 Maurer in Wannemacher Rz. 3379
9 Joecks in FGJ § 404 Rz. 28; BFH vom 28.10.1997-VII B 40/97; wistra 1998, S. 110
10 Klein § 308 Rz. 41; Seer in T/K § 208 Rz. 30; BFH vom 21.03.2002-VII B 152/01

12 Mit der Befugnis und der Motivation einen gemäß § 203 Abs. 1 Satz 1 Nr. 3 AO unbekannten Steuerfall aufdecken zu wollen, „besucht" nun die Steuerfahndung den Steuerpflichtigen. Der Steuerpflichtige an sich ist damit bekannt. Wie dargelegt, hat die Steuerfahndungsstelle Kenntnis von einem Vermögenstransfer. Es ist ein Leichtes aufgrund der Annahme von Erfahrungssätzen, einen möglichen Steueranspruch zu umreißen bzw. sich darauf zu berufen, den Steueranspruch aus dem Steuerschuldverhältnis klären zu müssen

Praxishinweis:

Erfahrungsgemäß wird der Fahnder versuchen, die Einleitung des Strafverfahrens so lange wie möglich hinauszuzögern. Dies liegt am Selbstverständnis der Fahnder, eher Steuerbeamter als Strafverfolgungsbeamter zu sein. Dieses Selbstverständnis schadet aber dem Mandanten, da es diesem die Grundlage seiner Rechte, v.a. im Hinblick auf den möglichen Rollenwechsel von Besteuerungs- und Strafverfahren, entzieht.

13 II. Muster des Merkblattes hinsichtlich der Vorfeldermittlungen (§ 208 Abs. 1 Satz 1 Nr. 3 AO)

Um aufzuzeigen, mit welcher Methodik die Steuerfahndung im Rahmen der Vorfeldermittlungen vorgeht, wird ein Muster des Merkblattes gezeigt.

Merkblatt

über die Rechte und Pflichten des Steuerpflichtigen bei Prüfungen durch die Steuerfahndung nach § 208 Abs. 1 Satz 1 Nr. 3 der Abgabenordnung (AO)

1. Nach den Bestimmungen der Abgabenordnung ist der Steuerpflichtige zur Mitwirkung bei der Ermittlung seiner steuerlichen Verhältnisse verpflichtet. Er hat die für die Besteuerung erheblichen Tatsachen vollständig und wahrheitsgemäß offenzulegen. Aufzeichnungen, Bücher, Geschäftspapiere und andere Urkunden sind zur Einsicht und Prüfung vorzulegen.

2. Die Mitwirkung nach Nummer 1 kann grundsätzlich erzwungen werden- z.B. durch Festsetzung eines Zwangsgeldes.

   Zwangsmittel sind jedoch dann nicht zulässig, wenn der Steuerpflichtige dadurch gezwungen würde, sich selbst wegen einer von ihm begangenen Steuerstraftat oder Steuerordnungswidrigkeit zu belasten. Das gilt stets, soweit gegen ihn wegen einer solchen Tat bereits ein Straf- oder Bußgeldverfahren eingeleitet worden ist.

   Wirkt der Steuerpflichtige nicht mit, können daraus allerdings im Besteuerungsverfahren für den Steuerpflichtigen nachteilige Folgerungen gezogen und die Besteuerungsgrundlagen geschätzt werden (§ 162, §§ 88,90 AO).

3. Ergibt sich während der Ermittlung der Verdacht einer Steuerstraftat oder einer Steuerordnungswidrigkeit, wird dem Steuerpflichtigen unverzüglich die Einleitung des Straf- oder Bußgeldverfahrens mitgeteilt. In diesem Falle wird der Steuerpflichtige noch gesondert über seine strafprozessualen Rechte belehrt.

   Im Strafverfahren haben die Steuerfahndung und ihre Beamten polizeiliche Befugnisse. Sie können Beschlagnahmen, Notveräußerungen, Durchsuchungen und sonstige Maßnahmen nach den für Hilfsbeamte der Staatsanwaltschaft geltenden Vorschriften der Strafprozessordnung anordnen und sind berechtigt, die Papiere des von der Durchsuchung Betroffenen durchzusehen.

Dieses Merkblatt wurde Ihnen überreicht von

oftmals der Visitenkarte ähnliche Kontaktdaten samt Ort und handschriftlicher Unterschrift des übergebenden Fahnders.

Mittels dieses Merkblattes spricht der Steuerfahndungsbeamte persönlich beim Steuerpflichtigen vor, und befragt diesen informatorisch. Das „Schlimme" daran ist, das der Steuerpflichtige einerseits mit dieser Situation des „plötzlichen" persönlichen Auftauchens der Steuerfahndung gänzlich überfordert ist, aber auch zum anderen sich aufgrund des „Überrumpelungseffekts", auf den die Steuerfahndung bei der Erkenntnisfindung durchaus spekuliert, seiner Rechte nicht bewusst ist und sich damit seiner Haut nicht erwehren kann.

Besonders bedeutsam und einschneidend ist natürlich der Übergang des Besteuerungsverfahrens in das Strafverfahren. Dieser Moment gehört der Steuerfahndung! Dieser bringt hinsichtlich bestimmter Befragungssituationen auch oftmals die seitens der Steuerfahndung gewünschte Information ans Tageslicht.

III. Erfahrungswerte aus der Beraterpraxis

In der Praxis ist auffällig, dass die Steuerfahndung den Steuerpflichtigen aufsucht und diesem 14
zum Einstieg des Gesprächs das oben gezeigte Merkblatt aushändigt. Meist ohne das Durchlesen abzuwarten, kommt der Steuerfahnder, der genau diesen Überraschungseffekt auszunutzen versucht, zum eigentlichen Anliegen seines „Besuchs". Der Steuerpflichtige wird unter dem Aspekt, um nicht zu sagen Vorwand, in ein informelles Gespräch verwickelt, in dem es um die Überprüfung der Besteuerungsgrundlagen gehen soll.

Völlig arglos beantwortet der Steuerpflichtige, die ein oder andere Frage der Steuerfahndungsbeamten – bis zu dem Zeitpunkt, in dem die Stimmung bei den Steuerfahndungsbeamten umschlägt. Dann haben diese nämlich all das an Tatsachen gehört, was zur Annahme eines Anfangsverdachts ausreicht.

Dann treten die gleichen Steuerfahndungsbeamten, mit denen sich der Steuerpflichtige soeben 15
noch „nett" über seine Steuer und andere damit zusammenhängende Aspekte unterhalten hat, mit anderen Mitteln auf.

Es wird dem verdutzten Steuerpflichtigen eröffnet, dass nun gegen ihn ein Steuerstrafverfahren eingeleitet wird, weil nun aufgrund von Erkenntnissen aus dem Gespräch der Verdacht besteht, dass sich der Steuerpflichtige einer Steuerstraftat strafbar gemacht hat.

Wenn überhaupt, dann wird der Steuerpflichtige nur rudimentär über seine Rechte aufgeklärt und belehrt. Allerdings ist auffällig, dass ca. 90 % der Belehrungen nicht den gesetzlichen Anforderungen genügen. Zumeist verliert sich die Belehrung darin, einen Verteidiger anrufen zu können, in einem beiläufigen Nebensatz, denn mit der Aushändigung des Merkblattes wird angenommen, der Steuerpflichtige sei umfangreich informiert. Das ist wirklich beißender und gelebter Sarkasmus! Dies vor dem Hintergrund, dass in so einer Situation der Verteidiger nur stört, wenn noch andere Personen vor Ort sind, die als Zeugen befragt werden sollen.

Praxishinweis:

Hier ist darauf hinzuweisen, dass Zeugen nach augenblicklicher Gesetzeslage sowohl vor der Polizei als auch der Steuerfahndung weder zur Vernehmung erscheinen noch eine Aussage machen müssen.

*Allerdings existiert auch hierzu ein Entwurf des Bundesrates zu einem Gesetz zur Effektivisierung des Strafverfahrens vom 13.10.2006.[11] Dieser Gesetzesentwurf sieht die Neufassung von **§ 163a Abs. 6 StPO** vor und soll eine Verpflichtung des*

11 vgl. BR- Drucksache 660/06

Zeugen zum Erscheinen und zur Aussage vor der Polizei manifestieren, soweit diese Vernehmung ausdrücklich im Auftrag der Staatsanwaltschaft oder der Bußgeld- und Strafsachenstelle erfolgt.

Damit wäre auch die Aussageverpflichtung vor Beamten der Steuerfahndungsstelle gegeben, die aufgrund der eigenen Wahrnehmung des Steuerpflichtigen höchst kritisch zu beäugen ist. Denn der Steuerpflichtige ist sich oftmals der Brisanz seiner Aussagen nicht bewusst, weil er gerade dem Irrtum unterliegt, dass es sich bei Steuerfahndern um „normale Finanzbeamte" handelt. Er verkennt deren Aufgaben und Befugnisse, die denen der Polizei gleichen.

Im Zeitpunkt der Einleitung und Bekanntgabe des Steuerstrafverfahrens tritt beim Steuerpflichtigen, sobald dieser nur das Wort „Steuerstrafverfahren" vernimmt, der Schockzustand ein. Nur wenige handeln dann noch rational. Auch hier gibt es unterschiedliche Charaktere:

Der sensible Steuerpflichtige bricht in sich zusammen und es fallen solche Sätze, wie „ich habe ja immer gewusst, dass das nicht gutgehen kann".

Der scheinbar noch am rationalsten denkende Steuerpflichtige erhofft sich, durch plausible und ausführliche Rechtfertigung seines Handelns einen Pluspunkt.

Der Choleriker bekommt einen Wutanfall, hält das ganz Vorgehen für eine Unverschämtheit und so Sätze, wie „kein Wunder, dass der ehrliche und hart arbeitende Steuerbürger so handeln muss, wenn solche Leute, wie sie bezahlt werden müssen", sind keine Einzelfälle.

8

Dennoch sind all diese Reaktionen falsch! Keiner der Steuerpflichtigen besinnt sich auf das in dieser Situation wertvollste seiner Rechte: Das Schweigen. Dazu ist in jedem Fall zu raten. Auch wenn es selbst dem abgebrühtesten Geschäftsmann schwerfällt, aber es ist in dieser Situation die einzig richtige Reaktion.

Die zweitbeste Reaktion ist, natürlich sofort einen Berater hinzuzuziehen, der als Interessenvertreter des Steuerpflichtigen den Rahmen des Nötigen und Erforderlichen einer solchen Maßnahme abzustecken versucht und für den Steuerpflichtigen Schadensbegrenzung betreibt.

16 Nach Einleitung und Bekanntgabe des Steuerstrafverfahrens gegen den Steuerpflichtigen ist üblicherweise der nächste Schritt der Steuerfahndung der, zu behaupten, nun sei eine Durchsuchung der Räumlichkeiten vor Ort erforderlich und aufgrund von Gefahr in Verzug auch notwendig. Dies bewirkt, dass nun zwangsläufig nichts mehr vor Ort dem Fahnder verborgen bleibt und dieser zudem häufig im Nachgang an die Durchsuchung Unterlagen sicherstellt. Und zwar vollumfänglich!

Auf die Möglichkeit, dass der Steuerpflichtige gegen die Sicherstellung ebenfalls eigene Rechte geltend machen kann, wird er zwar durch die Steuerfahndung manchmal hingewiesen. Praktisch stellt sich das aber häufig so dar, dass der protokollierende Fahnder Aussagen trifft, wie „Sie geben die Unterlagen doch freiwillig heraus. Das können sie ruhig, denn wir wissen schon, um was es geht".

Nur um sich weiteren Aufwand zu ersparen und baldmöglichst wieder eigener Herr in seinem Hause zu sein, ist es in fast 95 % der Fälle bei Durchsuchungen beim Steuerpflichtigen ohne Beratungsbeistand genauso abgelaufen, wie beschrieben. Der Steuerpflichtige erklärt sich grundsätzlich mit der Durchsuchung und der Beschlagnahem einverstanden und gibt sogar aufgefundene und sicherstellungswürdige Unterlagen freiwillig heraus.

Oftmals erfährt man als Berater von dieser Fahndungsaktion erst Tage später, wenn sich der Schockzustand des Steuerpflichtigen wieder löst und sich dieser fragt, „ob das denn alles rechtens war".

Die vormaligste Aufgabe des dann zu Rate gezogenen Beraters liegt darin, den Mandanten zu beruhigen und ihm die Sicherheit zu geben, seine Angelegenheit liege nun in guten Händen. Oftmals schaffen es Mandanten dann sogar auch, ungeachtet der häufig sehr langen Verfahrensdauer, von diesem Geschehen gedanklich Abstand zu nehmen, auch wenn das Trauma zunächst groß ist.

Aber genau dieses Trauma des Steuerpflichtigen ist der Steuerfahndung liebstes Kind, da der Überraschungseffekt so zu größtmöglichen Erfolgen der Finanzbehörden führt.

Dieses übliche Vorgehen mittels der Aufgabenzuweisungsnorm des § 203 Abs.1 Satz 1 Nr. 3 AO zeigt ganz deutlich, dass diese Vorschrift eine Gefahr für den Steuerpflichtigen darstellt, gerade weil dieser den Wechsel zwischen den beiden Verfahren, dem Besteuerungs- und dem Strafverfahren selbst nicht steuern und den Zeitpunkt des „Kippens“ selbst nicht erfassen kann.

Überdies ist bereits der Tatbestand derart weitgreifend, dass diese Norm das Einfallstor zur Umgehung von Rechten des Steuerpflichtigen darstellt. Einen Steuerpflichtigen aufgrund von Information aus der Steuerakte aufzusuchen, hinsichtlich seiner Besteuerungsgrundlagen zu befragen und schlussendlich dies alles als unbekannten Steuerfall zu definieren, mutet wirklich mehr als nur merkwürdig an.

Aufgrund dessen, dass hier die Beschuldigtenrechte sehenden Auges häufig untergraben werden, ist diese Vorschrift meines Erachtens einer der gefährlichsten in der Abgabenordnung.

Dass es sich dabei auch um praxisübliches Vorgehen handelt, zeigt folgendes Beispiel:

Beispielsfall:

Der Steuerpflichtige hat auf Anraten seines Bankbetreuers Ende des Jahres 1993 einen Geldtransfer von Deutschland nach Luxemburg in Höhe von einer Million DM vorgenommen. Aufgrund der Bankenüberprüfung bekam auch das zuständige Finanzamt Kenntnis davon. Eines Tages im August 2003 standen vor der Tür des schon betagten Steuerpflichtigen zwei Beamte der Steuerfahndungsstelle. Ihnen wurde geöffnet, sie wiesen sich aus und wurden eingelassen, nachdem dem Steuerpflichtigen mitgeteilt wurde, dass es Fragen zu seinen Besteuerungsgrundlagen gab. Dieser wunderte sich zwar über das persönliche Erscheinen der Finanzbeamten, sah dies aber als Service und Respekt vor seinem Alter. Er wurde u.a. gefragt, was denn mit dem im Jahr 1993 von Deutschland nach Luxemburg transferierten Geld geschehen sei. Unbedarft antwortete der Steuerpflichtige: „Was soll schon sein. Das Geld liegt dort immer noch.“

Dieser Satz bewegte die Steuerfahnder dazu, sofort das Steuerstrafverfahren gegen den Steuerpflichtigen einzuleiten und sein Haus aufgrund Gefahr in Verzug zu durchsuchen und Unterlagen sicherzustellen. Der betagte Steuerpflichtige, der erst kurz zuvor am Herzen operiert worden war, bekam einen Schock und ließ das ganze Prozedere klaglos über sich ergehen. Im Nachgang stellten sich erneut gesundheitliche Probleme ein, da er aufgrund dieses Vorfalls eine Bluthochdruckkrise durchstehen musste. Erst Wochen später, als es dem Steuerpflichtigen gesundheitlich wieder etwas besser ging, konnte er sich einem Berater anvertrauen.

Bis zum heutigen Tage ist dieses Verfahren noch nicht abgeschlossen.

IV. Reaktionsmöglichkeiten 17

Alles in allem muss man sich klar darüber sein, dass der Tag des Fahndungsengriffes der Ermittlungsbehörde gehört, an dem ein derart beschriebenes Vorgehen gegenüber dem Steuerpflichtigen an den Tag gelegt wird. Schadensbegrenzung heißt die alleinige Devise!

Dazu gehört in erster Linie, dass der beschuldigte Steuerpflichtige nachdrücklich von seinem Recht, zu schweigen nicht nur Gebrauch macht, sondern dieses auch durchhält, denn alle Aussagen zu diesem Zeitpunkt stehen im Raum und können schwerlich wegdiskutiert werden.

Auch hinsichtlich anderer anwesender Personen sollte versucht werden, eine Vernehmung bereits vor Ort zu unterbinden. Konnte dies nicht verhindert werden, ist zu überlegen, den dritten Personen, je nach Verbundenheit, einen Zeugenbeistand an die Hand zu geben.

Weiterhin ist es Aufgabe des beigerufenen Verteidigers auch schon in dieser Situation dafür zu sorgen, dass die Durchsuchung nicht allumfassend, sondern punktuell entsprechend des Tatvorwurfs stattfindet. Es muss also eine Eingrenzung auf die strafprozessuale Tat im Sinne von § 264 StPO erfolgen.

18 Insoweit sollte der Berater bereits im Vorfeld (präventiv) tätig werden und überlegen, ob in seinem Mandantenkreis „steuerfahndungsgefährdete" Personen vorhanden sind. Diesen gegenüber sollte man sich nicht scheuen, Vorsichtsmaßnahmen und Verhaltensrichtlinien anzubieten.

Praxishinweis:

Über derartige Präventivmaßnahmen sind viele Mandanten zunächst überrascht. Doch wenn sie das Gefühl haben, sich einer derartigen Situation gewachsen zu sein und sich selbst rechtewahrend verhalten zu können, dann ist dies für den Steuerpflichtigen eine wichtige Erfahrung und er fühlt sich vor bzw. nach dem Beratungsvorschlag gut betreut.

19 Aus diesem Grunde ist u.a. für mittelständische Unternehmen zu erwägen, ob eine Verhaltensrichtlinie entworfen und an für alle Mitarbeiter ausgegeben wird.

Im übrigen ist ebenfalls zu erwähnen, dass dieses „worst-case-Szenario" nach und nach auch Einzug v.a.bei mittelständischen Unternehmen gehalten hat.

20 Als weiterer Punkt kommt selbstverständlich in Betracht, dass derartige Vorgehen durch eine stetig steigende Zahl von mittelständischen Unternehmen, bereits geplant und vorbereitet wurde, in dem man gewisse Notfall-Signale in ein erfolgsversprechendes Präventionskonzept einbrachte.

In diesem Zusammenhang ist zu überlegen, ob und inwieweit bereits im Vorfeld derartige Konzeptionen aufgezeigt werden, um Waffengleichheit herzustellen. Eine Maßnahme kann ein Planspiel „Fahndungseingriff zur Übung"sein.

V. Chancen und Risiken

21 Der Steuerpflichtige vor Ort hat keine Chance, sondern nur ein tatsächliches Risiko. Bei persönlichen Auftreten, selbst unter dem Ansinnen, lediglich die Besteuerungsgrundlagen ermitteln zu wollen, hat der Steuerpflichtige nur mehr die Möglichkeit, den Schaden zu begrenzen. Denn ganz im Gegensatz zu dem auftretenden Fahnder weiß der Steuerpflichtige in der Regel nicht, was ihn erwartet bzw. zu welchem Sachverhalt er nun ad hoc Stellung nehmen soll.

Das Risiko besteht darin, dass nach freiwilliger und höchst kooperativer Fragenbeantwortung durch den Steuerpflichtigen, der Fahnder nun den Verdacht hegt, der ursprüngliche, vermeintlich unbekannte Sachverhalt habe sich verfestigt. Dies wird ihn dazu bewegen, sofort mündlich ein Steuerstrafverfahren einzuleiten und im Zweifel eine Hausdurchsuchung vorzunehmen. Begründet wird dies damit, dass ein Zuwarten mit der Durchsuchung dazu führen würde, dass der nun in Kenntnis über das eingeleitete Strafverfahren informierte Steuerpflichtige die Beweismittel, die sich in seinem Besitz befinden und die Tat untermauern, entfernen könnte. Eine Unterstellung, die Wirkung zeigt! Diese Denkweise der Fahndungsbeamten führt dazu, dass sich die Situation für den Steuerpflichtigen nicht nur zuspitzt, sondern auch erheblich verschärft: Denn plötzlich sind die Vorzeichen komplett andere.

Damit manifestiert sich die Gefahr für den Steuerpflichtigen im Kippen des Verfahrens vom Besteuerungs- ins Strafverfahren und der damit oftmals zusammenhängenden Ausschaltung der eigenen Rechte. 22

Das größte Risiko besteht allerdings darin, dass der Steuerpflichtige zu diesem Zeitpunkt seinen Status als Beschuldigter verkennt und mit seinen Aussagen dem gesamten Strafverfahren einen Anstrich zu eigenen Lasten gibt. 23

B. Der Ernstfall – „Unangekündigtes Eindringen in die Privatsphäre

Steht von Beginn an ein Anfangsverdacht gegenüber dem Steuerpflichtigen, dann ruft dies die Steuerfahndung im Rahmen einer **Fahndungsprüfung** auf den Plan. Unter dem Begriff der Fahndungsprüfung wird üblicherweise jede Prüfung durch die Steuerfahndung verstanden, bei der mit einem richterlichen Durchsuchungsbeschluss wegen des Verdachts eines Steuerdelikts im Strafverfahren durchsucht wird. 24

Ein solcher Fahndungseingriff kann offen, z.B. durch persönliches und unangekündigtes Erscheinen der Fahndung, aber auch verdeckt durch Telefonüberwachung oder Postbeschlagnahme geführt werden. Von letzteren erfährt der Beschuldigte erst zu einem wesentlich späteren Zeitpunkt und wird damit vor vollendete Tatsachen gestellt. Aus diesem Grund gilt es dies unbedingt zu vermeiden.

I. Vorliegen eines Anfangsverdachts einer (Steuer-) Straftat/ Ordnungswidrigkeit

Um überhaupt einen Anfangsverdacht annehmen zu können, bedarf es, wie bereits erläutert, eines Anfangsverdachts hinsichtlich einer (Steuer-) Straftat bzw. Ordnungswidrigkeit. 25

1. Übersicht über (steuerlich motivierte) Delikte: 26

Die Steuerfahndung – je nach Delikt evtl. unterstützt durch Polizeibeamte – kommt bei folgenden Delikten zum Einsatz beim Beschuldigten:

- Steuerstraftaten, wie Steuerhinterziehung in jeglicher Ausprägung gemäß §§ 370 ff. AO
- Betrug gemäß § 263 StGB
- Subventionsbetrug gemäß § 264 StGB
- Untreue gemäß § 266 StGB
- Nichtabführung von Sozialabgaben gemäß § 266a StGB
- Insolvenzdelikte gemäß §§ 283 ff StGB
- Delikte gegen den freien wirtschaftlichen Verkehr gemäß §§ 299 ff StGB, Bestechung gemäß §§ 330 ff StGB
- Gewerbs- oder bandenmäßiger Schädigung des Umsatzsteueraufkommens gemäß § 26c UStG

- Steuerordnungwidrigkeiten, wie leichtfertiger Steuerverkürzung gemäß § 378 AO, Steuergefährdung gemäß § 279 AO, Gefährdung der Abzugssteuern gemäß § 380 AO sowie Schädigung des Umsatzsteueraufkommens gemäß § 26b UStG
- sonstige steuerlich motivierte Ordnungswidrigkeiten, wobei die häufigsten nachfolgend aufgezählt sind: Verbrauchssteuergefährdung gemäß § 381 AO, Gefährdung der Ein- und Ausfuhrabgaben gemäß § 382 AO, unzulässiger Erwerb von Steuererstattungs- und Vergütungsansprüchen gemäß § 383 AO, zweckwidrige Verwendung des Identifikationsmerkmals gemäß §§ 383a, 139a AO, Verletzung umsatzsteuerlicher Melde- und Aufbewahrungspflichten gemäß § 26a UStG, unbefugte Hilfeleistung in Steuersachen gemäß § 160 StBerG, Verletzung der Meldepflicht von Todesfällen gemäß § 33 ErbStG, Nichtabgabe bestimmter Mitteilungen gemäß §§ 50e, 45d EStG, Vernachlässigung von Aufsichtspflichten gemäß §§ 30, 130 OWiG, Verletzung von Pflichten nach § 17 GwG

Diese Aufstellung dient lediglich der Darstellung, bei welchen Ermittlungen die Steuerfahndung üblicherweise federführend oder unterstützend herangezogen wird. Die Aufzählung ist dabei allerdings nicht abschließend.

Um überhaupt einen Anfangsverdacht annehmen zu können, bedarf es des möglichen Vorliegen des jeweiligen Tatbestandes, der sich in objektiven und subjektiven Tatbestand unterteilt. Nachfolgend soll zum Verständnis ein Ausflug in die allgemeine strafrechtliche Prüfungssystematik des Tatbestandes unternommen werden:

27
2. Objektiver Tatbestand

Der objektive Tatbestand legt zunächst fest, welches Handeln oder pflichtwidriges Unterlassen strafbar ist. Im einzelnen sind die jeweiligen Merkmale einzeln anhand der gesetzlich vorgeschriebenen oder durch die Rechtsprechung entwickelten Definition zu überprüfen. Zeitweise sind für die Beurteilungen Rechtsnormen aus anderen Gesetzen, z.B. des Umsatzsteuergesetzes heranzuziehen. Darüber hinaus ist erforderlich, dass das Handeln bzw. Unterlassen rechtswidrig war und eine gewisse kausale Verknüpfung zwischen Handeln und dem Taterfolg vorliegt.

Praxishinweis:

Hier ist eine gewisse Akribie erforderlich, denn der vorliegende Sachverhalt ist dabei unter die Definition des Tatbestandsmerkmals zu subsumieren. Zur Annahme des jeweiligen Tatbestandsmerkmals müssen dessen Voraussetzungen vollumfänglich vorliegen, sonst scheitert die Prüfung bereits am Vorliegen des Tatbestandes.

In manchen Tatbeständen existieren sog. unbestimmte Rechtsbegriffe, die einer Auslegung bedürfen. Gerade hier ist erhöhte Sorgfalt erforderlich, denn für den Verteidiger bieten sich gerade dort argumentative Ansatzpunkte.

Die Verknüpfung von tathandlung und Erfolg ist nach Deliktsart bzw. -begehung unterschiedlich ausgeprägt:

28
a) Begehungsdelikte

Überwiegend sind strafrechtliche Handlungen durch ein aktives Tun gekennzeichnet. Derartige Delikte bezeichnet man als **Begehungsdelikte**. Es ist erforderlich, dass genau die gesetzlich normierte Handlung durch den Täter vollzogen wurde, um die Verwirklichung des Tatbestandes annehmen zu können.

b) Unterlassungsdelikte 29

In manchen Delikten wird auch ausdrücklich eine **Unterlassungshandlung** unter Strafe gestellt. Im Steuerstrafrecht ist dies häufig gekennzeichnet durch die Unterlassung einer Handlung, zu der der Steuerpflichtige verpflichtet wäre, z.B. der Abgabe von Steuererklärungen.

Ist in einem Tatbestand nicht ausdrücklich eine Unterlassungshandlung benannt, kann dennoch ein Unterlassen nur dann mit einem Tun gleichzusetzen sein, wenn dem Täter eine Rechtspflicht zum Handeln, also zur Abwendung des strafrechtlichen Erfolges, auferlegt war. In diesem Zusammenhang ist bei der Prüfung einer derartigen Rechtspflicht auf § 13 StGB zurückzugreifen.

c) Versuchsstrafbarkeit 30

Gleiches Problem stellt sich bei der Versuchsstrafbarkeit. An einigen Stellen im Gesetz ist die Strafbarkeit des Versuchs ausdrücklich geregelt. In anderen Fällen ist es erforderlich, dass einzelne Delikte ebenfalls an den Vorschriften des allgemeinen Strafrechts, insbesondere §§ 12 Abs. 1 und 22 StGB zu messen sind. Sind deren Tatbestandsmerkmale ebenfalls gegeben, kann selbst bei nicht ausdrücklicher gesetzlicher Regelung eine Versuchsstrafbarkeit angenommen werden.

d) Erfolgsdelikte 31

Zudem wird bei manchen Delikten die Tatbestandsverwirklichung an einen bestimmter Erfolg für die Erfüllung des Tatbestandes geknüpft. Diese Delikte bezeichnet man als Erfolgsdelikte. Im Rahmen der Prüfung einer Steuerhinterziehung gemäß § 370 AO ist der Eintritt des Erfolges, der in einer Steuerverkürzung liegt, notwendig. Dazu ist es erforderlich, dass zwischen der Handlung und dem Eintritt des Erfolges ein ursächlicher Zusammenhang (Kausalität) besteht. Die herrschende Meinung stellt dabei auf die Äquivalenztheorie ab, die aussagt, dass eine Handlung dann für den Erfolg ursächlich ist, wenn diese nicht hinweggedacht werden kann, ohne dass der Erfolg entfiele („conditio sine qua non").

Praxishinweis:

Die geforderte Kausalität zeigt sich bereits im Gesetzeswortlaut. Dort findet man Formulierungen, wie „...., um......zu verkürzen".

Zusätzlich zum objektiven Tatbestand muss der jeweilige Täter auch eine vorwerfbare innere Einstellung zur Tat haben. Diese bezeichnet man subjektiven Tatbestand.

3. Subjektiven Tatbestand 32

Der subjektive Tatbestand kann in unterschiedlichen Ausprägungen vorliegen. Man unterscheidet grundsätzlich Vorsatz und Fahrlässigkeit. Die jeweilige Abgrenzung erfolgt über das **Willenselement** des Täters.

a) Vorsatz

Unter Vorsatz versteht man das Wissen und Wollen aller Tatbestandsmerkmale sowie des notwendigen vorausgesetzten Erfolges. Der Vorsatz kann in verschiedene Formen des Vorsatzes unterteilt werden. Die unterschiedlichen Abstufungen sind nachfolgend dargestellt.

- Absicht:

  Darunter ist zu verstehen, dass es dem Täter gerade auf den bestimmten Erfolg ankommt und er diesen für möglich hält.

- Direkter Vorsatz:

  Der Täter willigt in den Erfolg ein; es kommt ihm aber nicht in erster Linier auf den Erfolgseintritt an, setzt ihn aber als Folge selbst voraus.

- Bedingter Vorsatz:

  Nach h.M. hält der Täter den Erfolgseintritt für möglich und nimmt diesen auch billigend in Kauf.

8

b) Fahrlässigkeit

Fahrlässig handelt, wer die im Verkehr erforderliche und persönlich zumutbare Sorgfalt außer Acht lässt. Dem Täter kommt es gerade nicht auf die Tatbestandsverwirklichung an bzw. er vertraut darauf, dass sie gerade nicht eintritt.

Auch Fahrlässigkeit kann in unterschiedliche Intensitäten unterteilt werden:

- „Normale" Fahrlässigkeit:

  Hier hält der Täter den Erfolgseintritt für möglich, vertraut aber darauf, dass dieser ausbleibt.

- Grobe Fahrlässigkeit

  Der Täter hält den Erfolgseintritt für nicht gänzlich ausgeschlossen, handelt aber dennoch besonders leichtsinnig oder gleichgültig, obwohl sich ihm die mögliche Tatbestandsverwirklichung hätte aufdrängen müssen.[12] Darin zeigt sich eine besonders gesteigerte Form der Fahrlässigkeit.

33

4. Rechtswidrigkeit des Handelns

Eine derartiges Vorgehen, sei es Handeln oder Unterlassen, wird grundsätzlich als rechtswidrig erachtet, es sei denn es liegen sog. Rechtfertigungsgründe, wie Einwilligung des Verletzten, Notwehr im Sinne von § 32 StGB oder rechtfertigender Notstand gemäß § 34 StGB vor. Allerdings ist anzuführen, dass derartige Rechtsfertigungsgründe v.a. im Steuerstrafverfahren kaum Anwendung finden.

Praxishinweis:

Die Rechtfertigungsgründe sind deshalb von untergeordneter Rolle, da grundsätzlich bei einer Abwägung der gegenläufigen Interessen das Interesse des Staates an einem vollständigen Steueraufkommen stets vorrangig ist.

12 Joecks in FGJ § 378 Rz. 31

5. Schuld 34

Überdies muss seitens des Täters auch ein **Unrechtsbewusstsein** vorliegen. Dabei handelt es sich um die Einsicht, Unrecht zu tun und damit gegen die Rechtsordnung zu verstoßen. Nicht erforderlich ist, dass der Täter die genaue Gesetzesvorschrift kennt, sondern es genügt, dass ihm bewusst ist, sich nicht gesetzeskonform zu verhalten. Hinsichtlich des Unrechtsbewusstseins ist auf die **individuellen Fähigkeiten** des Täters abzustellen. Ist er nicht in der Lage diese Einschätzung vorzunehmen, stellt sich die Frage, ob es u.a. an der Schuldfähigkeit fehlen kann. Diesbezüglich sind die Vorschriften der §§ 19, 20 StGB bzw. die Vorschrift des entschuldigenden Notstandes gemäß § 35 StGB zu prüfen.

6. Irrtümer 35

Aber auch Irrtümer können sich auf die Rechtswidrigkeit der Tat bzw. die Strafbarkeit des Täters auswirken:

Liegt seitens des Täters ein Irrtum über das Vorliegen oder Nichtvorliegen eines Tatbestandsmerkmal vor, kann darin möglicherweise ein vorsatzausschließender Tatbestandsirrtum im Sinne von § 16 StGB gesehen werden. Allerdings ist dies für Steuerstrafverfahren nur von untergeordneter Bedeutung.

Praxishinweis:

Übertragen auf den Tatbestand der Steuerhinterziehung heißt das, dass der Täter nicht weiß, dass ihn eine steuerliche Verpflichtung trifft und sich hieraus ein konkreter Steueranspruch ergeben kann.

Dies führt zwar zur Nichtverwirklichung der vorsätzlichen Tat. Allerdings wird dadurch nicht eine Fahrlässigkeitsstrafbarkeit berührt, soweit die Tat fahrlässig verwirklicht werden kann. Gemäß § 15 StGB führt Fahrlässigkeit nur dann zu einer Strafbarkeit, wenn dies im Gesetz ausdrücklich bestimmt ist.

Praxishinweis:

Steuerhinterziehung kann nur vorsätzlich begangen werden. Läge ein tatbestandsausschließender Irrtum vor, wäre die Tat straffrei, soweit eine Steuerverkürzung nach § 378 nicht in Betracht kommt.[13]

Ist sich der Täter allerdings nicht bewusst darüber, Unrecht zu tun, kommt ein Verbotsirrtum 36
gemäß § 17 StGB in Betracht. Dabei ist allerdings zwischen vermeidbaren und unvermeidbarem Irrtum zu unterscheiden. Wird ein unvermeidbarer Irrtum angenommen, dann entfällt der Schuldvorwurf und der Täter bleibt straffrei. Im Steuerstrafverfahren ist die Ausnahme eines vermeidbaren Irrtums kaum gegeben.[14]

War der Irrtum vermeidbar, bleibt die Strafbarkeit bestehen; allerdings kommt allenfalls nur eine Strafmilderung in Betracht.

Die Wahrscheinlichkeit der Verwirklichung aller soeben dargestellten Tatbestandsmerkmale im Hinblick auf einen konkreten Tatbestand müssen vorliegen, um einen Anfangsverdacht annehmen zu können, der erforderlich ist, weitere Fahndungsmaßnahmen einleiten zu können.

---

13 BGH vom 23.04.1986-3 StR 8/86; wistra 1986, S. 196
14 BGH vom 23.04.1986-3 StR 3/86; wistra 1986, S. 218

II. Förmlicher Durchsuchungsbeschluss versus Gefahr in Verzug

37 Eine äußerst umstrittene Frage war, ob die Strafverfolgungsbehörden immer einen förmlichen Durchsuchungsbeschlusses benötigen, um sich beim tatverdächtigen Beschuldigten Zutritt u.a. zu dessen Räumlichkeiten zu verschaffen. Grundsätzlich unterliegt der Durchsuchungsbeschluss, da er einen einschneidenden Eingriff in grundgesetzlich verankerte Rechte, wie die Unverletzlichkeit der Wohnung gemäß Art. 13 GG darstellt, dem Richtervorbehalt. Dies bedeutet, dass z.B. ein Durchsuchungsbeschluss zwar seitens der Staatsanwaltschaft oder einer selbständig ermittelnden Behörde (Polizei, Bußgeld- und Strafsachenstelle) beantragt wird, aber nur durch den zuständigen Ermittlungsrichter am Amtsgericht angeordnet werden kann.

Praxishinweis:

Die Steuerfahndung ist nicht selbständig antragsbefugt.[15] *Beamte der Steuerfahndung müssen sich mit ihrem Ansinnen an die Bußgeld- und Strafsachenstelle wenden, die dann förmlich den Antrag auf Anordnung eines Durchsuchungsbeschlusses beim zuständigen Ermittlungsrichter einreicht.*

38 Nur bei Annahme von Gefahr im Verzug im Sinne von § 105 Abs. 1 Satz 1 StPO genügt -unter Aushebelung des Richtervorbehalts- die Anordnung durch die Staatsanwaltschaft, der Bußgeld- und Strafsachestelle und sogar der Steuerfahndung.

Gefahr in Verzug liegt dann vor, wenn die richterliche Anordnung nicht (rechtzeitig) eingeholt werden kann, ohne dass der Zweck der Maßnahme gefährdet würde. Als typische Sachverhaltskonstellationen, die eine Annahme von Gefahr in Verzug rechtfertigen sollen, kommen in Betracht:

- Der Beschuldigte schafft Beweismittel weg oder vernichtet diese.

Praxishinweis:

Selbst bei dieser Sachverhaltskonstellation ist eine Maßnahme wegen Gefahr in Verzug vor einer bereits geplanten Durchsuchung nur mehr denkbar, wenn der Beschuldigte auf frischer Tat, z.B. weil eifrig tätig am Aktenvernichter, angetroffen wird.[16]

- Bei Durchsuchungen ergeben sich Verbindungen zu anderen Personen, bei denen zusätzlich weitere Beweismittel vermutet werden.
- Während einer Durchsuchung ergeben sich weitere Durchsuchungsorte.
- Der Beschuldigte hat von einer anstehenden Maßnahme der Ermittlungsbehörden Kennnis erlangt.

39 Um aber einer zu schnellen Annahme von Gefahr in Verzug entgegenzuwirken, nachdem dieser immer ausufernder seitens der Ermittlungsbehörden zugesprochen wurde, hat das BVerfG[17] infolge des erheblichen Eingriffs in die Rechte des Beschuldigten judiziert, dass die Gefahr im Verzug mit Tatsachen des Einzelfalls begründet werden muss. Reine Spekulationen, hypothetische Erwägung oder lediglich kriminalistische, auf Alltagserfahrung gestützte, fallunabhängige Vermutungen sind nicht ausreichend.[18]

---

15 LG Freiburg vom 16.07.1986-IV Qs 72/86; wistra 1987, S. 155; LG Berlin vom 08.02.1999-82 T81/99; wistra 1988, S. 203; LG Mülhausen vom 15.11.2006-6 Qs 9/06; wistra 2007, S. 195 ff

16 Krehl in NStZ 2003, S. 461 ff

17 BVerfG vom 20.02.2001-2 BvR 1444/00; wistra 2001, S. 137 ff

18 zu den Feststellungen der Bundesverfassungsgerichtsentscheidung ausführlich Buchheim in Wannemacher Rz. 3864 ff

Praxishinweis:

In Steuerstrafverfahren ist die nichtrichterliche Ausnahmekompetenz „bei Gefahr im Verzug" nur selten begründet. Dies auch vor dem Hintergrund, dass der Durchsuchung meist umfangreiche Ermittlungen voraus gehen, so dass für eine richterliche Einschaltung grundsätzlich genügend Zeit bleibt.[19] Auch und vor allem die Einrichtung von Bereitschaftsdiensten bei den Justizbehörden spricht für diese Argumentation.

Eine bewusst missbräuchliche Durchsuchung wegen „Gefahr in Verzugs" kann ein Verwertungsverbot hinsichtlich der beschlagnahmten Gegenstände begründen.[20]

Es muss den behördlichen Dokumentationen entnommen werden können, ob die Ermittlungsbehörden den Versuch unternommen haben, den Ermittlungsrichter zu erreichen.[21] Unter anderem ist eine Gefahr in Verzug dann nicht gegeben, wenn seitens der Staatsanwaltschaft/Bußgeld- und Strafsachenstelle nicht der Versuch einer telefonischen Kontaktaufnahme mit dem Ermittlungsrichter unternommen wurde; denn schließlich kann der Richter die Durchsuchung auch fernmündlich anordnen.[22] 40

Die neue und diesbezügliche restriktive Entwicklung zeigt sich darin, dass das OLG Hamm[23] festgestellt hat, dass bei einer Durchsuchung wegen Gefahr in Verzug ein Verwertungsverbot in Betracht kommen kann. Es führt aus: „*...Eine ... im Einzelfall.... rechtswidrig durchgeführte Ermittlungshandlung (etwa die Durchsuchung....ohne richterlichen Durchsuchungsbeschluss) führt zu einem Beweisverwertungsverbot hinsichtlich der so erlangten Erkenntnisse, wenn die Ermittlungshandlung nicht nur fehlerhaft, sondern objektiv willkürlich erfolgt ist und zu einem besonders schwerwiegenden Eingriff in die .....geschützten Rechte des Angeklagten geführt hat. Dabei ist insbesondere zu prüfen, ob das Beweismittel überhaupt auf rechtmäßige Weise hätte erlangt werden können.*"

Es bleibt zu hoffen, dass dieses Urteil in Rechtskraft erwächst bzw. dass sich der Bundesgerichtshof dieser Auffassung anschließt, denn dann bliebe das Rechtsinstitut „Gefahr in Verzug" auf einige wenige Fälle und v.a. außerhalb des Wirtschafts- und Steuerstrafrechts beschränkt.

Überdies ist darauf hinzuweisen, dass die Strafverfolgungsbehörden selbstverständlich die tatsächlichen Voraussetzungen für die Gefahr im Verzug nicht selbst herbeiführen dürfen. Vor allem darf mit einem Antrag an den Ermittlungsrichter nicht solange zugewartet werden, bis die Gefahr eines Beweismittelverlustes eintreten kann.[24] 41

Dies zeigt, dass in den meisten Fällen der Durchsuchungsmaßnahme nur ein förmlicher Durchsuchungsbeschluss dem Verfahren und dem Gesetzesverständnis gerecht werden kann.

19 Buchheim in Wannemacher Rz. 3869; Rengier in NStZ 1981, S. 373
20 AG Offenbach vom 19.02.1991-21 Gs 19 Js 32533/91; NStZ 1991, S. 247; LG Saarbrücken vom 28.04.2004-5 T 139/04; wistra 2001, S. 34 ff
21 BVerfG vom 20.02.2001-2BvR 1444/00; NJW 2001, S. 1121 ff; BGH vom 18.04.2007-5 StR 546/06; NStZ 2007, S. 601
22 BVerfG vom 27.11.2002-2 BvR 483/00; NJW 2003, S. 1442
23 OLG Hamm vom 19.10.2006; wistra 2008, S. 75 ff
24 BVerfG vom 20.02.2001-2 BvR 1444/00; NJW 2001, S. 1121ff

III. Muster eines Durchsuchungsbeschlusses

Nachfolgend wird ein Durchsuchungsbeschluss aus der üblichen Praxis dargestellt:

Amtsgericht A
-Ermittlungsrichter-
Adresse
Aktenzeichen
Bußgeld- und Strafsachenstelle B
Adresse
Geschäftszeichen

Erlassdatum

In dem Ermittlungsverfahren gegen

1. Herrn Sparsam, geb. am......
   wohnhaft ......

und

2. Frau Sparfuchs, geb. am.....
   wohnhaft........

wegen Verdachts der Einkommensteuer-, Umsatzsteuer- und Gewerbesteuerhinterziehung für die Veranlagungszeiträume 2003 bis 2006 wird gemäß § 33 Abs. 4 StPO ohne vorherige Anhörung aufgrund der §§ 94,95,98, 102, 105, StPO angeordnet:

- die D u r c h s u c h u n g der Wohn- und Geschäftsräume der Spar GbR, Weißnicht- Str. 1, Blödhausen samt jeglicher Nebenräume, Archive und Pkws zur Sicherstellung sämtlicher Belege über gegenwärtige und frühere Konten, Kreditoren- und Debitoren, Summen- und Saldenlisten, sämtliche Buchführungsunterlagen, Kontounterlagen sowie derartiger Unterlagen, aus denen sich das Buchhaltungsprozedere ergeben kann sowie digitaler Unterlagen und EDV-Programmen
- die S i c h e r s t e l l u n g der genannten Gegenstände, die als Beweismittel von Bedeutung sein könnten.

<u>Gründe:</u>

Die Beschuldigten betreiben gemeinsam die Firma Sparland GbR. Die Beschuldigten sind verdächtig durch Abgabe unrichtiger bzw. unvollständiger Steuererklärungen für die Veranlagungszeiträume 2003 bis 2006 abgegeben zu haben und dadurch Einkommensteuer, Umsatzsteuer und Gewerbesteuer in noch nicht feststellbarer Höhe verkürzt zu haben.

Zur Feststellung des Tatumfangs sind die oben aufgeführten Unterlagen, Konten und EDV etc. beweiserheblich und es wird davon ausgegangen, dass diese Maßnahme zum Auffinden derartiger Beweismittel führen wird.

Unterschrift
Ermittlungsrichter

Dienstsiegel

Auch Durchsuchungsbeschlüsse gegen den Unverdächtigen haben den gleichen Inhalt, stützen sich allerdings auf eine andere Rechtsgrundlage, nämlich § 103 StPO.

Es muss der Tatvorwurf gegen den Beschuldigten und als Durchsuchungsort die Adresse des Unverdächtigen enthalten.

Praxishinweis:

In manchen Fällen stellt sich heraus, dass bei einem langjährigen Mandanten, für den die Steuererklärungen erstellt werden, am frühen Morgen eine Durchsuchungsmaßnahme stattgefunden hat. Beim Steuerberater findet das Aufsuchen durch die Steuerfahndung allerdings nicht zeitgleich, sondern erst gegen Mittag statt. In einem Gespräch stellt sich heraus, dass die Steuerfahndung erst einen neuen Beschluss beantragen musste, da sich die Adresse des Steuerberaters geändert hatte.

Diesbezüglich sollte man auch u.a. auf eine mögliche Firmierung aufpassen, denn diese ist oftmals falsch. Sollten sich nämlich mehrere Firmierungen einer Steuerberatungsgesellschaft an unterschiedlichen Standorten befinden, dann kann dies auch dazu führen, dass eine Durchsuchung aufgrund falscher Firmierung nicht zulässig ist.

IV. Zuständigkeit für die Anordnung von Fahndungsmaßnahmen

Sowohl die offenen als auch die verdeckten Maßnahem unterliegen den Voraussetzungen und Anforderungen an eine richterliche Anordnung. Der Antrag einer Fahndungsmaßnahme ist bei dem Amtsgericht, in dessen Bezirk die Handlung vorzunehmen ist, anzubringen. Werden zeitgleiche Maßnahmen in unterschiedlichen Gerichtsbezirken angestrebt, so erfolgt eine sog. **Zuständigkeitskonzentration**. Damit wird verfahrensvereinfachend bewirkt, dass gemäß § 162 Abs. 1 Satz 2 StPO die Anträge bei dem Amtsgericht zu stellen sind, in dessen Bezirk die beantragende Stelle ihren Sitz hat. 42

Der Antrag ist grundsätzlich zu begründen, um den Ermittlungsrichter in die Lage zu versetzen, sämtliche Voraussetzungen und Anforderungen an einen Durchsuchungsbeschluss dahin gehend zu überprüfen, ob eine derartige Maßnahme zulässig ist und v.a. dem Grundsatz der Verhältnismäßigkeit gerecht wird.[25]

V. Voraussetzungen und Anforderungen an den Durchsuchungsbeschluss

Nur wenn eine förmliche und rechtmäßige Anordnung einer Fahndungsmaßnahme, also u.a. des Durchsuchungsbeschlusses, vorliegt, dann hat der von der jeweiligen Maßnahme Betroffene diese zu dulden. 43

Die typische oft vertretene Mandantenmeinung, es handele sich um Hausfriedensbruch trifft nicht zu, da der Durchsuchungsbeschluss die Legitimation der ermittelnden Behörden darstellt, sich an Ort und Stelle aufhalten zu dürfen.

25 BVerfG vom 22.03.1999-2 BvR 2158/98, BVerfG vom 27.05.1997-2 BvR 1992/92; wistra 1997, S. 223

Praxishinweis:

Auch wenn es schwerfällt, kann man derart offenen Fahndungsmaßnahmen zumindest abgewinnen, dass dem Beschuldigten nun die Einleitung und Bekanntgabe des Strafverfahrens zur Kenntnis gebracht wurde. Die Ansicht, es müsse vor einer Durchführung einer Durchsuchung eine separate Handlung gegenüber dem Beschuldigten vorgenommen werden, die aufweist, mit welchem Vorwurf dieser sich konfrontiert sehen muss, geht fehl, denn die Durchsuchungsmaßnahme gegen den Beschuldigten selbst stellt zugleich auch die Bekanntgabe der Einleitung eines Strafverfahrens dar.

Ganz anders stellt sich die Situation bei verdeckten Maßnahmen, wie Telefonüberwachung, Observation oder Beschlagnahme der Post dar. Zwar sind hier höhere Anforderungen an die Rechtmäßigkeit einer solchen Maßnahme gestellt und ebenfalls erst recht an den Richtervorbehalt gekoppelt, nur hat der davon Betroffene denklogisch davon keine Kenntnis. Die ermittelten Tatsachen kann der Verteidiger erst im Nachgang in der Ermittlungsakte ersehen.

Derartige Maßnahmen und „Hausbesuche" müssen somit durchgestanden werden.

Nachfolgend sollen zunächst die allgemeinen Durchsuchungsvoraussetzungen dargestellt werden:

44

1. Allgemeine Durchsuchungsvoraussetzungen

Unter **Durchsuchung** ist das amtlich erlaubte Suchen nach Beweismitteln zu verstehen. Sie ist sowohl beim Verdächtigen als auch beim Unverdächtigen zulässig.[26]

Der Durchsuchungsbeschluss muss stets die Örtlichkeiten und Gegenstände enthalten, die von der Ermittlungsbehörde durchsucht werden soll.

45

a) Durchsuchungsgegenstände

Nach dem Gegenstand der Durchsuchung ist zwischen **Haus-, Sach- und Personendurchsuchung** zu unterscheiden.

Die **Hausdurchsuchung** umfasst die Wohnung, sämtliche Räume sowie jedes andere befriedete Besitztum. Unter Wohnung versteht man die tatsächlich bewohnte Räumlichkeit. Allerdings zählen dazu ebenfalls Arbeits-, Betriebs- und Geschäftsräume, Wochenendhäuser, Wohnwagen, nicht jedoch das Auto.[27]

Andere Räume sind solche, die der Tatverdächtige benutzt oder mitbenutzt, so z.B. Hotelzimmer, Schließfächer und das befriedete Besitztum. Auf die zivilrechtliche Zuordnung des Eigentums kommt es nicht an; abgestellt wird im Rahmen der Durchsuchung nur auf den Gewahrsam.[28]

Die **Sachdurchsuchung** erstreckt sich auf die bewegliche Habe des Verdächtigen. Hierunter fallen u.a. Taschen, Koffer, Schließfächer und Fahrzeuge.

Gestattet der Betroffene ausdrücklich die Durchsicht der Räume und Behältnisse, liegt keine förmliche Durchsuchung mehr vor; der hierfür vorliegende Durchsuchungsbeschluss ist verbraucht.

Praxishinweis:

Aus Verteidigersicht sollte man einer Durchsuchung keinesfalls zustimmen. Die Tatsache, dass dadurch der erwirkte Durchsuchungsbeschluss verwirkt ist, ist von derart untergeordneter Rolle, dass stets der förmliche Weg beschritten werden sollte.

26 vgl. § 8 B X
27 Buchheim in Wannemacher Rz. 3840
28 Joecks in FGJ § 399 Rz. 24; BGH vom 22.08.1996-5 StR 159/06; wistra 1997, S. 107 ff

Man sollte sich auch nicht von dem Gedanken täuschen lassen, die Ermittlungsbeamten würden dann „nicht ganz so genau hinsehen". Überdies kann für eine weitere Durchsuchung jederzeit ein neuer Durchsuchungsbeschluss beantragt werden.

Die **Personaldurchsuchung** ist streng zu unterscheiden von der körperlichen Untersuchung im Sinne von § 81a StPO. Die Durchsuchung von Personen dient in erster Linie und ausschließlich dem Suchen nach Sachen und Spuren in der Kleidung und auf der Körperoberfläche sowie im Nachforschen nach Gegenständen in einsehbaren Körperhöhlen und -öffnungen, ohne dass hierfür medizinische Hilfsmittel nötig wären.[29] Die körperliche Untersuchung gemäß § 81a StPO behilft sich gerade medizinischer Hilfsmittel, wie Röntgenstrahlen und Untersuchungen der Körperöffnungen.

b) Durchsuchungszweck 46

Dieser liegt vorwiegend, v.a. im Rahmen von Steuerstrafverfahren darin, Beweismittel zu finden und sicherzustellen. Ebenfalls nicht zu unterschätzendes Durchsuchungsziel kann das Auffinden und Sicherstellen von Verfalls- und Einziehungsgegenständen gemäß § 111b Abs. 4 StPO sein, um den staatlichen Anspruch auf Verfall und Einziehung durchzusetzen. Allerdings muss dieser Durchsuchungszweck gesondert gemäß § 105 StPO angeordnet sein.

Für die gesuchten Beweismittel, Einziehungs- und Verfallsgegenstände ist eine **sog. Auffindungsvermutung** erforderlich.[30] Diese Vermutung darf bereits auf Umstände des Falles und auf kriminalistische Erfahrung gestützt werden, ohne dass konkrete Beweismittel hierfür erforderlich wären.[31] 47

Allerdings darf die Durchsuchung nicht auf bloßer Ausforschung beruhen, die sich nur auf eine statistische Straftatwahrscheinlichkeit ohne Vorliegen individueller, durch Tatsachen konkretisierter Verdachtsmomente stützen.[32]

Die Durchsuchung ist unzulässig und nicht fortzusetzen, wenn keine Anhaltspunkte dafür bestehen, dass die Fortsetzung zum Auffinden von Beweismitteln führen werde. 48

Als weiteren Zweck kann die Durchsuchung als sog. Ergreifungsdurchsuchung darauf ausgelegt sein, den Verdächtigen aufzufinden. 49

2. Mindestanforderungen an einen Durchsuchungsbeschluss

Jeder Durchsuchungsbeschluss muss bestimmten Mindestanforderungen genügen, um dem Bestimmtheitsgrundsatz zu entsprechen. Diese sollen nachfolgend dargestellt werden:

a) Bezeichnung des Betroffenen 50

Der vom Durchsuchungsbeschluss Betroffene ist namentlich zu benennen. Um Verwechslungen auszuschließen wird in der Praxis häufig dessen Geburtsdatum samt Geburtsort angegeben. Eine aktuelle Adresse wird, wenn die Ermittlungsbehörden von dieser Kenntnis haben, ebenfalls aufgenommen.

29 Meyer- Goßner § 102 StPO Rz. 9
30 Buchheim in Wannemacher Rz. 3837
31 Meyer- Goßner § 102 StPO Rz. 2
32 AG Saalfeld vom 03.07.2001-157/01 Gs jug; StV 2001, S. 504; Meyer- Goßner § 102 StPO Rz. 2

Ist der Beschuldigte namentlich nicht bekannt, genügt es, dass sich das Strafverfahren zunächst und auch nur vorübergehend ohne weitere Angaben z.B. an die Verantwortlichen einer Firma richtet.

Gibt es für den Tatvorwurf mehrere Beschuldigte, so ist für jeden Betroffenen ein eigener Durchsuchungsbeschluss erforderlich, da Sammeldurchsuchungsbefehle, die alle Verdächtigen zusammenfassen, als unzulässig zu betrachten sind.

51 b) Antragsteller und Angabe der mit der Durchsuchung beauftragten Behörde

Aus dem jeweiligen Durchsuchungsbeschluss muss sich sowohl die antragstellende als auch die mit der Durchsuchung beauftragte Behörde ergeben. Der Beschuldigte hat das Recht zu wissen, wer gegen ihn das Strafverfahren betreibt.

Praxishinweis:

Dies ist auch deshalb von Belang, weil der Beschuldigte durchaus in seine Überlegungen einbeziehen sollte, ob er einen Verteidiger vor Ort mandatiert, der die Ermittlungsmethoden und evtl. die ermittelnden Beamten aus anderen Verfahren bereits kennt und dem daher eine bessere Einschätzung der Situation gelingen kann.

Die mit der Durchsuchung beauftragte Behörde ist nur dann nicht identisch mit der antragstellenden Behörde, wenn ein Fall der Amtshilfe vorliegt. Eine solche Situation kann sich dann ergeben, wenn mehrere Beschuldigte einen Lebenssachverhalt gemeinsam oder unter Beteiligung verwirklicht haben oder aber die Angelegenheit von einer der Schwerpunktstaatsanwaltschaften, z.B. im Hinblick auf Korruption, betrieben wird.

Praxishinweis:

Oftmals lässt sich anhand der antragstellenden Behörde erkennen, welchen Stellenwert das Verfahren innehat.

52 c) Vollzug nur innerhalb von sechs Monaten nach Erlass

Oftmals vernachlässigt, aber manchmal höchst wirksam: Auf das Erlassdatum des Durchsuchungsbeschlusses sollte ein Augenmerk gelegt werden. Erfolgt die Durchsuchung annähernd sechs Monate nach dessen Erlass, so kann sich diese Maßnahme bereits zeitlich überholt haben. Im Zuge von Ermittlungsmaßnahmen und der sich dadurch möglicherweise ändernden Situation ist eine Anordnung solcher Fahndungseingriffe, die weiter zurück liegt als sechs Monate nicht mehr wirksam.[33]

Praxishinweis:

Aber selbst wenn die sechs Monate noch nicht gänzlich erreicht sind, ist als Berater zu überlegen, ob man gegen diesen Beschluss vorgeht, denn es wird regional unterschiedlich beurteilt, wann aufgrund des zeitlichen Fensters zwischen Erlass und Vollzug des Durchsuchungsbeschlusses dieser als verwirkt und damit unwirksam angesehen wird. Der Zeitraum zwischen drei und sechs Monaten wird als kritisch betrachtet.[34] Einig ist man sich in Rechtsprechung und Literatur darüber, dass der Vollzug sechs Monate nach Erlass nicht mehr zulässig sein soll.

33 BVerfG vom 27.05.1997-2 BvR 1992/92; wistra 1997, S. 226; Cassardt in NJW 1996, S. 556
34 Streck in StV 1984, S. 350

d) Konkretisierte Angaben zum Tatvorwurf 53

Der dem Verdacht zugrundeliegende Lebenssachverhalt muss ersichtlich sein, d.h. der Durchsuchungsbeschluss muss tatsächliche Anhaltspunkte über den Inhalt des Tatvorwurfs enthalten. Anders würde er den Anforderungen der **sog. Umschreibungs- und Begrenzungsfunktion** im Sinne von § 264 StPO nicht gerecht werden. Insoweit muss die Tatschilderung über eine floskelhafte Beschreibung des Vorwurf hinausgehen.[35] Eine nur allgemeine Bezeichnung des Gesetzestextes zur Begründung des Tatverdachts reicht nicht aus.[36]

Überdies wird daneben die Bezeichnung der betroffenen Steuerart und der Zeitraum der Handlung (dies entspricht den Veranlagungszeiträumen) gefordert. Andernfalls lässt sich die Unterbrechung der Strafverfolgungsverjährung durch den richterlichen Durchsuchungsbeschluss nicht mehr feststellen.[37]

Praxishinweis:

In der Praxis wird es immer üblicher, keine Zeiträume der Tathandlung mehr anzugeben, um umfassend das Verfahren betreiben zu können. Als Verteidiger ist es erforderlich, darauf hinzuweisen, und mit den Ermittlungsbeamten vor Ort sich auf eine Einschränkung des Zeitraumes (empfehlenswert: die noch nicht strafverjährten Jahre) zu einigen.

8

e) Angabe der gesuchten Beweismittel 54

Im Durchsuchungsbeschluss selbst ist eine annähernde Umschreibung der gesuchten Beweismittel erforderlich. Dieser rechtstaatlichen Anforderung ist nachzukommen, wenn solche Kennzeichnungen nach dem bisherigen Ergebnis der Ermittlungen ohne weiteres möglich und den Zwecken der Strafverfolgung nicht abträglich sind.[38] Die Angabe der Beweismittel soll zudem die geplante Suche und das Auffinden von Zufallsfunden verhindern.

f) Ggf. besondere Angaben zur Nachtdurchsuchung 55

Sofern eine Durchsuchung in der Nachtzeit durchgeführt werden soll, muss dies im Durchsuchungsbeschluss gesondert anzuführen sein. Als Nachtzeit ist in § 104 StPO definiert:

Von 01.04. bis 30.09. von 21.00 Uhr bis 4.00 Uhr sowie vom 01.10. bis 31.03. von 21.00 Uhr bis 6.00 Uhr.

Zu beachten ist, dass diese zeitliche Beschränkung nicht für Räume gilt, die nachts allgemein zugänglich sind oder bei Vorliegen von Eilfällen.

Praxishinweis:

Anzumerken ist, dass derartige Durchsuchungen während der Nachtzeit und sog. Eilfälle in der Praxis der Steuerfahndung kaum vorkommen.

---

35 BVerfG vom 23.06.1990- 2 BvR 510/88; StV 1990, S. 483; LG Berlin vom 18.03.2004-505 Qs 12/04; wistra 2004, S. 319 f.
36 BVerfG vom 03.09.1991-2 BvR 279/90; NStZ 1992, S. 91 ff; LG Frankfurt vom 10.07.2000-5/26 LKs-94 Js 11577.8/97; wistra 2001, S. 28 ff
37 BGH vom 05.04.2000-5 StR 226/99; StV 2000, S. 477 ff; BVerfG vom 05.05.2000- BvR 2212/99; StV 2000, S. 465 ff.
38 BVerfG vom 08.03.2004-2 BvR 27/04; NJW 2004, S. 1517 f

56 ### g) Form

Für den Durchsuchungsbeschluss ist eine bestimmte Form nicht gefordert. Jedoch sollte die gewählte Form dem Rechtsschutzbedürfnis des Betroffenen entsprechen. Aus diesem Grunde soll der Durchsuchungsbeschluss üblicherweise schriftlich abgefasst werden.[39] Sollte ein Beschluss ausnahmsweise in anderer Form ergangen sein, wird durch das BVerfG[40] gefordert, dass nachträglich eine schriftliche Abfassung erfolgt, um dem Beschuldigten zumindest eine nachträgliche Überprüfung zu ermöglichen.

Praxistipp:

Sollte kein Durchsuchungsbeschluss vorliegen, so ist dies zu rügen. Aufgrund dessen hat die ermittelnde Behörde zeitnah, innerhalb von max. 5 Werktagen, einen Durchsuchungsbeschluss zu beantragen.

Sollte der Durchsuchungsbeschluss den aufgezeigten Anforderungen nicht gerecht werden, ist es erforderlich, gegen diesen mittels Einlegung eines Rechtsmittels vorzugehen.[41]

8

VI. Durchführung einer Durchsuchung

57 Üblicherweise ist der Ablauf einer Durchsuchungsmaßnahme- zumindest in Steuerstrafverfahren- fast einer Routine unterworfen. Sicherlich ist auf beiden Seiten der Beteiligten die Anspannung zu Beginn ziemlich groß. Hat sich aber erst einmal die allgemeine Aufregung gelegt und ist das „Muskelspiel" vorbei, läuft die Durchsuchung von beiden Seiten generalstabsmäßig ab.

58 ### 1. Beginn der Durchsuchung

Die Durchsuchung beginnt streng genommen bei Erlass des Durchsuchungsbeschlusses, der der jeweilig zuständigen Stelle durch die Staatsanwaltschaft übersandt wird und diese zur Vollstreckung des Durchsuchungsbeschlusses beauftragt.

59 ### 2. Ablauf der Durchsuchung

Nach generalstabsmäßiger Vorbereitung der Steuerfahndungsstelle wird bei Eintreffen beim Beschuldigten diesem der Tatvorwurf eröffnet, der Durchsuchungsbeschluss übergeben[42] und mit der Durchsuchung begonnen.

Praxishinweis:

Selbst wenn der sofortige Anruf durch den Mandanten erfolgt, ist es nicht üblich, dass die Ermittlungsbeamten länger als 30 Minuten auf das Eintreffen des Verteidigers und mit dem Beginn der Durchsuchungsmaßnahme warten. Dies kann kulanterweise im gegenseitigen Einvernehmen erfolgen, ist aber nicht zwingend.

39 LG Mülhausen vom 15.11.2006- 6 Qs 9/06; wistra 2007, S. 195 ff
40 BVerfGE 20, S. 225 ff.
41 vgl. später § 10 B
42 BGH vom 07.11.2002- 2 BJs 27/02-5-StB 16/02; wistra 2003, S. 69 f

Die Durchsuchungsmaßnahme wird durch die Staatsanwaltschaft oder deren Hilfsbeamte, z.B. Polizei oder Steuerfahndungsbeamte vollzogen. Wenn es notwendig ist, dann können nach herrschender Meinung auch Sachverständige beigezogen werden.[43] 60

Praxishinweis:

Etwaig anwesende Beamte der Betriebsprüfungsstelle sind jedoch nicht zur Durchsicht von Unterlagen befugt.[44]

Überdies rechtfertigt sich die Anwesenheit eines Vollstreckungsbeamten des Finanzamtes zur Feststellung pfändbarer Vermögensgegenstände nur, wenn die Vollstreckung von einem (separaten) Durchsuchungsbeschluss gedeckt ist; andernfalls ist die Vollstreckungsmaßnahme rechtswidrig.[45]

Grundsätzlich darf der Gewahrsamsinhaber der zu durchsuchenden Räume bzw. Gegenstände der Fahndungsmaßnahme beiwohnen. Ist er allerdings nicht anwesend, beginnt die Durchsuchung ohne ihn. In einem solchen Fall sind dann gemäß § 106 StPO dritte Personen, **sog. Durchsuchungszeugen,** hinzuzuziehen. 61

Ist bei einer Durchsuchung zudem weder ein Richter noch ein Staatsanwalt anwesend, so sind gemäß § 105 Abs. 2 StPO entweder ein Gemeindebeamter oder zwei Mitglieder der Gemeinde hinzuzuziehen. Dies soll den Zweck haben, dass der Betroffene einerseits vor Fehlverhalten der Beamten und diese wiederum vor späteren Vorwürfen des Betroffenen, die Beamten hätten sich nicht korrekt verhalten, geschützt werden.[46]

8

Praxishinweis:

Wie schon erwähnt, ist die Hinzuziehung dieser Zeugen nicht erforderlich, wenn der Betroffene oder dessen Verteidiger bei der Durchsuchung anwesend sind. In einem solchen Falle ist es sogar zu überlegen, ob nicht deren Abwesenheit, aufgrund von sonst „getratschter Informationsweitergabe", nicht weitaus besser ist.

Die **sog. Telefonsperre** darf es nicht geben: Es muss dem Beschuldigten erlaubt sein, von seinem Recht auf Verteidigerkonsultation Gebrauch zu machen. Allerdings werden die Ermittlungsbeamten sehr darauf bedacht sein, dass nicht derartige Gespräche geführt werden, die den Ermittlungserfolg beeinträchtigen.[47] Sollten in diesem Zusammenhang auch Befürchtungen der Ermittlungsbehörden dahingehend bestehen, dass Beweismaterial weggeschafft oder vernichtet wird, dann neigen die Ermittlungsbeamte manchmal dazu, gemäß § 164 StPO einen kurzfristigen und zeitlich sehr beschränkten „Hausarrest" zu verhängen, um genau dies zu vermeiden. Allerdings darf sich dieser „Hausarrest" nicht auf unbeteiligte Dritte erstrecken, es sei denn, es sind im konkreten Fall Verdunklungshandlungen zu befürchten. Dann müssen die unbeteiligten Dritten über die Verhängung von Sicherungsmaßnahmen belehrt und diese sogar angedroht werden. 62

Wichtig ist aber vor allem der Hinweis, dass das Fotografieren oder Filmen der durchsuchten Räume ohne Einwilligung des Gewahrsamsinhabers grundsätzlich rechtswidrig ist, es sei denn, es ist zur Spurensicherung erforderlich.[48] 63

43 LG Stuttgart vom 10.06.1997-10 Qs 36/97; wistra 1997, S. 279; Meyer- Goßner § 105 Rz. 8
44 Buchheim in Wannemacher Rz. 3883
45 zu Maßnahmen bezüglich Bargeld siehe Dörn in wistra 1990, S. 181
46 Meyer- Goßner § 105 StPO Rz. 12
47 Streck/ Spatschek S. 122
48 OLG Celle vom 11.01.1985-3 VAs 20/84; StV 1985, S. 139

Praxishinweis:

Derartiges Filmen und Fotografieren ist in Steuerstrafverfahren grundsätzlich unzulässig und damit rechtswidrig. In einigen Fällen kommt es aber vor, dass Steuerfahnder dennoch von diesen Medien Gebrauch machen, um im Nachgang zu spekulieren, welche Vermögenswerte z.B. im Umbau und Ausstattung eines Hauses gebunden sind. Sollte sich aus der Akte der Hinweis auf Fotografien ergeben, ist dies umgehend zu rügen und sofort die Vernichtung bzw. Herausgabe der Bilder samt Negativen zu verlangen. Derartige weitergehende Informationen, die durch das rechtswidrige Fotografieren erlangt wurden, sind nicht verwertbar.

64 Im Nachgang an die Durchsuchung empfiehlt es sich, ein Gedächtnisprotokoll hinsichtlich Fragen der Ermittlungsbeamten anzufertigen. Dies gilt für sämtliche anwesende von der Durchsuchungsmaßnahme Betroffene.

65 3. Abschluss der Durchsuchung

Die Durchsuchungsmaßnahme findet ihr Ende grundsätzlich mit vorbehaltslosem Verlassen des Durchsuchungsortes.

Ist die Durchsuchung ausnahmsweise nicht an einem Tag durchzuführen, so kann sie unterbrochen und einem anderen Tag fortgesetzt werden. Zu diesem Zweck und um Verdunkelungsmaßnahmen zu verhindern, versiegeln die Ermittler die noch zu durchsuchenden Räume bzw. zu sichtenden Unterlagen.

Erst wenn die Durchsicht der Unterlagen abgeschlossen oder eine förmliche Beschlagnahme nachträglich gemäß § 94 Abs. 2 StPO angeordnet wurde, ist die Durchsuchungsmaßnahme beendet.[49]

Hinsichtlich der tatsächlichen Beendigung einer Durchsuchungsmaßnahme beim Betroffenen kann auf die Übergabe der Durchsuchungsniederschrift abgestellt werden. Dieses Formular sieht zwar regional unterschiedlich aus, enthält aber immer die konkreten Daten der Durchsuchungsmaßnahme, wie z.B. den Beschuldigten, den Vorwurf, die durchsuchende Behörde, den Namen des Leiters der Durchsuchungsaktion sowie das Datum und den Zeitraum, in dem die Durchsuchung stattgefunden hat.

Im übrigen enthält es mehrere ankreuzbare Felder, die eine wichtige Bedeutung haben: Dort wird angekreuzt, ob man die aufgefundenen Unterlagen freiwillig herausgibt (natürlich nie!) und die Tatsache, dass man der Durchsuchung widersprechen kann (ja, immer !).

Praxishinweis:

Dem multiple-choice- Teil der Durchsuchungsniederschrift wird meist relativ wenig Bedeutung beigemessen. Das liegt allerdings daran, dass zum Ende der Durchsuchungsmaßnahme eine gewisse Erschöpfung und Gelassenheit eintritt. Dennoch sollte man in diesem Moment hellwach sein! Es werden mit den Kreuzen an den richtigen Stellen wichtige Weichen gestellt.

66 VII. Sonderfall: Durchsicht von Papieren gemäß § 110 StPO

Während der Durchsuchung ist festzustellen, welche der Unterlagen für das Verfahren notwendig sind und welche nicht. Hierzu ist es häufig erforderlich, dass die Unterlagen gemäß § 110 StPO gesichtet werden.

49 Buchheim in Wannemacher Rz. 3872

1. Definition

Zu den Papieren gehört umfassend das gesamte private und geschäftliche Schriftgut. Entsprechend des Schutzzweckes des § 110 StPO gehören dazu jegliche Aufzeichnungen, unabhängig auf welchem Medium bzw. Träger diese festgehalten sind.[50]

Durchsicht ist das Mittel, die vorgefundenen Papiere inhaltlich dahingehend zu prüfen, ob die richterliche Beschlagnahme zu beantragen ist oder ob sie von der Beschlagnahme erfasst oder ob sie zurückzugeben sind.[51]

2. Zweck der Durchsicht 67

Zur Durchsicht sind nur Staatsanwälte, Beamte der Finanzbehörde, soweit sie das Verfahren selbständig führen, Beamte der Fahndung gemäß § 404 Satz 2, 1. HS AO berechtigt. Allen anderen bei der Durchsuchung anwesenden Personen war eine Durchsicht nicht gestattet; sie dürfen lediglich eine Grobsichtung nach äußeren Merkmalen vornehmen.[52]

Praxishinweis:

Mit Inkrafttreten des 1. Justizmodernisierungsgesetzes (JuMoG) ist der § 110 StPO dahingehend geändert worden, dass auch den als Ermittlungspersonen bezeichneten Personen die Durchsicht der Papiere auf Anordnung des Staatsanwalts gestattet ist.

Selbst wenn ein richterlicher Beschlagnahmebeschluss vorliegt, müssen die Unterlagen gesichtet werden und nicht sofort, wie gerne praktiziert, vorbeugend der Beschlagnahme unterworfen werden. Die Durchsicht ist noch als Teil der Durchsuchung und als Vorstufe zur Sicherstellung von Beweismitteln zu betrachten. 68

Bei einem großen Umfang von Unterlagen, die faktisch nicht vor Ort gesichtet werden können, war früher gemäß § 110 Abs. 3 StPO eine vorläufige Sicherstellung zum Zwecke der Durchsicht zulässig.[53] Dies ist aber nun seit einiger Zeit gesetzlich nicht mehr normiert, so dass eine derartige Mitnahme zur Durchsicht zwar gesetzlich nicht mehr geregelt, aber dennoch der üblichen Praxis entspricht. 69

Praxishinweis:

Aufgrund eines noch während der Durchsuchung oder nach Beschlagnahme erhobenen Widerspruchs des Beschuldigten sind die betroffenen Beweismittel jedoch verschlossen gesondert sicherzustellen und einem Richter zur Entscheidung vorzulegen. Sofern eine Durchsicht noch nicht abgeschlossen ist, kann die richterliche Bestätigung der vorläufigen Sicherstellung beantragt werden.[54]

Von der Durchsicht ausgeschlossen, sind Unterlagen, die nach § 97 nicht beschlagnahmt werden dürften. 70

50 zur Sichtung der EDV- Daten vgl. § 4 B VIII
51 Meyer- Goßner § 110 StPO Rz .2
52 Meyer- Goßner § 110 StPO Rz. 4
53 Park in wistra 2000, S. 453 ff
54 BGH vom 05.08.2003- StB 7/03, 2 BJs 11/03.5-StB 7/03; NStZ 2003, S. 670 f

Praxishinweis:

Die Fahnder entwickeln stets ein reges Interesse an den beschlagnahmefreien Unterlagen nach § 97 StPO. Die Argumentation geht immer dahin, es müsse zumindest mittels Grobsichtung sichergestellt sein, dass sich in diesen Akten auch das befindet, was auf dem Aktenrücken aufgeführt ist- im Volksmund bereits als „Nutella- Prinzip" bezeichnet („denn nur wo Nutella drauf steht, ist auch Nutella drin!"). Dabei ist aber erhöhte Vorsicht geboten., denn Ermittlungsbeamte sind derart gut geschulte Beamte, dass sie sehr schnell erfassen können, was sie sehen, und v.a. auch wissen, was sie gerne lesen würden.

71 Nach § 110 Abs. 2 Satz 2 StPO können nichtbefugte Durchsuchungsbeamte solche Unterlagen, deren Durchsicht sie für geboten halten, versiegeln lassen und dem zuständigen Staatsanwalt zuführen. Der Gewahrsamsinhaber kann auch sein eigenes Siegel zusätzlich beidrücken.

Zur Teilnahme an der Entsiegelung und Durchsicht ist der Gewahrsamsinhaber im Gegensatz zur früheren Rechtslage nach Änderung der Vorschrift durch das 1. JuMoG nicht mehr aufzufordern. Dennoch hält das BVerfG die Hinzuziehung des Inhabers im Einzelfall zur Sicherung der Verhältnismäßigkeit des Eingriffs für geboten.[55]

72 Die Durchsicht der Papiere muss nicht innerhalb von sechs Monaten erfolgen, aber in angemessener Zeit beendet sein.[56] Dabei ist natürlich auf den Umfang der Unterlagen abzustellen.

8

Praxishinweis:

Eine unangemessen lange Dauer der Durchsicht sollte gerügt werden.

VIII. Zeitgemäße Technik: Durchsicht der EDV

73 Nachdem das papierlose Büro immer mehr Einzug hält, wird zunehmend auch die EDV Träger von relevanten Informationen. Die wichtigen Daten, die auch die Ermittlungsbehörden interessieren, befinden sich dabei an verschiedenen Stellen. Sie können auf dem Server liegen, sich auf der Festplatte des Notebooks und auf einem flexiblen Datenträger, wie CD, DVD befinden oder aber bereits gelöscht sein.

Je nachdem, wo sich die Informationen befinden und in welchem Format diese vorhanden sind, können unterschiedliche Aspekte eine Rolle spielen:

74 1. Serverproblematik

Beim Server stellt sich vielmals die Frage, ob der Prüfer überhaupt auf alle dort befindlichen Informationen zugreifen darf. Es sind unter Umständen andere Firmen oder andere Jahre oder andere Vorgänge mit abgespeichert, so dass der Prüfer zuviel Informationen bekäme.

Umgekehrt wird der Server im Unternehmen dringend gebraucht, so dass die Beschlagnahme des Servers und sein Abtransport der Ruin für das Unternehmen bedeuten könnten. Andererseits sind gerade strafrechtlich relevante Vorgänge nicht auf dem Server zu finden, sondern auf den Festplatten des jeweiligen Users. Aber auch die Fahndung hat gerade bei größeren Unternehmen kein Interesse, alle Daten zu bekommen, sondern möchte zielgerichtet auf bestimmte Daten zugreifen.

---

55 Meyer- Goßner § 110 StPO Rz. 5; BVerfG vom 12.04.2005-2 BvR 1027/02; NJW 2005, S 1922

56 BVerfG vom 30.01.2002-2 BvR 2248/00; NJW 2002 S. 1410; LG Mülhausen vom 03.03.2002-6 Qs 56/03; StraFO 2003, S. 237

Hier ist es sehr wichtig zum Schutz für das Unternehmen bei Durchsuchungsaktionen, dass die Struktur der Datenablage stringent und konsequent ist und durchgehalten wird. Es ist nur zulässig, auf die Daten zuzugreifen, die vom Durchsuchungsbeschluss gedeckt sind. Da dieser sich auf bestimmte Jahre, auf eine Person oder auf einen bestimmten Sachverhalt bezieht, ist eine klare Struktur, die dem Prüfer auch einleuchtet oder verständlich gemacht werden kann, sehr hilfreich, um eine Kopie auf den relevanten Bereich zu beschränken. Dies gilt aber nur insoweit, als nicht versucht wurde, Daten irgendwo zu verstecken. Der Zugriff wird ohne Hilfe der EDV-Administration sehr schwierig, spätestens in komplexern ERP- Systemen wird dafür auch der jeweilige Systemspezialist unbedingt einzubinden sein. 75

Hier empfiehlt es sich bei der Vorbereitung der digitalen Außenprüfung auch über einen eventuellen Zugriff der Fahndung nachzudenken und sich zu überlegen, wie die Gespräche mit der Fahndung laufen könnten, welche Personen hinsichtlich Steuer, EDV und Sachverhalt hinzuzuziehen sind und wie ein angeforderter Datenträger erstellt werden könnte. 76

In den meisten Fällen wird eine gut vorbereitete Fahndung die eigenen EDV- Spezialisten mitbringen, die jedoch so schnell agieren können, dass von Unternehmensseite, wenn sich keiner mit der Thematik auseinandergesetzt hat, in irgendeiner Weise Widerstand leistet oder Alternativen vorzuschlagen wagt.

8

Praxishinweis:

Auch im hier gilt: Je früher, desto besser!

Wenn man rechtzeitig vorbeugt, dann kann man dem Ernstfall einigermaßen gelassen gegenüberstehen.

Auch im Hinblick darauf, dass die Beschlagnahme des Servers nur abgewendet werden kann, wenn ohne größere zeitliche Verzögerungen auf die Anforderungen der Fahndung eingegangen wird. Die Zeit, sich erst im Ernstfall mit Ordnerstrukturen auseinander zu setzen, wird es dann während des laufenden Fahndungseingriffes nicht geben. Auch ein Aussortieren der relevanten von den irrelevanten Daten wird nicht möglich sein, v.a. dann nicht, wenn dies händisch und einzeln erfolgen muss.

2. Spiegelung der Festplatten 77

Die Festplatten des einzelnen Users zu spiegeln, d.h. eine Kopie zu erstellen, stellt kein großes Hindernis dar. Auch sind gelöschte Daten in den meisten Fällen nicht, wie vermutet oder gehofft, gelöscht, sondern vom System nur zur Speicherung neuer Daten freigegeben. Das heisst, sie sind in der Regel noch vorhanden, solange sie nicht überschrieben werden. Selbst bei Speicherung neuer Daten sind die alten Daten oftmals in Fragmenten noch vorhanden. Die IT- Experten der Steuerfahndung sind auf die Wiederaufbereitung solcher Daten spezialisiert. Die meisten Passwörter sind sehr schnell geknackt, so dass sich hier technisch kaum etwas verbergen lässt.

Praxishinweis:

Nur in sehr seltenen Fällen sind Daten tatsächlich gelöscht bzw. unbrauchbar und können nicht wieder hergestellt werden. Im übrigen ist aber unbedingt zu bedenken, dass Daten oftmals mehrfach mittels unübersichtlicher Verteiler versandt werden. Insoweit ist es kaum möglich, sämtliche Daten zu löschen. Zum einen, weil Daten häufig versandt werden und beim Empfänger noch vorliegen und zum anderen, weil ein vollständiges Entfernen bzw. Löschen von Daten schwer möglich ist.

78 Wichtig ist in diesem Zusammenhang eher, dass die Datensicherung professionell von der Fahndung durchgeführt wird. Die Datensicherung kann allein durch das Einschalten des Rechners bereits veränderte Daten abspeichern. Hier ist der Verteidiger gefragt, auf die professionelle Datensicherung und manipulationsfreie Sicherung des Beweismaterials zu achten bzw. dieses später im Verteidigungswege zu rügen.

79 3. Emails

Emails als Kommunikationsmedium in allen Ehren, allerdings sollte man sich über die Nachweisbarkeit deren Inhalts im Klaren sein. In kaum einem anderen Bereich finden sich derart relevante Beweise für strafrechtliche Ermittlungen, wie in den Emails. Eine Verrechnungspreisdokumentation kann noch so gut aufgebaut sein, spätestens wenn sich die Verantwortlichen in den Emails gegen die Gewinnverlagerungen und damit oftmals Tantiemeneinschränkungen wehren, wird klar, dass hier die Preise innerhalb eines Konzerns nach Steuergesichtspunkten gebildet wurden. Die Argumente lassen sich dann oftmals den jeweiligen Emails entnehmen.

Wann jemand wovon gewusst hat, wann er informiert wurde und von wem, wer noch von bestimmten Vorgängen wusste und, wer letztendlich an den Terminen teilgenommen hatte, alles ist über die Email- und Kalenderfunktionen ersichtlich. Kombiniert mit der Informationswut und -flut vieler Manager, auch noch möglichst viele Personen in den Verteiler aufzunehmen, wird die Möglichkeit, Vorgänge verborgen zu halten mit diesen neuen Kommunikationsmedien viel geringer. Angesichts der Flut der Emails, die auf manche Verantwortliche einströmt, lässt sich höchstens fragen, ob der Inhalt diesem tatsächlich zugerechnet werden kann.

Emails können jedoch sehr leicht manipuliert werden. Veränderungen im Datum oder Hinzufügen von Absendern und Empfängern oder Inhalt, ohne dass das ursprüngliche Email tatsächlich mit welchem Inhalt existierte, sind möglich. Insofern sind Emails daher zwar nur beschränkt als Beweismaterial tauglich, jedoch gerne benutzte Informationsquelle.

80 4. Attachements

Alles, was über Emails gesagt wurde, gilt auch für sog. Attachements. Hier ist allerdings noch zu beachten, dass Attachements über die Dateiinformationen hinaus noch viel mehr über die Ursprünge und Mitverfasser der Datei aussagen können. Der gesamte Weg des Dokuments im Unternehmen, die Veränderungen, die einzelne Personen vorgenommen haben, alles ist in den Dateiinformationen ersichtlich. Kein Wunder also, dass sich die Ermittler sich sehr stark dafür interessieren. Oftmals ist dieses sehr verhängnisvoll für den Beschuldigten.

Aber auch hier ist Löschen kaum möglich.

Praxishinweis:

Mit dem Gesetz zur Neuregelung der Telekommunikationsüberwachung und anderer verdeckter Ermittlungsmaßnahmen soll die Durchsicht von Datenträger im künftigen § 110 Abs. 3 StPO um die Befugnis zur Durchsicht von vernetzten Speichermedien erweitert werden.

IX. Zufallsfunde

Zufallsfunde sind bei der Durchsuchung gefundene Gegenstände, die auf das Vorliegen einer anderen Straftat als vom Durchsuchungsbeschluss umfasst, hindeuten. Es besteht nach § 108 StPO die Möglichkeit zur Beschlagnahme.[57] 81

Zufallsfunde im Sinne des § 108 StPO sind damit Gegenstände, die Beweise für andere Straftaten erbringen können, auf andere Straftaten hindeuten und ohne Bezug zur Untersuchung zufällig gefunden werden.

Es darf allerdings nicht zielgerichtet nach anderen Beweismitteln gesucht werden. Eine derartige Erweiterung der Durchsuchung liegt auch schon dann vor, wenn ohne tatsächliche Anhaltspunkte für den Verdacht einer Steuerhinterziehung die Steuerfahndung hinzugezogen wird und dann Steuerstraftaten aufdeckt.[58]

Praxishinweis:

Es wird zwar stets geleugnet, allerdings kommt es in der Praxis vor, dass die Steuerfahndung gezielt den Zufall bemüht. Hier liegt es in der Aufgabe des Verteidigers, dies frühzeitig zu unterbinden und darzulegen, dass diese Bestrebungen „ins Blaue hinein" erfolgen.

8

X. Abgrenzung der Durchsuchung beim Verdächtigen oder beim Zeugen 82

Die Rechtsgrundlage für die Durchsuchung beim Verdächtigen findet sich in den Vorschriften der §§ 102, 105 StPO, wohingegen die der Durchsuchung beim unverdächtigen Zeugen in § 103 StPO normiert ist. Nicht nur die Rechtsgrundlagen sind unterschiedlicher Natur, auch die Voraussetzungen für die Durchsuchungen differieren:

1. Durchsuchung beim Verdächtigen 83

Eine Durchsuchung beim Verdächtigen setzt einen Anfangsverdacht voraus. Darüber hinaus genügt es, wenn die Vermutung besteht, dass die Durchsuchungsmaßnahme zum Auffinden von Beweismitteln führen wird.

2. Durchsuchung beim unverdächtigen Dritten/ Zeugen 84

Die Durchsuchung beim unverdächtigen Zeugen setzt voraus, dass gegen den Verdächtigen bereits ein Strafverfahren eingeleitet wurde und unterliegt aufgrund der grundgesetzlich geschützten Unverletzlichkeit der Wohnung gemäß Art. 13 Abs. 1 GG höheren Anforderungen. Hier muss aufgrund bestimmter bewiesener Tatsachen die Annahme vorliegen, dass die Durchsuchung ebenfalls zum Auffinden von bestimmt bezeichneten Beweismitteln oder gar des Beschuldigten in den zu durchsuchenden Räumen.[59]

57 vgl. Beschlagnahme von Zufallsfunden unter § 8 C IV
58 OLG Frankfurt vom 20.12.1995-3 VAs 25/96; wistra 1996, S. 159
59 LG Fulda vom 12.10.1992-2Qs 51/99; wistra 2000, S. 155 ff; BGH vom 21.11.2001-StB 20/01; wistra 2002, S. 109

Die Gefahr des Auffindens von Zufallsfunden kann in einem derartigen Fall ausgeschlossen werden, denn hier muss sich aus dem Durchsuchungsbeschluss ergeben, nach welchen bestimmten Gegenständen gesucht wird.

85 Der große Unterschied zur Durchsuchung beim Verdächtigen liegt allerdings darin, dass dem unverdächtigen Betroffenen regelmäßig im Durchsuchungsbeschluss das Recht auf freiwillige Herausgabe des bestimmten gesuchten Beweisgegenstandes einzuräumen ist.[60] Darunter ist die sog. **Abwendungsbefugnis** zu verstehen. Macht der unverdächtige Dritte davon Gebrauch, dann kann er dadurch verhindern, dass die Ermittlungsbeamten seine Räume durchsuchen.

Praxishinweis:

Zwar verringert sich durch eine solche freiwillige Herausgabe die Gefahr des Auffindens von Zufallsfunden, allerdings sollten nicht alle unverdächtigen Dritten bzw. Zeugen von einer freiwilligen Herausgabe von Unterlagen Gebrauch machen, da sie eventuell weitergehenden Pflichten, z.B. Verschwiegenheitspflichten unterliegen.

86 XI. Sonderfall: Durchsuchung bei Berufsgeheimnisträgern

Den Durchsuchungsbeschluss für eine Durchsuchungsmaßnahme bei einem Berufsgeheimnisträger, d.h. allen Personen, denen ein Aussageverweigerungsrecht gemäß §§ 53, 53 a StPO zusteht, unterscheidet grundsätzlich nichts von den Durchsuchungsbeschlüssen anderer Personen. Allerdings kommt es während einer Durchsuchung bei diesen Personen immer zum Streitpunkt hinsichtlich der vertraulichen Handakten, Krankenakten etc., ob diese durchgesehen werden dürfen oder ob § 97 StPO entgegensteht.

Praxishinweis:

Wie bereits beschrieben, ziehen die Ermittlungsbehörden auch in derartigen Fällen das „Nutella- Prinzip" zu Rate. Allerdings steht diesem Vorgehen das Berufsgeheimnis entgegen, das bereits mit der Durchsicht einzelner Aktenteile ausgehebelt wird.[61] Erheblich problematischer wird es, wenn bei der Sichtung von Unterlagen eine Trennung der Person des Beschuldigten von den anderen Nichtbeschuldigten nicht erfolgen kann.

87 XII. Verhaltensrichtlinie

Dieser Verhaltensleitfaden für die Durchsuchung ist auf jede Situation mit den Ermittlungsbehörden übertragbar.

Die richtige Reaktion erspart viel Arbeit und Ärger im Nachgang. Falsches Verhalten kann später kaum bzw. gar nicht mehr ungeschehen gemacht werden:

1. Oberstes Gebot: Reden ist Silber, Schweigen ist Gold!
2. Verteidiger oder Berater konsultieren und auf dessen Anwesenheit beharren!
3. Namen, Dienstbezeichnungen und Dienstellen der durchsuchenden Beamten notieren, damit man für spätere Nachfragen die Ansprechpartner kennt!
4. Lassen Sie sich den Durchsuchungsbeschluss aushändigen!

60 Meyer- Goßner § 103 StPO Rz. 1
61 Quedenfeld/ Füllsack Rz. 661

5. Keine überstürzten Aktionen, die die Glaubwürdigkeit gefährden, wie z.B. Aktenvernichter bedienen!
6. Widerspruch gegen die Durchsuchung geltend machen!
7. Durchsuchungsniederschrift sorgfältig durchlesen und sich Durchschlag davon aushändigen lassen!
8. Immer Gedächtnisprotokolle anfertigen, um Eindrücke und Verhaltensweisen der Fahnder festzuhalten!
9. Im Unternehmen: evtl. Sachverhaltsdarstellung, um Gerüchteküche zu vermeiden!
10. Im Unternehmen: Feedback und Manöverkritik im Hinblick auf das Verhalten der einzelnen Personen während der Durchsuchungsmaßnahme!

Dies soll als kurzer Leitfaden für die Durchsuchung ausreichen, um vollumfänglich eine Rechtswahrung zu ermöglichen und den Beschuldigten vor großen Katastrophen zu bewahren. Ein weiterer Leitfaden existiert die Beschlagnahme.[62]

XIII. FAQ (Frequently Asked Questions)[63] 88

Viele Mandanten stellen in diesen belasteten Situationen oftmals die gleichen Fragen. Die häufigsten wurden in Anlehnung an genannte Quelle nochmals aufgeführt:

Darf auch ohne Durchsuchungsbeschluss durchsucht werden?	Grundsätzlich ist eine Durchsuchung nur auf der Grundlage eines vorher durch einen Richter erlassenen Durchsuchungsbeschlusses zulässig. Allerdings ist auch eine Durchsuchung ohne Durchsuchungsbeschluss möglich, wenn Gefahr in Verzug vorliegt.
Habe ich das Recht, den Durchsuchungsbeschluss zu verlangen?	Jeder, der von einer Durchsuchung betroffen ist, hat das Recht, eine Ausfertigung des Durchsuchungsbeschlusses, soweit einer vorliegt, ausgehändigt zu bekommen.
Bedeutet die Durchsuchung, dass ich als Straftäter verdächtigt werde?	Von einer Durchsuchung kann jeder betroffen werden, unabhängig davon, ob er als Beschuldigter oder als unverdächtiger Dritter in Betracht kommt oder nicht. Die Stellung des Betroffenen lässt sich dem Durchsuchungsbeschluss entnehmen.
Kann eine Durchsuchung verhindert werden?	Eine effektive Möglichkeit, die bereits erschienenen Fahndungsbeamten an der Durchsuchung zu hindern, gibt es nicht. Vielmehr hat der Betroffene die Pflicht, diese Durchsuchung zu dulden.
Darf ich bei der Durchsuchung anwesend sein?	Jeder Betroffene hat das Recht, während der Durchsuchung anwesend zu sein.
Darf ich einen Anwalt hinzuziehen?	Man hat nicht nur das Recht, einen Anwalt hinzuzuziehen; von diesem Recht sollte man auch umgehend Gebrauch machen. Dies gilt auch für den unverdächtigen Dritten.

62 vgl. § 8 C VI
63 Quelle: DAI- Seminarunterlage „Steuerstrafverteidigung" vom 11./ 12.01.2008

Darf ich während der Durchsuchung telefonieren?	Je nach Hintergrund des Verfahrens kann kurzfristig das Telefonat verhindert werden. Das ist aber nur dann der Fall, wenn Anhaltspunkte für die Befürchtung bestehen, dass mit den Telefonaten die Ermittlungen beeinflusst werden sollen. Unbedingt zulässig ist aber ein Telefonat mit dem Verteidiger. Sollte dies ebenfalls verhindert werden, kann auch der Vorschlag gemacht werden, dass einer der Ermittlungsbeamte die Verbindung herstellt und dann das Telefonat mit dem Verteidiger ohne „mithören" seinerseits zulässt.
Kann ich während der Durchsuchung festgehalten werden?	Grundsätzlich darf der von einer Durchsuchung Betroffene nicht festgehalten werden, außer der Ermittlungshintergrund ergibt anderes.
Bekomme ich am Ende eine Durchsuchungsbestätigung?	Jeder Betroffene hat einen Anspruch auf Erstellung und Aushändigung einer Durchsuchungsniederschrift samt Beschlagnahmeverzeichnis.
Soll ich diese Dokumente unterschreiben?	Eine Verweigerung bringt keinen Vorteil. Sollte man unterschreiben, dann ist es wichtig zu wissen, was man unterschreibt, ins besondere dass man die Gegenstände nicht freiwillig herausgibt, sondern nur infolge einer Beschlagnahme. Dies ist wichtig für eine spätere Wahrung der Rechte.
Dürfen Türen aufgebrochen werden?	Die Kripo ist befugt, notfalls auch Türen aufzubrechen; allerdings ist vorher ein Schlüsseldienst hinzuzuziehen.
Dürfen andere Personen zur Durchsuchung hinzugezogen werden?	Das Gesetz schreibt die Hinzuziehung von Zeugen sogar vor. Ist allerdings der Inhaber der Räume selbst anwesend, dann spricht nichts dagegen, von der Hinzuziehung abzusehen.

Diese FAQs bilden einen schnellen Überblick über typische Problembereiche im Rahmen eines Fahndungseingriffes.

89 C. Mitnahme von Unterlagen durch die Steuerfahndung

Es gibt mehrere Möglichkeiten der Ermittlungsbehörden, um an Beweismittel zu gelangen. Als Oberbegriff für die Beschlagnahme gemäß §§ 94, 98 StPO und die sonstige Herstellung der staatlichen Gewalt über das Beweismittel gemäß § 95 StPO wird Sicherstellung verwendet.

90 I. Freiwillige Herausgabe von Beweismitteln gemäß § 95 StPO

Das Herausgabeverlangen von Beweismitteln im Sinne dieser Vorschrift hat eine eigenständige Funktion, um in den Besitz von Beweismitteln zu gelangen. Es ist in allen Verfahrensarten und Verfahrensabschnitten zulässig.

1. Zuständigkeit 91

Zuständig für das Herausgabeverlangen nach § 95 StPO sind der Richter mittels richterlicher Anordnung oder die Staatsanwaltschaft bzw. die Polizei mit dem Verlangen der Herausgabe. Dies sogar selbst dann, wenn Gefahr in Verzug nicht vorliegt.[64]

2. Inhalt 92

Die Vorlegungs- und Herausgabepflicht des Gewahrsamsinhabers bezieht sich gemäß § 95 Abs. 1 StPO auf bewegliche Sachen, die als Beweismittel für die Untersuchung von Bedeutung sein könnten und darüber hinaus gemäß § 95 Abs. 3 StPO auf Führerscheine, die der Einziehung unterliegen. Allerdings nicht auf Verfalls- und Einziehungsgegenstände.

Ein solches Herausgabeverlangen kommt vor allem in Betracht, wenn

- zwar feststeht, dass sich ein Beweismitteln im Gewahrsam einer Person befindet,
- es aber bei einer Durchsuchung nicht gefunden werden konnte und sein Verbleib unbekannt ist.[65]

Das Herausgabeverlangen baut lediglich einen geringen Druck und nur mittelbaren Zwang beim Betroffenen auf. Das zeigt sich insbesondere darin, dass der Betroffene diesem Herausgabeverlangen folgen kann oder nicht. Zwar kann das Herausgabeverlangen seitens des Gerichts mittels Zwangsmittel durchgesetzt werden; dies aber nur, wenn der Gewahrsam des Betroffenen feststeht, er von seinem Gewahrsam Kenntnis hat und sich unberechtigt weigert, den Gegenstand herauszugeben.[66] 93

Im übrigen braucht der beschuldigte Gewahrsamsinhaber zu seiner Überführung nichts beizutragen und ist damit nicht herausgabepflichtig. Allerdings kann ihm zur Abwendung einer Durchsuchung die Gelegenheit gegeben werden, die angeforderten Gegenstände vorzulegen. In diesem Zusammenhang kommt dem Herausgabeverlangen eine eigenständige Funktion zu und stellt sich als milderes Eingriffsmittel dar.[67]

Gegenüber Zeugnisverweigerungsberechtigten im Sinne von § 95 Abs. 2 Satz 2 StPO in Verbindung mit §§ 52, 53 StPO kann das Herausgabeverlangen geäußert werden, allerdings ist kein Zwang zulässig.

Praxishinweis:

In der Praxis kommt ein Herausgabeverlangen im Rahmen eines bereits eingeleiteten Steuerstrafverfahren nur selten gegenüber Privatpersonen vor. Die Ermittlungs- und Strafverfolgungsbehörden gehen in diesen Fällen eher den Weg der Durchsuchung und Beschlagnahme. Allerdings hat das Herausgabeverlangen der Ermittlungsbehörden in Bankenfällen eine herausragende Bedeutung.

64 LG Halle vom 06.10.1988-22 Qs 29/99; NStZ 2001, S. 276; LG Koblenz vom 31.10.2001-4 Qs 167/01; wistra 2002, S. 359
65 LG Bonn vom 29.02.1993-35 Qs 3 93; NStZ 1093, S. 327; Meyer- Goßner § 95 StPO Rz. 1
66 Meyer- Goßner § 95 StPO Rz. 9
67 Quedenfeld/ Füllsack Rz. 664; LG Lübeck vom 03.02.2000-6 Qs 3/00; NJW 2000, S. 3148

94 II. Förmlicher Beschlagnahmebeschluss versus Gefahr in Verzug

Ebenso wie der Durchsuchungsbeschluss unterliegt auch die Beschlagnahmeanordnung dem Richtervorbehalt gemäß § 98 Abs. 1 StPO, da das Eigentumsrecht des Betroffenen dadurch verletzt wird.

Hinsichtlich des Antragsrechts gilt das oben bei der Durchsuchung Gesagte.[68]

95 Die Anordnung der Beschlagnahme kann bereits mit dem Durchsuchungsbeschluss verbunden werden. In einem solchen Fall ist diese nur ganz kurz gehalten, da den sonstigen Anforderungen bereits im Rahmen des Durchsuchungsbeschlusses genügt wird.

Praxishinweis:

Bei einem verbundenen Durchsuchungs- und Beschlagnahmebeschluss beschränkt sich die Anordnung der Beschlagnahme nur auf wenige Sätze. In diesen Fällen reicht folgender Satz aus: „... Die Beschlagnahme der aufgefundenen Beweismittel wird angeordnet."

96 Ergeht eine Beschlagnahmeanordnung getrennt vom oder nachfolgend an den Durchsuchungsbeschluss, dann muss sie ebenfalls konkrete Angaben über den (steuer-) strafrechtlichen Vorwurf, die zu beschlagnahmenden Gegenstände sowie deren Bedeutung als Beweismittel enthalten, um weder beim Betroffenen noch bei den die Beschlagnahme Durchführenden Zweifel über den Umfang der Beschlagnahme zu erwecken.[69] Eine allgemeine Beschlagnahmeanordnung der „vorgefundenen Beweismittel" ist unzulässig.[70]

Praxishinweis:

Es ist zu beobachten, dass die Beschlagnahme in immer weniger Fällen sofort angeordnet ist. Im Durchsuchungs- und Beschlagnahmebeschluss ist nur mehr von der Sicherstellung von Beweismitteln die Rede. Dies bedeutet jedoch, dass seitens des Betroffenen bzw. des Verteidigers, der einer Sicherstellung widerspricht, deutlich wird, dass für die sichergestellten Gegenstände ein bestätigender Beschlagnahmebeschluss erforderlich gehalten wird.

97 Bei Gefahr in Verzug sind wiederum die Staatsanwaltschaft, ihre Hilfsbeamten sowie auch die Bußgeld- und Strafsachenstelle und Steuerfahndung zur Anordnung berechtigt. Insoweit gelten allerdings die oben dargestellten Grundsätze der Rechtsprechung des BVerfG auch für die Beschlagnahme[71]: Den Beamten bleibt bei der Auslegung des unbestimmten Rechtsbegriffs der „Gefahr im Verzug" kein Beurteilungsspielraum, vielmehr muss die Annahme der Gefahr in Verzug mit Tatsachen begründet werden, die auf den Einzelfall bezogen sind.

Praxishinweis:

Im Hinblick auf die Postbeschlagnahme ist unbedingt zu beachten, dass diese gemäß § 100 Abs. 1 StPO bei Gefahr in Verzug nur durch die Staatsanwaltschaft oder durch die selbständig tätige Finanzbehörde angeordnet werden darf.

68 siehe § 8 B II
69 Tipke in T/K § 399 Rz. 78ff, Meyer- Goßner § 98 StPO Rz. 9, Quedenfeld/ Füllsack Rz. 672
70 Buchheim in Wannemacher Rz. 3930; Meyer- Goßner § 98 StPO Rz. 9
71 siehe § 9 B II

Gemäß § 98 Abs. 2 Satz 1 StPO soll der Beamte, der einen Gegenstand ohne richterliche Anordnung sichergestellt hat, binnen drei Tagen eine richterliche Bestätigung beantragen. Dies gilt auch im Rahmen der Postbeschlagnahme gemäß § 100 Abs. 2 StPO. Die Wirksamkeit der Beschlagnahme hängt von der Einhaltung dieser Vorschrift und des dort genannten zeitlichen Fensters ab.

III. Beschlagnahme im Sinne von §§ 94, 98 StPO 98

Das Gegenstück zur freiwilligen Herausgabe stellt die Beschlagnahme gemäß §§ 94, 98 StPO dar.

1. Definition 99

Unter **Beschlagnahme** ist die zwangsweise Sicherstellung einer Sache durch einen Verwaltungsakt in den Gewahrsam einer Behörde zur Sicherung öffentlicher oder privater Belange zu verstehen. Im öffentlichen Interesse erfolgt die Beschlagnahme entweder vorbeugend präventiv oder als strafprozessuale Maßnahme repressiv.

2. Zweck 100

Häufiger und praktisch bedeutsamer Durchsuchungszweck ist die Suche nach Beweismitteln, die sichergestellt werden sollen.

Eine Beschlagnahme ist nach § 94 StPO nur erforderlich, wenn der Gegenstand nicht freiwillig herausgegeben wird; sonst würde, wie unter I. dargestellt, eine formlose Sicherstellung genügen. Auf die zivilrechtliche Eigentümerstellung hinsichtlich des Beweismittels kommt es nicht an.

3. Mindestvoraussetzungen der Beschlagnahme 101

Damit ergeben sich folgende Mindestanforderungen an eine Beschlagnahme:

- Anfangsverdacht für eine Straftat
- Beweisbedeutung des Gegenstandes
- im Gewahrsam des Betroffenen
- keine freiwillige Herausgabe
- förmlicher Beschlagnahmebeschluss oder Gefahr in Verzug
- kein Beschlagnahmeverbot

4. Form 102

Zwar ist eine bestimmte Form gesetzlich nicht vorgeschrieben, dennoch ergeht die richterliche Beschlagnahmeanordnung ohne vorherige Anhörung des Betroffene, aber in Form eines schriftlichen Beschlusses, der zu begründen ist. Insoweit ist ebenfalls ein Gleichlauf mit der Durchsuchung gegeben.

103 5. Umfang der Beschlagnahme

Die Beschlagnahme im Strafprozess erfasst Gegenstände, die als Beweismittel für die Untersuchung wegen es Tatverdachts in Betracht kommen, also bewegliche Sachen jeder Art, auch Datenträger, Computerhardware, Computerausdrucke sowie digital gespeicherte Informationen.[72]

Praxishinweis:

Als Beweismittel dient aber nicht die sog. Hardware selbst, sondern der auf der Festplatte oder sonstigen Datenträgern gespeicherte Datenbestand. Die Beschlagnahme erfolgt hier immer dann, wenn der Beschuldigte die gesuchten Dateien nicht sichtbar macht, mittels Kopie oder Spiegelung.

Zu beachten ist, dass eine Beschlagnahme von Datenträgern, auf denen Telekommunikationsverbindungen (wie Einzelverbindungsnachweise und Telefonrechnungen) gespeichert sind, gerade nicht gemäß §§ 94, 98 StPO, sondern gemäß §§ 100 g, h StPO sichergestellt werden.[73]

Die Möglichkeit der Sicherstellung der auf einem PC gespeicherten Daten mittels der Online- Durchsuchung kommt beim Verdacht der Steuerhinterziehung (noch) nicht zur Anwendung.[74]

104 Daten Dritter kommen dabei allerdings nicht als Beweismittel in Betracht.[75] Allerdings können diese von der Ermittlungsbehörde zur Durchsicht ins Amt verbracht werden.

105 Ergänzt wird die Vorschrift des § 94 StPO auch durch § 99 StPO. Diese Regelung gestattet überdies einen Eingriff in das Brief- und Postgeheimnis und erstreckt die Beschlagnahmemöglichkeit grundsätzlich auch auf Postsendungen und Telegramme an und vom Beschuldigten. Hiervon ausgenommen ist lediglich die Verteidigerpost.[76]

106 Erforderlich ist weiterhin, dass der Gegenstand von potentieller Beweisbedeutung für das Verfahren ist[77], in angemessenem Verhältnis zur Schwere der Tat und zur Stärke des Tatverdachts steht und für die Ermittlung notwendig ist.

Im Rahmen der Beschlagnahme kommt insbesondere im Steuerstrafverfahren dem Verhältnismäßigkeitsgrundsatz eine besondere Bedeutung zu. Es kollidiert im Rahmen der Abwägung, was noch als verhältnismäßig betrachtet werden kann und was nicht, das Strafverfolgungsinteresse des Staates mit dem existenziellen Interesse des Betroffenen: Der Staat ist interessiert an einer weitreichenden Beschlagnahme, um die Tat umfassend aufklären und beweisen zu können. Der Betroffene benötigt z.B. zur Fortsetzung und Aufrechterhaltung seines Betriebes gewisse Unterlagen und kann kaum auf diese verzichten. Die Lösung dieses Konflikts liegt im Fotokopieren von Papierunterlagen.

Praxishinweis:

In der Regel nehmen die Ermittlungsbeamten grundsätzlich die Originale der Unterlagen mit sich. Dennoch ist es in der Praxis üblich, dass der Betroffene sich für ihn wichtige Unterlagen fotokopieren kann. Dies geschieht häufig bereits während der Durchsuchungsmaßnahme.

Diskussionen entstehen meistens nur bei größerem Aktenvolumen, das kopiert werden soll. Aber auch hier gibt es eine Lösung: Die Unterlagen werden zunächst komplett von den Ermittlungsbehörden sichergestellt und bei Bedarf oder zu einem

72 Meyer- Goßner § 94 StPO Rz. 4; BVerfG vom 12.04.2005-2 BvR 1027/02; NJW 2005 S. 1917
73 BVerfG vom 02.03.2006-2 BvR 2099/04; wistra 2006, S. 217 ff
74 Hofmann in NStZ 2005, S. 121 ff.
75 Joecks in FGJ § 399 Rz. 49 ff
76 Quedenfeld/ Füllsack Rz. 665
77 Meyer- Goßner § 94 StPO Rz. 6

sofort vereinbarten Termin erscheint der Verteidiger oder ein vertrauensvoller Dritte (niemals der Betroffene selbst, da er sich sonst selbst in eine Vernehmungssituation bringt, die die Ermittlungsbeamten nutzen werden), um die benötigten Unterlagen vor Ort im Amt zu kopieren.

Fertigt die Ermittlungsbehörde auf Anfrage die entsprechenden Kopien selbst, so sind diese kostenpflichtig.

Bei häufiger Zusammenarbeit mit den Ermittlungsbehörden ist es nicht unüblich, dass die Originalunterlagen dem Verteidiger zur Kopie ausgehändigt und von diesem danach wieder zurückgebracht werden.

Wird ein Fotokopieren im direkten Anschluss nicht gewährt, so ist zu einem späteren Zeitpunkt die Kopie der verfahrensrelevanten Unterlagen dann möglich, wenn der Verteidiger Einsicht in die Ermittlungsakte sowie Beiakten und Beweismittelordner erhält.

Wie bereits unter I. dargestellt, werden Daten der EDV selten zusammen mit der Hardware be- 107
schlagnahmt. Wenn dies dennoch der Fall ist, dann geschieht dies meist -wenn der Verdacht der Datenlöschung vorliegt- zur Datenreproduktion. In den häufigeren Fällen wird eine Kopie der gespeicherten Daten vor Ort als möglich und ausreichend erachtet.[78]

Eine unbegrenzte Reproduktion des gesamten Datenbestandes, die zur umfassenden und gezielten Suche nach Zufallsfunden verführt, ist unzulässig.[79]

8

6. Durchführung der Beschlagnahme 108

Die aufgefundenen Beweismittel werden in einem Sicherstellungsverzeichnis gemäß § 107 Satz 2 StPO dezidiert aufgenommen und bezeichnet. Eine eindeutige Identifizierung der einzelnen Gegenstände ist erforderlich.

Praxishinweis:

Wenn es sich um größere Aktenmengen handelt, ist kaum mehr zu überblicken, was sich in den einzelnen Ordner befindet. In solch einem Fall empfiehlt es sich, mittels eines Diktiergerätes den infolge kurzer Durchsicht bzw. „Daumenkinos" festgestellten Inhalt festzuhalten und später ein zusätzliches eigenen Verzeichnis zu erstellen.

Dies erleichtert bei Rückgabeverlangen die Unterscheidung zwischen verfahrensrelevanten und nicht beweiserheblichen Unterlagen.

Neben der Möglichkeit der Fotokopie ist -abhängig von der Aktenmenge- zu überlegen, ob nicht 109
eine Numerierung der einzelnen in den jeweiligen Aktenordner befindlichen Seiten vorgenommen werden kann. Dies ist zeitlich bzw. in personeller Hinsicht sehr aufwendig, aber dennoch erstrebenswert, denn häufig kann so klargestellt werden, aus welchem Ordner welches Schriftstück in welchem genauen Zusammenhang zu lesen ist. Es kann somit nicht einfach aus dem Zusammenhang gerissen werden.

Praxishinweis:

Dies kann im Einzelfall von Bedeutung sein, denn es kommt nicht allzu selten vor, dass ein Schriftstück im eigentlichen Zusammenhang als harmlos betrachtet wird, aber in einem anderen Kontext als das Beweismittel für Vorliegen einer Straftat gesehen wird. Dies ist v.a. dann der Fall Bedeutung, wenn das Schreiben nicht zeitlich eingeordnet werden kann.

78 Joecks in FGJ § 399 Rz. 48, Quedenfeld/ Füllsack Rz. 675

79 BVerfG vom 28.04.2003-2 BvR 357/03; NJW 2003, S. 2669; Buchheim in Wannemacher Rz. 3916; Joecks in FGJ § 399 Rz. 50

110 Wurden von den Ermittlungsbehörden Beweismittel benannt, die vom Durchsuchungsbeschluss und der Beschlagnahmeanordnung nicht erfasst werden bzw. nicht erfasst sein können (z.B. beschlagnahmefreie Gegenstände), dann ist deren Beschlagnahme ausdrücklich und gesondert zu widersprechen und eine Versiegelung dieser Unterlagen zu erwirken.

Praxishinweis:

Oftmals wird eine Versiegelung von Unterlagen durch die Ermittlungsbehörden abgelehnt. Aber dann muss man sich eben zu helfen wissen. Eine Möglichkeit besteht darin, die besagten strittigen Unterlagen in einen separaten Umschlag oder Karton zu packen und den diesbezüglichen Widerspruch entsprechend der darin befindlichen Unterlagen zu formulieren und auf dem Sicherstellungsverzeichnis oder in der Durchsuchungsniederschrift gesondert anzumerken.

111 Der Beschlagnahme ist ebenfalls grundsätzlich zu widersprechen, um die Rechte für ein mögliches Rechtsbehelfsverfahren zu erhalten. Ist dem nicht so, so kommt dies fast einem Rechtsmittelverzicht gleich.

112 Die Beschlagnahme wird gegenstandslos und erlischt, wenn ihr Zweck entfällt. Dies ist der Fall, wenn zum einen das Strafverfahren eingestellt oder ein Urteil rechtskräftig wird, aber zum anderen auch dann, wenn sie vom Gericht oder der Staatsanwaltschaft aufgehoben wird. In Steuerstrafverfahren ist es häufig die Steuerfahndung, die die Beschlagnahme durch Herausgabe der Unterlagen aufhebt.[80] Infolgedessen sind die Gegenstände an den früheren Gewahrsamsinhaber zurückzugeben.[81]

8

Praxishinweis:

Selbstverständlich ist auch eine Herausgabe an den Verteidiger möglich. Die Rückgabe wird üblicherweise mit Datum und Unterschrift auf dem Sicherstellungsverzeichnis vermerkt.

113 In der Vergangenheit gab es manchmal Diskussionen bei der Rückgabe der Unterlagen mit den Finanzbehörden. Diese wollten die Rückgabe mit der Begründung verweigern, die beschlagnahmten Unterlagen werden nach Abschluss des Strafverfahrens noch im Besteuerungsverfahren benötigt.[82] Dieser Diskussion über die Rückgabe hat nun der Gesetzgeber ein Ende gesetzt: Mit dem Jahressteuergesetz 2008 soll im neu formulierten § 393 Abs. 3 AO ausdrücklich die Verwendung der im Steuerstrafverfahren gewonnenen Erkenntnisse auch für das Besteuerungsverfahren zugelassen werden. Dies gilt auch für Erkenntnisse, die dem Post- und Fernmeldegeheimnis unterliegen, soweit die Strafprozessordnung die Auskunft an die Steuerbehörden zulässt.

114 7. Besondere Beschlagnahmemöglichkeit: Strafrechtlicher Arrest

Der Vollständigkeit halber ist zu erwähnen, dass neben der Beschlagnahme nach §§ 94, 98 StPO Gegenstände auch mittels des strafrechtlichen Arrests gemäß § 111b ff beschlagnahmt werden können.

80 Buchheim in Wannemacher Rz. 3934
81 Meyer- Goßner § 94 StPO Rz. 22
82 mit ausführlicher Argumentation Buchheim in Wannemacher Rz. 3934

a) Vorraussetzungen des strafrechtlichen Arrests 115

Dafür müssen allerdings die Voraussetzungen des Verfalls oder der Einziehung vorliegen.

Diese Art der Beschlagnahme wird vor allem dann genutzt, wenn eine zeitnahe Entscheidung des zuständigen Finanzamtes hinsichtlich des steuerlichen Arrests noch nicht getroffen werden kann.

Hat der Täter aus der begangenen Tat etwas erlangt -diese Definition erstreckt sich nicht nur auf das direkt Erlangte, sondern erfasst auch die Surrogate-, kann im Wege des Verfalls insbesondere eine Vermögensabschöpfung nach § 73 Abs. 1 Satz 1 StGB vorgenommen werden. Dies dient in erster Linie dazu, die Tatvorteile beim Täter abzuschöpfen und zum zweiten, um Druck auf den Betroffenen dahingehend auszuüben, sich auf eine Vernehmung einzulassen.

Liegen die Voraussetzungen des Verfalls gemäß §§ 73 ff StGB vor, dann erfolgt eine Beschlagnahme nach § 111b ff StPO. Diese Vorschriften erlauben unter Rückgriff auf die §§ 102 ff StPO sogar eine Durchsuchungsmaßnahme.

Praxishinweis:

Eine derartige Beschlagnahme löst beim Beschuldigten einen großen Druck aus, da diese oftmals damit einhergeht, dass sämtliche Konten gepfändet und damit stillgelegt sind. Dies führt nicht nur zu einem unmittelbaren Liquiditätsverlust, sondern die sich anschließenden Folgen sind enorm existenzbedrohend. Typische Folge einer derartigen Maßnahme ist die Kündigung sämtlicher Konten durch die Banken und sofortige Wertstellung aller laufenden Kredite.

Derartige Maßnahmen werden augenblicklich üblicherweise in Verfahren wegen Betrugs, Bestechung im geschäftlichen Verkehr gemäß § 299 ff StGB oder Korruption gemäß § 331 ff angeordnet.

Die Chancen dagegen vorzugehen, sind nur sehr gering. Manchmal lässt sich ein Staatsanwalt erweichen, dass zumindest auf Antrag der Verteidigung ein oder zwei Konten wieder freigegeben werden, damit dem Unternehmen des Mandanten nicht sofort die Grundlage entzogen wird. Allerdings kann dies, selbst wenn es wirklich schnell geht, mehrere Tage dauern.

8

b) Beendigung des strafrechtlichen Arrest 116

Die Aufhebung dieser Beschlagnahme erfolgt gemäß § 111b Abs. 3 StPO spätestens sechs Monate nach der Beschlagnahme selbst. Allerdings kann die Frist bei besonders schweren Fällen, insbesondere aufgrund erheblicher Ermittlungsschwierigkeiten infolge einer richterlichen Entscheidung um weitere drei Monate verlängert werden.

117 c) Muster eines derartigen Beschlusses

Zur Verdeutlichung, wie ein solcher Beschluss in der Praxis aussieht, nachfolgend ein Beispiel:

Amtsgerich A

Geschäftszeichen

Datum

Beschluss

In dem Ermittlungsverfahren

gegen

Herrn X

geboren am.....

wohnhaft......

Staatsangehörigkeit: deutsch

8

wegen Verdachts des Betruges

wird gemäß §§ 73, 73a StGB i.V.m. §§ 111b Abs. 2 und Abs. 5, 111d, 111e Abs. 1 StPO zur Sicherung der den Verletzten aus den Straftaten erwachsenen zivilrechtlichen Ansprüchen und des staatlichen Anspruchs auf Verfall des Wertersatzes für das

Bundesland......

vertreten durch die Staatsanwaltschaft A

vertreten durch den Leitenden Oberstaatsanwalt in A

der dingliche Arrest in Höhe von

543.210 Euro (exemplarisch)

in das Vermögen des Beschuldigten X, geb. am ..... in......, wohnhaft............angeordnet.

Durch die Hinterlegung eines Betrages in Höhe von 543.210 Euro wird die Vollziehung des Arrestes gehemmt und der Beschuldigte berechtigt, die Aufhebung des vollzogenen Arrestes zu beantragen (§§ 111d Abs. 2 StPO in Verbindung mit §§ 923, 934 Abs. 1 ZPO).

Gründe:

Der Beschuldigte ist dringend verdächtig, als Inhaber der Firma XY, der Firma Z, Adresse, in mindestens 9 Fällen Leistungen in Rechnung gestellt zu haben, die tatsächlich nicht erbracht worden sind, um das Geld für sich zu erhalten.

Im einzelnen handelt es sich dabei um die folgenden Geschäftsvorgänge:

1.

2.

3.

4.

5.

6.
7.
8.
9.

Diese Handlungen sind mit Strafe bedroht gemäß §§ 263 Abs. 1, 53 StGB.

Der dingende Tatverdacht beruht auf den bisherigen Ermittlungen, insbesondere auf den Angaben der gesondert Verfolgten B und C, den Angaben des Zeugen D sowie auf den vorliegenden Rechnungen und Überweisungsbelegen.

Es sind dringende Gründe für die Annahme vorhanden, dass der Beschuldigte durch die oben genannten Straftaten zum Nachteil der Firma Z zumindest einen Betrag in Höhe von 543.210 Euro erlangt hat und dass zivilrechtliche Ansprüche der Verletzten in gleicher Höhe nach §§ 73 Abs.1 Satz 2, 73 a StGB vorliegen.

Der angegebene Betrag stellt dabei die Summe der Rechnungsbeträge dar, wobei davon auszugehen ist, dass das Erlangte beim Beschuldigten nicht mehr individuell vorhanden ist, weshalb er Wertersatz zu leisten hat.

Zur Vorbereitung des Verfalls von Wertersatz und der Rückgewinnungshilfe ist die Anordnung des dinglichen Arrests erforderlich, da zu besorgen ist, dass der Beschuldigte bei umfassender Kenntniserlangung vom Umfang des Tatvorwurfs und den rechtlichen Konsequenzen Vermögenswerte beiseite schaffen oder an Dritte veräußern wird, um die spätere Vollstreckung zu vereiteln oder zumindest wesentlich zu erschweren: Von demjenigen, der sich einen Vermögensvorteil durch eine Straftat verschafft hat, wird im allgemeinen nicht angenommen werden können, dass er untätig bleibt, wenn ihm die Gefahr droht, dass als Ersatz ein ebenso hoher Geldbetrag eingezogen wird.

Der dingliche Arrest ist insbesondere deshalb erforderlich, weil der Beschuldigte bereits Gelder nachweislich ins Ausland transferiert hat, so dass zu befürchten ist, dass er die noch vorhandenen Vermögenswerte bei Geltendmachung von Ansprüchen ebenfalls ins Ausland verschieben wird.

Von einer vorherigen Anhörung des Beschuldigten wurde gemäß § 33 Abs. 4 StPO abgsehen, da diese den Zweck der Anordnung gefährden würde.

Die Zuständigkeit des Amtsgerichts A folgt aus § 162 Abs. 1 Satz 2 StPO.

Richter Dienstsiegel

Ein derartiger Beschluss ist für den Beschuldigten eine Katastrophe und das Verfahren wird in menschlicher und sachlicher Hinsicht überaus beratungsintensiv.

IV. Beschlagnahmefähigkeit von Zufallsfunden 118

Die bei Gelegenheit einer Durchsuchung in einem anderen Strafverfahren gefundenen Gegenstände, die auf Verübung einer allgemeinen oder anderen Steuerstraftat hindeuten, aber zur Durchsuchung in keiner Beziehung stehen, bezeichnet man als Zufallsfunde gemäß § 108 StPO.

Diese sind dann in Verwahrung zu nehmen, was allerdings keine Beschlagnahme im Sinne von § 94 StPO darstellt. Dadurch soll die Ermittlungsbehörde in die Lage versetzt werden, zu entscheiden, ob ein neues Ermittlungsverfahren einzuleiten und der Gegenstand diesbezüglich zu beschlagnahmen ist oder ob die Beschlagnahme bereits in einem laufenden anderen Verfahren erfolgen kann.[83]

Dennoch bietet § 108 StPO keine Rechtsgrundlage dafür, bei einer Durchsuchung systematisch nach anderen Beweismitteln zu suchen, die zur Einleitung eines anderen Strafverfahrens führen könnten.

Praxishinweis:

In der Praxis kommt es hin und wieder vor, dass selbst bei einer Durchsuchung aufgrund eines Verdachts einer nichtsteuerlichen Tat Beamte der Steuerfahndung beteiligt sind, um gleichzeitig außerhalb des Durchsuchungsbeschlusses die Vollständigkeit der Besteuerungsgrundlagen zu überprüfen. Dies ist ausdrücklich zu unterbinden, da dies ein klares Indiz für die systematische Suche nach Zufallsfunden ist.[84]

119 Hinsichtlich der „in Beschlag genommenen" Zufallsfunde, die auf eine nichtsteuerliche Tat hindeuten, ist die zuständige Strafverfolgungsbehörde zu unterrichten.[85] Insbesondere die Steuerfahndung hat keine Ermittlungskompetenz für nichtsteuerliche Straftaten.

Sofern allerdings Gegenstände aufgefunden werden, die nicht von der Beschlagnahmeanordnung des vorliegenden Steuerstrafverfahrens umfasst werden, handelt es sich dennoch nicht um Zufallsfunde, wenn sie als Beweismittel in diesem Verfahren von Bedeutung sind.

Auch im Rahmen der Beschlagnahmeanordnung ist ebenso wie bei der Durchsuchungsanordnung seitens eines Verteidigers sicherzustellen, dass die Durchsuchung und Beschlagnahme sich im Rahmen der vorgegebenen Anordnungen hält und so versucht wird, Zufallsfunde zu vermeiden.

120 V. Besonderheit: Beschlagnahmefreie Gegenstände

Es gibt Gegenstände und Beweismittel, die grundsätzlich nicht der Beschlagnahme unterliegen. Diese bezeichnet man als sog. beschlagnahmefreie Gegenstände:

121 1. Beschlagnahmeverbot im privaten Lebensbereich

Für den Lebensbereich eines Individuums hat das BVerfG diesbezüglich die Drei- Sphären- Theorie herausgebildet, die Beschlagnahmebeschränkungen aufstellt. Es wird nach der zu schützenden Wirkung zwischen Geschäfts-, Sozial- und Intimsphäre unterschieden.

Allerdings ist diese Unterscheidung im Steuerstrafverfahren fast bedeutungslos, da zumeist die Sphäre des Sozialbereiches betroffen ist.

122 2. Beschlagnahmefreie Gegenstände gemäß § 97 StPO

Daneben regelt § 97 StPO die Beschlagnahmefreiheit von gewissen Beweismitteln, d.h. diese dürfen aufgrund der Verknüpfung zu den §§ 52, 53 StPO, die das Zeugnisverweigerungsrecht für Angehörige und bestimmte Berufe regeln, nicht beschlagnahmt werden. Damit soll verhindert werden, dass das bestehende Zeugnisverweigerungsrecht durch die Beschlagnahme von Unterlagen umgangen wird.

83 Buchheim in Wannemacher Rz. 3935; Meyer- Goßner § 108 StPO Rz. 1
84 Joecks in FGJ § 399 Rz. 64; Buchheim in Wannemacher Rz. 3937
85 Meyer-Goßner § 108 Rz. 4; a.A. Joecks in FGJ § 399 Rz. 61

a) Geschützter Personenkreis 123

Der geschützte Personenkreis ergibt sich nicht direkt aus § 97 StPO, sondern aus dem akzessorischen Zusammenhang mit dem Zeugnisverweigerungsrecht der in §§ 52, 53 StPO genannten Personen.

Damit werden vom Schutzbereich u.a. sämtliche Berufsgeheimnisträger samt deren Berufshelfern gemäß §§ 53, 53a StPO (Rechtsanwälte, Steuerberater, Wirtschaftsprüfer, Ärzte, Apotheker etc.) erfasst. Dies v.a. vor dem Hintergrund, dass diese Berufe ein besonders enges Vertrauensverhältnis zu ihrem Mandanten/Patienten haben und auch haben müssen. Gerade diese enge Verbundenheit setzt aber auch die Gewissheit voraus, dass die Vertrauensperson nicht zu einer Aussage über ihr Wissen gezwungen werden kann.

Das Beschlagnahmeverbot erfasst grundsätzlich alle Gegenstände, die im Alleingewahrsam des Zeugnisverweigerungsberechtigten stehen. Lediglich Mitgewahrsam dritter Personen an diesen Gegenständen lässt das Beschlagnahmeverbot unberührt.[86] Daraus ergibt sich aber, dass selbst geschützte Gegenstände bei dritten Personen der Beschlagnahme gemäß § 97 Abs. 2 StPO unterliegen. Eine Ausnahme davon stellt lediglich die sog. Verteidigerpost dar. Für diese besteht ein umfassendes Beschlagnahmeverbot, solange der Verteidiger nicht selbst der Tatbeteiligung verdächtigt wird.[87] 124

b) Geschützte Gegenstände 125

Das Beschlagnahmeverbot erstreckt sich nach dem Wortlaut des § 97 Abs. 1 StPO auf:

- schriftliche Mitteilungen zwischen dem Beschuldigten und den zeugnisverweigerungsberechtigten Personen. Unter schriftliche Mitteilungen sind u.a. Briefe, Kopien etc. zu verstehen
- Aufzeichnungen, die die benannten Berufsträger über die ihnen vom Beschuldigten anvertrauten Mitteilungen oder über sonstige Umstände gemacht haben, auf die sich das Zeugnisverweigerungsrecht erstreckt, z.B. Gesprächsnotizen, Vermerke
- andere Gegenstände, auf die sich das Zeugnisverweigerungsrecht erstreckt.

Weitgehend unumstritten ist der Schutz der Mandantenkorrespondenz, eigene Aufzeichnungen des Berufsgeheimnisträgers sowie Papiere bzw. Datenträger, die aufgrund des besonderen Vertrauensverhältnisses Aufschluss über Anweisungen, Planungen und Beratungen im Mandatsverhältnis geben können und sich aufgrund berufspezifischen Gründen beim jeweiligen Berater befinden – also insoweit alles, was die sog. Handakte bildet. Bei der Qualifizierung als „Handakte" kommt es aber nicht auf die Bezeichnung, sondern allein auf deren Inhalt an. 126

Praxishinweis:

Dennoch ist in der Praxis der Streitpunkt während einer Durchsuchung immer die Frage, was befindet sich in der Handakte und gehört zulässigerweise auch dort hin.

Unbedingt sollte man darauf achten, dass die Handakte ungelesen bleibt und nur eine kurze Grobsichtung durch die Ermittlungsbeamten erfolgt, da sonst das Zeugnisverweigerungsrecht ausgehebelt wird. Überlässt der Berater sogar seine Handakte, dann macht er sich- soweit er nicht von der Pflicht zur Verschwiegenheit entbunden oder nicht tatbeteiligt ist- wegen Geheimnisverrats gemäß § 203 StGB strafbar.

86 Buchheim in Wannemacher Rz. 3941; Schmidt in wistra 1991, S. 248
87 Buchheim in Wannemacher Rz. 3942

127 Allerdings heftig umstritten und in der Praxis faktisch umkämpft ist, wie weit der Schutz „anderer Gegenstände“ reicht.

- Rechtsanwälte haben insoweit eine absolut privilegierte Stellung inne. Das Zeugnisverweigerungsrecht bezieht sich auf sämtliche Informationen, die dem Rechtsanwalt/Verteidiger in seiner Position anvertraut oder bekannt geworden sind. Selbst die Rechtsprechung, die sich für steuerberatende Berufe herausentwickelt hat, hat für den Rechtsanwalt keine Geltung, soweit ihm Unterlagen für die Zwecke der Verteidigung übergeben wurden.[88] Dies ergibt sich auch aus den Begründungen während des Gesetzgebungsverfahrens[89], wonach die dem Anwalt übergebenen Dokumente ausdrücklich als schützenswerte Gegenstände erachtet werden, soweit sich das Zeugnisverweigerungsrecht auf diese Unterlagen erstreckt. Das bedeutet, dass selbst eine Beschlagnahme von Steuerunterlagen gemäß § 97 Abs. 1 Nr. 3 StPO nicht in Betracht kommt.

  Dies gilt allerdings nicht, wenn der Anwalt hinsichtlich der steuerlichen Beratung mandatiert wurde oder wenn der Beschuldigte einem Anwalt die Unterlagen übergibt, ohne diesen mit seiner Verteidigung zu beauftragen. Im letzteren Fall besteht kein besonderes Vertrauensverhältnis, sondern eher ein Aufbewahrungsverhältnis, das für § 97 Abs. 1 Nr. 3 StPO nicht ausreicht.

- Bei einer Durchsuchung beim mandatierten Steuerberater und Wirschaftsprüfer des Beschuldigten ist stets heftig umstritten, ob und inwieweit die Buchführung, die zugrundeliegenden Buchführungsunterlagen sowie die Bilanzunterlagen der Beschlagnahme unterliegen. Diese Frage ist deshalb so hart umkämpft, wenn sich häufig ein großer Teil der Unterlagen im Gewahrsam des Steuerberaters/ Wirtschaftsprüfers befinden.

  Eine einheitliche Auffassung hat sich bislang noch nicht herauskristallisiert und wird auch regional sehr unterschiedlich gehandhabt.[90]

  Es wird vertreten, dass sowohl Bilanz- als auch Buchführungsunterlagen sowie die dazugehörigen Belege grundsätzlich beschlagnahmefähig oder gänzlich beschlagnahmefrei wären bzw. eben nicht der Beschlagnahme unterliegen, soweit vom Steuerberater zum Zwecke der Auswertung eigene Notizen darauf vermerkt wurden. Daneben wird vertreten, dass die Beschlagnahmefreiheit für die Unterlagen nur bis zur Bilanzerstellung gilt.

  All dies wird aber dem Zeugnisverweigerungsrecht des Steuerberaters oder Wirtschaftsprüfers[91] nicht gerecht. Auch für diese gilt, dass sich die Beschlagnahmefreiheit auf alles erstreckt, was ihnen in ihrer Eigenschaft als Berufsträger anvertraut oder bekannt geworden ist. Geschützt werden muss daher auch jegliche Information, die dem Berater im Rahmen dieses Vertrauensverhältnis übergeben wurde. Auch eine vorübergehende Befristung des Zeugenisverweigerungsrechts (bis zur Erstellung der Bilanz) kennt das Gesetz nicht. Nach der hier vertretenen Auffassung unterliegen entsprechend der Verteidigerstellung sämtliche Informationen, die sich im Gewahrsam der Berufsträger befinden, nicht der Beschlagnahme.[92]

88 LG Fulda vom 12.10.1999-2 Qs 51/99; wistra 2000, S.155 ff
89 BT-Drucksache 1 Nr. 3713, S. 49
90 Burhoff in PStR 1999, S. 244; Meyer- Goßner § 97 Rz. 40; LG Fulda vom 12.10.1999; wistra 2000, S. 155 ff; ausführlich dazu Buchheim in Wannemacher Rz. 3943 ff.
91 LG Bonn vom 29.10.2001; StB 2002, S. 68 f
92 ähnlich Buchheim in Wannemacher Rz. 3948 f

Praxishinweis:

Die Praxis sieht leider anders aus: Der Stellenwert des Vertrauensverhältnisses zwischen steuerlichen Berater und Mandant ist nur sehr gering. Oftmals wird das Verfahren aufgrund der Durchbrechung des § 97 StPO und der damit verbundenen Einsicht in die Unterlagen während einer Durchsuchung beim Steuerberater auf diesen erweitert. Damit entfällt das Privileg der Beschlagnahmefreiheit.

- Gleiches gilt u.a. für Ärzte. Insoweit erstreckt sich deren Zeugnisverweigerungsrecht auf alles, was bei der Untersuchung oder Heilbehandlung anvertraut oder bekanntgegeben wurde. Dazu gehören bereits Name des Patienten und die Tatsache seiner Behandlung. Seine Patientenakte bzw. das Krankenblatt ist in der Regel beschlagnahmefrei.

Aufgrund der oben dargestellten unsicheren Rechtslage ist es von dringender Erforderlichkeit, 128
dass die Berater ihre Rechte im Rahmen der Durchsuchung wahrnehmen und so auch die Gefahr des Geheimnisverrats gemäß § 203 StGB minimieren. Dazu kann folgender Leitfaden dienen:

1. Mandanten informieren, um die oftmals seitens der Ermittlungsbehörden geforderte Entbindung von der Verschwiegenheitspflicht zu verhindern!
2. Keine Aussagen über das Mandantsverhältnis !
3. Bei strittigen Unterlagen auf Versiegelung bestehen!
4. Rechtsmittel einlegen!
5. Evtl. Berufskammer informieren, wenn die Handakte beschlagnahmt wurde.

8

3. Ausnahmen vom Beschlagnahmeverbot 129

Es existieren allerdings Ausnahmen vom Beschlagnahmeverbot des § 97 StPO. Diese ermöglichen die Beschlagnahme jeglicher Unterlagen, wenn

- eine Entbindung von der Pflicht zur Verschwiegenheit vorliegt,
- der Zeugnisverweigerungsberechtigte in die Tat involviert ist,
- der Zeugnisverweigerungsberechtigte lediglich Gegenstände aufbewahrt oder
- diese als Asservate in Betracht kommen.

a) Entbindung von der Verschwiegenheitspflicht 130

In der Praxis kommt es durchaus vor, dass der von der Durchsuchung Betroffene seitens der Ermittlungsbehörden zu einer Unterzeichnung der Erklärung zur Entbindung von der Verschwiegenheitspflicht gedrängt wurde. Der Beschuldigte kennt fatalerweise deren Folgen nicht und unterzeichnet diese Erklärung in der Hoffnung darauf, dass ihm aufgrund seiner Kooperation ein Vorteil entsteht. Doch genau das Gegenteil ist der Fall !

Folge dieser Befreiung von der Verschwiegenheitspflicht ist, dass der Schutz des Vertrauensverhältnisses entfällt und der Berater verpflichtet ist, alle Unterlagen an die Ermittlungsbehörden herauszugeben. Es existiert dann keine sog. Handakte mehr !

Die Idee, diese Erklärung zu widerrufen, führt nicht dazu, dass das Vertrauensverhältnis ex tunc wieder auflebt. Es besteht dann erst neu wieder ab dem Zeitpunkt des Widerrufs, also ex nunc.[93]

93 Buchheim in Wannemacher Rz. 3956

131
b) Strafrechtliche Beteiligung des Beraters

Liegt ein Anfangsverdacht vor, der die strafrechtliche Beteiligung des Beraters an dem Delikt seines Mandanten oder aber Begünstigung, Strafvereitelung sowie Hehlerei begründet, dann entfällt hier ebenso die Beschlagnahmefreiheit gemäß § 97 Abs. 2 Satz 3 StPO. Voraussetzung ist allerdings, dass der Anfangsverdacht aufgrund konkreter Tatsachen vor der Beschlagnahme und nicht erst mit Hilfe der beschlagnahmten Gegenstände bestehen muss.[94]

Lediglich die Strafverteidiger haben hier nach herrschender Meinung das Privileg, dass gewichtige Anhaltspunkte für eine echte Tatbeteiligung vorliegen müssen.[95]

132
c) Aufbewahrung von Gegenständen

Beschlagnahmefähig bleiben von Anfang an Gegenstände, die dem zeugnisverweigerungsberechtigten Berufsträger ohne irgendeinen Bezug zum Mandatsverhältnis und ausschließlich zur Verwahrung oder zum Verstecken gegenüber Ermittlungsbehörden übergeben wurden.[96]

8 133
d) Asservate

Das Beschlagnahmeverbot greift nicht, wenn es sich um Gegenstände handelt, die zur Begehung einer Straftat gebraucht wurden oder noch bestimmt sind.

Mandantenunterlagen sind derartige Deliktgegenstände, wenn sie zum einen vorsätzlich inhaltlich falsch sind und diese Unterlagen die Basis für die fehlerhafte Steuererklärung sind.[97]

Liegen die Ausnahmen vom Beschlagnahmeverbot vor, können v.a. die Berufsträger eine informelle Beschlagnahme nicht mehr vermeiden.

4. Muster eines Sicherstellungsverzeichnisses

Im Nachgang soll exemplarisch ein Sicherstellungsverzeichnis dargestellt werden. Bislang war selbst dieses regional unterschiedlich ausgestaltet. Deshalb lohnt sich ein Vergleich dieses Sicherstellungsverzeichnisses mit dem am Ende des Teil 1 § 3.

94 Meyer- Goßner § 97 Rz. 20; Burhoff in PStR 1999, S. 244; Kohlmann § 385 Rz. 184
95 stellvertretend Meyer- Goßner § 97 Rz. 38
96 LG Fulda vom 12.10.1999-2 Qs 51/99; NJW 2000, S. 1509
97 LG Fulda vom 12.10.1999-2 Qs 51/99; wistra 2000, S. 155; ähnlich Streck Rz. 697

Finanzamt........ Datum

Geschäftszeichen Name des ermittelnden Beamten

Telefonnummer

Tatvorwurf

Tag und Ort der Sicherstellung

8

Sicherstellungsverzeichnis

lfd Nr.	Fundort/ Bez.	Bezeichnung	Anmerkungen
1	Archiv/ I 1	Leitzordner Belege 2002- Lieferanten	
2	Archiv/ I 2	Leitzordner Belege 2002- Buha	
3			

Dem Beschuldigten wurde ein Durchschlag des Sicherstellungsverzeichnisses ausgehändigt.

Ort, Datum Unterschrift des erstellenden Beamten

134 VI. Verhaltensleitfaden für die Beschlagnahme

Auch während der Beschlagnahmehandlung gibt es gewisse Verhaltensregeln, an die sich der Betroffene halten sollte.

1. Keine Aussagen zu einzelnen Dokumenten: Reden ist Silber, Schweigen ist Gold!
2. Keine Unterlagenvernichtung während der Durchsuchungsmaßnahme!
3. Der Beschuldigte braucht nicht zu helfen, kann jedoch unterstützen, um die Maßnahme zu beschleunigen.
4. Beschlagnahme muss von der Anordnung gedeckt sein. Aufpassen, sonst Zufallsfunde!
5. Gegebenenfalls auf Beschlagnahmefreiheit hinweisen!
6. Kopien fertigen oder Vereinbarung für etwaiges Vorgehen treffen!
7. Sind Numerierungen zeitlich durchsetzbar ?
8. Evtl. Inhalte der Akten parallel zur Ermittlungsbehörde aufnehmen!
9. Der Beschlagnahme immer widersprechen!
10. Keine freiwillige Herausgabe !
11. Durchschlag des Sicherstellungsverzeichnisses verlangen!

Abschließend kann zur Beschlagnahme nur ausgeführt werden, dass der Tag, an dem die Durchsuchung und die Beschlagnahme durchgeführt wird, der Ermittlungsbehörde gehört und man zu diesem Zeitpunkt in die Rolle des Reagierenden gedrängt wird.

Schadensbegrenzung ist die Hauptpflicht !

Erst wenn sich die Aufregung und der Rummel gelegt haben, ist zu überlegen, welche Schritte man gegen diese Fahndungseingriffe unternimmt.

§ 9 Vorgehen gegen Durchsuchungs- und Beschlagnahmeanordnung

Gegen die Durchsuchungs- und Beschlagnahmeanordnung können Rechtsmittel ergriffen werden. 1
Zunächst sollen aber Ansatzpunkte aufgezeigt werden, die außerhalb der Rechtsmittel in Betracht kommen.

A. Möglichkeiten außerhalb der Rechtsmittel

Noch vor der Vorbereitung der Rechtsmittel gegen die Durchsuchungs- und Beschlagnahmeanordnung oder parallel hierzu sollte eine Überprüfung erfolgen, ob es noch andere Aspekte gibt, die vor Einlegung des förmlichen Rechtsmittels berücksichtigt werden sollten.

I. Widerruf der freiwilligen Herausgabe 2

Hat der von der Durchsuchung und Beschlagnahme Betroffene die Unterlagen freiwillig herausgegeben, hat er sich zunächst seiner Rechte zur Einlegung eines nachfolgenden Rechtsmittels beraubt.

Ob dies der Fall ist, lässt sich sehr leicht feststellen, denn das ergibt sich aus der Durchsuchungsniederschrift. Hat der Beschuldigte tatsächlich die Unterlagen freiwillig herausgegeben, empfiehlt es sich zur Rechtswahrung dieses Einverständnis des Beschuldigten zu widerrufen. Dazu ist keine besondere Form erforderlich; vielmehr reicht ein Anschreiben an die durchsuchende Behörde.

Dieser Widerruf ist rein formal zu betrachten und hindert die Verwertung der sichergestellten Beweismittel nicht. Er dient daher dazu, sich die Einlegung der Rechtsmittel zu einem späteren Zeitpunkt offen zu lassen.

Der Widerruf kann zeitlich und sachlich mit einem Antrag auf förmliche Beschlagnahme verbunden werden, wenn diese noch nicht angeordnet war.

II. Antrag auf förmliche Beschlagnahme 3

Oftmals beinhaltet der Durchsuchungsbeschluss lediglich die Anordnung der Sicherstellung von Beweismitteln. Dies kann aber nicht als förmliche Beschlagnahme qualifiziert werden. Insoweit sollte auf eine förmliche Beschlagnahme gedrungen werden. Vor allem dann, wenn hinsichtlich der sichergestellten Unterlagen Zweifel bestehen, ob diese von der Beschlagnahmeanordnung als Beweismittel erfasst sind oder, wenn es sich sogar um das Vorliegen von Beschlagnahmebeschränkungen und -verbote handelt.

In dem Antrag auf förmliche Beschlagnahme ist dann von Verteidigerseite darzulegen, aus welchem Grund die mitgenommenen Unterlagen für das Verfahren irrelevant, d.h. potentiell nicht beweiserheblich sind. Dies kann darauf beruhen, dass die mitgenommenen Unterlagen überhaupt nichts mit dem Verfahren zu tun haben, oder aber Sachverhalte betreffen, die außerhalb der strafrechtlichen Verfolgungsverjährung liegen.

Praxishinweis:

Die potentielle Beweisunerheblichkeit von Unterlagen auf Veranlagungszeiträume außerhalb der strafrechtlichen Verfolgungsverjährung zu stützen, wird allerdings nicht von großem Erfolg geprägt sein, denn die Beschlagnahme von Unterlagen für nicht strafbefangene Zeiträume wird in der Regel als zulässig erachtet. Zumindest gilt dies für Unterlagen, die in direktem Zusammenhang mit den strafbefangenen Zeiträume stehen.

Daraus können auch Rückschlüsse auf das Vor- und Nachtatverhalten gezogen werden, das für die spätere Strafzumessung durchaus von Relevanz sein kann.

4
III. Herausgabeanträge

Überdies ist im Anschluss oder parallel zum Antrag auf förmliche Beschlagnahme zu überprüfen, ob und inwieweit Herausgabeanträge gestellt werden sollten.

Zum einen können davon Unterlagen betroffen sein, die dringend vom Mandanten benötigt werden und die zeitlich mit dem Vorwurf nicht in unmittelbarem Zusammenhang stehen. Dies kann im Steuerstrafverfahren eine Rolle für laufende oder soeben beendete Veranlagungszeiträume spielen, für die noch keine Steuererklärung abgegeben wurde. Insoweit kann damit kein strafbares Verhalten zusammenhängen und rechtfertigt eine Herausgabe der Originale.

Sollte diese Herausgabe verweigert werden, dann bleibt nur noch die Maßnahme, Fotokopien zu machen, soweit dies noch nicht geschehen ist.

Weitere Herausgabeanträge können angedacht werden, wenn seit des Fahndungseingriffs mehr als sechs Monate vergangen sind. Innerhalb dieses Zeitraums soll die Ermittlungsbehörde die Unterlagen auswerten. Nur bei hohem Ermittlungsaufwand erscheint es angemessen, diese Frist angemessen zu verlängern.

In den Fällen mit kleinem und normalem Umfang muss die Zeit ausreichen, auch vor dem Hintergrund der Belastung des Mandanten wegen überlanger Verfahrensdauer.

Praxishinweis:

Nachdem man häufig als Verteidiger v.a. bei Beginn des Verfahrens bei den Ermittlungsbeamten „auf taube Ohren stößt“, sollte man sich den Zeitablauf von sechs Monaten selbst im Fristenbuch vormerken, um spätestens dann sich mit guten Argumenten wieder an die Ermittlungsbehörden zu wenden.

Dies sollte aber auch hinsichtlich der Tatsache, dass zur überlangen Verfahrensdauer in Kürze eine Rechtsprechungsänderung zu erwarten ist.

5
IV. Akteneinsichtsgesuche

In Anschluss an die Durchsuchung und die Beschlagnahme ist es üblich, dass der Verteidiger sein Mandat anzeigt und diese Mandatsanzeige direkt mit einem Akteneinsichtsgesuch verbindet.

Im Rahmen eines Steuerstrafverfahrens ist darauf zu achten, dass das Akteneinsichtsgesuch, wenn das Verfahren selbständig von der Finanzbehörde betrieben wird, an die Bußgeld- und Strafsachenstelle zu richten ist.

Praxishinweis:

Ein Akteneinsichtsgesuch, das an die Steuerfahndungsstelle gerichtet ist, zeugt nicht von fundierter Kenntnis. Herrin des Verfahrens ist in solchen Fällen stets die Bußgeld- und Strafsachenstelle oder die Staatsanwaltschaft.

So frühzeitig im Verfahren sollte man allerdings keine allzu große Hoffnung in die Gewährung von Akteneinsicht im Sinne von § 147 StPO setzen, denn in der Vielzahl der Fälle wird die Akteneinsicht aufgrund § 147 Abs. 2 StPO versagt. Das wird damit begründet, dass die Gewährung der Akteneinsicht den Ermittlungserfolg gefährden würde.

Damit sollte sich der Verteidiger aber nicht zufrieden geben. Sicherlich steht ihm gegen die Verweigerung der Akteneinsicht die grundsätzlich formlos, fristlose und fruchtlose Dienstaufsichtsbeschwerde zu, die aber auch nicht zum Erfolg führen wird.

Vielmehr sollte der Kontakt mit dem zuständigen Ermittlungsbeamten bei der Bußgeld- und Strafsachenstelle bzw. der Staatsanwaltschaft aufgenommen werden, um den Anspruch Nachdruck zu verleihen.[1] Oftmals kann in einem Gespräch ein Kompromiss gefunden werden, dass zumindest Akteneinsicht in bestimmte Aktenteile gewährt wird.

Praxishinweis:

Auf den faulen Kuhhandel, Akteneinsicht würde erst nach Einlassung des Beschuldigten zur Sache gewährt werden, sollte und darf man sich als Verteidiger keinesfalls einlassen, denn diese Argumentation ist von § 147 Abs. 2 StPO jedenfalls nicht gedeckt.[2]

Dennoch kann einige Zeit vergehen, bis Akteneinsicht gewährt wird. Nichtsdestotrotz sollte es sich der Verteidiger nicht nehmen lassen, regelmäßig ein derartiges Akteneinsichtsgesuch zu stellen, wenn ein Kompromiss oder die Festlegung eines Zeitpunkts für die Einsichtnahme in die Ermittlungs- und Beweismittelakten nicht gefunden werden konnte.

V. Verteidigungsschreiben kurz nach dem Fahndungseingriff? 6

In der Regel kommt es vor, dass der Mandant darauf dringt, dass sein Verteidiger den Behörden von der Unschuld des Mandanten berichtet. Hier ist der Verteidiger vor das Problem gestellt, ohne Einsicht in die Akten eine Stellungnahme abgeben zu sollen.

Vor allem das Angreifen des Anfangsverdachts, dessen Begriff sehr weit gefasst ist, erscheint kaum möglich, da hierfür eine Begründung abgegeben werden muss. Außerdem ist es stets ein gewagtes Vorgehen, ohne konkrete Kenntnis des Ermittlungsstandes und der Akten zum Tatverdacht und damit zur Sache Angaben zu machen. Dies kann sich sehr leicht zu Lasten des eigenen Mandanten auswirken.

Weiterhin ist das Darlegen von Verwertungsverboten in dieser Phase sehr mit Vorsicht zu genießen. Denn liegen derartig schwere Verstöße im Rahmen des Fahndungseinsatzes vor, dann kann dies ein Trumpf sein. Werden hierdurch Beweismittel zweifelhaft oder gar unbrauchbar und können sie möglicherweise nicht mehr auf andere Weise beschafft werden, dann bewirkt ein zu frühes Ausspielen des Trumpfes, mit der Folge, dass die fehlerhafte Anordnung durch eine fehlerfreie ersetzt wird. Der Trumpf sticht nicht mehr. Ein Kardinalsfehler!

1 Quedenfeld/ Füllsack Rz. 780
2 Dahs Rz. 239

Es gilt also gut zu überlegen und mit dem Mandanten abzusprechen, wie das weitere Vorgehen aussehen soll. Von einem aufgebrachten Mandanten sollte sich der Verteidiger nicht zu wilden Aktionismus verleiten lassen!

7

B. Rechtsbehelfe gegen Durchsuchung und Beschlagnahme

Dennoch gibt es manchmal Gründe, die die Ausschöpfung der Rechtsbehelfe gegen die Fahndungseingriffe gebieten.

Dies kann zum einen darin begründet sein, eine Art Gegenpol zur üblichen Praxis der unbegrenzten Durchsuchungs- und Beschlagnahmebeschlüsse zu bilden.

Überdies kann diese Art der Verfahrensverzögerung (die Akten werden samt Beweismitteln immer an die zuständige Stelle der Entscheidungsfindung versandt) dazu führen, dass das dadurch entstehende Zeitfenster für andere präventive Maßnahmen, wie Selbstanzeige, genutzt werden kann.[3]

Auch sollten grundsätzlich derart auffällige rechtswidrige Beschlüsse nicht ohne Gegenreaktion hingenommen werden. Gleiches gilt für extreme Verhaltensweisen der Ermittlungsbeamten während der Durchsuchungs- und Beschlagnahmemaßnahme.

Auch hier ist immer das Für und Wider zu berücksichtigen, v.a. vor dem Hintergrund der nur geringen Erfolgschance der Rechtsbehelfe sowie das Nichtvorliegen einer aufschiebenden Wirkung.

Die formalen Möglichkeiten des Rechtsschutzes im Anschluss an den Fahndungseintritt der Ermittlungsbehörden stellen sich, wie folgt, dar:

Grundsätzlich ist je nach Vorliegen oder Nichtvorliegen einer richterlichen Anordnung zwischen der Möglichkeit zur Beschwerde gemäß §§ 304 ff StPO oder des Antrages auf gerichtliche Entscheidung gemäß § 98 Abs. 2 StPO zu unterscheiden.

8

I. Richterliche Anordnung von Durchsuchung und Beschlagnahme

Insoweit ist hier zu unterscheiden, ob man sich gegen die richterliche Anordnung an sich oder die Art und Weise der Durchsuchung selbst, also das Vorgehen währenddessen, wehren will.

9

1. Rechtsmittel gegen die Anordnung an sich

Gegen eine richterliche Verfügung, wie eine richterliche Durchsuchungs- oder Beschlagnahmeanordnung, ist die Beschwerde gemäß § 304 StPO mit dem Ziel der Aufhebung statthaft.

Die Beschwerde ist an keine Frist gebunden.

Infolge einer Entscheidung des Bundesverfassungsgerichts ist die Beschwerde sogar nach dem Abschluss der Durchsuchung noch zulässig.[4] Die Entscheidung stellt nun klar, dass es eine prozessuale Überholung der Maßnahme nicht möglich ist und infolge dessen ein nicht mehr vorliegendes Rechtschutzinteresse von untergeordneter Bedeutung ist. Im Steuerstrafverfahren ist dies

3 so auch Quedenfeld/ Füllsack Rz. 703
4 BVerfG vom 30.04.1997-2 BvR 817/90; NJW 1997, S. 2163; NJW 1998, S. 2131; NJW 1999, S. 273

ohnehin nicht so relevant, da die im Anschluss an die Beschlagnahme erfolgende Durchsicht der Unterlagen als Teil der noch laufenden Durchsuchung betrachtet wird.

Dies gilt auch für die Beschlagnahmeanordnung. Ist allerdings die Beschlagnahme durch Rückgabe von Gegenständen beendet, wird nur in seltenen Ausnahmefällen eine Beschwerde zulässig sein.[5]

Im Umkehrschluss bedeutet dies aber, dass während der gesamten Dauer der Beschlagnahme die Beschwerde erhoben werden kann.

2. Vorgehen gegen Art und Weise der Durchsuchung und Beschlagnahme 10

Das Vorgehen und Verhalten der Ermittlungsbeamten im Rahmen der gesamten Durchsuchung und während der Beschlagnahme kann während ihrer Dauer[6], aber auch noch nach deren Beendigung[7] mittels des Antrags auf gerichtliche Entscheidung gemäß § 98 Abs. 2 Satz 2 StPO analog beanstandet werden.

Hierfür zuständig ist der die Maßnahmen anordnende Richter. Gibt er dem Antrag auf gerichtliche Entscheidung nicht statt, ist diese Entscheidung erneut mit der Beschwerde gemäß § 304 StPO überprüfbar.

Praxishinweis:

Es ist unbedingt darauf hinzuweisen, dass die Rechtsbehelfe das Vorgehen der Ermittlungsbeamten selbst nicht verhindern.

II. Rechtsbehelfe bei Fehlen einer richterlichen Durchsuchungs- und Beschlagnahmeanordnung 11

Da es in einem solchen Fall an einer richterlichen Verfügung fehlt, kommt die Beschwerde zu keinem Zeitpunkt als Rechtsbehelf in Betracht.

Sowohl gegen die Durchsuchungs- und Beschlagnahmeanordnung durch die Staatsanwaltschaft bzw. durch die Ermittlungsbeamte kann sowohl während der Dauer der Durchsuchung und Beschlagnahme als auch nach ihrem Abschluss entsprechend der Grundsätze des BVerfG eine richterliche Entscheidung gemäß § 98 Abs. 2 Satz 2 StPO analog beantragt werden.

Der Antrag auf gerichtliche Entscheidung gemäß § 98 Abs. 2 Satz 2 StPO analog ist auch hinsichtlich der Art und Weise der Durchsuchung und der Beschlagnahme der richtige Rechtsbehelf. Dieser stützt sich auf die Überprüfung des Verhaltens der Ermittlungsbeamten vor Ort und ist zum einen während der gesamten Dauer der Durchsuchung und Beschlagnahme, aber auch nach deren Abschluss noch statthaft.

Gegen diese Entscheidung des Richters ist dann erneut die Beschwerde gemäß § 304 StPO gegeben.

Im übrigen wird auf die Ausführungen im Teil 1 verwiesen.

5 LG Neuruppin vom 11.07.1997-14 Qs 59 Js 315/96 /155/97); StV 1997, S. 506
6 Quedenfeld/ Füllsack Rz. 679
7 BGH vom 13.10.1999-StB 7,8/99; NJW 2000, S. 84

§ 10 Weiterer Verfahrensverlauf

1 Auch jedes noch so verfahrene und anstrengende Verfahren soll und muss zu einem (guten) Ende geführt werden.

Nach den Ermittlungen der Steuerfahndungsbehörde bietet sich meist die Gelegenheit zu einem Gespräch, um noch Einfluss auf ein erstrebenswertes Ergebnis zu nehmen, bevor die Steuerfahndung ihren abschließenden Fahndungsbericht fertigt. Denn dieser wird in vielen Fällen als Grundlage des restlichen Verfahrens genommen und wird nach Erstellen kaum mehr geändert.

Praxishinweis:

Vor diesem Hintergrund ist es erforderlich, mit den Ermittlungsbehörden das Gespräch zu suchen und in Kontakt zu bleiben, um den für den Verfahrensabschluss wichtigen Zeitpunkt nicht zu verpassen. Wer zu diesen Gesprächen wann hinzugezogen werden sollte, ist ein Erfahrungswert.

2 A. Einstieg: Parallele Gespräche mit beiden Behörden

Das Ergebnis des Gespräches beeinflusst aufgrund der Parallelität und der Wechselwirkung sowohl das steuerliche als auch das strafrechtliche Verfahren. Auf welche Weise, mit welchen Folgen und unter welcher Mitwirkung derartige Gespräche geführt werden, soll nachfolgend gezeigt werden.

I. Ist es sinnvoll, die Gespräche zu suchen?

3 Rein grundsätzlich ist es zu bejahen, dass die Kontaktaufnahme zu den Behörden gesucht werden soll. Allerdings kommt es, wie beschrieben, auf den Zeitpunkt bzw. die Art des Gespräches an. Zu Beginn des Steuerstrafverfahrens sollte man nicht dem Ansinnen der Finanzbehörde nachgeben, so schnell wie möglich zum Ende zu kommen.

Darüber hinaus sollte bereits im Vorfeld das Ziel des Gespräches eindeutig und die Anwesenheit der benötigten Personen aus den unterschiedlichen Behörden geklärt werden.

4 Zu **Beginn des Verfahrens** kann mit der Ermittlungsbehörde eine Art Sondierungsgespräch geführt werden, denn oftmals wissen die Ermittlungspersonen Hintergründe oder Motive, die sie verfolgen wollen bzw. sollen, die sich aber so explizit aus den Akten nicht ergeben. Dafür ist ein derartiges Gespräch gut geeignet.

5 Zur **weiteren Aufarbeitung** des Sachverhaltes bzw. berechneter Zahlenkolonnen kann es erforderlich sein, weitere Gespräche mit den Ermittlungsbehörden zu führen, um eine Übereinstimmung zu erreichen.

6 Häufig ist aber der Sachverhalt derart komplex oder die Ansichten gehen aufgrund der unterschiedlichen Haltungen derart weit auseinander, dass sowohl die Aufklärung des Sachverhalts als auch ein einvernehmliches Ergebnis nicht möglich erscheint. In derartigen Situationen ist dann die **tatsächliche Verständigung**, die unter II. dargestellt wird, die letzte Möglichkeit zu einem Ende zu kommen.

7 Darüber hinaus gibt es allerdings auch Gespräche, die der **Verfahrensbeendigung** dienen sollen.

Diese gleichen eher einem Vorgehen am Basar. Jeder der Beteiligten bringt seine Sicht vor, zeigt auf, was seiner Meinung nach unbedingt Berücksichtigung finden müsse und wie es strafrechtlich im Rahmen der Strafzumessung zu würdigen sei. Genauere Ausführungen zu den Möglichkeiten verfahrensbeendigender Gespräche weiter unten.[1]

II. Tatsächliche Verständigung 8

Es ist nicht wegzudiskutieren und offensichtlich, dass das deutsche Steuerrecht kompliziert ist. Nicht selten gestaltet sich die Sachverhaltsermittlung deshalb aufwendig und zeitraubend, ohne dass es letztlich zu zweifelsfreien Feststellungen im Rahmen des steuerlichen Sachverhaltes kommt. Folge dieser Situation ist häufig ein sich über Jahre hinziehender Rechtsstreit mit ungewissem Ausgang und möglicherweise nicht abschätzbaren Kostenrisiko. Insoweit besteht häufig -auch im Hinblick auf das schwelende Strafverfahren- das Bedürfnis der Beteiligten, sich zu „einigen". Dabei wird ein Arrangement über Steuerrechtsfragen weitgehend als Verstoß gegen die Gesetzmäßigkeit der Besteuerung angesehen, wohingegen eine Verständigung über strittige Sachverhaltsfragen heute allgemein für möglich erachtet wird. Vielmehr ist es gängige Praxis.

Die Voraussetzungen und die Wirkung einer tatsächlichen Verständigung sollen deshalb im nachfolgend einer näheren Betrachtung zugeführt werden.

1. Die Voraussetzungen einer tatsächlichen Verständigung

Zunächst sind die Voraussetzungen für das Vorliegen einer tatsächlichen Verständigung betrachtet werden.

a) Tatsachen- und Rechtsfragen 9

Alle Senate des BFH gehen inzwischen davon aus, dass Verständigungen über den Steueranspruch oder über die Höhe der Steuer wegen der Gesetzesbindung der Verwaltung sowie der Tatbestandsmäßigkeit der Besteuerung und der Besteuerungsgleichheit nicht zulässig sind.[2]

Es ist aber allgemeine Erkenntnis, dass **Tatfragen und Rechtsfragen** nicht beziehungslos nebeneinander stehen, sondern fast immer miteinander verwoben sind. Dies kann logischerweise auch gar nicht anders sein: Denn jede tatsächliche Verständigung im tatsächlichen Bereich hat den Sinn, dass sie der steuerrechtlichen Beurteilung zugrunde gelegt wird. Je nach dem Ergebnis der tatsächlichen Verständigung verändert sich der Steueranspruch. Man muss deshalb in diesem Zusammenhang davon ausgehen, dass jede Rechtsfindung zunächst eine Tatsachenermittlung, dann die Tatsachenwürdigung und schließlich die Rechtsanwendung erfordert. Tatsachenermittlung und Tatsachenwürdigung gehören in den Bereich der Tatsachenfeststellung und sind zweifelsfrei einer tatsächlichen Verständigung zugänglich. Die Rechtsfolgen ergeben sich dann zwingend auf Grund des tatsächlich festgestellten Sachverhalts.

Diese Erkenntnis wird durch die oben genannte Rechtsprechung des BFH untermauert, indem der BFH nur eine tatsächliche Verständigung über reine Rechtsfragen als unzulässig ansieht und damit zum Ausdruck bringt, dass bei Ineinandergreifen von Tatsachen- und Rechtsfragen eine, wenn auch mittelbare, Verständigung über die Rechtsfragen unschädlich ist.

1 vgl. § 10 B I und II
2 BFH vom 21.02.1991-V R 139/86; BFH vom 14.09.1994- I R 125/93; BFH vom 13.12.1995- XI R 43-45/89; BFH vom 01.02.2001- IV R 3/00

Mit anderen Worten: Verständigt man sich auf einen bestimmten tatsächlichen Ablauf, dann ist die rechtliche Folgerung, über die man sich aber nicht unmittelbar, sondern allenfalls mittelbar geeinigt hat, regelmäßig vorgegeben.

10 b) Mitwirkung eines Amtsträgers

Nach der Rechtsprechung des BFH ist Voraussetzung für die Verbindlichkeit einer tatsächlichen Verständigung, dass auf der Seite des Finanzamtes ein für die Veranlagung **zuständiger Amtsträger** mitgewirkt hat.[3] Nur der zuständige Veranlagungsbeamte ist nämlich berechtigt, Verbindliches hinsichtlich der Besteuerung und damit auch hinsichtlich der Vorfragen, nämlich der Tatsachenfeststellung und der Tatsachenwürdigung, zu erklären.

Indessen wurde immer mehr dazu übergegangen, die persönliche Anwesenheit des zuständigen Amtsträgers im Rahmen einer Schlußbesprechung nicht zu fordern und eine nachträgliche Genehmigung durch den zuständigen Amtsträger genügen zu lassen.[4]

11 c) Schriftform

Nach Auffassung des BFH ist für die tatsächliche Verständigung eine Schriftform nicht erforderlich, wenn auch die Einhaltung einer solchen sinnvoll erscheint. Die Nichteinhaltung der Schriftform wird aber als Indiz dafür angesehen, dass sich die Beteiligten nicht haben binden wollen.[5]

Da der Sachverhalt, auf den man sich tatsächlich verständigen will, regelmäßig nur schwer, nur unter ungebührlichen Aufwand oder nie ganz sicher festgestellt werden kann, erscheint es zur Verdeutlichung dessen, auf was man sich einigen möchte, fast unabdingbar, dies schriftlich festzuhalten.

Dem Schriftformerfordernis ist dabei Genüge getan, wenn das Ergebnis der tatsächlichen Verständigung schriftlich, z.B. im Betriebsprüfungsbericht, festgehalten wird und wenn beide Beteiligten die Zustimmung zu genau diesem schriftlich fixierten Ergebnis irgendwo schriftlich zum Ausdruck bringen. Die **Einverständniserklärungen** beider Beteiligten müssen ausdrücklich erfolgen.

12 d) „in jedem Stadium der Veranlagung"

Tatsächliche Verständigungen werden regelmäßig im Rahmen von Betriebsprüfungen, bei Schlussbesprechungen, getroffen. Sie sind **jederzeit**, d.h. in jedem Stadium des Steuerveranlagungsverfahrens zulässig. Sie können vor Ergehen, aber auch nach Ergehen der Steuerbescheide, z.B. im Rahmen des Einspruchsverfahrens, und sogar noch während eines Verfahrens vor dem Finanzgericht herbeigeführt werden.

Ist das gerichtliche Verfahren bereits bis zum BFH gelangt, kann eine tatsächliche Verständigung zwischen den Verfahrensbeteiligten nicht mehr berücksichtigt werden, da der BFH eine Rechts-(revisions-) Instanz ist und grundsätzlich auf der Grundlage der tatsächlichen Feststellungen der Finanzgerichte zu entscheiden hat. Auf Grund einer während des Revisionsverfahrens erzielten tatsächlichen Verständigung könnten die Verfahrensbeteiligten aber dem Verfahren vor dem BFH den Boden entziehen, indem sie die Hauptsache übereinstimmend für erledigt erklären.

3 BFH vom 28.07.1993- XI R 68/92
4 BFH vom 28.07.1993- XI R 68/92
5 BFH vom 21.06.2000- IV B 138/99

e) Spielräume der Verständigung 13

Da sich die Beteiligten wegen der Gesetzesbindung der Verwaltung nur innerhalb der vom Gesetz eröffneten Spielräume wirksam bewegen können, kann eine tatsächliche Verständigung auch nur innerhalb dieser Spielräume vorgenommen werden. Das ist eine Selbstverständlichkeit!

Tatsächliche Verständigungen sind deshalb nur wirksam, soweit ein Sachverhalt **objektiv ungewiss** ist, die Verständigung diese Ungewissheit zwar **nicht beseitigt**, aber gewissermaßen überbrückt und nicht zu einer offensichtlich unzutreffenden Besteuerung führt.

Praxishinweis:

Zur weiteren Regelung der tatsächlichen Verständigung im Rahmen eines Steuerstrafverfahrens liegt ein Referentenentwurf des Bundesministeriums für Justiz vom 19.05.2006 vor. Inhalt dieses Referentenentwurfs ist, dass Gegenstand der Verständigung zwischen Steuerpflichtigem und der Finanzbehörde weder der Schuldspruch noch das Strafmaß sein darf. Lediglich die Rechtsfolgen können einvernehmlich geregelt werden, wobei sich aber die Strafgrenzen innerhalb der Strafzumessungsregeln bewegen sollen.

Zudem soll explizit geregelt werden, dass die Drohung mit einer unangemessenen Strafe den Steuerpflichtigen nicht unter Druck setzen darf.

2. Die Wirkung einer tatsächlichen Verständigung

Wurde eine tatsächliche Verständigung formwirksam abgeschlossen, ist sie für beide Seiten **verbindlich**, d.h. das Finanzamt muss das Ergebnis der tatsächlichen Verständigung in einem zu fertigenden Steuerbescheid oder im Rahmen der Einspruchsentscheidung berücksichtigen. Der Steuerpflichtige hat somit einen Anspruch auf entsprechende Berücksichtigung. Andererseits kann der Steuerpflichtige nicht erfolgreich einen Steuerbescheid oder eine Einspruchsentscheidung mit der Begründung anfechten, der vom Finanzamt zugrunde gelegte Sachverhalt sei unzutreffend, er ist insoweit ebenfalls an die tatsächliche Verständigung gebunden. Nach Auffassung des VIII. und des III. Senats des BFH handelt es sich bei der tatsächlichen Verständigung um einen öffentlich-rechtlichen Vertrag, der auch einer nachträglichen Genehmigung zugänglich ist und an deren Feststellungen die vertragsschließenden Parteien gebunden sind. 14

Die Bindung bezieht sich des Weiteren **nur auf die Beteiligten** der tatsächlichen Verständigung. Ein Finanzgericht als Dritter ist an die tatsächliche Verständigung nicht gebunden, da es den Sachverhalt gemäß § 76 Abs. 1 FGO von Amts wegen zu erforschen hat. Das Gericht wird aber regelmäßig einen unstreitigen Sachverhalt gerne seiner Beurteilung zu Grunde legen. 15

Nachträglich bekannt werdende Tatsachen, welche die tatsächliche Verständigung beeinflusst hätten, wären sie im Zeitpunkt der tatsächlichen Verständigung bekannt gewesen, beseitigen die Bindungswirkung der tatsächlichen Verständigung nicht, denn es ist gerade charakteristisch für die Situation einer tatsächlichen Verständigung, dass die Parteien den wahren Sachverhalt nicht kennen und damit bewusst einen gewissen Unsicherheitsfaktor in Kauf nehmen. Werden später nicht bekannte Umstände offenbar, beseitigen sie somit die Verbindlichkeit der Verständigung nicht, sonst wäre die tatsächliche Verständigung in vielen Fällen nicht von langer Dauer und damit nicht von großer praktischer Relevanz. 16

Fraglos können solche nachträglich eintretenden Umstände zu einer einvernehmlichen Aufhebung der tatsächlichen Verständigung führen oder die Parteien können die tatsächliche Verständigung, geht man von ihrem Vertragscharakter der tatsächlichen Verständigung aus, auch nachträglich korrigieren. Grundsätzlich gilt somit: Haben sich die Parteien auf einen einmaligen, in der Vergangenheit liegenden Sachverhalt wirksam verständigt, können nachträglich eintretende, also neue Umstände diese Verständigung nicht beeinflussen.

Zu einem anderen Ergebnis kommt man selbstverständlich, wenn ein Beteiligter im Rahmen der tatsächlichen Verständigung bewusst Tatsachen zurückgehalten hat, um zu der tatsächlichen Verständigung in seinem Sinn zu kommen. Wird dies nachträglich bekannt, kann die tatsächliche Verständigung wegen arglistiger Täuschung oder unter entsprechender Anwendung der Vorschrift des § 130 Abs. 2 Nr. 2 und 3 AO angefochten bzw. beseitigt werden.

Beispielsfall:

Ein Steuerpflichtiger ist nichtselbständig tätig und baut sich daneben ein Gewerbe als Elektriker auf. Aufgrund einer anonymen Anzeige wurde ein Steuerstrafverfahren wegen Einkommensteuer- und Umsatzsteuerhinterziehung eingeleitet, da der Verdacht besteht, er hätte Schwarzeinnahmen im größeren Umfang nicht in seiner Steuererklärung angegeben.

Selbst nach mehreren Gesprächen und harten Verhandlungen kamen sich die Ermittlungsbeamten der Steuerfahndung und die Verteidigung nicht näher; immer wieder gab es neue Ansätze zu neuem Zahlenspiel.

Es hätten noch unzählige Gespräche geführt werden können, ohne zu einem Ergebnis zu kommen. Erst zu diesem Zeitpunkt des fortgeschrittenen Verfahrensstadiums war es möglich, eine tatsächliche Verständigung abzuschließen.

Im Rahmen dieser Vereinbarung wurde man sich – auch im Hinblick auf das noch laufende Strafverfahren – relativ schnell einig. Somit war beiden Seiten geholfen.

Praxishinweis:

In der Praxis zeigt sich, dass die tatsächliche Verständigung zunehmend an Raum gewinnt, nicht zuletzt weil sie effektiv dazu beitragen kann, Steuer(straf-)verfahren möglichst zeitnahe und kostensparend zu erledigen.

Ist eine derartige Verständigung möglich oder haben weniger formale Gespräche zu einem steuerlichen Einvernehmen geführt, dann ist es auch an der Zeit, das Strafverfahren zu einem Ende zu bringen. Im Hinblick darauf, dass die Gespräche bzw. die tatsächliche Verständigung bereits im Lichte des jeweiligen Steuerstrafverfahrens geführt wurden, steht dem Abschluss des Strafverfahrens wenig im Wege.

17 B. Beendigung des Strafverfahrens

Sind die **Ermittlungen abgeschlossen**, entscheiden die Staatsanwaltschaft oder die selbständig ermittelnde Behörde über das Ergebnis und damit den weiteren Verlauf des Verfahrens. Dies ist nun der Zeitpunkt, um mit der Staatsanwaltschaft oder der Bußgeld- und Strafsachenstelle über Verfahrensverkürzungen und die Bereitschaft zum Verfahrensabschluss zu sprechen.

Häufig wird man vom Mandanten gefragt: „Was kommt denn dabei raus?“ Dies ist eine Frage, die nur sehr schwierig beantwortet werden kann. Dies liegt oftmals im Verhandlungsgeschick, aber auch im Glück, das man haben muss.

Praxishinweis:

Das Zeitelement spielt erneut eine große Rolle. Denn häufig können in diesem Verfahrensstadium derartige Ergebnisse erreicht werden, über die man zu Beginn des Ermittlungsverfahrens nicht einmal nachzudenken gewagt hat.

Manchmal spielt dem Verteidiger aber auch der Zufall in die Hände. Die völlig verhärteten Fronten können durch nun zuständige neue dritte Personen, z.B. Wechsel im staatsanwaltlichen Referat oder gar Elternzeitvertretung, aufgeweicht werden.

Derartige gute Umstände sollte man nicht ungenutzt vorüberziehen lassen, sondern auf einen vorzeitigen Verfahrensabschluss hinwirken.

I. Möglichkeit des vorzeitigen Verfahrensabschlusses 18

Je nach Sach- und Rechtslage gibt es verschiedene Möglichkeiten des vorzeitigen Verfahrensabschlusses ohne gerichtliche Hauptverhandlung. Nachfolgend sollen die für das Steuerstrafverfahren wichtigen Einstellungsgründe dargestellt werden:

1. Verfahrenseinstellung nach § 170 Abs. 2 StPO 19

Das strafrechtliche Ermittlungsverfahren ist nach dieser Vorschrift einzustellen, wenn absolute Verfolgungshindernisse vorliegen. Solche Verfahrenshindernisse liegen u.a. vor, wenn

- ein strafbares Verhalten nicht gegeben ist,
- eine wirksame Selbstanzeige vorher abgegeben wurde oder
- Strafverfolgungsverjährung eingetreten ist.

Um eine derartige Verfahrenseinstellung zugunsten des Mandanten erreichen zu können, muss eines der o.g. Verfahrenshindernisse ohne Zweifel vorliegen. Der Grundsatz „in dubio pro reo“ findet hier keine Anwendung, denn sollten Zweifel tatsächlich bestehen, dann ist Anklage zu erheben und der Sachverhalt der Wahrheitsfindung im Rahmen der Hauptverhandlung zuzuführen.

Der Beschuldigte erhält über diese Verfahrenseinstellung eine Nachricht. Die Gründe der Einstellung werden ihm nur auf Antrag bekanntgegeben, wenn keine schutzwürdigen Interessen entgegen stehen.

2. Einstellung wegen Geringfügigkeit gemäß § 153 StPO, § 398 AO 20

Trotz Vorliegens eines hinreichenden Tatverdachts kann das Steuerstrafverfahren eingestellt werden, wenn kein öffentliches Interesse an der Strafverfolgung besteht und zudem die Schuld des Täters darüber hinaus als gering angesehen werden kann.

Die Vorwerfbarkeit des Täterhandelns ist dann als gering zu qualifizieren, wenn

- die Tat selbst bereits lange zurückliegt und das Ermittlungsverfahren viel Zeit beansprucht hat,
- eine missglückte Selbstanzeige zur Verfahrenseinleitung geführt hat,
- lediglich eine Steuerhinterziehung auf Zeit vorlag oder
- die Verkürzungsbeträge nur gering (bei bis 500 Euro) sind.

Der Unterschied zwischen § 153 StPO und § 398 AO liegt darin, dass im Rahmen der Einstellung gemäß § 153 StPO die Zustimmung des Gerichts vorliegen muss, während diese für § 398 AO nicht erforderlich ist.

Absolut zu beachten ist, dass dieser Einstellungen **keine Rechtskraft** zukommt, mit der Folge, dass das

Ermittlungsverfahren jederzeit wieder aufgenommen werden kann, wenn ein Anlass hierzu besteht.

Praxishinweis:

Das Verfahren ist damit nicht endgültig erledigt, da kein Strafklageverbrauch eintritt.

Dies ist unbedingt mit dem Mandanten zu besprechen und zu klären, ob er in denselben hier „verhandelten" Sachverhalten noch „Leichen im Keller" hat. Sollte dies der Fall sein, wäre es taktisch klüger auf eine Einstellung nach § 153 a StPO hinzuwirken.

21

3. Einstellung gegen Auflage nach § 153a StPO

Dabei handelt es sich um eine gerne gesehene und häufig genommene Einstellungsart im Steuerstrafverfahren. Viele der Gespräche drehen sich gerade um diese Art der Einstellung.

Diese Einstellung durch die Staatsanwaltschaft oder die Bußgeld- und Strafsachenstelle ist möglich, wenn

- das Gericht zustimmt,
- der Beschuldigte zustimmt und
- die Schuld des Täters als gering erachtet wird.

Im Gegensatz zur Einstellung nach § 153 StPO besteht hinsichtlich dieser Tatverwirklichung das öffentliche Interesse an der Strafverfolgung.

Dieses öffentliche Interesse gilt es durch die Zahlung einer Auflage sowie der Entrichtung der hinterzogenen Steuer auszuräumen.

Wichtigste Voraussetzung für die Einstellung ist allerdings die Feststellung der „geringen Schuld". Diese bemisst sich an der Höhe der hinterzogenen Steuer. Grundsätzlich wird davon ausgegangen, dass bis zu einem Hinterziehungsbetrag von 10.000 Euro eine Einstellung nach § 153a StPO möglich ist.

Praxishinweis:

Tatsächlich besteht hier aber ein großer Verhandlungsspielraum. Bis zu diesem Betrag von 10.000 Euro kann von einer sehr wahrscheinlichen, schon fast sicheren, Möglichkeit einer Einstellung ausgegangen werden, soweit keine einschlägigen Vorahndungen im Bundeszentralregister eingetragen sind.

In der Praxis zeigt sich allerdings, dass auch für höhere Hinterziehungsbeträge eine Einstellung gemäß § 153a StPO möglich ist. Dies ist aber zum einen auf Verhandlungsgeschick und zum anderen auf das Schaffen von Fakten zurückzuführen. Wird durch den Täter einer Steuerhinterziehung bereits im Ermittlungsverfahren ein großer Teil oder sogar der gesamte Hinterziehungsbetrag bezahlt und damit Schadenswiedergutmachung betrieben, dann stehen die Chancen sehr gut, dass selbst bei einem höheren Hinterziehungsbetrag die Einstellung möglich ist.

Die zu zahlende Auflage orientiert sich grundsätzlich an der Höhe des hinterzogenen Steuerbetrages.

Zur Erleichterung der Berechnung, welcher Hinterziehungsbetrag welche Geldauflage nach sich zieht, wird mit **sog. Strafmaßtabellen** sowohl bei der Finanzverwaltung als auch bei den Justizbehörden gearbeitet. Diese Tabellen gelten allerdings nur als Anhaltspunkt und werden regional unterschiedlich streng gehandhabt. Nachfolgend wird eine Übersicht über alle bundesweiten Bezirke, der PStR 2001 entnommen, dargestellt:

Strafmaßtabellen für Steuerhinterziehung in den OFD-Bezirken 22

Beträge in TDM	1	2	3	4			5	6	7
	Berlin	Chemnitz	Cottbus	Düsseldorf StraFa Finanzämter			Erfurt	Frankfurt	Hamburg
				Düsseldorf	Essen Aachen Köln	Wuppertal			
2 TDM	12	10	10					8	
3 TDM	18							12	
5 TDM	30			20	20		20	20	
10 TDM	60	30		40	40	25	40	40	80
15 TDM	90			60	60		60	60	
20 TDM	120	60	80	80	80	50	80	80	140
25 TDM	150			100	90		90	100	
30 TDM	180	90		120	100	75	100	120	180
40 TDM	240	120		160	120	100	120	160	220
45 TDM	270			180	130		130	180	
50 TDM	300	180	150	200	140	125	140	200	250
60 TDM	360			240	160	150	160	240	
70 TDM		220		280	180		180	280	
75 TDM			200	300	190		190	300	
80 TDM		260		320	200	200	200	320	
90 TDM				360	220	225	220	360	
100 TDM		360	230		240	250	240		360
110 TDM					250		250		
144 TDM					284	360	284		
150 TDM			280		290		290		
171 TDM					311		311		
186 TDM					326		326		
200 TDM			320		340		340		
250 TDM			340		360		360		
285 TDM			360						
360 TDM									

Strafmaßtabellen für Steuerhinterziehung in den OFD-Bezirken

Beträge in TDM	8	9	10	11	12	13	14	15	16
	Hannover	Karlsruhe	Magdeburg	München	Münster	Nürnberg	Rostock	Stuttgart	Bremen
0,5 TDM									5
1 TDM	4								10
2 TDM	8		8						15
3 TDM	12		12				12		20
4,5 TDM									25
5 TDM	20	10	20		20	20		10	
6 TDM	24								30
7 TDM	28								35
8 TDM	32								40
9,5 TDM									45
10 TDM	40	30	40		40	40	40	30	
11 TDM	44								50
14 TDM	56								60
15 TDM	60	60	60		60	60		60	
18 TDM	72								70
20 TDM	80		80		80		80		
22 TDM	88								80
25 TDM	100		100	90	90	90			
27 TDM	108								90
30 TDM	120	90	120		100		100	90	
31 TDM	124								100
37 TDM	148								110
40 TDM	160		160		120	130			
42 TDM	168								120
45 TDM	180		180		130				
48 TDM	192								130
50 TDM	200	120	200	180	140		160	120	
54 TDM	216				160				140
60 TDM	240		240			180			150

Strafmaßtabellen für Steuerhinterziehung in den OFD-Bezirken

Beträge in TDM	8 Hannover	9 Karlsruhe	10 Magdeburg	11 München	12 Münster	13 Nürnberg	14 Rostock	15 Stuttgart	16 Bremen
67 TDM									160
70 TDM	265		265		180	200			
72 TDM									170
75 TDM		180		270	190			180	
78 TDM									180
80 TDM	290		290		200				
84 TDM									190
90 TDM	315		315		220				200
96 TDM									210
100 TDM	330		340	360	240		240		
102 TDM									220
108 TDM			360						230
110 TDM	345	240			250	280		240	
144 TDM	360				284				290
150 TDM		360			290	360		360	300
171 TDM					311				
186 TDM					326				360
200 TDM					340				
250 TDM					360				

Die zwischen den Beteiligten des Verfahrens abgesprochene Geldstrafe unterliegt allerdings noch dem Richtervorbehalt, d.h. der zuständige Richter hat der Einstellung gemäß § 153a StPO zuzustimmen.

Praxishinweis:

Dies kann einen kleinen Unsicherheitsfaktor während der Verhandlung über die Einstellung des Verfahrens darstellen. Allerdings kann davon ausgegangen werden, dass nur in sehr seltenen Fällen der zuständige Richter dem Antrag der Strafverfolgungsbehörde nicht zustimmen wird.

Der Beschuldigte erhält ein Schreiben des Staatsanwalts bzw. der Bußgeld- und Strafsachenstelle, 23
in dem er zunächst um seine Zustimmung zur Einstellung gegen Auflage aufgefordert wird. Erteilt der Beschuldigte diese Zustimmung wird das Verfahren zunächst **vorläufig** eingestellt.

24 Die endgültige Einstellung des Verfahrens erfolgt erst, wenn der Beschuldigte die Auflage innerhalb einer gesetzten Frist, die höchstens sechs Monate betragen darf, bezahlt. Nach Feststellung des Zahlungseinganges wird das Verfahren dann **endgültig** eingestellt. Darüber wird allerdings der Beschuldigte nicht informiert.

Gleichzeitig tritt mit Erfüllung der Auflage und der damit einhergehenden endgültigen Einstellung des Verfahrens **Strafklageverbrauch** ein. Dies bedeutet, dass Ermittlungen in diesem Verfahren später nicht wieder aufgenommen werden können.

Praxishinweis:

Es ist wichtig, dass die Zustimmung des Beschuldigten zur Einstellung des Verfahrens kein Schuldanerkenntnis darstellt. Die Unschuldsvermutung besteht deshalb uneingeschränkt weiter.[6] *Dies kann v.a. für das steuerliche Verfahren im Hinblick auf die Haftung für steuerliche Beträge an Bedeutung gewinnen, wenn dieses zum Zeitpunkt der Verhandlungen mit den Behörden noch nicht abgeschlossen ist.*

25 Der größte Vorteil des § 153a StPO, v.a. bei hohen Hinterziehungsbeträgen, liegt darin, dass keine Eintragung in das Bundeszentralregister erfolgt und eine positive Schuldfeststellung vermieden wird. Insoweit ist aufgrund der Vorteile, die diese Einstellung gegen Auflage gemäß § 153a StPO bringt, diese stets zu erwägen.

Praxishinweis:

Auch die Androhung die oftmals zugrundeliegende steuerliche Rechtsfrage gerichtlich vor dem Finanzgericht klären zu lassen, führt manchmal zu erstaunlichen Ergebnissen. Denn auch hier beeinflussen sich Besteuerungs- und Steuerstrafverfahren erneut. Liegt aufgrund einer noch zu klärenden Frage möglicherweise gar keine Hinterziehung vor, so fehlt es im Strafverfahren an der Grundlage der Strafbarkeit.

Neben den erläuterten Einstellungsoptionen enthält das Gesetz noch die Einstellungsmöglichkeiten der §§ 154 ff StPO, die im Einzelfall zur Anwendung kommen können, aber nicht einzeln aufgeführt werden sollen.

26 II. Strafbefehl- mit und ohne vorherige Absprache

Kommt eine Einstellung gegen Auflage gemäß § 153 a StPO nicht in Frage, steht als Verfahrensabschluss der Strafbefehl als verfahrensbeendigende Maßnahme im Raum.

Vorab ist darauf hinzuweisen, dass dem Strafbefehl gemäß § 407 StPO eine Besonderheit innewohnt. Er steht zwar einer Verurteilung (Urteil) gleich, jedoch kann er nur Strafen (sowohl Geldstrafe als auch Freiheitsstrafe, aber auch in Kombination) in einem beschränkten Rahmen beinhalten. Der Strafrahmen umfasst maximal bis zu einem Freiheitsstrafe (auf Bewährung) oder eine entsprechend Geldstrafe bis zu 360 Tagessätzen, wobei sich der Tagessatz errechnet aus 1/30 des monatlichen Nettoeinkommens abzüglich Schulden und Unterhaltsverpflichtungen.

Praxishinweis:

Es steht im Moment zur Diskussion, das mögliche mittels Strafbefehl auswerfbare Strafmaß auf zwei Jahre Freiheitsstrafe bzw. 720 Tagessätze zu erhöhen.

6 BGH vom 25.04.1991-3 stR 468/90, S 2716; NJW 1991, S. 1530

Erscheint die Erledigung des Steuerstrafverfahrens mittels Strafbefehls möglich, dann beantragt die selbständig ermittelnde Finanzbehörde oder die Staatsanwaltschaft diesen und setzt als Sanktion im Steuerstrafverfahren regelmäßig eine Geldstrafe fest. Die Geldstrafe orientiert sich hinsichtlich der Bemessung am Betrag der hinterzogenen Steuern und legt erneut den Berechnungen der Tagessatzanzahl die Strafmaßtabellen zugrunde. 27

Praxishinweis:

Beim Strafbefehlsverfahren handelt es sich zwar um ein summarisches Verfahren ohne öffentliche Gerichtsverhandlung. Jedoch hat der Strafbefehl die Qualität einer verkürzten Anklageschrift.

Der Vorteil eines Strafbefehlsverfahrens besteht allerdings darin, dass dem Beschuldigten -trotz des Vorliegens aller Voraussetzungen für ein öffentliches Verfahren- dieses erspart bleibt. Der Strafbefehl erhält eine Art Strafangebot, das aufgrund Aktenlage festgesetzt wurde. Dieses Angebot kann der Angeschuldigte annehmen oder ablehnen. 28

Praxishinweis:

Auch in dieser Verfahrenssituation ist es im Hinblick auf eine schnelle Erledigung besser, wenn vor Beantragung des Strafbefehls durch die Staatsanwaltschaft bzw. die Bußgeld- und Strafsachenstelle, mit dieser in Kontakt getreten und das Gespräch gesucht werden konnte. Auch in einem solchen Gespräch ist vor der Entscheidung nach Aktenlage das Ergebnis zugunsten des Mandanten beeinflussbar und man kann mit Verhandlungsgeschick unter der magischen Grenze von 90 Tagessätzen bleiben, auch wenn es sich um höhere Beträge handelt.

Leider kommt der Mandant in vielen Fällen nach Zustellung des Strafbefehls völlig aufgelöst zu einem Berater und erhofft schier Unmögliches.

Wenn der Beschuldigte das Strafangebot annimmt und die Summe der Geldstrafe sofort bezahlen kann, entsteht kein Problem. Der Strafbefehl wird rechtskräftig und entfaltet die Wirkung eines Urteils mit all seinen Folgen. Das bedeutet, dass der Beschuldigte vorbestraft sein kann. Sofern es aber nicht zu einer Verurteilung zu einer Geldstrafe von mehr als 90 Tagessätzen bzw. drei Monaten Freiheitsstrafe kommt, wird diese Strafe nicht in das Bundeszentralregister aufgenommen, sofern keine weitere Strafe eingetragen ist. Bis zu einer Geldstrafe von 90 Tagessätzen gilt man nicht als vorbestraft. 29

Etwas anderes ergibt sich allerdings, wenn der Beschuldigte sich weder dem zugrundeliegenden Sachverhalt noch dem Strafmaß (meistens zu hohe Tagessätze) einverstanden erklärt. Dann hat er die Möglichkeit, innerhalb von 14 Tagen nach Zustellung des Strafbefehls Einspruch gegen diesen einzulegen. Dies führt allerdings automatisch zu einer Hauptverhandlung, in der auch eine Verschärfung der Strafe möglich ist. Das Verschlechterungsverbot (reformatio in peius) gilt im Strafbefehlsverfahren gerade nicht ! 30

Praxishinweis:

Oftmals wird gerade das nicht bestehende Verschlechterungsverbot von dem Richter oder dem Staatsanwalt „erpresserisch" in die Waagschale geworfen. Es fällt in manchen Fällen der Satz: „Wenn Sie nicht den Einspruch zurücknehmen, sehe ich mich an die bislang ausgesprochene Strafe nicht gebunden!" Und das ist mit Verlaub noch höflich! Aber davon darf sich der Verteidiger nicht abschrecken lassen.

Um aber dieser „Erpresserschiene" zu entgehen, empfiehlt sich vor dem anberaumten Hauptverhandlungstermin ein Sondierungsgespräch mit dem Staatsanwalt und dem zuständigen Richter. Darin kann man die unterschiedlichen Positionen darlegen und über das Strafmaß erneut diskutieren.

Erfahrungsgemäß wird gegen den Strafbefehl meist Einspruch eingelegt, um die magische Grenze der 90 Tagessätze noch zu erreichen, und damit Mandanten die im Führungszeugnis eingetragene Vorstrafe zu ersparen.

Die Frage, ob ein „Hin- und Her- Schaukeln" zur Vermeidung der Überschreitung der 90 Tagessätze möglich ist, also höherer Tagessatz und dafür geringere Tagessatzanzahl, lässt sich in der Regel verneinen. Allerdings ist dieser Vorschlag in der Praxis üblich und wird auch – jenseits der Rechtsstaatlichkeit – gehandhabt.

31 Der Einspruch kann aber vollumfänglich geführt werden. Dies betrifft dann sowohl den zugrundeliegenden Sachverhalt als auch das Strafmaß. Hierzu wird, wie bereits dargelegt, Termin zur Hauptverhandlung anberaumt. Der Einspruch kann jederzeit bis zur Verkündung des Urteils zurückgenommen werden (in der Hauptverhandlung ist dazu jedoch die Zustimmung der Staatsanwaltschaft notwendig), mit der Folge, dass der Strafausspruch im Strafbefehl rechtskräftig wird.

Eine etwaig durchgeführte Hauptverhandlung orientiert sich an den strafprozessualen Regelungen und endet mit einem verfahrensbeendigenden Ausspruch des Gerichts (Freispruch, Urteil oder einer Einstellung).

32 Der Einspruch kann aber auch auf das Strafmaß beschränkt werden. Das führt dazu, dass der zugrundeliegende Tatvorwurf anerkannt wird. Die Neufestsetzung des Strafmaßes braucht nicht in einer Hauptverhandlung, sondern kann in einem schriftlichen Verfahren, in dem es v.a. auf die Darlegung der wirtschaftlichen Verhältnisse ankommt, erfolgen.

33 Die Tatsache, dass der Mandant die vollständige Summe der Geldstrafe nicht in einem Betrag bezahlen kann, ist keine Frage des Einspruchs gegen den Strafbefehl an sich, sondern ist mit der Vollstreckungsstelle bei der Staatsanwaltschaft, die mit der Überwachung der Vollstreckung betraut ist, in einem rein schriftlichen und formlosen Verfahren zu regeln.

34 III. Die Hauptverhandlung- Chance oder Risiko?

Auch das Steuerstrafverfahren ist ein Strafverfahren und orientiert sich damit im Hinblick auf den Ablauf einer Hauptverhandlung an den strafprozessualen Grundregeln und deren Ablauf, die hier nicht im Fokus stehen sollen.

Nachfolgend soll aber hinsichtlich besonderer Situationen im Rahmen eines gerichtlichen Steuerstrafverfahrens sensibilisiert werden.

35 1. Besonderheiten im Steuerstrafverfahren

Im Rahmen eines gerichtlichen Steuerstrafverfahrens gibt es Aspekte, denen in einem normalen Strafverfahren nicht oder kaum Beachtung geschenkt wird. Auffällig ist allerdings, dass in einem Steuerstrafverfahren nicht nur das Ergebnis Vorrang genießt, sondern es aufgrund der noch drohenden steuerlichen Auswirkungen umso mehr auf die Gesamtkonzeption ankommt. Auch hier ist die Parallelität von Besteuerungs- und Steuerstrafverfahren mit seinen gegenseitigen Wechselwirkungen deutlich spürbar.

36 a) Erklärungen durch die Verteidigung/ des Angeklagten?

Gerade in einem Steuerstrafverfahren ist der Aspekt, ob und inwieweit der Angeklagte selbst Ausführungen zu seinen Personalien bzw. zur Sache selbst macht. Diese Frage sollte vor der Hauptverhandlung dringend geklärt sein, selbst wenn das gesamte Verfahren von Schriftsätzen nur so überfrachtet war. Gerade im Steuerstrafverfahren ist eine gewisse Schriftlichkeit, die dem normalen Strafverfahren fehlt, erkennbar, um so profunde Stellungnahmen zu schwierigen Rechtskonstellationen vorzunehmen und nicht Gefahr zu laufen, dass das Gericht sich mit diesen Themen nicht in der von der Verteidigung vorgesehenen und gewünschten Tiefe befassen will.

Die Frage, ob sich der Angeklagte selbst zu seinen persönlichen und wirtschaftlichen Verhältnis- 37
sen äußern soll, ist allein taktischer Natur. Denn sollte sich der Angeklagte nicht äußern, dann liegen gerade im Steuerstrafverfahren Information aus der Steuerakte vor, um etwaig die Grundlagen für die Bemessung der Strafe vornehmen zu können.

Sollte es, aus welchem Grunde auch immer, zu einer negativen Veränderung der wirtschaftlichen Verhältnisse gekommen sein, ist es Aufgabe der Verteidigung darauf hinzuweisen, dass sich die Einnahmen im Vergleich zu den von den Finanzbehörden erfassten Veranlagungszeiträumen verändert haben.

Im weiteren Fortgang der Verhandlung ist ebenfalls in Betracht zu ziehen, ob sich der Angeklagte selbst vollständig bzw. nur teilweise äußern oder gar schweigen soll.

In rein strafrechtlicher Hinsicht ist durch eine neue Rechtsprechung des BGH[7] leichte Konfusion darüber eingetreten, in welcher Form die Äußerungen des Angeklagten zu erfolgen haben.

Eindeutig ist nur, dass der Angeklagte sich selbst äußern kann und dabei selbst entscheidet, in welchem Umfang er seine Einlassung tätigt.

Strittig ist auch, inwieweit Erklärungen, die durch den Verteidiger abgegeben werden für und gegen den Angeklagten wirken.[8]

Praxishinweis:

Eine derartige Erklärung durch den Verteidiger ist nicht nur zulässig, sondern auch durchaus üblich. Zu diesem Prozedere der Verteidigererklärung ist zu raten, wenn der Mandant zum einen nicht in der Lage ist, entsprechende Ausführungen zu machen oder wenn in Folge der Öffentlichkeitswirksamkeit dies geboten scheint, um dem Mandanten keiner bohrenden Nachfrage auszusetzen.

b) Verständigungen 38

Auch im Rahmen von Steuerstrafverfahren muss und kann auch während der Hauptverhandlung versucht werden, ein Gesamtpaket zu schnüren und eine Verständigung anzustreben. Mehr als 75 % der Verfahren werden mit Absprachen abgeschlossen.

Dabei ist aber in strafprozessualer Hinsicht nach dem bannbrechenden Urteil des BGH[9] und der Entscheidung des Großen Senats für Strafsachen[10] das Augenmerk auf die zwingend vorliegenden Voraussetzung einer Verständigung im Strafverfahren zu legen, da diese sonst unwirksam wäre. Kurz zusammenfassend handelt es sich um nachfolgende Voraussetzungen für einen wirksamen „Deal“:

- Die Absprache muss unter Mitwirkung aller Verfahrensbeteiligten in der Hauptverhandlung stattgefunden haben.

7 BGH vom 20.06.2007-2 StR 84/07; StV 2007, S. 622; Die Unsicherheiten bestehen v.a. darin, wie mit schriftlichen Äußerungen des Angeklagten umzugehen ist.
8 BGH vom 28.06.2005- 3 StR 176/05; StV 2007, S. 620; BGH vom 29.05.1990-4 StR 118/90; StV 1990, S. 394
9 BGH vom 28.08.1997- 4 StR 240/97
10 GrS vom 03.03.2005-GSSt 1/04

- Das Ergebnis der Verständigung ist zwingend zu protokollieren.
- Vorliegen eines Geständnisses des Angeklagten.
- Keine Zusage einer konkreten Strafhöhe durch das Gericht.
- Kein Rechtsmittelverzicht erforderlich.

Praxishinweis:

Dies ist die vorgeschriebene Förmlichkeit einer wirksamen Verfahrensabsprache. Neben dieser förmlichen Möglichkeit bleibt es allerdings den Prozessbeteiligten unbenommen, weitere Vereinbarungen in und im Rahmen der Hauptverhandlung, aber auch bereits schon im Vorfeld, zu treffen. Zu beachten ist allerdings, dass diese nicht absolut bindend sind, ganz im Gegensatz zur förmlichen Absprache. Allerdings ist es in der Praxis üblich, dass man sich an sein Wort hält. Sollte die Hauptverhandlung trotz vorausgegangener Vereinbarung nun andere Erkenntnisse aufdecken, so ist es Gang und Gäbe, dass der Hinweis seitens des Gerichts oder des Staatsanwalts erfolgt, die außerhalb der Hauptverhandlung getroffene Vereinbarung nicht mehr aufrecht erhalten zu können.

Die bisher weit verbreitete Praxis, sich nicht immer zwingend an die vom BGH vorgegebenen Regeln für eine Absprache im Strafprozess zu halten, kann einer Veränderung unterworfen sein. Denn es liegt ein Referentenentwurf eines Gesetzes zur Regelung der Verständigung im Strafverfahren vor.[11] Dieser Gesetzesentwurf sieht die Einfügung eines neuen **§ 257c StPO** und entsprechend begleitende Gesetzesänderungen vor: Danach darf ein Rechtsmittelverzicht nicht Verständigungsgegenstand sein. Überdies soll auch die Absprache selbst nicht an einen darauf bezogenen Rechtsmittelverzicht gebunden werden können. Der Angeklagte soll auch über sämtliche Rechtsfolgen der Absprache zu belehren sein. Außerdem soll die Verständigung zukünftig in der öffentlichen Hauptverhandlung vollzogen werden, d.h. sie ist insbesondere in die Niederschrift der Hauptverhandlung aufzunehmen, um im Rahmen einer Revision überprüft werden zu können.

Weiterhin soll eine Bindung an die Absprache bei Änderung der Sach- und Rechtslage entfallen, aber die zugrundeliegenden Tatsachen und damit das Geständnis verwertbar bleiben.[12]

39 c) Der Steuerberater als Verteidiger

Im Rahmen der Hauptverhandlung vor dem Amtsgericht ist es möglich, dass der Steuerberater grundsätzlich den Mandanten vertreten kann, denn es besteht noch **kein Vertretungszwang.** Allerdings gerät der Steuerberater sehr leicht in das Spannungsfeld des Interessenkonflikts.[13]

Weiterhin stellt sich die Frage, ob der Steuerberater Mitglied in der Vereidigungsmannschaft des Mandanten sein sollte, da er die Sachverhalte selbst kennt und das steuerliche Know- how mitbringt, das dem typischen Strafverteidiger in der Ausprägung manchmal fehlt. Hier ist dringend zu beachten, dass der Steuerberater hinsichtlich der noch zu klärenden Fakten schneller als einem lieb ist, als Zeuge zur Verfügung stehen kann.

Praxishinweis:

Bei einer derartigem Gefahrengemengelange sollte eher davon abgesehen werden, den Steuerberater offiziell in das Verteidigungsteam aufzunehmen. Vielmehr sollte sein Wissen im Hintergrund genutzt werden.

11 Gesetzesantrag des Landes Niedersachsen im Bundesrat vom 18.05.2006; BR- Drucks. 235/06
12 vgl. Presseerklärung des Bundesjustizministeriums vom 19.05.2006
13 vgl. vorne § 5 B II 2 c

d) Der Fahnder als Zeuge 40

In der steuerstrafrechtlichen Hauptverhandlung ist es üblich, dass Ermittlungsbeamte als Zeugen vernommen werden.

Die Lage verschärft sich bedenklich, wenn der Steuerfahnder der einzige Zeuge der Beweisaufnahme ist, denn häufig schwingt sich der Zeuge aufgrund seiner Sachkunde zum Sachverständigen auf und versucht auf Biegen und Brechen seine ermittelten Ergebnisse, die meist erheblich fiskalisch geprägt sind, dem Gericht nahezubringen. Er nimmt nicht mehr Stellung zu Tatsachen, sondern macht Rechtsausführungen.

Praxishinweis:

Ein derart schauerliches Szenario ist unter jeden Umständen zu vermeiden. Der Verteidiger muss sich auf eine derartige Situation einstellen und mit kritischen Fragen auch die Schwachpunkte der Ermittlungen herausarbeiten. Ansatzpunkte dafür können dafür häufig die Höhe der Zuschätzungen sein, denn erfahrungsgemäß sind überdurchschnittlich viele Schätzungen schlichtweg falsch.

Aus eigener Erfahrung wurde in einem Fall, bei dem die Geldverkehrsrechnung zugrunde gelegt wurde, diese Berechnung erstaunliche sieben Mal bis zum Abschluss des Verfahrens geändert. Dies ist aber kein Einzelfall!

e) Schlussanträge 41

Für das Plädoyer gelten die allgemeinen Grundsätze. Im Steuerstrafverfahren spielen allerdings die Ausführungen zur Strafzumessung häufig eine besondere Rolle. Hier sollte der Verteidiger in der Lage sein, pointiert die Kernthemen hervorzuheben und einen Schlussantrag, der die Vorstellungen der Verteidigung widerspiegelt, zu stellen.

Praxishinweis:

Der Schlussantrag sollte immer klar die Position der Verteidigung erkennen lassen. Es ist absolut unprofessionell, die Strafe in das Ermessen des Gerichts zu stellen. Hier outet sich sofort, wer selten im Strafrecht berät und verteidigt.

f) Das letzte Wort 42

Der Angeklagte hat nach den Schlussanträgen immer das Recht zum letzten Wort und damit noch eine Erklärungsmöglichkeit. Dieses letzte Wort bietet mehr Risiken als Chancen und sollte mit dem Angeklagten unbedingt vorbereitet werden.

Praxishinweis:

Es ist üblich und durchaus empfehlenswert, wenn der Angeklagte nur erklärt, dass er sich den Vorbemerkungen seines Verteidigers anschließen will.

2. Verfahrensbeendigung 43

Zum Ende der Hauptverhandlung wird immer sofort das Urteil verlesen. Dieses Urteil kann einen Freispruch enthalten oder den Angeklagten wegen der begangenen Tat verurteilen.

44 a) Freispruch

Der Angeklagte ist freizusprechen, wenn sich keine Anhaltspunkte ergeben, dass er die Tat als solche tatsächlich begangen hat.

Kommt das Gericht zur Ansicht, dass eine Tatbegehung durch den Angeklagten nicht mit an Sicherheit grenzender Wahrscheinlichkeit ausgeschlossen werden kann, aber es dennoch tatsächliche Zweifel an seiner Schuld hegt, so ist unter Anwendung des „in dubio pro reo"- Grundsatzes der Angeklagte freizusprechen.

45 b) Einstellung des Verfahrens

Auch im Rahmen der Hauptverhandlung bleibt es dem Verteidiger unbenommen, auf eine Einstellung des Verfahrens hinzuwirken. Zu jeder Zeit innerhalb der Hauptverhandlung kann eine Einstellung des Verfahrens unter Beachtung der oben dargestellten Grundsätze erfolgen.[14]

Am Rande sei hier nur darauf hingewiesen, dass der Entwurf eines Gesetzes zur Reform des Sanktionsrechts eine Neufassung des **§ 43 StGB** vorsieht.[15] Damit soll gemeinnützige Arbeit als **vorrangige Ersatzstrafe** bei Uneinbringlichkeit der Geldstrafe eingeführt werden. Allerdings hat sich dieser Antrag bisher noch nicht durchsetzen können, obwohl bereits § 153a Abs. 1 Satz 2 Nr. 3 StPO gemeinnützige Arbeit als gerichtliche Auflage vorsieht.

Bislang wird diese Auflage v.a. bei Angeklagten genutzt, die wirtschaftlich nicht in der Lage sind, einen Geldbetrag als Auflage zu leisten. Dabei wird die Auflage zur Ableistung gemeinnütziger Arbeit so gefasst, dass seitens des Gerichts eine zu leistende Stundenzahl festgelegt wird.

Praxishinweis:

Grundsätzlich entspricht ein Tagessatz in Umrechnung zur abzuleistenden gemeinnützigen Arbeit sechs Stunden.

46 c) Urteil

Ist das Gericht zur Überzeugung gelangt, dass sich der Angeklagte der Tat schuldig gemacht hat, wird es dementsprechend ein Urteil sprechen.

Gegen dieses Urteil hat der Verurteilte die Möglichkeit Rechtsmittel einzulegen, also in Berufung oder Revision zugehen. Ist dies der Fall, ist die Rechtskraft des Urteils dadurch gehemmt. Insoweit können strafrechtliche Folgen und Nebenfolgen, wie oben erläutert[16], noch nicht eintreten.

47 IV. Ausnahmezustand: Haft

Einen emotionalen und auch tatsächlichen Ausnahmezustand stellt die Festnahme des Mandanten für diesen, aber auch für den Berater dar.

Die Inhaftierung ist der schwerwiegendste Eingriff in die persönliche Freiheit und darf daher nur in besonders engen, rechtsstaatlich umrissenen Ausnahmefällen erfolgen. Dennoch wird dieses Mittel auch im Steuerstrafverfahren eingesetzt, um nicht zu sagen, missbraucht: Obwohl die In-

14 vgl. oben § 6 B I
15 BR- Drucks. 3/04
16 siehe dazu § 7 A II

haftierung keine vorweggenommene Strafe darstellen oder gar darauf gerichtet sein soll, den Beschuldigten geständnisreif zu machen oder ganz allgemein die Ermittlungen zu erleichtern, wird in der Strafverfolgungspraxis jedoch nach wie vor zu viel und zu schnell verhaftet.[17] Jedoch wird diese Praxis, die Inhaftierung, insbesondere in umfangreichen Steuerstrafverfahren, in eine Art Beugehaft zur Erleichterung der Ermittlungen und damit zur Verfahrensbeschleunigung umzufunktionieren, aus Kreisen der Justiz nicht nur eingeräumt, sondern ausdrücklich befürwortet.[18]

Diesbezüglich kann zwischen vorläufiger Festnahme und der Anordnung von Untersuchungshaft unterschieden werden.

1. Vorläufige Festnahme gemäß § 127 StPO 48

Die Regelung des § 127 StPO normiert die vorläufige Festnahme auf frischer Tat und die Festnahme wegen Gefahr in Verzug.

Eine vorläufige Festnahme kann sich im Steuerstrafverfahren im Rahmen einer Durchsuchungs- 49 und Beschlagnahmemaßnahme ergeben, bewirkt z.B. durch unbedachte Äußerungen des Beschuldigten. In diesen Fällen wird als Grund meistens Gefahr in Verzug gemäß § 127 Abs. 2 StPO angegeben. Die Festnahme auf frischer Tat spielt im Steuerstrafverfahren nur eine untergeordnete Rolle und kommt insbesondere dann in Betracht, wenn z.B. der Beschuldigte bei der Vernichtung von Unterlagen angetroffen wird.

Im Steuerstrafverfahren steht das Recht zur vorläufigen Festnahme neben der Staatsanwaltschaft 50 in der Regel der Bußgeld- und Strafsachenstelle gemäß § 402 Abs. 1 AO zu. Daneben wird dieses Recht gemäß § 404 Satz 1 AO auch auf die Steuerfahndung übertragen.

Überdies müssen die Voraussetzungen für einen Haftbefehl gemäß § 112 ff StPO vorliegen. 51

In der Folge wird der Beschuldigte unverzüglich dem Haftrichter vorgeführt, in dessen Bezirk er 52 festgenommen wurde. Dieser entscheidet nach Vernehmung des Beschuldigten, ob er ihn wieder auf freien Fuss setzt oder ob er gegen ihn Haftbefehl erlässt. Der Beschuldigte hat in diesem Stadium selbstverständlich das Recht zur Verteidigerkonsultation und sollte dies auch nutzen.

2. Untersuchungshaft gemäß §§ 112 ff StPO 53

Untersuchungshaft setzt einen dringenden Tatverdacht und das Vorliegen eines Haftgrundes voraus. Im Steuerstrafverfahren können als Haftgründe Flucht, Fluchtgefahr oder Verdunkelungsgefahr gemäß § 112 StPO in Betracht kommen.

Das Antragsrecht obliegt der Staatsanwaltschaft sowie der Bußgeld- und Strafsachenstelle, nicht 54 aber den Steuerfahndungsstellen.[19]

Zur Begründung des Haftgrundes gibt es kaum ein Feld, in dem gesetzlicher Anspruch und prak- 55 tische Handhabung soweit auseinander fällt wie dort. Die in der Praxis vorgebrachten Begründungen, insbesondere im Steuerstrafverfahren basieren erfahrungsgemäß nicht auf einer rechtlichen Prüfung; die rechtliche Begründung wird zur Annahme eines Haftgrundes der inneren Motivation angepasst.[20]

17 Walischewski in Wannemacher Rz. 4341
18 Quedenfeld/ Füllsack Rz. 739
19 Joecks in FGJ § 399 Rz. 74, 107; Quedenfeld/ Füllsack Rz. 732
20 zustimmend Quedenfeld/ Füllsack Rz. 739; Walischewski in Wannemacher Rz.4344

56 Zwar bestehen gegen einen Haftbefehl Rechtsbehelfe in Form der Haftprüfung gemäß § 117 StPO sowie Beschwerde gemäß § 304 StPO, jedoch handelt es sich dabei um eher stumpfe Schwerter.[21]

Praxishinweis:

Unbedingt ist das taktische Vorgehen im Rahmen der Rechtsbehelfe gegen den Haftbefehl genauestens zu überdenken, denn jede den Haftbefehl bestätigende Entscheidung durch ein Gericht untermauert den Tatverdacht gegen den Beschuldigten.

57 Wenn die für den Beschuldigten bestehende Tortur der Fortdauer der Untersuchungshaft nicht mittels z.B. Meldeauflage und Sicherheitsleistung abgewandt werden kann, dann ist es wichtigste Aufgabe des Verteidigers, auf gewisse Dinge hinzuweisen. Dazu gehören:

- Briefkontrolle, es sei denn es handelt sich um Verteidigerpost.
- Keine Besprechung des Falles mit anderen Inhaftierten.
- Zurückhaltung in Gesprächen bei Besuchen.

58 Bei Verteidigung eines inhaftierten Mandanten, der einer Steuerhinterziehung verdächtig ist und diese Umstände nur schwer ertragen kann, ist es vordringliche Aufgabe des Verteidigers, den Mandanten aufzusuchen, diesem Zeit und Gelegenheit zu geben, über sämtliche Umstände zu berichten, aber auch hafterleichternde Maßnahmen zu erwirken.

Die Inhaftierung im Rahmen eines Steuerstrafverfahrens ist nicht nur für den Betroffenen, sondern auch für den Verteidiger eine Belastung.

59 C. Beendigung des Steuerverfahrens

Oftmals wurde das Besteuerungsverfahren aufgrund des eingeleiteten Steuerstrafverfahrens nicht beendet, sei es dass Einspruch gegen zuvor noch aufgrund der Fahndungsprüfung ergangenen Bescheide eingelegt wurde oder dass der Verteidiger die Verbescheidung aufgrund mangelnder Mitwirkung im Besteuerungsverfahren „verschleppt" hat.

Dennoch kommt früher oder später der Zeitpunkt, in dem auch das Besteuerungsverfahren einer Erledigung zugeführt werden kann.

Praxishinweis:

Erfahrungsgemäß ist dies meist weit nach Abschluss des Strafverfahrens, es sei denn, es konnten im Vorfeld Vereinbarungen, wie z.B. eine tatsächliche Verständigung, getroffen werden.

60 I. Bescheiderlass nach Absprache mit den Finanzbehörden

Der Erlass von Bescheiden kann Folge einer Absprache im Zuge und Lichte des Steuerstrafverfahrens sein. Nachdem im Rahmen der Vereinbarungen alle Beteiligten einer derartigen Einigung zugestimmt haben, wäre es höchst kontraproduktiv und auch unglaubwürdig, die aufgrund der getroffenen Vereinbarung erlassenen Bescheide mittels Einspruch anzufechten.

21 Dahs Rz. 321

Praxishinweis:

Auch in diesem Fall steht der Verteidiger im Wort. Eine Vereinbarung, die in gegenseitigen Einvernehmen getroffen wurde, wird nicht in Frage gestellt, es sei denn, es ergeben sich nach der Vereinbarung weitere Umstände, die das Aufrechterhalten der Vereinbarung unmöglich machen. Selbst wenn der Mandant im Nachgang diese Vereinbarung nicht einhalten will, so ist dies den an der Vereinbarung beteiligten Personen mitzuteilen.

Als Verteidiger sollte man stets hart, aber fair „kämpfen" und sich beim Gegenüber nicht unglaubwürdig machen, denn die Folgen einer Unglaubwürdigkeit würde sich zu Lasten anderer Mandanten auswirken.

Im Zuge der Handlungen über die Besteuerungsgrundlagen sollte man eine baldige Steuer- 61 nachzahlung anstreben. Zum einen deshalb, weil die Schadenswiedergutmachung im Steuerstrafverfahren einen Einfluss auf die Beendigungsstrategie hat. Zum anderen wird vermieden, dass es zu einem weiteren Zinsanfall (6% p.a.) kommt.

Ist die sofortige Begleichung der Steuernachzahlung nicht möglich, so ist bereits zu diesem 62 Zeitpunkt eine Ratenzahlungsvereinbarung mit entsprechendem Tilgungsplan mit der Finanzbehörde abzusprechen. Denn selbst eine teilweise Schadenswiedergutmachung hilft im Rahmen der Strafzumessung.

Praxishinweis:

Sollte hinsichtlich einer Schadenswiedergutmachung nicht die vollständige Summe zur Verfügung stehen, so ist dennoch zu überlegen, zuerst eine größere Einmalzahlung vorzunehmen, die das Strafmaß günstig beeinflusst und auch vermeidet, dass weitere Zinsen anfallen. Im Nachgang könnten dann geringere Raten vereinbart werden. Dies fällt dem Finanzamt umso leichter, je größer der bereits bezahlte Anteil ist.

II. Bescheiderlass – ohne Absprache 63

In vielen Fällen werden nach einer Fahndungsprüfung bzw. Betriebsprüfung, bei denen die Fronten sehr verhärtet waren und ein Konsens nicht möglich war, nach Fertigung der Schlussberichte sofort die Bescheide erlassen.

Auch die in diesen Bescheiden festgestellten steuerlichen Zahllasten beeinflussen das Steuerstrafverfahren. Um keine Fakten für das Steuerstrafverfahren zu schaffen, ist es erforderlich, diese Bescheide mit dem Einspruch anzufechten, denn solange die steuerlichen Bemessungsgrundlagen noch der Diskussion ausgesetzt sind, steht im Steuerstrafverfahren die Höhe der verkürzten Steuern noch nicht fest und es fehlt damit an der Grundlage für die Strafbarkeit.

Allerdings ist aus Kostenaspekten, aber auch aus Strafzumessungsgesichtspunkten zu überlegen, 64 ob mit dem Einspruch ein Antrag auf Aussetzung der Vollziehung verbunden werden soll. Dieser führt dazu, dass die Vollziehung der fälligen Steuerzahllast vorübergehend nicht durchgesetzt wird. Allerdings ist dies damit verbunden, dass ab dem Zeitpunkt der Stattgabe des Antrags auf Aussetzung der Vollziehung die nachzuzahlende Steuer mit 6 % p.a. bis zur vollständigen Zahlung verzinst wird.

Darüber hinaus würde die Steuerzahlung, wie bereits mehrfach erwähnt, sich positiv auf die Diskussion über das Strafmaß auswirken.

Kommt man im Einspruchsverfahren zum Schluss, dass die vorgebrachten Argumente des Einspruchsführers doch greifen, dann bekommt dieser den überschießend bezahlten Anteil ausbezahlt; ebenfalls mit 6 % Zinsen.

Aufgrund der engen Verknüpfung von Besteuerungs- und Steuerstrafverfahren war es notwendig, diese aufzuzeigen und darzustellen, wie die alltägliche Arbeit derer aussieht, die in diesem Spannungsfeld beraten.

Stichwortverzeichnis